U0136263

文革史料叢刊第一輯

第五冊：文藝戰線上兩條路線鬥爭大事紀

李正中　輯編

只有不漠視、不迴避這段歷史，中國才有希望，中華民族才有希望！忘記歷史意味著背叛！

——摘自「文革史料叢刊·前言」

 蘭臺出版社

巴金先生說在文革

受盡火與血磨煉

的人是不會沉默的

八十又
五叟

李正中

著名中國古瓷與歷史學家、教育家。
李正中　簡介

祖籍山東省諸城市，民國十九年（1930）出生於吉林省長春市。
北平中國大學史學系肄業，畢業於華北大學（今中國人民大學）。
歷任：天津教師進修學院教務處長兼歷史系主任（今天津師範大學）。
　　　天津大學冶金分校教務處長兼圖書館長、教授。
　　　天津社會科學院中國文化研究中心主任、研究員。
現任：天津理工大學經濟與文化研究所所長、特聘教授。
　　　天津文史研究館館員。
　　　天津市漢語言文學培訓測試中心專家學術委員會主任。
　　　香港世界華文文學家協會首席顧問。
　　　（天津理工大學經濟與文化研究所供稿）
為加強海內外學術交流，應邀赴日本、韓國、香港、臺灣進行講學，
其作品入圍德國法蘭克福國際書展和美國ABA國際書展。

前言：忘記歷史意味著背叛

文學巨匠巴金說：

應該把那一切醜惡的、陰暗的、殘酷的、可怕的、血淋淋的東西集中起來，展覽出來，毫不掩飾，讓大家看得清清楚楚，牢牢記住。不能允許再發生那樣的事。不再把我們當牛，首先我們要相信自己不是牛，是人，是一個能夠用自己腦子思考的人！

那些魔法都是從文字遊戲開始的。我們好好地想一想、看一看，那些變化，那些過程，那些謊言，那些騙局，那些血淋淋的慘劇，那些傷心斷腸的悲劇，那些勾心鬥角的醜劇，那些殘酷無情的鬥爭……為了那一切的文字遊戲！……為了那可怕的十年，我們也應該對中華民族子孫後代有一個交代。

要大家牢記那十年中間自己的和別人的一言一行，並不是讓人忘記過去的恩仇。這只是提醒我們要記住自己的責任，對那個給幾代人帶來大災難的「文革」應該負的責任，無論是受害者，或者害人者，無論是上一輩或是下一代，不管有沒有為「文革」舉過手點過頭，無論是造反派、走資派，或者逍遙派，無論是鳳或者是牛馬，讓大家都到這裡來照照鏡子，看看自己為「文革」做過什麼，或者為反對「文革」做過什麼。不這樣，我們怎麼償還對子孫後代欠下的那一筆債，那筆非還不可的債啊！

（摘自巴金《隨想錄》第五冊《無題集•紀念》）

我高舉雙手讚賞、支持前輩巴老的呼籲。這不是一個人的呼籲，而是一個民族對其歷史的反思。一個忘記自己悲慘歷史和命運的民族，就是一個沒有靈魂的民族，沒有希望的民族，沒有前途的民族。中華民族要真正重新崛起於世界之林，實現中華夢，首先必須根除這種漠視和回避自己民族災難的病根，因為那不意味著它的強大，而恰恰意味著軟弱和自欺。這就是我不計後果，一定要搜集、編輯和出版這部書的原因。我想，待巴老呼籲的「文革紀念館」真正建立起來的那一天，我們才可以無愧地向全世界宣告：中華民族真正走上了復興之路……。

當本書即將付梓時刻，使我想到蘭臺出版社出版該書的風險，使我內心感動、感激和感謝！同時也向高雅婷責任編輯對殘缺不全的文革報紙給以精心整理、校對，付出辛勤的勞累致以衷心得感謝！

感謝忘年交、學友南開大學博導張培鋒教授為拙書寫「序言」，這是一篇學者的呼喚、是正義的伸張，作為一個早以欲哭無淚的老者，為之動容，不覺潸然淚下：「一夜思量千年事，人生知己有一人」足矣！

李正中於古月齋

2014年6月1日文革48周年紀念

序言：中國歷史界的大幸，也是國家、民族之大幸

張培鋒

　　李正中先生積三十年之功，編集整理的《文革史料叢刊》即將出版，囑我為序。我生於1963年，在文革後期（1971-1976），我還在讀小學，那時，對世事懵懵懂懂，對於「文革」並不瞭解多少，因此我也並非為此書寫序的合適人選。但李先生堅持讓我寫序，我就從與先生交往以及對他的瞭解談起吧。

　　看到李先生所作「前言」中引述巴金老人的那段話，我頓時回想起當年我們一起購買巴老那套《隨想錄》時的情景。1985年我大學畢業後，分配到天津大學冶金分校文史教研室擔任教學工作，李正中先生當時是教務處長兼教研室主任，我在他的直接領導下工作。記得是工作後的第三年即1987年，天津舉辦過一次大型的圖書展銷會（當時這樣的展銷會很少），李正中先生帶領我們教研室的全體老師前往購書。在書展上，李正中先生一眼看到剛剛出版的《隨想錄》一書，他立刻買了一套，並向我們鄭重推薦：「好好讀一讀巴老這套書，這是對「文革」的控訴和懺悔。」我於是便也買了一套，並認真讀了其中大部分文章。說實話，巴老這套書確實是我對「文革」認識的一次啟蒙，這才對自己剛剛度過的那一個時代有了比較深切的瞭解，所以這件事我一直記憶猶新。我記得在那之後，李正中先生在教研室的活動中，不斷提到他特別讚賞巴金老人提出的建立「文革紀念館」的倡議，並說，如果這個紀念館真的能夠建立，他願意捐出一批文物。他說：「如果不徹底否定「文革」，中國就沒有希望！」我這才知道，從那時起，他就留意收集有關「文革」的文獻。算起來，到現在又三十年過去了，李先生對於「文革」那段歷史「鍾情」不改，現在終於將其裒輯付梓，我想，這是中國歷史界的大幸，也是國家、民族之大幸！

　　前兩年，我有幸讀到李正中先生的回憶錄，對他在「文革」中的遭遇有了更為真切的瞭解。「文革」不僅僅是中國知識分子的受難史，更是整個民族、人民的災難史。正如李先生在「前言」中所說，忘記這段歷史就意味著背叛。李先生是歷史學家，他的話絕非僅僅出於個人感受，而是站在歷史的高度，表現出一個中國知識分子的真正良心。

　　就我個人而言，雖然「文革」對我這一代人的波及遠遠不及李先生那一代人，但自從我對「文革」有了新的認識後，對那段歷史也有所反思。結合我個人現在從事的中國傳統文化教學與研究來看，我覺得「文革」最大的災難在於：它對中華優秀傳統文化做出了一次「史無前例」的摧毀（當時稱之為「破四舊，立新風」，當時究竟是如何做的，我想李先生這套書中一定有非常真實的史料證明），從根本上造成人心

的扭曲和敗壞，並由此敗壞了全社會的道德和風氣。「文革」中那層出不窮的事例，無不是對善良人性的摧殘，對人性中那些最邪惡部分的激發。而歷史與現在、與未來是緊緊聯繫在一起的，當代中國社會種種社會問題、人心的問題，其實都可以從「文革」那裡找到根源。比如中國大陸出現的大量的假冒偽劣、坑蒙拐騙、貪汙腐化等現象，很多人責怪說這是市場經濟造成的，但我認為，其根源並不在當下，而可以追溯到四十年前的那場「革命」。而時下一些所謂「左派」們，或別有用心，或昧了良心，仍然在用「文革」那套思維方式，不斷地掩飾和粉飾那個時代，甚至將其稱為中國歷史上最文明、最理想的時代。我現在在高校教學中接觸到的那些八十年代、九十年代後出生的年輕人，他們對於「文革」或者絲毫不瞭解，或者瞭解的是一些經過掩飾和粉飾的假歷史，因而他們對於那個時代的總體認識是模糊甚至是錯誤的。我想，這正是從巴金老人到李正中先生，不斷呼籲不要忘記「文革」那段歷史的深刻含義所在。不要忘記「文革」，既是對歷史負責，更是對未來負責啊！

記得我在上小學的時候，整天不上課，拿著毛筆——我現在感到奇怪，其實就連毛筆不也是我們老祖宗的發明創造嗎？「文革」怎麼就沒把它「革」掉呢？——寫「大字報」，批判「孔老二」，其實不過是從報紙上照抄一些段落而已，我的《論語》啟蒙竟然是在那樣一種可笑的背景下完成的。但是，僅僅過去三十多年，孔子仍然是我們全民族共尊的至聖先師，「文革」中那些「風流人物」們今朝又何在呢？所以我認為，歷史是最公正、最無情的，是不容歪曲，也無法掩飾的，試圖對歷史進行歪曲和掩飾其實是最愚蠢的事。李正中先生將這些「文革」時期的真實史料拿出來，讓那些並沒有經歷過那個時代的人們真正認識和體會一下那場「革命」的真實過程，看一看那所謂「革命」、「理想」造成了怎樣嚴重的後果，這就是最好的歷史、最真實的歷史，這也就是巴老所說的「文革紀念館」的一個重要組成部分啊！我非常讚成李正中先生在「前言」中所說的，只有不漠視、不回避這段歷史，中國才有希望，中華民族才有希望！

是為序。

中華民族最黑暗的年代「文革」48周年紀念於天津聆鍾室

〔注〕張培鋒：現任南開大學文學院教授博士班導師

古月齋叢書3　文革史料叢刊　第一輯

第四冊：反黨篡軍野心家罪惡史選編

反黨篡軍野心家羅瑞卿罪惡史

反黨篡軍野心家賀龍罪惡史（二種）

憤怒聲討大軍閥大野心家朱德（大字報選編）

打倒李井泉（二種）

李井泉鬼魂東行記

第五冊：文藝戰線上兩條路線鬥爭大事紀

高舉毛澤東思想偉大紅旗

反革命修正主義分子胡喬木罪惡史

胡喬木的《三十年》必須批判

文藝戰線上兩條路線鬥爭大事紀1949~1967

江青同志關於文藝工作的指示彙編

十七年來出版工作兩條路線鬥爭大事紀1948~1966

三反分子侯外廬材料選編

《高教六十條》的出籠

第六冊：文革紅衛兵報紙選編

挺進報（四期）

文藝紅旗報

魯迅（二期）

紅太工（七期）

革命造反（六期）

「文化大革命」資料著作目錄

史料照片

第五冊　目錄

高举毛泽东思想伟大红旗

上海
红旗电影制片厂
红旗革命造反兵团

1967.4.

彻底砸烂反革命修正主义文艺黑线！

你們要关心国家大事，要把
无产阶級文化大革命进行到底！

毛澤東

最 高 指 示

一九六三年十二月，毛主席指出：各种艺术形式——戏剧、曲艺、音乐、美术、舞蹈、电影、詩和文学等等，問題不少，人数很多，社会主义改造在許多部門中，至今收效甚微。許多部門至今还是"死人"統治着。

許多共产党人热心提倡封建主义和資本主义的艺术，却不热心提倡社会主义的艺术，岂非咄咄怪事。

一九六四年六月，毛主席在全国文联和所屬各协会整风时又指出：这些协会和他們所掌握的刊物的大多数（据說有少数几个好的），十五年来，基本上（不是一切人）不执行党的政策，做官当老爷，不去接近工农兵，不去反映社会主义的革命和建設。最近几年，竟然跌到了修正主义的边緣。如不认眞改造，势必在将来的某一天，要变成象匈牙利裴多菲俱乐部那样的团体。

目　录

最　高　指　示

要特别警惕象赫鲁晓夫那样的个人野心家和阴谋家，防止这样的坏人篡夺党和国家的各级领导。

凡是要推翻一个政权，总要先造成舆论，总要先做意识形态方面的工作，革命的阶级是这样，反革命的阶级也是这样。

打倒中国的赫鲁晓夫——刘少奇！

彻底揭露批判刘少奇出国访问东南亚，推行反革命修正主义外交路线的罪恶活动！

反革命修正主义分子刘少奇是中国头号走资本主义道路的当权派！刘少奇和他的臭妖婆、资产阶级分子王光美，在一九六三年、一九六六年先后两次出国访问东南亚，捞取政治资本，推行反革命修正主义外交路线，企图复辟资本主义，这是两次典型的赫鲁晓夫的旅行。

这份材料是我们参加随同代表团出访的摄影和后期制作的部分同志座谈记录整理的。现在公布于世，让革命同志看一看，刘少奇、王光美篡党、篡政的狼子野心和丑恶的灵魂。

一、刘少奇大力推行赫鲁晓夫的和平共处的修正主义外交路线，对抗毛主席的无产阶级外交路线。

一九六三年到一九六六年，正是我国人民和我们党在伟大统帅毛主席的领导下，和世界革命人民一起，同以美国为首的帝国主义、以苏共领导为代表的现代修正主义进行尖锐激烈地斗争的时候，刘少奇却反其道而行之。在访问中大力宣传苏修的投降主义"和平共处"外交路线，在吃喝玩乐中进行政治交易。因此大部分时间是游山玩水，参观、送礼、举行宴会，过着极其糜烂的资产阶级生活，简直丢尽了中国人民的脸！

刘少奇在访问中极力抬高个人的身份，贬低我们最敬爱的领袖毛主席。在他的讲话和活动中，却只字不提我们伟大领袖毛主席和战无不胜的毛泽东思想。到处是刘少奇和王光美大幅巨像，到处是"刘少奇万岁！"的巨幅标语，到处高喊："刘少奇万岁！"的口号。甚至把王光美这个资产阶级的臭婆娘的照片放在显要的地位，而刘少奇听之任之，洋洋得意，这就可以看出在他的心目中，把我们最最伟大的领袖毛主席置于何地！这就赤裸裸地暴露了刘少奇是十足的中国式的赫鲁晓夫分子！

刘少奇的外交政策是赫鲁晓夫"和平共处"的外交政策。他和资产阶级反动政客苏加诺之流亲亲我我，大搞"夫人外交"，只讲和平友好，不讲斗争，不谈革命。尽情美化苏加诺之流，为资本主义高唱赞歌，麻痹革命人民的意志，为美帝国主义和资产阶级右派疯狂反华、反共、反人民做了舆论准备。刘少奇的反革命罪行决不可饶恕！

刘少奇和他的臭妖婆王光美，为了迎合资产阶级反动政客的需要，使她在年轻时"辅仁大学""交际花"的全套本事，到处卖弄风情、擦脂抹粉、戴项链、香气扑鼻，拚命地表演资产阶级的庸俗伎俩，成为推销刘少奇修正主义外交政策的帮凶。在印尼，刘少奇在机场告别时，竟与苏加诺拥抱三次；在独立宫的告别宴会上，刘少奇与苏加诺竟然称兄道弟，攀起亲戚来了，口口声声称："苏加诺，我的兄弟……"；在参观火山口时，苏加诺与刘少奇互相换了帽子，表示彼此不分。苏加诺还放肆地把王光美拉到自己身边，把王光美拚起来，把哈蒂妮推给刘少奇，刘少奇也把哈拚起来，动作十分下流。他们共进早餐、点烟、拥抱，一同散步，亲如一家，并合影留念。这完全是资产阶级以互相调戏对方的妻子为乐的糜烂生活。刘少奇十分乐意地接受了苏加诺在外交仪式中"美女"列队欢迎的低级色情的迎程仪式，他不断地用花瓣撒花在半裸胸的少女身上，动作极为轻浮；在巴厘岛的晚会上，刘少奇、王光美与苏加诺、哈蒂妮共跳下流"民族舞"。在会上，大奏黄色音乐，大唱黄色歌曲"文约妈妈……月亮"之类色情歌曲，而刘少奇、王光美竟然鼓掌欢迎，奴颜婢膝，丑态百出，这是给中国人民莫大的污辱！在缅甸海滨，两国首脑会议期间，刘少奇夫妇与奈温夫妇一起大洗海水浴，还拍了电影、照片。在柬埔寨，住的是皇宫，走路要人打华盖，坐下要半敞胸的宫女陪着，有一天，西哈努克为刘少奇、王光美开汽车游览，晚上，王光美忽然出了个主意，和刘少奇回访西哈努克，也不让随同人员通知，就闯进了西哈努克的卧室，西哈努克夫妇穿着睡衣，同刘少奇夫妇谈了半天……这些肮脏的勾当实在令人发指！是可忍，孰不可忍！

二、刘少奇大搞资产阶级的"夫人外交"，建立个人威望。

臭婆娘王光美满脑子资产阶级思想，浑身腐朽堕落，到处丢丑，臭气冲天。资产阶级分子王光美是推销刘少奇修正主义外交政策的"交际花"。在国外实现了他们在国内无法达到的享乐欲望，大施资产阶级分子的威风，大摆资产阶级阔气，到处抢讲话，拚命地抢镜头，出风头。在缅甸举办的宴会上，本来准备谈些政治问题，但王光美却抢着交际应酬，大谈资产阶级生活，以致使会谈难以进行，最后不得不由别人出面制止才扭转了话头；她还以个人名义，用国家外汇给一家医院廿万盾，慷国家之慨，抬高自己的身价；在一次参观兰花展览时，苏加诺下流地把一种兰花命名为"王光美兰花"，她欣然接受了，还签字留念，将兰花带回国，到处宣传；她还参加了资产阶级小姐太太们组织的"国际兰花协会"；在公共场合，她讲话最多，喋喋不休，手舞足蹈，到处拥抱接吻；在参观印尼的印花时，在印花布上，她写了"王光美"三个大字，还拚命地抢镜头，故作姿态，出足洋相。在巴基斯坦，看抽象派画，她也摇头晃脑，品头论足；在一次接见巴基斯坦领袖时，她另有活动，这些巴基斯坦人士也没有带夫人，可是王光美活动回来以后，又挤进去，又是讲话，又是握手，丑态百出，念念不忘出风头，为刘少奇建立威望。她对拍电影，拍照片兴趣特别大。所有她单独活动的场合都要拍下来，有时摄影师难以抽身，但王光美宁可使拍摄主要活动受到损失，也要拍她的单独活动。如访问阿富汗时，王后请客，摄影师提出可以不拍，王光美坚持要拍，刘少奇、王光美完全学着资产阶级政客、王公贵族的样子虐待随行人员，把随行人员分做三六九等，翻译同志在他们举行宴会，吃喝玩乐时，只能坐在沙发后面，一饿就是几个小时，有时要工作到半夜两点才能吃饭。摄影记者有时因为工作不小心，碰着了人，就要挨资本主义国家官员宪兵的打，挨了打，刘少奇还叫"友好"不让抗议。这是明目张胆的投降主义外交。在访问巴基斯坦、阿富汗、缅甸，王光美硬要飞机上女服务员随她到住址，待候她，给她穿衣服、洗内衣，乳罩都要她洗。简直把服务员当成了环使唤，真是他妈的混蛋！其实这一切发生在刘少奇、王光美的身上并不奇怪，因为王光美就是个资产阶级分子，她早已把刘少奇改造成为资产阶级的俘虏了，他们是一对资产阶级的"童男玉女"。在国内刘少奇常常在家举行周末舞会，王光美是教刘少奇跳舞的"教练"。刘少奇的出国服装也是王光美一手包办的。在访问印尼、缅甸两国后，特别让北京某服装店的经理，专程由北京乘飞机去昆明修改服装。王光美自己就更讲究了，她的出国服装是由香港特制的，用专程飞机送到北京的。有一件还是从苏修进口的胎羊皮做的大衣，花了三千元。在昆明时，还特别从北京派专机送来理发师，为王光美理发，一理就是三四个钟头，出国后，涂脂抹粉，戴项链，香气袭人，她那里有一点共产党员的气味呢？这是一个不折不扣的浑身散发酸臭气的资产阶级分子。

三、刘少奇、王光美拿党的原则做交易，迷醉于宣扬个人。

刘少奇、王光美对所拍的电影很感兴趣，曾经看过两遍。但看片时，刘少奇一言不发，提意见都是由王光美出面，哇哩哇啦，指手划脚。对样片所提的十多条意见中，根本不涉及政策问题，只是核实一些镜头拍摄地点的准确性。在审查样片时，王光美的镜头已经够多的了，但她毫不感到过份，反而问有些镜头为什么没有了？为什么有些镜头拍黑白片？言下之意，王光美感到镜头还不够突出自己，在样片中有许多丑态毕露的镜头由于外交部和摄制组的同志觉得太不象样了，剪掉了。如，苏加诺拥抱王光美，刘少奇夫妇和苏加诺夫妇互挎胳臂的近景镜头；在缅甸海滨洗浴的近景；又如王光美的一些单独活动的镜头等等。

从以上事实，完全可以看出，刘少奇、王光美是彻头彻尾的反革命修正主义分子，十足的赫鲁晓夫式的个人野心家，民族的败类！在无产阶级文化大革命的汹涌怒潮中，刘少奇和王光美的反革命修正主义真面目暴露在光天化日之下了。这是毛泽东思想的伟大胜利，我们一定要更高地高举毛泽东思想的伟大红旗，把刘少奇打倒，彻底粉碎刘少奇的反革命修正主义黑线，并彻底肃清其流毒影响！

打倒刘少奇！打倒邓小平！打倒陶铸！

彻底铲除刘、邓反革命修正主义黑线！

我们心中最红最红的红太阳毛主席万岁！万岁！万万岁！

上海红旗电影制片厂《红旗革命造反兵团》

最 高 指 示

人民靠我們去組織。中國的反动分子，靠我們組織起人民去把他打倒。凡是反动的東西，你不打，他就不倒。這也和扫地一樣，扫帚不到，灰尘照例不会自己跑掉。

打倒电影界修正主义文艺黑綫总后台
——刘少奇！

"红旗"杂志第五期发表的"爱国主义还是卖国主义"，以及批判在干部问题上的资产阶级反动路线的评论员文章和调查报告，吹响了彻底批判党内最大的走资本主义道路当权派的进军号。刘少奇，这个党内最大的走资本主义道路的当权派，很长时期来，一贯对抗毛主席的无产阶级革命路线，进行反革命的阴谋活动。尤其在全国解放后的十七年来，他更是在政治上、经济上、文化上、教育上等各个领域内，大肆推行反革命修正主义路线，梦想在中国实现资本主义复辟。刘少奇的罪行滔天，十恶不赦，刘少奇是我国资本主义、修正主义和一切牛鬼蛇神的总后台。我们一定要把他拉下马，让他靠边站。我们要彻底控诉、揭发刘少奇这条反革命修正主义黑线在海燕电影制片厂渗透的滔天罪行！把他批臭，批深，批倒！

为什么解放十七年来，这条反革命修正主义黑线伸进上海电影界这样粗、这样长、这样深呢？为什么反革命修正主义的气焰在我们海燕厂会如此嚣张和猖狂，大批毒草影片纷纷出笼呢？为什么我们伟大领袖毛主席从一九四二年发表的"在延安文艺座谈会上的讲话"光辉著作开始，一直到一九六三年、一九六四年对文艺界所作的极其重要的、一系列指示，得不到贯彻执行呢？这个总根子就是睡在毛主席身边的中国赫鲁晓夫式的野心家、阴谋家刘少奇。就是刘少奇勾结上海一小撮党内走资本主义道路的当权派和一批反革命修正主义分子所犯下的不可饶恕的罪行！

（一）刘少奇妄图建立一套资产阶级修正主义的文艺路线，扼杀文艺为工农兵服务的方针。

毛主席早在一九四二年就教导我们："我们的文学艺术都是为人民大众的，首先是为工农兵的，为工农兵而创作，为工农兵所利用的。"

可是，刘少奇这个党内最大的走资本主义道路当权派，就是蓄意与毛主席唱对台戏，提出什么"文工团要整编，人员要大大削减，建立正式的剧团。"就是在刘少奇的黑指示下，旧中央文化部一些反革命修正主义分子热衷要建立苏联式的剧场艺术和专业剧团。刘少奇这样做，其根本目的就是为了反对毛主席的革命文艺路线，反对毛泽东思想去占领一切文艺阵地，为他们复辟资本主义作舆论准备。

就在刘少奇的黑指示下，海燕厂的反革命修正主义分子和牛鬼蛇神是多么的兴高采烈。赵丹，这个反革命修正主义分子、混世魔王，有了这个最大的后台老板，于是，公开提出苏联有个斯坦尼，中国要有个赵氏体系，要建立反动的赵氏体系古典剧院，混蛋张瑞芳也出来捧场，表示自愿担任剧院的什么"政委"；赵丹的臭老婆黄宗英也迫不及待地站出来叫嚣：赵丹的艺术上面有人来总结了！真是滚他妈的蛋！就在此同时，修正主义的厂党委根据什么上级布置，在文艺三级以上这批混蛋的档案中，要建立什么各人的艺术特点查阅卡制度，这完全是一套反革命修正主义的黑货。

就是在刘少奇的黑指示下，反革命修正主义分子徐桑楚、徐韬、郑君里这些混蛋家伙，大搞什么创作集体，把苏联一套修正主义货色搬到海燕厂来，说什么"搞创作集体可以发展流派"；说什么"搞创作集体可以发展艺术探讨，提高艺术质量"；说什么"搞创作集体可以提高创作人员的积极性"，这完全是反革命修正主义的谬论，这完全是刘少奇的"三自一包"反动谬论在文艺领域内的翻版。修正主义创作集体的建立，导致洋、名、古、修毒草的大泛滥，于是大毒草《孙安动本》、《关汉卿》出笼了，《阿诗玛》出笼了，把厂里搞得乌烟瘴气。为什么这些混蛋胆敢如此猖狂地和毛主席革命文艺路线相对抗呢？就是因为有中国最大的野心家、大阴谋家刘少奇为这批混蛋撑腰！

(二)刘少奇极力培养资产阶级精神贵族，为资本主义复辟鸣锣开道。

毛主席一再号召："有出息的文学家艺术家，必须到群众中去，必须长期地无条件地全心全意地到工农兵群众中去，到火热的斗争中去，到唯一的最广大最丰富的源泉中去，观察、体验、研究，分析一切人，一切阶级，一切群众，一切生动的生活形式和斗争形式，一切文学和艺术的原始材料，然后才有可能进入创作过程。"可是，刘少奇公然违背毛主席的指示，大谈所谓"体验生活"，刘少奇这个党内最大的走资本主义道路的当权派说："文艺家下乡去如果有困难，可以开轿车去，作家可以在车上做饭睡觉。"这是什么话？这是道道地地从苏修肖洛霍夫那里搬来的反革命修正主义黑话，真是荒谬绝论，腐朽透顶！

在刘少奇的黑指示下，海燕厂的一批资产阶级反动学术"权威"，在修正主义厂党委的包庇下，在反革命修正主义分子韩英杰、徐桑楚等人狼狈为奸勾结下，长期拒绝下生活，不和工农兵结合，抗拒思想改造，一句话，长期拒不执行毛主席的革命文艺路线。即使逼不得已下去了，也是搬用刘少奇那一套，游山玩水，做贵族老爷。现在我们来揭发几个例子：

反动的学术"权威"赵丹、张瑞芳在筹拍"大河上下"影片时去安徽所谓"体验生活"，他们贪生怕死，竟然要军队警卫员保护这些"贵族老爷"。有一次，他们为了猎奇，要到劳改队看犯人演京戏，但又怕给人打死，竟叫自己座位的前二排由解放军来"保护"，这就是他们的下生活。混蛋导演沈浮为了写反动影片《北国江南》剧本，专门在苏州开了旅馆，还要老婆同去作陪，这就是他们的下生活。

混蛋导演郑君里伙同反党老手田汉写《阮玲玉》剧本，借口"积累生活"，他们在井冈山一带游山玩水达三个月之久，这又叫什么下生活？

更令人气愤的是赵丹这个大流氓，在拍摄《青山恋》时，得知福建某深山山上有一个××庙，庙里有一个老和尚，赵丹一定要去拜访他，但赵丹又贪生怕死，于是拿出了"人民代表"的招牌，要当地的武装民兵先去进行搜山，上山后又要别人象奴仆一样把饭送到庙里去吃。这又叫什么下生活？更加愤怒的事还有，赵丹、艾明之、钱千里等这批混帐王八蛋，借名在福建山区体验生活，创作《青山恋》剧本，每晚却是打麻将、打扑克、吃喝玩乐，而且一玩就是深更半夜，当地山区电量不足，只好关掉民用电灯来供给这批混蛋享受，这又是什么样的"体验生活"呢？这完全是在刘少奇黑指示下在培养苏联肖洛霍夫式、丘赫拉依式的反革命修正主义的精神贵族老爷！这是在培养刘少奇黑司令部的御用文人！擒贼先擒王，斩草先除根，不把他们的总后台刘少奇拉下马，我们决不罢休！

（三）刘少奇对文艺工作者提倡的"修养"，是道道地地的反革命修正主义的鸦片烟。

毛主席教导我们："我们知识分子出身的文艺工作者，要使自己的作品为群众所欢迎，就得把自己的思想感情来一个变化，来一番改造。"毛主席强调指出，一个革命文艺工作者必须"学习马克思列宁主义和学习社会。"可是，中国修正主义的总头目刘少奇，叫文艺工作者怎样进行"修养"的呢？他说："我们的作家，如果要成为一个好的专业的作家，应该具有丰富的知识，应该懂得自然科学（也应该懂得原子弹，现在是原子时代）、化学、代数、几何、微积分，也应该懂得历史知识和世界文学知识，至少应该懂得一种外国文。"又说："只懂得关于老百姓的一点东西，不知道世界知识，只当一个土作家，是不行的。"而反革命修正主义分子周扬也大谈谬论，说什么"作家有生活，就是知识不足"呀，"要通晓古今中外的名著"呀，"要拜资产阶级老作家为师"呀。反革命修正主义分子夏衍则也大谈特谈"知识就是力量"的反动谬论。他们就是绝口不提学习毛泽东思想，不提改造世界观。

就在刘少奇这个反革命修正主义总头目以及什么"老头子""祖师爷"的黑指示下，在第二次大反复时，从局党委到厂党委刮起了一股"读万卷书，行万里路"的反革命修正主义的黑转的很长镜头，当时许多同志多次提出，这个镜头不好，太突出赵丹，有点象"赵丹传"，应删去。可是赵丹这个混蛋竟暴跳如雷地说："谁要动剪刀，谁就要负全部责任！"

最最令人愤怒的是反革命修正主义分子郑君里，他在拍《李善子》时，对周总理、江青同志、张春桥同志严肃、中肯的批评，根本不理、不听。

张春桥同志看了《李善子》的样片，很有意见，要修改。郑君里非但不修改，竟然录了二条声带（一条改了，一条不改），送旧文化部去"审查"，这不是公开对抗张春桥同志的意见是什么?!真是无法无天！

江青同志在百忙中看了《李善子》样片，对郑君里说："'李善子'这部戏不是站在无产阶级立场上导演的，不吸引我，看了满身疼。"对江青同志这样中肯的意见，郑君里只当耳边风，这不是公然对抗又是什么?!

特别是周总理，在百忙中多次看了《李善子》样片后对郑君里说："君里，可以多想一想，我们谈的不多，很难打中你的要害，我看你有封建残余的爱好和资产阶级的东西，还有南国社的一套，并且还有王尔德的唯美主义。"对周总理的中肯批评，郑君里不但不听，而且当场脸就沉下来了，总理走时，混蛋郑君里连送也不送。他就是如此猖狂、如此嚣张、明目张胆地对抗周总理。郑君里只不过是一个电影厂的导演，他为什么胆敢对抗总理的批评？因为有人给他撑腰。谁？就是党内最大的走资本主义道路当权派刘少奇。

刘少奇不是说过吗？"这些负责同志的话，也应该看作是读者和观众的意见。"这是刘少奇明目张胆支持牛鬼蛇神向党、向社会主义、向毛泽东思想猖狂进攻的"战斗"动员令，刘少奇就是所有牛鬼蛇神的总导演！

从以上大量事实说明，刘少奇的黑魔爪早已伸进了文艺界，伸进了电影厂。他是电影厂这根又粗、又黑、又深、又长的反革命修正主义黑线的总根子。他是反革命修正主义文艺黑线的总后台。在这场史无前例的无产阶级文化大革命运动中，埋在毛主席身边的这颗定时炸弹刘少奇被全国革命人民挖出来了，这是毛泽东思想的伟大胜利！我们一定要"宜将剩勇追穷寇，不可沽名学霸王。"奋起战无不胜的毛泽东思想千钧棒，把刘少奇批深、批臭、批倒，坚决把无产阶级文化大革命进行到底！

上海红旗电影制片厂　红旗革命造反兵团　《217》纵队

最 高 指 示

要特别警惕象赫鲁晓夫那样的个人野心家和阴谋家，防止这样的坏人篡夺党和国家的各级领导。

斬斷劉少奇、陳丕顯伸向文艺界的魔爪！

十七年来，中国的赫鲁晓夫刘少奇公开反对毛主席的革命路线，疯狂地进行资本主义复辟活动，在政治上、经济上、思想上、文化教育各个领域里，推行了一整套反革命修正主义的路线，向无产阶级发动了全面的进攻。刘少奇就是资产阶级的黑司令，修正主义的总头目，也是反革命修正主义文艺黑线的总后台。

刘少奇妄图实行篡党、篡政的罪恶阴谋，在组织上，到处招降纳叛，结党营私。反革命修正主义分子陈丕显、曹荻秋就是刘少奇安插在上海的两颗定时炸弹！陈丕显、曹荻秋是上海的刘少奇、邓小平，是上海的最大的党内走资本主义道路当权派。

今天，我们要清算陈丕显在上海文艺界的反党、反社会主义、反毛泽东思想的滔天罪行。

一、公开对抗毛主席的革命路线，为刘少奇树碑立传

一九六三年，毛主席提出了"农业学大寨"。这是一个伟大的革命号召，是毛主席向六亿农民指出的方向；但反革命修正主义分子陈丕显却与大野心家彭真勾结在一起，跟毛主席的指示大唱反调。彭真在北京一手策划搞了一个什么《北京农业大跃进》，公然与毛主席的伟大号召进行对抗，这个大野心家在审查片子后大肆吹捧说这是体现了"总路线的好影片"，"这部影片是好片子。一定要到全国放映，要好好地宣传、发行。"甚至说："还要拿到外国放映，特别是兄弟国家去放映。"真是野心勃勃，狗胆包天。而陈丕显这个混蛋，马上南北遥相呼应，搞出了一个什么《上海农业大丰收》，陈丕显妄图通过这部影片，推行修正主义的一套黑纲领。他明目张胆地说："上海郊区农业发展要依靠城市的力量来搞机械化，水电化，化肥化……"，公开抵制毛主席发出的："全国农业学大寨"的伟大号召，妄图否定毛主席提出的自力更生、艰苦奋斗的方针。其居心何其毒也！

毛主席说："在现在世界上，一切文化或文学艺术都是属于一定的阶级，属于一定的政治路线的"。反革命修正主义分子陈丕显如此热心《上海农业大丰收》这部影片，就是为他们的反动政治路线服务的。又如陈丕显为了宣扬刘少奇的反革命修正主义路线，为他的主子和他自己树碑立传，在一九六五年底，突然提出要看《湖上斗争》和《红色的种子》这两部影片。看完后，陈丕显便大肆吹捧自己过去在苏中地区斗争的"功绩"，并说："这两部片子搞得不真实，演员没有生活，也不来请教请教我们，但这两部影片的题材还是好的"。又说："我们那时的斗争，在少奇同志的领导下，不论解放区的武装斗争和敌占区的地下斗争，水平都是很高的。怎么会象影片这个样子呢？"这就充分暴露了他为刘少奇歌功颂德，为刘少奇实现篡党、篡政、篡军制造舆论的罪恶阴谋。

二、反对柯老指示，腐蚀无产阶级接班人

一九六三年，毛主席的亲密战友柯庆施同志坚定地执行毛主席的文艺路线，提出"文艺要写十三年，要描写社会主义革命和社会主义建设，要塑造出无产阶级的顶天立地的英雄人物"。可是，陈丕显这个大混蛋，却明目张胆地和柯老大唱反调。一九六三年，陈丕显在一次关于话剧《年青的一代》座谈会上，对一些青年演员说："你们要很好地向老演员学习，要把演《日出》里陈白露的班接过来"，并对这些老演员说："你们要很好地将这些东西教给他们"等等，真是荒谬透顶！《日出》是什么戏？是典型的大毒草，戏中的陈白露是一个专门勾搭洋人的卖国妓女，是一个王光美式的臭婊子，陈丕显却要青年去接这样的班？其用心何等恶毒！柯老提出坚决要写十三年，而陈丕显却偏要写资本主义，封建主义，修正主义的洋、名、古、修大毒草；柯老提出一定要塑造无产阶级的当代英雄，而陈丕显却死命的要把陈白露这个资产阶级寄生虫传种接代。这就赤裸裸地暴露了他反对毛主席的革命文艺路线的罪恶行径。

三、借"反资"为名，行阴谋复辟之实

党内头号走资本主义道路的当权派刘少奇，为了宣扬阶级斗争熄灭论，使我国"和平演变"，他别有用心地提出，要文艺界写所谓的"历史上的反资作品"。主子一声令下，喽罗四处奔走，积极为其效劳。

一九六四年十一月一日旧中宣部黑帮头目陆定一、周扬在北京召开的电影厂党委书记和厂长会议上专门布置了拍摄反资题材的任务。一九六五年二月旧中宣部和旧文化部在北京召开的故事片创作会议上，就正式下令上海要在当年创作生产一至两部的反资题材的故事片。同年九月，周扬又奉命去天津，亲自抓了长春电影制片厂的反资影片《三条石》，并作了黑指示。接着反革命修正主义分子石西民、刘白羽于六六年一月来上海大抓反资题材的影片，召集了一伙民主人士进行座谈，并下令一定在一九六六年把反资片拍出来。二月份大黑帮彭真也奉刘少奇旨意赶到上海，在锦江饭店大开黑会，大发黑指示，他说："要以上海、天津为中心搞反资小说"，上海一定要搞出一至两部反资影片，原因是"上海资本家多"。并说"如果上海作家有困难，可以组织全国作家来搞"。这帮打手们四处奔走，摆出一副大干一场的架势，于是，陈丕显就卷起袖管亲自上阵了。三月份，人民出版社现代文学的主任罗立均，受刘少奇之命，带着黑指示来到上海组织力量写反资小说，陈丕显为了表示对主子刘少奇的忠心，竟带了三个黑市委书记接见罗立均。陈丕显还讨好地说："你搞好了，人不够，我们可以调几百人给你"。陈丕显对刘少奇可真是忠心耿耿。于是陈丕显罪恶的黑手伸进了海燕电影制片厂。

"反资"影片《铁火风雷》（又名清算）的创作，就是在这班混蛋们的直接策划和监督下出笼的，该剧本从创作到午台演出，花了一年多的时间，陈丕显还特派张祺挂帅，参与这部影片的彩排、审查。反革命修正主义分子胡乔木、石西民、刘白羽、魏文伯、洪泽、曹荻秋、杨西光、杨永直、孟波等……三天两头来厂，一次又一次地审查；他们为什么如此卖力？难道他们真要"反资"吗？还是看看他们的自供状吧；

陈丕显在审查《铁火风雷》时说："这个戏可不可以把时间缩短到解放初期为止。时间写得太长有许多问题经不起推敲"。在另一次他又下命令说："只能搞到解放初期，解放后十几年就别算进去了"。在这同时，反革命修正主义分子周扬在天津对《三条石》下黑指示，也说："这个戏能不能就结束在三反五反"。真是"南腔北调"，如同一辙！

一个在上海，一个在天津，而口径又如此统一，为什么对时间问题抓住紧紧不放呢？其总根子就在党内最大的走资本主义道路当权派刘少奇那里。刘少奇在社会主义三大改造完成后，就极力宣扬什么"公私合营以后无产阶级和资产阶级的矛盾已经基本完成了，""今天的资本家是新的资本家了……。"陈丕显的同谋石西民曾给陈丕显暗示了刘少奇的旨意，说什么："真人真事太多了，有活着的人，有死了的人，人活着把他们的东西弄出来是否适合？有的本人还来看。"周扬却更露骨说："资本家的具体人还在呢"……等等，由此可见陈丕显极力回避写解放后的资本家，是为了忠实的奉行他们总头目刘少奇的宗旨，妄图搞资本主义复辟，让资产阶级"和平"长入社会主义。

刘少奇是资产阶级在党内的代理人，他曾恬不知耻的说："美国非要在中国找买办不可，我们也可以给他当买办，红色买办吆"。而刘少奇忠实的黑干将陈丕显在谈论一个在五六年逃到香港去的资本家时，大放厥词说："资本家在香港表现很好，这就是红色资本家。"真是无耻之极！刘少奇之所以大肆宣扬什么"阶级斗争熄灭论"，完全是站在资产阶级的立场上，和资本家一鼻孔出气，以保存他在中国复辟资本主义的社会基础。而陈丕显之流如此强调不能写解放后，尤其是"三反五反"之后的资本家，也就不难看出他的罪恶目的了。所以陈丕显在审查片子的时候，对于仅有的一点"揭露工人被剥削的内容都要大叫"暴露多了"，这也是并不奇怪的事。

在剧本审查中，陈丕显别有用心的说："我看工厂不一定搞那么多，从小厂到大厂就行了。"以后又说："只搞一个厂就行了。"这是什么意思呢？我们只要看一下陈丕显手下的黑市委宣传部长反革命修正主义分子杨永直说的一番黑话就昭然若揭了，他说："把资本家和外国洋行订货的戏去掉……资本家和国民党、帝国主义的勾结去掉，这个片子可以只讲经济剥削，不涉及政治斗争。"这还不算，接着他更赤裸裸地说："我说清楚了，戏可以不与历史背景联系，搞戏就只搞一面性，一面性就是只搞经济剥削，把勾结帝国主义，勾结国民党，抄党员名单都去掉"。可见原来他们只可写一个厂，不许联系写社会政治背景的目的，就是美化那些与帝国主义、国民党反动派有千丝万缕的联系的民族资产阶级，歪曲我国工人运动的伟大斗争史实。马克思列宁主义、毛泽东思想的阶级斗争学说告诉我们，自人类社会出现了阶级以来，社会上的一切斗争，都是阶级斗争的反映。经济斗争，经济剥削就是政治斗争的反映。可是刘少奇和陈丕显之流却胡说什么："只讲经济斗争，不讲政治斗争。"他们说："对劳资合作可以强调一下。"从这里我们可以更清楚地看出：他们口口声声叫"反资"、"反资"，其实是打着"反资"的旗号，拚命的宣扬阶级斗争息灭论的真面貌罢了。

反革命修正主义分子陈丕显还利用一切机会进行放毒。戏中有这么一句话："两个人的工作一个人作，一个人的饭两个人吃"，陈丕显却无中生有污蔑说："我们现在是否说两个人的工作一个人做，一个人的饭二个人吃，不要与今天我们一些提法混在一起了。"这真他妈的胡说八道。我们不禁要问：这和苏修污蔑中国人几个人合穿一条裤子有什么两样呢？这是对我们伟大的社会主义制度的极大污蔑！

从以上所述，我们就可以清楚地看到，刘少奇这个党内最大的走资本主义道路当权派和他安插在上海的陈丕显大抓特抓文艺界的工作，其目的不就一目了然了吗！这就是他们要将文艺阵地成为他们搞反革命复辟制造舆论的工具。

我们一定要高举毛泽东思想伟大红旗，彻底粉碎中国的赫鲁晓夫刘少奇和上海的赫鲁晓夫陈丕显的阴谋，斩断他们伸进文艺界和其他各个领域内的黑手，彻底剥下他们的画皮，把他们的罪恶阴谋暴露在光天化日之下。我们一定高举毛泽东思想的革命批判大旗，把假革命、反革命刘少奇、陈丕显批深、批透、批倒。要扫除一切害人虫，全无敌！

最后的胜利，必将属于伟大的战无不胜的毛泽东思想！

上海红旗电影制片厂　红旗革命造反兵团　《红旗》战斗队

最 高 指 示

凡是敌人反对的，我們就要拥护，凡是敌人拥护的，我們就要反对。

心有灵犀一点通

——从《清宫秘史》的摄制、放映谈起

《清宫秘史》是一部内容反动、彻头彻尾宣扬卖国主义的影片。党内最大走资本主义道路当权派，"称赞"它是一部"爱国主义"的影片，这就十足地暴露了他假革命、反革命的真面目。影片《清宫秘史》的反动性，在内容上已暴露无遗，但是我们也可以从这部影片的摄制及放映的一些情况看出这个党内最大走资本主义道路的当权派，他的立场和敌人是多么合拍，多么一致。

反动影片《清宫秘史》是一九四八年由香港永华影业公司摄制的，这家反动影业公司的老板李祖永，是个留美镀金回国依靠官僚资本起家的反动家伙。抗战时期，他是一个军火商和买卖黄金的投机家，之后又凭借四大家族的势力，开设了"大业印刷公司"专印反动派钞票。当时李祖永为了解决国民党通货膨胀，滥发纸币，缺乏纸张的困难，提出将原伪币一折为二，印成窄长式伪币的建议，颇得蒋匪介石的赞赏。后来就出现的美钞式伪币，便是他的"劳绩"。一九四七年，这个为国民党"效忠"的老板忽然在香港花了二十五万美金办起"永华"影业公司来了，这难道是为了赚几个钱？还是兴趣所至戏弄粉墨呢？不，永华影业公司一成立，就明确要为国内外反动派的腐朽政治服务，它勾结大汉奸大恶棍张善琨和十足的洋奴、英国捕房的帮办头子等咬牙声称"决不能让共产党利用"，于是在一九四八年"呕心沥血"地炮制了两部极端反动的影片《国魂》和《清宫秘史》。

一九四八年是我国解放战争取得决定性胜利的一年。中国人民解放军在伟大领袖毛主席的亲自指挥下，与蒋介石匪帮进行了战略总决战。在举世闻名的辽沈、平津、淮海三大战役中，歼灭了国民党反动军队近一百六十万，从而使蒋家王朝的反动统治陷于四分五裂、土崩瓦解的绝境。这时，美帝国主义及蒋匪帮为了挽回败局，就抛出了"和平"的烟幕，并发动国民党在军事上、政治上、经济上、文化宣传上的残余力量，妄图苟延残息，"和共党周旋到

底"。正是在这场决战中,永华公司第一部反动影片《国魂》出笼了(吴祖光编剧、卜万苍导演)。它借着宋朝末年文天祥的幽灵,大肆宣扬"杀身成仁,效忠正统"的骨气,号召人们去维护正统,要以"留取丹心照汗青"的精神去效忠蒋家王朝。该片放映后,立即得到蒋帮的赞许和重视,并且还指示:"饬属加印拷贝三十份送至前线各地,以发挥先贤卫国精神,而振士气。"其反动性质可见一斑。毛主席教导我们:**"在现在世界上,一切文化或文学艺术都是属于一定的阶级,属于一定的政治路线的。"**反动的永华影业公司正是以顽固的反动立场,紧密配合着国民党行将湮没的腐朽政治,接着又抛出了第二部大毒草《清宫秘史》。

《清宫秘史》完成于一九四八年九月,该片在一九四九年和一九五○年曾先后发行至我省台湾和英、美、法等国去放映,据报道台湾放映时"上下狂满"、"众口一是",国民党反动派的喉舌《中央日报》眉飞色舞地说:"这部片子是永华公司的又一部辉煌出品","轰动一时,自然是意料中事。""《清宫秘史》呈现了磅礴的气势。"等等;香港最反动的报纸《星岛晚报》吹捧《清宫秘史》是一部"上佳影片",连香港一家专演美国反动影片的《娱乐戏院》也为之大开方便之门,破例予以放映,正是风靡一时。阶级敌人对这部影片的重视和狂热地赞扬,是不足为奇的。因为这部影片迎合了帝国主义侵略的需要,极力歌颂资产阶级改良主义,美化帝国主义,诬蔑人民群众的革命运动,影片最后赤裸裸地暗示:"老百姓是爱这个皇帝的,这个皇帝是可以信赖的,要回来的。"影片为帝国主义和国民党蒋介石服务的政治目的是显而易见的。

反动的老板办反动影片公司,拍出反动影片,又受到反动派的重视和赞扬,这倒是很合逻辑的,也并不奇怪。可是一个自称"老革命"、"工人运动领袖"的刘少奇,却在一九五○年跳出来,大肆颂扬这部影片是"爱国主义"的,岂非咄咄怪事!我们的伟大领袖毛主席教导我们:**"当人民推翻了帝国主义、封建主义和官僚资本主义的统治之后,中国要向哪里

紧密的配合

红旗革命造反兵团
《303》纵队红画匕画

去?向资本主义,还是向社会主义?……事实已经回答了这个问题:只有社会主义能够救中国。"**毛主席一针见血地指出了,在建国以后,存在着中国向何处去的尖锐斗争,存在着两条道路、两个阶级、两种命运的激烈斗争,存在着复辟和反复辟的斗争。刘少奇正是代表了资产阶级的利益,要把中国引向资本主义,他对反动影片《清宫秘史》的吹捧,**"心有灵犀一点通"**地与台湾的阶级敌人遥相呼应,因为正是这部影片,反映了他们共同的政治主张,符合了他们共同的阶级利益。所以才敢冒天下之大不韪,公开反对毛主席对卖国主义影片《清宫

秘史》进行批判的指示。

从一滴血可以了解他全部血液的奥秘，正是这样，对《清宫秘史》的态度，决不是对一部影片而已，刘少奇在解放以后就一直鼓吹"维护新民主主义秩序"、"保护富农经济"、颂扬"剥削有功"、推行"三自一包"、"四大自由"等等，一句话，他就是要极力搞资本主义复辟，把中国引向黑暗的道路。刘少奇是一个挂羊头卖狗肉的假革命、反革命。对《清宫秘史》的吹嘘是他反动立场和丑恶的内心世界的大暴露。坚决批判反动影片《清宫秘史》！坚决打倒中国的赫鲁晓夫——刘少奇！　　　上海红旗电影制片厂　红旗革命造反兵团·宣传组·

————▶◀◆◆◆▶————

刘少奇对張瑞芳談的一番黑話

一九五八年冬，党内头号走资本主义道路的当权派刘少奇，带着他的臭婆娘王光美到安徽淮北一带，打着"视察""参观"的旗号，其实是去调查大跃进和人民公社的缺点和错误，以便"秋后算帐"，对党中央和毛主席强加压力。

当时，原江南电影制片厂在宿县一带拍摄《三八河边》和《卧龙湖》影片。这时刘少奇、王光美知道"大演员"张瑞芳等人在"三八公社"，于是马上派小汽车把他们接到县城。刘少奇在收集了"三八公社"的情况后，知道这个公社的领导人是女同志，便大放厥词说："我们欢迎妇女领导我们，最少可以减少强迫命令，态度可以更和善，多做说服工作。"刘少奇的这番黑话是极其恶毒、阴险的。

一九五八年，在总路线的指引下，在毛泽东思想的光辉照耀下，东方的地平线上出现了人民公社的新生事物。人民公社一出现，立即得到毛主席最坚决的支持，他说："**人民公社好！**"于是在很短的时期内全国就实现了人民公社化。这是震撼世界的大事。

安徽省的人民公社化运动也不例外，到处呈现一片穷则思变，要干、要革命的热气腾腾的革命景象，人人意气风发，个个斗志昂扬地建设社会主义。然而刘少奇怀着对人民公社的极端仇视，妄图推行他的"三自一包""三和一少"的反革命资本主义复辟阴谋，抵制总路线、大跃进、人民公社三面红旗的光辉，胡说什么实现人民公社化是"强迫命令"的结果，妄图扼杀人民公社这个新生事物，并阴晦地攻击我们心中最红最红的红太阳毛主席，说什么："欢迎妇女领导我们……"其用心何其毒也！

刘少奇的这番黑话，完全是和杜勒斯、赫鲁晓夫之流对我国人民公社的污蔑，同唱一个调子！然而狂犬吠日，丝毫无损于红太阳的光辉，刘少奇的狼子野心，一千年、一万年也绝不会得逞！无产阶级文化大革命的历史巨轮，必将把这个小小苍蝇碾成碎粉，一小撮民族败类最终被革命人民扫进历史的垃圾堆！　　上海红旗电影制片厂　红旗革命造反兵团　·狂飚·

蒋介石和刘少奇是"同胞兄弟"

蒋介石姓"蒋"，刘少奇姓"刘"，怎么会是"同胞兄弟"呢？答曰：是的。

经过我们详细考察，他俩的确是同"母"异"父"的"同胞兄弟"。何以见得，请看铁的事实：

事情发生在二十世纪四十年代的中国，正当蒋家王朝面临崩溃的前夕，蒋匪介石为了迎合美帝国主义侵略中国的需要，从他"爹"那儿捞些反共的资本，于是大肆宣扬崇帝、亲帝思想，极力散布对美帝国主义的幻想，公开贩卖卖国主义谬论，大演特演反动话剧《清宫外史》（请注意：此话剧和反动影片《清宫秘史》情节大同小异，内容一样反动），大力宣扬"曲线救国"、"攘外必先安内"的反革命主张，妄图挽救其即将复灭的命运。这个反动的话剧是蒋介石的御用文人杨村彬编导（此人在这次伟大的无产阶级文化大革命运动中已被上海人艺揪出来了），由国民党三青团中央青年剧社演出，当时轰动了整个山城。

蒋匪介石见此十分得意，两次亲临观赏，并下令要中央伪训练团的全体学员（均为国民党高级军官，官僚）陪同"受教育"。演出后，蒋匪大为夸奖，亲自召见了剧社全体演职员，并共进午餐，吃了"新生活运动"饭、以示嘉奖。饭前，蒋匪兴致勃勃，拿着剧社的花名册，一一点名，检阅了一番队伍，颇为满意。在吃饭时，蒋匪问杨村彬："你今年多大？"杨答："三十几岁。"蒋匪十分赞赏地说："很年青，到外国去过没有？""杨低头哈腰："没有。"蒋匪关心备至地说："象你这样的，应该到美国去……"蒋介石这番肺腑之言，真是"语重深长"寄托了无限的期望。饭后，蒋匪又和全体演职员合影留念，以备"永垂不朽""载入史册"。后来，蒋匪为了极力扩大其政治影响，此剧曾在各地大演特演。然而，蒋匪得意之时，却恰是他灭亡之日！

果然，时隔不久，中国人民解放军的刺刀已直逼蒋匪的胸口，这时香港的反动"永华"影业公司和反动文人立即跳出来制作了赤裸裸宣扬民族投降主义，希望帝国主义"帮助"中国"重振朝纲"的反动影片《清宫秘史》，直接地为处于土崩瓦解的国民党反动派出谋献策，蒋介石对于奴才的这一片忠心，当时是感激涕零，大加赞许。满以为这支给美帝国主义卖唱的歌可以换得更多的大炮和美钞，以便和中国人民解放军再作一番较量。

但是，历史是无情的！这一切的一切都无法挽救蒋家王朝灭亡的命运。在人民解放军的炮声中，蒋匪介石躲在他"爹"的裤裆里，逃到台湾去了！

东方霹雳一声巨响，一九四九年十月一日，伟大的中华人民共和国庄严宣告成立了！红色的中国象巨人一样屹立在东方！

毛主席教导我们说："当人民推翻了帝国主义、封建主义和官僚资本主义的统治之后，中国要向哪里去？向资本主义，还是向社会主义？……事实已经回答了这个问题：只有社会主义能够救中国。"就在这时，自称为"老革命""大人物"的刘少奇，却积极充当了帝国主义、封建主义、反动资产阶级的代言人，居然在竭力鼓吹"和平民主阶段"的同时，大肆吹捧起反动的、彻底的卖国主义影片《清宫秘史》，说是爱国主义的。

奇怪吗？吃惊吗？剥开刘少奇的画皮，我们就一点儿也不奇怪，更不会吃惊了。

上海红旗电影制片厂　红旗革命造反兵团　·金猴·

看刘少奇的一副洋奴相！

刘少奇崇洋媚外成性。一九五九年秋，刘少奇带着王光美去民族宫看舞剧《鱼美人》。在幕间休息时，他接见了苏修专家古雪夫，利用这短暂的二十分钟时间，奴颜婢膝地向苏修专家献媚、出丑。请看以下对话：

刘：您在中国培养的学生很多吧？以前，佛是三千弟子，您有几百吧？

古：不，没有这么多，只有二十多个。

刘：二十多个也不算少呀！您的功劳很大，这二十多个以后就是中国舞蹈界的骨干人才罗！你象佛一样，给我们舞蹈界传经播道起了点化作用，您的学生以后就会在这里把您的真经传播下去的。……（在这里，刘少奇引用了一段佛经上的话，由于难懂，当即由王光美译成白话）您就是佛嘛！中国舞蹈艺术的始祖嘛！他们都是您的弟子。

古：我没有什么，是他们的成绩，中国人民的勤劳刻苦，给我留下了很深刻的印象。

刘：不过，再勤劳刻苦，没有您的指导，他们也做不出今天这样的成绩。您在中国排了不少作品吧？

古：好几部了！有《天鹅湖》、《海侠》，这次的《鱼美人》是第一部中国舞剧，这还是一次尝试呢。

刘：不错，很有意思。其他几部我也看过了，很喜欢。非常感谢您的帮助，希望您今后再排几部新作品。

*　　　　*　　　　*　　　　*

从这短短的一段对话中，可以明显地看出中国党内头号走资本主义道路的当权派刘少奇，是反革命修正主义文艺黑线的总根子。他公然吹捧那些为才子佳人、帝王将相歌功颂德的资产阶级艺术作品，拜倒在苏修专家的脚下，为他涂脂抹粉，并感谢他们培养了修正主义的接班人；他对资本主义——修正主义的专家崇拜得五体投地，为了表示他的尊敬，搜尽枯肠，终于掏出了他灵魂深处的另一个法宝——封建迷信的佛爷，以此作为比拟，来赞颂修正主义。借此机会，他又搬出了他的修身养性的一套黑玩艺，说什么修正主义者就象"佛"一样，在中国"传经播道，起了点化作用"，以后就可以把修正主义的"真经"传播下去。……刘少奇是个什么玩艺儿，不是看得十分清楚了吗！

这一段话，是刘少奇反党反社会主义反毛泽东思想的自白书，他提倡的是封建主义、资本主义的艺术，他崇拜的是封建主义的佛爷和修正主义的专家，他憎恶的是伟大的毛泽东思想和中国劳动人民勤劳刻苦的品质。

他是拜倒在苏修脚下的大洋奴！

《北京芭蕾舞学校毛泽东主义公社》

最 高 指 示

"凡是要推翻一个政权，总要先造成輿論，总要先做意識形态方面的工作。革命的阶級是这样，反革命的阶級也是这样。"

是"反资"还是搞资本主义复辟？

——"反资"片《铁火风雷》是刘记大毒草！

一九六二年，毛主席在党的八届十中全会上向全国人民发出了"千万不要忘记阶级斗争"的伟大号召。随后，在全国范围内开展了社会主义教育运动，并取得了伟大的胜利。但是阶级敌人并不甘心他们的失败，他们在各个领域里继续向无产阶级专政进行着疯狂的大反扑，阶级斗争非常尖锐复杂。一九六五年，正值我国城乡社会主义教育运动进入了一个全面深入开展的新阶段，毛主席亲自主持制定的《二十三条》给了党内头号走资本主义道路当权派当头一棒，使他所推行的那套形"左"实右的资产阶级反动路线破了产。就在这个时候，刘少奇贼心不死，还想"东山再起"，继续搞资本主义复辟，于是便抓住文艺这一宣传工具负隅顽抗，玩弄了所谓写"历史上反资题材"这个罪恶阴谋，由他手下的一帮黑爪牙们出马，吹吹打打地扶植起《铁火风雷》这棵大毒草来。

一

号称"反资"题材的影片《铁火风雷》（原名《清算》）写的是国民党反动统治濒临灭亡的前夕，上海一家机器制造厂的资本家的剥削史。它打着写工人阶级斗争的幌子，公开站在国民党反动派和资产阶级的立场上，肆意歪曲工人阶级革命斗争的历史事实，抹杀党对工人阶级的领导作用，丑化工人阶级形象。美化资产阶级，鼓吹"剥削有功"，突出资本家的剥削史。这是一棵道道地地贯彻党内头号走资本主义道路当权派刘少奇的黑旨意，贩卖"阶级斗争熄灭论"，为资本主义复辟制造舆论的大毒草！

这个戏曾被列为一九六六年我厂重点剧目之一。受到反革命修正主义分子胡乔木、石西民、刘白羽、魏文伯、陈丕显、曹荻秋、杨西光、杨永直、张祺、杨进、杨琪华直至韩英杰之流前所未有的"关心"和"重视"，喧赫一时；另一方面，由于它采取了所谓"电影话剧"的形式，于一九六五年在上海曾作过一度半公开演出，流毒颇广，影响也很大。因此，必须予以彻底批判！

反资题材作为社会主义革命时期的重大题材之一，我们完全有责任把它写好。而我们要写的反资题材，必须是按照毛主席所制定的党的政策方针去正确地反映无产阶级与资产阶级之间你死我活的阶级斗争，必须牢牢把握住两条道路、两个阶级斗争的这个纲，从根本上无情地揭露资产阶级的丑恶本质，并以百倍的政治热情来歌颂我国工人阶级在党和毛主席领导下为夺取政权和国内外阶级敌人浴血斗争的革命历史。在当前阶级斗争形势的要求下，尤其应该把无产阶级取得政权以后，资产阶级时刻企图复辟的阴谋加以无情的揭露，迎头痛击。把无产阶级为巩固自己的政权而进行的极其尖锐、复杂的反复辟斗争也充分地反映到我们的反资题材的文艺作品里来。

但是，一小撮党内走资本主义道路的当权派以及他们的总后台刘少奇却反其道而行之。《铁火风雷》根本就不是什么"反资"片，而是如前所说的搞资本主义复辟的大毒草。

因此，围绕着《铁火风雷》这株大毒草所展开的斗争，是以毛主席为代表的革命路线，和一小撮反革命修正主义以及他们的总后台——党内最大走资本主义道路的当权派刘少奇，在上述根本问题上存有原则性的分歧的斗争。

二

一九六五年，张春桥同志坚决贯彻毛主席的革命路线，曾指示上海着手创作反映四清运动的反资题材，彻底揭露资产阶级的复辟阴谋，并予以迎头痛击。但是，党内头号走资本主义道路当权派刘少奇却公然和毛主席的革命路线大唱反调。他说："四清运动都可以写，历史上的反资为什么不可以写？"于是，刘少奇手下的一员干将周扬，立即亲自出马抓长影的"反资"片《三条石》，并下令说："只准写到解放为止！"还美其名曰"历史的反资题材"。而上海的刘记黑店的混蛋们也就不折不扣地忠实执行。一九六五年十月九日，《铁火风雷》第一次审查演出时，反革命修正主义分子杨永直就说："剧本写到解放后生产力大解放就行了。"十一月十五日第二次审查演出时，反革命修正主义分子陈丕显更反复地提出："只写到解放初期就结束。"

这难道仅只是一个剧中时间的限制吗？仅只是为了所谓写"历史"吗？绝不是！

毛主席教导我们："帝国主义者和国内反动派决不甘心于他们的失败，他们还要作最后的挣扎。在全国平定以后，他们也还会以各种方式从事破坏和捣乱，他们将每日每时企图在中国复辟。这是必然的，毫无疑义的，我们务必不要松懈自己的警惕性。"又说，中国革命在全国胜利以后，国内的基本矛盾是"工人阶级和资产阶级的矛盾"。但是，刘少奇却拚命鼓吹"阶级斗争熄灭"论，说什么："国内主要的阶级斗争已经基本上结束了，……"宣扬什么"中国革命的敌人——帝国主义、国民党、官僚资本家跑掉了，消灭了，没有了"，"自由资产阶级不是斗争的对象"，"重点是联合，不是斗争"，资本家"剥削有功"等等。到一九五七年，他更是变本加厉地胡说什么："资本家已经把工厂交出来了，除开极少数的分子以外，他们已经不愿意反抗社会主义了"。公然为资本主义复辟制造舆论准备。而刘少奇的这帮黑爪牙们如此三令五申，不准在"反资"题材的文艺作品中反映解放后资产阶级每日每时企图在中国复辟资本主义这一阶级斗争的实际，就是为刘少奇的"阶级斗争熄灭论"服务的。

所以，透过他们只准《铁火风雷》这个毒草剧本写解放前，不准写解放后这一表面现象来看，他们究竟是意在"反资"，还是实际上是反党反社会主义反毛泽东思想，来达到他们复辟资本主义的罪恶目的不是昭然若揭了吗？刘少奇这个假革命、反革命及其同伙对于毛主席的革命路线，对于毛主席的阶级和阶级斗争伟大学说的极端仇视，顽固对抗的狼子野心，也就暴露在光天化日之下了。真是可恶至极、阴毒至极！

三

毛主席教导我们："阶级斗争，一些阶级胜利了，一些阶级消灭了，这就是历史，这就是几千年的文明史。"

毛主席还教导我们："世界上一切革命斗争都是为着夺取政权、巩固政权。"

根据毛主席的教导，我们的反资片就应该充分反映出工人阶级由自发到自觉，由经济斗争引向政治斗争，并在其先锋队中国共产党的领导下最后达到夺取政权的目的这一光辉的斗争历史。

但是，一小撮反革命修正主义分子们控制着《铁火风雷》的创作，一而再、再而三地提出"只准写经济斗争，不准写政治斗争"的黑指令。他们企图把解放前工人阶级向资产阶级所作的英勇斗争，局限在所谓"纯经济斗争"的水平上。似乎工人阶级所要求的只是"吃饱饭""按时发工资"等等，完全抽掉了工人阶级作为一个阶级起来为本阶级最根本利益、为夺取政权而进行斗争，进行革命，这一阶级斗争的核心问题。他们之所以要这样做，实际上也还是为了贯彻为刘少奇的修正主义黑线服务的。

全国解放以前刘少奇在白区工作中，一贯推行的是一条右倾机会主义的"经济主义"路线。只搞所谓"经济斗争"，片面强调所谓目前利益，牺牲工人阶级长远的、根本的利益。他说什么要"忠实为达到群众的经济要求而进行斗争。"从而根本否认政治斗争。应该指出，刘少奇的所谓"经济斗争"，也完全是站在资产阶级立场上，不妨碍资本家的根本利益所许可的范围之内，即所谓"必须让资本家有利可图"的前提下的。刘少奇是中国出卖工人阶级根本利益的头号工贼！所以，他的爪牙杨永直在第一次"审查"时，就公然提出："说清楚，这个戏只写资本家剥削的一面，不写他勾结国民党反动派、帝国主义的一面，只写经济斗争，不写政治斗争，时代背景可以虚写。"而陈丕显、曹荻秋之流看了戏以后，更赤裸裸地提出什么再突出一些所谓"文明剥削"来加强所谓经济斗争。杨西光更迫不及待地说："就这样也可以拍了，可以叫作'展览片'，也有教育意义的。"（其意是想让这个戏立即出笼来配合当时他们一手泡制的只有经济斗争，抹杀阶级斗争的所谓上海阶级斗争教育展览会")当时，张春桥同志就严正指出："就是'展览片'也要重写"，"我们还要正确地教育下一代，不能这样稀里糊涂"，剧本"没有典型环境，典型人物"等等，并且一针见血地强调指出：剧本的"这一套斗争不符合毛主席的策略方针"。后来，许多工人同志审查后，也一致要求加强党的领导，着重反映政治斗争，应写出工人自己的组织——红色工会等等。但是，反革命修正主义分子们对张春桥同志的批评以及工人同志的意见，根本置若罔闻不加理睬，而这时作为这部戏挂帅的张祺却胡说什么：工会斗争太复杂，有什么"白皮红心的"，"红皮白心的"等等，一句话，不准写工人阶级为了夺取政权的政治斗争。这一论调完全和周扬遥相呼应。周扬对长影的《三条石》也是一再下黑"指示"不准写工人的政治斗争的。

这是为什么呢？说穿了其反动的实质，就是：一是歪曲工人阶级革命斗争历史，否定了党对工人阶级的领导作用，把工人阶级贬低成为只有经济要求而无政治远见的自发阶级；二是美化资产阶级，好象资产阶级仅只是为了点钱进行剥削，而不是为了夺取政权统治工人阶级。照此逻辑当然在解放后资本家就根本不存在什么复辟资本主义的政治野心了。归根结蒂一句话，就是抹杀阶级斗争的核心问题——政权问题。妄图麻痹工人阶级斗争的意志，为他们这一小撮反革命修正主义分子，进行篡党篡国，实现资本主义复辟制造舆论准备。其用心何其毒也！

四

毛主席教导我们："人民，只有人民，才是创造世界历史的动力。""革命的文艺，应当根据实际生活创造出各种各样的人物来，帮助群众推动历史的前进。"

根据毛主席的这一最高指示，在反资片中，就应该是以无产阶级百倍的政治热情，着力塑造出工人阶级的高大的英雄形象来。教育群众，帮助群众推动历史的前进。在《铁火风雷》一剧中，我们首先应将剧中的党员工人张正明塑造成典型的英雄人物。但反革命修正主义分子们反其道而行之，却硬要把力量放在落后工人周荣根的身上。

反革命修正主义分子陈丕显看了戏后阴险地说："剧中时间不要写得过长，否则周荣根今天还在工厂里就不合理了。"这是为了让落后工人周荣根"永世长存"。而我厂走资本主义道路当权派韩英杰更露骨地说：应把周荣根作为"不斗争的失业典型"（即落后工人典型）来塑造。反革命修正主义分子石西民、刘白羽则更是赤裸裸地提出一定要把周荣根这一老工人写成被资本家愚弄，任凭资本家剥削，压榨，忍气吞声，逆来顺受，甚至为了几个臭"奖金"，替资本家卖命改革机床，出卖工人阶级利益的软骨头。更其恶毒的是，当资本家把他开除出厂之后，他还祈求资本家："你们不能过河拆桥呀"等等。而作为党的领导形象的张正明，对这一切不是熟视不顾，便是束手无策。当许多工人同志看了演出，对这几个被严重地丑化了的工人阶级的形象。提出尖锐批评，并指出解放前工人给资本家改革机床完全是捏造时，这帮反革命修正主义分子们根本不加理睬，置若罔闻。石西民、刘白羽等甚至还一再强令要把这一情节"合理化发展下去"。韩英杰也反复强调这就是"文明剥削"比"封建剥削"更残酷，死抱住这些反动头头反革命修正主义的黑指示不放。

他们为什么要这样呢？其一，是为了推行反革命修正主义文艺黑线的"中间人物"论，"写真实"论和"写阴暗面"论，塑造落后的典型，腐蚀工人阶级的革命意志，对抗毛主席的革命文艺路线。而更其重要的目的是，为了给刘少奇所提出的资本家"剥削有理"、工人"造反无理"的反革命论调提供形象的根据。刘少奇不是胡说什么："工人要你(资本家)剥削，不剥削人家就苦得很"吗？因此把周荣根丑化成了如此地步。这是刘少奇支持资产阶级向工人阶级发动猖狂进攻的铁的罪证，真是可恨之极！

综上所述，从《铁火风雷》这株大毒草中反映出来的问题，绝不是什么"写历史题材"的问题，更不是什么"创作方法"的问题，而是彻头彻尾反党、反社会主义、反马列主义毛泽东思想，是资产阶级向无产阶级猖狂进攻的一支毒箭！是赤裸裸地在搞资本主义复辟！

十七年来，党内一小撮走资本主义道路当权派，在他们的总后台、黑司令刘少奇的指使下，猖狂地向无产阶级发动了恶毒的进攻，在政治、经济、文化、教育各个领域里放了大量的毒。《铁火风雷》这个所谓的"历史反资题材"影片的出笼，就是明显的一例。在这次无产阶级文化大革命中，我们一定要遵照毛主席的教导，关心国家大事，把无产阶级文化大革命进行到底，一定要高举毛泽东思想伟大红旗，高举革命的批判旗帜，勇敢地投入战斗，彻底批判以党内最大走资本主义道路当权派为代表的资产阶级反动路线在一切角落里的流毒，大破剥削阶级的旧思想，大立毛泽东思想！

彻底砸烂反革命修正主义文艺黑线！

打倒刘少奇！

毛主席的革命路线胜利万岁！

战无不胜的毛泽东思想万岁！

毛主席万岁！万岁！万万岁！

上海红旗电影制片厂　红旗革命造反兵团　《109》纵队

最 高 指 示

"凡是反动的东西,你不打,他就不倒。这也和扫地一样,扫帚不到,灰尘照例不会自己跑掉。"

上海黑市委在电影界所犯下的滔天罪行

多年来,上海黑市委把所谓"高级知识分子"实际上是资产阶级知识分子和"民主人士",视为"统战对象",其实是统而不战,不折不扣地执行了一条投降主义路线,千方百计地维护资产阶级和特权阶层的利益。在政治上、工作上、生活上给这些贵族老爷大开方便之门,为中国复辟资本主义提供政治基础和社会基础。黑市委实际上已成为资产阶级向党向社会主义向毛泽东思想猖狂进攻,复辟资本主义的顽固堡垒!

一、积极推行刘、邓修正主义建党路綫,将大批混蛋們拉入党内,干尽反党反社会主义的罪恶勾当。

刘、邓的修正主义建党原则,就是搞全民的党,反对突出无产阶级政治,反对突出毛泽东思想。他们假借"中央"之名,在一九五六——一九五七年批判的关于在知识分子中发展党员的报告中,公开为资产阶级知识分子和一切牛鬼蛇神大开方便之门,胡说什么对知识分子的政治历史,出身成分,复杂的社会关系,不要"乱加怀疑",对他们生活作风方面的某些缺点不应过分挑剔。在手续上甚至提出"个别的高级知识分子的入党,可以不经过支部大会讨论通过,而由省市一级党委直接决定接收",有的干脆指名限期发展,或在登报前一定要通过,有的人还不愿意入党,硬要拉入党内。因此,大批乌龟王八,三朝元老、遗老遗少都混入党内。象反革命修正主义分子,臭名昭著的混世魔王赵丹也入了党,又如杀人魔王戴笠的姘头,出卖过我党同志的反革命分子白杨也入了党,其他还有三十年代黑线张骏祥、沈浮、郑君里、汤晓丹、韩尚义等人也拉入党内。准备发展的还有反革命修正主义分子瞿白音;大毒草《舞台姐妹》的编导谢晋;资本家的老婆,大毒草《桃花扇》主角王丹凤;漏网右派分子李天济等人。这些家伙无论在入党前和入党后都是道道地地的反共知识分子,有的还是反共老手、反革命分子。黑市委企图用这种手段,来改变中国共产党的成份,改变红色中国的颜色,把共产党变成象苏修一样的"全民党",修正主义的党。这些混蛋混入党内以后,摇身一变，马上变成局长、厂长、党委委员、人大代表、政协委员等等。他们在我们电影系统内直接掌握政治领导和创作生产的生杀大权，实行资产阶级专政，公开反对毛主席的革命的文艺路线，拍摄了大量的洋、名、古、修的毒草影片，如著名的大毒草《红日》、《北国江南》、《球迷》、《阿诗玛》、《不夜城》、《舞台姐妹》、《聂耳》等等，编、导、演都是这些混蛋们。他们向党向社会主义向毛泽东思想发动猖狂进攻，为中国复辟资本主义积极制造舆论准备，犯下了滔天罪行。

这些混蛋、吃人民的血汗，剥削劳动人民，毒害人民，干尽了坏事，他们有了党票、选票、钞票还不算，甚至象反革命修正主义分子赵丹，还公开地向毛主席要"免斗牌"，要毛主席发给他反党反社会主义反毛泽东思想的"许可证"，真是他妈的混帐透顶！谁胆敢把矛头直接指向我们心中最红最红的红太阳毛主席，我们就砸烂谁的狗头！

二、明目张胆地包庇坏人坏事，破坏党纪国法，向无产阶级专政发动猖狂的进攻。

在我们电影系统，那些所谓"高级知识分子""民主人士"的"统战对象"在黑市委的大黑伞下，可以肆无忌惮地破坏党纪国法，凌驾于无产阶级专政之上，赤裸裸地反党反社会主义反毛泽东思想而不受法律制裁。

反共老手孙瑜、应云卫，老破鞋上官云珠，在一九五七年反右斗争中，向党向社会主义猖狂进攻，而黑市委考虑到他们是"统战对象"百般包庇他们过关，只开一两次假批判会就走过了场，因此漏划了右派。上官云珠和应云卫还被拉到市政协常委的"宝座"。右派分子吴茵，原系妇联常委，戴上右派帽子后，仍保留"执委"职务。王丹凤的丈夫柳和清，将影片偷到香港出卖，也因为她是"知名人士"而不受国法制裁。反共老手孙瑜、吴茵早已超过退休年限，统战部居然不同意他们退休，仍拿原额高薪，养尊处优，真是岂有此理！反革命分子于伶，三十年代黑线人物陈鲤庭、陈西禾、柯灵、金焰……长年病假，不做工作，而住的是高级医院，享受特殊医疗条件，而且拿原额高薪。赵丹、秦×、张××、艾明之、金焰、上官云珠、徐昌霖……男女关系一塌糊涂，而黑市委统战部说：因为他们是"知名人士"、"统战对象"，不作处理，大事化小，小事化无，包得紧紧，逍遥法外，真是他妈的混帐透顶！今天我们革命造反派一定要向这些妖魔鬼怪算这笔帐，也一定要向黑市委清算这笔帐。

在三年自然灾害时期，美帝、苏修和国内反动派向我们发动猖狂进攻，而黑市委统战部紧紧配合"反华大合唱"，大搞什么"神仙会"，纠集了各界"知名人士"在一起开座谈会。反革命修正主义分子刘述周在"神仙会"上大放厥词，提倡什么"和风细雨，心情舒畅地谈问题"；说什么"你们不要有什么顾虑，想谈什么，可以无所不谈，我们决不戴帽子，抓辫子，打棍子"。于是那些混蛋们大发牢骚，对党对社会主义进行了恶毒的攻击，什么"今不如昔"、"创作上没有自由"、"党的干涉过多"、"资产阶级知识分子已经改造得差不多了"、"右派都应摘帽子"等等,而且黑市委统战部则认为"神仙会"是"解决阶级斗争的好办法",是改造资产阶级知识分子的创举。这不是公开鼓吹阶级调和论、阶级斗争熄灭论、明目张胆地向党猖狂进攻又是什么?当革命群众批评反击这些家伙时,混帐的统战部还下令通知电影局,对这些混蛋作"精神赔退"。因此,在电影局创作生产会议上,像孙瑜等人就公开提出要党向他们道歉,而那时的黑市委宣传部副部长、电影局党委书记、反革命修正主义分子杨仁声居然公开地向孙瑜等人表示道歉。真是他妈的混蛋!孙瑜,这个反共老手,当《武训传》受批判后,根本没有向党向人民低头认罪,相反地更加顽固地站在反共反人民的立场上向党进攻。后又自编自导了大毒草《乘风破浪》等影片,接着又写了好几个大毒草剧本,但都被否定了。因此孙瑜大为不满,在民盟大喊大叫,大发雷霆。这一下急坏了统战部。于是马上打电话给前海燕厂党委书记、反革命修正主义分子石西民的老婆吴伟,说什么孙瑜长久不拍片,台湾方面已有议论,香港方面也有流言,对统战不利,应尽一切可能安排他拍片,但孙瑜狗嘴里吐不出象牙,写的剧本实在太糟糕,仍然不能拍摄,于是只好安排他拍《双红莲》戏曲片,为他的晚年树立名望,以清除台湾香港方面的影响,同志们,请想一想,这是什么统战政策,完全是百分之百的阶级投降!再举二个例子说说,右派分子吴永刚,根本没有好好改造,就给他摘了帽子,接二连三地安排拍片,还要他为香港写剧本,一时成了我厂的大"红人"。三十年代黑线人物沈浮拍摄的大毒草《北国江南》受批判后,他拒不承认错误,他的所谓检查也是别人代他写的,接着马上组织一套班子去浙江下生活,准备拍摄影片,而这些混蛋的安排,都是得到黑市委统战部指示的。这就是所谓的"统战",所谓的"团结"。毛主席教导我们说:"以斗争求团结则存,以退让求团结则亡"。——黑市委完全违背了毛主席的指示,统而不战,千方百计包庇坏人坏事,实行阶级投降政策,彻头彻尾地执行了一条反革命修正主义的投降主义统战路线。

三、借口组織人代会代表和政协委員进行"視察"为名,到处招搖撞騙,游山玩水,貪污浪費,大量揮霍人民血汗。

有些混蛋当上了人民代表和政协委员之后,就变成了人民的老爷,凌驾于工农群众之上,成为新的特权阶层。他们每年在人代会和政协会开会之前,有一个多月时间到工厂、农村进行"视察",被"视察"的单位,对他们不得保密,可以随心所欲地参观。他们住高级宾馆,乘飞机、坐汽车根本不付钱,一切费用由国家开支。举一个例说吧,统战部曾组织白杨去云南"视察"。白杨就带着她的资本家老公蒋君超到处游山玩水,这还不算,他们还到处抢购物资,破坏国家法纪。这一对"宝货"还到中越边境抢购贵重药品,干尽了坏事。有一次住高级招待所,离开招待所时,当地文化局的一位处长要向白杨和蒋君超算住宿费用。这本来是合情合理的事情,可是白杨大发脾气,说什么:"白代表视察还要交钱!"当场蒋君超甩出一把钞票说:"要算就拿去!"马上扬长而去。当地的文化局局长,也是个混蛋,知道这件事后,马上坐汽车追到飞机场向"白代表""白丈夫"道歉赔礼,退款。这件丑事群众反映极大,而黑市委统战部听而不闻，不但不处理，相反地，电影局党委副书记、反革命修正主义分子蔡贲包庇了这件事，真是他妈的混帐透顶！这些家伙已经成为人民的老爷，骑在人民头上作威作福，我们就要撤他的职！罢他的官！滚他妈的蛋！

四、给这些"高级知識分子"在生活上以特殊的优待，实际上已經形成了中国的特权阶层。

特别在三年自然灾害期间，全国人民节衣缩食，艰苦奋斗，克服困难，可是这些贵族老爷们在黑市委的大黑伞庇护下，仍然过着高水平生活。他们除了有肉票，油票，糖票，烟票，豆票的特殊照顾以外，统战部又通过"裴多菲俱乐部"——上海文化俱乐部，给"人代"代表，"政协委员""民主人士"按月发给餐券，供给高级酒菜、饮食，过着花天酒地的腐烂生活。而统战部对电影界特别照顾，只要申请，有求必应。如《鲁迅》摄制组外请演员于蓝，蓝马，谢添，于是之等，从北京刚到上海，便领到了文化俱乐部会员证及餐券，经常出入俱乐部吃咖啡喝酒等。文化俱乐部二楼还特别设有雅座餐室。上官云珠、应云卫等因是政协常委，还享有设筵席之权利。看！这些妖魔鬼怪那有一点中国人的味道！而这些都是黑市委给他们的权利！

黑市委还通过房管处配给高级住房，看！这些混蛋们，那一个不是住的高级别墅、小洋房、高级公寓，而广大的工农群众又是住的什么呢？几个人挤在一间小屋，真是天地之别！这也是统战部给这些贵族老爷的权利。真是他妈的混蛋透顶！

黑市委还给这些混蛋，提供高级医疗条件。经常坐汽车出入华东医院。三十年代黑线人物陈鲤庭在华东医院住了一年多，厂里研究工作也要登门上医院。反革命修正主义分子瞿白音吃人参补品达二千余元，他服用的某些贵重药品也是从香港进口的。他到山东体验生活，还派有专用护士随行。这也是黑市委给他享有的权利！这些特殊的生活，不是特权阶层又是什么呢？高薪阶层，特权阶层都是产生修正主义的政治基础和社会基础，我们要坚决彻底地砸烂它！

多年来，在刘邓路线的统治下，黑市委在电影系统执行了一条彻头彻尾的阶级投降的修正主义统战路线！这是一条反毛泽东思想的黑线。毛主席教导我们说："**凡是敌人反对的，我们就要拥护；凡是敌人拥护的，我们就要反对。**"我《红旗革命造反兵团》坚决和全市各革命造反派联合起来，在伟大的毛泽东思想红旗下团结起来，奋起千钧棒，彻底砸烂反革命修正主义的黑市委！一定要彻底铲除这条反毛泽东思想的文艺黑线！一定要让毛泽东思想伟大红旗永远永远地在电影阵地上高高飘扬！

上海红旗电影制片厂 《红旗革命造反兵团》

最　高　指　示

在拿槍的敵人被消滅以後，不拿槍的敵人依然存在，他們必然地要和我們作拼死的斗爭，我們決不可以輕視這些敵人。如果我們現在不是這樣地提出問題和認識問題，我們就要犯極大的錯誤。

打倒反革命修正主义分子
"混世魔王"——赵丹

　　无产阶级文化大革命的洪流，彻底捣毁了修正主义文艺界的巢穴，滚滚怒涛，席卷盘踞在阴暗巢穴里的一切妖魔鬼怪。电影界霸头、臭名昭著的"混世魔王"、反革命修正主义分子赵丹，被我红旗（原海燕）电影制片厂革命造反派和革命群众揪出来了。这是无产阶级文化大革命的伟大胜利，是毛泽东思想伟大胜利。

　　赵丹，是文艺界周扬、夏衍反党黑帮的一员干将，是一个道道地地的"三十年代"文艺"元老"，是一个货真价实的资产阶级反动学术"权威"。但是，解放十多年来，在周扬、夏衍反党集团的直接庇护下，他混进了党内，并窃踞了"全国人民代表"等重要衔头，他打着"红旗"反红旗，秉承陆定一、周扬、夏衍反党头目的意旨，在电影界竭力推行反革命修正主义文艺路线，狂热地贩卖修正主义、资本主义、三十年代文艺黑货，拼命抵制、反对毛主席的革命文艺路线，反对党的关于文艺工作者的思想改造，为工农兵服务的正确方针。他伙同牛鬼蛇神，兴风作浪，炮制了《武训传》《我们夫妇之间》《林则徐》《聂耳》《青山恋》等大量毒草影片，向党、向人民、向社会主义射出了一支又一支的毒箭，为资本主义复辟作舆论准备。他打着"名演员"、"大导演"的金字招牌，到处招摇撞骗，并以"传知识""搞学术""谈艺术""讲笑话"为幌子，大肆散播资本主义、修正主义、封建主义的腐朽思想，毒害腐蚀青年，大搞和平演变，与党争夺青年一代。他仗依周扬高工薪，高稿酬，高奖金的"三高政策"，过着极端腐朽糜烂的资产阶级生活，成为骑在劳动人民头上的"贵族老爷"。他无视党纪国法，专横跋扈，欺压工人，胡作非为，是一个罪大恶极的混世魔王、流氓恶棍。

　　把赵丹揪出来示众！让他在光天化日之下现出他反革命修正主义分子的狰狞面目，显出他"混世魔王"的丑恶嘴脸！

"三十年代"元老　黑藤上的毒瓜

从三十年代到六十年代，文艺界始终贯串着一条与毛泽东思想相对抗的文艺黑线，即以周扬、夏衍为首的反革命修正主义文艺路线。赵丹就是这根黑藤上的一颗毒瓜。早在三十年代，赵丹就卖身投靠周扬、夏衍、田汉、阳翰笙之流，结成反党黑帮，靠演"国防电影"、"国防戏剧"为国民党反动派效劳起家，靠推行王明"左"右倾机会主义路线、反对毛主席的革命文艺路线立功，从而博得了周扬、夏衍黑帮的赏识，得到器重和栽培。夏衍、田汉、阳翰笙等黑帮头目亲自写作适合赵丹扮演角色的剧本。夏衍还开动他所主持的"影评小组"为赵吹捧，在他们的精心哺育和吹捧之下，赵丹便一步步地登上了"电影明星"的宝座。

在抗日战争、解放战争时期，赵丹流窜西北，虽然与黑帮头目时合时分，但在思想上、组织上的联系从未间断过，如赵丹参加"救亡演剧队"，"上海业余演剧人会"，后又加入国民党反动派的"中央电影场"和"昆仑影片公司"，皆由夏衍、田汉、阳翰笙亲自指使的，有些组织则就是黑帮头目们直接操纵的，他们打着"抗日"的旗号，行的却是为国民党反动派歌功颂德，涂脂抹粉的鬼蜮行径，与毛主席对蒋介石贩卖投降路线的揭露和斗争唱对台戏。

解放后，周、夏、田、阳反党黑帮篡夺了文艺界的各项大权，伙同赵丹等这班狐群狗党狼狈为奸，变本加厉，肆无忌惮地进行反党、反社会主义、反毛泽东思想的罪恶勾当。

赵丹利用电影银幕，戏剧舞台，写文章、作报告、讲学等手段和机会，猖狂地向党向社会主义发动进攻。而此种种罪恶勾当的密谋策划者和指使人就是周扬、夏衍黑帮们，如赵主演的反动影片《武训传》，就是周扬黑帮向党射出的一枝毒箭，是在夏衍直接指导下拍摄而成。当毛主席亲自发动和领导下，对《武训传》展开批判后，周扬黑帮们狗胆包天地抗拒主席的批判，保护赵丹、孙瑜(武训传导演)这伙牛鬼蛇神过关，借此也保护自己。此外，赵丹参与创作并充当主帅的大毒草影片《武训传》《我们夫妇之间》《为了和平》《聂耳》《林则徐》《青山恋》《在烈火中永生》《鲁迅传》等等，无一不是周扬、夏衍黑帮头目们亲手培植出来的。赵丹与周扬、夏衍、田汉、陈荒煤、阳翰笙等黑帮头目来往极为密切频繁，赵丹每次去京皆与黑帮头目"聚餐"，借此场合，密谋反党，反社会主义的勾当，由黑帮头目们下达黑指示：安排毒草"剧目"，并具体"定题"，"定人"。赵丹奉旨回上海后，神气活现，大肆进行罪恶活动，若有人稍加异议，立即骄横地说："这是中央的意见"，"那是夏公的意见"，或"田老大说的"，等等。有时索性叫嚷"老头子关照的，不能动！"在他心目中，周扬即"中央"，夏衍、田汉等老头子的话就是"最高指示"。他们的狼子野心不是昭然若揭了吗？黑帮头目把赵丹当作活宝贝，不惜亲自出马为之吹捧，"祖师爷"周扬一九六一年六月在全国故事片创作会议上说："我们反对明星主义，但还是要有明星，在观众中，还是老演员的名声比较大，白杨、赵丹、秦怡……这当然是我们宝贵的财富……"周扬在一九六二年七月长春话剧演员座谈会上说："剧种的代表人物，象赵丹、金山等人，这有如一个政党要有一个领袖一样……。"一九六二年在上海电影局的一次座谈会上，大肆放毒，纵容赵丹搞大毒草《雷雨》《日出》，另一个黑帮头目旧上海市委书记石西民，也在边上附和说："赵丹，你该快搞《日出》了，还等什么？"此外，"祖师爷"周扬还亲自挂帅指使赵丹主演《鲁迅传》，阴谋借拍《鲁迅传》为名，蓄意攻击、诬蔑、诋毁、贬低我们伟大的文学家、革命家、政治家鲁迅，企图偷天换日地为王明机会主义路线翻案，进而反对毛主席正确的革命路线，居心是何等卑劣、何等狠毒！

赵丹与"三家村"主帅、反革命修正主义分子邓拓关系密切，两人诗来画往，互相吹捧，并将合作诗画发表于旧北京市委的反革命喉舌——《前线》杂志上。邓拓推崇"扬州八怪"，赵丹也学八怪，画怪画，吃狗肉，二人志同道合，臭味相投。赵丹有一本自己精选的画册，献媚地送到邓拓面前，果然，承邓拓垂意，题上了数首黑诗。去年文化大革命中，"三家村"反党集团被揪出后，赵丹被逼交出其黑画册，但他居然假惺惺地说："邓拓的字写得真不灵，还写上那么多，真不知趣。"妄图抵赖与邓的关系，但是，白纸黑字，岂能洗刷得了？！

推行周揚文艺黑線　反对革命文艺路綫

我们最敬爱的伟大领袖毛主席的光辉著作《在延安文艺座谈会上的讲话》，制定了无产阶级革命史上最完整，最彻底，最正确的马克思列宁主义文艺路线，这条革命文艺路线为无产阶级革命文艺开创了光辉的道路。

这是铁一般的历史事实。

可是，毛主席革命文艺路线的死敌——赵丹却妄想篡改这一历史事实，为周扬夏衍文艺黑线翻案，他在一篇题为《聂耳形象的创造及其它》的毒文中胡说什么："回朔聂耳一生的道路，特别是影片所表现的战斗的五年（一九三〇——一九三五年前后）可以清楚地看出，正是他正确地解决了政治与艺术的关系，正确地解决了生活与创作的关系……。"看！赵丹把周扬、夏衍们根据王明机会主义路线制定的三十年代文艺黑线打扮成"正确的""革命的"路线，公然否认《在延安文艺座谈会上的讲话》，制定了无产阶级革命文艺路线的历史事实。赵丹如此猖狂地反对毛主席革命文艺路线，是可忍，孰不可忍！

毛主席教导我们："**我们的文学艺术都是为人民大众的，首先是为工农兵的，为工农兵而创作，为工农兵所利用的。**"这是文艺工作者光荣的职责，也是义不容辞的义务，可是赵丹与毛主席的教导背道而驰，极端厌恶工农兵，极端仇视真正能为工农兵服务的，为无产阶级政治服务的，为社会主义经济基础服务的革命现代戏。他在《论演员的局限性》一文中说："行之有效的方法可以象戏曲演员一样的分工、分档。中年以上的演员要演历史戏，传记片，而让小青年去演工农兵……我们是有专长的，让那些不懂事的毛头小傻瓜到工农兵中去为他们服务吧！"公然以"分工分档"为名，拒绝为工农兵服务，并恶毒攻击毛主席为工农兵服务的文艺方针。

毛主席的亲密战友，上海人民敬爱的书记——柯庆施同志高举毛泽东思想伟大红旗，非常关注思想文化战线上的阶级斗争，经常指示文艺界，电影界贯彻执行毛主席的革命文艺路线，拍摄革命现代戏，为工农兵服务。但是这些指示遭到旧中宣部，旧文化部陆定一、周扬、夏衍等活阎王们和隐藏在上海市委内的走资本主义道路当权派陈丕显、石西民、杨永直及赵丹、白杨、郑君里、艾明之、谢晋之流的反动学术"权威"们的抗拒，使柯老的指示得不到执行。一九五八年，社会主义革命的巨浪猛烈地冲击着文艺界，周总理和柯老抓住这有利时期，指示电影界拍摄记录我们光辉时代风貌的艺术性纪录片。当时柯老找赵丹等人谈话，抱着挽救改造这些人的希望，鼓励他们拍些革命影片，从中向工农兵学习，脱胎换骨改造自己。柯老甚至亲自为他们作介绍和选题材。但赵丹阳奉阴违，他在拍摄《常青树》时，满腹牢骚地说："搞现代戏就是没味道，要搞就要搞《雷雨》《日出》……。"完全是一副反革命两面派的丑恶嘴脸。于是时隔不久，艺术性纪录片，这革命的新生事物就被阎王殿的阎王们及他们的喽罗爪牙们扼杀了。赵丹之流一面进行反攻倒算，一面大拍起毒草影片《林则徐》《聂耳》。并得意地叫道："演这个戏真过瘾呀！"一九六三年，柯老根据毛主席的指示，在上海文艺界春节座谈会上，发出了文艺工作者大写大演十三年以来的社会主义革命和社会主义建设的伟大成就、歌颂工农兵中的英雄人物的战斗号召后，又亲自挂帅，在文艺界掀起了以戏剧革命为中心的文化革命。但是在电影界仍遭到党内走资本主义道路当权派和资产阶级反动学术权威的顽抗。直至一九六五年，无产阶级文化大革命已蓬勃兴起时，有关方面邀赵丹去参加一个关于京剧革命的座谈会，他竟拒绝出席，并且恶狠狠地说："我最讨厌这样的会。"看！这个反革命修正主义分子对为工农兵服务的革命文艺方向，对为工农兵服务的革命现代戏是何等的深恶痛绝啊！

赵丹自己要演什么戏呢？他给自己的"分工"、"分档"的是"历史戏"、"传记片"，这又是什么货色？戳穿了说就是帝王将相，才子佳人，古人，死人，洋人之类的乌七八糟的货色。他不是追求"过瘾"吗？他要过的"瘾"无非是如同反革命影片《武训传》《林则徐》《聂耳》那样能让他疯狂地发泄对党、对社会主义、对毛泽东思想郁积的仇恨；尽情地抒发渴望资本主义复辟的幽情。他的这一切是为谁效劳呢？很显然，是为资产阶级，地、富、反、坏、右、牛鬼蛇神们效劳，为他们憧憬的未来——资本主义复辟招魂。

毛主席又教导我们："中国的革命的文学家艺术家，有出息的文学家艺术家，必须到群众中去，必须长期地无条件地全心全意地到工农兵群众中去，到火热的斗争中去，到唯一的最广大最丰富的源泉中去，观察、体验、研究、分析一切人，一切阶级，一切群众，一切生动的生活形式和斗争形式，一切文学和艺术的原始材料，然后才有可能进入创作过程。"这是革命的文艺工作者进入革命文艺创作的唯一途径。但是赵丹又与毛主席的指示大唱反调，他说："演员要从自我出发，深入角色要在亦疯不疯之间……。"他在介绍创造聂耳形象时说："我吸取了郑板桥（反动封建文人）的'趣在法外者反和也'的法则，郑板桥静坐书房观窗外景象，经过神秘的构思，获得创作源泉，我所用的就是这种艺术家的丰富想象……"完全是从资产阶级反动学术权威，封建文人那儿拾来的破烂，明目张胆地反对毛主席"生活是艺术创作的唯一源泉"的科学论断。他还在《聂耳的形象及其创作》一文中更胡扯什么"表现英雄人物，不要把自己局限在某类的概念、框框里去……英雄人物是演员表演水到渠成的结果。"完全是胡说八道，一派胡言。赵丹还讲："靠下生活是不够的，生活是可迂不可求的，你有意去找也是不会来的，你无意去碰它，反倒有了。"赵还抬出"三十年代"的臭电影明星阮玲玉说："她也不到工农兵中间去、但演农象农、演工象工。借以抹煞文艺工作者长期深入生活的意义。此外赵还大肆贩卖唯心主义的反毛泽东文艺思想的艺术创作方法，如什么"从观察驴子得到创作灵感"什么"上官云珠演《南岛风云》从母鸡得到启发，找到了'角色中心。'"真是荒谬绝伦，腐朽透顶！

不过，若说赵丹不下生活倒也是"冤枉"了他，为制造毒草影片也不得不"下一些生活"，但他们下的是什么样的生活呢？又是如何进行艺术创作的呢？让我们看看大毒草《青山恋》的炮制者之一的反党分子徐韬的交代书吧：

『一九六三年三月到福州住西湖宾馆，与省委联系创作《青山恋》剧本，一星期后到南平专区，住招待所。由专区林业局从建瓯林区调来伐木工人七、八人，在会议室座谈三天，艾明之参加两次以后，就厌烦了。说："谈来谈去都差不多"，就不想听了，后来勉强参加，也不提问题，也不大作记录。在专区招待所约住一个星期之后，到建西林区"下生活"，专区干部用两部小汽车送去。到林区之后仍是住在招待所去找工人来座谈，因为我们几个人都没有见过伐木是怎么伐的，油锯是怎么使用的，不得不到伐木场去看看，林区的小火车为我们开了专车，书记、局长陪同我们到伐木场。可是伐木工作都在山区，我们这些"老爷们"又不愿爬山，只好把伐木工人从山上叫下来，作伐木表演给我们看，可是山下没有树（已采伐），最近的也在半山上，半山也不肯去，就站在山下向上面望望，只能望见大树倒下来的动作，什么也看不见，就这样算"体验生活"了，于是就带着所谓"资料"，坐上软席卧车到厦门海滨找了一幢洋房住下，进行"创作"。生活上十分腐化堕落，所到之处，住的是高级招待所，吃的是高级伙食。每天早晨睡懒觉，中午洗海水澡，傍晚海滨散步，晚间文娱活动（玩扑克，打弹子），并以赵丹"人大代表"名义，通过交际处的关系，坐着专备的游艇在海上兜圈子，坐小汽车参观集美学校及陈嘉庚墓等地。

《青山恋》剧本就是这样瞎编出来的，四月底回到福州，向省委汇报后，又到崇文县住招待所进行修改，因为崇文县靠近武夷山风景区，借口说将来影片在此取景，目的是游山玩水。』

这就是赵丹之流所谓"下生活"进行"艺术创作"的真相。

炮制大量反党毒箭猖狂地进行反革命复辟活动

毛主席经常教导我们："凡是要推翻一个政权，总要先造成舆论，总要先做意识形态方面的工作。革命的阶级是这样，反革命的阶级也是这样。"党内头号的走资本主义道路的当权派、中国的赫鲁晓夫——刘少奇，为了在中国复辟资本主义，他把罪恶的魔爪伸进了文艺界，通过陆定一、周扬、夏衍这些他在文艺界的代理人，控制了整个文艺界，控制了各种形式的文艺武器，包括最富于群众性、最富于战斗性的文艺武器——电影，使之成为反毛泽东思想、反党、反社会主义、制造资本主义复辟舆论的反革命工具。而反革命修正主义分子赵丹在这里是作出了特殊的"贡献"的。建国十多年来，他竭力推行周扬、夏衍文艺黑线，参与创作并充当主帅，炮制了大量毒草影片：《武训传》、《我们夫妇之间》、《为了和平》、《李时珍》、《聂耳》、《林则徐》、《青山恋》、《在烈火中永生》、《鲁迅传》（未出笼）等，此外，还写了毒文《炉边夜话》、《我是怎样演武训的》、《我的自传》、《鲁迅形象初探》、《聂耳的形象创造及其他》、《林则徐形象的创造》、《论演员的局限性》、《人物形象探索》（书，未出笼）……及利用作报告、传艺等形式到各艺术院校，文艺团体进行放毒，借以腐蚀群众，征服人心，推行和平演变。赵丹的历史是一部反党反社会主义的罪恶史，让我们揭开这部罪恶史来看一看赵丹反革命修正主义的狰狞面目吧！

一九五〇年，我们伟大的祖国刚获得新生不久，失败了的资产阶级和封建势力不甘心自己的灭亡，他们相互勾结起来向年轻的无产阶级发动了一场猖狂的进攻。为了紧密配合反革命阶级的需要，赵丹、孙瑜之流在黑帮头目周扬、夏衍的授意下，并在夏衍的直接指导下，炮制了一部狂热地歌颂地主阶级及其走狗，狂热地污蔑中国人民革命斗争、狂热地宣扬资产阶级改良主义、投降主义、奴才主义的反动影片《武训传》。赵丹、孙瑜之流为了这株大毒草呕心沥血，全力以赴，赵丹自己声称"为了力求达到与角色溶合的境地，连吃奶的力气也用上了。"赵丹创作了关于武训的自白："我基于错综痛苦的心境，找到了这位武训先生，就象找到了一位知己，一位共过患难的朋友一样，我想，我是有理由拥抱着他痛哭的，只有我才能完全了解他……"。赵丹对"武训先生"是多么同情、尊敬和爱戴啊！赵丹与武训有着多么一致的阶级共鸣啊！武训，就是赵丹的化身。

我们伟大的领袖毛主席亲自发动了对反动影片《武训传》的批判斗争，给赵丹、孙瑜之流为代表的资产阶级、封建残余势力在思想文化战线上的第一次猖狂进攻以坚决、有力的迎头痛击。迫于形势，赵丹不得不跟着周扬做了几句假检讨，但心里却恨得要命，后来，有人向赵丹说："听说你争取扮演《宋景诗》作为改正错误的起点"，他听后，脸色骤变，气呼呼地说："谁说的？我的骨头没那么软！"表示对抗毛主席的批判，坚持自己的反革命立场。

赵丹果然是一块反革命的"硬骨头"，《武训传》批判的声浪尚未消失，他又伙同周扬、夏衍反党黑帮的干将、反革命修正主义分子郑君里炮制了宣扬资产阶级改造无产阶级，宣扬"阶级调和"论和"合二而一"论，丑化革命干部、污蔑贫下中农的大毒草《我们夫妇之间》。影片把资产阶级知识分子李克和勤劳、质朴的贫农姑娘张英的结合，作为"知识分子和工农相结合"的典型。影片恶毒咒骂贫农姑娘张英讨厌上海的花花绿绿是"愚蠢"、"粗鲁"、"自私"、"窄狭"、"保守"、"落后"，而李克又如何"能干"，用"学文化"、"跳交谊舞"、"吃巧克力"……

等方法把她改造成喜爱、追求上海花花绿绿的"理想的妻子"，影片突出表现解放军进城时"抱儿带女"，党代表把李克夫妇的思想斗争当作"家庭纠纷"，而充当"和事佬"……。这一切与当时一九五一年我党对资产阶级进行限制、利用、改造，而资产阶级抗拒改造，反而以"糖衣炮弹"向无产阶级进行疯狂进攻的尖锐、复杂的阶级斗争形势对照一下，就可以看出这部影片的用心是何其恶毒。

此后，赵丹又伙同白杨、顾而已、魏鹤龄、陈鲤庭等"三十年代"遗老演出了借古喻今、发泄对社会主义社会的不满的历史剧《屈原》；伙同柯灵、黄佐临、白杨、徐韬等周扬反党干将，铸造了歌颂资产阶级知识分子、宣扬和平主义的《为了和平》；借古喻今，攻击社会主义制度的大毒草《李时珍》及歌颂国民党蒋匪帮的《海魂》等。

一九五六年，我国在经济战线上实行了所有制的社会主义改造，资产阶级不甘心于自己的灭亡，疯狂地进行垂死挣扎。在国际上，苏共二十大的召开，宣告了他们公开背叛了马克思列宁主义的立场。于是帝国主义，修正主义，各国反动派在世界范围内掀起了一股反共逆流，这股反革命逆流通过各种渠道反映到我国来，和国内阶级斗争汇成了一股大规模的反革命黑浪。一九五六年三月文艺界的反党黑帮总头目周扬认为时机已到，在文艺工作座谈会上叫嚣道："一定要向资本主义国家学习，我们不只学习苏联，也要学习资本主义国家那些进步的艺术……。"在这时刻，周扬难道是仅仅号召学习资本主义国家和苏修的艺术吗？不！绝对不是！他是在号召一切牛鬼蛇神象国际上帝国主义，修正主义，各国反动派掀起反共逆流那样，向我们伟大的领袖毛主席、我们伟大的党、我们伟大的社会主义制度发动进攻。"祖师爷"一声令下，大小头目、干将、罗喽竞相出动，摇旗呐喊，张牙舞爪地向我们党扑来。电影界的"英雄好汉"钟惦棐充当急先锋，敲响了《电影的锣鼓》，揭开了资产阶级右派进攻的序幕。于是赵丹也不甘示弱伙同瞿白音、郑君里、徐韬、刘琼、葛鑫等牛鬼蛇神，成群结队地杀上阵来，抛出了一篇《炉边夜话》，杀气腾腾地提出所谓"新情况下的三大不可调和的矛盾"，党对电影事业的领导是"粗暴干涉"，要党"改正工作"，叫嚷"导演是电影生产中心，是摄制组的最高领导"，"领导只能管该管的事，或放手不管"，"大胆放手，让艺术家，技术大师有广阔自由的天地"……，反革命的气焰嚣张至极。暴露出赵丹之流和钟惦棐、瞿白音一样的凶恶的右派嘴脸。

一九五八年在毛主席和党的英明领导之下，在总路线的光辉照耀下，在反右斗争取得伟大胜利的基础上，全国人民意气奋发、斗志昂扬，掀起了社会主义革命和社会主义建设的大跃进。人民公社如一轮红日从东方地平线上喷薄而出，红色的光芒布满了中国辽阔的大地，这是一幅多么雄伟壮丽的图画啊！可是赵丹这时却在想些什么、干些什么呢？他在电影局召开的"雄心壮志的大会"上，大谈他的"雄心壮志"："几年之内，搞完《屈原》、《阿Q正传》、全部《红楼梦》、《三国演义》和莎士比亚的一些作品。"表演上"要赶、超苏联的邦达尔丘克、法国的菲利浦、印度的拉兹"，并且扬言"不做完这几件事死不瞑目。"看！赵丹准备扶植多少古人、洋人僵尸复活，竟然与资本主义国家修正义主国家的革命叛徒和吸血鬼搞"争上下，比高低，"赵丹的反革命"雄心壮志"何其大啊！

正在这个时候，毛主席的亲密战友周恩来同志、柯庆施同志，高举毛泽东思想伟大红旗，指示用电影把我们雄伟壮丽的时代记录下来。但是，赵丹奉行周扬、夏衍黑帮头目们的意旨，对周总理，柯老的指示采取阳奉阴违的态度。一面不得已地装饰门面，但是一面又不胜厌恶。他在拍《常青树》、《数风流人物还看今朝》时，感叹道："搞现代戏就是没味道。"没精打采，任意丑化、歪曲工农兵形象。时隔不久，连那么一点装饰也忍受不住了，索兴剥光伪装，赤膊上阵，与郑君里大干起大毒草《林则徐》、《聂耳》。前者，是为镇压农民运动的刽子手、所谓"清官"歌功颂德，树碑立传的。抹煞人民群众在民族革命战争中伟大的决定性的作用。后者则是一部公然反对毛泽东思想，为王明机会主义的政治路线和文化路线翻案，为周扬、夏衍、田汉等"祖师爷""老头子"立传塑象。赵丹也毫不掩饰这两部影片的反革命目的，他在《林则徐形象的创造》一文中说："在谈笑酬酢之间解决了战斗，看来漫不经心，恰恰用了很足的力量，所谓真刀真枪不在你来我往，一招一式，不在于你言我语，词锋相对，而在于笑容之中，蕴藏着逼人的锋芒。"《聂耳》则更露骨了，影片中党的领导人苏平、匡文涛就是夏衍、田汉。操纵这部影片的黑帮头目夏衍看了样片后说："聂耳入党在北京，党龄不要动。"为什么夏衍强调"聂耳入党在北京，党龄不要动"呢？因为夏衍就是聂耳入党的介绍人。而"老头子"田汉看了影片后，对匡文涛这个角色还是很不满意，赵丹听了着急地说："我们动了多少脑筋，田老大还是不满意……"一语泄"天机"，这一部影片的反革命实质不是昭然若揭了吗？这两株大毒草深得反党黑帮头目周扬、夏衍的赏识，夏衍得意地吹捧为"红烧头尾"，并推荐成国庆十周年的献礼片。这两部片子为周扬、夏衍的反革命修正主义文艺路线出了大力，无怪乎周扬、夏衍反党黑帮弟兄、罗喽们开动了他们所掌握的全部宣传机器大肆吹捧为所谓"里程碑"的作品。

一九六一年前后，我国遇到连续的自然灾害，帝国主义、现代修正主义，各国反动派掀起了反华大合唱，国内地、富、反、坏、右蠢蠢欲动，资本主义势力的泛滥也达到了高潮。周扬、夏衍反革命黑帮错误地估价了形势，认为大举进攻的时机已经来到了，亲自披挂上阵，四处点火，八面煽风，鼓动、率领社会上和文艺界的一切牛鬼蛇神起来兴风作浪。一时间，帝王将相，才子佳人，鸳鸯蝴蝶，流氓阿飞，娼妓强盗……形形色色的妖魔鬼怪统统都跑了出来，纷纷登上舞台，银幕，真是乌烟瘴气，群魔乱舞，文艺界的又一次大反复开始了。

此时的赵丹成为一个极为活跃的人物，南来北往、国内国外、飞来飞去，"作报告"、"座谈会"、"写文章"忙得不可开交，猖狂地贩卖"三十年代"、资本主义、修正主义黑货。积极鼓吹夏衍、陈荒煤的反"题材决定论"、"因人制宜分工论"、"文艺为政治服务有直接、间接之分论"等等。

就在这时候，中国党内最大的走资本主义道路的当权派刘少奇，乘国家暂遭困难之危，丧心病狂地推行"三自一包"、"三和一少",积极复辟资本主义。反革命修正主义分子赵丹,这个几十年来就怀有建立所谓"中国民族的表演体系"——"赵氏体系",与苏修的"史坦尼斯拉夫斯基表演体系"比美的野心家,感到时机成熟了,一九六一年在山东演《雷雨》放毒时,就迫不及待地抛出了他的计划:"首先建立赵氏表演研究室",建立"赵氏表演实验剧院","第二步建立赵氏古典舞剧院"由张瑞芳和他的女儿赵×分别掌管。由凤凰任经理,自己任艺术顾问。"最后建立起赵氏体系"。并且说"要向国务院申请一张'营业执照'"。此外,他任用了一批牛鬼蛇神,提出要办"同仁剧团",开"皮包公司""自负盈亏",并且为这套班子开了名单,订了计划。这是赵丹的一本反革命复辟的"变天帐"。

为了实现他那建立"赵氏体系"的资本主义复辟迷梦,为自己的反革命活动取得合法地位,一九六一年他去北京参加周扬、夏衍召开的一个"有冤伸冤,有气出气"反攻倒算的反革命黑会——北京创作会议上,竟然叫嚣道:"我很想见毛主席,请求发一块牌牌,上面写一个'免'字,就是免斗,让我想说什么,就说什么",这不是赤裸裸的明目张胆地攻击我们伟大领袖毛主席和伟大的中国共产党领导下的社会主义国家"不自由,不民主",实行"残酷斗争,无情打击"吗?更令人愤慨的是,周扬、夏衍反党黑帮的另一个头目陈荒煤,借一次和一位中央首长在一起的机会,当赵丹的面,为赵丹申诉说:"现在,赵丹这样的人,不敢说话,要主席发个牌子。"反革命气焰真是猖狂透顶!

这一个时期,赵丹除了进行上述反革命活动外,还参予了周扬、夏衍等黑帮头目亲自挂帅的反革命影片《鲁迅传》的炮制。这个剧本反对毛泽东思想,恶毒地攻击、诬蔑、歪曲、贬低坚持毛主席革命路线的伟大文化战士鲁迅,吹捧、抬高"祖师爷"周扬,偷天换日地为王明机会主义路线翻案。同时,赵丹还着手炮制大毒草影片《日出》。但是,就在这时,周扬、夏衍反党黑帮的大将于伶为"三十年代"王明路线翻案,为叛徒涂绘"灵光圈"的毒草剧本《茅丽英》问世了,夏衍将此重任交给了赵丹,于是赵丹马上搁下《日出》,拿起《茅丽英》满怀激情地进入了"创作"……。

"霹雳一声震天响",就在这时具有伟大历史意义的党的八届十中全会公报传来了。伟大的领袖毛主席发出了"千万不要忘记阶级斗争"的伟大号召,这个号召吹响了政治思想,文化战线上向资产阶级猖狂进攻举行总反击的战斗号角。一九六三年元旦,毛主席的亲密战友、上海人民敬爱的书记柯庆施同志根据毛主席的指示,向上海文艺工作者提出了大写大演十三年以来社会主义革命和建设,歌颂工农兵英雄人物的倡议,后又亲自挂帅,掀起了以戏剧革命为中心的文化革命,向周扬、夏衍为代表的反革命修正主义文艺黑线进行了针锋相对的斗争。当时柯老了解到赵丹仍在炮制《茅丽英》很是生气,把赵丹等人找了去,严厉地责问他:"在阶级斗争中,你们干了些什么?"并且再一次地挽救他,叫他不要再沉醉在古人、死人堆里。并且明确指出,不许再拍《茅丽英》。而赵丹又一次使用了反革命两面派的伎俩,一方面不得已地停止了《茅丽英》的炮制;另一方面改变反革命的策略,打起"现代戏"的旗号,贩卖反毛泽东思想、反党、反社会主义黑货，《青山恋》就是这样一个打着"红旗"反红旗的典型。

这部大毒草是赵丹伙同艾明之、徐韬、钱千里等黑帮分子并在黑帮头目夏衍亲自把手下培植而成。赵丹则充当编、导、演"三军统帅"。影片借反映"上海知识青年去福建林区落户建设社会主义，并在党的领导下成长起来的过程"为幌子，把影片的主人公、党领导的化身、老红军革命干部——路春，歪曲成一个"武训式"的人物，傻里傻气，任人捉弄，以"苦行主义"、"温情主义"来感化"落后青年"。妄图使之"良心发现"，改邪归正，弃恶从善。而上海青年呢？则被描绘成一群逃避劳动，贪图享受，追求名利，迷于恋爱的二流子，流氓阿飞，影片中唯一的一个劳动青年山雀则被丑化成一个没有政治头脑的、我行我素的"野玫瑰"。这是对我们党，我们伟大的社会主义祖国，伟大的毛泽东时代的青年的恶毒攻击，最不能容忍的是：他们歪曲毛主席的话，把主席讲的"未来属于你们的"，说成未来属于落后分子的，简直狗胆包天。

此后，赵又被黑帮头目夏衍、陈荒煤召至北京，参加了违背毛泽东思想，篡改历史事实，歪曲革命先烈英雄形象，为叛徒（重庆市委书记）翻案的毒草影片《在烈火中永生》的炮制。除此之外，他还有一大批准备出笼的大毒草，如《邹容传》、《李白与杜甫》、《秋瑾》、《阮玲玉》、《黄道婆》、《祭头巾》、《三国志》、《红楼梦》、《屈原》等等。那一部影片不是一支浸满了毒汁的毒箭！那一部影片不是一道为资本主义复辟制造舆论的招魂幡！

历史是最好的证人，它详尽地记载着赵丹反党、反社会主义、反毛泽东思想的累累罪行！

腐蚀青年一代　大搞"和平演变"

我们伟大的领袖毛主席对青年一代寄予无限的希望，他说："世界是你们的，也是我们的，但是归根结底是你们的。你们青年人朝气蓬勃，正在兴旺时期，好象早晨八、九点钟的太阳。希望寄托在你们身上。"为了保证我们的党和国家永远不变颜色，为了保证我们壮丽的无产阶级革命事业获得彻底胜利，我们党遵照毛主席的教导，努力地把青年一代培养和造就成为无产阶级革命事业的可靠接班人。但是，资产阶级为了在我国实现资本主义复辟的美梦，千方百计地对青年一代进行腐蚀和毒害，妄图使青年一代蜕变为资产阶级的接班人，最后实行"和平演变"。这是一场严重的无产阶级和资产阶级争夺接班人的阶级斗争。

这场斗争一直在文艺界激烈地进行着。反革命修正主义分子赵丹，就是代表资产阶级向无产阶级争夺接班人的一员干将。他不仅通过他泡制的毒草影片为资本主义复辟鸣锣开道，腐蚀毒害千百万革命人民和革命青少年；而且直接腐蚀毒害青年文艺工作者和工农兵业余文艺工作者，竭力把他们培养成资产阶级、修正主义文艺的接班人。

一九五七年春天，赵丹以学习民族传统艺术为名，通过文艺界反党黑帮头目田汉、大右派吴祖光的关系，让他在中央歌舞剧院的女儿赵×拜专演黄色风骚戏而著称的京剧演员小翠花为师。为此，还在北京举行了盛大的"拜师典礼"。黑帮头目夏衍、田汉及文艺界大大小小的牛鬼蛇神们，都亲临祝贺观礼。田汉还大肆嘉奖说："这才是向中国传统的表演艺术学习的具体表现，是新老艺术紧密结合的良好开端……，今后这种'拜师学艺'之风，还可以广泛开展。"在赵丹的影响下，全国文艺界刮起了一股"拜师学艺"的妖风，为培养封建阶级、资产阶级文艺接班人作出了"杰出"的榜样。赵丹以学习"三十年代的优秀艺术传统"、外国的"宝贵经验"为名，大肆贩卖资产阶级、修正主义的黑货。他非常推崇三十年代的臭电影明星阮玲玉、陈凝秋、袁牧之。什么"阮玲玉不下什么生活，但演什么象什么"、"是一个全才"、"迄今为止，还没有一个女演员能及得上她"；什么"陈凝秋的表演感情真挚……"；什么"袁牧之刻划人物性格丝丝入微。"这两个人是"艺坛二怪"，是"空前绝后的艺术大师"。接着，还提出他们的"杰作"《女儿经》、《警报》、《姐姐》、《水银灯下》、《活尸》、《三剑客》、《生活》……等，要青年演员"老老实实认认真真地学习"。

他对资本主义、修正主义的颓废、没落、黄色、反动的影片钦佩得五体投地，赵丹经常说："世界上的导演美国的最好，演员苏联的最好"。在《青山恋》摄制组时，他向青年开设"三十年代"、"修正主义"及"好莱坞"影片讲座，大捧外国十大明星的"绝技"，并且说："我的表演为什么这样好？都是从美国电影中学来的，可惜现在这些电影不能放了，不然给你们看一看，对你们的表演会有很大的帮助。"一九六二年他从日本访问回来，多次对青年创作人员说："日本导演沉默寡言，从不自我吹嘘，工作认真严肃，能朗诵唐诗，有真才实学。他们对艺术的态度，真值得我们学习。"最后还说："这次去日本访问后，了解了许多情况，我爱上了日本，我要做一个亲日派。"真是奴颜卑膝，厚颜无耻至极。一九六〇年他参加了捷克的戛罗利电影节回来，在《大河上下》摄制组，大肆宣传资本主义、修正主义国家的反动、黄色影片。他具体、细致地描述其中的色情、肉感镜头和演员兽性的表演，说着他情不自禁地摹仿起来，演得他眉飞色舞，口水直流，丑态百出，不堪目睹……。他不仅口头上贩卖这些黑货，而且运用到他所泡制的毒草影片中去。如在《青山恋》中，赵丹一再要演山雀的女青年演员向三十年代的色情演员王××学习，学习她在《野玫瑰》中如何恬不知耻地卖弄风骚，黄色放荡。赵丹说："山雀就是社会主义时代的'野玫瑰'，山雀的野，在于没有任何束缚"，"不懂人情世故"，"不懂男女之分"，"在生活中不是理性的，不是思想指导着生活"。在表演时，赵丹一再叫演员"不要封建"、要"野"、要"泼辣"，不要考虑什么"风俗习惯"，"要敢于演"，叫嚷演员"裤腿卷得不够高"，"野得不够"，"应该在野字上更发展些。"当有人提出山雀成长后性格应有所改变时，他唯恐其恶毒的用心被人识破，仍顽固地坚持说："人物的成长是思想的成长，但性格不会随之改变"。由此可见，赵丹是多么狠毒地以三十年代反动、腐朽、色情、没落的资产阶级的文艺来毒害、腐蚀青年演员，以三十年代的"野玫瑰"来改造社会主义时代的革命青年——山雀，最后又通过演员来毒害、腐蚀广大的革命青年。

赵丹，象他的主子刘少奇一样，经常向青年贩卖什么"艺术修养"，什么"一个艺术家要博古通今，懂得诗、琴、书、画，生活洒脱自如，无所羁牵"，什么"演员的艺术趣味要广，又要专，深入一点，才能触类旁通"，什么"没有得到的观察，苦心经营的'立意'，不能得之心"，什么"没有深厚的修养，熟练的技巧，就不能应之手"……各色修养，名目繁多，但总的都是一瓢货——资产阶级、修正主义的黑货。

赵丹还公然用资产阶级个人主义名利思想刺激毒害青年。他在《青山恋》摄制组曾对一个青年演员说："你跟着我好好干，有吃，有喝，有玩，将来电影出来了又有名，还有很多女人追着你"。此外，赵丹还以更为卑劣无耻的手法引诱青年犯罪，《青山恋》中有一场爱情戏，赵丹就露骨地对两个男女青年演员说："生活中两个情人关在一间小房子里面会怎么样？你们就怎么演……"。后来，其中的一青年演员便走上了堕落犯罪的道路。当赵丹得知此消息后，非但不痛恨，反而十分赞叹地对他说道："嗬！你这小子还有这风流事呢！……"看！赵丹腐蚀、毒害青年是何等丧心病狂！

此外，赵丹的黑手还伸向工农兵业余文艺工作者。如他在上海第二电表厂参加四清运动时，他提出要培养"群众文艺骨干"。但是，在选择对象时，只重才，不重德。后来竟把"四清对象"也作为尖子培养。在该厂的文工团成立大会上，大唱充满着资产阶级臭味的歌剧《茶花女》。显然他妄想在工农兵的业余文艺队伍中培养修正主义文艺的接班人，为推行"和平演变"效劳。

但是，赵丹的放毒也被一些青年文艺工作者所察党，并遭到抵制和反对。如《青山恋》摄制组有一个纺织工人出身的演员，她的表演，达不到赵丹所要求的那种资产阶级小姐情调，而且她不但不会阿谀奉承，相反，对赵丹提了意见，这一下可得罪了这个反革命修正主义分子。从此，赵丹怀恨在心，在各方面对她进行种种刁难、辱骂、讽刺、打击，企图逼她退出《青山恋》组。后来，赵丹的企图没有得逞，于是就更加深了仇根。有一次拍外景，经过一座水库浮桥时，赵丹萌起了恶念，对高×说："你把她一脚踢下去，我情愿到监狱去探监，给你送牢饭。"看！反革命修正主义分子赵丹是一个多么狰狞的刽子手！赵丹腐蚀毒害青年一代，推行"和平演变"的罪责难逃！

"混世魔王"的嘴脸　腐朽糜烂的生活

文艺界的反党黑帮头目周扬、夏衍根据他们后台老板刘少奇的指示，制定了修正主义的"三高政策"（高工资、高稿酬、高奖金），使赵丹成为骑在劳动人民头上作威作福的"贵族老爷"，过着极端腐朽糜烂的资产阶级生活。他顶着"全国人民代表"的头衔，扛着"名演员""大导演"的招牌，到处招摇撞骗，胡作非为，是一个罪大恶极的"电影霸头"。一九六二年正值国家遭受严重自然灾害之时，赵丹、张瑞芳率领了上影演员剧团带了《雷雨》、《上海屋檐下》两个毒草戏到山东青岛、济南等地放毒。所到之处，生活上极端特殊化，一日三宴大吃大喝，恣意挥霍人民血汗，有关部门招待赵丹等人住交际处，赵丹还嫌不高级硬要调换，最后住进了海滨疗养所，小汽车接送，名医看病，并由专人陪同游览了崂山、泰山。更为严重的是，赵丹乘机衣锦荣归，回山东肥城探望反动老家（赵丹狗父是反动军阀和开电影院的吸血鬼）。当时有人提醒他考虑政治影响，但他根本置之不理，执意孤行。到了县城，县委以为全国人民代表视察来了，在县上为他召开了群众大会，由于小汽车不能走小路，又叫县委用小毛驴把他哥哥和侄子接来请上了主席台……。赵丹此行，不是一般的胡作非为，而是有着他反革命的政治目的——为他反动的家庭炫耀，助长地、富、反、坏、右的反革命气焰，灭贫下中农的威风。一九六三年为炮制大毒草影片《青山恋》去福建林区体验生活和拍摄外景，到了林区后不深入林场，成天在招待所里寻欢作乐。赵丹伙同反革命修正主义分子艾明之、徐韬、钱千里并组织摄制组的青年打麻将、打扑克、酗酒，大讲捷克女郎、法国女郎、德国女郎……并大跳摇摆舞，有时狂性发作通宵达旦。赵丹的房间使用的是一只一百支光的大灯泡，因为林区电力不足，赵丹之流竟要林场断了其他线路，甚至停了林区工业用电，供他们使用。赵丹的狗嘴馋得很，他要吃斑鸠，就叫警卫人员给他打斑鸠；他要吃鱼，就叫人给他抓鱼。有一天，他看见招待所有一条猎狗，便顿生邪念提出要吃狗肉，结果这条猎狗就被打死，满足了他的奢望。此事曾引起很大的民愤，招待所里的工作人员愤慨地说："我们总算认得赵代表了"。赵丹还有游山玩水、画黑画的僻好，一次，他提出要到××山去游览，当地人民公社说那地方不安全，希望他不要去。但赵丹坚持要去，不得已，当地人民公社不得不预先派了二、三十名民兵进行了一次大搜山。"赵代表"游览的当天又派了十多名公安人员、民兵佩带了步枪、手枪、猎枪护送他，另外，还安排了十几个人把酒菜挑上山，供他享用。在厦门时，赵丹等人住在××岛高级招待所，一天，他突然心血来潮，以"人民代表"的名义，乘了专备游艇在金山岛（敌占岛）海面上兜圈子游玩。为了保护这位"全国人民代表""专家"的安全，致使我海岸炮兵部队进入战斗准备。而"赵代表"却游哉悠哉，逛完了大海便驱车往武夷山风景区疗养。赵丹曾多次公然宣称道："我这个人民代表视察有两个条件，一是要吃的好，二是风景好，好画画。"真是无耻至极。

赵丹为了追求毒草影片的"艺术效果"，任意损害国家财产和人民利益。《青山恋》中为了追求奇特的林海镜头，赵丹提出要用飞机拍摄，于是就向福建省委要飞机，最后，通过种种关系从某地调来。然而，谁知由于赵丹之流的轻率，拍摄的镜头几乎全部报废，多少人民的血汗就这样被他们付于流水。在《青山恋》中，赵丹还以"艺术构思"为名，强调外景加工，不惜拆掉一段林区铁路，拍摄几个镜头。一九六三年底，林业局为了向国家供应急需的木材，通宵向外赶运，可是赵丹之流为了拍戏用的一条狗，而使总调度全线停车，为运狗的专车让道。……如此种种破坏国家、人民财产和利益的事例举不胜举。

赵丹流氓成性，专横跋扈，骄纵狂妄，任意凌辱工人。每逢他拍戏的时候，摄影场内纪律分外严格，工人同志必须为他小心伺候，不能随便哄声、走动，不然他就凶神恶煞地骂道"哪一个赤佬在烦，再烦拎你们出去。"为了他的"艺术构思"，可以拿工人同志的生命当儿戏，在拍摄《青山恋》时，赵丹为拍摄一个镜头，要一辆超过负荷重量的车辆驶过一座木架的五层桥，当时林业局一负责人认为太危险，表示反对，赵丹当场大发雷霆， 拍拍胸脯，悍然下令："听我的，开拍!"赵丹对工人出身的演员也是百般地凌辱、捉弄。一九六二年上影演员剧团排演大毒草《雷雨》，剧中有一工人鲁大海的角色，赵丹挑了一个工人出身的演员担任，但是赵丹、上官云珠把他视为"下等人"、"佣人"。这个演员对《雷雨》中的资产阶级感情和生活方式不能理解，赵丹就骂他"无知、愚蠢"，并肩膀一耸做出一副无限遗憾的表情。在戏的处理上，赵丹规定他扮演的工人鲁大海打大少爷周萍的耳光，是假打。而当处理到周萍打鲁大海耳光时，赵丹却叫演周萍的演员真打! 在第四幕时，场景是下雨，赵丹为了追求"真实"的效果，要鲁大海上场，必须全身湿透，冷水淋头(当时正值严冬)，而同一场景赵丹对饰繁漪和鲁妈的演员却不这样要求，还特地为她们做了塑料内衣。赵丹的阶级立场和阶级爱憎是多么分明!

赵丹的灵魂极端丑恶，道德败坏，是一个十足的流氓恶棍。平常对女同志评头论足，百般侮辱，满口淫言秽语，在一个摄制组里曾公开污辱一女青年说："你做我的女儿太大了，做我的情妇又太小了。"一九五九年《海魂》在青岛拍外景时，赵丹在海滨对一个青年姑娘进行盯梢，无耻地进行调戏、污辱，引起公愤。一九六二年赵丹参加一个代表团去日本访问时，竟无耻下流之极地要求日方招待看日本的裸体舞，看完后，回到代表团和回国后还津津有味绘声绘色地作介绍，何其卑鄙! 何其无耻!

赵丹在生活上一贯腐化堕落，糜烂透顶，是一个头顶生疮，脚底流脓，从灵魂烂到肉体，散发着腐臭的脓疱。

負隅頑抗　垂死掙扎

毛主席谆谆告诫我们："各种剥削阶级的代表人物……他们有长期阶级斗争的经验，他们会做各种形式的斗争，我们革命党人必须懂得他们这一套，必须研究他们的策略，以便战胜他们，切不可书生气十足，把复杂的阶级斗争看得太简单了。"赵丹便是这样一个有长期阶级斗争经验的、老奸巨滑的反革命修正主义分子! 在历次革命运动中，他大耍其反革命两面派的手法，象泥鳅一样地滑了过去。

一九六三年，在毛主席的亲自领导下，我国进行的以戏剧改革为主要标志的文艺革命，揭开了无产阶级文化大革命的序幕。随着无产阶级文化大革命的发展，文艺界反党黑邦的头目夏衍、陈荒煤、田汉、阳翰笙等相继被揭了出来，文艺界的一切革命者无不为之振奋，一切牛鬼蛇神则无不为之胆战心惊。一九六四年下半年，上海电影局系统展开了"四清运动"，张春桥等同志对以周扬、夏衍为代表的反革命修正主义文艺黑线进行了无情的揭露和坚决的斗争，他获悉赵丹之流顽固坚持反动立场和无恶不作的反革命行径后，愤然地斥责道："赵丹这个人已没有一点共产党员的味道了!"并在几次会议上尖锐指出："《鲁迅传》摄制组支部，青山恋》摄制组支部是完全烂了的"。

赵丹凭着他的反革命嗅觉，觉察到末日即将来临，内心感到从未有的恐慌，他想寻找保护人，可是夏衍、田汉、陈荒煤、阳翰笙这些"老头子"都倒台了，怎么办呢？就在这时，他想起了尚未暴露的、而且钻进了赫赫不可一世的中央文化革命五人小组的黑邦头目、"祖师爷"周扬，于是心头充满了希望，决定谒见"祖师爷""寻求"保护，共求对策。一九六四年八月的一天，文艺界的反党黑邦头目"祖师爷"周扬秘密地独自召见了赵丹，与他进行了密谈，并传授了"锦囊妙计"。赵丹吃了定心丸后，兴匆匆地返回上海。不久，市委"四清"工作队不顾革命群众的反对，让赵丹作了一个所谓"艺术思想的检查"，便算完事。后反革命修正主义分子杨永直在几次会议上，还说："赵丹的表现还不错嘛！"这大概是周扬的"锦囊妙计"显灵之故吧！无怪乎赵丹检查完毕，一转身，就得意忘形地叫嚷道："怎么样？我辈的检查不能不说是高姿态的吧！"

然而，赵丹的狂妄和得意好景不长，一九六五年十月起，毛主席亲自发动的对反党、反社会主义的《海瑞罢官》的批判和对《三家村》反革命集团的批判，对旧北京市委反革命修正主义集团的批判，为更大规模的无产阶级文化大革命的群众运动，作了舆论准备，开辟了道路。

一九六六年六月一日，毛主席决定发表北京大学聂元梓等同志的全国第一张马列主义的大字报，点燃了无产阶级文化大革命的熊熊烈火，举国上下军民一致向党内一小撮走资本主义道路的当权派和资产阶级反动学术"权威"发动了总攻击。赵丹之流的牛鬼蛇神立即被我厂的革命群众揪了出来。但是，正在这时候，刘、邓制定了资产阶级反动路线，派工作组来我厂扑灭我厂的文化革命的烈火，颠倒是非，混淆黑白，保护牛鬼蛇神，打击革命派，实行白色恐怖。因此，赵丹之流的反革命气焰甚嚣尘上，明目张胆地对揭发他的革命群众进行威胁道："你好啊！""我是贪官"、你是"清官"咱俩是一丘之貉。"甚至耍无赖地说："虱多了不痒，债多了不愁！"并恶毒的污蔑这次无产阶级文化大革命是"水涨船高"，借以为自己的罪行开脱。

八、九月间，英雄的红卫兵运动在无产阶级文化大革命的暴风雨中涌现出来；他们高举战无不胜的毛泽东思想伟大红旗，发扬了敢想、敢说、敢干、敢闯、敢革命的无产阶级革命精神，大扫资产阶级"四旧"，大立无产阶级"四新"。赵丹对伟大的红卫兵运动恨得要死，怕得要命，一面慌慌张张地在家里大肆销毁各种罪证；一面恬不知耻地放空气吓唬人说："抄我的家要中央文革同意，主席批准。"然而，英勇的红卫兵对他的狂吠赏以响亮的耳光，抄了他的狗窝。赵丹恨之入骨，咬牙切齿地咒骂红卫兵小将"是一群经过训练的特务"，"现在人活着比狗还不如"。赵丹这条疯狗对党、对无产阶级文化大革命、对红卫兵革命小将怀着多么深刻的阶级仇恨！

八届十一中全会宣告了资产阶级反动路线的破产。无产阶级文化大革命在毛主席的革命路线的指引下，冲决了层层障碍险阻，汹涌澎湃，滚滚向前。文艺界反党黑邦的头目"祖师爷"周扬被揪出来了，上海黑市委内的走资本主义道路当权派陈丕显、曹荻秋、杨西光、杨永直被揪了出来；党内头号的走资本主义道路当权派、文艺界反党黑帮的总后台刘少奇、邓小平也被揪了出来，在毛泽东思想的照妖镜下，现出原形。毛泽东思想奏响了一支又一支雄伟壮丽的凯歌！

这时的赵丹，象一条丧家之犬，痛苦地哀吟着，然而，又不甘心于自己的失败和灭亡，他以十倍的疯狂进行猖狂地反扑。

伟大的"一月革命"风暴把无产阶级文化大革命推向了大联合、大夺权的新阶段，这是两个阶级、两条路线、两条道路的决战时刻。正在这时刻，文艺界刮起了一股牛鬼蛇神翻案的黑风。我厂的一些党内走资本主义道路的当权派——周扬、夏衍文艺黑线下的人物纷纷从阴沟洞里爬出来，扯起了批判资产阶级反动路线的旗号。赵丹装出一副资产阶级反动路线受害者的模样，哭丧着脸说："资产阶级反动路线害得我好苦啊！"接着又凶相毕露地叫嚷："搞三十年代黑线名单，就是黑名单。"把锋芒对准革命造反派。他还狗胆包天，污蔑攻击江青同志说："我是三十年代黑线外围人物。江青同志对我和郑君里的情况很了解，相信江青同志会搞清情况。"妄图伺机反扑，反攻倒算！同时，赵丹还向牛鬼蛇神介绍他的臭婆娘黄宗英如何具有"造反精神"，如何冲出"牛棚"，"如何自己解放自己"，大肆煽动牛鬼蛇神翻天。一月中旬，这帮混蛋"以要毛选"为名，在革命造反派接管了厂工会门前进行"静坐"示威，大叫："头可断，血可流"，"政治权利不可丢！"向革命造反派发动猖狂的反扑。赵丹在这场反革命的表演中，是一个很突出的角色。更其恶毒的是这家伙借批判资产阶级反动路线之名，指桑骂槐地攻击我们伟大的党："……用得到我们，就把我们捧上了天；但到了保他们自己时，就把我们往外抛了。而且抛出来就往死里打。"此外，还与牛鬼蛇神在"牛棚"里成立了战斗组，写了宣言书，准备设立对外"接待站"……。反革命气焰嚣张至极！由此可见，赵丹在阶级斗争的舞台上，充当了一个十分"出色"的反革命角色，他的表演使我们受到了很大的教育："敌人是不会自行消灭的。"但是，不管赵丹的反革命两面派演技多么高明，也不管他是怎样的进行"负隅顽抗，垂死挣扎"，绝不能给他捞到半根保命的稻草，逃脱不了其必然失败的命运！

让我们高举毛泽东思想伟大红旗，彻底揭露、彻底批判、彻底清算反革命修正主义分子、"混世魔王"赵丹反毛泽东思想、反党、反社会主义的滔天罪行！把他斗垮！斗倒！斗臭！扔进历史的拉垃圾箱！

上海红旗电影制片厂 《红旗革命造反兵团》

后记：由于我厂工作组执行了资产阶级反动路线，秉承旧上海市委对赵丹进行"保护"的旨意，压制革命群众对他的揭发、批判、斗争。因此，至今，这个反革命修正主义分子的反毛泽东思想、反党、反社会主义滔天罪行远远还没有揭深、揭透。这里，先把前一阶段揭发的部分罪行概括地整理出来，供革命的工农兵群众进行批判，以后，比较系统的材料，将陆续公布，以彻底肃清其流毒。

撕开所謂老革命刘尔与的画皮！

↑ "同胞兄弟"

上海电影厂美術組精製的木刻板画，具有較高的技術水平和構思水準。有收藏價值。

打倒党内头号走资本主义道路当权派——刘少奇!

↑ 哈巴狗

吹鼓手 ➡

↑ 招降纳叛

上海电影厂木刻板画

高舉毛澤東思想偉大紅旗

→ 大打出手

→ 自取灭亡

↑ 打倒刘邓〔木刻套版〕 红旗革命造反兵团 "红旗"战斗队 "303"纵队 供 稿

63

工农兵大批判丛书之十一

反革命修正主义分子
胡乔木罪恶史

45582
首都《史学革命》编辑部

一九六八·一·北京

最 高 指 示

混进党里、政府里、军队里和各种文化界的资产阶级代表人物，是一批反革命的修正主义分子，一旦时机成熟，他们就会要夺取政权，由无产阶级专政变为资产阶级专政。

× × × ×

高举无产阶级文化革命的大旗，彻底揭露那批反党反社会主义的所谓"学术权威"的资产阶级反动立场，彻底批判学术界、教育界、新闻界、文艺界、出版界的资产阶级反动思想，夺取在这些文化领域中的领导权。而要做到这一点，必须同时批判混进党里、政府里、军队里和文化领域的各界里的资产阶级代表人物，清洗这些人，有些则要调动他们的职务。

目　录

第一节　黑司令部黑秀才　新闻界里"祖师爷"

"千钧霹雳开新宇,万里东风扫残云。"

在无产阶级文化大革命的阵阵凯歌声中,我们乘胜追击,猛打落水狗,誓把党内最大的一小撮走资本主义道路的当权派,从政治上、思想上、理论上批倒、批臭,叫他们遗臭万年,永世不得翻身!

本书要彻底揭发批判刘、邓资产阶级司令部的黑秀才,新闻界的反动权威胡乔木。胡乔木是什么人?胡乔木就是戚本禹同志的文章《爱国主义还是卖国主义?》所指出的:当时的中宣部常务副部长胡××。他伙同中国的赫鲁晓夫刘少奇,吹捧《清宫秘史》是"爱国主义的",对抗毛主席的指示,拒绝对卖国主义的反动影片《清宫秘史》进行批判。

反革命修正主义分子胡乔木,这个江苏盐城官僚大地主的孝子贤孙,1930年在北京清华大学读书时混入共青团和共产党,曾任北京市团委委员,1932年脱党逃跑回乡,1935年在上海再次混入党,当过"社联"的负责人,1937年调到延安在青训班和中央青委工作,不久调任毛主席秘书。1948年以来,他还担任过新华社社长、新闻总署署长、中宣部常务副部长、中央委员、党中央书记处候补书记等要职,主管《人民日报》、新华社工作。事实说明,胡乔木是混进革命队伍的阶级异己分子,他的资产阶级反动本性根深蒂固。三十多年来,他一贯地站在反动路线一边,反对毛主席的革命路线,每到阶级斗争关键时刻,他总是背离毛主席,追随刘少奇,充当刘少奇的忠实走狗。就是这个黑秀才胡乔木,在建国初期抛出大毒草《中国共产党的三十年》,歪曲党史,吹捧刘少奇,为刘贼歌功颂德。就是这个黑秀才胡乔木,在新闻界、学术界、文艺界推行修正主义路线,贩卖封、资、修黑货;他是从《清宫秘史》到《海瑞罢官》这条黑线上的一员大将;他是从"庐山会议"到《二月提纲》中几个反党集团的黑高参;他是一贯搞政治投机的两面派。在无产阶级文化大革命初期,胡乔木紧跟刘、邓、陶疯狂地破坏群众运动,妄图扼杀这场大革命。

胡乔木这家伙,罪恶累累,罄竹难书。

我们坚决把刘、邓黑司令部的黑秀才、刘少奇复辟资本主义的吹鼓手、反革命修正主义分子胡乔木斗倒、斗臭!

第二節　官僚地主胡启东　胡二少爷臭家史

毛主席教导我们说："**在阶级社会中，每一个人都在一定的阶级地位中生活，各种思想无不打上阶级的烙印。**"封建地主阶级的烙印在胡乔木身上是最明显、最深刻不过的了。胡乔木混入党内三十多年，其反动阶级本性丝毫也没有改变，他还妄图用他自己的资产阶级世界观来改造世界、改造党。现在，我们把胡乔木的罪恶家史，拿来示众。

江苏省盐城县鞍湖公社张本大队，解放前叫张本庄，原名胡顷庄，是个远近闻名的地主庄园。全村土地被十户地主霸占着，这里数三家姓胡的大地主财产最多，势力最大，剥削最凶。其中就有反革命修正主义分子胡乔木的狗爹，官僚大地主胡启东。

胡启东是盐城地区地主阶级的头子，反动势力的代表人物。胡乔木的祖父是个大富农。胡启东年青的时候考中了清朝的头名秀才。民国初年在大军阀袁世凯、黎元洪、段其瑞当大总统的时候，胡启东历任国会众议院议员。民国十三年，胡启东等议员（南七省）为了搞政治投机，以拒绝贿赂为名，不投选大军阀曹现作总统，从北京跑到南京。

胡启东当了二十余年大官僚，搜刮民脂民膏，吸吮人民血汗发了横财。（他在两广总督府任官时月薪八百元，作议员月薪三百元）以后就用搜刮来的人民血汗，到处吃喝玩乐，游山玩水，拜佛朝圣，过着纸醉金迷的生活。1925年回到盐城后，主编《县志》，著作诗文，卖力地宣扬封建地主阶级的反动文化。最后回到家乡过着地主老爷的腐朽、丑恶的生活。

胡启东用他当官僚兼地主发的横财买田置产，于民国十五年新建瓦房16间，草房6间，佃产56间，买良田251亩，连古产田共有307亩，还有四部半风车。一跃成为盐城头等大地主。

胡启东作官后，雇用一名当差的保镖，还办了一支防身二膛盒子枪，还雇用两个女仆侍候他一家寄生虫。当差的除吃饭外，每月只给3元工资，女仆只管吃粗食穿旧衣，不给一文钱。穷人给他家做衣服也只给几升糙粮。他就这样剥削雇工。

天下的乌鸦一般黑，反动地主胡启东对贫下中农的剥削十分残酷。不论丰歉年景，每亩田都要交租180—220斤。佃户辛辛苦苦一年忙到头，百分之六十以上的劳动果实都进了胡家的粮仓。胡启东这个吸血鬼,除了收租剥削外,放高利贷的手段也十分毒辣,不仅利息高达25—50%,而且在青黄不接粮价昂贵的时候,他将粮食折成钱,到秋天粮价猛跌,他又将钱合成粮。这样,春天向他借一石稻,到秋天得还一石五至两石。租种他家的田,先要交三石稻作押金,不管后来佃户种不种,这三石稻都是他家的了。张本的老贫下中农讲:"到他家去,先挑水,后洗菜,忙个不休,连进城取肥,也不给饭吃,田种好了,产量提高,租子也随着上升。当时种他家的田有三怕:一怕涨租,二怕回佃,三怕秤大。俗话说黄豆开花,种田人焦愁到家。"老贫农胡光秀说:"我家过去兄弟四个种胡启东56亩田,每亩要交220斤租,就是丰收年每亩也只能收400来斤,被他剥削一大半,再还去他家的借贷,剩的粮食每天勉强弄三顿粥,一遇歉年连粥也吃不周全。"老贫农仓洪亮也说:"胡启东太厉害了,他大女儿管家理财的手段也太凶了。连骨头还要削三分哪。"

胡启东依仗国会议员身份,与盐阜地区的地主阶级结成顽固的封建势力,成了盐城西区的大霸王。不仅老财们敬他三分,就连顽伪县长也对他拍马奉承,穷人对他是恨之入骨。胡启东与他们的几个"亲友"在张本庄修起碉堡,配备枪枝,组织地主武装,号称"胡家寨"。民国十九年马匪(匪旅长马玉仁)大乱,到处抢劫,但对张本庄的财主一根毫毛也未动。这正说明他们与土匪是狼狈为奸。在抗日战争期间,日伪军盘据盐城时,胡启东又和日伪军勾勾搭搭来往密切,干了不少罪恶勾当。

1940年新四军来到苏北,建立了民主政权。胡启东对共产党的政策和政治运动都进行对抗。在减租减息时,他耍两面手法,表面上说"奉公守法","已按照政府规定减了"。实际上直到土改时还一粒租子也未减。他还公开抗拒缴纳公粮,并大骂地方干部:"你拿共产党卡人!胡乔木是我儿子,我还是共产党的老子哪!"土地改革中,胡启东依仗胡乔木的权势,强要给他特殊照顾;他家三口人应分六亩六分;结果留好田四十亩租给胡光秀兄弟俩种,每亩收租220斤稻谷,继续收租两年。他还恶毒地咒骂、污蔑贫农是"懒汉"。并将大量浮财全部转移。在土改复查以前,胡启东为了逃避斗争,竟自逃亡南京,继续干反共反人民的罪恶勾当。以上事实说明他对共产党和人民政府怀着刻骨的仇恨,他的反动气焰十分嚣张。

就是这个反动透顶的官僚大地主，胡乔木却吹捧为"开明绅士"。抗日战争时期，中国的赫鲁晓夫刘少奇一到盐城就用小轮船把胡乔木的狗父胡启东从张本接来，封为县的副参议长。可见，刘少奇早就和黑秀才胡乔木勾结上了。

胡乔木（原名胡鼎新），就出生在这个官僚大地主的家里，是这个国会议员家的二少爷，从小他就过着罪恶的寄生虫的生活。二少爷胡鼎新十二岁，到扬州中学读书。

第三节　清华园投机革命　团市委可耻逃兵

毛主席说："有些青年，仅仅在嘴上大讲其信仰三民主义，或者信仰马克思主义，这是不算数的。……陈独秀不是也'信仰'过马克思主义吗？他后来干了什么呢？他跑到反革命那里去了。"

1930 年秋，胡乔木考进了美帝国主义为了进行文化侵略而开办的清华大学，接受帝国主义的奴化教育。胡乔木一到清华就开始投机革命，他除了迎合当时党内冒险主义者的需要，参加他们组织的游行示威、飞行集会之类活动以外，还主编了一种半公开的刊物《北方青年》。由于他懂得点英语、日语，能经常从英文版《国际通讯》和日文杂志上抄录一些马克思主义词句，拼凑成文章，或者照抄翻译一些"洋人"的文章编到刊物上，所以当时的《北方青年》上几乎每期都有他的文章。这样他就趁机把自己装成马克思主义者，既可以吓唬天真烂漫的青年，又可以俘虏一些人给自己捧场，作为往上爬的资本。由于当时全党受王明"左"倾机会主义控制，清华大学的党支部对胡乔木这样的"活跃分子"也很赞赏，很快地就吸收他加入了清华"左联"，接着在 1930 年底又吸收他入了党。

入党之后，胡乔木除继续上述活动之外，为了扩大自己的影响，经常找一些有特殊关系的人物谈话，拉他们入团、入党。如×××有美国国籍，胡乔木很清楚，这种人和他一样，即使被敌人捉去，也有保护伞，能很快放出来，所以他经常找唐谈话，拉他入团。同时，胡乔木还担任了团市委与区委的联络工作。1931 年夏胡乔木当上了清华大学团支书，不久又作了团西郊区委书记（当时叫城浦区），31 年冬便升为北京市团委委员。

毛主席教导我们："不是所有这些知识分子都能革命到底的。其中一部分，到了革命的紧急关头，就会脱离革命队伍，采取消极态度；其中少数人，就会变成革命的敌人。"胡乔木到团市委主管宣传工作，当时北京地区的党、团组织不断遭到破坏（这是王明路线造成的），形势日渐危险，团市委内部也有分歧和斗争，胡乔木这个投机分子恐慌起来，感到革命并不那么容易，在形势一天比一天紧的情况下，胡乔木"失踪"了。

第四节 逃回家冒充革命 遇风险再次脱党

1932 年 5 月间胡乔木在其狗父保护下逃回家乡之后，开始还有些怨恨、有些愁。他恨的是投机革命担风险，愁的是捞取名利未得逞。因此觉得有些见不得人，连吃饭都躲在屋里不敢出来。但没有过几天他终于"眉头一皱，计上心来"，他想我虽是从北京逃回来的，但盐城距北京一两千里，知道底细的人寥寥无几，何不在家乡显示一番自己的"才干"呢？于是他又出头露面活跃起来。当时胡乔木家乡的地主们为了巩固他们的统治，曾经放出这样一个谣言："张本庄是一块諸侯地，猪头在西面，猪尾在东面，庄上要出一个諸侯。"胡乔木想实现这一美梦。他首先选定了伪装革命的住所——"盐城县贫儿教养院"，在那里挂牌子，招兵买马，组织社团，写文章，办刊物，大干起来。他通过两个妹妹胡穗新、胡文新串通了一些人，组织了一个"综流文艺社"，办了一种杂志《海霞》，还办了小报《文艺青年》。在这里胡乔木发挥自己的特长，摇晃笔杆子，"创作"加抄袭，一会胡鼎新，一会"望晨"，一会"怀玉"，笔名繁多，发表不少文章。

胡乔木这一手果然见效，刊物、小报一出，就引起了盐城地下党的重视。派人几次找胡谈话，后来就经县委批准吸收他入党了。但事与愿违，胡乔木在盐城入党不久，盐城地下党遭到了破坏。胡乔木跑到当时被称为"冒险家乐园"的大上海。在上海偃旗息鼓，避风消闲了几个月。胡乔木总结了两次投机革命遭风险的经验，觉得还是闭门读书"稳当"，于是在其狗父与姐夫亲到上海策划安排下，决定溜号掩蔽，避风西湖畔。

第五节 避风浙大又溜号 投机上海钻进党

胡乔木从家乡溜到上海，"闭门思过"做了一番总结之后，在 1933

·年暑假钻到杭州"浙江大学"外国文学系，埋头读书去了。他到了"浙大"，两耳不闻窗外事，一心只读"圣贤"书，钻到《莎士比亚日记》、《茶花女》之类的外国故纸堆中，一直混了一年有余。到1934年下半年，胡乔木这个一向善于看风使舵的家伙，在同学的推动下也参加了赶校长的运动。但不久，他又溜号了。

胡乔木从西湖畔溜到上海滩，被大右派陈延庆（又名王翰，他的老乡，后来是他的妹夫）拉入了"中国社会科学工作者联盟"（简称"社联"），在一个区委工作。由于胡乔木善于拍马奉承，不久就钻进了社联的领导机关。并且在1935年5月间第三次混入了党。胡乔木这个投机分子很得反革命两面派周扬与修正主义分子钱俊瑞的信任。1935年夏组织"文总"（党的外围组织，上海八大联的领导机关）时，胡乔木成了"文总"的负责人之一，"文总"的上司是执行王明、刘少奇的投降主义路线的"文委"（周扬控制的上海党组织）。

1936年春周扬接到肖三从莫斯科给"文委"的信，同时又看到了刘少奇写的《肃清关门主义和冒险主义》；认为"文总"的存在对他招降纳叛不利，于是指示胡乔木起草文件解散"文总"所属"八大联"，撤销"文总"。胡乔木立即照办，搞得群众惶惑不解，议论纷纷。

叛徒邓洁供认：1936年5、6月间钱俊瑞、陆璀去巴黎开会，路过莫斯科时曾对中国代表团汇报过上海的工作。"中国驻第三国际代表团（王明为首）对上海工作有很好的评价，并对上海中央文委工作作了指示"。就是周扬、胡乔木一伙大搞"三十年代文艺"，推行机会主义路线的铁证。

毛主席高度地评价了鲁迅，并明确指出："**鲁迅是中国文化革命的主将**"，他们却极力反对鲁迅。叛徒邓洁供认："周扬是反对鲁迅的急先锋，我们（指胡乔木与他）是帮凶。"1936年春，他们按照周扬的黑指示下令解散"文总"所属八大联，撤销"文总"，就是拆鲁迅的台，就是反对鲁迅先生的。与此同时他们又提出"国防文学"的反动口号，来反对鲁迅先生提出的"民族革命战争的大众文学"的革命口号。在无产阶级文化大革命初，钱俊瑞不慎泄露了他们的天机，供认"国防文学"的口号是经过他们讨论的。这使得胡乔木很紧张，急忙于1966年7月给邓洁去信订立"攻守同盟"，否认他们追随周扬反对鲁迅的罪行，否认参加过讨论"国防文学"的口号。邓洁收到信后，为了销脏灭证，把信烧了。胡乔木还不放心，又急忙给出差在上海的邓洁打了二十几分钟的长途电话。他们与反革命两面派周扬完全是一丘之貉。

第六节　胡乔木混入延安　老右派狼狈为奸

1937 年4—5月间中央有电报到上海，要调一些搞文化的人到延安去。这好事正被胡乔木赶上了，但胡乔木不认识是他的幸运，积极性不高，他是被别人带着走的。所以他人虽已到了陕西耀县中央招待站，但心还留在上海哩！有一天他忽然对李凡夫说："这个天走不了（下雨了），我又想回上海去！"这就一语泄露出天机了。当时一切革命的人都向往革命圣地——延安。都向往到党中央所在地去见毛主席。而胡乔木却向往国民党蒋介石法西斯统治下的大上海。这再一次说明胡乔木不愿走真正革命的道路。

他们到了延安之后，李凡夫虽然在汇报上海的情况的时候，向中央组织部提出了：上海地下党组织对胡乔木有怀疑，让他告诉中央，审查清楚再用。但当时主管中央组织工作的是反党分子张闻天，他们正要招降纳叛，因此胡乔木很快得到了重用，被调到青委和青训班，让他审查别人去了。

胡乔木到了安吴（在陕西三原县）青训班（审查训练新到陕北的人），当了副主任。他为人阴险、尖酸、刻薄的本性在那里充分地暴露出来。表面上他装得道貌岸然，很有"学问"。他经常给学员讲课，什么统一战线、党的政策、群众运动、抗日战争、政治经济学，什么都讲，就是不讲毛泽东思想，不讲阶级斗争。大部分教材都是他自己编的，有时随心所欲，信口开河，使听的人晕头转向。暗地里他却干着男盗女娼的勾当，挖别人的墙角，把谷羽拉来做自己的老婆。

1939 年底国民党蒋介石配合日寇向我党领导的抗日根据地的进攻，发动了"反共高潮"。安吴离西安只有百余里，是蒋介石进攻的目标，青训班撤销了。胡乔木回到延安青委，交结了一群狐朋狗友。他虽然 1941 年起就做了伟大领袖毛主席的秘书，但他的反动立场并没有转变。他的身在毛主席身边，心却始终是向着刘少奇的。他始终是站在毛主席的革命路线的对立面的。他替刘少奇隐瞒了一系列攻击毛主席和毛泽东思想的罪行。如刘贼说："中国还没有斯大林"，"我还没听说苏联把列宁叫刘主席"，刘贼他一听"从群众中来，到群众中去"，就大发雷霆说："什么从群众中来到群众中去，马克思的《资本论》是从群众中来的?"胡乔木对这些都知道得很清楚，就是不揭发，不斗争。不仅如此，在1941年胡乔木还伙同许立群(黑帮)李锐(反党分子，已开除)李昌(反革命)蒋南翔(黑帮)办了反动刊物《轻骑队》，专门暴露解放区的所谓阴暗面，进行反党活动。毛主席《在延安文艺座谈会上的讲话》批评的就是他们及共同伙。另外，胡乔木对反党分子丁玲也是倍加爱护的，1942年丁玲抛出了《三八有感》等大毒草，领导同志在中央会议上对她提出批评，火力很猛，胡乔木急忙给毛主席写条子要把丁玲的问题放在另外的会议上解决。毛主席第二天就批评胡乔木实际上是为丁玲开脱。直到解放后，胡窃据了中央宣传部常务副部长后，竟把丁玲拉进去委任为文艺处处长。1956年丁的反党罪行揭发了，胡乔木又指示作家协会党支部一小撮反党分子为她翻案，胡乔木并亲自写了有利于丁玲翻案的证明材料。胡乔木一再包庇大右派丁玲，因为他自己就是个右派。

第七节 "大孝子"破坏土改 老政客腐朽灵魂

胡乔木这个道道地地的地主阶级的孝子贤孙，混入党内多年，不但未和家庭划清界线，对剥削阶级也没有一丝一毫的背叛，直到一九六七年一月七日，他还完完全全的站在剥削阶级立场，美化地主父亲，胡说什么："算个开明士绅。"胡乔木大白天说鬼话，为老混账涂脂抹粉，令人气愤难忍！

1946年初夏，在解放区进行土地改革前夕，胡乔木就给老吸血鬼通风报信，破坏土改，说什么："一块钱一斤肉买了吃，一块钱一亩田不要买。"胡乔木深知其狗父民愤极大，难逃被斗。他为保护狗父过关，破坏土改，慌忙派老婆谷羽从延安回家。谷羽一到盐城就大摆威风，威胁地方干部和群众，说什么："胡乔木是毛主席的秘书，我也是毛主席的第三助理秘书。""我是从延安乘邓子恢的飞机到淮安的，是和县长一起来盐城的。"她在会上说了不少漂亮话，还叫胡启东到会上表示献田，狗地主"思想不通"，吞吞吐吐。谷羽说："土改运动开始，不是献就是没收，早献比迟拿出来好，献是开明，拿是顽固。"这话完全暴露胡乔木和他老婆谷羽的狐狸尾巴。

由于胡乔木、谷羽这样玩弄阴谋手段，不仅使反动地主胡启东逃过了群众的清算斗争，多分好田四十亩，浮财全部保护并转移出去，还捞个"开明士绅"。而且在胡乔木指使他老婆回来，搞假动员、真包庇的影响下，使张本庄搞成了和平土改，很不彻底，有好几户大地主都没被斗争，仅把土地房产分出就算了。胡乔木包庇地主分子过关，破坏土地改革的手段是多么阴险毒辣。

全国解放后，胡乔木把地主父母接到北京来，甚至狗胆包天，让两个老吸血鬼住进中南海。两个老地主不仅住单间房里，逃避劳动改造，养尊处优，胡乔木还从家乡请两个老人（夫妻俩）专门侍候他们。老地主病重时还接到自己家中护理治疗。1957年2月胡启东死了，胡乔木悲痛万分，特地在嘉兴寺大开吊，全家和在京亲友都参加"追悼会"，献花圈、默哀、念祭文。还把老地主的尸骨埋在八宝山革命烈士陵园的近旁。花了近千元，修了水泥墓，立了碑，请胡启东的老友，官僚地主王××写了一千多字的碑文，为老吸血鬼树碑立传，歌功颂德。胡乔木还利用他窃取的职权于1959年与1960年将胡启东所写的反动透顶的《盐城县志续补》和《鞍湖诗文集》交《人民日报》印刷厂出版，印制成宣纸线装本，十分考究，并广为散发。这就充分暴露了胡乔木一贯坚持反动立场，明目张胆地为地主阶级招魂的丑恶咀脸。

1958年盐城县委派×××到北京找胡乔木，胡还查问他祖母的节孝牌坊在不在？×××说："还竖在那里。"他听后点头微笑。×××回盐城后，把胡乔木的问话告诉有关单位，从此这牌坊一直保护下来，直到文化大革命破四旧时，才把它捣毁。

胡乔木对×××还谈起他家所藏古书的事情，还别有用心地查问张本庄住房怎样。并说："明年春天我到上海准备回盐城看看。"×××回盐城也将此话汇报给当时的县委书记刘××，刘××等认为：胡家地主庄园在抗战期间被拆毁，现在这个地方"不象样子"，得赶快建设一下，胡乔木回来才好交待。因此，以修建居民点为名，从县财政中拨款七千余元，并拆毁民房数十间，新砌了两幢（20间）象样的房子，还抽调大批劳动力拆迁民房201间，用去经费八万一千元，新筑了一条长达20公里从盐城到秦南的公路，这条公路从胡乔木家乡张本庄中间通过。以备胡乔木回来坐小汽车一直开到张本庄。

1953年胡乔木亲自写信给县委、区委，说胡启东当年买的大批古书是"经典著作"，"有一部、有一本也要收起"。1963年胡乔木姐姐地主分子胡履新回乡,还到处追查古书、古画。她说什么:"我家古书价值一万多两银子,全国少有。""那些书在土改时被不识字的穷人瞎搞,分掉、撕掉,可惜得很!"这些话也是胡乔木的心里话。

胡乔木在建国初期,通过各种途径,将大批亲友(大多数是四类分子及其子女)拉进革命队伍内部,安插到各地各部门工作。例如将其姐姐(逃亡地主)安插在《人民日报》社工作。姐夫(逃亡地主)安插在铁道杂志社工作。胡公石(本家,国民党行政院长于佑任的秘书、干儿子,当过伪江浙两省督察员,民愤极大)安插在天津工作等等数以十计。胡乔木包庇地富反坏分子,到处安插亲信,搜罗党羽,招降纳叛,真是罪大恶极。上述种种,足以说明,胡乔木不仅是念念不忘地主世家,妄图重建封建家园,更重要的是梦想复辟资本主义。

第八节 胡贼把持新闻界 阴谋复辟造舆论

毛主席教导我们:"凡是要推翻一个政权,总要先造成舆论,总要先做意识形态方面的工作。革命的阶级是这样,反革命的阶级也是这样。"

中国的赫鲁晓夫刘少奇为了篡党篡政,复辟资本主义,早在解放前就把他的罪恶黑手伸进新闻界,并且在新闻界里培植亲信和走狗,胡乔木便是刘贼的忠实走狗和得力"干将"。

毛主席说:"报纸的作用和力量,就在它能使党的纲领路线,方针政策,工作任务和工作方法,最迅速最广泛地同群众见面。""有关政策问题,一般地都应当在党的报纸上或者刊物上进行宣传。""我们党所办的报纸,……都应当是生动的、鲜明的、尖锐的、毫不吞吞吐吐。"而反革命修正主义分子刘少奇和胡乔木是坚决反对这个方针的。

1948年,刘少奇的黑手伸进了新华社,便忙着训练他的走狗,5月份把他的心腹人物胡乔木、吴冷西、范长江集中到平山西柏坡"严格训练"。这项"训狗"任务由胡乔木"挂帅",刘贼幕后指挥。这次"训练"的主要内容是强调"组织性"、"纪律性",要成为刘贼的"驯服工具",必须"严格地""百分之百地"执行他的意见,不能有一丝一毫的独立性,即使有不同意或者想不通,也要坚决执行。刘贼改过的每一篇稿件,都要他们"认真学习",并加以"讲解"。经过这种"严格训练",把这批"走狗"训练得俯首贴耳,言听计从。而主子也给了奴才一些"甜头"吃。胡乔木也就在这年爬上了新华社社长兼秘书长的宝座,从此之后,他对刘少奇更是忠心耿耿。全国解放后，在刘少奇支持下胡乔木登上了新闻出版总署署长的宝座，按着刘少奇复辟资本主义需要，篡改无产阶级新闻事业的方向。他以新闻总署署长的名义，召开了"改进报纸工作"的会议，公开篡改党报的性质，阉割我们党报的阶级性和党性，明目张胆地要把报刊、通讯社变为资本主义复辟的工具，他提出："我们的'党报'不仅面对着一个阶级，而是面对好几个阶级的群众"。他在给范长江、邓拓的黑指示中赤裸裸提出："我们党的报刊应适应包括资产阶级在内的各个阶级的需要。"从此后，党报上出现了"风流人物行踪"专栏；泛滥着"要发家种棉花"等适应新富农需要的口号；对卖国主义的影片《清宫秘史》大加吹捧；对大毒草《武训传》也称作"优良影片"拍手叫好。一时，把我国的新闻界搞得乌烟瘴气。

我们伟大领袖毛主席及时提出展开对资产阶级文化思想的批判，亲自领导对《武训传》，对《红楼梦》研究中的唯心主义的批判，对胡风反革命集团的批判，后来一针见血地指出："**有一批知识份子出身的党员和团员，否认报纸的党性和阶级性，混同无产阶级新闻事业与资产阶级新闻事业的原则区别，混同反映社会主义国家集体经济的新闻事业与反映资本主义无政府状态和集团竞争的经济的新闻事业。**"毛主席强调指出：**这一批人确实是有相当严重的修正主义思想。**

1956年，正当修正主义思潮在全世界泛滥的时候，刘少奇和他的走狗胡乔木之流又活跃起来，刘少奇在一年内向新华社作了两次重要"口头指示"。胡乔木真是"闻风而动"，积极贯彻执行，学着主子的腔调，要求新华社向苏修塔斯社学习，学习资本主义国家通讯社。要求新闻报导"达到资产阶级的水准"，"比资产阶级报导更能引起人们的兴趣"。要求新闻写得"客观、真实、公正"，要求发表敌人骂我们的东西；反映资本主义好的东西；揭露社会主义的阴暗面；甚至叫嚷"不能强调政治性——立场"，说强调了立场就会犯片面性，就办不成"世界性通讯社"。甚至公开提出报刊的"自由竞争"，让记者在竞争中成名成家。胡乔木还亲自披挂上阵，将他一手把持的《人民日报》实行改版。亲自写了《致读者》，从理论到实践，向全国公开推行和鼓吹刘少奇的修正主义新闻纲领。他公然对抗毛主席关于报纸是阶级斗争工具的指示，主张把党中央机关报作为公共财产。他说："我们报纸的名字叫做《人民日报》，意思就是说它是人民的公共的武器，公共的财产。"他还极力宣扬要"力求适应读者的需要"，"报纸是社会的言论机关"，必须开展"自由讨论"。看！胡乔木一笔抹煞了党报的阶级性、党性。并且煽动牛鬼蛇神出笼。

《人民日报》改了版，胡乔木前后几次发表了讲话并写文章进行鼓吹，使刘少奇修正主义的办报纲领在全国新闻界泛滥起来，这实际上是把我们的报刊变为复辟资本主义的舆论工具。从此，新闻界黑云压城，一些牛鬼蛇神成了"党报"的特约记者、编委、顾问，反党反社会主义反毛泽东思想的毒草在党报上"自由竞赛"，封建主义、资本主义和修正主义的思想毒素在"党报"上泛滥！在"党报"上登"时装展览"、"发型展览"、"我的丈夫，我的蜜月"、"纸薄，即情薄"之类的新闻。胡乔木伙同他的"干将"吴冷西、邓拓之流到处寻找右派开座谈会，要求写稿，极右份子林希翎之流成了党报的座上宾！1957年国内资产阶级右派疯狂地向党进攻，胡乔木把持着《人民日报》按兵不动，不但不给予反击，而且配合右派分子向党进攻，胡乔木也叫嚷要取消党的领导，散布"今不如昔"等谬论。他还说：《人民日报》的主要缺点，是没有批评，要在报纸上登载社会主义的缺点和错误。由此可见，胡乔木是个漏网的大右派。

1957年6月，在阶级斗争的暴风雨里，我们伟大领袖毛主席力挽狂澜，发表了《文汇报的资产阶级方向必须批判》等光辉文献，痛斥了新闻界资本主义复辟逆流，并且发动和领导了全国的反右斗争，彻底摧垮了刘少奇、胡乔木之流复辟资本主义的阴谋。

捣乱，失败，再捣乱，再失败，直至灭亡——这就是帝国主义和世界上一切反动派对待人民事业的逻辑，他们决不会违背这个逻辑的。

刘少奇、胡乔木及其爪牙，在57年失败后，贼心不死，窥测方向，伺机卷土重来。在我国三年困难时期，国内外的帝、修、反掀起了反华浪潮，刘少奇、胡乔木之流，也紧密配合，再次向党、向社会主义、向我们伟大领袖毛主席发动猖狂进攻。62年初，刘少奇破口大骂新华社、《人民日报》，说它们在大跃进宣传中"吹牛成风"，"祸国殃民"，"不如关门"。要它们"全面检查、彻底检查"。刘少奇这番叫骂和指责的实质，是要一笔抹煞反右斗争以来我国新闻战线上的无产阶级革命派高举三面红旗所进行的一系列革命的宣传报导，是对毛主席发动的反右斗争的猖狂反扑，是妄图逼迫新闻界背离毛主席的革命路线。胡乔木、吴冷西之流听后，奉若圣旨，立即下令新闻界全面检查，从新华社到分社，从中央报到地方报，逐条新闻都进行检查。许多报纸再次改了版。这些报纸的领导权，又落到刘少奇和他的走狗的手里。于是，封建遗老，右派文人，以及一批钻进党内的反革命修正主义分子又纷纷出动，他们在我们报刊上大发思古之幽情，为封建主义、资本主义大肆招魂，借古讽今、含沙射影地恶毒攻击我们伟大的党、伟大的社会主义革命事业和我们最敬爱的伟大领袖毛主席。胡乔木给《人民日报》理论版设计了一个蓝图，要把它办成像国民党的反动刊物《东方杂志》那样，并命令《人民日报》聘请翦伯赞、冯友兰、许立群、胡绳、黎澍等一大批反动学术"权威"充当"顾问"。把《人民日报》理论版的大权拱手送给他们。这时全国许多报刊的当权派，也拜倒在反动学术"权威"的脚下，仰承他们的鼻息，聆听他们的指挥。

1962年毛主席发出**"千万不要忘记阶级斗争"**的伟大号召，胡乔木却与毛主席大唱反调，在《人民日报》上鼓吹要有"知识性"，"趣味性"，大搞《商品知识》，《农业、工业知识》专栏甚至要把我国中小城市的所有名胜古迹一个个在报纸上登出来，并引用封建文人的诗句，腐蚀人民的斗志，抒发那些遗老遗少的思古幽情，鼓动他们向社会主义进攻。

1964年2月，胡乔木竟明目张胆地要新华社收集西方各方面材料。如：《经营管理》，《市场行情》，《体育新闻》等等。他还特别鼓吹搜集美国的工业管理经验，要我们向西方工厂学习经营方式，甚至要我们的参考刊物介绍西方的广告、照片等等。看！胡乔木对资本主义国家崇拜到何等地步。

64年刘少奇搞了个"后十条"，胡乔木、吴冷西等利用《内部参考》大量刊登所谓"四清经验"及陶铸蹲点时的讲话等。大肆推行刘少奇形"左"实右的资产阶级反动路线。

我们伟大领袖毛主席对《内部参考》曾做过英明指示：**既要反映反面的情况，也要反映正面的情况。**可是刘、邓黑司令部早就处心积虑地要利用《内部参考》作为反革命复辟的工具，刘少奇召集了彭真、陆定一、胡乔木等开过黑会，研究所谓"办好《内部参考》"的问题"。

所有的帝、修、反总是疯狂地反对我们心中最红最红的红太阳毛主席和战无不胜的毛泽东思想。胡乔木这个老狐狸也不例外，他一贯恶毒攻击伟大领袖毛主席，疯狂诋毁毛泽东思想。1955年胡乔木给《人民日报》下通令："引用毛主席的话或提到毛主席的时候，最好用毛泽东同志这个称呼"。还下令: 毛主席的话不要用"教导"、"指示"等词。并且不让把毛泽东思想与马列主义相提并论。共恶毒用心, 是妄图贬低毛主席的崇高威望。他还借不让"歌功颂德"之名, 反对广大人民歌颂毛主席。他反对把毛主席讲话精神写成《人民日报》社论。并恶毒诬蔑: "主席今天这样讲, 明天又改了, 捉摸不定, 很难说。"1954年, 胡乔木肆意贬低毛主席参加投票选举的报导, 把新闻报导中表达全国人民心声、歌颂毛主席及毛泽东思想的句子全部砍掉。1957年2月27日, 毛主席在最高国务会议上作了《关于正确处理人民内部矛盾的问题》的报告。胡控制《人民日报》, 封锁消息不予报导。听任上海的当时还是资产阶级报纸《文汇报》任意歪曲宣传, 造成极坏的影响。毛主席发现后, 对胡进行了严厉的批评。同年, 主席提出"**百花齐放、百家争鸣**"的方针后, 胡乔木把反党分子陈其通等人攻击毛主席双百方针的文章在党报上发表, 既不加按语, 又一直不进行批判, 居心十分恶毒。

1961年元旦,《中国青年报》写了篇社论交给胡乔木修改, 他的反革命凶相再次原形毕露, 竟把文章中引用毛主席的语录以及歌颂毛泽东思想, 歌颂三面红旗的语句, 全都砍掉了。罪证具在, 胡乔木休想抵赖。

胡乔木控制《人民日报》期间, 狗胆包天, 污蔑毛主席的指示"过时了"。他说: "譬如《晋绥日报》那时的条件和现在不同, 现在情况复杂的多, 倘若机械搬用那时的经验, 就会犯错误。"

胡乔木统治新闻界十几年, 紧跟刘少奇, 猖狂反对毛主席的革命路线, 为资本主义复辟大造舆论。现在是我们清算胡乔木反党罪行的时候了。

第九节　窃踞常务副部长　充当《秘史》吹鼓手

反动影片《清宫秘史》在1950年出笼了, 围绕这部反动影片, 以毛主席为首的无产阶级司令部同以刘少奇为首的党内一小撮走资派, 展开了一场严重的斗争, 在这场斗争中, 当时窃踞了中宣部常务副部长的胡乔木与他的黑主子刘少奇狼狈为奸, 公开对抗毛主席和以毛主席为代表的无产阶级革命路线。毛主席严正指出: "《清宫秘史》是**一部卖国主义的影片, 应该进行批判。**"又说"《清宫秘史》, 有人说是爱国主义的, 我看是卖国主义的, 彻底的卖国主义。"反动影片《清宫秘史》, 是一部所谓历史题材的影片，写的是清代末年戊戌变法运动和义和团斗争。它公开站在帝国主义、封建主义和反动资产阶级的立场上，任意歪曲历史事实，美化帝国主义，美化封建主义和资产阶级改良主义，欧颂保皇党，污蔑革命的群众运动和人民反帝、反封建的英勇斗争，宣扬民族投降主义和阶级投降主义。

《清宫秘史》这部彻底的卖国主义的反动影片，上映前，胡乔木把持着《人民日报》大登预告，把它捧为"超特巨片"。上映后，登大标题的巨幅广告，以什么"敌骑压境万寿山风声鹤唳，满清腐败紫金城鬼哭神嚎"为其招摇，并鼓吹："连日客满，盛况空前"，"佳片难逢，欲观请早"。在副刊上头条地位发表影评大加赞扬。

《清宫秘史》一出笼，立刻得到刘少奇的喝彩，连连叫绝地说："这是一部爱国主义的影片，光绪是爱国的……。"毛主席严正指出：《清宫秘史》是卖国主义的，应该进行批判。这真是两军对垒，旗帜鲜明。

胡乔木把刘贼的黑话，奉若圣旨，连影片还没来得及看，就马上跑到中宣部传达刘少奇黑"指示"，叫嚷：《清宫秘史》是爱国主义的。

坚持毛主席革命路线的江青同志在几次会议上提出要批判《清宫秘史》，而陆定一、胡乔木之流却大唱对台戏，极力宣扬这株毒草的"爱国进步性"。江青同志要按毛主席的指示办事，胡乔木却把他的黑后台刘贼的黑"指示"拿出来作挡箭牌，说什么："少奇同志认为这部影片是爱国主义的，不能批判。"江青同志坚持真理，力排众议，进行了坚决的斗争，最后，胡乔木迫不得已，打电话给范××，要他写篇"批判"文章，范又约了思想反动的历史工作者荣孟源写了篇假批判真包庇的小文章。可是，就连这样的文章胡乔木看了后还嫌"太激烈了"，批上"修改后发表"，其实是扣压不发。

无产阶级同资产阶级在思想文化战线上一场巨大斗争，就这样被他们活生生地扼杀了。

欠账总是要还的，今天刘少奇这个中国赫鲁晓夫被揪出来了，刘、邓王朝已被无产阶级革命派捣毁了。但是，胡乔木这个丧家犬仍然贼心不死，还在负隅顽抗，他狡辩说，"批判《清宫秘史》的事确实忘记了"，等等。**事情果真是忘记了吗？不是！**这话是有来头的……

66年8月12日八届十一中全会刚刚闭幕，刘少奇把胡乔木单独留下，二人进行了一次"密谈"，回来后胡乔木说："关于《清宫秘史》的问题刘少奇也不记得了。"啊！原来是刘少奇"不记得了"，所以胡乔木就"确实忘记了"。请看，主仆唱合得多么谐调啊！自从这次密谈之后，胡乔木更不老实了，在检查中，除了重弹"忘记了"的老调外，还说什么："关于《清宫秘史》的问题，刘少奇只是和我闲谈。他在别的地方没有做过宣传，他也没有要我去宣传"。因此"在这个问题上我要负主要责任"等等，千方百计为刘贼开脱罪责，胡乔木真不愧是刘贼的忠实走狗。

毛主席指出："**被人称为爱国主义影片而实际是卖国主义影片的《清宫秘史》在全国放映之后，至今没有被批判**"。如今"**金猴奋起千钧棒，玉宇澄清万里埃**"！让那些妄图搞资本主义复辟的《清宫秘史》的吹捧者们去悲鸣吧！

第十节　炮制毒草《三十年》　篡改党史罪滔天

反革命修正主义分子胡乔木，1951年借纪念中国共产党诞生三十周年之机，在其主子刘少奇的授意指导下，抛出大毒草《中国共产党的三十年》(简称《三十年》)。这本黑书是刘胡二贼合作的，胡贼供认该书44页至48页是刘贼口授，他记录下来写上的。全书写完后经刘贼审阅修改，批准出版。该书出版后被旧中宣部和旧高教部"阎王"、"学阀"、反革命修正主义分子吹捧为"中共党史教学大纲"，一版再版，流毒中外。《三十年》从1951年6月初版至1964年5月在北京共印了三十二次，在全国共印了三十三次。全国累计印数8,063,599册。(其实远不止此数，因有许多党校和高等院校自印的无法统计)。用蒙、藏两种少数民族文字印了15,000册。用英、俄、法、印尼、西班牙五种外文印数95,460册。这本黑书十六年来用中外各种文字出版总数为8,174,059册。这个数字充分说明大毒草《三十年》流毒甚广，害人很多，必须彻底批判。

中共八届十一中全会公报指出："中国共产党是伟大的、光荣的、正确的党。我们的党是毛泽东同志缔造和培育的党，是用马克思列宁主义毛泽东思想武装起来的党"。早在1945年党的"七大"通过的党章总纲也明确规定："中国共产党，以马克思列宁主义的理论与中国革命的实践之统一的思想——毛泽东思想，作为自己一切工作的指导方针。"但刘、胡二贼对毛泽东思想却怕得要死、恨得要命，因而他们精心泡制的大毒草《三十年》，首先就是把攻击的矛头指向光焰无际的毛泽东思想。不仅《三十年》的开首总论中绝口不提中国共产党的历史、中国革命胜利的历史就是毛泽东思想武装的党和人民战胜国内外阶级敌人的历史，而且极力否认 中国共产党是我们的伟大领袖毛主席亲自缔造和培育的党，极力贬低和歪曲毛泽东思想在我党历史上的巨大作用。毛主席在民主革命时期写了许多在党的历史上起了极为重要作用的著作，光收入"毛选"1—4卷的就有158篇，而反革命修正主义分子胡乔木写的长达五万余字党史专著《三十年》中，提到的却只有12篇（包括只简单提了一下的），全书引用毛主席原话的（包括只引用了一两句话的）只有五处。更令人气愤的是他在偶尔引用毛主席的原话提到毛主席著作时，还断章取义，任意歪曲毛泽东思想，甚至公然叫嚣毛主席著作过时了，不适用了。

中共八届十一中全会公报指出："毛泽东同志是当代最伟大的马克思列宁主义者。毛泽东同志天才地、创造性地、全面地、继承、捍卫和发展了马克思列宁主义，把马克思列宁主义提高到一个崭新的阶段。"胡乔木在《三十年》中却明目张胆地公然歪曲历史，颠倒黑白，故意把毛主席1926年3月发表的《中国社会各阶级的分析》放在斯大林1926年11月才作的演讲《论中国革命的前途》后边，还硬说什么："斯大林同志的这个观点，被毛泽东同志在理论上和实践上极端丰富地发展了。"用此低劣的手法来贬低毛主席创造性地发展马克思列宁主义的伟大贡献，就可见其用心之毒辣了。

更令人不能容忍的是《三十年》从1951年6月在北京初版，至1961年9月第二版第二十次印刷的十年间，胡贼为了配合国内外反革命修正主义分子，进行反党反毛泽东思想的罪恶活动，先后作了四次重大修改。修改最多的一次是1953年6月，一次竟改了15处之多。胡乔木这个混蛋修改后的《三十年》更加恶毒地反对我们心中最红最红的红太阳毛主席，反对战无不胜的毛泽东思想。如第84页原来有这样一段："要领导中国工人阶级和中国人民达到胜利，没有马克思列宁主义的指导，没有毛泽东思想的指导是不可能的"，这是全书中唯一的一处提到毛泽东思想的。可是1954年3月22日胡乔木叫他的老婆谷羽书面通知"人民出版社"把"没有毛泽东思想的指导"一语删掉了。1954年11月他又把全书最后的三个口号即：

"帝国主义最后灭亡的日子快到了！"

"伟大的、正确的、光荣的中国共产党及其领袖毛泽东同志万岁！"

"全世界劳动人民的导师斯大林同志万岁！"

也通通全给删掉了。同时还把介绍毛主席的光辉著作《实践论》的这样一段话："毛泽东同志的这一著作，不但奠定了中国共产党的马克思列宁主义教育的基础，而且对世界马克思列宁主义的哲学宝库，也作出了光辉贡献。"也给砍去了。胡乔木撕下自己的伪装，反对毛主席、反对毛泽东思想达到了丧心病狂的程度。

《三十年》除了极力反对毛泽东思想之外，另一个罪恶阴谋就是为"左"右倾机会主义翻案，给刘少奇树碑立传，为资本主义复辟制造舆论。毛主席说："**在一九二七年北伐战争达到高潮的时期，我党领导机关的投降主义分子，自愿地放弃对于农民群众、城市小资产阶级和中等资产阶级的领导权，尤其是放弃对于武装力量的领导权，使那次革命遭到了失败。抗日战争时期我党反对了和这种投降主义思想相类似的思想，即是对于国民党的反人民政策让步，信任国民党超过信任人民群众，不敢放手发动群众斗争**"。这既是对叛徒陈独秀的批判，同时也是对投降主义分子王明、刘少奇的批判。这里讲的很清楚，他们都是一脉相承的"投降主义分子"。而《三十年》中却说什么："陈独秀不是好的马克思主义者"，言下之意，陈独秀还是一个"马克思主义者"，又说："陈是有很大影响的社会主义宣传者和党的发起者"。这不是对叛徒的无耻吹捧又是什么呢！但更无耻的还是胡贼在《三十年》无中生有地把刘贼吹成为白区工作的"模范"，说什么："在国民党区秘密工作的问题，刘少奇同志坚持了利用合法形式积蓄革命力量的正确思想"。另一处又写道："红军1936年2月东征进入山西的时候，国民党统治区的党的工作和各界人民的抗日救亡运动，在刘少奇同志的正确领导下，也得到了恢复和发展。"这纯粹是捏造。胡贼吹捧刘贼坚持了正确路线，而白区工作却百分之百都破坏了，这不正好说明胡贼吹嘘的"正确"路线是欺人之谈吗！致于把1936年"国民党统治区的党的工作和各界人民的抗日救亡运动"的恢复和发展也算成刘贼的"正确领导"，这更是恬不知耻。1935—37年刘贼窃据北方局书记期间，刘贼自己的行动给了胡贼一记响亮的耳光，他一手破坏了轰轰烈烈的"冀南农民运动"，又极力把"12.9"学生运动引向向国民党军队献剑献旗的斜路。在1936年8月他又指示关押在"伪北平军人反省院"的薄一波、杨献珍、安子文等六十一人集体自首叛变，向敌人投降，公开在报上发表"反共启事"。这铁的事实充分说明刘少奇是叛徒集团头子，胡贼的吹捧完全是别有用心。

但更令人气愤的是胡贼不仅把刘贼吹成"正确"路线的代表，竟连刘贼的黑《修养》也给吹成"圣经"。《三十年》中写到1942年整风时，他不知羞耻地说："《修养》在这次学习运动中起了巨大作用"。这就可见刘胡二贼的反党反毛泽东思想的行动是十分协调的，一个写了反对无产阶级革命、背叛无产阶级专政的大毒草黑《修养》，另一个积极吹捧，这正好说明他们是一丘之貉。

更令人不能容忍的是《三十年》初稿中这样卖力地为右倾机会主义者涂脂抹粉之后，胡乔木还嫌吹的不够，在1953年6月修改时，把原书中写到抗日战争初期的右倾机会主义错误时说的："他们信任国民党超过信任群众"一句砍去了。这又是公然在为王明、刘少奇的投降主义路线翻案。

此外，胡乔木在修改时还跟苏联赫鲁晓夫一唱一和篡改中国共产党的性质。该书中原来是这样写的："中国共产党能够领导人民达到胜利，这就是因为中国共产党是以苏联共产党（布尔什维克）为模范而建立起来的无产阶级政党"，1956年他适应赫鲁晓夫反党集团的需要，删去了"布尔什维克"这个光荣的称号。这样就把我们伟大的中国共产党污蔑成是以苏修党"为模范建立起来的"，是可忍，孰不可忍！

《三十年》更大的罪行是跟着刘贼公然为人民公敌蒋介石涂脂抹粉，甚至为全世界人民最凶恶的敌人美帝国主义开脱罪责。毛主席在《新民主主义论》等著作中，曾多次地指出，蒋介石就是暗藏在抗日民族统一战线中的汪精卫、李精卫，汗奸卖国贼。在《抗日战争胜利后的时局和我们的方针》一文中又写道："蒋介石呢，他消极抗战，积极反共，是人民抗战的绊脚石。"，而《三十年》中44页至48页那段，刘贼口授胡贼记录下来写上的"围绕着抗日战争的基本政治情况"的分析，却说什么："蒋介石要抗日，也要其他势力积极抗日，在抗战初期也表现了某种程度的抗日积极性，并希望能够速胜。"但是胡乔木嫌吹的不够劲，还嫌有些句子对美帝国主义走狗蒋介石太"刺激"了，因此在1954年修改时，他不仅砍掉了原书最后的一句口号"帝国主义最后灭亡的日子快要到了"，而且把原书中谈到抗战胜利后，蒋介石在美帝国主义支持下抢夺人民抗战胜利果实，准备内战时说的："美帝国主义给了蒋介石最大的帮助","马歇尔帮助蒋介石加速內战准备"两句也全给剜掉了。这不就是胡贼公然为美帝国主义帮助蒋介石屠杀中国人民开脱罪责的铁证吗?

《三十年》疯狂地反对毛泽东思想,大肆吹捧刘少奇,其罪恶目的就是反对社会主义,为资本主义复辟制造舆论。但无论狐狸如何狡猾,尾巴总是藏不住的。在《三十年》里的"第三次国內革命战争和中华人民共和国成立"这一节中,胡贼就学着刘少奇的腔调说:"抗日战争结束后人民要求和平","希望用一切方法来取得和平"。接着又叫嚷:1947年10月10日公布了《中国土地法大纲》后,"解放区的地主阶级消灭了"。把人民描写成"乞求和平"的可怜虫,宣扬"阶级已经消灭",这奇谈怪论,不是公然为复辟资本主义招魂又是什么呢?

综上所述,充分说明胡贼精心泡制的《三十年》是一株大毒草。它反党、反毛泽东思想;歪曲党的历史;歪曲党內两条路线斗争;为中国的赫鲁晓夫刘少奇树碑立传;给投降主义分子陈独秀、王明翻案;甚至公然给人民公敌蒋介石涂脂抹粉;给全世界人民最凶恶的敌人美帝国主义开脱罪行。它是为刘少奇阴谋篡党、篡政在中国复辟资本主义制造舆论的腐蚀剂,必须批倒! 批臭!

第十一节　黑手伸进科学院　大放其毒心理所

反革命修正主义分子胡乔木,黑手伸进了科学院,与科学院的走资派、右派集团、反动学术权威狼狈为奸,控制科学院的宣传工具,在科学院积极为刘、邓复辟资本主义制造舆论。

一九五八年,科学院展开对"心理学资产阶级方向"的批判,提出了"彻底清算心理学的资产阶级方向"的战斗口号,要求心理学能更好地为社会主义革命和建设服务。这一群众性批判运动,震撼了心理学界资产阶级"权威"老爷们的"天堂"。胡乔木就在这时候召见了这些"权威"们,给他们撑腰打气,要他们在批判中坚持自己的意见,并应该采取攻势,直言不讳地要他们向革命群众进行反攻倒算。从此后胡乔木亲自出马,以心理学"权威"自居,经常到心理所大放其毒,贩卖资本主义黑货。在五九年、六三年、六四年三次给曹××(心理研究所所长,资产阶级权威)做了黑"指示",并加以具体"指教"。并且还给北大、北师大、和华东师大心理学教学工作者讲话。现在,剥开胡乔木的画皮,看看他的葫芦里卖的什么"药"?!

胡乔木宣扬"人类共同心理","共同的心理规律",把决定人的心理本质的阶级烙印放在无足轻重的地位。这是故意调和阶级的对立，抹煞人与人的阶级差别，否认心理学的阶级性，为资产阶级的人性论辩护。

胡乔木大放厥词说："心理学不是政治思想工作"，"否定心理学，就是否定了马克思主义"，"不要因为强调阶级斗争、阶级分析和冲突就想到否定人的心理有共同的规律的方面去"。"人的心理有阶级特点，也是发展的，消灭阶级以后，还有心理……说有阶级性是错误的"。他还说："造成犯罪的原因有心理、病理、遗传、家庭与社会暗示影响等因素。"他反对研究共产主义的心理学，公开叫喊要学美帝国主义研究"测谎器"搞"机器教学"。他甚至公然叫嚣："只讲共产主义者的心理就是否认马克思主义"，"有人谈共产主义的心理学是空谈，是回避科学研究"，"听说北大要编《共产主义的心理学》表面上对心理学要求很高，实际上是取消心理学"，"有人研究先进生产者的心理特征，那些研究者的结论不研究也可以知道，无非是先进的阶级特征，高度的阶级觉悟，对共产主义事业的忠诚等。这不是心理学"。

胡乔木给心理研究提出的任务是什么呢？那就是"心理学要研究**精神现象**，研究精神现象不能保证精神健康"。要研究"宗教心理"，"**犯罪心理**"，造出"催眠器"来。

胡乔木控制科学院的宣传工具，给他们出谋划策，鼓动走资派、大右派等牛鬼蛇神向党进攻。

早在五八年胡乔木就指使张劲夫（原科学院党委书记、走资派）办了《科学简讯》（科学院内部刊物）。胡指示此刊物大肆放毒，为资产阶级专家向党进攻鸣锣开道。他几次找杜润生、汪××等人去谈话，给他们出谋划策。他说："现在医学科学院、农业科学院也都没有机会向中央反映情况,他们也有不少牢骚、困难和苦闷,你们如果替他们诉苦鸣冤,他们一定很感激。你们和他们没有什么关系,可以通过科委介绍。只要科委支持,你们就应挺身而出。"这不是公然煽动科学界的反动"权威"向党进攻又是什么？胡还经常让他的老婆谷羽（科院新技局党委书记），"指导"《科学简讯》。胡借谈《科学简讯》之机,对科学院的院报的方向也做了许多黑指示。从此,科学院的四大报都在胡的控制下变成了刘、邓在科学界复辟资本主义制造舆论的工具。

胡乔木是科学院和刘邓司令部联系的牵线人。胡的黑手伸进科学院之后，经常给刘邓通风报信，为刘邓在科学院搞资本主义复辟培养势力，扩大地盘。如一九五九年夏天，胡乔木请刘少奇带着王光美到北郊参观了科学院土壤队搞的小麦密植试验田，当时刘少奇表示赞扬。随后又请刘少奇接见了搞原油直接利用的有关人员，并接受资产阶级专家意见，建立了研究所。五九年胡还邀刘邓参观了科学院科研成果展览会。这些为胡乔木在科学院推行刘邓路线撑了腰，打了气，投下了资本。

胡乔木妄图把科学院引向资本主义方向，要我们向英美苏修学习，胡说："美国的办法，你们也可以采取嘛。科学院也可以派坐探，派到各产业部门的研究所里。当然说派不是真的从外派，是要同他们的研究人员交朋友，从那儿了解情况，美国也是这个办法。"他积极鼓吹科研"自由化"、"自由竞争"。并要我们也去研究唯心主义的"程序教学"（机器教学），"测谎器"之类的资本主义的东西。

胡乔木是科学院老右派杜润生和反革命修正主义分子的黑后台。一九六〇年杜润生参与了罪恶的"外事事件"，我们伟大领袖毛主席指名要罢杜的官，而反革命修正主义分子张劲夫和裴丽生却要包庇杜过关，写了假报告，经过胡乔木转交中央，保杜蒙混过关。

胡乔木还公然煽动对抗毛主席的号名；毛主席指示**全国都要学习解放军**，胡乔木说："你们可以下决心不学，中央也没有说都要学，没有这点毅力不行。"毛主席指示我国不搞院士制度，而胡乔木竟狗胆包天，指示要科学院研究院士制度。毛主席早就提出**"改革教育制度""缩短学制"**。旧中宣部和旧高教部在刘邓指使下，迟迟不采取行动。六四年反党分子林枫和蒋南翔之流，耍了个阴谋，在科学院纠集了一些资产阶级学术"权威"座谈学制问题。这帮老混蛋公开反对毛主席提出的**学制要缩短**的指示。胡乔木把这些混蛋们的所谓意见，视为珍宝，并拿到教育部会议上宣传说："可以引起注意"，在和杜润生谈话时说："学制问题，你们的材料，我有意选在教育部会议期间整的，以引起注意。"

以上事实说明胡乔木积极为复辟资本主义效劳。是刘邓伸进科学院的魔爪。

第十二节　文改会招降纳叛　闹独立耍尽手腕

胡乔木在文教战线各个部门积极推行资产阶级专家路线，重用资产阶级"专家"，大搞独立王国。在中国文字改革委员会成立时，由胡乔木提名的二十三个委员，除已死三人外，现二十名委员中，大右派二人，胡风反革命集团分子一人，走资派五人，资产阶级反动"权威"六人，其余都是资产阶级知识分子，没有一个工农兵的知识分子。胡愈之是由胡乔木提名当付主任。叶籁士这个秘书长的官衔，更是由胡乔木"恩赐"的，后来竟当上了付主任和党组付书记，现查明他是有二、三百亩地的苏州大地主。倪海曙这个资产阶级反动"权威"，也是胡乔木专门从上海要来的。倪是上海地产工头的儿子，是个脱党分子，他吹捧过胡适，有不少反动言行。胡乔木把他当"宝贝"，下令把倪吸收到语言研究所。胡愈之、叶籁士又乘机把赵××、周××、傅东华（汉奸）周有光（洋奴、四大家族银行在美国的办事员、旧新华银行襄理）许中一（流氓大贪污犯被开除党）拉进文改会，林汉达成了右派后，仍在文改会担任要职。就这样，胡乔木招降纳叛，把文改会组成一个反党小集团。这些家伙又互相吹捧，升官提级。如，倪海曙由十二级连升两级，到部长级；傅东华工资由 60 元一下提到 240 元，也到了部长级，真是"青云直上"。这些家伙从胡乔木那里得到了高官厚禄，他们吃着人民的饭，却干着反人民的勾当。他们把持文改会和文改出版社以及两个文改刊物，说黑话，写毒文，出毒草。如肖洛霍夫的叛徒文学《一个人的遭遇》，配合"三家村"向党进攻的《南包公海瑞》等，都大量出版发行。文改会已被胡乔木办成了裴多菲俱乐部，成了刘邓复辟资本主义的一个据点。

胡乔木在文改会是一手遮天的，胡愈之、叶籁士等一伙简直把胡乔木捧成"圣贤"，无论什么问题，一提到是"乔木同志决定的"，几乎就再也没有讨论的余地了。胡乔木也经常讲文改会执行中央的方针，根本不提毛主席的指示。那么胡乔木所提的"中央"是哪个"中央"?! 事实证明，胡乔木执行的是刘邓黑司令部的方针。我们伟大领袖毛主席早在一九五三年一月就对文改工作作了极为重要的指示。毛主席主张有规律地简化，不容打碎敲，毛主席说："**有规律地进行简化。汉字的数量也必须大大减缩。只有从形容上和数量上同时精简，才算得上简化。**"胡乔木对最高指示置之不理。一九五四年他却传达刘少奇对简化字的意见:"少改一点,不要改得大家都不认得",还要"用换钞票的办法分批取消繁体字",还要文改工作"慎重",不能"马上推行"等等。

胡乔木按刘少奇指示参加汉字简化方案审订会,照他的意图审订。胡乔木、胡愈之、叶籁士等抗拒毛主席指示,按刘少奇的办法,分批简化,分批推行,最后是"慎重"再"慎重",十年没有再简化一个字,还在通用印刷中恢复了十五个已经简化的繁体字、九十个整理掉的异体字。胡乔木就是这样违背了毛主席为首的党中央的政策方针,破坏了党的文字改革事业,剥夺了广大工农群众迅速获得文化的权利。

胡乔木黑手控制下的文改会1962年精简机构时遇到了"危机"。周总理曾决定把它合并到教育部。胡乔木得知这个消息后,十分着急,有时一天几次电话,布置叶籁士采取行动,对抗中央决定。他利用旧中宣部与教育部的矛盾,使教育部长杨秀峰(修正主义分子)"表示困难"。然后又借文改会主任吴××之口说合并后"变成司……就不好管了,不兼教育部长,更不作兼司长"要求保持"半独立"。胡乔木又急忙给党内另一个最大走资本主义道路当权派邓小平写信,要求保持"一个党组和教育部大党组挂勾",理由呢?胡乔木1962年12月25日找总理管文教工作的秘书谈话时讲得很清楚,他说:"因为委员、付主任中很多部长,与其他委员会情况有些不同。这些委员很热心积极,共事很好,负责……合并后作为一个司很难说得过去。教育部长又很难自己做主。没有党组,不能工作,……文改党组要直属党中央,如果在教育部下另立党组不合适。"这就把胡乔木的野心全部暴露出来。他这些话都是存心撒谎、欺骗周总理,文改会几年不开一次委员会,委员互相间意见也相当大。还说他们"很积极热心,共事很好",完全是鬼话。胡乔木要将党组直属中央一事得到邓小平的支持后,他便动手抢权,打电话命令叶籁士,一切仍向他请示汇报,他说:"估计不会简单合并。中央没有决定取消我的工作,也没有提到党组谁来管的问题……,有问题就不去问,问了反而被动。"胡乔木就这样要尽了欺上瞒下的手腕,依靠邓小平做后台,把他苦心经营了十几年的文改会这个独立王国保持下来了。

第十三节　文艺黑线一干将　封资私货推销员

我们伟大领袖毛主席教导我们说:"**被推翻了的资产阶级采用各种方法,企图利用文艺阵地,作为腐蚀群众,准备资本主义复辟的温床**"。

　　胡乔木一贯追随文艺黑线的总后台、总根子、中国的赫鲁晓夫刘少奇，反对毛主席的文艺思想、文艺路线，大肆贩卖封、资、修黑货，成了文艺黑线中的干将。胡乔木在文艺界的罪行，必须彻底揭发批判。

　　胡乔木这个黑秀才，一见到歌颂伟大领袖毛主席的文艺作品就十分反感，他就丧心病狂地肆意攻击、进行诬蔑。

　　《大海航行靠舵手》是一首歌颂党、歌颂毛主席、歌颂毛泽东思想的优秀的革命赞歌，表达了全中国、全世界革命人民对伟大的领袖无限热爱、无限崇拜、无限信仰、无限忠诚的思想感情，深受群众欢迎。可是胡乔木极力否定这首歌，一九六六年三月间，他对原上海市委宣传部副部长孟波（上海文艺界批判重点之一）讲：“《大海航行靠舵手》曲调很好，所以流行，但歌词中‘鱼儿离不开水啊，瓜儿离不开秧，革命群众离不开共产党’，这样提法是把党和群众的关系颠倒了”，“比喻不恰当。”

　　一九五八年以来广大工农兵群众创造了许多歌颂我们伟大领袖的民歌和民间故事。旧中宣部阎王们借口“不能把领袖神化”，“不能简单化、庸俗化”不让发表。胡乔木则别有用心地说：“毛主席对歌颂他的，他不看。”

　　胡乔木对歌颂毛主席的文艺作品如此仇视，但对歪曲、丑化毛主席形象的油画《在延河边上》却十分欣赏。一九六四年十月，江青同志接见美术学院三位革命教师时讲：“《延河边上》是谁画的？我看不出是主席……主席在延安根本不是那样衰老，进城时也没那样，我看这张画对主席有歪曲！……”

　　胡乔木反对文艺作品歌颂伟大领袖毛主席，他的黑心不是昭然若揭了吗？

　　胡乔木反对毛主席和党对文艺战线的领导。一九五〇年他在中宣部一次会议上恶毒地攻击我们的伟大领袖毛主席。胡说：“现在有些领导人，把自己对文艺作品的批评，当成了国家的法律。”

　　一九五三年十月文代会准备期间，胡乔木代表旧中宣部起草报告公然抗拒毛主席提出的文艺为工农兵服务的方向，不提两条路线斗争，强调各协会为领导核心，企图取消党对文艺的领导。这个报告草稿是个修正主义的文艺纲领。伟大的领袖毛主席和陈伯达同志批驳了这个报告，决定撤销这个报告。胡乔木反革命阴谋未能得逞，怀恨在心，恋恋地对人说：“人生不如意事常有八九。”但胡乔木野心不死，到大会临近结束时，又以回答问题的方式仍然抛出这个报告。真是猖狂已极。

胡乔木还对美协领导人说："……你们不搞创作，不知创作上的甘苦，又如何能领导别人创作。"这和右派分子公然鼓吹取消党的领导的"外行不能领导内行"是同样货色。以上事实说明胡乔木一贯反对毛主席和党对文艺界的领导。极力推行刘少奇的修正主义文艺路线。

一九五一年，胡乔木按照刘少奇的黑指示说："文工团有了剧场……取得利润，以维持本身的再生产。""文工团有了剧场，如果还生存不下去，那就证明它的生命力太弱了。"就这样，毛主席一贯重视并提倡的、在抗日战争和解放战争时期发展起来的，活跃在广大工农兵群众中，为工农兵服务的文工团（队），就在"压缩编制、企业化"的名义下，被刘少奇、胡乔木、彭真、周扬等人扼杀了！这就可见他们热心经营的是不下乡、不下厂、不下连队，常年上演洋人戏、古人戏、死人戏的大剧团、大剧院。使它成为传播封、资、修思想毒素、复辟资本主义的基地。

毛主席说："**我们的文学艺术都是为人民大众的，首先是为工农兵的，为工农兵所创作，为工农兵所利用的。**"

胡乔木反对文艺为无产阶级政治服务，宣传党的政策。认为文艺为政治服务、宣传党的政策，使"作家就会完全陷入被动"，"使作家苦恼，人民得不到艺术"。他诬蔑文艺为无产阶级政治服务是："出题作文章"，"限期交卷"是"强迫结婚，限期生孩子"。他鼓吹"创作自由化"，一九五一年，他在中宣部讲："现在，不能说我们的文艺不为资产阶级，例如我们的电影还要让他们看，还要教育他们。"这一语道破了胡乔木就是要文艺为资产阶级政治服务。

胡乔木公然反对文艺工作者到工农兵群众中去，到火热的斗争中和工农兵相结合，他胡说什么利用住大城市的"现有条件"，"找三轮车夫、小学教师、五花八门（各种人）来谈"。"一个作家固定和社会上十几个家庭往来，一年中同一万人、一千人接触"，"观察几小时"，"这就行了。"还说："艺术家只有通过形象思维，才能在生活中捕捉形象，否则即使下去生活，也不会得到结果。"这都是荒谬透顶的资产阶级"文艺理论"的翻版。

胡乔木反对文艺作品塑造工农兵革命英雄形象，极力宣扬写"中间人物"，企图把我国的文艺引到卅年代的老路，居心是十分恶毒的。一九五〇年胡乔木说："写一些已经进步和正在进步，还继续进步的人物，使他们成为观众的榜样。""这样的作品比较起来，还有典型性，这样的作品的教育力量是非常伟大的。"这纯粹是黑话。

胡乔木反对工农兵群众文艺创作。一九五八年大跃进以来，各地出版了许多优秀民歌集与创作选。但胡乔木瞎说："题材窄、单调"，"大跃进以来的新民歌，究竟能否在群众中流传"？"出版社把学校、工厂的大字报、墙报汇集起来，出了不少书，实际上等于拣破烂。过去说是拣资产阶级破烂，现在是拣无产阶级破烂"。胡乔木站在资产阶级立场，对群众文艺大肆诬蔑。

胡乔木竭力要把报纸的副刊(文艺版)办成反党反社会主义的毒草园，贩卖"多样化""趣味性""暴露阴暗面"等黑货。胡乔木说："文艺部(人民日报)应该搞一些老牌的小品文。"还说："从前×××写过花鸟虫鱼，现在还可以请他写，因为他的知识还是渊博的。""副刊要有时新小菜，要多登些幽默文章。"胡乔木还建议《解放日报》由巴金这样老作家办副刊"朝花"。不难看出胡乔木妄图利用文艺副刊，挖社会主义墙角。

毛主席说："凡是错误的思想，凡是毒草，凡是牛鬼蛇神，都应该进行批判，决不能让它们自由泛滥。"

一九五〇年胡乔木就吹捧苏修文艺界头子肖洛霍夫的《被开垦的处女地》和充满资产阶级情调的《森林之曲》为"最高贵的作品"。"三家村"黑店的掌柜邓拓炮制了借古讽今的反党大毒草《新编唐诗三百首》，胡乔木极力推崇，并要《人民日报》载文介绍。大汉奸周作人写的《鲁迅的故乡》、《鲁迅小说里的人物》，严重的歪曲鲁迅先生及其作品，原在上海私商书店出版。胡乔木看中，就下令要人民文学出版社重排印出。并且对大汉奸周作人关怀备至，给他按排了工作和生活，每月四百元预付稿费。他要美协举办反动画家齐白石画展。他在上海参观美展时说："我看里面许多图画水平不高，还是林风眠那张《秋鹜图》(反党反社会主义的大毒草)比较好，我比较喜欢。"胡乔木还对美协负责人讲："你们中就华君武一个人搞创作。"并当面赞扬反革命修正主义分子华君武说："内部讽刺画只有你一个人敢画，只有《光明日报》一家敢登。"还鼓励华君武大干。

对胡风反革命修正主义集团头子和骨干也关怀备至，倍加重用。一九四九年胡风向胡乔木递交了阐述反动文艺的黑信。一九五一年胡乔木让胡风自己选择担任《文艺报》或《人民文学》的主编，胡风不干，胡乔木硬把胡风拉入《人民文学》编委会。胡乔木对他的党羽发布黑指示："要团结他,你们不要以宗派主义对付宗派主义。"胡乔木让胡风反革命集团的骨干路翎到朝鲜前线"镀金",捞取政治资本,路翎写了《洼地里的战斗》等大毒草,胡乔木赞不绝口,广为宣传。胡风反革命集团另一个骨干分子聂绀弩,被胡乔木提名任命为文改会委员。一九五三年胡风第二次向胡乔木递交黑信,该信内容与1954年胡风的反党纲领三十万言书内容一致,直到今天胡乔木还没有把胡风的两封黑信交出。

毛主席指出:"**胡风集团是一个反革命政治集团……是以推翻中华人民共和国和恢复帝国主义国民党的统治为任务的。**"而刘少奇却胡说:"对胡风,不要打倒他。"在1955年逮捕胡风时,胡乔木竟表示不同意逮捕。刘、胡一贯背叛无产阶级专政,因他们自己就是老反革命。

反党分子穆欣的《如何看待晚清的文学和政治》,其结构、次序、小标题是胡乔木拟出的,穆欣重写后,胡乔木又为他加工修改。其中毛主席《关于红楼梦研究问题的信》中有关《清宫秘史》部分是胡乔木泄露给穆欣的。他们所以合作得如此和谐,是胡乔木要洗刷罪行,穆欣要捞取政治资本。总之,这两个两面派的诡计如今完全暴露。

文艺黑线上的一批代表人物,如周扬、林默涵、胡风、冯雪峰、丁玲、邓拓、吴晗、刘白羽、肖乾、巴金、张天翼、郭小川、贺敬之等等都得到胡乔木的提拔重用,受到吹捧和庇护,都成了刘贼搞资本主义复辟的马前卒,反党反社会主义的急先锋。

1964年毛主席又指出:**这些协会和他们所掌握的刊物的大多数(据说有少数几个好的),十五年来,基本上(不是一切人)不执行党的政策,做官当老爷,不去接近工农兵,不去反映社会主义的革命和建设。最近几年,竟然跌到了修正主义的边缘,如不认真改造,势必在将来的某一天,要变成象匈牙利裴多菲俱乐部那样的团体。**"胡乔木是刘少奇搞裴多菲俱乐部的骨干分子,必须彻底清算胡乔木在文艺界的罪行。

胡乔木的灵魂极其丑恶腐朽。他尊养处优,好逸恶劳,铺张浪费,贪图个人享受,一味追究吃喝玩乐。下面只举他在沪杭两地的"休养"生活为例。

1960年至1966年6月,胡乔木以养病为名,在上海杭州等地,过着贵族老爷式的生活,从这里可以看出他的道德低下、精神空虚,满脑袋活命哲学、反动的世界观。这里写他突出的几点:

在杭州招待所一次春节晚会上；胡乔木竟放肆地将我们心中最红最红的红太阳毛主席的宝书《毛主席语录》作儿戏。他叫招待所的同志猜这样一段黑话，说什么："一个人拉车子，拉者是坐者生的，但坐者不是他的父亲，……问拉者和坐者是什么关系？"并宣布谁猜着即把他的《毛主席语录》奖给谁。胡乔木诬蔑、反对毛主席到如此地步，真罪该万死。

胡乔木狗胆包天，叫人把他自己写的"黑诗词"谱成曲子，在春节晚会上演唱，以此来抵制招待所的同志们歌唱他们无限热爱的毛主席诗词。他还要人将他写的一些"黑诗词"翻译出来，作为招待所同志"政治"和"文化"学习文件，一次文化学习考试时，甚至要大家"默"出和翻译出胡乔木的所谓"家诗六首"。胡乔木老婆一次来杭州，找招待所一位姓王的服务员了解胡在杭州的生活状况。第二天，胡乔木就对这位不久前由他"培养"入党的同志不理睬了。并对别人讲：王××"损人利己""猜忌性重""挑拨领导干部夫妻团结"等等。还暗示所内当权派，王××不应在此工作。"圣旨"一下，走卒照办。这位同志便被下放到金华百货公司去工作了。由此可见，胡乔木这个极端的利己主义者，为了个人目的，甚至无辜陷害革命同志。

胡乔木在上海市委招待处，吃进口的高蛋白，每天上午吃煮蛋，下午吃酸奶，老母鸡煮汤不断。要吃鲈鱼，专门派人坐小汽车去松江搞十几条活的。为吃兔肉，还专门养两只活兔子。魏文伯（原华东局书记处书记，反革命修正主义分子）经常请胡乔木吃饭、吃狗肉。胡的每顿饭都放酒，还吃桔子水，饭后有水果助消化。他们一家平均每人每天要吃四——五元钱，可是只交一元五角。

胡乔木这几年借养病之名，和他老婆游遍江南名胜，游历了雁荡山、黄山、广州、苏州、富春江、新安江等十几处。

胡乔木为了闲中取乐，还打麻将。为了"休息"得更好，买了洋琴、琵琶，找了一个出版局局长的女儿丁××（上海音乐学院学生）教洋琴，车费要公家报销。他认为招待处乒乓球台不好，硬让招待所给他另买一台国际标准的红双喜球台。甚至到天主教堂看做礼拜，看修女。他是旧古书店的大顾客，花了不少钱，买了大量古今中外的老古董，其中不少是坏书、封存书和国内外反动人物的作品及黄色书。例如有一次在上海福州路古旧书店就买了几百元书，其中有《唯物恋爱观》《世界裸体美术选》等。他喜欢买西洋画册，越古越好，不要现代的。1966 年 12 月 25 日从他家抄出来光画册就有五、六十种。其中除了一些中国的山水画，欧洲油画、版画外，大量是裸体女人画、西欧古代神话传说等。胡乔木看电影，要看外国的、或古装的、演才子佳人帝王将相的，不爱看描写革命战争的，美其名曰："需要休息"。他就是这样腐化奢侈、穷极无聊、挥霍人民血汗。胡乔木还用他这套资产阶级生活方式来腐蚀自己的儿女和青年们，为资产阶级争夺下一代。

仅就胡乔木沪杭"休养生活"的一瞥，就可以看出他的灵魂深处，充满着资产阶级丑恶肮脏的东西。他挂着"共产党员"的招牌，其实还是道道地地不折不扣的封建地主阶级的执袴公子，资产阶级政客。

毛主席教导我们说："**世上决没有无缘无故的爱，也没有无缘无故的恨。**""**在阶级社会里，也只有在阶级的爱。**"胡乔木爱的是封建地主阶级、资产阶级，爱的是封建主义、资本主义、修正主义破烂，是再清楚不过的了。

第十四节　反党集团黑高参　庐山会议漏网鱼

胡乔木是建国以来，几个反党集团的黑高参，彭德怀反党集团的漏网分子；"三家村"黑店的大股东，彭真反党集团炮制反革命"二月提纲"的谋士。……

毛主席在一九五九年九月一日给《诗刊》编辑部的信中指出："**近日右倾机会主义分子猖狂进攻，说人民事业这也不好，那也不好，全世界反华反共分子以及我国无产阶级内部、党的内部，过去混进来的资产阶级、小资产阶级投机分子，他们里应外合，一起进攻。好家伙，简直要把个昆仑山脉推下去了……**"。

在右倾机会主义分子猖狂进攻中，胡乔木是个什么角色，请看如下事实：

中共八届八中全会"关于以彭德怀为首的反党集团的决议"指出："彭德怀和黄克诚早就同高岗形成了反党的联盟，并是这一联盟中的重要成员。""高饶反党集团，实际上是彭高饶反党集团。"胡乔木追随反党集团头子是由来以久的，在一九五四年高、饶反党罪行揭发前夕，胡乔木去大连和反党分子饶漱石进行了多次接触。并在旅顺反党分子高岗的别墅里，同高岗进行密谈。把高岗的心腹凯丰调中宣部来作自己的得力助手。凯丰到中央不久，胡乔木就托他回沈阳传达中央准备召集第二次全国宣传工作会议的事，要东北局提前准备。高饶集团被揭出后，胡乔木又为凯丰写了证明材料。与此同时，胡乔木还指责《人民日报》对韩天右(当时鞍山市委书记，高饶分子)的批评太重了，说："这个人不是压制批评的人，他去鞍山以后，鞍山工作有很大进步。批评可以，但要画个圈子，说明他的成绩。《人民日报》在批评上有缺点，韩天右的检讨很好，但放的不显著。"这是明目张胆地在为高饶反党集团辩护，为反党分子歌功颂德，妄想替他们开脱罪责，给他们翻案。胡乔木这一手也是和彭德怀反党集团相配合的。

一九五九年庐山会议前夕，胡乔木和彭德怀进行过一次密谈，于是便开始猖狂地向党进攻。他在去庐山的路上和庐山会议初期，纠集了反党分子李锐、田家英、周小舟和反革命修正主义分子吴冷西等人多次开黑会，说黑话，攻击我们伟大的领袖毛主席，反对党的领导，反对总路线、大跃进和人民公社三面红旗。胡乔木恶毒地诬蔑："毛主席晚节不终"。"毛主席不爱听反对他的话"，"常常出尔反尔很难侍候"。他还胡说什么："我们的被动就是从北戴河会议上毛主席同意发表关于××的公报开始的。""大跃进一开始就错了，引起了全面混乱，跃进中的平衡不能成立，就象火车一样，四个轮子不平衡就会出轨、翻车。""人民公社是一哄而起的。"他还同反党集团头子张闻天一道胡说："大跃进搞糟了，大炼钢铁搞糟了，劳动力离开农业了，天灾人祸，人祸是最大原因。"胡乔木给彭德怀反党集团提供了大批向党进攻的"弹药"。

在庐山会议期间，刘少奇发出黑指示："要把缺点讲透，要放开讲。"彭德怀抛出反党《意见书》。胡乔木配合这股黑风，在他主持下，与李锐、田家英，吴冷西等黑秀才分头起草了《会议纪要》。大讲"过分浮夸自封"是忘记了"苏联经验"。胡乔木还胡说："一九五八年发表了称为中央同志在各地参观时的讲话，……许多意见是不成熟的错误的。""一九五九年计划一变再变……引起了一系列的比例失调。""彭德怀在意见书中把问题提得很尖锐，各方面都谈到了"等等，含沙射影地攻击我们最伟大的领袖毛主席。给彭德怀的反党《声明》作重要的补充。庐山会议期间，胡乔木察觉到形势对他们不妙，便马上给反党集团的成员通风报信，叫他们别再"放"。他打电话给张闻天，告诉他"不要放炮"。张没有听，会后他又说："你讲那么多干什么，少讲点缺点是中央的意思，中央要反右，我跟你打个招呼。"同时还要田家英转告李锐，并由李锐转告周小舟，周惠："小心点，中央已在起草反党集团的决议了。"一九五九年七月二十三日，伟大领袖毛主席正式揭开了彭德怀的问题，几个反党集团分子慌了手脚，找黄克诚商议对策，并恶毒攻击毛主席，此事被揭发出来后，胡乔木给李锐出谋划策，要他把具体问题写封信给毛主席，解开这个误会(按：这是黑话)，要害问题不要写。(按：这才是真话哩)"李锐虽然言听计从。但，事实还是骗不了人的，李锐终于落网了。上述事实充分说明胡乔木是彭德怀反党集团的黑参谋。

庐山会议期间，刘少奇和彭德怀相策应，阴谋把原来准备的《会议纪要》篡改为一个反对毛主席无产阶级革命路线的反"左"文件。并下达黑指示，要胡乔木立即动笔起草，胡乔木感到"形势不对"不敢遵命，后又"汇报"给彭真，刘少奇经老狐狸、大叛徒彭真"劝说"，暂时收敛了一些，"反'左'文件"才没有出笼。

胡乔木对刘少奇要他起草"反'左'文件"的罪恶活动一直隐瞒好几年，不向毛主席汇报。可见胡乔木这条刘氏老走狗，对其主子真够忠实的了。

胡乔木在庐山会议时，上窜下跳干了那么多的罪恶勾当，他是怎么漏网的呢？是由于反革命两面派陶铸做了他的保镖。当反党集团被揭发出来，李锐等反党分子被迫供出了胡乔木一部分恶意诽谤毛主席罪行时，陶铸挺起肚皮，使出惯于扯谎的本领，出来给胡乔木作证，说他没有说过诽谤毛主席的话。前面有陶铸保护背后又有刘少奇、彭真包庇，胡乔木才蒙混过关，成了庐山会议揭发的反党集团的漏网分子。

在庐山会议上，以毛主席为首的无产阶级革命路线，粉碎了彭德怀反党集团的猖狂进攻，罢了他们的官。但是以刘少奇为总头目的右倾机会主义分子、反党集团的漏网分子，他们都念念不忘记伺机倒算，念念不忘给同伙翻案；妄想让他们的同伙再次登台，"重整朝纲"，一道搞资本主义复辟。刘少奇、胡乔木等刚从庐山回到北京，便迫不及待地又跳了出来，大造舆论。刘少奇幕后指使，胡乔木前台点将。他召见三家村黑店的反党急先锋吴晗，授意吴晗写《论海瑞》，吴晗秉承旨意，立刻写出了初稿，后经胡乔木精心修改，很快(1959年9月21日)就在《人民日报》上抛了出来。五九年底又炮制出大毒草《海瑞罢官》。

《论海瑞》《海瑞罢官》这两株大毒草，是为给罢了官的彭德怀反党集团分子树碑立传，喊冤叫屈，给这些反党分子打气，要他们学"海瑞败不馁，起来再干"。这就可见胡乔木的用心是何等恶毒了。

大毒草《海瑞罢官》又出书，又排戏，流毒全国，为害非浅。我们伟大的领袖毛主席1965年12月21日，一针见血地明确指出："《海瑞罢官》的要害问题是罢官。嘉靖皇帝罢了海瑞的官，一九五九年我们罢了彭德怀的官。彭德怀也是'海瑞'。"这下击中了刘少奇、彭真、胡乔木之流的要害。他们吹捧的"海瑞"的阴谋彻底暴露了。于是只好赤膊上阵另作安排，借着他们还窃据的中央要职，盗用中央名义抛出一个反革命《二月提纲》。但这背水一战也失败了。反党集团的黑高参及共同伙和他们的主子刘少奇都逃脱不了历史的惩罚！

第十五节　马前卒赤膊上阵　野心家原形毕露

史无前例的无产阶级文化大革命，正以毛主席提出的"斗私、批修"为纲，全国掀起大批判、大联合、三结合、斗批改的高潮。回顾一下，刘邓黑司令部的黑秀才胡乔木，推行刘邓路线破坏无产阶级文化大革命的罪行，进一步激发人们对修正主义的仇恨。

1965年11月，姚文元同志写的《评新编历史剧"海瑞罢官"》发表，揭开了无产阶级文化大革命的序幕，给反革命修正主义分子胡乔木当头一棒。从1960年以来，一直在沪杭等地休养的黑秀才如坐针毡，惶惶不可终日，再也不能消闲了。

毛主席教导我们说："敌人是不会自行消灭的，无论是中国的反动派，或是美国帝国主义在中国的侵略势力都不会自行退出历史舞台。"胡乔木这个反革命修正主义分子也不例外。姚文元同志文章的发表，这一棍子把他打得朦头转向。好似茅坑里的苍蝇，热锅上的蚂蚁，他到处钻空子，探消息，找靠山，妄想逃避过关。就在这时，反党集团的头子彭真叫反革命修正主义分子吴冷西赶紧写信到杭州，转告胡乔木说："《论海瑞》没有政治问题，要胡乔木安心养病。"其实这全是黑话，《论海瑞》是胡乔木授意反党急先锋"三家村"干将吴晗写的初稿，经他精心修改后批示《人民日报》发表的。有没有政治问题，胡乔木自己很清楚，彭真也很清楚，彭贼所以让吴冷西给他写黑信，目的是与胡订立"攻守同盟"，并暗示胡乔木赶快设法开脱罪行。正因为如此，彭贼让吴写信后还不放心，在1966年1月初，彭贼到杭州又亲自到胡乔木住处密谈。

2 月，吳冷西去上海，胡喬木又把他請到住處密談。據其秘書揭發，吳冷西這次談話的精神，就是後來彭賊搞的反革命《二月提綱》的精神。這之後不久，彭真的問題暴露了，彭真在給舊上海市委打電話的時候說提出的問題"涉及別人的，不要往下傳"，"有人在養病"。胡喬木看到《大事記》裡這段話，立刻領會彭賊的旨意，於是趕忙糾集了修正主義分子尤×（原新華社浙江分社社長）、陳×（原省文革組長）、于××（原浙江日報社社長）等人，集體化名"辛文兵"，寫了《"在真理面前人人不等"是修正主義的反黨口號》等三篇打着"紅旗"反紅旗，給彭賊開脫罪責的文章，1966 年 5 月 19 日、20 日、21 日三天在《浙江日報》上發表出來，隨即胡喬木又指示尤×等修正主義分子把稿件發給新華社總社。反革命修正主義分子吳冷西得到這些大毒草，如獲至寶，立即轉發全國各報發表。後來被康生同志發現了，勒令撤銷，他們的陰謀才未得逞。

毛主席說："階級敵人是一定要尋找機會表現他們自己的，他們對於亡國、共產是不甘心的。不管共產黨怎樣事先警告，把根本戰略方針公開告訴自己的敵人，敵人還是要進攻的。"反革命修正主義分子胡喬木也是如此，他妄想利用《浙江日報》作陣地，控制新聞界，向全國放毒，替彭真等反革命修正主義分子開脫罪行，破壞全國文化大革命的陰謀失敗了。他便剝去偽裝，赤膊上陣了。

1966 年 6 月 1 日，我們的偉大領袖毛主席決定廣播北京大學全國第一張馬列主義的大字報，親自點燃了史無前例的無產階級文化大革命的熊熊烈火。這火燒得胡喬木這個長期"休養"的"老病號"坐臥不安了。6 月初，他匆匆忙忙回到北京，向劉、鄧司令部報到，向陶鑄積極要求"工作"。他掛着中央委員的招牌，四處招搖撞騙，先後到了北京郵電學院、中國科學院應用地球物理研究所（簡稱應地所）、文字改革委員會、北京市六中、女一中、師大附中、北大、新華社、人民日報社等單位，招搖撞騙，放了不少毒，企圖撲滅文化大革命的烈火。

北京郵電學院的革命師生，6 月 8 日就在毛主席的革命路線指導下，發揚了敢想、敢說、敢造反的精神，趕走了劉少奇指使郵電部派來的第一個工作組。胡喬木聽到這個消息嚇得心驚肉跳，於是在 6 月 18 日他稟承劉鄧黑司令的旨意，匆忙趕到郵電學院給朱××（郵電部政治部主任，鎮壓北郵群眾運動的劊子手）為首的工作組撐腰、打氣、打保票，說："這個新工作組保證是革命的工作組，是真正徹底革命的工作組。"

朱××有了这张"保票"，在北京邮电学院积极推行刘邓路线，制造白色恐怖，大扫"拦路虎"，在全院大会上斗争了11人，在系部大会以上斗争了55人，全院师生员工总数不到3800人，有799人被打成了右派，有的被监禁长达一个月之久，连学习毛主席著作的自由都被剥夺了。有的被斗七、八次之多，有的人被斗的当场晕倒，有的被斗的精神失常，有六人写了血书。这样血淋淋的事实充分证明朱××不仅不是"彻底革命"的工作组，而是不折不扣的镇压革命运动的刽子手。而胡乔木就是这个刽子手的吹捧者、支持者。

胡乔木推行刘邓路线得力，刘邓十分赏识，1966年6月20日邓小平急忙召见胡乔木，布置新任务。叫他推行北京大学6月18日镇压革命事件的经验，说这经验有典型意义，目前出现的许多问题，可用北大的经验来研究。从此以后，胡乔木受宠若惊，他更积极研究起来。6月24日他跑到科学院应地所，他认为反革命修正主义分子张劲夫镇压群众不力，说什么"你们太瘫痪了，这不明明是右派翻天吗？"并且直到7月30日万人大会后，胡乔木还对聂荣臻和戚本禹同志谈"应地所事件"，妄图阻挠革命群众给应地所事件平反。直到科学院革命群众把修正主义分子张劲夫揪出来之后，胡乔木还死保这个牛鬼蛇神，说什么"张劲夫这样的干部还是要保的"。这就可见胡乔木推行刘邓反动路线是何等卖劲的了。

胡乔木对他一手控制的"裴多菲俱乐部"——"中国文字改革委员会"内的革命群众起来造反，更是怕得要死，恨得要命。1966年6月下旬，他听了驻文改会观察员的汇报，主张将观察员改为工作组，并诬蔑革命造反派说"郑××是个右派，我敢签字"，直到8月10日中央开过了八届十一中全会，公布了《十六条》后，胡乔木还操纵文改会的文革小组有计划、有步骤地迫害郑××，他说"对郑不能有丝毫妥协，郑是有意把水搅混"，"可以让叶籁士（原文改会党组书记、走资派）写个材料"，"等他（郑××）进攻到忍无可忍，说得天花乱坠的时候公布"。还说什么"叶服从中央的决定还是坚决的……也没有反对过我和吴老（吴玉章）。"这是明目张胆叫嚣"老子即是党"，反对我即反对中央，谁敢反我定要置他于死地！由此可以看出胡乔木这个刘邓司令部的黑秀才多么凶狠！其反动立场是何等顽固！

够了！上述事实足能说明胡乔木在这史无前例的无产阶级文化大

革命中，是顽固地站在反动的资产阶级立场上，实行资产阶级专政，将无产阶级轰轰烈烈的文化大革命运动打下去，颠倒是非、混淆黑白，围剿革命派，犯下了滔天罪行。

*　　　*　　　*

综上十五节所述，虽然只写了反革命修正主义分子胡乔木反党、反社会主义、反毛泽东思想的罪行的一部分，但足够说明胡乔木是一个混进党里的资产阶级代表人物，是一个反革命修正主义分子。在这次史无前例的无产阶级文化大革命中，我们把他揪了出来，这是除掉了一个隐藏在党中央的一个赫鲁晓夫式的人物，挖掉了一颗埋藏在伟大领袖毛主席身边的定时炸弹。这是战无不胜的毛泽东思想的伟大胜利，我们一定要把胡乔木批倒、批臭，打翻在地，再踏上千万只脚使他永世不得翻身！

打倒刘邓陶！

打倒胡乔木！

毛主席的革命路线胜利万岁！

无产阶级文化大革命万岁！

战无不胜的毛泽东思想万岁！

伟大的导师　伟大的领袖　伟大的统帅　伟大的舵手　毛主席万岁！万岁！万万岁！

文史哲批判

（增刊）

胡乔木的《三十年》必须批判

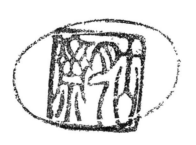

首都无产阶级革命派彻底捣毁刘邓黑司令部
批判资产阶级反动学术"权威"联络总站

第 1 期
1967年

前　言

　　反革命修正主义分子胡乔木是刘少奇、邓小平黑司令部的一员忠实干将。长期以来,他在文艺、新闻、学术各个领域里,一贯疯狂地反对毛主席,反对毛泽东思想,积极推行刘邓修正主义路线,大搞"和平演变",罪恶滔天,罄竹难书！在这次轰轰烈烈的无产阶级文化大革命中,胡乔木终于被革命人民揪出来了,这是毛泽东思想的伟大胜利。

　　早在 1951 年,全国解放后不久,在刘少奇的授意下,胡乔木抛出了反党反社会主义反毛泽东思想的大毒草——《三十年》。这本黑书,肆意篡改党史,闭口不谈无产阶级专政,闭口不谈毛主席的新民主主义革命总路线,宣扬资产阶级共和国,反对社会主义革命。这本黑书极力宣扬机会主义路线,为叛徒、反党分子涂脂抹粉,特别是使劲地抬高、美化和吹捧其主子刘少奇,为这个老牌的机会主义者篡党篡政制造舆论准备,完全是一本复辟资本主义的宣言书！

　　十六年来,这本黑书共印刷三十二次。包括少数民族文字和外文,共达八百一十七万多册,发行中外,流毒极广。因此,必须彻底批判和清算其流毒！

　　这里,我们编了两个材料:第一是《三十年》一书的反动言论摘录。同时选录了毛主席、林副主席的指示和陈伯达同志的有关论述,作为我们批判的最锐利的武器。我们辑录的最高指示是根据《毛泽东选集》1966 年的横排本。第二是《三十年》版本修改的情况摘录。这本黑书,随着阶级斗争形势的发展,愈改愈坏,愈描愈黑。这样,就充分暴露了其反动政治目的和胡乔木的丑恶灵魂。

　　由于我们毛泽东思想的水平不高,编辑时间仓促,错误遗漏一定很多,希望同志们批评指正。

首都批判资产阶级反动"权威"联络总站史学分站

最 高 指 示

我们现在思想战线上的一个重要任务，就是要开展对于修正主义的批判。

*　　　　　　*　　　　　　*

凡是错误的思想，凡是毒草，凡是牛鬼蛇神，都应该进行批判，决不能让它们自由泛滥。

*　　　　　　*　　　　　　*

阶级斗争，一些阶级胜利了，一些阶级消灭了。这就是历史，这就是几千年的文明史。拿这个观点解释历史的就叫做历史的唯物主义，站在这个观点的反面的是历史的唯心主义。

目　　录

　　注：凡带※号的，均为胡乔木在《关于学习"中国共产党第八次全国代表大会"文件的
　　报告》中所散布的反动谬论。

［一］胡乔木的《三十年》是怎样反党、反社会主义、反毛泽东思想的？

最 高 指 示

领导我们事业的核心力量是中国共产党。

指导我们思想的理论基础是马克思列宁主义。

中华人民共和国第一届全国人民代表大会第一次会议开
幕词（1954 年 9 月 15 日），1954 年 9 月 16 日《人民日
报》

林 彪 同 志 指 示

毛主席是我们党的最高领袖，毛泽东思想是永远的普遍眞
理。谁反对毛主席，反对毛泽东思想，全党共诛之，全国共讨之。

《在中央政治局扩大会议上的讲话》（1966 年 5 月 18 日）

毛泽东同志是当代最伟大的马克思列宁主义者。毛泽东同
志天才地、创造性地、全面地继承、捍卫和发展了马克思列宁主
义，把马克思列宁主义提高到一个崭新的阶段。

毛泽东思想是全党、全军和全国一切工作的指导方针。

《毛主席语录》《再版前言》（1966 年 12 月 16 日）

一、反对我們伟大的領袖毛主席，反对当代馬克思列宁主义的頂峰
——毛澤东思想

（一）公开露骨地反对毛主席，反对毛泽东思想

伟大的、光荣的、正确的中国共产党及其领袖毛泽东同志万岁！

（《三十年》第94页）

按：该书初版时有这个口号，1954年11月份第十三次印刷时胡乔木把这个口号取消了，公然反对中国共产党及其伟大领袖毛主席。

中国共产党的历史证明：党的正确领导，首先决定于对于中国革命的正确的理论。要领导中国工人阶级和中国人民达到胜利，没有马克思列宁主义的指导，没有毛泽东思想的指导，是不可能的。

（《三十年》第84页）

按：胡乔木在《三十年》中，只有这一处提到毛泽东思想，但在1955年4月第十四版时，竟然砍掉了！由此可见，胡乔木何等仇视毛泽东思想。

第七次大会一致地通过了党的总纲，党在新民主主义革命时期的一般纲领和具体纲领。

（《三十年》第61页）

中国共产党，以马克思列宁主义的理论与中国革命的实践之统一的思想——毛泽东思想，作为自己一切工作的指针，……

（七大党章总纲）

按：党的第七次全国代表大会最重大的成就，就是确立了战无不胜的毛泽东思想作为全党的指导思想，作为全党一切工作的指针。这个对中国革命和世界革命都具有决定意义的问题，胡乔木却根本不提。

中国共产党的三十年历史，是马克思列宁主义在一个约占世界人口四分之一的大国中，在一个半殖民地半封建的国家中得到伟大胜利的历史……。

（《三十年》第1页）

按：胡乔木偷运刘少奇惯用的技俩，故意只谈"马克思列宁主义"的"伟大胜利"，避而不谈毛主席的英明领导和毛泽东思想的伟大胜利。

从一九二七年到一九三七年，……由于毛泽东同志的创造性的马克思列宁主义的正确领导，和他的异于寻常的忍耐性与遵守纪

三十年来毛泽东同志不断地和党外的各种反动思潮及党内的各种机会主义，作了不调和的斗争，例如，反对国家主义派，反对国

律的精神，党终于充分圆满地克服了机会主义的错误，脱离了危险的地位。

（《三十年》第42—43页）

民党右派及其调和派，反对陈独秀主义，反对托洛茨基主义，反对资产阶级和小资产阶级右翼对于国民党反革命统治的各种改良主义幻想，反对党内几次的"左"倾冒险主义，反对再版的陈独秀主义的错误，等等。毛泽东同志在这一连串的斗争中，表现出他是传播和运用马克思、恩格斯、列宁、斯大林的革命学说的伟大能手。他所进行的这一连串的斗争，壮大了和巩固了中国共产党。

（陈伯达：《毛泽东论中国革命》，第2页）

按：胡乔木用刘少奇黑《修养》的语言，把"异于寻常的忍耐性与遵守纪律的精神"强加在毛主席身上，严重地歪曲了我们伟大领袖的光辉形象。

在这个时候，需要对日本进攻中国以来的国内形势作一次正确的分析，决定党的政策，纠正在党内浓厚存在着的"左"倾关门主义。这个工作，是一九三一年到一九三四年的党中央所不能完成，毛泽东同志在一九三五年的长征中也不可能完成的。在一九三五年八月共产国际第七次大会所决定的关于反法西斯统一战线的正确政策的帮助之下，党在八月一日所发表的号召统一战线的宣言，特别是党中央政治局十二月二十五日在陕北的会议所通过的决议，以及毛泽东同志在十二月二十七日党的活动分子会议上所作的报告《论反对日本帝国主义的策略》，满足了这个要求。

（《三十年》第31页，1951年6月版）

中日矛盾变动了全国人民大众（无产阶级、农民和城市小资产阶级）和共产党的情况和政策。人民更大规模地起来为救亡而斗争。共产党发展了在"九一八"后在三个条件（停止进攻革命根据地，保障人民的自由权利，武装人民）下和国民党中愿意同我们合作抗日的部分订立抗日协定的政策，成为建立全民族的抗日统一战线的政策。这就是我党一九三五年八月宣言，十二月决议，一九三六年五月放弃"反蒋"口号，八月致国民党书，九月民主共和国决议，十二月坚持和平解决西安事变，一九三七年二月致国民党三中全会电等等步骤之所由来。

（《毛泽东选集》第一卷，第233页）

按：中国共产党在毛主席的领导下，完全能够纠正党内存在着的"左"倾关门主义，制定抗日民族统一战线的政策。胡乔木却强调只有在共产国际作出决定和帮助我们之下才能解决，这完全是对我们党中央和毛主席的恶毒攻击。

在一九一九年五月四日开始的、中国人民反对帝国主义的凡尔赛和约、并且一般地反对帝国主义封建主义的"五四"爱国运动之后。

（《三十年》第2页）

五四运动的杰出的历史意义，在于它带着为辛亥革命还不曾有的姿态，这就是彻底地不妥协地反帝国主义和彻底地不妥协地反封建主义。

（《毛泽东选集》第二卷，第659—660页）

按：胡乔木竭力贬低五四运动的杰出历史意义。这和刘少奇认为"从中国共产党成立的那一天起，……是新民主主义革命了"的观点是相同的。

（二）抹煞和贬低毛主席对中国革命的英明领导和杰出贡献

毛泽东同志是湖南的党的组织的代表。……毛泽东同志在湖南的工作，使湖南在第一次国内革命战争时期成为工人运动和农民运动最发展的省份之一。

（《三十年》第 8 页）

按：胡乔木把毛主席的初期革命活动及其伟大作用，仅仅限制在湖南一个省区，极力贬低毛主席在建党中的伟大贡献。

毛泽东同志在一九二七年十月率领新成立的一支工农革命军退到湖南江西两省交界的井冈山区域，在那里成立了湘赣边区工农政府，击退了敌人的多次进攻，并且着手领导农民分配土地。

（《三十年》第 28 页）

一九三〇年底，蒋介石派了七个师共约十万人围攻中央区红军，结果被红军消灭一个整师又半个师，蒋军前敌总指挥被俘。一九三一年二月，蒋介石又派共二十万人由何应钦为总司令向中央红军举行第二次围攻，结果又被粉碎，毙俘三万多人，缴枪二万多枝。同年七月，蒋介石又发起第三次围攻，自任总司令，随带英日德军事顾问，率兵三十万人，分三路深入中央红军根据地，但是结果仍然被粉碎。与此同时……在贺龙同志领导之下的湘鄂西根据地的红军，也取得了许多重要的胜利。

（《三十年》第 31—32 页）

按：中国工农红军在我们伟大统帅毛主席亲自领导下，连续粉碎了蒋介石的三次"围攻"，取得了伟大胜利。但是胡乔木闭口不提毛主席的名字，不提毛主席的英明伟大，反而吹捧三反分子贺龙领导的部队"取得许多重要的胜利"。

中国工农红军长征的胜利，是中国革命转危为安的关键。它使全国人民对于革命前途和抗日救国运动的前途有了希望。它使全中国全世界相信了中国共产党和中国红军是不可战胜的力量，相信了为着战胜当时在中国得寸进尺的日本帝国主义，非要依靠中国

我们的党，是毛泽东同志缔造和培育的党……。

（中共八届十一中全会公报）

毛泽东同志领导革命力量向井冈山的进军，这是对于蒋介石汪精卫的反革命给了极勇敢的攻击。这个攻击建立了第一个革命根据地。正是在人民最艰难的时候，这个革命根据地鼓励了全民族的希望，并跟着而来的，就是许多的革命根据地。

（陈伯达：《毛泽东论中国革命》，第 25 页）

从一九二八年五月开始，适应当时情况的带着朴素性质的游击战争基本原则，已经产生出来了，那就是所谓"敌进我退，敌驻我扰，敌疲我打，敌退我追"的十六字诀。……后来我们的作战原则有了进一步的发展。到了江西根据地第一次反"围剿"时，"诱敌深入"的方针提出来了，而且应用成功了。等到战胜敌人的第三次"围剿"，于是全部红军作战的原则就形成了。

（《毛泽东选集》第一卷，第 188 页）

讲到长征，请问有什么意义呢？我们说，长征是历史记录上的第一次，长征是宣言书，长征是宣传队，长征是播种机。……

总而言之，长征是以我们胜利、敌人失败的结果而告结束。谁使长征胜利的呢？是共产党。没有共产党，这样的长征是不可能设

共产党不可,非停止反共的内战不可。

（《三十年》第 37 页）

按：胡乔木讲到长征意义时,根本没有提到毛主席对长征伟大意义的精辟、深刻的论断。

在国民党第五次围攻以前,红军曾发展到三十万人;由于党内的错误的领导,受到了许多的挫折,经过长征,到陕北会合之后,总共已不到三万人。

（《三十年》第 37 页）

按：胡乔木闭口不谈毛主席自遵义会议以后对红军长征的英明领导并取得伟大胜利,反而笼统说红军曾发展到三十万人,到陕北后已不到三万人。

中国人民抗日战争的经验,是一个落后的大国反对帝国主义强国侵略的经验,……。中国共产党正确地分析了这种复杂的形势,并且正确地利用了从一九二四年到一九三六年的两次国内革命战争的政治经验和军事经验,因而采取了正确的政治路线和军事路线。及时地纠正党内的偏向,打退了国内的反动派,赢得了伟大的胜利,为后来人民民主革命在全国的胜利奠定了巩固的基础。

（《三十年》第 62 页）

按：胡乔木在总结抗日战争的经验时,只字不提毛主席的领导,不提毛主席人民战争的战略战术,是抗日战争取得胜利的根本原因。

……日本侵略者在占领武汉、广州以后,就陷入了战争的相持阶段,不能再向前进了,因为他们的后方暴露在强大游击队的攻击之下,他们不得不回头来攻击在他们后方的游击队。

（《三十年》第 52 页）

想的。中国共产党,它的领导机关,它的干部,它的党员,是不怕任何艰难困苦的。谁怀疑我们领导革命战争的能力,谁就会陷进机会主义的泥坑里去。

（《毛泽东选集》第一卷,第135—136页）

第二次国内革命战争时期的经验证明,按照毛泽东同志的这个战略思想办事,革命力量就得到了很大的发展,建立了一片又一片的红色根据地。相反的,违背了毛泽东同志这个战略思想,实行"左"倾机会主义者的那一套,革命力量就受到了严重的损害,在城市几乎损失了百分之百,在农村损失了百分之九十。

（林彪:《人民战争胜利万岁》,第15页）

为什么一个弱国能够最后战胜强国呢?为什么看来似乎弱小的军队能够成为抗日战争的主力军呢?

最根本的原因,在于抗日战争是中国共产党和毛泽东同志领导的一场真正的人民战争,实行了马克思列宁主义的正确的政治路线和军事路线;八路军和新四军是真正的人民军队,实行了毛泽东同志所制定的一整套人民战争的战略战术。

（林彪:《人民战争胜利万岁》,第 2 页）

到一九四〇年,党员已发展到八十万,军队已发展到近五十万,根据地人口包括一面负担粮税和两面负担粮税的,约达一万万。几年内,我党开辟了一个广大的解放区战场,以至于能够停止日寇主力向国民党战场作战略进攻至五年半之久,将日军主力吸引到自己周围,挽救了国民党战场的危机,支持了长期的抗战。

（《毛泽东选集》第三卷,第 895—896页）

按：解放区战场在毛主席的英明领导下，得到迅速的发展。胡乔木竟把强大的八路军和新四军说成是"游击队"。这是对八路军、新四军和解放区广大人民群众的极大的污蔑，也是对我们伟大的领袖毛主席的恶毒攻击。

蒋介石的全面进攻，在遭受了八个月的巨大兵力损失以后，即在一九四七年三月以后，就不得不把对解放区的全面进攻改变为所谓"重点进攻"，以山东和陕北两翼为其进攻的"重点"。但是人民解放军又以严重的作战，粉碎了蒋介石对山东和陕北的"重点进攻"……。

（《三十年》第68—69页）

我之方针是继续过去办法，同敌在现地区再周旋一时期（一个月左右），目的在使敌达到十分疲劳和十分缺粮之程度，然后寻机歼击之。……我军此种办法是最后战胜敌人必经之路。如不使敌十分疲劳和完全饿饭，是不能最后获胜的。这种办法叫"蘑菇"战术，将敌磨得精疲力竭，然后消灭之。

（《毛泽东选集》第四卷，第1166—1167页）

按：胡乔木叙述粉碎蒋介石的"重点进攻"时，闭口不谈毛主席制定的《关于西北战场的作战方针》，闭口不谈毛主席在陕北继续指导了全国各个战线的人民解放战争，而且直接指挥了西北战场的人民解放战争。

在一九四八年，人民解放军已经充分学会了攻城战术，连续攻克了大批国民党"重点设防"的城市。一九四八年九月十二日至十一月二日的辽沈战役胜利后，整个东北获得了解放。……接着，在南线，由十一月七日至一九四九年一月十日在徐州附近进行的淮海战役，又消灭了国民党军五十五万五千余人，使国民党反动派丧失了主要的军事力量，并使南京暴露在人民解放军的进攻的面前。差不多在同一期间，在一九四八年十二月五日至一九四九年一月三十一日，人民解放军又在北线举行了解放天津、北京的战役，攻克了张家口和天津，使北京得到了和平解放，并使国民党军损失了五十二万一千人。这样，长江中下游以北地区就在基本上完成了解放。

（《三十年》第71—72页）

在一九四八年秋冬，敌我力量对比和全国战局出现了有利于我的根本变化的时候，毛泽东同志及时地抓住了这个战略决战的时机，正确地决定了决战方向，组织了辽沈、淮海、平津三大战役。在这些战役的整个过程中，毛泽东同志不但分别规定了正确的作战方针，而且以高度的军事艺术，把歼灭敌人有生力量和夺取城市及地方密切地结合起来，把集中优势兵力各个歼灭敌人和全部消灭敌军的强大兵团密切地结合起来，把大规模运动战和阵地战密切地结合起来，全面运用和发展了我军在战争前期的军事原则，使我军的作战艺术达到了空前未有的高度。这三大战役规模之大，歼敌之多，不仅在中国战争史上是空前的，就是在世界战争史上也是罕见的。

（林彪：《中国人民革命战争的胜利是毛泽东思想的胜利》，《人民日报》1960年9月30日）

一九五〇年十月，……中国共产党和中国各民主党派发表宣言，支持人民群众的这种（按：指抗美援朝）爱国要求。……

从那时到今年（一九五一年）六月下旬，中国人民志愿军与朝鲜人民军在一起，已经进行过五次战役，在作战中造成敌人二十四

美国对朝鲜、菲律宾、越南等国内政的干涉，是完全没有道理的，全中国人民的同情和全世界广大人民的同情都将站在被侵略者方面，而决不会站在美帝国主义方面。他们将既不受帝国主义的利诱，也不怕帝国主义的威胁。帝国主义是外强中干的，因为它没有人民

万余人的损失(不包括非战斗的伤亡)。

（《三十年》第 81,82 页）

的支持。全国和全世界的人民团结起来，进行充分的准备，打败美帝国主义的任何挑衅。

（毛泽东主席在中央人民政府委员会第八次会议上的讲话，1950 年 6 月 28 日）

按：胡乔木闭口不谈毛主席关于抗美援朝的英明决策，不谈毛主席的战略方针和英明的指导，恶毒地贬低毛主席在抗美援朝战争中的伟大作用。

（三）反对毛主席关于中国革命基本经验的总结

中国共产党的历史证明：中国工人阶级和中国人民要战胜强大的帝国主义及其走狗的统治，建立独立的人民民主国家，如毛泽东同志所说，没有中国共产党这样一个"有纪律的，有马、恩、列、斯的理论武装的，采取自我批评方法的，联系人民群众的"布尔塞维克式的党来担任领导，是不可能的。

………

中国共产党的历史证明：党的正确的领导，首先决定于对于中国革命的正确的理论。

………

中国共产党的三十年历史证明：党的发展，中国革命的发展，是和中国人民民主统一战线的发展分不开的。

………

中国共产党的三十年历史证明：党的发展，中国革命的发展，又是和中国人民革命战争的发展分不开的。

………

中国共产党的三十年历史证明，没有苏联和国际无产阶级的始终一贯的伟大援助，特别是没有列宁斯大林及其所领导的共产国际在第一次国内革命战争时期对于中国共产党和中国人民的援助，没有苏联军在西方消灭希特勒，在东北歼灭日寇关东军的援助，没有中华人民共和国成立以后苏联政府给予中华人民共和国在外交上、经济上和其他多方面的援助，中国革命的今天的胜利，是不可能的。

（《三十年》第 83,84,89,90,93 页）

我们有许多宝贵的经验。一个有纪律的，有马克思列宁主义的理论武装的，采取自我批评方法的，联系人民群众的党。一个由这样的党领导的军队。一个由这样的党领导的各革命阶级各革命派别的统一战线。这三件是我们战胜敌人的主要武器。这些都是我们区别于前人的。依靠这三件，使我们取得了基本的胜利。

………

总结我们的经验，集中到一点，就是工人阶级（经过共产党）领导的以工农联盟为基础的人民民主专政。这个专政必须和国际革命力量团结一致。这就是我们的公式，这就是我们的主要经验，这就是我们的主要纲领。

（《毛泽东选集》第四卷，第 1417 页）

一九四五年四月二十三日，中国共产党在延安举行第七次全国代表大会。……大会听了并且一致地通过了毛泽东同志"论联合政府"的政治报告，和朱德同志"论解放区战场"的军事报告，听了刘少奇同志关于修改党章的报告，并通过了新的党章。大会选出了以毛泽东同志为首的新的中央委员会。

（《三十年》第60页）

按：胡乔木闭口不谈七次大会制定的党的路线，而且全书无一处讲到毛主席所制定的我党在民主革命时期的总路线和总政策，这就充分暴露了他反对毛主席新民主主义革命总路线的丑恶嘴脸。

在革命已经失败，蒋介石已经建立了他的彻底反动的统治的情况下，党的任务，就是要向人民指出继续革命斗争的必要，并且领导人民走上恢复革命斗争的正确道路。而为了这样，党就需要总结第一次国内革命战争的经验，纠正党的领导的错误，并且迅速收集革命的力量，在敌人的进攻面前组织有秩序的退却和防御。这就是说，需要将党的组织一部分转入反革命比较薄弱而革命比较有基础的农村，领导农民进行土地改革和游击战争；一部分继续留在城市，转入地下，进行隐蔽的活动，以便保存干部和党的组织，保存和积蓄群众的革命力量；然后，配合这两支队伍的斗争，利用敌人内部的矛盾和弱点，争取革命运动的复兴。

（《三十年》第25页）

按：刘少奇以白区工作正确路线的代表自居，并胡说什么"以全国范围来说，白区工作还是占着主要的地位"，胡乔木在这里提出了农村和城市同等重要的"两个中心论"，抬高白区工作的地位，反对毛主席的农村包围城市这一条唯一正确的道路。实际上是为刘少奇的白区中心论效劳，为他的篡党、篡国阴谋服务。

毛泽东同志在一九二七年以后的中国革命的实践中，首先创造了农村包围城市的方式来代替在通常条件下的城市领导农村的方式。毛泽东同志创造了游击战和带游击性的运动战的方式，来指导在数量上和装备上比较敌人居于绝对劣势的红军战争。

（《三十年》第92页）

我们开了一个很好的大会。我们做了三件事：第一，决定了党的路线，这就是放手发动群众，壮大人民力量，在我党的领导下，打败日本侵略者，解放全国人民，建立一个新民主主义的中国。……今后的任务就是领导全党实现党的路线。

（《毛泽东选集》第三卷，第1049页）

在这样的敌人面前，革命的根据地问题也就发生了。因为强大的帝国主义及其在中国的反动同盟军，总是长期地占据着中国的中心城市，如果革命的队伍不愿意和帝国主义及其走狗妥协，而要坚持奋斗下去，如果革命的队伍要准备积蓄和锻炼自己的力量，并避免在力量不够的时候和强大的敌人作决定胜负的战斗，那就必须把落后的农村造成先进的巩固的根据地，造成军事上、政治上、经济上、文化上的伟大的革命阵地，借以反对利用城市进攻农村区域的凶恶敌人，借以在长期战斗中逐步地争取革命的全部胜利。

（《毛泽东选集》第二卷，第598页）

毛泽东同志在民主革命时期的首要的、特出的贡献，就是他分析中国的具体条件，认为必须在乡村中建设和发展革命的根据地，把乡村革命根据地作为共产党领导下的工人阶级和农民在政治上、军事上和经济上的联盟的主要形式，并且把这样的根据地看成是革命在全国范围内取得胜利的出发点。过去有许多人按照西方从十八世纪法国资产阶级革命以后一系列的经验，按照中国辛亥革命这样，毛泽东同志就找出了中国革命在城市中被强大的敌人击败，暂时无法在城市中取得胜利的条件下唯一正确的发展规律，即以武装革命的农村包围并且最后夺取反革命占据的城市。中国革命在后来二十年间的发展，完全证实了毛泽东同志的这个预见。

（《三十年》第30页）

但是在革命失败的形势下，整个党的组织需要的是正确的退却，而不是继续进攻；局部的武装斗争，暂时也只能成为一种特殊形式的防御。

（《三十年》第26页）

和北伐战争的经验，造成了一种认为革命起义总是要从大城市开始的观念，而人们通常总以为游击战争只是正规战争的附属或补充。毛泽东同志推翻了这些不适用于中国革命条件的老观念，提出了以革命的乡村包围城市的新观念，提出了把游击战争放在中国革命中的战略地位的新观点，提出了在革命中经过游击战争把全民武装起来的新观念。毛泽东同志提出的这些新观念使党的领导在一九二七年革命失败之后，得到新的斗争方向；随后在抗日战争时期，毛泽东同志又发展了和丰富了这些观念，而终于使中国人民和我们的党能够在一九四九年赢得全国的胜利。

（陈伯达：《在毛泽东同志的旗帜下》，《红旗》1958年第四期）

必须着重指出，毛泽东同志关于建立农村革命根据地，以农村包围城市的理论，对于今天世界上一切被压迫民族和被压迫人民的革命斗争，特别是对于亚洲、非洲、拉丁美洲被压迫民族和被压迫人民反对帝国主义及其走狗的革命斗争，更是突出地具有普遍的现实意义。

从全世界范围看问题，如果说北美、西欧是"世界的城市"，那末，亚洲、非洲、拉丁美洲就是"世界的农村"。……今天的世界革命，从某种意义上说，也是一种农村包围城市的形势。

（林彪：《人民战争胜利万岁》，第31—32页）

毛泽东同志根据中国社会的特点，纵使在一九二七年革命失败的时期，也能把正确的退却与正确的进攻结合起来，就是说，一方面退却，另方面又使这种退却变成进攻，或者说，从一方面说来，这是退却的，从另方面说来，这又是进攻的。

（陈伯达：《关于十年内战》，第67页）

按：胡乔木把1927年革命失败时期，叙述党只能退却和防御，这是违背历史事实，违背毛泽东思想的。

毛泽东同志在总结中国共产党的经验　　　　统一战线问题，武装斗争问题，党的建时,曾不止一次地指出:党所领导的人民民主统一战线,和作为革命主要形式的武装斗争,是中国共产党在中国人民民主革命过程中的两项根本经验。这两项经验的创造,就是马克思列宁主义的普遍真理与中国革命的具体实践之结合的重要例证。

(《三十年》第88—89页)

按:胡乔木别有用心地把作为中国革命取得胜利的三大法宝统一战线和武装斗争,贬低为什么"重要例证"。

党抓紧了这个局势较少变化的时期进行了全党范围的马克思列宁主义教育,这种教育在战争和革命猛烈发展或迅速变化的时期是难于大规模进行的。

(《三十年》第56页)

按:胡乔木只讲抗日战争时期整风的时机,而闭口不讲整风的必要性。

党采取了整风运动的方法,领导全党的干部和党员来认识和克服广泛存在于党内的伪装马克思列宁主义的小资产阶级思想作风,特别是主观主义的倾向,宗派主义的倾向,和这两种倾向表现的形式——党八股。……这个学习运动,扫除了一九三一年以来教条主义在党内的恶劣影响,帮助了大量的由小资产阶级知识分子出身的新党员脱离小资产阶级的立场而转入无产阶级的立场,因而使党在思想上大大地提高了一步,并且使整个党空前地团结起来了。

(《三十年》第56—57页)

设问题,是我们党在中国革命中的三个基本问题。正确地理解了这三个问题及其相互关系,就等于正确地领导了全部中国革命。

(《毛泽东选集》第二卷,第569页)

我们是共产党,我们要领导人民打倒敌人,我们的队伍就要整齐,我们的步调就要一致,兵要精,武器要好。

(《毛泽东选集》第三卷,第769页)

毛泽东同志对于党的问题所给的很突出的贡献之一,便是指出了这两种从不同的两极表现出来而又可以合流的主观主义——教条主义和经验主义,并由此指出了克服这两种主观主义的正确方向。

………

举起这个反宗派主义的旗帜,团结了全党,又发展了党和群众的正确关系,便是毛泽东同志对于党的问题所给的很突出的又一个贡献。

………

毛泽东同志对于党的问题所给的很突出的第三个贡献,就是提出了一种适合于我们党内斗争的运动形式,即整风运动的形式,学习运动的形式。……

人们都能够看出:整风运动极大规模地而又极深刻地改变了我们党的面貌:其一是我们全党的马克思列宁主义思想水平因此很大地提高了,其二是我们党在中央委员会和毛泽东同志的周围达到了从来所没有的大团结。这两方面,保证了并保证着毛泽东同志的政治路线能够在各方面贯彻下去,而使我们能够打败一个敌人又一个敌人。

(陈伯达:《毛泽东论中国革命》,第51,54,55页)

按：胡乔木在叙述抗日时期整风运动时，完全抹煞毛主席对党的建设问题的伟大贡献。

为着贯彻土地改革，加强人民解放军的战斗力，加强农村的民主化，中国共产党领导了全党的整党运动，以提高人民解放军的阶级觉悟，克服农村党内的成份不纯和作风不纯的现象。

（《三十年》第70—71页）

差不多一切人民解放军的部队，在最近几个月内，都利用了战争的空隙，实行了大规模的整训。这种整训，是完全有领导地和有秩序地采用民主方法进行的。由此，激发了广大的指挥员和战斗员群众的革命热情，明确地认识了战争的目的，清除了存在于军队中的若干不正确的思想上的倾向和不良现象，教育了干部和战士，极大地提高了战斗力。

（《毛泽东选集》第四卷，第1255页）

按：胡乔木没有提到整军运动的必要性和伟大历史意义。

如果第一次国内革命战争因为没有正确地领导农民解决土地问题而失败，那末，在新的条件下正确地领导农民的土地斗争，就是复兴革命运动的希望所在。

（《三十年》第24页）

在中国，离开了武装斗争，就没有无产阶级和共产党的地位，就不能完成任何的革命任务。

（《毛泽东选集》第二卷，第509页）

按：胡乔木片面强调领导农民土地斗争是所谓复兴革命运动的希望所在，完全背叛了毛主席的"枪杆子里出政权"的真理。

当党在正确地解决工人阶级在人民民主革命中的领导权问题，工农联盟问题，特别是对不同的资产阶级集团实行联合或斗争的问题时，党和革命就得到了迅速的发展，而在错误地对待这些问题时，党和革命就遭受挫折。

（《三十年》第89页）

在第一次大革命后期，是一切联合，否认斗争；而在土地革命后期，则是一切斗争，否认联合（除基本农民以外），实为代表两个极端政策的极明显的例证。而这两个极端的政策，都使党和革命遭受了极大的损失。

现在的抗日民族统一战线政策，既不是一切联合否认斗争，又不是一切斗争否认联合，而是综合联合和斗争两方面的政策。

（《毛泽东选集》第二卷，第721页）

按：胡乔木把毛主席制定的"又联合又斗争"，"综合联合和斗争两方面"的统一战线政策，歪曲成"联合或斗争"和"有联合有斗争"的政策。

可以在一定条件下争取的，只要工人阶级有坚决的革命政策和适当的组织步骤，对他们（指民族资产阶级——注）有联合有斗争，他们就可以或多或少地依附工人阶级而尽其尚未完结的历史作用。

（《三十年》第90页）

中国共产党的政治路线的重要一部分，就是同资产阶级联合又同它斗争的政治路线。

（《毛泽东选集》第二卷，第571页）

在抗日战争时期，由于民族敌人深入国土，民族矛盾仍然是主要的矛盾，在国民党不投降日军的条件下，保持与国民党不破裂是必要的和可能的，与国民党反动派的斗争必须以不破裂为限度。对于中等资产阶级和开

抗日战争胜利的基本条件，是抗日统一战线的扩大和巩固。而要达此目的，必须采取发展进步势力、争取中间势力、反对顽固势力的策略，这是不可分离的三个环节，而以斗争为达到团结一切抗日势力的手段。在抗日

明绅士，更需要注意团结。因此，党规定了"发展进步势力、争取中间势力、孤立顽固势力"的总方针，和在反对国民党反动派的斗争中"有理、有利、有节"的指导原则。……。

(《三十年》第54页)

按：胡乔木大谈和国民党"不破裂"和"斗争"的"限度"，就是不讲"斗争是团结的手段，团结是斗争的目的，以斗争求团结则团结存，以退让求团结则团结亡"这一光辉的真理。

……在所有解放区政权中实行了"三三制"，即共产党员(代表工人阶级和贫农)，进步分子(代表小资产阶级)、中间分子(代表中等资产阶级和开明绅士)各占三分之一的制度。

(《三十年》第54—55页)

《新民主主义论》从中国的历史和世界的历史出发，说明了在俄国十月社会主义革命以后，·中国革命的领导权必须属于中国工人阶级；说明了中国革命必须分为新民主主义和社会主义两个阶段，而在工人阶级领导下的新民主主义的前途必然是社会主义；说明了在新民主主义革命时期，党必须采取既区别于资本主义、又区别于社会主义的新民主主义的政治纲领、经济纲领和文化纲领。

(《三十年》第53—54页)

依靠强大的人民解放军，依靠全国人民的团结，抗日战争和民主事业的胜利是有保证的。但是由于国内外反动势力的存在，(党的第七次代表)大会同时要求全国人民严重警惕新的全国性内战的危险和帝国主义干涉的危险。

(《三十年》第61页)

统一战线时期中，斗争是团结的手段，团结是斗争的目的。以斗争求团结则团结存，以退让求团结则团结亡，这一真理，已经逐渐为党内同志们所了解。

(《毛泽东选集》第二卷，第703页)

在抗日根据地内建立政权的问题上，必须确定这种政权是抗日民族统一战线的政权。在国民党统治区域，则还没有这种政权。这种政权，即是一切赞成抗日又赞成民主的人们的政权；即是几个革命阶级联合起来对于汉奸和反动派的民主专政。……在政权的人员分配上，应该是：共产党员占三分之一，他们代表无产阶级和贫农；左派进步分子占三分之一，他们代表小资产阶级；中间分子及其他分子占三分之一，他们代表中等资产阶级和开明绅士。只有汉奸和反共分子才没有资格参加这种政权。

(《毛泽东选集》第二卷，第708—709页)

这种革命，已经不是旧的、被资产阶级领导的、以建立资本主义的社会和资产阶级专政的国家为目的的革命，而是新的、被无产阶级领导的、以在第一阶段上建立新民主主义的社会和建立各个革命阶级联合专政的国家为目的的革命。

(《毛泽东选集》第二卷，第629页)

我们的任务不是别的，就是放手发动群众，壮大人民力量，团结全国一切可能团结的力量，在我们党领导之下，为着打败日本侵略者，建设一个光明的新中国，建设一个独立的、自由的、民主的、统一的、富强的新中国而奋斗。我们应当用全力去争取光明的前途和光明的命运，反对另外一种黑暗的前途和黑暗的命运。我们的任务就是这一个！这就是为了满足农民长久以来的土地要求。中国共产党在同一天公布了中国土地法大纲。宣布废除封建性剥削的土地制度。实行耕者有其田的土地制度。土地改革使解放区农民充分地发动起来了，解放区的地主阶级被消灭了，从而极大地巩固了解放区，援助了人民解放战争。

（《三十年》第 70 页）

按：胡乔木叙述土地改革，根本不提毛主席制定的土地改革的总路线。

（在第二次国内革命战争时期）毛泽东同志正确地规定了和坚决地实行了依靠贫农雇农，联合中农，保护富农，保护中小工商业者，而仅仅消灭地主阶级的土地革命路线。

（《三十年》1951 年 6 月版，第 25 页）

按：胡乔木别有用心地歪曲毛主席关于富农的政策，竟说成是"保护"富农。

党领导解放区的机关学校和部队一律实行生产自给，精兵简政，借以减轻人民负担，并且着重领导人民组织起来发展农业生产，救济灾害。与发展生产运动的同时，党又领导农民实行大规模的减租减息运动。

（《三十年》第 56 页）

按：胡乔木在叙述大生产运动时，根本不谈生产运动是为了战胜敌人，也根本不提毛主席所提出的大生产运动的方针。

抗日战争又证明：英美帝国主义，对于殖民地半殖民地人民是始终抱着敌视态度的，只有苏联，才是世界被压迫人民的忠实援助者。苏联的援助，对于全世界人民的反帝国主义斗争的胜利，具有决定的意义。这对于中国人民和全世界殖民地人民，同样是一个极端重要的真理。

（《三十年》第 63 页）

我们大会的任务，这就是我们全党的任务，这就是全中国人民的任务。

（《毛泽东选集》第三卷，第 975 页）

"土地制度的改革，是中国新民主主义革命的主要内容。土地改革的总路线，是依靠贫农，团结中农，有步骤地、有分别地消灭封建剥削制度，发展农业生产。"

（《毛泽东选集》第四卷，第 1256—1257 页）

党的一切政策，都是为着战胜日寇。

（《毛泽东选集》第三卷，第 830 页）

解放区的军民，根据党中央和毛泽东同志提出的"自己动手，丰衣足食"，"发展经济，保障供给"的方针，开展了以农业为主的大规模的生产运动。

（林彪：《人民战争胜利万岁》，第 26 页）

我们解放区的人民和军队，八年来在毫无卜援的情况之下，完全靠着自己的努力，解放了广大的国土，抗击了大部的侵华日军和几乎全部的伪军。

（《毛泽东选集》第四卷，第 1070 页）

各国人民在反对帝国主义及其走狗的斗争中，总是相互支援的。已经胜利了的国家，有义务支持和援助还没有胜利的人民。但是，无论如何，外援只能起辅助的作用。

（林彪：《人民战争胜利万岁》，第 27 页）

按：胡乔木反对毛主席关于自力更生的伟大方针，把苏联的援助说成是对全世界人民反帝斗争的胜利，"具有决定的意义"，直到 1964 年最后一次印刷中，还没有根据国际共产主义运动的新形势加以修改，这显然是为苏联现代修正主义集团服务。

中国共产党三十年历史证明，没有苏联和国际无产阶级的始终一贯的伟大援助，特别是没有列宁斯大林及其所领导的共产国际在第一次国内革命战争时期对于中国共产党和中国人民的援助，没有苏联军在西方消灭希特勒，在东北歼灭日寇关东军的援助，没有中华人民共和国成立以后苏联政府给予中华人民共和国在外交上、经济上和其他多方面的援助，中国革命的今天的胜利，是不可能的。

（《三十年》第 93 页）

我们的方针要放在什么基点上？放在自己力量的基点上，叫做自力更生。我们并不孤立，全世界一切反对帝国主义的国家和人民都是我们的朋友。但是我们强调自力更生，我们能够依靠自己组织的力量，打败一切中外反动派。

（《毛泽东选集》第四卷，第 1078 页）

（四）贬低和歪曲毛主席伟大的光辉著作

在一九二六年的三月，毛泽东同志在他的马克思列宁主义著作"中国社会各阶级的分析"一文中，把他对于中国农民和中国其他各阶级的观察公式化了。……这样，毛泽东同志就既反对了陈独秀的只看见资产阶级和国民党而看不见农民的右倾机会主义，也反对了张国焘的只看见工人而看不见农民的"左"倾机会主义。

（《三十年》第 18 页）

按：胡乔木在这里只字不讲毛主席关于无产阶级领导的人民大众的新民主主义革命总路线的根本思想。

一九二七年一月，毛泽东同志考察了湖南农民推翻地主统治的热烈斗争，写了党在整个第一次国内革命战争时期的最重要著作——《湖南农民运动考察报告》。……这个著作就成了中国共产党人领导农民斗争的经典文件。

（《三十年》第 19 页）

无产阶级领导的，人民大众的，反对帝国主义、封建主义和官僚资本主义的革命，这就是中国的新民主主义的革命，这就是中国共产党在当前历史阶段的总路线和总政策。

（《毛泽东选集》第四卷，第 1259—1260 页）

……这篇文章（按：指《湖南农民运动考察报告》），虽然是讲农民问题，但在实质上，乃是一九二四——二七年革命时代中国共产党的布尔塞维克战略与策略的概括；或者象康生同志所说，是一九二四——二七年革命时代我党布尔塞维主义的总结，是马克思列宁主义战略与策略和中国革命具体结合的表现。

……毛泽东同志这篇历史文献，实是代表当时全党布尔塞维克和陈独秀孟塞维克在思想上之公开的分裂。

（陈伯达：读《湖南农民运动考察报告》）

为了彻底澄清党内外关于抗日战争的错误思想，毛泽东同志在一九三八年五月写了"论持久战"一书。毛泽东同志在这部著作中详细地分析了中国和日本的政治军事情况，指出中国的抗日战争在最后必然胜利，但战争必然是持久战，而不能速胜，并且必须采取人民战争的方针才能取胜。

（《三十年》第 51 页）

按："论持久战"一书，是一部伟大的马列主义的光辉文献。它彻底粉碎了"亡国论"和"速胜论"，反对了国民党反动派片面抗战路线，批判了党内右倾机会主义的错误，从而在思想上武装了全党和全国人民，极大地坚定了和增强了为争取民族解放而斗争的信心和决心。抗日战争的发展进程，完全证明了毛主席的英明伟大和正确。但是胡乔木闭口不谈"论持久战"这部光辉著作的伟大意义。

"新民主主义论"的发表，极大地帮助了全党和全国革命人民的思想的统一，极大地帮助了全国人民解放区的政策的统一，因而极大地加强了中国革命。

（《三十年》第 54 页）

按：毛主席的"新民主主义论"是一部具有伟大世界意义和深远历史意义的划时代的光辉著作。它为一切被压迫民族和被压迫人民指明了争取新民主主义革命胜利和走向社会主义的康庄大道，极大地丰富和发展了马克思列宁主义关于无产阶级革命和无产阶级专政的学说。而胡乔木将毛主席这一伟大著作的意义贬低为仅仅是"帮助"了什么"思想的统一"和"政策的统一"。

在一九三七年夏，毛泽东同志又写了他的著名的哲学的著作《实践论》……毛泽东同志的这一著作，不但奠定了中国共产党的马克思列宁主义教育的基础，而且对于世界马克思列宁主义的哲学宝库，也作了光辉的贡献。

（《三十年》1951 年 6 月版，第 34 页）

按：胡乔木虽然在后来加上了《矛盾论》，但是在 1955 年第十三版中，却把毛主席这一光辉著作的伟大意义的叙述全部砍掉了。

中央人民政府成立以后，立即进行巨大的工作来恢复和改造被帝国主义，封建主义，官僚资本主义以及战争和灾荒所重重损害的经济。

（《三十年》第 79 页）

毛泽东思想是当代马克思列宁主义的顶峰。

（林彪:《在全军高级干部会议上的讲话》1960 年 10 月）

毛泽东思想是永远的普遍真理。

（林彪:《在中央政治局扩大会议上的讲话》1966 年 5 月 19 日）

要获得财政经济情况的根本好转，需要三个条件，即：（一）土地改革的完成；（二）现有工商业的合理调整；（三）国家机构所需经费的大量节减。要争取这三个条件，需要相当的时间，大约需要三年时间，或者还要多一点。全党和全国人民均应为创造这三个条件而努力奋斗。

（毛泽东：《为争取国家财政经济状况的基本好转而斗争》）

按：胡乔木写国民经济的恢复，根本不提 1950 年 6 月党的七届三中全会，也不提毛主席上述经济恢复时期纲领性的伟大历史文献，就是反对毛泽东思想。

最 高 指 示

我们的党已经从两条战线斗争中巩固和壮大起来了。

《中国共产党在民族战争中的地位》

正确的政治的和军事的路线，不是自然地平安地产生和发展起来的，而是从斗争中产生和发展起来的。一方面，它要同"左"倾机会主义作斗争，另一方面，它又要同右倾机会主义作斗争。不同这些危害革命和革命战争的有害的倾向作斗争，并且彻底地克服它们，正确路线的建设和革命战争的胜利，是不可能的。

《中国革命战争的战略问题》

二、抹煞两条路綫斗争，宣扬刘少奇的右倾投降主义路綫

（一）混淆敌我界限、美化帝国主义和蒋介石反动派

在当时，围绕着抗日战争的基本政治情况如下：

在国际方面，存在着日本、苏联、英美三种不同的力量。第一种力量：日本。日本帝国主义是凶恶的侵略者。……第二种力量：苏联。苏联坚决地执行着支援中国抗日战争的政策，……第三种力量：英美。英美在此时既不同于日本，更不同于苏联。……在国内方面，存在着人民、国民党和汉奸三种不同的力量。人民是坚决反对日本的。工人阶级和农民阶级是抗日战争的领导者和主力。城市小资产阶级，民族资产阶级，以至地主阶级中的若干人，特别是由地主阶级分化出来的开

国际的条件，使得中国在战争中不是孤立的，……今天的世界的人民运动，正在以空前的大规模和空前的深刻性发展着。苏联的存在，更是今天国际政治上十分重要的因素，它必然以极大的热忱援助中国，这一现象，是二十年前完全没有的。

（《毛泽东选集》第二卷，第 420 页）

（二十六）抗日民族统一战线的左翼集团是共产党率领的群众，包括无产阶级、农民和城市小资产阶级群众。我们的任务，是用一切努力去扩大和巩固这个集团。……

（二十七）抗日民族统一战线的中间集团是民族资产阶级和上层小资产阶级。……我

明绅士，也站在抗日方面。……汉奸是坚决依附日本，帮助日本侵略中国，压迫中国人民的。……问题是在国民党方面。国民党的主体，代表大地主、大资产阶级的蒋介石集团，基本上是英美买办集团，曾经在多年的反动中坚决地反对人民，反对抗日，并且一心一意地要消灭共产党。

（《三十年》第44—46页）

按：胡乔木对抗日战争时期国际国内形势的分析，只形式主义地罗列了国际三种力量和国内三种力量，以致混淆敌我界限和阶级界限。（在分析国际力量时，又不把资本主义国家和殖民地，半殖民地的人民力量放在眼里）这和刘少奇所说的："三个国家，三个党，三种人民合作起来，使中国民主化。"完全一模一样。这是其民族投降主义和阶级投降主义的"理论"基础。

更令人不能容忍，是他竟将这种荒谬的东西说成是："毛泽东同志正确地估计了抗日战争中的复杂的政治情势。"偷天换日，罪当共诛。

日本帝国主义的进攻（按：指1931—1935年）根本改变了中国的政治状况。

（《三十年》第32页）

按：我们和蒋介石集团的矛盾，依然是敌我矛盾，它只是降低到次要的地位。因此，中国的政治状况并没有根本改变。根据胡乔木的观点来制订政治路线，必然是王明的"抗日者皆吾友"的阶级投降主义。

中国人民抗日战争的经验，是一个落后的大国反对帝国主义强国侵略的经验，又是一个由共产党领导的无产阶级与农民，城市小资产阶级、民族资产阶级以至一部分地主和买办资产阶级相联合而共同反对侵略的经验。

（《三十年》第62页）

按：胡乔木竟说："中国抗日战争胜利经验是……和买办资产阶级相联合共同反对侵略的经验"这完全混淆敌我界限，掩饰了国民党蒋介石的反动本质。

八路军、新四军……有了极大的发展；全国人民抗日的力量……有了很大的发展；而他（指蒋介石）自己的军队则在抗战中大部被击溃并受了很大的损失，他的威信迅速低落，这些都不能不引起他的失望和恐惧。从此以后，他就实行消极抗日，积极反共反人民，避战观战，保存和积聚自己的武力，以待旁人战胜日本后，他可以坐收渔人之利，以保存和

们的任务，是争取中间集团的进步和转变。

（二十八）抗日民族统一战线的右翼集团是大地主和大资产阶级，这是民族投降主义的大本营。……我们的任务是坚决地反对民族投降主义，并且在这个斗争中，扩大和巩固左翼集团，争取中间集团的进步和转变。

（《毛泽东选集》第二卷，第365—366页）

中日民族矛盾的发展，在政治比重上，降低了国内阶级间的矛盾和政治集团间的矛盾的地位，使它们变为次要和服从的东西。但是国内阶级间的矛盾和政治集团间的矛盾本身依然存在着，并没有减少或消灭。

（《毛泽东选集》第一卷，第234页）

同志们，抗战胜利是人民流血牺牲得来的，抗战的胜利应当是人民的胜利，抗战的果实应当归给人民。至于蒋介石呢，他消极抗战，积极反共，是人民抗战的绊脚石。

（《毛泽东选集》第四卷，第1075页）

国民党内的主要统治集团，……所代表的利益是中国的大地主、大银行家、大买办阶层的利益。这些极少数人所形成的反动阶层，垄断着国民党政府管辖之下的军事、政治、经济、文化的一切重要的机构。他们将保全自己少数人的利益放在第一位，而把抗日放在第二位。……因此，他们惧怕人民起来，惧怕民主运动，惧怕认真地动员全民的抗日

聚积起来的武力消灭共产党和人民的力量。

（《三十年》第47—48页）

按：照胡乔木说来，蒋介石之所以消极抗战，积极反共反人民，是由于我们的"力量发展起来"等原因，而不是由于其反动阶级本性决定的。毛主席是这样指示我们的：大地主大资产阶级和我们联合的时候，也一时一刻没有忘掉消灭我们。

在当时，蒋介石还需要迅速地去接收敌占城市和交通线，……为了帮助蒋介石办好这些事，美军在中国沿海登陆，接收日本投降，阻止解放军去接收投降，并将日军的全部武器交给蒋介石……。

（《三十年》第66页）

蒋介石的军队在抗日战争初期虽然抵抗过日军，但是因为蒋介石在政治上和军事上的错误而迅速溃败，到了一九三八年十月，就不能不退出广州和武汉。蒋介石从此把军队的主力集中在以重庆和西安为中心的中国西南部和西北部，避免和日军作战。

（《三十年》第51—52页）

一九三七年七月七日，日本侵略军向驻防北京西南的芦沟桥地方的中国守军发动攻击，中国守军奋起抵抗。八月十三日，日本侵略军又攻击上海，上海守军也进行抗击。全国进入了抗日战争。经过与国民党政府的协议，中国红军及其在南方各省所留下的游击队，先后改编为八路军和新四军，开向华北和华东前线参加抗日战争。

（《三十年》第43—44页）

一九三六年十二月十二日要求联共抗日的张学良杨虎城，在西安扣留了蒋介石，迫使他停止亡国的反共内战。中国共产党认为在当时的条件下，为了抵抗日本帝国主义的侵略，应使西安事变和平解决，因此蒋介石被

战争。这就是他们对日消极作战的政策，对内的反人民、反民主、反共的反动政策的总根源。

（《毛泽东选集》第三卷，第994—995页）

实在说，在中国境内，只有解放区抗日军队才有接收敌伪军投降的权利。至于蒋介石，他的政策是袖手旁观，坐待胜利，实在没有丝毫权利接收敌伪投降。

（《毛泽东选集》第四卷，第1085页）

中国大地主大资产阶级的政治代表蒋介石，大家知道，是一个极端残忍和极端阴险的家伙。他的政策是袖手旁观，等待胜利，保存实力，准备内战。

（《毛泽东选集》第四卷，第1070页）

中国人民决不要忘记，当着蒋介石声言不打内战的时候，他已经派遣了七十七万五千人的军队，这些军队正在专门包围或攻打八路军，新四军和华南的人民游击队。

（《毛泽东选集》第三卷，第958—959页）

中国的抗日战争，一开始就分为两个战场：国民党战场和解放区战场。

………

中国解放区的军队——八路军、新四军和其他人民军队，不但在对日战争的作战上，起了英勇的模范的作用，在执行抗日民族统一战线的各项民主政策上，也是起了模范作用的。

（《毛泽东选集》第三卷，第991页，994页）

……西安事变后和平实现是事实，这种情况是由多方面促成的（日本进攻的基本方针，苏联和英美法的赞助和平，中国人民的逼迫，共产党在西安事变中的和平方针及停止两个政权敌对的政策，资产阶级的分化，国民

释放了，国内和平乃得实现。为了便于保持国内和平，并为了争取地主阶级共同抗日，党在西安事变和平解决后决定暂时停止执行没收分配地主土地的政策。由于国内和平实现，在一九三七年七月七日日本帝国主义借口芦沟桥事变对中国实行新的进攻时，中国军队包括蒋介石的军队在内对于日本的进攻就实行了抵抗，全国规模的抗日战争就爆发了。

（《三十年》第 40 页）

按：胡乔木在这里故意制造混乱，似乎蒋介石国民党之被迫抗日，是由于什么我们对它让步的结果。这是对我们党抗日民族统一战线政策的歪曲，也是美化"历来不知感恩的"蒋介石。

从一九二七年到一九三七年，党渡过了极端严重的反动时期。……党在十年的反动时期，虽有内外敌人的侵袭和打击，却在全国范围内用革命精神教育了广大的人民群众，在人民群众中保存了党的革命旗帜，并保存了红军的基干和一部分革命根据地，保存了党的大批的优秀干部和数万党员，积蓄了大量的革命经验，特别是关于战争和革命根据地的经验，用以迎接新的革命高潮——全国规模的抗日爱国战争和新的国共合作。

（《三十年》第 42—43 页）

按：胡乔木把我们的一切努力说成是为了"迎接……新的国共合作"。这就暴露了他的阶级投降主义的丑恶灵魂。

蒋介石在叛变革命以后，已经不再代表民族资产阶级的利益，而代表帝国主义、封建主义和买办资产阶级的利益了。

（《三十年》第 23 页）

党的分化等等），不是蒋介石一个人所能决定和推翻的。……为什么提出"巩固和平"、"争取民主"、"实现抗战"这样三位一体的口号？为的是把我们的革命车轮推进一步，为的是情况已经允许我们进一步了。

（《毛泽东选集》第一卷，第 250 页）

让步是两党的让步：国民党抛弃内战、独裁和对外不抵抗政策，共产党抛弃两个政权敌对的政策。我们以后者换得前者，重新与国民党合作，为救亡而奋斗。

（《毛泽东选集》第一卷，第 238 页）

我们的正确的政治方针和坚固的团结，是为着争取千百万群众进入抗日民族统一战线这个目的。……如果经过这种努力而争取千百万群众在我们领导之下的话，那我们的革命任务就能够迅速地完成。我们的努力将确定地打倒日本帝国主义，并实现全部的民族解放和社会解放。

（《毛泽东选集》第一卷，第 256—257 页）

这个（按：指蒋介石）与封建奴隶主大洋行买办血统相关的政治赌棍，在一九二四——二七年的大革命中，以大资产阶级——特别是江浙大资产阶级的代表，进行两面派的投机，利用革命的弱点，因缘时会，篡窃了一定的政治地位，以便和帝国主义者进行政治的买卖，并从而篡窃革命，背叛革命，成为大买办大封建地主赤裸裸的血腥统治代表。……

（陈伯达：《人民公敌蒋介石》，第 6 页）

按：胡乔木尽力美化蒋介石，把这个大地主大资产阶级的代表人物，说成是曾代表民族资产阶级的利益，好象这个十恶不赦的帝国主义的走狗还曾经有过一段"革命"经历似的。

在一九二七年初……帝国主义者就迅速　　　在国民党改组之后，……国民党中的买地与蒋介石勾结起来，封建地主和买办大资产阶级也以蒋介石为它们的新的政治代表，要他从内部来击破轰轰烈烈但是缺乏经验的中国革命。

（《三十年》第 16 页）

北伐军在全国人民的热烈拥护和共产党人、革命的国民党人努力奋斗之下，得到伟大的胜利，使反动军阀的军队迅速崩溃。……一九二七年三月，上海工人起义配合北伐军占领上海。

（《三十年》第 1951 年 6 月初版本，第 12 页）

按：胡乔木竭力贬低和蔑视党的领导和工人阶级的作用，更不能容忍的是在后来的版本中，竟把"在全国人民的热烈拥护"一句删掉了，抬高和美化了国民党。

代表大地主大资产阶级的国民党反动派，在抗日时期就消极抗日，积极反共，企图削弱共产党的力量，保存和聚积自己的力量，以便在依靠苏联和英美和中国共产党所代表的中国人民的力量打败日本以后，坐收渔人之利，然后举行反共战争，消灭共产党，建立它在全国的黑暗的独裁统治。

为了这个目的，国民党反动派把外国援助国民党抗日的武器都保存下来，作为反共之用。

（《三十年》第 63 页）

按：美蒋两位一体，是主子和奴才的关系，英、美和日本之间的矛盾是帝国主义国家之间狗咬狗的斗争，而胡乔木混淆敌我界限，竟把英美和苏联以及中国人民并列起来，掩盖了英、美帝国主义侵略的反动本质。

英美在此时既不同于日本，更不同于苏联。英美帝国主义不愿意日本夺取它们在东方的利益。但是它们一则希望……二则害怕中国人民力量的兴起，危害它们的利益；三

办势力与封建势力就还有共传统的基础，而资产阶级中那个特别带买办性与封建性的部分——即大资产阶级，则怀着两面派的阴谋，从事政治的投机，一方面经过各种形式与帝国主义及封建势力保留联系，互相勾结，一方面则在"革命"的假面具下，取得重要的职位。在上海国际买办市场上鬼混并替那些买办市场的黑幕中主人充当走卒的蒋介石，便成为这种大资产阶级两面派的主要代表人。

（陈伯达：《人民公敌蒋介石》，第 10 页）

在广东战争和北伐战争中，曾经在中国军队中灌输了反帝反封建的思想，改造了中国的军队。在千百万农民群众中，提出了打倒贪官污吏打倒土豪劣绅的口号，掀起了伟大的农民革命斗争。由于这些，再由于苏联的援助，就取得了北伐的胜利。

（《毛泽东选集》第二卷，第 662 页）

蒋介石同我们相反，他完全是依靠美国帝国主义的帮助，把美国帝国主义作为靠山。独裁、内战和卖国三位一体，这一贯是蒋介石方针的基本点。美国帝国主义要帮助蒋介石打内战，要把中国变成美国的附庸，它的这个方针也是老早定了的。

（《毛泽东选集》第四卷，第 1078—1079 页）

英国反动派将以共同瓜分中国和在财政上经济上帮助日本为条件，换得日本充当英国利益的东方警犬，镇压中国的民族解放运动，牵制苏联。

（《毛泽东选集》第二卷，第 546 页）

则……

（《三十年》第45页）

按：殖民地半殖民地的人民起来革命，说是危害帝国主义的利益，这岂不是替帝国主义说话，不是革命有罪，造反无理吗？！

帝国主义最后灭亡的日子快到了。

（《三十年》第94页）

按：胡乔木在再版中将这个口号砍掉了，这完全是为了适应苏修"和平共处"的投降帝国主义政策的需要。我们要问胡乔木，帝国主义还可能"延年益寿"吗？这就暴露了其反革命修正主义的面目。

（二）为民族资产阶级涂脂抹粉，贬低工人阶级

国民党在一九二四年一月在广州召集了第一次全国代表大会，发表了宣言，规定了民主革命的纲领和改组国民党使之革命化的各项办法。这次大会事实上成了革命高涨的起点。

（《三十年》1951年6月版，第10页）

一九二四年，孙中山先生接受了中国共产党的建议，召集了有共产党人参加的国民党第一次全国代表大会，订出了联俄、联共、扶助农工的三大政策，建立了黄埔军校，实现了国共两党和各界人民的民族统一战线，………

（《毛泽东选集》第三卷，第984页）

按：胡乔木在初版本上对国民党第一次代表大会的叙述，根本不讲这次大会是由共产党人出席并参加领导的，抹煞党的领导作用。

俄国十月社会主义革命的成功，苏联对中国和其他东方被压迫民族的正义政策，《五四》运动，以及《五四》运动后中国共产党和中国工人运动的兴起，这一切，逐渐地引起了孙中山及其他国民党人的注意，使他们倾向于联合苏联、联合共产党的革命政策。

（《三十年》第11页）

孙中山在绝望里，遇到了十月革命和中国共产党。孙中山欢迎十月革命，欢迎俄国人对中国人的帮助，欢迎中国共产党同他合作。

（《毛泽东选集》第四卷，第1408页）

在一九二七年退出革命的上层小资产阶级和民族资产阶级，这时也改变了他们的政治态度，开始在政治上活跃起来，要求蒋介石政府改变政策。

（《三十年》第33页）

民族资产阶级是一个复杂的问题。这个阶级曾经参加过一九二四年至一九二七年的革命，随后又为这个革命的火焰所吓坏，站到人民的敌人即蒋介石集团那一方面去了。

（《毛泽东选集》第一卷，第130页）

按：胡乔木回避民族资产阶级追随大地主大资产阶级反对革命的事实，片面地宣扬其要求抗日的积极性。

在中国共产党以前，中国曾经有过资产阶级和小资产阶级的政党企图领导中国革命，并曾在历史上起过进步作用，但是他们都在敌人的不同方法的进攻下面失败了。

（《三十年》第83页）

民族资产阶级是带两重性的阶级。

………

但是又一方面，由于他们在经济上和政治上的软弱性，由于他们同帝国主义和封建主义并未完全断绝经济上的联系，所以，他

们又没有彻底的反帝反封建的勇气。这种情形，特别是在民众革命力量强大起来的时候，表现得最为明显。

（《毛泽东选集》第二卷，第602—603页）

按：经济上和政治上的软弱性，是民族资产阶级不能领导反帝反封建取得胜利的根本原因，胡乔木却回避了这一点。

在一九一九年的"五四"运动中，中国工人阶级开始表现出自己的力量，并且开始接受马克思列宁主义的影响。上海、唐山、长辛店等地的工人，以中国历史上第一次的政治罢工参加了全国人民的反帝国主义斗争，帮助斗争迅速地得到了胜利。

（《三十年》第5—6页）

在一九一九年五四运动以前，……这时，中国无产阶级还没有当作一个觉悟了的独立的阶级力量登上政治的舞台，还是当作小资产阶级和资产阶级的追随者参加了革命。……

在五四运动以后，……这时，中国无产阶级，由于自己的长成和俄国革命的影响，已经迅速地变成了一个觉悟了的独立的政治力量了。

（《毛泽东选集》第二卷，第633页）

按：胡乔木这样说，实际上把五四运动中的工人阶级说成还处于追随者和助手的地位，那末，工人阶级的领导地位到那里去了呢？

中国工人阶级的人数虽然不多（约三百万左右），但是它和农民不同，它是新的生产力的代表；它又和资产阶级不同，它身受帝国主义封建主义资本主义三重压迫，具有坚决的斗争意志。

（《三十年》第5页）

工业无产阶级人数虽不多，却是中国新的生产力的代表者，是近代中国最进步的阶级，做了革命运动的领导力量。……他们所以能如此，第一个原因是集中。无论那种人都不如他们的集中。第二个原因是经济地位低下。他们失了生产手段，剩下两手，绝了发财的望，又受着帝国主义、军阀、资产阶级的极残酷的待遇，所以他们特别能战斗。

（《毛泽东选集》第一卷，第8页）

（三）美化叛徒和反党分子，竭力掩盖机会主义的本质，为机会主义分子开脱罪责

中国共产党的三十年历史，……是中国工人阶级领导着广大的农民和其他的民主力量，向帝国主义者及其走狗作英勇斗争，经历长时期的艰难曲折，终于推翻了他们的反动统治，建立了以工人阶级为领导，以工农联盟

我们三十年来的党史，就是这种马克思列宁主义的正确领导和那种反马克思列宁主义的错误领导两方面斗争的历史，又正是毛泽东同志的正确领导战胜错误领导、从而克服革命的挫折和困难，终于把革命引到伟大

为基础的人民民主共和国，从而为走向社会主义前途开辟了顺利道路的历史。

（《三十年》第 1 页）

按：胡乔木在概述党的三十年历史时,闭口不讲党内两条路线的斗争,其所以如此,就是为了宣扬刘少奇的右倾投降主义路线。

在日本侵略下的中国，谁能够赢得抗日的胜利，谁就能够赢得全国的胜利。中国共产党既然证明了自己是抗日战争的真正的领导者，就必须同时向全国人民说明自己对于中国革命和新中国的建设的全部见解，以便彻底剥夺国民党反动派及其一切追随者的精神武装，而给与中国工人阶级和中国革命人民以充分的精神武装。这个任务，由毛泽东同志一九四〇年一月发表的《新民主主义论》一书担负起来了。

（《三十年》第 53 页）

党的第一次代表大会选举陈独秀担任中央的领导工作。陈独秀并不是好的马克思主义者。陈独秀在"五四"动运以前和"五四"运动中间以中国急进的民主派著名；当马克思主义传入中国以后，他成了有很大影响的社会主义宣传者和党的发起者。

（《三十年》第 8 页）

按：陈独秀从来不是马克思主义者,而是右倾投降主义者,是无产阶级的叛徒,胡乔木却无耻地美化叛徒陈独秀。

第一次国内革命战争的失败表明：……为要胜利地领导这一严重的斗争，就不能仅仅依靠革命的积极性，而必须同时依靠马克思列宁主义的理论指导。中国共产党成立不久，就投入了巨大的全国革命斗争，很多共产党人……却没有能够认真地学习马克思列宁主义，没有能够领会马克思列宁主义的精神和实质。……党的马克思列宁主义理论知识的不足，表示当时的党整个说来还处在幼稚

胜利的历史。

（陈伯达：《毛泽东论中国革命》，第 53 页）

在抗日战争年代,由于我们党的倡导,广泛的民族统一战线重新建立起来。但国民党顽固派又重新弹起什么资产阶级专政的滥调,在实际上乃是用以掩饰并坚持蒋介石所代表的大地主和官僚资产阶级的专政,国民党的"一党专政";这类专政也即是毛泽东同志所指的半殖民地半封建的专政。另一方面,在我们党内则重新出现了一种企图使无产阶级变成大资产阶级尾巴的右倾机会主义。为了粉碎国民党顽固派的各种谬论和党内的右倾机会主义,使中国无产阶级,使中国广大的人民,使我们的党,在这个新的民族统一战线的复杂局面中,不至迷失自己的方向,毛泽东同志于是写了一本重要的战斗著作,即《新民主主义论》。

（陈伯达：《毛泽东论中国革命》，第 11—12 页）

陈独秀不是也"信仰"过马克思主义吗？他后来干了什么呢？他跑到反革命那里去了。

（《毛泽东选集》第二卷，第 531 页）

一九二七年中国大资产阶级战败了无产阶级,是通过中国无产阶级内部的（中国共产党内部的）机会主义而起作用的。当着我们清算了这种机会主义的时候，中国革命就重新发展了。

（《毛泽东选集》第一卷，第 278 页）

一九二七年陈独秀的投降主义，引导了那时的革命归于失败。每个共产党员都不应忘记这个历史上的血的教训。

的阶段。

（《三十年》第21—22页）

（《毛泽东选集》第二卷，第361页）

按：胡乔木把大革命失败归结为党的"理论知识不足"，否认党内以毛主席为代表的无产阶级革命路线的存在，并为陈独秀投降主义开脱罪责，妄图要党不同修正主义进行斗争，而去进行什么理论"修养"。

群众斗争特别是许多地方的农民的土地斗争已经起来了，但是陈独秀却没有采取坚决的积极的政策去支持和继续发展群众运动，满足群众的要求，也没有组织群众的力量去改造当时仍在反动分子手中的政权机关，建立群众的武装力量和扩大可靠的革命军队。

（《三十年》第15页）

当着群众要求前进的时候，我们不前进，那是右倾机会主义。陈独秀机会主义的错误，就是落后于群众的觉悟程度，不能领导群众前进，而且反对群众前进。

（《毛泽东选集》第四卷，第1263页）

按：陈独秀执行的是压制群众运动的右倾机会主义路线，胡乔木却把他说成是对群众运动"没有采取坚决的积极的政策"。在政权问题上，毛主席再三强调"打倒土豪劣绅"，"推翻地主武装"，"推翻县官老爷衙门差役的政权"，"推翻土豪劣绅的封建统治——打倒都团"，而胡乔木却说对"在反动分子手中的政权机关"只要加以"改造"，竭力反对马克思列宁主义关于打碎旧的国家机器的革命学说。

以井冈山为中心的革命根据地，在朱德同志所领导的部队和彭德怀同志所领导的部队先后与毛泽东同志所领导的部队会合以后，逐步扩大了起来。

（《三十年》第28页）

当着一九二七年冬天至一九二八年春天，中国游击战争发生不久，湖南江西两省边界区域——井冈山的同志们中有些人提出"红旗到底打得多久"这个疑问的时候，我们就把它指出来了（湘赣边界党的第一次代表大会）。因为这是一个最基本的问题，不答复中国革命根据地和中国红军能否存在和发展的问题，我们就不能前进一步。

（《毛泽东选集》第一卷，第172页）

按：井冈山革命根据地发展的根本原因是毛主席关于红色政权理论的指导，而胡乔木则说成是由于三支部队的汇合，无耻地吹捧修正主义反党集团头目彭德怀。

在徐向前同志所领导的红军中工作的张国焘，由于对革命前途丧失信心，曾经进行分裂和背叛党的活动，拒绝与中央红军一同由川西北北上，强迫部队向西康方面退缩，并非法地组织了另一个中央。由于毛泽东同志所采取的党内斗争的正确方针，由于朱德、×××、贺龙、×××等同志的坚忍努力，叛徒张国焘的分裂阴谋很快地就完全失败了，但是红军却因此受到了另一次很大的损失。

（《三十年》第37页）

……一九三五年至一九三六年的张国焘右倾机会主义，这个错误发展到破坏了党和红军的纪律，使一部分红军主力遭受了严重的损失；然而由于中央的正确领导，红军中党员和指挥员战斗员的觉悟，终于也把这个错误纠正过来了。

（《毛泽东选集》第一卷，第169页）

四月下旬（按：指1927年），中国共产党在这个紧急关头在汉口召集了第五次代表大会。……瞿秋白、×××等同志批评了陈独秀的机会主义领导，但是缺乏积极的办法。

（《三十年》第 20 页）

按：胡乔木在这里无耻地吹捧叛徒瞿秋白。

第二次国内革命战争时期曾经犯过严重的"左"倾错误的一些同志，以王明(陈绍禹)同志为代表，……他们信任国民党超过信任群众。……而主张把自己的行动限制在国民党蒋介石允许的范围以内，去迁就国民党蒋介石。

（《三十年》1951 年 6 月初版，第 40 页）

按：胡乔木为了掩盖王明新投降主义的错误，在后来的版本中把"他们信任国民党超过信任群众"，"去迁就国民党蒋介石"等词句删掉了。

他们的这种错误思想和行为，在一九三八年由王明同志在武汉负责的党的工作中，和一九四一年一月"皖南事变"以前项英同志在新四军的工作中，曾经发生影响，因而妨碍了当时长江流域人民抗日战争的发展，并造成了在"皖南事变"中新四军部队的失败。

（《三十年》第 50 页）

按：胡乔木极力缩小王明的右倾投降主义的罪恶，避而不谈在华北地区右倾机会主义分子刘少奇、彭德怀、彭真因执行王明路线所造成的损失。

抗日战争时期，我党反对了和这种投降主义思想相类似的思想，即是对于国民党的反人民政策让步，信任国民党超过信任人民群众，不敢放手发动群众斗争，不敢在日本占领地区扩大解放区和扩大人民的军队，将抗日战争的领导权送给国民党。

（《毛泽东选集》第四卷，第 1201——1202 页）

在抗日民族革命战争中，阶级投降主义实际上是民族投降主义的后备军，是援助右翼营垒而使战争失败的最恶劣的倾向。

（《毛泽东选集》第二卷，第 366 页）

（四）散布和平幻想，鼓吹刘少奇的"和平民主新阶段"的投降主义路线

国民党反动派所决定发动的内战虽然不可避免，国民党反动派在人民中间虽然（如此)孤立，但是要求和平的人民在内战没有全面爆发以前，仍然希望用一切(代价)方法来取得和平，而不希望与国民党破裂。

（《三十年》第 65 页）

（注)：括弧内的是第一版中的，第二版作了修改。

中国共产党在抗日战争结束以后，仍然用了极大的努力和忍耐心来领导全国人民寻求避免战争、实现和平团结的道路。

（《三十年》第 65 页）

人民得到的权利，绝不允许轻易丧失，必须用战斗来保卫。我们是不要内战的，但是蒋介石一定要强迫中国人民接受内战，为了自卫，为了保卫解放区人民的生命、财产、权利和幸福，我们就只好拿起武器和他拚战。这个内战是他强迫我们打的。

（《毛泽东选集》第四卷，第 1073——1074 页）

成立了《双十协定》以后，我们的任务就是坚持这个协定，要国民党兑现，继续争取和平。如果他们要打，就把他们彻底消灭。

（《毛泽东选集》第四卷，第 1105 页）

按：胡乔木所谓"寻求避免战争，实现和平团结的道路"，和刘少奇所提出的"和平民主新阶段"是一样的货色，实际上是散布和平幻想，宣扬不要武装夺取政权的和平过渡的修正主义观点。

经历了多年战争的全国各阶级人民，普遍地要求和平，借以恢复受了严重破坏的生产。人民要求在抗日战争胜利以后实现民族的独立和政治的民主。

（《三十年》第 64—65 页）

在抗日战争结束以后，中共中央就在一九四五年八月二十五日发表"对于目前时局的宣言"，表示了中国共产党对于和平民主团结的愿望。为了实现这个愿望，毛泽东同志在八月二十八日亲到重庆与国民党蒋介石举行了一个多月的谈判，最后在十月十日公布了谈判的结果，其中包括许多关于保障国内和平办法的协议。中国共产党是准备忠实地实行自己所同意的协议的。

（《三十年》，第 66 页）

敌人军事力量的优势，以及美国的援助，都只能起暂时的作用；而战争的正义性或反正义性，人民群众的向背，这才能起经常的作用；而在这方面，由于中国共产党对国内和平的坚定的努力，优势是确定地属于人民解放军的。

（《三十年》第 68 页）

按：胡乔木把战争的性质，人心的向背，归结于对和平的态度，完全抹煞了战争的阶级内容。

中国共产党在这个期间对于全国人民进行了极广大而有效的教育，使全国人民逐步从和平幻想中清醒过来，从对蒋介石和美国政府的幻想中清醒过来，而觉悟到为要实现和平、民主、独立，为要得到生存，就不能不打倒蒋介石，就不能不驱逐美帝国主义。

（《三十年》第 67 页）

从整个形势看来，抗日战争的阶段过去了，新的情况和任务是国内斗争。蒋介石说要"建国"，今后就是建什么国的斗争。是建立一个无产阶级领导的人民大众的新民主主义的国家呢，还是建立一个大地主大资产阶级专政的半殖民地半封建的国家？这将是一场很复杂的斗争。目前这个斗争表现为蒋介石要篡夺抗战胜利果实和我们反对他的篡夺的斗争。

（《毛泽东选集》第四卷，第 1076 页）

"针锋相对"，要看形势。有时候不去谈，是针锋相对；有时候去谈，也是针锋相对。从前不去是对的，这次去也是对的，都是针锋相对。这一次我们去得好，击破了国民党说共产党不要和平、不要团结的谣言。

已经达成的协议，还只是纸上的东西。纸上的东西并不等于现实的东西。事实证明，要把它变成现实的东西，还要经过很大的努力。

（《毛泽东选集》第四卷，第 1105；1102 页）

人民解放军的战争所具有的爱国的正义的革命的性质，必然要获得全国人民的拥护。这就是战胜蒋介石的政治基础。

（《毛泽东选集》第四卷，第 1190 页）

　　按：胡乔木把刘少奇的和平幻想和投降主义路线，嫁罪于人民，这是对我国革命人民的极大污蔑。

　　一九四七年三月，国民党反动派迫令中国共产党驻南京、上海、重庆三地人员撤返延安，随即派军队进攻，占领延安。从此，消灭了任何和平解决的希望。

　　　　　　　　　（《三十年》第 69 页）

　　当着一九四六年七月，蒋介石匪帮发动全国规模的反革命战争的时候，蒋介石匪帮认为，只须三个月至六个月，就可以打败人民解放军。……从这种估计出发，蒋介石匪帮就不顾中国人民的和平愿望，最后地撕毁在一九四六年一月间签订的国共两党的停战协定和各党派政治协商会议的决议，发动了冒险的战争。

　　　　　　　（《毛泽东选集》第四卷，第 1190 页）

　　按：胡乔木把和平解决希望的破灭说成在 1947 年 3 月，其"和平梦"何其长！

　　从一九四一年初，日本……对解放区加紧了大规模的"扫荡"和烧光、杀光、抢光的"三光政策"的毁灭。

　　　　　　（《三十年》，1951 年 6 月版，第 45 页）

　　按："毁灭"二字，虽然在后来印刷中删去了，但这充分说明了胡乔木不惜歪曲历史事实宣传战争恐怖。

最 高 指 示

当人民推翻了帝国主义、封建主义和官仔资本主义的统治之后，中国要向那里去？向资本主义，还是向社会主义？有许多人在这个问题上的思想是不清楚的。事实已经回答了这个问题：只有社会主义能够救中国。

（《关于正确处理人民内部矛盾的问题》）

在革命胜利以后，迅速地恢复和发展生产，对付国外的帝国主义，使中国稳步地由农业国转变为工业国，把中国建设成一个伟大的社会主义国家。

（《在中国共产党第七届中央委员会第二次全体会议上的报告》）

三、反对社会主义革命,为资本主义复辟制造舆论准备

（一）宣扬刘少奇的"巩固新民主主义秩序"，反对社会主义革命

中国共产党的三十年历史，……是中国工人阶级领导着广大的农民和其他的民主力量，向帝国主义者及其走狗作英勇斗争，经历长时期的艰难曲折，终于推翻了他们的反动统治，建立了以工人阶级为领导、以工农联盟为基础的人民民主共和国，从而为走向社会主义前途开辟了顺利道路的历史。

（《三十年》第1页）

第三次国内革命战争和中华人民共和国的成立(1945—)

（《三十年》第1——2页）

按：胡乔木把民主革命和社会主义革命两个不同的历史阶段,混在一起。

党……召集了第二次代表大会。这次大会……指出了中国人民的基本任务是"消除

（1）毛主席说，一九四九年十月一日中华人民共和国的成立，标志了新民主主义革命阶段的基本结束和社会主义革命阶段的开始。

（转引自戚本禹：《爱国主义还是卖国主义？》）

內乱，打倒军阀，建设国内和平；推翻国际帝国主义的压迫，达到中华民族完全独立；统一中国为眞正民主共和国"。

（《三十年》1951年6月版，第7页）

按：胡乔木叙述党的第二次代表大会制定的纲领，根本不提党的最高纲领，即在中国实现社会主义和共产主义，暴露了他反社会主义和共产主义的狼子野心。但又怕自己的丑恶嘴脸太暴露了，后来才不得不添上"然后进一步创造条件以实现社会主义和共产主义。"

他们（按：指右倾机会主义分子陈独秀等）根本就没有企图由无产阶级和共产党来领导这个革命，使这个革命在胜利以后，首先就有利于无产阶级，并以无产阶级为中坚力量来掌握政权，用这个政权来保障国家在以后的发展中走上社会主义的前途。

（《三十年》第11页）

在革命胜利以后，……把中国建设成一个伟大的社会主义国家。

（《毛泽东选集》第四卷，第1375页）

按：胡乔木在批判陈独秀的"二次革命论"反动观点时，自己也重弹着"二次革命论"的谬论，他认为无产阶级领导民主革命取得胜利，掌握全国政权后，还不是无产阶级专政，把社会主义革命事业推向遥远的未来。

七届二中全会指出：在全国胜利的前夜，党的工作重心必须由乡村移到城市。……又指出：党在城市中的工作，必须全心全意地依靠工人阶级，并将恢复和发展工业生产作为中心任务。这次会议曾经详细地讨论了中国经济各种成分的状况和党所应当采取的正确政策，……

（《三十年》第72—73页）

中国革命在全国胜利，并且解决了土地问题以后，中国还存在着两种基本的矛盾。第一种是国内的，即工人阶级和资产阶级的矛盾。第二种是国外的，即中国和帝国主义国家的矛盾。

（《毛泽东选集》第四卷，第1371页）

在革命胜利以后，……把中国建设成一个伟大的社会主义国家。

（《毛泽东选集》第四卷，第1375页）

按：胡乔木闭口不讲毛主席在七届二中全会上的重要讲话，不讲革命胜利后中国存在着的基本矛盾，不讲革命的转变，这就暴露了他仇恨社会主义，反对社会主义革命的丑恶嘴脸。

中华人民共和国的成立，光荣地总结了中国人民一百多年来反帝国主义封建主义的奋斗，特别是中国人民二十八年来在中国共产党领导下的奋斗。

（《三十年》第74—75页）

毛主席说，一九四九年十月一日中华人民共和国的成立，标志了新民主主义革命阶段的基本结束和社会主义革命阶段的开始。

（转引自戚本禹：《爱国主义还是卖国主义？》）

按：中华人民共和国的成立，就是社会主义革命阶段的开始，胡乔木却闭口不谈，直到1964年第32次印刷还没有修改，可见其反无产阶级专政和反对社会主义革命的恶毒目的。

中华人民共和国必然要学习苏联的榜样，走向社会主义和共产主义，……

（《三十年》第76页）

毛主席说，一九四九年十月一日中华人民共和国的成立，标志了新民主主义革命阶段的基本结束和社会主义革命阶段的开始。

（转引自戚本禹：《爱国主义还是卖国主义？》）

工人阶级在政治上的领导地位，工人阶级所掌握的社会主义性质的国家经济在经济上的领导地位，都得到了法律上的承认，而这种领导，正是中华人民共和国向社会主义发展的主要保证。

（《三十年》第 78 页）

按：刘少奇在 1951 年说："现在是三年准备十年建设的时间，待十年建设后，中国面貌焕然一新，社会主义问题是将来的事，现在提得过早"，把社会主义革命推到遥远的未来，鼓吹"巩固新民主主义制度而斗争"。这是为了复辟资本主义，反对社会主义革命最露骨的反动谬论。胡乔木上述一系列谬论，就是从刘少奇那里贩运来的。

中华人民共和国在现在的历史时期中仍然允许民族资产阶级存在。

（《三十年》第 76 页）

社会主义革命的目的是为了解放生产力。农业和手工业由个体所有制变为社会主义的集体所有制，私营工商业由资本主义所有制变为社会主义所有制，必然使生产力大大地获得解放。

（毛主席在最高国务会议上的讲话。1956 年 1 月 25 日）

节制资本主义的过程，是一个与民族资产阶级有联合有斗争的过程，也就是一个改造民族资产阶级的过程。

（《三十年》第 76 页）

中国的经济一定要走"节制资本"和"平均地权"的路，决不能是"少数人所得而私"，………

这就是革命的中国、抗日的中国应该建立和必然要建立的内部经济关系。

（《毛泽东选集》第二卷，第 639 页）

按：胡乔木企图以节制资本主义来代替对民族资产阶级的改造，就是反对社会主义革命。

中华人民共和国土地改革法在对待富农土地的问题上改变了一九四七年的中国土地法大纲中的规定，由征收富农多余土地的政策，改变为保存富农经济的政策，即仅在特定条件下征收富农出租的土地，对富农其余土地一律不动。这个新的政策，对于中农的生产积极性是一项重要的保障。

（《三十年》第 80 页）

有步骤有秩序地进行土地改革工作。……我们对待富农的政策应有所改变，即由征收富农多余土地财产的政策改变为保存富农经济的政策，以利于早日恢复农村生产，又利于孤立地主，保护中农和保护小土地出租者。

（毛泽东：《为争取国家财政经济状况的基本好转而斗争》）

按：胡乔木大力鼓吹保存富农经济，并说这"对于中农的生产积极性是一项重要的保障"，以此来配合刘少奇的"长期"保存富农经济，反对农业合作化，反对社会主义革命的罪恶勾当。

（二）反对无产阶级专政

在今后民主生活需要扩大，一方面因阶级关系发生了变化，民主会扩大，专政会

对人民内部的民主方面和对反动派的专政方面，互相结合起来，就是人民民主

缩小。

> （胡乔木：《关于学习"中国共产党第八次全国代表大会"文件的报告》1956年11月）

现在，我们的国家对帝国主义、反革命分子来说仍然是专政的工具。但帝国主义是在国外，而国内的反革命力量是愈来愈小了，它已丧失了象过去那样的社会基础。所以国家专政的作用也逐渐发生变化。

> （胡乔木：《关于学习"中国共产党第八次全国代表大会"文件的报告》1956年11月）

在社会主义革命完成以后，旧的生产关系残余对发展生产的障碍，已经不需要把它当作严重的阶级斗争。重要的工作应该是保护生产力，推动生产力的发展。因此，要使一切守法的人得到充分人身的保障。使他们感觉到，只要不违犯法律，法律就会保护他们，不使人们有不安全的思想。对于违犯法律的人，也应该进一步给以宽大的处理，对一般违法的人，反革命分子都是这样。

> （胡乔木：《关于学习"中国共产党第八次全国代表大会"文件的报告》1956年11月）

专政。

> （《毛泽东选集》第四卷，第1412页）

我们对于反动派和反动阶级的反动行为，决不施仁政。我们仅仅施仁政于人民内部，而不施于人民外部的反动派和反动阶级的反动行为。

> （《毛泽东选集》第四卷，第1413页。）

"你们不是要消灭国家权力吗？"我们要，但是我们现在还不要，我们现在还不能要。为什么？帝国主义还存在，国内反动派还存在，国内阶级还存在。我们现在的任务是要强化人民的国家机器，这主要地是指人民的军队、人民的警察和人民的法庭，借以巩固国防和保护人民利益。

> （《毛泽东选集》第四卷，第1412—1413页）

（三）鼓吹阶级斗争熄灭论

当前国内形势最根本的一点变化，即社会主义革命已经基本上完成。这个意思即在中国的国内主要矛盾已经发生了变化，阶级与阶级之间的冲突、矛盾在这一时期已基本上结束了，阶级矛盾已基本解决了，推翻旧的生产关系和在这个基础上的上层建筑的任务已基本上完成了。今后基本的任务已经不是阶级斗争了。

> （胡乔木：《关于学习"中国共产党第八次全国代表大会"文件的报告》1956年11月）

毛主席指出：在社会主义这个历史阶段中，还存在着阶级、阶级矛盾和阶级斗争，存在着社会主义同资本主义两条道路的斗争，存在着资本主义复辟的危险性。

> （转引自《红旗》1967年第10期，第34页）

在我国，虽然社会主义改造，在所有制方面说来，已经基本完成，革命时期的大规模的急风暴雨式的群众阶级斗争已经基本结束，但是，被推翻的地主买办阶级的残余还是存在，资产阶级还是存在，小资产阶级刚刚在改造。阶级斗争并没有结束。无产阶级和资产阶级之间的阶级斗争，各派政治力量之间的所以要指出主要矛盾的轉變，這也是說明階級之間的衝突、對抗已變化了，階級矛盾已基本上解決了，階級鬥爭的最主要的任務已經完成，階級鬥爭已得到勝利。

（胡喬木：《關於學習"中國共產黨第八次全國代表大會"文件的報告》1956 年 11 月）

指出這一點也說明國內的階級矛盾已推到次要地位，資產階級與工人階級的關係已經愈來愈變得和緩，資產階級與工人階級之間的衝突已大大地減弱了。

（胡喬木：《關於學習"中國共產黨第八次全國代表大會"文件的報告》1956 年 11 月）

階級鬥爭，無產階級和資產階級之間在意識形態方面的階級鬥爭，還是長時期的，曲折的，有時甚至是很激烈的。無產階級要按照自己的世界觀改造世界，資產階級也要按照自己的世界觀改造世界。在這一方面，社會主義和資本主義之間誰勝誰負的問題還沒有真正解決。

（毛澤東：《關於正確處理人民內部矛盾的問題》，1957 年 2 月）

我們已經在生產資料所有制的改造方面，取得了基本勝利，但是在政治戰線和思想戰線方面，我們還沒有完全取得勝利。無產階級和資產階級之間在意識形態方面的誰勝誰負問題，還沒有真正解決。我們同資產階級和小資產階級的思想還要進行長期的鬥爭。

（毛澤東：《在中國共產黨全國宣傳工作會議上的講話》，1957 年 3 月）

在我國社會主義革命取得基本勝利以後，社會上還有一部分人夢想恢復資本主義制度，他們要從各個方面向工人階級進行鬥爭，包括思想方面的鬥爭。

（毛澤東：《關於正確處理人民內部矛盾的問題》，1957 年 2 月）

（四）抹煞工人階級和資產階級，社會主義和資本主義兩個階級、兩條道路的鬥爭

因為無產階級不僅僅在政治上，而且在經濟上的統治地位已愈來愈鞏固、強化，資產階級也愈來愈表示願意接受無產階級的領導。所以工人階級與資產階級已不是簡單的聯盟的關係，而已變成領導者與被領導者的關係。領導與被領導者當然也是有矛盾的，但不會變成是對抗的。

（胡喬木：《關於學習"中國共產黨第八次全國代表大會"文件的報告》1956 年 11 月）

工人階級和民族資產階級之間存在著剝削和被剝削的矛盾，這本來是對抗性的矛盾。但是在我國的具體條件下，這兩個階級的對抗性的矛盾如果處理得當，可以轉變為非對抗性的矛盾，可以用和平的方法解決這個矛盾。如果我們處理不當，不是對民族資產階級採取團結、批評、教育的政策，或者民族資產階級不接受我們的這個政策，那末工人階級同民族資產階級之間的矛盾就會變成敵我之間的矛盾。

（毛澤東：《關於正確處理人民內部矛盾的問題》，1957 年 2 月）

定息基本上不是资产阶级与无产阶级剧烈斗争的结果，不是资产阶级在取得定息以后继续与工人阶级保持紧张的斗争。因此资产阶级与工人阶级是有矛盾，但不是对抗性的矛盾。实际上从"三反"、"五反"大的阶级冲突以后，资产阶级与无产阶级关系的对抗性质已逐渐地在消灭了。

　　（胡乔木：《关于学习"中国共产党第
　　　八次全国代表大会"文件的报告》
　　　1956 年 11 月）

我国社会制度的改革，除了农业合作化和手工业合作化以外，私营工商业改变为公私合营企业，也在一九五六年完成了。这件事所以做得这样迅速和顺利，是跟我们把工人阶级同民族资产阶级之间的矛盾当做人民内部矛盾来处理，密切相关的。这个阶级矛盾是否完全解决了呢？还没有。还要经过相当的时间才能够完全解决。

　　（毛泽东：《关于正确处理人民内部
　　　矛盾的问题》，1957 年 2 月）

最　高　指　示

混进党里、政府里、军队里和各种文化界的资产阶级代表人物，是一批反革命的修正主义分子，一旦时机成熟，他们就会要夺取政权，由无产阶级专政变为资产阶级专政。这些人物，有些已被我们识破了，有些则还没有被识破，有些正在受到我们信用，被培养为我们的接班人，例如赫鲁晓夫那样的人物，他们现正睡在我们的身旁，各级党委必须充分注意这一点。

（转引自《中共中央通知》，1966 年 5 月 16 日）

要特别警惕象赫鲁晓夫那样的个人野心家和阴谋家，防止这样的坏人篡夺党和国家的各级领导。

（转引自《关于赫鲁晓夫的假共产主义及其在世界历史上的教训》，1964 年 7 月 14 日《人民日报》）

四、无耻地吹捧党内最大的走资本主义道路的当权派刘少奇

以王明、博古为首的新的"左"倾派别，……在红军战争的问题上反对毛泽东同志关于游击战运动战的思想，继续要求红军夺取中心城市；又在国民党区秘密工作的问题上，反对刘少奇同志所坚持的关于利用合法形式和积蓄革命力量的思想，继续实行脱离多数群众的冒险政策。

（《三十年》第 34—35 页）

在敌人长期占领的反动的黑暗的城市和反动的黑暗的农村中进行共产党的宣传工作和组织工作，不能采取急性病的冒险主义的方针，必须采取隐蔽精干、积蓄力量、以待时机的方针。其领导人民对敌斗争的策略，必须是利用一切可以利用的公开合法的法律、命令和社会习惯所许可的范围，从有理、有利、有节的观点出发，一步一步地和稳扎稳打地去进行，决不是大唤大叫和横冲直撞的办法所能成功的。

（《毛泽东选集》第二卷，第 599 页）

按：刘少奇在白区工作中执行着一条不折不扣的机会主义路线。而胡乔木把刘少奇美化为白区工作正确路线的代表，其恶毒用心，不是昭然若揭了吗？

（1936年）国民党统治区的党的工作和各界人民的抗日救亡运动，在刘少奇同志正确指导下，也得到了恢复和发展。

（《三十年》第40页）

按：胡乔木不去论述这个时期毛主席的正确的方针政策，而无耻吹捧刘少奇。难道1936年刘少奇指示别人在狱中叛变自首，也算是"正确指导"吗？

（1935年）由于日本帝国主义进一步向华北的进攻，由北京学生在十二月九日举行的抗日救国大示威而开始的"一二九"运动，在全国发展起来了，广大的人民在运动中一致地提出了党所拟定的"停止内战、一致抗日"的口号。革命从新走向高潮。

（《三十年》第38页）

长征一完结，新局面就开始。

（《毛泽东选集》第一卷，第136页）

按：刘少奇为了抬高白区工作的地位，大肆吹嘘"一二·九"运动是什么"划分中国反动时期与革命时期的一个标志。从此，中国反动势力逐渐后退，而新的革命运动则开始逐渐高涨。"胡乔木也和刘少奇唱同一个调子，为刘少奇、彭真等一小撮反革命修正主义脸上贴金，为他们复辟资本主义制造舆论准备。

党抓紧了这个局势较少变化的时期进行了全党范围的马克思列宁主义教育，……刘少奇同志的演说"论共产党员的修养"、"论党内斗争"，在这个学习运动中起了巨大的作用。

（《三十年》第56—57页）

《修养》这本书，是欺人之谈，脱离现实的阶级斗争，脱离革命，脱离政治斗争，闭口不谈革命的根本问题是政权问题，闭口不谈无产阶级专政问题，宣扬唯心主义的修养论，转弯抹角地提倡资产阶级个人主义，提倡奴隶主义，反对马克思列宁主义、毛泽东思想。按照这本书去"修养"，只能越养越"修"，越修养越成为修正主义。

（《红旗》杂志，1967年第五期本刊评论员：《在干部问题上的资产阶级反动路线必须批判》）

按：刘少奇的黑《修养》流毒全党全国，遗臭全世界，罪大恶极，必须彻底批判，肃清它的恶劣影响。而胡乔木竟把它捧上了天，居然胡说什么，此书在马克思列宁主义学习运动中"起了巨大的作用"，是可忍，孰不可忍！

鉴于在土地改革运动中曾经发生破坏工商业的偏向，毛泽东同志在报告中曾经着重地从新解释了党在经济方面的纲领，即没收封建阶级的土地归农民所有，没收官僚资本归新民主主义的国家所有，保护民族工商业，并且严格地批判了党内一部分工作人员对中小资产阶级经济成分采取过左政策的错误。

（《三十年》第71页）

二、必须避免对中农采取任何冒险政策。

………

三、必须避免对中小工商业者采取任何冒险政策。

……地主富农的工商业一般应当保护，……不得分散或停闭。

十一、……必须坚持少杀，严禁乱杀。主张多杀乱杀的意见是完全错误的，它只会使我党丧失同情，脱离群众，陷于孤立。

（《毛泽东选集》第四卷，第 1212，
1214 页）

按：刘少奇在解放战争时期土地改革中执行一条形"左"实右的资产阶级反动路线，诸如平分中农土地，侵犯中农利益，破坏中小工商业，实行乱打乱杀，排斥一切干部的冒险政策等，公开同毛主席的革命路线相对抗。胡乔木尽力抹煞党内存在的两条路线激烈尖锐的斗争，把它说成是"党内一部分工作人员"犯错误，为刘少奇打掩护，开脱罪责。

（1950年）党决定在党员中认真地进行有系统的马克思列宁主义的教育，使每个党员彻底了解依靠工人阶级的必要和实现共产主义的必要；并且按照严格的标准对党的组织作一次认真的整理。

（《三十年》第 80 页）

学习毛主席著作，要带着问题学，活学活用，学用结合，急用先学，立竿见影，在"用"字上狠下功夫。

（林彪：《毛主席语录》再版前言）

按：胡乔木用黑《修养》的语言，所谓"进行有系统的马克思列宁主义的教育"，就是对抗对毛主席著作的学习。同时宣扬所谓"按照严格的标准"，也就是吹捧党内最大的走资本主义道路当权派所炮制的党员八项条件。

应当说，毛泽东同志和其他中国共产党人是正确地解决了列宁所提出的这个历史任务，（注：列宁指用马克思主义同革命实践相结合）并因而把马克思列宁主义推向前进了的。

（《三十年》第 88 页）

毛泽东同志是当代最伟大的马克思列宁主义者。毛泽东同志天才地、创造性地、全面地继承、捍卫和发展了马克思列宁主义，把马克思列宁主义提高到一个崭新的阶段。毛泽东思想是在帝国主义走向全面崩溃，社会主义走向全世界胜利的时代的马克思列宁主义。

（中国共产党第八届中央委员会第十一次全体会议公报）

按：刘少奇无耻地吹嘘自己，把自己打扮成马克思主义者，自称"刘克思"，而胡乔木在这里用"其他中国共产党人"，来吹捧刘少奇。

胡乔木的大作《三十年》对中共的评价，有过之而无不足。而批判者却是一辈无学无术之徒。生拉硬批，无中生有，却暴露了批判者的无知。

[二] 从《三十年》的几次修改
看胡乔木反革命修正主义的嘴脸

　　《三十年》这株反毛泽东思想的大毒草，是刘邓司令部的黑秀才、反革命修正主义分子胡乔木的代表作。这株大毒草一出笼，刘邓司令部立即动员了它的宣传工具，大量印行，流毒全国。从一九五一年六月北京出第一版，至一九六四年五月在北京共印行三十二次。连少数民族和外文译本在内，十六年来，共印刷了八百多万册。胡乔木在这株大毒草里，非常露骨地猖狂攻击和贬低伟大的毛泽东思想，打着"红旗"反红旗，伪造主席的话，恣意歪曲篡改党内两条路线斗争的历史，同时明目张胆地吹捧中国党内最大的走资本主义道路当权派刘少奇，为历史上的叛徒和托派歌功颂德，树碑立传。胡乔木妄图用这种卑鄙恶劣的手段来达到他为资本主义复辟制造舆论的目的。因此，这株大毒草必须彻底批判，彻底铲除。

　　这本黑书曾经有多次的修改，以一九五一年十一月重排三版和一九五五年四月北京第十四次印刷①的修改面最大，反动性最为露骨。这些修改绝不是如他自己所说只是什么"文字上的修改"，而是适应他们妄图复辟资本主义的需要所作的重要的改动。这些改动的地方，说明他是煞费苦心，千方百计地反对毛泽东思想，攻击我们的伟大领袖毛主席。为了揭露《三十年》几次修改时的恶毒用心，我们特据几个不同的版本，把一些重要的修改的地方，摘录出来加以对照，编成这个材料。为了突出问题的中心，我们着重选取了有关他反对毛主席、贬低、篡改毛泽东思想，和吹捧刘少奇、美化叛徒、托派的材料。这份材料，只是从《三十年》的几次重大修改的角度来看胡乔木的反革命修正主义嘴脸，只是他反对毛主席，反对毛泽东思想的罪证的一部分。为了阅读方便，我们按性质分类，并加了必要的按语，供广大革命同志批判时参考。

一、疯狂露骨地反对毛主席，贬低毛泽东思想。

一九五三年十一月北京第十二次印刷

　　一九三七年夏，毛泽东同志又写了他的著名哲学著作《实践论》。……它分析了第二次国内革命战争时期党内争论的哲学性质，根据无可辩驳的唯物论原理，揭露了"左"倾分子和右倾分子在认识方法上的教条主义错误和经验主义错误。毛泽东同志的这一著作，不但奠定了中国共产党的马克思列宁主义教育的基础，而且对于世界马克思列宁主义的

一九五四年十一月北京第十三次印刷

　　一九三七年夏，毛泽东同志又写了他的著名的哲学著作《实践论》。……它分析了第二次国内革命战争时期党内争论的哲学性质，根据无可辩驳的唯物论原理，揭露了"左"倾分子和右倾分子在认识方法上的教条主义错误和经验主义错误。

（第 41——42 页）

---

　　①　原书误印为第十三次印刷。

哲学宝库，也作了光辉的贡献。
$\overline{\qquad\qquad\qquad\qquad}$（第41——42页）

按：在五三年十一月北京第十二次印刷本中，还一直保留有这么一段"毛泽东同志的这一著作（指《实践论》），不但奠定了中国共产党的马克思列宁主义教育的基础，而且对于世界马克思列宁主义的哲学宝库，也作了光辉的贡献。"可是，反革命修正主义分子胡乔木，却悍然从五四年十一月第十三次印刷本起，就把这一段全部删去，妄图贬低、否认毛主席的哲学著作对中国革命、世界革命和马克思列宁主义理论宝库的伟大贡献。这是胡乔木露骨反对毛主席的滔天罪行的铁证之一。

一九五三年十一月北京第十二次印刷

帝国主义最后灭亡的日子快到了。

伟大的、光荣的、正确的中国共产党及其领袖毛泽东同志万岁！

全世界劳动人民的导师斯大林同志万岁！

（第94页）

一九五四年十一月北京第十三次印刷

全删。

（第94页）

按：《三十年》从五一年十一月重排三版起，到五三年十一月第十二次印刷，全书结束处都有口号"伟大的、光荣的、正确的中国共产党及其领袖毛泽东同志万岁！""全世界劳动人民的导师斯大林同志万岁！"可是，就是从五四年十一月第十三次印刷的《三十年》开始，到六四年最后一次印刷（第32次印刷），胡乔木却公然将这些口号全部删掉。革命的人民心中，毛主席永远是最红最红的红太阳，斯大林永远是我们值得尊敬的伟大的马克思列宁主义者。现代修正主义反对毛主席，反对斯大林，刘少奇也反对毛主席，反对斯大林，反革命修正主义分子胡乔木这样肆无忌惮地反对我们伟大的领袖，露骨地表明他们是一丘之貉。

一九五四年十一月北京第十三次印刷

中国共产党的历史证明：……要领导中国工人阶级和中国人民达到胜利，没有马克思列宁主义的指导，没有毛泽东思想的指导，是不可能的。

（第84页）

一九五五年四月北京第十四次印刷

中国共产党的历史证明：……要领导中国工人阶级和中国人民达到胜利，没有马克思列宁主义的指导，是不可能的。

（第84页）

按：在五四年第十三次印刷中，该书还有这样一段："要领导中国工人阶级和中国人民达到胜利，……没有毛泽东思想的指导，是不可能的"。但从五五年四月第十四次印刷起，直到六四年五月最后一次印刷（第32次印刷），胡乔木这个反革命修正主义分子都把"没有毛泽东思想的指导"一语删掉了，公然配合国内外修正主义对大的毛泽东思想的疯狂进攻，来否认伟大的毛泽东思想对中国革命胜利的决定作用。

二、恶毒地篡改毛泽东思想，贩卖修正主义的黑货

一九五一年六月北京初版

毛泽东同志说："其他的剥削阶级已经打倒了，剩下一个民族资产阶级，……"

（第63页）

一九五一年十一月北京重排三版

毛泽东同志说：其他的剥削阶级已经打倒了，"剩下一个民族资产阶级，……"

（第76页）

按：毛主席在《论人民民主专政》一文中说："这种对于反动阶级的改造工作，只有共产党领导的人民民主专政的国家才能做到。这件工作做好了，中国的主要的剥削阶级——地主阶级和官僚资产阶级即垄断资产阶级，就最后地消灭了。剩下一个民族资产阶级，……"（《毛泽东选集》第四卷第1414页）可是，胡乔木这个混蛋狗胆包天，竟然篡改毛主席的原文，宣扬阶级和阶级斗争熄灭论，在五一年初版中，就说什么"其他剥削阶级已经打倒了，剩下一个民族资产阶级……"，而且还加上引号，强加在我们伟大领袖毛主席的身上，杜撰为原文；胡乔木这个混蛋，作贼心虚，怕人查核原文露出马脚，遂在同年十一月重排三版时忙把引号去掉，但仍伪造成毛主席的原意。这是胡乔木抵赖不了的篡改毛泽东思想的滔天罪行。

一九五一年六月北京初版

毛泽东同志写道："……中国的现代工业，在整个国民经济上的比重是很小的。现在还没有可靠的数目字，根据某些材料来估计，现代工业不过只占全国国民经济总产量的百分之十左右。为了对付帝国主义的压迫，为了使落后的经济地位提高一步，中国必须利用一切于国计民生有利而不是有害的城乡资本主义因素，团结民族资产阶级，共同奋斗。我们现在的方针是节制资本主义，而不是消灭资本主义。"

（第63页）

一九五一年十一月北京重排三版

毛泽东同志写道："……中国的现代工业，在整个国民经济上的比重是很小的。为了对付帝国主义的压迫，为了使落后的经济地位提高一步，中国必须利用一切于国计民生有利而不是有害的城乡资本主义因素，团结民族资产阶级，共同奋斗。我们现在的方针是节制资本主义，而不是消灭资本主义。"

（第76页）

按：胡乔木所引的这段话，见于毛主席的《论人民民主专政》一文中第1484页。毛主席根据马克思列宁主义的原则，具体分析了中国社会经济的特点，又根据了全国解放前夕中国工业的现状，正确地制定了当时对于民族资本主义的政策。以便进一步消灭资本主义经济，建设社会主义的新经济。可是，胡乔木却从五一年十一月重排三版起，直到六五年四月最后一次印刷（第32次印刷），都删去了毛主席所说的："现在还没有可靠的数目字，根据某些材料来估计，现代工业不过只占全国国民经济总产量的百分之十左右"这样一段很重要的引证说明。毛主席正是根据了当时这样一个具体的环境，制定了当时的节制利用资本的正确政策。而胡乔木别有用心地删去了这一段话，把"我们的方针是节制资本主义，而不是消灭资本主义"当作既定的承久的政策，这是明目张胆地篡改毛泽东思想，贩卖刘少奇的"剥削有理"、"巩固新民主主义秩序"的黑货；保护资本家，反对在经济战线上把社会主义革命进行到底。

三、吹捧刘少奇，为叛徒、托派歌功颂德

一九五一年六月北京初版

以王明、博古为首的新的"左"倾派别，……在红军战争的问题上反对毛泽东同志关于游击战运动战的思想；又在国民党区域工作的问题上，反对刘少奇同志所坚持的利用合法、积蓄力量的思想，……

（第28页）

一九五一年十一月北京重排三版

以王明、博古为首的新的"左"倾派别，……在红军战争的问题上反对毛泽东同志关于游击战运动战的思想，又在国民党区秘密工作的问题上，反对刘少奇同志所坚持的关于利用合法形式和积蓄革命力量的思想。……

（第35页）

按：胡乔木为了吹捧刘少奇，抬高刘少奇。在五一年十一月重排三版修改时，特别在"国民党区的工作"中加上"秘密"二字，在"积蓄力量的思想"中加上"革命"二字。经此一番涂脂抹粉，胡乔木别有用心地把刘少奇美化为白区工作"正确路线"的代表，实际上，刘少奇这个老反革命在白区工作中所推行的是一条彻头彻尾的投降主义路线。胡乔木几字之改，居心多么险恶！

付印前的清样

当马克思主义传入中国以后，他(指陈独秀)成了最有影响的马克思主义的宣传者和党的发起者。

（原件存人民出版社）

一九五一年六月北京初版

当马克思主义传入中国以后，他成了有很大影响的社会主义的宣传者和党的发起者。

（第7页）

一九五一年六月北京初版

陈独秀在"五四"运动以前和"五四"运动中间以中国最急进的民主派著名。

（第6页）（根据人民出版社一九五一年六月初版）

一九五一年十一月北京重排三版

陈独秀在"五四"运动以前和"五四"运动中间以中国急进的民主派著名。

（第8页）（根据人民出版社一九五一年十一月重排三版）

按：毛主席在《青年运动的方向》一文中说："陈独秀不是也'信仰'过马克思主义吗，他后来干了什么呢？他跑到反革命那里去了。"可是，胡乔木却吹捧陈独秀是马克思主义传入中国后的"最有影响的马克思主义宣传者和党的发起者"，他在"五四"运动的历史上是"最急进的民主派"；并且在该书中一直到六四年最后一次印刷(第32次印刷)，还吹捧陈独秀是"马克思主义者"。胡乔木不厌其烦地吹捧、美化这个叛徒在党的历史上有大功绩，这是明目张胆地和毛主席对陈独秀的批判唱反调。

一九五五年四月北京第十四次印刷

中国人民政治协商会议在一九四九年九月二十一日至九月三十日举行第一届全体会议。在这个会议上……选举了毛泽东为中央人民政府主席，朱德、刘少奇、宋庆龄、李济

一九五五年九月北京第十五次印刷

删去"朱德、刘少奇、宋庆龄、李济深、张澜、高岗为副主席"一段。

（第74页）

深、张澜、高岗为副主席，……

（第 74 页）

按：一九五四年二月中共中央举行了七届四中全会，彻底揭发和粉碎了高岗、饶漱石反党联盟，五五年三月中共中央又召集全国代表会议，通过了关于高岗、饶漱石反党联盟的决议，指出粉碎高饶反党联盟，是我党"有决定意义的胜利之一"。可是，该书直到五五年四月第十四次印刷还在第 74 页保留高岗的狗名，妄图继续为高岗这个反党头子树碑立传。直到五五年九月，胡乔木怕暴露他的反党野心，才不得不删掉高岗的名字。胡乔木为高岗这个反党头子树碑立传的罪行是逃不掉的。

一九五一年六月北京初版

随后朱德、陈毅、林彪等同志又由广东率领南昌起义的一支部队，经过江西转入湖南南部，领导当地农民的革命游击战争，扩大了部队，并在一九二八年四月与井冈山部队会合，……

（第 22 页）

一九五一年十一月北京重排三版

以井冈山为中心的革命根据地，在朱德同志所领导的军队和彭德怀同志所领导的部队先后与毛泽东同志所领导的部队会合以后，逐步扩大起来。……

（第 28 页）

按：胡乔木公然在五一年十一月重排三版中，删掉林彪同志的名字，突出朱德。加上彭德怀的狗名。把朱、彭和毛主席并列，是有意贬低伟大的毛主席，吹捧朱、彭。特别是对于彭德怀，五九年八月党中央八届八中全会（庐山会议）彻底打垮了彭德怀右倾机会主义反党集团后，被罢了官。可是该书五九年以后直到六四年最后一次印刷，仍不加以修改，居心是非常险恶的。这是胡乔木这个反革命修正主义分子，妄图为反党分子彭德怀翻案，反对毛主席的铁证。

一九五一年六月北京初版

在第七次大会之前在党的干部中关于党的历史经验的讨论，六届七中全会所通过的《关于若干历史问题的决议》，都大大帮助了全党的思想的统一。

（第 49 页）

一九五一年十一月北京重排三版

第七次大会之前在党的干部中展开的关于党的历史经验的讨论，党的六届七中全会所通过的《关于若干历史问题的决议》，对于加强党内的团结，都发生了重要的积极作用。

（第 60 页）

按：江青同志说：《关于若干历史问题的决议》美化了不该美化的人。《决议》特别露骨吹捧刘少奇，美化叛徒瞿秋白等人。可是，胡乔木在该书重排三版里，还恬不知耻地吹嘘自己草拟的这份《决议》在党的历史上"发生了重要的积极作用"，真是混蛋透顶！

文史哲批判

第 一 期

编 辑 者：《文 史 哲 批 判》 编 辑 部

地　　点：西郊中国人民大学图书馆楼四层

电　　话：　28.2131—302

文艺战线上两条路线斗争

大 事 记

1949——1967

中国作家协会革命造反团
新北大公社文艺批判战斗团 编

《文学战报》
《文艺批判》 联合增刊   1967.9.

文艺战綫上两条路綫 斗爭大事記

1949—1966

（增訂本）

中国作家协会革命造反团　　新北大公社文艺批判战斗团

前　　言

毛主席在二十五年前发表的光輝著作《**在延安文艺座談会上的讲話**》，第一次提出了最完整、最彻底、最正确的馬克思列宁主义的文艺路綫，成为无产阶级夺取政权、巩固政权的重要保证。

毛主席在八届十中全会上向我們指出：“**利用小說进行反党活动，是一大发明。凡是要推翻一个政权，总要先造成輿論，总要先做意識形态方面的工作。革命的阶级是这样，反革命的阶级也是这样。**”资产阶级为着推翻无产阶级专政，总要着重利用文艺这个武器，先造成反革命的輿論。建国十七年来，文艺战綫上惊心动魄的阶级斗爭，就是圍繞着政权这个根本問題进行的。在党內最大的走資本主义道路当权派刘少奇的全力支持和直接指使下，旧中宣部、旧文化部、旧北京市委的一小撮反革命修正主义分子彭眞、陆定一、周揚、林默涵、齐燕銘、夏衍、田汉、邵荃麟等，互相勾結，窃取了文艺界的領导权，实行資产阶级专政。他們疯狂地对抗毛主席的革命文艺路綫，反对文艺为工农兵服务、为无产阶级专政服务，頑固地推行反革命修正主义的文艺黑綫。从吹捧《清宫秘史》到炮制《海瑞罢官》，他們在戏剧、电影、小說、文艺理論等方面的种种罪恶活动，集中到一点，都是为推翻无产阶级专政、复辟資本主义制造輿論。

在战无不胜的毛澤东思想的直接指導下，以江青同志为代表的文艺界无产阶级革命派，同广大革命羣众一起，向反革命修正主义文艺黑綫及其总后台刘少奇展开了一場又一場的激烈斗争，取得了一次又一次的重大胜利。

一九六二年党的八届十中全会上，毛主席提出**"千万不要忘記阶級斗爭"**，幷指出要抓意識形态領域里的阶級斗争。接着，毛主席对文艺工作又作了一系列的重要指示。在毛主席亲自发动和領导下，一場偉大的无产阶级文化大革命在我国兴起，敲响了反革命修正主义文艺黑綫及其总后台刘少奇的丧钟。

今天，我們紀念毛主席的《讲話》发表二十五周年，就是要高举毛澤东思想的革命的批判的旗帜，彻底摧毁反革命修正主义文艺黑綫！彻底打倒文艺黑綫的总后台刘少奇！就是要坚决地彻底地貫彻执行毛主席的革命文艺路綫，为捍卫无产阶级专政而斗争！

1949—1952

全国解放前夕，毛主席在党的七届二中全会上发出**"把中国建設成一个伟大的社会主义国家"**的伟大号召。中华人民共和国成立，标志着社会主义革命的开始。从此，工人阶级和资产阶级的矛盾成为国内的基本矛盾。

文艺界的反革命修正主义分子及其总后台党内头号走资本主义道路当权派刘少奇，利用电影等文艺形式，反对无产阶级专政，反对社会主义革命，鼓吹资本主义。

毛主席亲自发动和領导了对电影《武训传》的批判。这是对反动的意识形态的一場大斗争，是对以刘少奇为总代表的资产阶级反动势力的一場大斗争。这場斗争取得重大的胜利，捍卫了年青的无产阶级政权。

一九四九年

3月5日—13日　　在全国胜利前夜，

党中央召开七届二中全会。毛主席在会上作了具有伟大历史意义的报告，发出**"把中国建設成一个伟大的社会主义国家"**的伟大号召。报告英明地估计了中国人民民丰革命胜利以后的国内外阶级斗争的新形势，指出工人阶级和资产阶级的矛盾是国内的基本矛盾，资产阶级的"糖衣炮弹"将成为对于无产阶级的主要危险。毛主席說："在拿枪的敌人被消灭以后，不拿枪的敌人依然存在，他们必然地要和我们作拼死的斗争，我们决不可以轻視这些敌人"；"必须学会在城市中向帝国主义者、国民党、资产阶级作政治斗争、經济斗争和文化斗争"；"如果我们不去注意这些问题，不去学会同这些人作这些斗争，幷在斗争中取得胜利，我們就不能維持政权，我們就会站不住脚，我們就会失败。"

3月　　北京市军管会根据广大革命群众的要求，命令禁演五十五出宣扬封建迷信、色情和凶杀的反动剧目。全国不少城市和地区采取了相应的革命措施。

4月　　刘少奇在全国解放前夕，就大肆鼓吹走资本主义道路，反对社会主义革命。四、五月间，他到天津和资本家握手言欢，极力颂扬资本主义制度的所謂"进步"与"光荣"，胡说什么，"中国不是资本主义太多了，而是资本主义太少了"，"要发展资本主义剥削，这种剥削是进步的"，无耻地鼓吹"剥削合法"、"剥削有功"的滥调。刘少奇为了鼓吹走资本主义道路，伸出黑手大抓意识形态的工作，大抓文艺。他在天津讲话说："对书报、戏剧、电影的审查尺度要放宽，否则会使很多人失业。"为反动文化泛滥打开闸门。他还说："对文艺界问题，不必看得太严重，中国人看美国电影看了几十年，中国革命还不是胜利了。"公然掩盖意识形态领域里激烈的阶级斗争。

6月30日　　毛主席写了有伟大历史意义的著作《论人民民主专政》。毛主席在这一著作中，全面地总结了中国革命斗争的历史经验，奠定了我国人民民主专政的理论基础和政策基础，为我国社会主义革命开辟了道路。他强调指出："**革命的专政和反革命的专政，性質是相反的，而前者是从后者学来的。这个学习很要紧。革命的人民如果不**

学会这一項对待反革命阶級的統治方法，他們就不能維持政权，他們的政权就会被内外反动派所推翻，內外反动派就会在中国复辟，革命的人民就会遭殃。"

7月2日—7月19日　　第一次全国文学艺术工作者代表大会。七月六日，毛主席亲临会場，对革命文艺工作者寄予极大的希望，他说："你們开的这样的大会是很好的大会，是革命需要的大会，是全国人民所希望的大会。因为你們都是人民所需要的人。……你們对于革命有好处，对于人民有好处。因为人民需要你們，我们就有理由欢迎你們。再講一声，我们欢迎你們。"

七月六日，周恩来同志向文代会作政治报告。他强调指出："我们应该感謝毛主席，他给予了我们文艺的新方向，使文艺也能获得伟大的胜利。"

七月九日，陈伯达同志在文代会上的讲话中，着重提出："毛泽东思想就是马列主义和中国革命实践的最好的结合，文艺工作者必须学习毛泽东思想。"

七月五日，周扬在文代会上所做的《新的人民的文艺》的报告中，宣扬所谓"国民性"，说"新的国民性正在形成中，我们的作品就反映着和推动着新的国民性的成长过程"。这与他以前鼓吹的"国防文学"和"全民族文学"，以及后来的"全民文艺"论，是一脉相承的。

大会期间，在周扬授意下阳翰笙所做的《国统区进步的戏剧电影运动》报告，大肆吹捧三十年代电影获得了"空前未有的辉煌成就"。

7月12日　　夏衍在上海文管会召开的电影编导座谈会上，与工农兵方向大唱反调，说什么"我们还不可能一定要城市的人只看农民工人，也不可能叫城市的剧作者去写农村，所以上海的文化工作者，可以写他自己所了解的东西"。他并鼓吹"分工论"，说上海电影可以着重表现资产阶级、小资产阶级。

根据刘少奇的"审查尺度要放宽"的黑指示，于伶在座谈会上为上海电影审查机构订立了投降主义的原则，使一大批中外反动电影得以继续泛滥，配合美蒋反动派的垂死挣扎。

7月27日　《人民日报》发表毛主席为戏曲改进会题词："推陈出新"，为戏曲改革、为社会主义文化革命指出了方向。

同一时期，刘少奇却在天津大肆放毒："宣传封建不怕，几千年了，我们不是胜利了？和尚、尼姑都不禁了，还禁戏?"刘少奇这个大叛徒集团的总头目，还极力吹捧歌颂叛徒、宣扬投降主义、鼓吹活命哲学的《四郎探母》，并说"《四郎探母》可演"。

他对上海戏剧工作者说："怕什么! 过去上海演了那么多坏戏，共产党不是也得了天下吗？"

周扬在一九五二年所作的报告中，跟着吹捧《四郎探母》，胡说什么"《四郎探母》里面还有好东西，杨四郎在国外十五年，还是怀念自己的祖国故土"，"反映了中国人民强大的民族意识"。

8月　上海《文汇报》等开始讨论小资产阶级人物可否作为文艺作品的主角，这是在夏衍等策划下资产阶级向毛主席革命文艺路线的反扑。一些资产阶级文艺家在"问题不在你写什么，而在你怎么写"的借口下，企图取消革命文艺必须大力表现工农兵英雄人物的历史任务。

8月14日——9月16日　毛主席连续发表了《丢掉幻想，准备斗争》等四篇对于美国国务院白皮书和艾奇逊信件的评论。这些评论揭露了美帝国主义侵略中国的反动政策，批判了国内一部分资产阶级知识分子对于美帝国主义的幻想，并对中国革命的发生和胜利的原因作了理论上的说明。毛主席庄严宣告："自从中国人学会了马克思列宁主义以后，中国人在精神上就由被动转入主动。从这时起，近代世界历史上那种看不起中国人，看不起中国文化的时代应当完结了。

註:
雷是
馏登
燕京大学
创始人。
1952年
私立燕京
合併於
大，
燕京
成为北
大
的校园。

伟大的胜利的中国人民解放战争和人民大革命，已经复兴了并正在复兴着伟大的中国人民的文化。这种中国人民的文化，就其精神方面来说，已经超过了整个资本主义的世界。"

9月21日　毛主席在政协第一届全体会议开幕词中庄严宣告："占人类总数四分之一的中国人从此站起来了。"毛主席再一次告诫我们："帝国主义者和国内反动派决不甘心于他们的失败，他们还要作最后的挣扎。在全国平定以后，他们也还会以各种方式从事破坏和捣乱，他们将每日每时企图在中国复辟。"毛主席英明地预言"随着经济建设高潮的到来，不可避免地将要出现一个文化建设的高潮"。

10月1日　中华人民共和国成立! 中国进入了社会主义革命的新时代。

10月　毛主席为《人民文学》创刊号题词："希望有更多好作品出世。"

一九五〇年

1月　夏衍、于伶等几次在上海召开所谓《武训传》电影剧本座谈会，认为伪"中国电影制片厂"没有来得及拍完的《武训传》"还有摄制价值"，"解放后拍更有积极意义"。他们把这部狂热宣扬奴隶主义，污蔑农民革命斗争，歪曲中国历史，污蔑中国人民的反动影片，说成是"歌颂忘我的服务精神，提高民族自信心"，是为了"迎接文化建设高潮的到来"，并给予贷款，使私营昆仑影业公司得以接手完成《武训传》的摄制工作。

3月　反动影片《清宫秘史》在北京、上海等地上映，并在报刊上被吹捧。

此后，围绕着这部影片，展开了一场文化思想战线上两个阶级、两条道路的针锋相对的斗争。

毛主席严正指出:《清宫秘史》是一部卖国主义的影片，应该进行批判。

刘少奇在与胡乔木等谈话中却说：这部影片是爱国主义的。

江青同志坚决执行毛主席的革命路线，曾说：《清宫秘史》很坏，应该进行批判。江青同志几次提出要批判《清宫秘史》。

但是，陆定一、胡乔木、周扬却抗拒毛主席这一指示。胡乔木在中宣部一次会议上说：这个电影不能批判，因为少奇讲过，这个电影是爱国的。

毛主席批评后，胡乔木等表面承认错误，实际上仍拒不执行毛主席的指示，而是按刘少奇黑指示办事，扼杀了文化思想战线上这场关于中国走社会主义道路还是走资本主义道路的重大政治斗争。

6月6日 毛主席在七届三中全会上作了《为争取国家财政经济状况的基本好转而斗争》的报告。指出："有步骤地谨慎地进行旧有学校教育事业和旧有社会文化事业的改革工作，争取一切爱国的知识分子为人民服务。在这个问题上，拖延时间不愿改革的思想是不对的，过于性急，企图用粗暴方法进行改革的思想也是不对的。"

6月10日 《文艺报》发表"别林斯基纪念特辑"。在"编辑部的话"中，说什么"马列主义的文艺批评，是别林斯基等伟大传统的继承者"。《文艺报》等为周扬所把持的刊物从建国起就陆续刊载别林斯基、车尔尼雪夫斯基、杜勃罗留波夫等人的文章，妄图把资产阶级革命家的思想，当成我们无产阶级思想运动、文艺运动的指导方针。

6月23日 毛主席在全国政协一届二次会议的闭幕词中，作出了以批评和自我批评方法进行自我教育和自我改造的指示。在毛主席领导下，全国知识界掀起了思想改造的运动。

6月30日 毛主席发布关于实施土地改革法令。全国展开了势如暴风骤雨的土地改革运动。镇压反革命分子运动也相继展开。

同一天，刘少奇在《关于土地改革问题》的报告中，鼓吹要"保护富农经济"，说"这不是一种暂时的政策，而是一种长期的政策"。

7月11日 由有关部门组成的电影指导委员会成立。江青同志担任委员。在委员会工作中，她对陆定一、胡乔木、周扬等进行了坚决斗争，捍卫了毛主席的革命文艺路线。

10月25日 中国人民志愿军赴朝。全国人民开展了轰轰烈烈的抗美援朝运动。

11月7日——12月11日 旧中宣部召开全国戏曲工作会议。在周扬等的所谓批判"反历史主义"的幌子下，大批封建主义旧戏出笼。

12月 反动影片《武训传》拍摄完成，经周扬审定后，公开上映。有人问周扬对这部影片的看法，他说："我看，很好嘛！我看的时候还流了眼泪。"封建阶级、资产阶级代表人物纷纷出来捧场，说什么是"劳动人民文化翻身的一面旗帜"，"典型地表现了我们中华民族的勤劳、勇敢、智慧的崇高品质"，等等。当时窃踞华东局第一书记的反党头目饶漱石看完电影后，连连拍手称赞："蛮好，蛮好，这个戏蛮好。"这种吹捧一直继续到第二年四月。仅京、津、沪三地报刊上发表的吹捧文章，就有四、五十篇之多。

这期间，电影《荣誉属于谁》拍摄完成。这部影片宣扬荣誉属于照搬苏联调车法的铁路局长，否定马列主义普遍真理与中国革命实践相结合的伟大的毛泽东思想，否定中国人民在中国共产党和毛主席领导下的伟大创造。《荣誉属于谁》林彪写过专论。

毛主席批评了这部影片。江青同志说：难道荣誉就属于这种人吗？

12月22日 彭真在北京文艺干部会上作报告，同刘少奇亦步亦趋，说："尺度还是宽一些好，戏不要禁的那么多。""我以为不是什么大不了的政治原则问题，现在可以马虎一些，不要过于严格了。"

12月29日 毛主席的伟大著作《实践论》在《人民日报》重新发表。

一九五一年

1月 由周扬、丁玲计划创办的"中央文学研究所"成立（后改为"文学讲习所"）。周扬之流通过这一机构，极力为文艺黑线培养骨干，千方百计把青年作者引上脱离工农兵群众、背离毛主席革命文艺路线的修正主义邪路。

2月 毛主席及时指出《武训传》的反动性。江青同志告诉周扬：《武训传》是宣传资产阶级改良主义的反动影片，必须批判。江青同志还没有说到毛主席的意见，就被周扬气势汹汹地顶回来："有点改良主义有什么了不起嘛！"

3月24日 周恩来同志根据毛主席的指示，发出通知，决定"以《荣誉属于谁》与《武训传》两部影片做典型，教育电影工作干部、文艺工作干部和观众"，对"《武训传》和《荣誉属于谁》两部影片组织讨论与批判"。

陆定一、胡乔木、周扬等对这一决定采取抗拒态度，迟迟不执行。

4月3日 毛主席为中国戏曲研究院成立题词："**百花齐放，推陈出新**"，指出了我国文艺推封建主义、资本主义之陈，出社会主义之新的方向。

5月20日 毛主席在为《人民日报》写的社论《**应当重视电影〈武训传〉的讨论**》一文中，严肃指出《武训传》的反动性。毛主席尖锐指出："**电影《武训传》的出现，特别是对于武训和电影《武训传》的歌颂竟至如此之多，说明了我国文化界的思想混乱达到了何等的程度！**""**在许多作者看来，历史的发展不是以新事物代替旧事物，而是以种种努力去保持旧事物使它得免于灭亡；不是以阶级斗争去推翻应当推翻的**

反动的封建统治者，而是象武训那样否定被压迫人民的阶级斗争，向反动的封建统治者投降。我们的作者们不去研究过去历史中压迫中国人民的敌人是些什么人，向这些敌人投降并为他们服务的人是否有值得称赞的地方。我们的作者们也不去研究自从一八四〇年鸦片战争以来的一百多年中，中国发生了一些什么向着旧的社会经济形态及其上层建筑（政治、文化等等）作斗争的新的社会经济形态，新的阶级力量，新的人物和新的思想，而去决定什么东西是应当称赞或歌颂的，什么东西是不应当称赞或歌颂的，什么东西是应当反对的。"毛主席对那些向资产阶级反动思想投降的人们（其中包括刘少奇）严厉斥责道："**资产阶级的反动思想侵入了战斗的共产党，这难道不是事实吗？一些共产党员自称已经学得的马克思主义，究竟跑到什么地方去了呢？**"在毛主席亲自发动和领导下，展开了新中国建立后第一次对资产阶级反动思想大规模的批判。

6月 刘少奇以及他支持的文艺界一小撮反革命修正主义分子对毛主席关于批判《武训传》的指示采取阳奉阴违的态度，表面应付，实则抗拒。周扬只是在全国文联组织过两次座谈加以搪塞。六月四日，他还写信给于伶布置抗拒这一批判运动："在思想斗争问题上"，"具体处理要慎重、仔细，不可急躁鲁莽"，并要于伶收集提供保护资产阶级右翼的"真实情况"。

在周扬、夏衍等人支持下，资产阶级右翼竭力阻挠对《武训传》的批判。上海报刊出现许多文章，宣扬《武训传》问题"你、我、他都有份"的"错误人人有份"的论调，公开为吹捧《武训传》者辩护："我们要批判的武训歌颂者，本质上是进步的，只是思想认识上犯了错误"，反对"对那些犯了错误的人戟指而攻之"。

在这期间，陆续出现一批有严重错误的、反动的影片，如丑化解放军英雄的《关连长》，歌颂小资产阶级、丑化劳动人民的

《我们夫妇之间》以及《腐蚀》、《太太问题》等等。这是周扬、夏衍等贯彻阶级投降主义路线的表现。

6月25日 周扬在《文艺报》发表他在中央文学研究所的报告《坚决贯彻毛泽东文艺路线》，猖狂抗拒毛主席的批评，把毛主席尖锐指出的**"文化界的思想混乱达到了何等的程度"**，**"资产阶级的反动思想侵入了战斗的共产党"**，仅仅说成是思想上的**"麻痹"**，**"失去……应有的思想上的敏锐"**，并把自己及自己同伙坚持纵容支持《武训传》的罪行说成是"我们文艺工作的领导上"存在着"事务主义的作风"。

7月23日——28日 《人民日报》连载《武训历史调查记》。调查团是毛主席亲自指示，由江青同志直接组织的。调查团在江青同志领导下，克服了种种困难，与周扬派去进行破坏的钟惦棐进行了斗争，在山东堂邑、临清、馆陶一带深入调查。返京后，毛主席亲自听取汇报，并对《调查记》反复进行修改。《调查记》以铁的事实揭露了武训这个大地主、大债主、大流氓的反动丑恶面目，为这次大论争作了总结。

7月28日 江青同志遵循毛主席的文艺路线，在电影指导委员会上提出电影工作者要长期深入工农兵。她说：编剧现在深入生活的方法有问题，下去观察了一点生活，立刻抓回来写，这样不能产生有血有肉的作品。江青同志还批评了当时电影创作的不良倾向，她指出：《荣誉属于谁》搞歪了；《人民的战士》必须修改，因为它表现了悲观失望情绪。她说：不应专搞大的，应该大小兼顾。江青同志对电影批评发表了重要意见，指出：批评必须分清界线，区别什么是革命的，什么是反革命的。她希望为重点片积蓄力量，如淮海战役。

8月8日 在《武训历史调查记》所提出的铁的事实面前，周扬又换了一副脸孔，以"一贯正确"的姿态出来"系统总结"这次论争，捞取政治资本，在《人民日报》

发表《反人民、反历史的思想和反现实主义的艺术》这篇文章，为自己开脱，把他的罪行说成只是什么"没有能够充分地认识和及早地指出它的严重的政治上的反动性"；并只是空谈世界观和艺术思想的问题，极力掩盖《武训传》的反动政治目的。

8月26日 经周扬授意并批准的夏衍关于《武训传》的假检讨在《人民日报》刊出。夏衍把自己的罪行说成只是对资产阶级的侵蚀"采取自由主义，熟视无睹"，"是认识问题"。

9月1日 针对上海私营电影厂大量放毒和周扬、夏衍等人的阶级投降主义，江青同志指出：这些厂出品的不是普通产品，而是对千百万人的思想发生作用的电影。因此，私营公司决不能这样地搞下去，电影生产必需置于党的直接领导之下，必须坚决贯彻毛主席的文艺方向——为工农兵服务。

9月 在旧中宣部一次会议上，江青同志对周扬等人坚持资产阶级反动立场、抗拒对《武训传》的批判提出尖锐的批评，指出周扬是大地主出身，思想右倾。

这个时期，江青同志坚决贯彻执行毛主席的指示，与陆定一、胡乔木、周扬等作斗争。周扬对江青同志十分不满，散布流言蜚语，说有江青同志在，"工作难做"等等。

10月12日 《毛泽东选集》第一卷出版。《毛泽东选集》第二卷于一九五二年四月十日出版，《毛泽东选集》第三卷于一九五三年四月十日出版，《毛泽东选集》第四卷于一九六〇年十月一日出版。这是我国人民和世界人民的大喜事。

10月23日 毛主席在全国政协一届三次会议开幕词中，再一次强调知识分子的思想改造。指出："思想改造，首先是各种知识分子的思想改造，是我国在各方面彻底实现民主改革和逐步实现工业化的重要条件之一"。

10月 刘少奇下达"整编"文工团的黑指示，扼杀具有光荣战斗传统、为工农兵所喜爱的文工团，竭力鼓吹资产阶级剧场艺术："文工团员就会扭扭秧歌，打打腰鼓，这样下去，是害了他们。文工团要整编，人员要大大削减，建立正式的剧团"，文工团员"不要这样混下去了"。

11月24日　周扬在文艺整风大会上讲话，有意掩盖开国以来文艺界存在的激烈的阶级斗争，说："全国文代大会以后，相当长一个时期，文艺界是平静的，没有思想斗争。"说他对《武训传》的吹捧是"盲目"的，再一次为自己开脱罪责，掩盖其反革命面目。

一九五二年

年初　周扬和当时电影局长等人，企图将全国制片厂和电影创作人员集中北京，搞一个电影城，成为脱离工农兵的资产阶级独立王国。周恩来同志严厉指出：文化不能单独成为一个社会中心。如果制片厂集中北京，就会脱离全中国广大实际。集中的思想是错误的，是无政府主义思想，受好莱坞思想的影响。

1月　全国开展"三反"、"五反"运动。对资产阶级猖狂进攻给予坚决打击。

4月1日　毛主席的伟大著作《矛盾论》重新发表。

5月　毛主席《在延安文艺座谈会上的讲话》发表十周年。胡乔木授意林默涵写出《继续为毛泽东同志所提出的文艺方向而奋斗》的《人民日报》社论。这篇社论，根本不提抗美援朝等阶级斗争形势，打着"红旗"反红旗，以反对"公式化、概念化"为名，对革命文艺作品横加指责，引导文艺创作向资产阶级方向提高。

夏季　旧文化部召开全国文工团工作会议，陆定一、胡乔木、周扬贯彻了刘少奇砍杀革命文工团的黑指示。会上，有的省、区代表反对，周扬等就抬出刘少奇来压服。掌握编制大权的彭真对文工团卡得很严，却批准了周扬提出的各地区设立大型剧院、正规剧团的方案。毛主席亲手缔造的战斗文艺组织被扼杀，大批年青的革命文艺工作者被遣散，使资产阶级文艺队伍继续统治文艺界，为戏剧、歌舞的资产阶级方向开辟道路。

7月15日　周扬在制片厂厂长联席会议上，恶毒攻击对《武训传》的批判和文艺整风运动，说："文艺整风以后，教书的不敢教书了，写文章的不敢写文章了。"他并宣扬"政治斗争已趋于过去"，创作的"当前的主题是经济建设"，"题材要广泛"等等。

9月26日　《天津日报》发表毛主席题词："百花齐放，推陈出新"。

10月　在江青同志指导下，表现毛主席人民战争伟大战略思想的影片《南征北战》拍摄完成。影片上演后，《文艺报》发表钟惦棐的文章恶毒攻击，说它"没有戏"，"如果旨在说明毛主席伟大战略思想的正确，那么，中国革命的胜利，事实上已经最好地说明了。或者，写一篇军事论文，也够可以说明了"等等。

江青同志一再提出组织重大题材的创作，如"辽沈战役"，"淮海战役"等，但都遭到周扬、陈荒煤的抵制，被他们污蔑为"大而无当"。

10月6日　旧中宣部、旧文化部背着毛主席举办第一届全国戏曲观摩演出，由周扬主持，并设立周扬、林默涵、田汉等组成的评奖委员会。这次会演，与毛主席关于戏曲改革的指示大唱反调，竭力吹捧鬼戏、才子佳人戏，挥舞"反对粗暴干涉"的大棒，阻挠戏曲革命。

毛主席对这次观摩会演提出批评。但周扬等仍继续顽抗。

11月14日　周扬在全国戏曲观摩会上作总结，用"人民性"、"现实主义"的标签，把封建时代的剧目捧上了天，反对戏曲表现现代生活，说什么戏曲"多数本来适合于表现历史故事题材的"，因此"不要强求它立刻表现现代生活"。他用胡风一样的腔调，鼓吹"写真实"论，说什么"艺术的最高原则是真实"。

9月—12月 解放初，毛主席一再指示要批判胡风反动思想，文艺界整风期间，革命群众也要求展开这一批判。周扬只得组织假批判真包庇的所谓"胡风文艺思想讨论会"。九月，周扬暗地把有关讨论会的做法、精神等文件给胡风看，向胡风交底。周扬在十二月十六日的总结发言中吹捧胡风是"非党的布尔什维克"，在"政治态度上拥护毛泽东同志"；又说，"胡风一向的确抓到了我们文艺运动中的真正的弱点，就是公式化概念化"，竭力包庇胡风，抗拒毛主席的指示。林默涵与周扬一唱一和，在十二月十一日的发言中竭力吹捧胡风，说："他在大的政治方向政治斗争上，当然是和党站在一起的。"

12月 周扬把《社会主义现实主义——中国文学前进的道路》发表在苏联杂志上。他无耻吹捧肖洛霍夫的修正主义文学标本《静静的顿河》、《被开垦的处女地》是"中国作家和艺术工作者的学习的范例，而且是作为共产主义教育和鼓舞广大中国人民的强大精神力量"。

12月18日 胡乔木在给全国文协学习会的报告中，反对毛主席提出的文艺为工农兵服务的方向，大反所谓"公式化"、"概念化"，强调"真实性"、"具体性"。诬蔑宣传毛泽东思想的作品"只给人一种概念，而这种概念并不是从人们的生活中提出，需要用文艺的方法来表达的教训"。他还说要"注意艺术特征"，"艺术家只有通过形象思维，才能在生活中捕捉形象，否则即使下去生活也不会得到结果"。竭力贩卖修正主义的"形象思维"论。

12月26日 全国戏曲观摩会刚结束，周扬就通过旧文化部发出《关于整顿和加强全国剧团工作的指示》，要各剧团"改变其以往文工团综合性宣传队的性质"，指责对旧戏曲的必要改革是"滥禁乱改"，"必须坚决加以纠正"。建国后戏改的第一次革命运动被扼杀了。

1953——1955

毛主席提出并制定了党在过渡时期的总路线。社会主义改造在各条战线日益深入，意识形态领域的阶级斗争愈加激烈。

思想文化战线上一小撮反革命修正主义分子及其总后台刘少奇，竭力支持资产阶级唯心论，保护资产阶级"权威"，包庇和纵容胡风反革命集团，为资产阶级抗拒社会主义改造和推翻无产阶级专政服务。

毛主席又一次发动和领导了对唯心论《红楼梦研究》和胡适反动思想的批判、对胡风反革命集团的斗争，给予党内头号走资本主义道路当权派刘少奇和反革命势力以沉重的打击，促进了社会主义改造，巩固了无产阶级专政。

"一化三改"的主张：

一九五三年

本年 毛主席制定党在过渡时期的总路线：从中华人民共和国成立，到社会主义改造基本完成，这是一个过渡时期。党在这个过渡时期的总路线，是要在一个相当长的时期内，逐步实现国家的社会主义工业化，并逐步实现对农业，对手工业和对资本主义工商业的社会主义改造。

本年 刘少奇指使周扬在旧文化部党组会上特意传达他的意见："中央负责同志也要看戏看电影，既然看了，免不了要发表意见，意见一传出去，就造成紧张。怎么办呢？我看以后中央负责同志对文艺作品发表意见，只要不是见诸正式文件，都不要当成正式意见，可以听也可以不听。"这是丧心病狂地攻击毛主席对《清宫秘史》等的批判，煽动文艺界抗拒毛主席的指示。

1月 旧文化部开"创作会议"。周扬、林默涵等集中攻击各级党委不懂得"艺术的特殊规律"，对文艺工作"粗暴干涉"。提出"要真正懂得创作的人来领导"，要改变领导的"行政方法"为"社会方式"，并酝酿把"文学工作者协会"改为"作家协会"，成为少数精神贵族的"俱乐部"。

刘少奇在这期间下达黑指示："要建立基金委员会，供给会员及非会员中优秀的业余写作者以必要的旅行费用或创作津贴。"

3月 伟大的马克思主义者斯大林同志逝世。

苏联老牌修正主义文人爱伦堡不久即抛出攻击斯大林、攻击无产阶级专政的小说《解冻》，揭开了苏联文艺全面蜕化、全面"修正"列宁文学党性原则的序幕。

这年冬天，胡乔木以中宣部名义要全国文艺工作者学习爱伦堡的《谈作家的工作》。

5月15日 《文艺报》向读者推荐俞平伯的《红楼梦研究》，说"过去所有红学家都戴了有色眼镜，全是牵强附会，捕风捉影"，而《红楼梦研究》则"做了细密的考证、校勘，扫除了过去'红学'的一切梦呓，这是很大的功绩"。

9月3日 第二次全国文学艺术工作者代表大会在北京举行。

周扬等在这次会上对《武训传》批判以来的文化思想战线上对资产阶级的斗争大肆反扑。二十四日，周扬作了《为创造更多的优秀的文学艺术作品而奋斗》的报告，大肆

为《武训传》批判"纠偏"，为受到批判的资产阶级"权威"鸣冤叫屈，并宣扬"资产阶级和小资产阶级的文艺思想已经在文艺界迅速丧失原有的市场"，为封建文艺、资产阶级文艺打掩护。对文艺作品，不强调革命性、政治性，而在反对"公式化"、"概念化"的幌子下，打击无产阶级文艺。

十月六日，胡乔木在会上作报告。文代会准备期间，胡就打算代表中宣部作报告。报告草稿公然抵抗毛主席提出的文艺为工农兵服务的方向，不提两条道路斗争，而给革命文艺大泼冷水，强调作家"个人的精神劳动"的特殊，提出以各协会为"领导中心"，企图取消党对文艺的领导。

毛主席、陈伯达同志批驳了这个报告。胡乔木怀恨在心，到大会临近结束时，以回答问题的方式仍然抛出这个报告。

大会决定改组"文协"为"作协"，音乐、美术、戏剧等协会也如此，并制订修正主义的各协会"章程"。旧作协在胡乔木、周扬策划下，调来一批文艺黑线骨干作为"驻会作家"，如丁玲、赵树理、刘白羽、艾青等。

10月 毛主席在中央第三次农业互助合作会议上的讲话中指出：对于农村的阵地，社会主义如果不去占领，资本主义就必然会去占领。难道可以说既不走资本主义的道路，又不走社会主义的道路吗？

12月16日 中共中央通过《关于发展农业生产合作社的决议》。决议中指出："在农村中产生了社会主义和资本主义两条发展道路的斗争"，"党在农村中工作的最根本的任务"是"逐步实行农业的社会主义改造"。这一决议在一九五四年一月八日正式公布，有力地推动了我国的农业合作化运动。

12月 周扬指使张光年主编的《京剧丛刊》第一集出版。周扬曾对张光年说："从京戏和地方戏传统剧本中间，精选出几十本来，稍加整理，可以一直演到共产主义社会，谁要是文字好的，把它们改成话剧，

让全世界都能演，那就是今天的莎士比亚。"

"把莎士比亚的戏挑选若干出，找人编成京剧，用来向中国观众普及，丰富京剧的上演剧目。"

本年 胡乔木、周扬长期包庇、拉拢反革命分子胡风。周扬吹捧胡风"懂得创作"，打算把他安插在人民文学出版社，或让他掌管一个剧院。胡乔木声称"要团结他"，于本年指令让胡风列名《人民文学》编委。二次文代会前，胡风曾给胡乔木写了一封长信，同他后来的三十万言"意见书"是一个调子，胡乔木对此却一直进行包庇。

一九五四年

2月6日——10日 中共中央举行七届四中全会,彻底揭露和粉碎了彭德怀、高岗、饶漱石反党联盟，并一致通过了根据毛主席的建议而提出的《关于增强党的团结的决议》。决议指出,在我国社会主义革命阶段,包含着极复杂极尖锐的斗争,国内外阶级敌人决不会甘心自己的死亡,他们会利用每一个机会使反动统治在中国复辟。

3月18日 一九五三年底到一九五四年初，胡风反革命集团骨干分子路翎接连抛出大毒草《战士的心》、《初雪》、《洼地上的战役》等。其后台就是胡乔木、周扬等人。胡乔木对路翎的作品极为称赞，并亲自下令把他封为作协理事。周扬也自称是路翎作品的"欢迎者"。三月十八日，他在旧作协党组讨论路翎小说的会上，胡说什么路翎的小说"是用小资产阶级立场来拥护社会主义事业的"。

5月4日 周扬在《发扬"五四"文学革命的战斗传统》一文中，大肆美化中国资产阶级知识分子，大捧"西方先进的科学和先进的文化思想"。在对唯心论《红楼梦研究》展开批判前夕，周扬顽固地充当了资产阶级唯心论的狂热吹鼓手和俞平伯之流资产阶级"权威"的代言人。

5月22日 周扬在中国共产党全国宣传工作会议上讲话，歪曲毛主席提出的"**百花齐放，推陈出新**"的口号。把这个口号"解释"为"经过文艺的自由竞赛，在自己民族文化传统的基础上创造新文化。目的是创造新文化，道路是自由竞赛"。实际上鼓吹资产阶级自由化，借以保护和发展剥削阶级的旧文化、旧文艺。

夏季 北京人艺上演《雷雨》。工农兵反对这种美化资产阶级、鼓吹"人性论"、宣扬阶级调和的剧目。但是，周扬黑帮控制的《文艺报》、《戏剧报》一方面扣压批评文章不予发表，一方面大加宣传为《雷雨》叫好。他们的总后台刘少奇也出面撑腰。他看了《雷雨》后，赞不绝口，说："深刻！很深刻!!非常深刻!!!"这九字"真言"，把资本主义、修正主义和三十年代剧目在全国泛滥的闸门打开了。

7月 反革命分子胡风向中共中央政治局提出一个所谓关于文艺问题的三十万字的"意见书"，大肆攻击党的文艺方针和毛主席的文艺思想。胡风在这个反革命纲领中，恶毒地把提倡共产主义世界观，提倡和工农兵相结合，提倡思想改造，提倡民族形式，提倡为政治服务，说成是"放在作家和读者头上的五把刀子"。(注：胡风不是党员)

9月1日 《关于〈红楼梦简论〉及其他》在《文史哲》发表。这篇文章是投向所谓《红楼梦》研究"权威"作家俞平伯之流的资产阶级唯心论的第一枪。作者是两个青年团员。他们起初写信给《文艺报》，询问可不可以批评俞平伯，被置之不理。周扬、冯雪峰等就是这样利用他们垄断的刊物和报纸，支持极端反动的胡适派的唯心论，保护资产阶级"权威"，镇压敢于起来批判资产阶级的"小人物"，为资产阶级抗拒社会主义改造效劳。《简论作者：李希凡 蓝翎(後為右派)

9月 毛主席看到《关于〈红楼梦简论〉及其他》一文后，给以极大的重视和支持。九月中旬一天下午，江青同志亲自到《人民日报》编辑部，找来周扬、邓拓、林默涵、邵荃麟、冯雪峰、何其芳等人，说明毛主席很重视这篇文章。她提出《人民日报》应该转载，以期引起争论，展开对资产阶级唯心论的批判。周扬、邓拓一伙竟然以"小人物的文章"、"党报不是自由辩论的场所"种种理由，拒绝在《人民日报》转载，只允许在《文艺报》转载，公然抗拒毛主席指示，继续保护资产阶级"权威"。

9月　江青同志传达毛主席的指示之后，以周扬为首的文艺界反革命修正主义集团顽固坚持资产阶级反动立场，阻扰对资产阶级唯心论的批判。周扬指责《关于〈红楼梦简论〉及其他》一文"很粗糙，态度也不好"，林默涵、何其芳则说，"也没有什么了不起的地方"。《文艺报》转载时，加了一个"编者按"，依然采取保护资产阶级"权威"，贬抑马克思主义新生力量的恶劣态度。这条按语是冯雪峰写的，经旧中宣部批准，林默涵管赞扬"这样比较客观一些"。

9月15日　我国第一届全国人民代表大会第一次会议开幕。毛主席在开幕词中庄严宣告："领导我们事业的核心力量是中国共产党。指导我们思想的理论基础是马克思列宁主义。我们有充分的信心，克服一切艰难困苦，将我国建设成为一个伟大的社会主义共和国。"

一九五四年九月二十日全体代表一致通过了中华人民共和国宪法。

10月　毛主席对批判俞平伯的《红楼梦研究》和胡适反动思想的斗争，以及检查《文艺报》的工作，多次作了重要的口头指示。毛主席指示，**胡适派的思想，没有受到什么批判。古典文学方面，是胡适派的思想领导了我们。**他尖锐批判周扬等人的投降主义，指出，有人说，一受到批判，就抬不起头；**总有一方是抬不了头的，都抬头，就是投降主义。**他严厉批驳了周扬用"没有警觉"为自己辩解，一针见血地指出，不是没有警觉，而是很有警觉，倾向性很明显，**保护资产阶级思想，爱好反马克思主义的东**西，仇视马克思主义。毛主席又强调说，可恨的是共产党员不宣传马克思主义，共产党员不宣传马克思主义，何必做共产党员！他指出，《文艺报》必须批判，否则不公平。毛主席着重指出，**一切新的东西都是"小人物"提出来的。青年志气大，有斗志，要为青年开辟道路，扶持"小人物"。**

毛主席又一次提出：《清宫秘史》五年来没有批评，如果不批评，就是欠了这笔债。《清宫秘史》实际是拥护帝国主义的卖国主义的影片。光绪皇帝不是可以乱拥护。

10月5日—7日　旧文联在周扬主持下开第二届全国委员会会议。他们避而不提即将在全国展开的对唯心论《红楼梦研究》和胡适反动思想的批判，却提出"开展作品竞赛和自由讨论"的资产阶级自由化口号，抵制毛主席亲自发动和领导的这场严重斗争。

10月11日　周扬黑帮继续包庇和纵容胡风的反革命活动。旧作协党组扩大会上，周扬鼓吹"社会主义与非社会主义""要展开自由竞赛"，提出"是不是能让胡风搞一个刊物"。林默涵、刘白羽马上表示支持。十一月十三日，在另一次党组会上，周扬宣称"与胡风合作还有可能"，说要"回答""胡风提出的问题"，"但又要不伤害自由讨论的积极性"。

10月16日　毛主席给中共中央政治局的同志和其他有关同志写了《关于红楼梦研究问题的信》。毛主席严正指出："事情是两个'小人物'做起来的，而'大人物'往往不注意，并往往加以阻拦，他们同资产阶级作家在唯心论方面講統一战綫，甘心作资产阶级的俘虏，这同影片《清宫秘史》和《武训传》放映时候的情形几乎是相同的。被人称为爱国主义影片而实际是卖国主义影片的《清宫秘史》，在全国放映之后，至今没有被批判。《武训传》虽然批判了，却至今没有引出教训，又出现了容忍俞平伯唯心论和阻拦'小人物'的很有生气的批判文章的奇怪事情，這是值得我們注意的。"

这封信直接批判了党内最大的走资本主义道路当权派刘少奇，热情支持了敢于革命的"小人物"，吹响了我国思想文化战线上第二次大斗争的号角。

10月18日 旧作协党组开会，传达毛主席的《关于红楼梦研究问题的信》。这是对抗毛主席的主席批评的黑会。周扬在会上把他们的问题说成只是"忽略、放松""对资产阶级思想作批判"。林默涵、冯雪峰、陈企霞等都是同一腔调。何其芳更公开抗拒毛主席的批评，说什么"我们也还没有成为他（俞平伯）的俘虏，投降还说不上"。会上，周扬顽固地站在资产阶级反动立场，公开叫嚣"不要因为传达主席的批示，而搞得'左'了"，并且为俞平伯之流撑腰，说什么"我认为应该鼓励他们写作，鼓励辩论"。这次黑会还指定文艺界的一批反革命修正主义分子、资产阶级反动"权威"写所谓"批判"文章，对毛主席所作的扶持"小人物"、依靠青年的重要指示置若罔闻。

10月22日 旧作协党组开会，传达毛主席关于批判《红楼梦研究》和胡适派反动思想的口头指示。周扬一伙顽固对抗。对毛主席严厉批判的《文艺报》编者按，林默涵竟然说："主要是语法上的问题"。冯雪峰仍然想方设法保护俞平伯，不许揭发俞平伯的有些文章是别人写的这一事实。

10月24日 旧作协古典文学部召开《红楼梦研究》座谈会，周扬在会上开了一大堆题目，要人们去研究"包含复杂的内容"的所谓"学术思想上的问题"，去作烦琐的考证，企图把一场尖锐的政治思想斗争，化为所谓"纯"学术讨论。

十月下旬，林默涵向旧文联各协会负责人传达毛主席口头指示之后，也唱"学术讨论"的调子，说"不要把一切学术问题都归结为资产阶级思想"，"学术问题应当由学术（界）自己解决"，"批评不要党内压党外"。

10月28日 《人民日报》根据毛主席的指示，发表质问《文艺报》编者的文章，公开批评文艺界某些领导人（共中包括周扬、丁玲、冯雪峰等）对资产阶级唯心论的容忍和赞扬，揭露了他们压制新生力量的资产阶级贵族老爷态度。当天上午，周扬、邵荃麟、冯雪峰等急急忙忙召开旧作协党组会，密室策划，商定由冯雪峰出面做"检讨"，应付党中央、毛主席的批评，掩护周扬。这个"检讨"后来登在本年第二十期《文艺报》上，说了几句不痛不痒的话，什么"失去了锐敏的感觉"，"重视不够"，"玩忽自己的工作"，"离开了自己的岗位"等等，以蒙混过关。（注：冯是鲁迅信徒）

10月31日 在毛主席一再批评下，旧文联主席团和旧作协主席团不得不举行联席会议（扩大），开始"检查"《文艺报》工作。

11月 刘少奇、邓小平亲自出马，为《文艺报》开脱罪责，保护旧中宣部。他们对陆定一、周扬说，《文艺报》只是"缺乏自我批评的精神"（刘），"缺乏与人为善的态度"（邓），公开对抗毛主席批判《文艺报》的指示。

十一月三日，周扬在旧作协党组会上对《文艺报》编者一再表明："我们是保护《文艺报》的，从党组到编辑部要有一个共同的态度。"

11月7日 胡风在十一月七日和十一日的旧文联主席团和旧作协主席团联席扩大会议上趁机进攻，猖狂攻击党的文艺路线、文艺方针。发言后，周扬对胡风说："我觉得很好。"直到十二月八日，周扬在这个会上还为胡风及其党徒唱赞歌，说什么并不否认"胡风先生，阿垅先生、路翎先生在文艺事业上的功绩"，甚至肯定胡风的反革命"意见书""所发表的意见也有一些是好的，值得重视"，表示"欢迎"他参加对胡适派资产阶级唯心论的斗争。周扬还吹捧胡风分子路翎"是一个有才能的而又努力的作家"。

11月　　胡风纠集党羽，发动全面进攻，妄图夺取文艺界的领导权。路翎写了四万余字的《为什么会有这样的批评？》把广大读者对他作品的批判一律污蔑为阴谋陷害。胡风反革命集团骨干分子阿垅、张中晓等也写文章大肆反扑，吹捧胡风及胡风分子。他们还化名到处投稿、写信，大布"疑兵阵"、一时刮起了一股妖风。

11月26日　　旧中宣部召集学术界、教育界、文艺界党员负责人开会。胡绳在会上叫嚷："进一步开展《红楼梦》讨论，要学会领导学术讨论"，"不是搞运动"，"不是造成压力"，"不要利用党的威信，在学术上作某种武断的结论"。他指责当时的批判文章"简单化"、"不讲道理"、"乱扣帽子"等等。他还打着"重视传统"的旗号，要青年向资产阶级"权威""学习"。这些都是明目张胆地同毛主席的指示唱反调，恣意攻击毛主席领导的这场严重的政治思想斗争。

12月　　毛主席指示：批判胡适思想的文章要写得通俗，并正面宣传马克思主义。胡适每一篇文章都是有政治目的的，我们写文章也要有的放矢。

12月8日　　旧文联主席团、旧作协主席团联席扩大会议作出《关于〈文艺报〉的决议》。按照刘、邓黑指示，《决议》为《文艺报》开脱罪责，并以检查"违背了集体领导"为名，包庇周扬、林默涵一伙。

在这次会上，周扬作题为《我们必须战斗》的发言，放出"错误人人有份"的烟幕弹，掩盖自己的反动面目。并且贪天之功以为己功，把自己装扮成反对资产阶级唯心论的"英雄"。无耻之极！

12月17日　　周扬在第二次全苏作家代表大会上，对正在向马列主义发动猖狂进攻的肖洛霍夫、西蒙诺夫等赞叹备至，甚至无耻地吹捧为"譬如北辰，居其所而众星拱之"。会上，西蒙诺夫恶毒地攻击斯大林同志提出的社会主义现实主义的创作方法。苏修并在苏联作家协会的章程上篡改了社会主义现实主义的定义。

周扬在苏联又特地去"拜访"了老右倾机会主义者、反党叛国分子王明。早在一九五〇年，周扬赴苏时就向王明顶礼膜拜过一次。

一九五五年

1月2日　　旧作协党组（邵荃麟署名）在给旧中宣部的"关于批判胡风文艺思想"的报告中，把胡风及其党羽说成只是文艺界的一个"宗派"，对他们"应该采取治病救人的态度"。报告底稿更公然说："在政治上不能把胡风和胡适等量齐观，而应有所区别。对于胡风，应该通过批判，使他能够认识错误。"这是一个不折不扣的假批判、真包庇的报告。

1月6日　　旧中宣部部长办公会议文件提出胡风问题的"处理办法"，主张将胡风反革命"意见书"中的"建议部分"交给有关部门"讨论"，"其中正确的可行的，应予采纳"。还决定要让胡风参加讨论。这个"处理办法"，事前曾由周扬"征得"习仲勋"同意"，并由周扬"告诉胡风，他也表示同意"。可见，旧中宣部的阎王同反革命分子胡风完全是一丘之貉。

1月10日　　旧中宣部关于开展胡风思想"批判"的报告稿又一次为反革命分子胡风涂脂抹粉："在和国民党反动文化的斗争中，胡风也做了一些工作"，"（意见书）也有个别地方是说得对的"，"有些建议也有可取的地方"。

1月　　毛主席决定把胡风的反革命"意见书"公开发表，展开批判。毛主席还针对胡风在他的《我的自我批判》中用"小资产阶级观点"来掩盖退却，指出：对胡风这样的资产阶级唯心论、反人民、反党的思想，绝不让他在"小资产阶级观点"掩盖下逃跑，而予以彻底地批判。

1月17日 刘少奇百般包庇胡风反革命集团。周扬在中宣部一次会议上传达刘少奇的"指示"："对胡风小集团，可以开一些会，根据政治原则对他们采取帮助的态度。对胡风，不是打倒他。"周扬秉承主子的意旨，说："解放以前的账不算，批评他解放以后的文章就可以了"，"（胡风的）反批评也要发表"。

3月21日——31日 中共中央召集全国代表会议。会议一致通过了关于中华人民共和国发展国民经济的第一个五年计划草案的决定，关于高岗、饶漱石反党联盟的决议。关于高岗、饶漱石反党联盟的决议指出："高岗、饶漱石反党联盟的活动是我国阶级斗争形势复杂化和深刻化的反映"，"他们的这种反党活动无疑是适应了帝国主义和资产阶级反革命分子的愿望。他们实际上已成为资产阶级在我们党内的代理人"。决议又指出，粉碎高饶反党联盟，是我党"有决定意义的胜利之一"。

×月 周扬在电影剧作讲习会上诬蔑革命文艺作品"公式化""概念化"，攻击党对文艺的领导"使作品去追求生活的真实这方面受到种种障碍"，歇斯底里地叫嚣："教条哪！公式哪！把我们束缚住了，没有解放"。同胡风的"意见书"如出一辙！

5月5日 陆定一在关于一九五五年电影制片和剧本创作主题的计划向中央的报告中，鼓吹要"重视古典的及'五四'以来的优秀文学戏剧作品和民间传统故事等等的改编工作"，"保证风格的多样性，克服存在于已有影片中的公式化的错误倾向"。为电影的资产阶级自由化开放门户。

5月28日 刘少奇"指示"新华社要把新闻搞得比资产阶级通讯社的"更有兴趣"。同日，他又下令广播事业局"应该广播""时装展览会"，因为"人民对它有兴趣"。本年初，他还"指示"，出版物只要"有益、无害、销得掉就印"，"反动的书"，也"不要随便禁"。

5月13日——6月10日 《人民日报》连续公布了关于胡风反革命集团的三批材料。毛主席在为这些材料写的按语中尖锐地指出：胡风集团是一个反革命政治集团，"他们的基本队伍，或是帝国主义国民党的特务，或是托洛茨基分子，或是反动军官，或是共产党的叛徒，由这些人做骨干组成了一个暗藏在革命阵营的反革命派别，一个地下的独立王国。这个反革命派别和地下王国，是以推翻中华人民共和国和恢复帝国主义国民党的统治为任务的"。毛主席教导我们："在国际国内尚有阶级和阶级斗争存在的时代，夺取了国家权力的工人阶级和人民大众，必须镇压一切反革命阶级、集团和个人对于革命的反抗，制止他们的复辟活动，禁止一切反革命分子利用言论自由去达到他们的反革命目的。"毛主席的指示是革命人民对胡风反革命集团和一切反革命分子进行斗争的强有力的武器。

在毛主席亲自发动和领导下，一个气势磅礴的群众性的揭发批判胡风反革命集团和肃清一切反革命分子的斗争轰轰烈烈地展开了。

6月10日 毛主席在《关于胡风反革命集团的第三批材料》的按语中再一次强调"批判胡适派资产阶级唯心论这一斗争的重要性和必要性"，并再一次严肃批评"口称相信马克思列宁主义，却不重视批判唯心论这一斗争"的那些人。《按语》来看心论

6月 《文艺报》刊出夏衍的文章《追念秋白同志》。在叛徒瞿秋白死了二十年之后，夏衍吹捧他是"淬厉无前的勇猛的斗士"。还说："根据他的指示，我们当时谨慎地开始了夺取电影阵地的工作，第二年，一九三三年，组成了党在电影界的第一个小组。"无耻地把自己美化成党的化身，为三十年代电影树碑立传。

7月31日 在省委、市委和区党委书记会议上，毛主席作《关于农业合作化问题》的报告。报告指出，在全国农村中新的

社会主义群众运动的高潮就要到来。

9月、12月 毛主席前后两次为《中国农村的社会主义高潮》一书中的一〇四篇文章写了按语，热情歌颂了五亿农民的社会主义积极性和伟大的革命群众运动，严厉批判了右倾机会主义的种种表现。毛主席指出："羣众中涌出了大批的聪明、能干、公道、积极的领袖人物"，"在中国，这类英雄人物何止成千上万，可惜文学家们还没有去找他们。"

10月4日—11日 中共中央举行七届六中全会（扩大）。在会议的最后一天，毛主席做了总结。他尖锐地批判了刘少奇及其一伙提出的"四大自由"、"巩固新民主主义秩序"的资产阶级口号，和他们在农业合作化问题上的右倾机会主义路线。毛主席指出：过去几年，我们取得了四个方面的胜利：反对唯心主义，宣传唯物主义，镇压反革命，粮食统购统销，农业合作化。这四个方面的胜利，都带有反资产阶级的性质，給了资产阶级很大的打击；以后还要给以粉碎性的打击。反对唯心论要继续长期地搞。

11月27日 对胡适、胡风批判的硝烟还没有消失，周扬就急忙把对资产阶级的批判和斗争拉向右转。他在《纪念〈草叶集〉和〈堂·吉訶德〉》的文章中，狂热地鼓吹堂·吉訶德的所谓"高度的道德原则"，即资产阶级的道德原则。他还狂热地吹捧所谓"惠特曼式的人"，把这种美国资产阶级的形象说成是"足资我们学习、模仿的光辉榜样"。他要作家把美国资产阶级诗人惠特曼当作"参加斗争"的"范例"。这是为城乡资产阶级和党内右倾机会主义者抗拒社会主义改造，坚持走资本主义道路所作的反革命宣传。

12月27日—30日 旧中宣部召集关于丁、陈反党小集团问题的传达报告会。丁、陈解放前的叛党投敌以及解放后组织小集团继续反党的罪行已彻底揭露。在肃清一切反革命分子的运动中，暗藏在文艺界的一批特务、叛徒的真面目也逐渐暴露。但是，陆定一、周扬竭力包庇这些叛徒、反党分子。

陆定一给这批叛徒吃定心丸："交代了就过去了。"周扬替叛徒辩护："也许这些同志当时并不愿意这样做（指自首叛变），但是在生死的面前，他下不了决心，这是国民党的罪恶。"对他们"要等待，要帮助，要挽救"，"使他的心重新恢复革命的心"，"不让他再被白蚂蚁吃掉，吃掉的，我们把它补起来，因为我们是爱惜他的，他是一根柱子，是国家的栋梁"。大肆宣传叛徒哲学，大力进行招降纳叛的罪恶勾当。

12月27日 毛主席撰写《中国农村的社会主义高潮》一书的序言，指出：农村的社会主义高潮已经到来，"这件事告诉我们，中国的工业化的规模和速度，科学、文化、教育、卫生等项事业的发展的规模和速度"，"都应当适当地扩大和加快"。必须"不断地批判那些确实存在的右倾保守思想"。并指出："乡村里也在每日每时地发生着""社会主义事业的新事情"。

1956—1957

我国生产资料所有制的社会主义改造基本完成。

苏共二十大后，国际现代修正主义思潮泛滥。国内资产阶级右派在中国的赫鲁晓夫刘少奇的支持下，猖狂反党反社会主义。文艺界的右派敲了"电影的锣鼓"，充当了复辟资本主义的急先锋。

毛主席直接领导反右派斗争，取得了政治战线和思想战线上的社会主义革命的伟大胜利，保卫了社会主义改造和建设的成果，保卫了无产阶级专政。

一九五六年

本年 我国经济战线上在所有制方面的社会主义改造基本完成。

1月14日—20日 中共中央召开关于知识分子问题会议，坚决抵制国内外修正主义逆流。周恩来同志在会上明确指出："继续帮助知识分子进行自我改造，是党在过渡时期的主要任务之一。"

1月21日 在周扬、邵荃麟、刘白羽的策划下，旧作协创作委员会开会吹捧赫鲁晓夫修正主义的文学标兵肖洛霍夫的《被开垦的处女地》。刘白羽鼓吹"肖洛霍夫很忠实于生活的真实，忠实于生活中最本质的东西——斗争"。他们在会上提出所谓"干预生活"的反动口号，说什么要"勇敢地揭露生活中的矛盾和冲突"，也就是要把社会主义社会当作"阴暗面"加以"揭露"。

2月14日 苏共召开第二十次代表大会。这是苏共赫鲁晓夫领导集团走上修正主义道路的重要步骤。赫鲁晓夫之流公开背叛列宁主义，借口所谓"反对个人迷信"，全盘否定斯大林，反对马克思列宁主义基本原理，丑化无产阶级专政；鼓吹"议会道路"、"和平过渡"，反对社会主义革命；宣扬"和平共处"，向帝国主义屈膝投降，反对殖民地、半殖民地人民的反帝革命斗争。这次大会使苏联国内和国际上现代修正主义思潮大为泛滥起来。

这在文艺领域得到迅速的反映。肖洛霍夫在苏共第二十次代表大会上发言，猖狂攻击过去以斯大林为首的苏共中央对文艺工作的领导，会后不久又抛出了修正主义小说的标本《一个人的遭遇》。西蒙诺夫等人发表论文，反对社会主义现实主义的革命精神，鼓吹资产阶级的"创作自由"。

2月15日 周扬指令《文艺报》（第三期）发表苏联《共产党人》杂志专论《关于文学艺术中的典型问题》。苏修这篇反斯大林的大毒草，打着"对生活作艺术的认识有它自己的规律"以及反"烦琐哲学"、"公式"的幌子，贩卖资产阶级自由化。发表后，周扬让林默涵、张光年组织作协理论批评组讨论，事后发表了林默涵、陈涌、巴人等人写的一系列鼓吹的文章。这是为周扬策划的作协第二次理事会扩大会议作理论上的准备。

2月27—3月6日 、苏共二十大收场后两天，周扬在旧作协第二次理事会会议（扩大）上作了《建设社会主义文学的任务》的报告。他极力把自己装扮成批判资产阶级唯心论《红楼梦研究》和揭露胡风反革命集团的"英雄"，欺世盗名，实际上攻击这些伟大的斗争，厉声斥责思想批判、古典文学研究和文学评论中的所谓"简单化、庸俗化"。周扬借着反对"公式主义"、"自然主义"，宣扬资产阶级现实主义理论。同时，破天荒地一次封了五个所谓"当代语言艺术的大师"，命令无产阶级向资产阶级"权威"跪倒投降，公然违抗毛主席《关于红楼梦研究问题的信》中的指示。

这次会议通过了《中国作家协会1956—1967年工作纲要》，妄图用立法形式贯彻反革命修正主义文艺路线。

3月5日 旧作协理事会会议（扩大）闭幕前夕，刘少奇把周扬、刘白羽叫到自己家里，抛出了加速文艺界"和平演变"的黑纲领，竭力做推翻无产阶级专政的反革命的舆论准备。

刘少奇针对毛主席关于批判《清宫秘史》的指示，大讲黑话，说什么"党与政府采取政治上的干涉，有的是应当的，如《武训传》、《红楼梦研究》等问题，就是干涉得对的；但是也有的干涉是粗暴的，或者干涉错了的"。又说："以后遇到这种干涉的时候"，"没有正式文件，你可以只当个别意见，可以不听"。刘少奇十分鄙视有丰富斗争经验、熟悉工农兵的作家，污蔑地称作"土作家"，说以后"不行"了，而要

"专业化"，闭门学自然科学知识、历史知识和世界文学知识，懂外国文，"修养"成为一个所谓"大作家"。他甚至要作家去学习资本家的"热情"、"积极性"，说："资本家的老婆或母亲也登台演戏，拥护改造，社会主义的热情很高"。周扬听了，奉若神明，第二天就马上传达。这充分暴露了刘少奇以及他支持下的文艺界反革命修正主义分子在我国基本上完成了生产资料所有制方面的社会主义改造之后，向社会主义、向无产阶级专政疯狂进攻，妄图复辟资本主义的狰狞的面目。

3月8日 刘少奇在旧文化部党组汇报时发出"指示"，对文艺领域里批判资产阶级的斗争，进行反攻倒算，反对党对文艺工作的领导，说："现在对文艺批评太多了，特别是口头批评和品头评足太多了。""外行提意见应采取商量的态度，不要站在作家之上。"刘少奇别有用心地鼓吹所谓"无害文艺"："戏改不要大改，有害稍改，无害不改"，说什么"世界各国的电影，只要无害的……都可进口"，"看《天鹅湖》可以提高兴致。《巴黎圣母院》的艺术水平也很高，也有教育作用"，等等。刘少奇竭力推行"三高"政策，提倡"好演员工资要高些，吃得要好些"，促使文艺界进一步"和平演变"成裴多菲俱乐部那样的团体。

3月15日——30日 旧作协和团中央联合召开"全国青年文学创作会议"，培养资产阶级文学的接班人。会议根据刘少奇的"文化水平决定作家的创作水平"的黑指示，网罗夏衍、老舍等一批资产阶级反动"权威"大肆放毒，鼓吹"知识就是力量"，恣意吹捧古典文学的艺术技巧，推行"收徒拜师"，严重地毒害了青年文学工作者。周扬在会上紧紧追随赫鲁晓夫，大反斯大林，攻击"歌颂共产党毛主席的话是概念化、公式化的"，"反而有害"。同时，露骨地宣扬"写普通人"、"写真实"、"写阴暗面"等修正主义谬论。

4月5日 《人民日报》发表《关于无产阶级专政的历史经验》。同年十二月，又发表《再论无产阶级专政的历史经验》。这两篇文章，总结了无产阶级专政的历史经验，批驳了苏共二十大的修正主义观点，捍卫了马克思列宁主义。

3月——4月 周扬步赫鲁晓夫大反斯大林之后尘，在第一届全国话剧观摩演出会上，又一次把矛头直接指向我们心中的红太阳毛主席。四月十九日在旧剧协第四次常务理事会议（扩大）上，他猖狂攻击说："不要把毛主席描写成救命恩人。……我们在话剧、歌词中这样宣传毛主席是错误的"；"老百姓想毛主席是一件事，我们这样照着宣传又是一件事"。煽动右派分子在文艺作品中攻击毛主席。

他在旧作协召开的文学期刊编辑工作会议上的总结报告中说："苏共二十次代表大会有一个很大的好处，就是思想解放，打破了过去的思想垄断的局面。"他并把"百花齐放，百家争鸣"方针歪曲为资产阶级自由化。

4月 为资产阶级分子树碑立传，为刘少奇复辟资本主义大肆鼓吹的电影剧本《不夜城》应运而生（载一九五七年《收获》创刊号）。

同月 周扬、夏衍派出电影代表团，到西欧法、意、英、瑞士等资本主义国家和修正主义国家南斯拉夫"学习"、"考察"达半年之久，系统地、全面地贩回资产阶级、修正主义的电影"经验"，甚至荒谬地提出"南斯拉夫的电影值得学习"，拜倒在修正主义电影的脚下。

4月25日 毛主席作了伟大的划时代的《论十大关系》的报告。发出了调动一切积极因素，动员一切可用的力量，来多、快、好、省地建设社会主义的伟大号召。制定了我国社会主义革命和社会主义建设的一系列的理论和政策。

5月2日　毛主席在最高国务会议上提出"百花齐放、百家争鸣"的方针，这是为巩固无产阶级专政，展开在意识形态领域内灭资兴无斗争的彻底革命的方针。它体现了我们党的群众路线和无产阶级的阶级路线，促进了无产阶级文艺在斗争中得到不断发展。这是毛主席对马克思主义世界观和文艺理论的新发展。

5月13日　刘少奇在十三陵对北大历史系学生的谈话中，恣意歪曲毛主席提出的"双百"方针，胡说："为什么要提百家争鸣？要反对教条主义，不要一家之言。"鼓吹"什么都可以怀疑"，"不要迷信别人"，含沙射影地把矛头直接指向我们的伟大领袖毛主席。

5月26日　陆定一作《百花齐放，百家争鸣》的报告，公开篡改毛主席这一坚定的阶级政策，宣扬阶级斗争熄灭论，主张与资产阶级在思想上搞"统一战线"的阶级投降主义。他公开对毛主席所发起和领导的对唯心论《红楼梦研究》的批判进行翻案，向资产阶级"权威"俞平伯赔礼道歉。提出反"题材决定"论，鼓吹写"天上的仙人、会说话的禽兽等等世界上所没有的东西"，推行文学上的资产阶级自由化。

6月　右派分子刘宾雁的大毒草《本报内部消息》在《人民文学》刊出。这是资产阶级右派进攻的急先锋。

6月1日——15日　旧文化部召开第一次全国戏曲剧目工作会议，抗拒毛主席关于"推陈出新"的指示，决定了所谓"破除清规戒律，扩大和丰富传统戏曲上演剧目"的方针，为大批毒草出笼开绿灯。

会上对美化汉奸、宣扬活命哲学、叛徒哲学的京剧《四郎探母》发生了争论。刘少奇指示周扬说："戏曲不应该采取禁演的办法。你说《四郎探母》宣扬汉奸意识，可是最后共产党还是胜利了。""《四郎探母》唱唱也不要紧嘛！唱了这么多年，不是唱出了一个新中国吗？"再一次无耻地为汉奸戏辩护，和他一贯鼓吹叛徒哲学同出一辙！

周扬在六月十二日的讲话中，极力歪曲毛主席提出的"百花齐放，百家争鸣"的方针，胡说什么在学术上"要有百家"，在艺术上"要有一百朵花"。他吹捧"传统戏曲里面有一种永久的美丽，一种永久的魅力，使人看了舒服愉快"。他甚至搬出自己的主子去吓人，说："少奇同志在作家协会谈过，对作品可以提意见，但改不改可以听作家自便。……以后凡首长说考虑的，我们可以照常上演。这样作不能算反领导。"他还煽动资产阶级右派"勇气应大一点，要对宗派主义、教条主义进行抵抗"。

自七月起，各地展开了关于鬼戏和《四郎探母》等坏戏的争论。在旧中宣部、旧文化部、旧北京市委控制下的文艺界，正确意见受到压抑；张庚等的"忠、孝、节、义"有"人民性"以及鬼戏有"反抗性"之类的谬论却得到支持。

在刘少奇直接纵容下，九月，北京开始大演《四郎探母》等反动戏曲。

8月24日　毛主席向音乐工作者发表了重要谈话。毛主席进一步阐明了古为今用、洋为中用、推陈出新的原则。指出：艺术要有独创性，要有鲜明的时代特点和民族特点。中国的艺术，既不能越搞越复古，也不能越搞越洋化，应当越搞越带有自己的时代特点和民族特点，在这方面要不惜"标新立异"。毛主席号召文艺工作者：你们要重视中国的东西，要努力研究和发展中国的东西，要以创造中国自己的有独特的民族形式和民族风格的东西为努力目标。你们掌握了这样一个基本方向，你们的工作就是前途远大的了。

9月　何直（即右派分子秦兆阳）在《人民文学》发表《现实主义——广阔的道路》，提出了臭名昭著的"现实主义广阔的道路"论，鼓吹"写真实"的口号。这是攻击社会主义现实的右派作家的创作纲领。

9月15日　中国共产党召开第八次代

表大会。毛主席在开幕词中指出："**我們的党是一个政治上成熟的伟大的馬克思列宁主义的政党。我們的党现在比过去任何时期都更加团結，更加巩固了。我們的党已經成了团結全国人民进行社会主义建設的核心力量。**"

会议指出必须加强思想战线上的工作。

刘少奇在会上鼓吹"阶级斗争熄灭论"。他还无耻地吹捧赫鲁晓夫是"苏联人民的领袖"，"是杰出的马列主义者"，"他提出的和平过渡、和平竞赛、和平共处，是对马列主义的新贡献，新发展"。

9月25日 周扬跟在刘少奇后面，在题为《让文学艺术在建设社会主义伟大事业中发挥巨大的作用》的发言中，攻击党对文艺领导是"教条主义"、"宗派主义"、"粗暴的态度"、"严重地束缚了作家、艺术家的创作自由"，竭力鼓吹资产阶级的自由化。这是资产阶级右派分子向党向社会主义进攻的宣言书。

10月23日 匈牙利反革命事件发生。暴乱头目纳吉早在一九五五年十二月就以裴多菲俱乐部为中心，纠集一批反动文人，组织反革命集团，制造反革命舆论。国际上帝国主义和各国反动派利用苏共二十大的修正主义思潮掀起的反共逆流猖獗一时。我国的资产阶级右派分子也纷纷闻风而动。

11月21日——12月1日 周扬召集文学期刊编辑工作会议。他在会上歪曲党的"百花齐放、百家争鸣"的方针，鼓吹"大胆放手"，特别提出敢于发表"尖锐地批评生活中的缺点的文章和作品"。企图使全国文学期刊成为资产阶级右派分子向党进攻的阵地。

11月 大批三十年代的毒草影片《夜半歌声》、《风云儿女》、《桃李劫》、《十字街头》、《马路天使》等，重印拷贝，纷纷出笼，刮起了一股吹捧三十年代电影的妖风。

12月15日 上海《文汇报》用煽动性的专栏讨论电影问题，攻击文艺的工农兵方向，公然打起三十年代文艺的黑旗，要电影退回到三十年代去。与此相呼应《文艺报》发表了由周扬的亲信钟惦棐执笔写成的"本刊评论员"文章《电影的锣鼓》。这篇文章提出了反动的"票房价值"论，污蔑表现工农兵就是"教条主义和宗派主义的性质"，公开提出反对"工农兵电影"。它还攻击党的领导"干涉过多"；污蔑解放后电影"今不如昔"，鼓吹"学习"三十年代电影的传统。这篇文章敲起了资产阶级右派分子猖狂进攻的锣鼓。

12月29日 刘少奇在人大常委第五十二次会议上公然提出："我们国家有百分之九十九的社会主义，有百分之几的资本主义，我看也不怕，它是一个补充嘛！"在我国生产资料所有制的社会主义改造基本完成以后，刘少奇是妄图在中国复辟资本主义的资产阶级反动势力在党内最大的代理人。

1956——1957年間 彭真公开宣扬叛徒哲学，并为上演坏戏、鬼戏撑腰。他在一次报告会上谈到京剧《四郎探母》时说："解放这么多年，大家觉悟都提高了，有谁看了《四郎探母》会去当汉奸吗？这个戏演了有什么关系？"

一九五七年

1月 丁玲、陈企霞大闹翻案。周扬在陆定一的支持下，企图与丁、陈进行肮脏的政治交易。一月初，周扬召集林默涵、邵荃麟、刘白羽等共同谋策，将一九五五年批判丁、陈后中央批转的反党集团性质的结论擅自改为"对党闹独立性的宗派结合"。但丁、陈十分嚣张，拒不接受。

1月12日 毛主席发表了**诗詞十八首**。这是我国人民的一件大喜事。毛主席的诗词是无产阶级文学的光辉典范。对我国人民思想革命化和革命文学的发展有深远意义。毛主席同时发表《給〈詩刊〉編輯部的信》，指示："詩当然应以新詩为主，旧詩可以写一些，但是不宜在青年中提倡，因为这种体裁束缚思想，又不易学。"

1月16日 刘少奇在接见团中央书记处时，胡说："要先解放资产阶级，才能解放无产阶级。"为右派分子出笼开道。

2月27日 毛主席在最高国务会议上作了《关于正确处理人民内部矛盾的问题》的报告。毛主席在这部著作中，全面地、系统地、深刻地总结了我国和国际无产阶级专政的历史经验，分析了社会主义社会的矛盾、阶级和阶级斗争，提出了正确处理两类不同性质的矛盾的英明论断。毛主席着重指出："阶级斗争并没有結束。无产阶级和资产阶级之間的阶级斗争，各派政治力量之間的阶级斗争，无产阶级和资产阶级之間在意识形态方面的阶级斗争，还是长时期的，曲折的，有时甚至是很激烈的。"

3月12日 毛主席《在中国共产党全国宣传工作会議上的講話》中再一次分析了社会主义时期阶级和阶级斗争的规律，着重指出："我们同资产阶级和小资产阶级的思想还要进行长期的斗争。""在现在的情况下，修正主义是比教条主义更有害的东西。我们现在思想战綫上的一个重要任务，就是要开展对于修正主义的批判。"

3月18日 大右派章伯钧在政协二届三次会议上提出反动的资产阶级"两院制"，狂妄叫嚣民主党派要和共产党轮流执政。

3月22日 右派分子费孝通的大毒草《知识分子的早春天气》出笼。

3月—4月 刘少奇周游河北、河南、湖北、广西及上海，到处放毒，公开与毛主席《关于正确处理人民內部矛盾的问题》唱反调，说什么："现在国内敌人已经被消灭"，"国內阶级斗争已经基本结束，或者说基本上解决了"，"人民內部矛盾已成为主要矛盾"，"如果讲到非无产阶级思想，讲到农民的思想，讲到小资产阶级的思想，讲到地主阶级的思想，是讲过去的，是

反映了那个阶级存在的时候"，等等。宣扬"阶级斗争熄灭论"，为资产阶级右派的猖狂进攻打掩护。

在此期间，彭真在北京市宣传工作会议上大放厥詞："有人说，十五年来，创作界为教条主义所统治，没有好的作品，没有好的作家。十五年就是毛主席在延安文艺座谈会上讲话以来的十五年来，这期间有没有好作品，好作家？没有。以后是否有了大家可以研究，我不愿武断，不愿批评。"彭贼赤裸裸地攻击毛主席和毛主席革命文艺路线，恶毒已极！猖狂已极！

本年 在周扬策动下，田汉、夏衍、阳翰笙联名抛出"话剧运动五十年纪念"的建议书，叫嚷总结所谓三十年代文艺的经验，来"改正当前的工作"。田汉活动频繁，召开座谈会，教促别人写回忆录，准备为周扬及他们一伙"修史"。

4月3日 周扬发表就"百花齐放，百家争鸣"问题答《文汇报》记者问，猖狂地向党进攻。他公然表示资产阶级右派分子钟惦棐说我们的电影"票房价值"低，"是事实"；欢呼"剧目开放是戏曲界的一件大事"，吹捧刘宾雁的《本报内部消息》等大毒草，认为"尖銳地揭露和批判生活中的消极现象的作品，愈来愈引起了人们的注目"。他支持和鼓励《文汇报》向党进攻，说什么"我认为《文汇报》的电影问题讨论是有益处的"。恶意攻击党对文艺工作的领导是"教条主义、宗派主义"和"官僚主义的"。

4月10日——24日 旧文化部召开第二次全国戏曲剧目工作会议，进一步宣扬"剧目开放"的方针。当时文化部付部长、分工管戏曲工作的刘芝明跟在刘少奇、彭真的屁股后面，也叫嚷《四郎探母》"已经不起什么坏作用了"，有人想看《杀子报》，"那就只能满足他们的需要"。五月十四日，旧文化部正式发出了解除禁戏的通令。于是，形象极为丑恶，思想极为反动的鬼戏《杀子报》、《黃氏女游阴》、《僵尸拜

月》、《马思远》等纷纷出笼，舞台为牛鬼蛇神所充斥。

4月20日　旧作协书记处召集北京文艺报刊编辑座谈会。周扬、邵荃麟、老舍等在会上大肆放毒，要求文艺报刊为右派进攻提供阵地。周扬说，"现在阶级斗争结束了"，"不需要神经过敏，仿佛到处都是毒草"。邵荃麟则鼓励编辑要"敢放"毒草，"敢碰""敢条主义"。老舍也嚣张地喊道："要把清规戒律扔远些"。

4月　肖洛霍夫的大毒草《一个人的遭遇》在旧作协编的《译文》上翻译发表。五月、六月的《文艺学习》还加以转载，并发表吹捧文章。

5月1日　中共中央发出了整风运动的指示。

资产阶级右派以为时机已到，向党发动大规模进攻。

周扬亲自出马，上窜下跳，煽阴风，点鬼火。他在五月十三日编辑工作座谈会上破口大骂共产党员"象特务一样"。他和大右派费孝通等一鼻孔出气，也叫喊"十八年来的思想改造是'严冬'，到今天才感到有些'初春'气候"。他还说什么"我国国内的阶级斗争已经基本上结束，今后要靠知识吃饭"，猖狂反对党对文艺的领导，叫嚷"美术家领导美术，音乐家领导音乐"，并主张办所谓"同人刊物"。

在周扬的鼓励下，邵荃麟到浙江煽动右派向党进攻。田汉提出《为演员的青春请命》，指挥戏剧界右派进攻。夏衍用杂文反对党的领导，说"放手就是领导"。冯雪峰、陈涌勾结《文艺报》丁、陈的门徒阴谋推翻一九五四年毛主席发动的对《文艺报》高批判，并筹办右派"同人刊物"。刘绍棠、黄秋耘之流也跳出来攻击《在延安文艺座谈会上的讲话》，说是"过时"了，并竭力贩卖"人道主义"、"人性论"等资产阶级黑货。《文艺报》积极仿效《文汇报》，在文艺界的作用特别恶劣。《人民文学》到了七

月，还出版毒草专号。一时之间，乌云滚滚，群魔乱舞。

5月13日　章罗联盟纠集民盟中央和民盟北京市委负责人座谈，公然决定成立"高等学校党委负责制"、"有职有权"等四个专题研究的临时工作组，有组织有计划地向党发动大规模进攻。

5月21日　章伯钧在民主党派负责人座谈会上，提出"政治设计院"的反动主张，妄图变无产阶级专政为资产阶级专政。

5月21日　针对资产阶级右派的猖狂进攻，我们伟大的领袖毛主席在接见青年团三大代表时，强调指出："中国共产党是全中国人民的领导核心。没有这样一个核心，社会主义事业就不能胜利。"毛主席向全国人民发出伟大战斗号召："团结起来，坚决地、勇敢地为社会主义的伟大事业而奋斗。一切离开社会主义的言论和行动是完全错误的。"

5月31日　在人民大学的座谈会上，极右分子葛佩琦疯狂叫嚣："要杀共产党"。

6月6日　在周扬布置下，邵荃麟主持旧作协党组扩大会第一次会议，他第一个跳出来为丁陈反党集团翻案，煽动右派分子、反党分子向党进攻。他认为经中央审批的"丁陈是反党小集团"的结论"是不能成立的"，"这个帽子应该摘掉"。刘白羽也胡说批判丁陈是"斗争过火，只有斗争，没有团结"，周扬叫嚣"对丁陈的斗争有偏差，斗争过火"。周扬一伙积极为丁陈反党集团翻案，直接把矛头指向以毛主席为首的党中央。

同日，章伯钧召集臭名昭著的"六教授会议"，密谋策划鼓动高校右派学生，扩大闹事，向无产阶级夺权。

6月8日　《人民日报》发表社论《这是为什么？》吹响了反击资产阶级右派的号角。这天，在旧作协党组扩大会上，丁、陈反党集团发动猖狂进攻。周扬看到形势发展对自己不利，为了窥测风向，谋划对

（注：《社论》是毛亲自执笔。）

策，当晚与刘白羽、邵荃麟商量决定休会。

6月14日 毛主席以《人民日报》编辑部的名义撰写文章，题为**《文汇报在一个时期内的资产阶级方向》**，有力地揭穿了资产阶级右派的喉舌——旧《文汇报》的反党反社会主义的真面目。

6月19日 伟大的历史文献、无产阶级的战斗纲领——**《关于正确处理人民内部矛盾的问题》**公开发表，给全国人民的反右斗争提供了强大的思想武器。

6月——7月 周扬、林默涵、邵荃麟找《文艺报》负责人张光年等传达邓小平对他们进行包庇的黑指示："自己把小辫子揪下来。要突出《文艺报》这个战场，对右派实行反击。"周扬指令张光年等马上抛出假检讨，蒙混过关。

7月1日 毛主席为《人民日报》写的社论**《文汇报的资产阶级方向应当批判》**发表，严厉批判了周扬所赞扬的旧《文汇报》这个资产阶级右派的舆论阵地，进一步号召革命群众动手击退资产阶级右派分子的猖狂进攻。社论指出："阶级敌人是一定要寻找机会表现他们自己的。他们对于亡国、共产是不甘心的。""阶级斗争是客观存在，不依人的意志为转移的。就是说，不可避免的。人的意志想要避免，也不可能。只能因势利导，夺取胜利。""不是东风压倒西风，就是西风压倒东风，在路线问题上没有调和的余地。"

7月25日 在全国展开反右斗争以后，文艺界右派仍十分嚣张。周扬竟然将旧作协党组扩大会休会四十多天，抵制反右斗争开展。

由于周恩来、康生等同志亲自抓文艺界反右斗争，指示要充分发动群众，开大会，大争大辩，党组扩大会才得以复会。

周扬、邵荃麟等在会上发言，一反故态，打扮成反丁陈集团、反右的"英雄"。

8月14日 旧作协党组扩大会议举行十七次会议。周扬、林默涵、夏衍、邵荃麟、刘白羽等经过紧张的谋划和准备，以批判冯雪峰为名，攻击鲁迅根据毛主席抗日统一战线光辉思想而提出的"民族革命战争的大众文学"的口号，无耻吹捧周扬的右倾投降主义的"国防文学"口号，煽起了一股颠倒历史、围攻鲁迅、为王明机会主义路线翻案的黑风。

许广平同志不顾周扬黑帮的压力，在会上严正声明："鲁迅是执行党的决定。"驳斥了周扬、夏衍之流的无耻谰言。

8月15日 周扬、林默涵召集参加旧作协党组扩大会议的各单位的负责人开黑会，作了进一步布置。周扬说："这些问题，左联时期就搞过，没有搞彻底。这次一定要搞彻底。"林默涵接着说："这次斗争，不但要改变过去的文学史，而且直接影响到当前"，"要坚决，不惜牺牲一切，宁可没有文艺！"周扬的忠实打手陈荒煤、周立波、沙汀等三十年代人物，在会议上相继抡起大棒，围攻鲁迅。

9月16日——17日 旧作协党组扩大会议经二十五次会议后收场。周扬作"总结"。他以反右为名，大肆为三十年代王明路线翻案。这篇叫《不同的世界观，不同的道路》的"总结"，反动观点十分露骨。周扬加以百般掩盖以后改写成《文艺战线上的一场大辩论》。

9月 为刘少奇树碑立传，妄图篡改历史的采茶戏《安源大罢工》，改编后在北京上演。周扬之流大加吹捧说："安源的工人俱乐部在少奇同志的领导下，红旗仍然飘扬着，曾经有'中国的小莫斯科'的称誉。"

11月7日 周扬在北京市文艺界庆祝十月社会主义革命四十周年大会上作《十月革命和建设社会主义文化的任务》的讲话。大肆吹嘘赫鲁晓夫对苏联作家的谈话"指明了进一步发展社会主义文学艺术的正确途径，不但对苏联作家，而且对全世界一切进步作家都有极大的教益"，吹嘘已经蜕化变质的苏联文化"就是全体进步人类文化发展的方向"。

11月14日——16日 各国共产党和工人党代表举行莫斯科会议。会上，毛主席亲自率领的中共代表团同以赫鲁晓夫为首的现代修正主义进行了坚决的、原则的斗争。会议通过的一九五七年宣言，总结了国际共产主义运动的经验，提出了各国共产党共同的斗争任务，肯定了十月革命道路的普遍意义，概括了社会主义革命和社会主义建设的共同规律，规定了兄弟党、兄弟国家关系的准则。

12月 刘少奇在各省、市委组织部长会议上大肆兜售赫鲁晓夫的"全民国家"、"全民党"的修正主义黑货，说：现在我们的"国家机构有两条任务：一条是实现专政，另一条是组织社会生活。第一条愈来愈少了，不是愈来愈大了。阶级斗争基本结束，反革命分子少了，刑事犯也少了，所以国家专政的机构可以缩小了，……，今后国家最重要的任务是组织社会"。企图削弱、取消我国无产阶级专政。

1958—1959

毛主席提出并制定了社会主义建设总路线。在总路线的光辉照耀下，出现了全国大跃进，实现了人民公社化。同时，群众文化运动蓬勃发展。

在刘少奇的支持下，以"新海瑞"自居的资产阶级司令部反党急先锋彭德怀等同现代修正主义互相勾结，公开反对总路线、大跃进、人民公社，妄图推翻以毛主席为首的党中央的领导。文艺战线反革命修正主义分子率领牛鬼蛇神为之摇旗呐喊，擂鼓助威。

毛主席亲自主持下的党的庐山会议，彻底揭露和粉碎了彭德怀为首的反党集团，取得了反对右倾机会主义斗争的重大胜利。

一九五八年

1月7日 毛主席的光辉诗篇《蝶恋花——赠李淑一》在《人民日报》发表。文艺界出现了学习和讨论毛主席诗词的热潮。毛主席的诗词是革命现实主义和革命浪漫主义相结合的典范。

1月 毛主席提出对于丁玲、王实味等人在延安时期的毒草进行再批判的指示，并亲自为《文艺报》第二期的"再批判"专栏修改了按语,指出："'奇文共欣赏，疑义相与析'，许多人想读这一批'奇文'。我们把这些东西搜集起来全部重读一遍，果然有些奇处。奇就奇在以革命的姿态写反革命的文章。""谢谢丁玲、王实味等人的劳作，毒草成了肥料，他们成了我国广大人民的教员。他们确能教育人民懂得我们的敌人是如何工作的。鼻子塞了的开通起来,天真烂漫、世事不知的青年人或老年人迅速知道了许多世事。"接着，各地展开群众性的批判。

1月 陆定一到上海召开了一系列文教方面的座谈会，诬蔑反右斗争"混淆了政治与学术的界限"。他极力为右派翻案，说"右派有出版自由"，右派可以演戏，可以教书，鼓吹办"自费出版社"，还鼓吹文艺作品美化资产阶级。他说：解放前"那时小老板也很苦，工人更苦，能写工人更好，不能写工人，写小老板也可以"。

2月 周扬抛出《文艺战线上的一场大辩论》。这是由周扬领着林默涵、刘白羽、张光年共同起草，又在彭真家里讨论而炮制出来的。周扬在这篇文章中埋下了不少毒钉子。他以总结文艺界两条道路斗争、批判冯雪峰为名，借题发挥，指桑骂槐地攻击鲁迅，诬蔑毛主席对三十年代文艺黑线的批判，打起王明机会主义文化路线的破旗。

2月　《文学研究》秉承周扬、夏衍的意旨，在1958年第1期上以重要地位发表了《关于左联时期的两次文艺斗争》一文，公开为"国防文学"口号翻案，大肆污蔑鲁迅提出的"民族革命战争的大众文学"这一正确口号。该文曾由夏衍审阅修改，流毒甚广。

同月　周扬支持田汉等筹划的《中国话剧运动五十年史料集》第一集出版，这部所谓"史料集"，美化三十年代文艺黑线，为他们这一小撮人树碑立传。此后，还陆续于一九五九年四月出版了第二集，一九六三年四月出版了第三集。

3月11日　陈伯达同志在国务院科学规划委员会第五次会议上作的报告《厚今薄古，边干边学》在《人民日报》上发表。陈伯达同志批评了文化思想领域里厚古薄今、轻视革命实践的资产阶级方向，提倡哲学、社会科学的战斗性。

3月15日　文艺界的一些头面人物林默涵、邵荃麟、陈荒煤等举行座谈会，对周扬的《文艺战线上的一场大辩论》极尽阿谀奉承、大吹大捧之能事，竭力贬低毛主席的**《在延安文艺座谈会上的讲话》**。座谈会发言，以《为文学艺术大跃进扫清道路》为题在同年第六期《文艺报》上发表，并出版了小册子。

3月22日　由于毛主席诗词的发表和工农业大跃进的推动，涌现了全国创作民歌的热潮。毛主席指示要搜集民歌，指示中国诗的出路，第一条民歌，第二条古典，在这个基础上产生出新诗来，形式是民歌的，内容应当是现实主义和浪漫主义的对立统一。

新民歌的大量涌现，证明了这个真理：**劳动人民的积极性、创造性，从来就是很丰富的。过去是在旧制度压抑下，没有解放出来，现在解放了，开始爆发了。**

四月十四日，郭沫若同志就大规模收集民歌问题发表意见。

4月　《鲁迅全集》第六卷出版。周扬伙同林默涵、邵荃麟、冯雪峰早在去年十月、十一月间就为《答徐懋庸并关于抗日统一战线问题》炮制了一条颠倒历史的注释。到此，周扬、林默涵等搞出的一篇文章，一个座谈会，一条注释，公然同毛主席对三十年代文艺运动的历史总结唱反调，攻击左翼文艺运动的伟大旗手鲁迅，把一条资产阶级、修正主义的文艺黑线说成是马克思列宁主义的文艺路线，把一个资产阶级投降主义的"国防文学"的口号说成为无产阶级的口号。他们公开打出"三十年代"文艺黑旗，反对毛主席的文艺路线。

周扬、林默涵、王任叔等以后又借出版《鲁迅全集》第九、十卷（书信）的机会，大肆攻击鲁迅，在注释中搞了一系列阴谋活动。并把已收集到的一千多封鲁迅书简抽去八百多封，以掩盖他们在三十年代奉行王明右倾机会主义路线的罪行。

同月　周恩来同志看过《凤凰之歌》、《寻爱记》、《上海姑娘》等四部影片后严肃地批评：为什么在大跃进的时候，影片中出现这么许多低级趣味、资产阶级感情的东西？与时代气氛不适应。

康生同志看了《球场风波》之后，指出这部影片是"最坏的，是毒草"。周扬却说："不见得吧。"陆定一说："不要一风吹，把《球场风波》吹掉了。"极力庇护毒草。

5月　毛主席在中国共产党第八届代表大会第二次会议上，亲自主持制定了"**鼓足干劲、力争上游、多快好省地建设社会主义**"的总路线。

毛主席在会上提出了无产阶级文学艺术**应采用革命的现实主义和革命的浪漫主义相结合**的创作方法。广大工农兵作者和革命文艺工作者热烈拥护，展开了热烈讨论。这是毛主席总结了世界文学史，特别是无产阶级文艺的历史经验，提出的无产阶级最好的创作方法，它有力地促进社会主义文艺的蓬勃发展；这是运用马克思列宁主义解决文艺问题的典范，是对马克思列宁主义文艺理论的新的创造性的发展。

6月1日 《红旗》杂志创刊。毛主席发表了《介绍一个合作社》，指出："从来也没有看見人民群众象现在这样精神振奋，斗志昂扬，意气风发"。"中国劳动人民还有过去那一副奴隶相么？没有了，他們做了主人了。"

《红旗》创刊号还发表了柯庆施同志的《劳动人民一定要做文化的主人》，阐明了文化革命的意义，高度赞扬了劳动人民的文艺创作，大长无产阶级的志气，大灭资产阶级的威风。

在毛主席的领导和鼓舞下，在三面红旗的指引下，出现了群众文艺创作的新高潮，新民歌如雨后春笋，工厂史、村史、部队史和革命回忆录的创作相继展开，成为群众自己教育自己的武器。

在群众创作运动的推动下，文艺工作者的创作也有很大发展，戏剧、电影、小说、报告文学等也都产生了一些好的和比较好的作品。

下半年 周恩来同志指示拍摄艺术性记录片，记录工农群众在大跃进中的丰功伟绩。周扬指使旧文化部消极怠工，并把周恩来同志的指示篡改为"记录性艺术片"，以便通过他们的"艺术加工"来歪曲工农群众的英雄形象。

在陆定一、李维汉、周扬、夏衍等人的指使下，美化资产阶级、宣扬阶级投降主义的毒草影片《不夜城》摄制完成，由于害怕他们反革命阴谋的败露，不敢拿出来示众。

7月16日 《红旗》第四期发表陈伯达同志在北京大学的讲演《在毛泽东同志的旗帜下》，指出："毛泽东旗帜是中国人民革命和社会主义建设的胜利的旗帜。毛泽东旗帜就是中国人民高举的红旗。"报告还鲜明地批判了资产阶级反动学术"权威"。

8月 周扬在河北文艺理论工作会议上讲话，提出"建立中国自己的马克思主义的文艺理论和批评"。同年十二月，周扬在北京大学中文系又作《建立中国的马克思主义美学》的报告。这是根据刘少奇的"马克思主义和文艺在中国还没有结合"的黑指示提出的。他诬蔑毛主席的文艺思想"完整性、系统性还不够"，对一些文艺理论问题"还没有解决，至少还没有完全解决"。

9月 北京大学、复旦大学和北京师范大学革命学生编写的《中国文学史》在大跃进的战鼓声中相继出版。

同月 《人民文学》转载《火花》八月号的赵树理的短篇小说《锻炼锻炼》。这是歪曲现实、攻击大跃进的大毒草。受到广大工农兵群众的批评。《文艺报》从一九五九年七月开始以《文艺作品如何反映人民内部矛盾》为题讨论这篇小说，千方百计地树立赵树理这个修正主义的文学标兵。周扬在一九六一年二月十八日到上海大加吹嘘："中国作家中真正熟悉农民，熟悉农村的，没有一个能超过赵树理的。他对农村有自己的见解，敢于坚持，你贴他大字报也不动摇。一个作家一定要有自己的见解。"

10月3日 在我国工农业大跃进的高潮中，毛主席在《人民日报》上发表了光辉诗篇《送瘟神》两首，对大跃进中的我国人民作了崇高的评价："春风杨柳万千条，六億神州尽舜尧。"极大地鼓舞了千百万群众，促进了大跃进。

11月 彭真的反党工具《前线》创刊。彭真主持写的发刊词是一篇篡党篡国的修正主义纲领。

12月 夏衍亲自改编的美化资产阶级推行资本主义复辟的大毒草《林家舖子》摄制完成。旧文化部将它保留起来，准备列为国庆十周年献礼影片。

一九五九年

1月 赫鲁晓夫修正主义集团召开了苏共"二十一大"，会上对我国总路线、大跃进、人民公社进行恶毒的诬蔑和攻击，支持我国右倾机会主义者和其他阶级敌人的猖狂活动。

1月1日 旧文化部的贵族老爷一贯极力反对文化战线上的大跃进。在革命的群众性的文化战线上的大跃进蓬蓬勃勃开展起来以后，旧文化部提出了形"左"实右的口号，鼓吹"人人唱歌，人人跳舞，人人写诗，人人绘画……"，大搞全民文艺，破坏生产。周恩来同志发现后，加以严厉批评。反革命两面派周扬以"检查一九五八年文化工作"、纠"左"为名，恶毒攻击大跃进，伺机推行修正主义文艺黑线。

同月 旧中宣部召集教育、出版和文艺界负责人开会。胡乔木、周扬在会上对一九五八年的学术批判大加诬蔑。周扬说什么"教授不敢讲话"了，又说反动学术"权威""他们有好东西，要学习的"。胡乔木气势汹汹地大叫："我们不要资产阶级的破烂，也不要无产阶级的破烂！"

2月 旧中宣部召开宣传工作会议，反对一九五八年的群众文化运动。陆定一提出所谓"文化亡国论"、"文化让路论"，反对工农兵参加群众文化运动。周扬也大放厥词，反对文化大普及，反对所谓"写中心"、"画中心"，即反对文艺为当前的政治斗争服务。

周扬、林默涵又向旧作协党组下达向右"转"的命令。周扬还嘱咐说："要转得自然，要同一九五八年的说法相衔接，不要前言不对后语。"

2月18日—27日 旧作协召开文学创作工作座谈会。周扬、夏衍、邵荃麟、茅盾等大放其毒。周扬在二月二十日的讲话中，疯狂攻击大跃进，奴颜婢膝地把现代修正主义艺术叫做"国际水平"，狂热地宣扬了一系列修正主义文艺理论。茅盾在题为《创作问题漫谈》的讲话中，说描写日常生活的普通题材比重大题材"教育作用""更为普遍"，鼓吹写英雄人物的"缺点"，写"中间状态的典型"，同时还对新民歌冷嘲热讽。这是在周扬直接指挥下，把文学工作全面推向右"转"的黑会。

春天 刘少奇在上海听取市委宣传部门汇报文艺工作者对反映现实生活有顾虑时，竟说："那不要赶着去写，等过两三年让它稳定之后再写"；诬蔑三面红旗"不稳定"，不让文艺工作者反映大跃进。

春天 周扬亲自到上海布置周信芳炮制《海瑞上疏》这株煽动右倾机会主义者向党进攻的大毒草。

2月 《中国青年》和《文艺报》上展开关于小说《青春之歌》的讨论。革命群众对吹捧刘少奇、彭真，美化资产阶级知识分子的《青春之歌》提出了严正批判。前团中央和周扬一伙立即组织围攻。

4月 在"关于国庆十周年献礼节目的准备工作"的指示中，邓小平下令："要求京剧创作新的历史剧，要与历史家合作，从远古以来，历朝历代，排出来一整套新历史剧。"彭真叫嚣说："表现现代生活的艺术形式多得很，比如话剧、歌剧、电影都可以。何必勉强京剧演现代戏呢？京剧还是演历史剧好看，能发挥演员的唱、做、念、打的技术。以后京剧还是演历史剧吧！不要勉强表现现代生活了。"

刘少奇在这一时期亲点中国京剧院演出下流淫荡的《梅龙镇》。他妄图扼杀广大群众和革命的京剧工作者在大跃进鼓舞下提出的改革京剧的革命要求，顽固地要保存旧京剧作为他复辟资本主义的舆论工具。

5月3日 周扬在文艺界座谈会上讲话，恶毒攻击毛主席："领导上说的话对我们当然有很大启示，包括毛主席的话在内，但不能代替我们的思想。"他并再一次攻击现代戏："不要要求戏曲有多少现代题材。"

6月16日 吴晗抛出了《海瑞骂皇帝》,这是恶毒地攻击党,煽动右倾机会主义分子向党进攻的大毒草。

6月 中国人民解放军第二届文艺会演大会在北京开幕,演出许多优秀的戏剧、曲艺、歌舞。六月一日,周扬到会疯狂地攻击群众文艺创作和文化活动。胡说社会主义文化就是"全民文化","一个阶级的作品不能只供本阶级欣赏","要引起所有人的共鸣",主张"非社会主义的东西也要发展",鼓动部队剧团排演《杨门女将》、《大雷雨》、《抓壮了》之类的东西。

6月——7月 周扬纠集林默涵、邵荃麟、陈荒煤、刘白羽、何其芳、张光年等党羽在北戴河开会,讨论旧文化部"改进"工作方案。周扬提出了"改进"文艺工作的十个问题(即后来的反革命修正主义的文艺纲领"文艺十条"的雏形),并准备在拟定召开的文艺工作座谈会上抛出。但还没有来得及详细讨论,具有伟大历史意义的庐山会议召开了。周扬慌忙打电话通知林默涵布署退却,说"形势有变化",要他们赶快收摊。并把已经写出来的文件隐蔽起来。

7月 夏衍在旧文化部召开的全国故事片厂厂长会议上,提出臭名昭著的"离经叛道"论。他说:"各厂报来十二个题材,打枪的、放炮的就占了八个,是老一套的战争经、革命道,离开了这一经一道就没有东西","我今天的发言,就是离经叛道之言"。夏衍提出了一个所谓面向"城市"、"农村"和"外国观众"的"全民文艺"方向,鼓吹向美帝国主义的腐朽的电影"学习",并要请美国资产阶级来我国拍电影,说服青年导演向他们"学习"。夏衍还提出请吴晗、齐燕铭以及袁世凯的御用政客"六君子"之流来指导电影,提供电影题材。他抬出黑主子邓小平说:"小平同志是最爱看电影的,现在他对跃进片就看不下去。"夏衍还咬牙切齿地说要把纪录片《苏绣》中的毛主席象的镜头剪去,以便出口,迎合资产阶级口味,猖狂反对我们心中的红太阳毛主席。

8月2日——16日 党中央八届八中全会在江西庐山举行。会议上,以海瑞自命的彭德怀反党集团提出了一个彻头彻尾的反革命纲领,疯狂攻击我们伟大领袖毛主席,攻击三面红旗,梦想实现共篡党野心。

以毛主席为首的党中央彻底打垮了彭德怀反党集团,罢了彭德怀等人的官。

刘少奇是彭德怀等反党集团的黑后台。他在会议期间对彭德怀说:"与共你篡党,还不如我篡党!"

8月 夏衍率领中国电影代表团参加苏修举办的莫斯科电影节,这个电影节提出一个彻头彻尾的修正主义口号"为电影艺术的人道主义,为各国人民之间的和平与友谊"。夏衍等竟然投票赞成根据肖洛霍夫的大毒草《一个人的遭遇》拍摄的影片得大奖。

9月 赫鲁晓夫访美。为了讨好美帝,苏修塔斯社在"戴维营会谈"前夕发表替印度反动派说话的关于中印边境事件的声明;赫鲁晓夫还带头发表了一系列影射攻击中国内外政策的谈话。从此,苏修集团同美帝和国际反动派相配合,开始了公开的反华活动。

同月 庐山会议刚结束,胡乔木找到吴晗,向他"指示"说:"庐山会议有人提到海瑞,许多人都不知道海瑞是个什么人,你是搞明史的,写一篇关于海瑞的文章,并加以评论。"吴晗出于反革命本性,满口答应。(吴晗与胡乔木的关系)

9月21日 吴晗的大毒草《论海瑞》,经过胡乔木修改,在《人民日报》刊出。这篇文章,狂热歌颂所谓"清官"海瑞,实际上是极力美化彭德怀反党集团,为右倾机会主义分子喊冤叫屈。

9月 经周扬授意,并送资料、定调子,由周信芳等炮制的反革命京剧《海瑞上疏》,在上海演出。

在此前后，各地出现了一批歌颂反党分子形象"海瑞"的戏剧、散文等作品。

同月 筹办国庆十周年纪念时，周扬对人说："这样搞（指大跃进）还了得，中央不讲，谁还敢讲。"

周扬大肆鼓吹反"火药味"论。在看了国庆十周年献礼的影片片名后生气说，"题材尽是打仗、死人、闹革命、坐班房、出事故，哭哭啼啼，怎么行？"下令要搞"轻松的，多样化的题材"。正是在周扬这个黑指示下，赶拍了一部毒草片《五朵金花》。

9月30日 周扬审查北京鲁迅博物馆预展陈列，看到鲁迅《答徐懋庸并关于抗日统一战线问题》手稿时，作贼心虚，竟下令："这篇文章不能陈列，说不清楚，撤掉它！"

10月1日 中华人民共和国成立十周年。

林彪同志发表纪念建国十周年的文章《高举党的总路线和毛泽东军事思想红旗阔步前进》。文中指出："在人们的头脑中，不是社会主义思想占领阵地，就是资本主义思想占领阵地。""社会主义的思想阵地，是通过教育和斗争一步一步地占领与扩大的。每一个革命者必须在思想领域里进行不断革命。"

10月 旧文化部举办"国产新片展览月"，开始放映反动影片《林家铺子》、《青春之歌》、《聂耳》以及其它一些坏影片。

在首都舞台上演的主要是《赵氏孤儿》、《二度梅》、《伐子都》、《游西湖》等坏戏、鬼戏。话剧则主要是《雷雨》、《娜拉》、《大雷雨》、《第十二夜》、《一仆二主》等宣扬资产阶级思想、美化资本主义世界的剧目。音乐大肆演出鼓吹各阶级"和平""友爱"的贝多芬的《第九交响乐》。

同月 由苏修专家编导的宣扬修正主义、人性论的芭蕾舞剧《鱼美人》上演。在此之前，芭蕾舞剧团已上演过《天鹅湖》、《海侠》等洋才子佳人戏，均得到刘少奇的喝采。这次，刘少奇又亲临观看，并接见苏修专家，把他比为"佛"，无耻吹捧他为"中国舞蹈艺术的始祖"，同时称颂《鱼美人》。

11月 旧文化部举办"苏联电影周"，公然在全国放映苏修大毒草《一个人的遭遇》、《青年时代》、《海之歌》等等，毒害观众。

12月 吴晗的大毒草《海瑞的故事》出版。吴又开始炮制《海瑞罢官》。

12月8日——1960年1月4日 旧中宣部召开全国文化工作会议。周扬玩弄反革命两面派的手法，打起反对修正主义的旗号，但不准反对苏修，而对国内的修正主义问题也极力缩小，说成仅仅只是个别现象，最后拉出巴人和李何林来批判一下，搪塞了事。

12月29日 文化工作会议期间，周扬这个投机家，提出了一个所谓反对现代修正主义、批判欧洲资产阶级文艺遗产的请示报告。十二月二十九日，邓小平"指示"说，反对修正主义"不能影射"苏修，"只讲我们自己的"，而且"一定要慎重"；对批判遗产，则强调要"长期打算"，"充分准备"，"细水长流"，"写出有分量的文章"，"不要一下发动总攻"，不要搞一个大的运动；在出版欧洲资产阶级文艺作品方面，"无害的要出"。实际上是不准工农兵群众批判现代修正主义和资产阶级文艺。

12月30日 陆定一在文化工作会议上作报告，大反斯大林，把苏联资本主义复辟的罪责推到斯大林头上。他还发挥邓小平的黑指示，大肆宣扬修正主义的"有益无害"论，说："对无害（的东西），不要一脚踢开"，"要团结一切无害的东西。政治上无害，生活上，看看也还有益"。

12月 中国电影出版社出版《五四以来电影剧本选集》，大捧三十年代电影。

1960—1962

在我国暂时经济困难时期，毛主席领导全国人民自力更生，艰苦奋斗，克服了由于自然灾害和苏修背信弃义造成的暂时困难，继续高举三面红旗向社会主义奋勇前进。

此时，中国的赫鲁晓夫刘少奇，以及他所支持的旧中宣部、旧文化部、旧北京市委的反革命修正主义分子，和国际上帝国主义、现代修正主义、各国反动派以及国内的地、富、反、坏、右相呼应，向社会主义制度和无产阶级专政的进攻更加疯狂，妄图复辟资本主义。他们竭力鼓吹"三自一包"、"三降一灭"，大量散布封建主义、资本主义、修正主义的毒素，全面推行反革命修正主义文艺黑线，为推翻无产阶级专政，实现资本主义复辟做舆论准备。

一九六〇年

1月3日 周扬作文化工作会议的总结报告，明目张胆地反对毛主席的文艺方向。他叫嚷："创作和理论要受到全世界的承认，不是一件容易事；光靠方向正确不行，要拿出货色来。"周扬还根据刘、邓、陆的"指示"，再一次宣扬"无害"文艺，提倡害人的封建主义文艺和资产阶级文艺。胡说什么"无害不是中间地带。所谓无害，是政治上无害，对生活上有益。如轻音乐，戏曲《游园惊梦》……凡能满足精神需要的，百花齐放。""对无害的（东西），不是消极的（态度），也提倡。"这就露出了本来的用意，所谓允许"无害"，实际上是提倡害人的封建主义文艺和资产阶级文艺。周扬又借对文艺遗产的批判要"充分准备"的名义，要求有关方面尽快将中国古代文艺理论资料、外国古典名著、当代名著和各国文艺理论著作，统统编印出齐，还特别要求重新大量出版我国"三十年代"的文艺作品、左联文艺资料。会后，各有关出版社，陆续大量出版了这类东西，让封建主义、资本主义、修正主义的货色大肆泛滥，毒害青年，而根本不进行批判。

1月 周扬、林默涵召集会议，布置旧作协抓安排作家的工作，搞条例。林默涵

说：作家当前情况是"政治上有进步，艺术上有苦闷"。他肆无忌惮地攻击毛主席，攻击毛泽东思想，污蔑说："现在到处引用毛主席的话"，是"思想懒汉"。周扬则说："空话不要太多"，"只能写重大题材是错误的"，"过去说不破不立，现在是不立不破"。公然和毛主席的指示相对抗。

1月 刘少奇在观看京剧演出时与演员谈话说："剧目不要搞得太狭窄"。他竟然推荐下流淫秽的《游龙戏凤》（即《梅龙镇》），说它"艺术性很高，也可以整理上演"。

2月 旧文化部召开全国艺术教育会议，林默涵宣称无产阶级艺术教育体系已经建立，狂妄攻击**《在延安文艺座談会上的講話》**，说以《講話》为中心来讲授文艺理论就是"不够完整"。

3月2日 根据周扬黑指示，在林默涵、邵荃麟、何其芳等策划和主持下，以《文学评论》、《文艺报》编辑部的名义召开纪念左联成立三十周年座谈会。"三十年代"文艺的头面人物夏衍、阳翰笙、孟超等，在发言中大肆美化周扬和他们自己，自封为代表"党的坚强领导"，并为王明右倾机会主义路线翻案，叫喊说他们当时"高高举起了无产阶级革命文学的旗帜"，"在我国无产阶级革命文学运动中起了巨大作用"。

《文艺报》第四期在头条位置发表了经周扬亲自修改的《继承和发扬中国左翼作家

联盟的战斗传统》一文，吹捧"三十年代"文艺。

对三十年代文艺资料影印是有价值的：

在此前后，上海文艺出版社以昂贵的代价影印了三十年代周扬等编辑的杂志。

4月13日—29日 旧文化部在北京举办现代题材戏曲观摩演出，齐燕铭提出"现代剧、传统剧、新编历史剧三者并举"，把现代剧降低为传统剧的"补充"。

4月22日 列宁诞生九十周年，《红旗》杂志第八期发表了重要文章《列宁主义万岁》，坚决批判了现代修正主义，捍卫了马克思列宁主义的纯洁性。

4月 周扬在科学院哲学社会科学研究工作座谈会上讲话，宣扬"修正主义学术思想主要的是在外国，而不是在中国"，修正主义主要是"国际现象"，以此为国内修正主义打掩护。

5月 陆定一在长春电影制片厂大肆诋毁学习毛主席著作，鼓吹电影题材要搞"轻松愉快的，不要硬绑绑的"。胡说："《五朵金花》是好影片，《还魂记》拍成电影，很好！"

6月 苏修集团在布加勒斯特会议上，对坚持马克思列宁主义原则的中国共产党发动突然袭击。为了向中国施加压力，苏修政府利用我国因连年灾害造成的经济困难，在七月十六日突然片面决定一个月内撤走全部来华专家，撕毁了几百个协议和合同，停止供应许多重要设备和物资。

7月22日——8月13日 第三次全国文学艺术界代表大会和旧作协第三次理事会（扩大）会议召开。

会议筹备期间，林默涵向旧作协党组负责人邵荃麟等传达刘少奇关于文艺队伍问题的指示："建国已经十一年，工人阶级的文艺队伍应该说已经形成了。"掩盖文艺队伍的严重问题，美化资产阶级知识分子。

周扬在会上作《我国社会主义文学艺术的道路》的报告，伪装反修，实际上塞了不少黑货。他根本否定毛主席已经给我们指出

的文艺的正确方向和道路，说："我们应该很好地总结我们的经验，阐明我国社会主义文艺应当沿着什么方向、什么道路前进才是正确的。"他并吹捧《三家巷》等一批毒草，列为"优秀作品"，还要人们向十八、十九世纪欧洲资产阶级文艺作品跪倒。他在剧协会上鼓吹"要使人有丰富的知识，崇高的道德和很高的审美能力，这是共产主义教育的全部内容"。

夏衍在影协会上报告，胡说"早在三十年代，中国电影就解决了党的领导和为工农兵服务的方向问题"。

通过这次文代会，周扬把"三十年代"的"元老"夏衍、田汉、阳翰笙都提为文联副主席，在各协会的领导岗位，也安插了亲信。

9月 林彪同志高举毛泽东思想伟大红旗，提出了中国人民解放军政治思想工作和军队建设方向的"四个第一"，即："人的因素第一，政治工作第一，思想工作第一，活的思想第一"。对全国人民突出无产阶级政治，高举毛泽东思想伟大红旗，起了巨大的推动作用。

10月1日 我们伟大的领袖毛主席的光辉著作《毛泽东选集》第四卷出版发行。

林彪同志为此发表重要文章《中国人民革命战争的胜利是毛泽东思想的胜利》。林彪同志还在全军高级干部会议上讲话，指出"毛泽东思想是当代马克思列宁主义的顶峰"。他针对当时意识形态领域里激烈的阶级斗争，指出："我们应该警惕反动的思想，不断地同反动思想进行斗争。一方面要灌输正面的东西，一方面要抵制反面的东西"。"目前出版的《毛泽东选集》第四卷，就是反对现代修正主义的武器，我们要认真地学习它"。

10月22日 在林彪同志主持下，中央军委扩大会议作出高举毛泽东思想伟大红旗的《关于加强军队政治思想工作的决议》，明确规定部队文艺工作的任务是："必须密

切结合部队的任务和思想情况，为灭资兴无，巩固和提高战斗力服务。"

1月19日　周扬召开历史剧座谈会。会上，吴晗、翦伯赞、侯外庐等反共老手和一批资产阶级史学"权威"大肆放毒。周扬竭力鼓吹表现历史题材，说："某些艺术品种，如昆曲、京剧可以主要是写历史题材，甚至全部都写历史题材。"他秉承邓小平的旨意，叫嚣要把中国几千年来的历史"戏剧化"，并当场委任吴晗负责编出中国历史剧拟目，把有利于宣传颂古非今的历史事件挑选出来供剧作家选题参考。

11月　林彪同志发出《关于部队开展文化娱乐工作的指示》，指出："教好一个好的歌子，实际上也是一堂重要的政治课，又是文化课。官兵同唱，既有同志感，又能活跃部队。"

12月　林彪同志发出了《关于办好报纸的指示》，指出："要加强《解放军报》的思想性和现实性。思想性就是旗帜鲜明，方向正确，高举毛泽东思想伟大红旗，按照党中央、毛主席指示的精神办报；现实性，就是要反映部队的思想动态和部队的现实活动，主要是思想动态。"

同月　旧中宣部召开文教书记会议，周扬在会上大刮阴风。他居心险恶地说：这些年来"政治思想革命搞得比较彻底"，"修正主义在国内不占主导地位"，"我们的队伍是相当好的队伍"。然后攻击我党"对思想改造简单化、粗暴"，鼓吹写"历史剧和轻松愉快的东西"。他还恶毒攻击毛主席和党中央"盲目、主观"，说"自己本钱不多，还要为天下先，这是很危险的"。

一九六一年

1月　党中央举行了八届九中全会。全会公报指出："我国在过去三年中所取得的伟大成就，说明了党的社会主义建设总路线、大跃进、人民公社是适合中国的实际情况的。"公报还尖锐地指出："占人口百分之几的极少数没有改造好的地主阶级分子和资产阶级分子……他们总是企图复辟，他们利用自然灾害所造成的困难和某些基层工作中的缺点，进行破坏活动。"

同月　林彪同志在《关于加强部队政治思想工作的指示》中号召："一定要把毛泽东思想真正学到手。"并指出："要带着问题学，活学活用，学用结合，急用先学，立竿见影。"

同月　陆定一在一次会议上露骨地叫嚣："现在两个传下去，马列主义传下去，资产阶级思想也传下去；两个万岁，马列主义万岁！资产阶级思想也万岁！"他还鼓吹无产阶级和资产阶级"互相学习"，"互相合作"，"互相尊重"，胡说"不要我抓住你一个尾巴就打你一棍子，你抓住我一个辫子又打我一棍"，只许资产阶级放毒，不许无产阶级除毒。

同月　吴晗的大毒草《海瑞罢官》在旧北京市委反革命修正主义集团总头目彭真支持下，在《北京文艺》出笼。这个戏的矛头指向以毛主席为首的党中央，要翻庐山会议的案。戏中叫喊右倾机会主义分子的"罢官"是"理不公"，呼唤他们重新上台，主持"朝政"，实现资本主义复辟。《海瑞罢官》演出后，一伙"难兄难弟"欣喜若狂，繁星（廖沫沙）、史优（孟超）、常谈（侯外庐）等纷纷在《北京晚报》、《北京日报》上写文章大加吹捧，祝贺吴晗"破门而出"。随后，一批反党的海瑞罢官戏纷纷出笼，如《海瑞背纤》、《海瑞还朝》、《五彩轿》等。

同月　正当"三家村"破门而出向党进攻的时候，美术界华君武督以"每礼拜一张"的决心，正式在《光明日报》副刊上开辟专栏，大作黑画。一年半时间，华共发表黑画约五十幅，其中最恶毒的有：《公牛挤奶》、《不对头》、《在第四页上就睡着了》、《夭折》、《自我陶醉》等。

一九六一年是文艺界最精彩的一年。文藝戰線上兩條路線鬥爭大事紀1949~1967

2月8日 夏衍召开旧影协书记处会议，公然对美国影片《康康舞》、《穿睡衣的女人》赞不绝口。甚至称讚为法西斯头子希特勒立传的美国反动影片《我的奋斗》"是部好片子"，强令进口。

2月21日 刘少奇在怀仁堂看中国京剧院演出时说："可以多编一些这样的新历史剧，另外也可以改编一些传统剧目，甚至象《梅龙镇》、《二进宫》、《四郎探母》等思想性差、技术性强的戏，也可以改改内容，把技术留下来，继承艺术成果。"

2月——3月 周扬在上海、杭州召集了二十多个座谈会，多方蒐集所谓党对文艺的领导"简单化"、所谓反右倾运动中的"粗暴批评"造成资产阶级作家、艺术家、教授"情绪紧张"的材料。周扬还在座谈会上猖狂反对毛主席。他在杭州对《鲁迅传》摄制组人员讲话时说：有的戏"把'感谢毛主席'这句话直接表现出来，一遍还不够，感谢了三遍四遍"，"你感谢了那么多，我就不感谢了"。这种混账黑话，何等恶毒！

周扬在上海还看了《海瑞上疏》，为这出反党黑戏连声叫好："写得好、演得好"，并在座谈会上一再强调《海瑞上疏》应该肯定"；并要出版《海瑞上疏》的剧本。

3月19日 旧北京市委反革命集团的主将邓拓的《燕山夜话》在《北京晚报》出笼。

3月26日 邓拓的《燕山夜话》提出《欢迎"杂家"》的口号，煽动地主资产阶级知识分子，各种牛鬼蛇神向党进攻，夺取领导权。

4月中旬 《文艺报》抛出《题材问题》专论。这篇在周扬、林默涵指导下，由张光年起草，又经旧作协党组开会讨论，周扬、林默涵精心修改的大毒草，鼓吹反"题材决定"论，是反革命修正主义文艺路线的代表作。它打着"题材多样化"的幌子，排斥工农兵火热斗争的题材；它在"用一切办法广开文路"的口号下，鼓励反党反社会主义的"有志之士"、"有用之才"出来进行反革命宣传，为资本主义复辟制造舆论。

专论发表后，许多文艺团体举行座谈，不少报刊转载并发表文章响应。苏修《外国文学》杂志也连续加以报导，说是中国文艺界的"新事物"。

4月8日 周扬为了实现他的"建立中国的美学理论"的大阴谋，指使《文艺报》编辑部召开了所谓"批判地继承中国古典文艺理论遗产"座谈会。林默涵、田汉、孟超、俞平伯、朱光潜等修正主义分子和资产阶级学术"权威"到会。发言的人大肆美化封建时代的文论、诗论。《文艺报》自第五期起特辟专栏，将发言及后来组织的文稿连续刊出，大量引用古人的言论，在文艺界造成了"言必称刘勰，死不谈马列"的恶劣风气。俞平伯的文章发表后，《文艺报》的负责人竟然洋洋得意地宣称："俞平伯这个名字在《文艺报》上出现，就是一个胜利！"公然为一九五四年对俞平伯《红楼梦研究》的批判翻案，替他恢复"名誉"。

同月 自本年初起，刘少奇下令周扬抓大学文科教材编写工作。四月，周扬主持高等学校文科教材编选计划会议。陆定一在会上做报告，大肆污蔑活学活用毛泽东思想是"念咒"、"贴标签"、"迷信"，提出各种学派"互相合作"，"不要打棍子"。周扬在几次长篇讲话中，对一九五八年群众性的学术批判和科学研究运动大肆攻击，再一次反对毛泽东思想，反对政治挂帅，反对思想改造，叫嚷"政治是灵魂，彭真说还要有躯壳。否则就成了阴魂了，成了游魂了"。他们通过这次会议，制定了大学文科七个专业的教学方案，变本加厉地推行了一条修正主义的教育路线。会后，周扬搜罗了大批资产阶级学术"权威"，让他们主持文科教材的编写工作，先后编出了数以百计的塞满封建主义、资本主义和修正主义黑货的教材。

189

5月——6月 刘少奇、邓小平在中央工作会议上疯狂攻击三面红旗。邓小平说："现在是天灾人祸，人祸多于天灾。"刘少奇说"文艺斗争是左右开弓"，叫嚷"今后要彻底反'左'"。

在此期间，陆定一、周扬也对文艺工作讲了不少黑话。陆定一说什么"对毒草不要太简单太粗暴"。周扬攻击坚持毛主席的文艺方向是"只喜欢一，不喜欢千万"，叫嚷"政治标准第一艺术标准第二不适合古典作品"。

5月24日 周扬在美学教材编写工作会上猖狂叫嚣："我们现在有的作品""一讲就是共产党万岁，毛主席万岁，一直非讲得你不高兴听"。"你不能揪着人家的耳朵让人家听"。

6月1日 旧中宣部召集的全国文艺工作座谈会开场。陆定一、周扬等早就阴谋策划的这个会议，对一九五八年大跃进以来的群众创作运动和庐山会议以来的思想批判运动，疯狂反扑，对毛主席的文艺路线发起了猖狂进攻，同时企图全面地贯彻反革命修正主义文艺黑线。会议开场不久，周扬、林默涵就抛出了《关于当前文学艺术工作的意见（草案）》即"文艺十条"的初稿，在会上组织讨论。

这次会后，旧中宣部指令各省市宣传部召开本地区的文艺工作座谈会，贯彻"文艺十条"。

6月2日 周扬在文艺工作座谈会上作报告，诬蔑反右派以来的历次政治思想斗争"产生了副作用，有些人不敢讲话了"，"文艺题材、形式、风格的自由竞赛，不同学派的自由讨论，这两个'自由'受到了阻碍和束缚"。

周扬又一次反对歌颂毛主席，他恶狠狠地说："一会儿说毛主席如何，一会儿出来一个毛主席象，这是廉价的宣传。……我不敢讲，彭真同志说是懒汉！"

他还系统地宣扬了文艺对政治的"间接服务"论、遗产的"全盘继承"论、反"题材决定"论、"有益无害"论、"形象思维"论等反革命修正主义理论，推行资产阶级自由化的方针。

6月6日——7月2日 由夏衍主持的全国故事片创作会议在北京举行。夏衍在会上贩卖"离经叛道"论。会议制定了一个修正主义的电影纲领——三十二条。

六月十六日，周扬在会上借胡风的恶毒语言，大反毛泽东思想，他叫道："胡风说，机械论统治了中国文艺界二十年。……如果我们搞得不好，双百方针不贯彻，都是一些红衣大主教、修女、修士，思想僵化，言必称马列主义，言必称毛泽东思想，也是够叫人恼火的就是了，我一直记着胡风的这两句话。"

二十三日，周扬又在会上作报告，诬蔑历次政治思想斗争"是右派深渊、反党深渊、右倾机会主义深渊、修正主义深渊"，说什么"深渊太多了，一下跌入，万劫不复"，为牛鬼蛇神鸣冤叫屈，叫嚷"以后少搞点深渊"。他极力鼓吹反党活动，赞扬一个妇女写反动标语，准备"枪毙"、"坐牢"，说这个妇女如何受到刘少奇的赏识，称赞她能"以天下安危为己任"。周扬叫嚣："要培养海瑞上本的精神。"他还赤裸裸地抛出修正主义电影的标准，即所谓"好故事、好演员、好镜头、好音乐"的"四好"，就是不要无产阶级政治，不要毛泽东思想。

周扬大肆宣扬反"题材决定"论："题材还是广泛一点好，现代题材、历史题材都可以写。作家可以按照自己的经验，写自己熟悉的有把握的题材。"

7月 邵荃麟在旧作协传达刘少奇关于全面检查报刊理论宣传工作"片面性"的黑指示，并加以贯彻。实质是否定大跃进以来理论宣传和思想批判的革命精神。

同月 陆定一提倡写社会主义中国的所谓"阴暗面"，他说："我们这里什么都有，贪污，阿飞，在文艺作品里没有反映出来，什么都好，全是马列主义者。哪有那么风平浪静？"

7月28日　周扬在北京文艺工作座谈会上作"总结报告"，公然提出现在同延安时"不同"，文艺对象更"广泛了"，"全国人民"都是"服务对象"。他污蔑我们党"只讲世界观"，"不讲经验、才能和技巧"，"把政治了解得很狭窄"。他还大肆吹捧人道主义与和平主义，说什么"人道主义总比帝国主义好一点，和平主义总比搞侵略战争好一点。"

7月——8月　刘少奇到黑龙江、内蒙"视察"，授意拍摄了《刘少奇在黑龙江》和《刘少奇访问内蒙》两部大毒草，为自己树碑立传。因受到抵制，未能发行。后来周扬知道了，大发雷霆说："我们的电影局到底是不是党领导的，对党和国家的领导人，是否还有一点尊重，还有一点感情。"并责令电影局"好好检查"。

8月1日　"文艺十条"经周扬、林默涵主持修改，印发给各地。

"文艺十条"是一个彻头彻尾的反革命修正主义文艺纲领。它全面地系统地攻击毛主席的革命文艺路线，反对党对文艺工作的领导，反对文艺为无产阶级的革命斗争和中心工作服务，反对政治第一的批评标准，反对作家深入工农兵，鼓吹"间接服务"论、反"题材决定"论，鼓吹资产阶级自由化的方针，提出一整套招降纳叛、建立资产阶级文艺队伍的修正主义制度。

"文艺十条"发出后，旧作协党组召开扩大会，颂扬它是"纲领性的文件"，"只要在今后的工作中，努力加以贯彻，整个文学艺术事业就会很快繁荣起来"。上海文艺界的资产阶级分子们也狂呼："好得很！人手一册，是座右铭！"有的扬言要为"文艺十条""立碑"。

坚持毛主席文艺路线的革命派，特别是部队的革命文艺工作者，对"文艺十条"进行了抵制。他们针锋相对地指出，部队的文艺工作就是要为部队的中心工作服务，为巩固和提高战斗力服务。

年底，陆定一、周扬等组织人力，对"文艺十条"多次进行修改，定为"文艺八条"，加了一些伪装，而其基本内容未变，仍是修正主义的一套货色。

8月中旬　周扬、林默涵等在天津讨论《文学概论》教材时大放其毒。周极力贬低伟大的毛泽东思想，说："关于毛主席，在提纲中不要提'高峰'。"在此期间，他们还点名要看"海瑞戏"河北梆子《五彩轿》，吹捧它"有教育意义"。

8月　影射现实的反党反社会主义的鬼戏《李慧娘》（孟超编剧）出笼。一些人立即坚声叫好，说是"鲜艳的红梅"，"文苑的奇葩"，"剧坛的异卉"。廖沫沙化名繁星跳出来，叫嚣"有鬼无害"（见八月三十一日《北京晚报》）。

田汉的影射现实的反革命"历史剧"《谢瑶环》，也同时出笼。

9月　在刘少奇主持下制定了一个《中央关于干部轮训的决定》，别有用心地提倡什么"自由思想"、"自由讨论"、"三不主义"（不抓辫子、不戴帽子、不打棍子），不讲思想斗争，不讲革命原则，鼓励对党不满的人公开向党向社会主义进攻。

9月1日　旧中宣部批转刘白羽一手炮制的《作家协会党组关于安排作家创作问题的请示报告》。这个《报告》提出一整套反毛泽东思想的组织创作的原则和办法，以"保证创作时间"为名，要作家埋头创作，不去深入工农兵，不参加政治活动；鼓吹资产阶级的"创作自由"。

9月　旧北京市委刘仁按照彭真的意思向吴晗说："你到处写文章，就是不给《前线》写文章。"于是，邓拓出马约吴晗、廖沫沙聚餐，组织起反党反社会主义的黑店"三家村"，在《前线》开辟专栏"三家村札记"，化名吴南星，放出大批反革命毒草。

9月19日 旧文化部发出《关于加强戏曲、曲艺传统剧目的挖掘工作的通知》，要求各地不惜一切工本"抢救"传统剧目，"不论是精华部分或者是糟粕部分，都应全面地如实地记录下来，不要随便修改"。此通知下达后，各地坏戏纷纷上演，据统计，竟有《活捉张三郎》、《黄氏女游阴》、《丁香割肉》、《蒸骨三验》、《孟丽君》、《秋海棠》、《马寡妇开店》、《十八摸》等一百二十余出。

10月9日 陆定一在讨论文艺工作的会上歪曲"百花齐放"的方针，在所谓"无害"的幌子下鼓吹资产阶级文艺，说："百花齐放不仅是风格、形式、题材、方法，还表现在政治方向容许无害作品。无害作品的阶级基础就是资产阶级中间派。中国那么大，专用人搞无害作品可以不可以？可以。""周瘦鹃搞盆景，鸳鸯蝴蝶派的，容许他搞"，这"也算一花"。

陆定一恶毒攻击毛主席的文艺理论"只是口头结论"，"解决不了问题"。他鼓吹"全民文艺"，说什么"要用社会主义共产主义的新道德新思想来教育全国人民。这个人民中有工人、农民、知识分子，还有其他爱国人士，甚至包括牢里的囚犯"。他竭力贬低革命文艺的战斗作用，诬蔑它是"吹牛皮"。

10月 苏共举行第二十二次代表大会，通过了一个全面的、系统的现代修正主义的纲领。这次大会是赫鲁晓夫修正主义集团反对马克思列宁主义、毛泽东思想，破坏国际共产主义运动的一个高峰。

同月 刘少奇公开为彭德怀等右倾机会主义分子翻案。说什么"仅仅从彭德怀同志的那封信表面上来看，信中所说的一些具体事情，不少还是符合事实的"，"和彭德怀有相同观点的人，只要不里通外国的就可以翻案"。

刘少奇的黑指示一下，邓拓、吴晗等牛鬼蛇神放出了一批描写"冤狱"，叫嚣"翻案"的毒草。《于谦》、《赵括和马谡》、《陈绛和王联的案件》、《为李三才辩护》相继出笼。

11月17日 在修正主义逆流猖獗泛滥时，我们伟大领袖毛主席在看了电影绍剧《三打白骨精》后，写了《七律·和郭沫若同志》的光辉诗篇。指出："今日欢呼孙大圣，只缘妖雾又重来"。

11月 林彪同志在全军政治工作会议上指出："没有抽象的政治，为国家为人民就是政治，保卫国家就是政治，以毛泽东思想为指针搞好军事工作就是彻头彻尾、彻里彻外的政治。"并再三强调："要读书，读毛泽东同志的著作。一篇一篇地读，不读不行。"

同月 借古讽今的反党反社会主义小说《陶渊明写〈挽歌〉》在《人民文学》发表。随后，一批反党历史小说《广陵散》、《杜子美还家》等相继出笼。

年底 《大众电影》举办"百花奖"，以周扬所谓"四好"影片作为评奖标准，反对毛主席提出的政治标准第一、艺术标准第二的原则。

开始大量拍摄借古讽今的反党戏曲片，如《孙安动本》，《齐王求将》等。同时大量进口《夜夜盼郎归》、《新婚第一夜》之类的香港影片。夏衍还特地召集在京部分创作人员开会，要他们为香港写剧本，以付给部分港币稿酬为诱饵。

一九六二年

1月 刘少奇在扩大的中央工作会议上大反毛主席，大反毛泽东思想，大肆诋毁历次政治运动是"残酷斗争，无情打击"，为右倾机会主义分子翻案，疯狂攻击三面红旗，胡说经济困难是"三分天灾，七分人祸"造成的，鼓吹"三自一包"，抛出资本主义复辟的纲领。

1月30日 在关键时刻，伟大领袖毛主席在扩大的中央工作会议上做了具有重大历史意义的讲话。毛主席总结了社会主义革命和建设的经验，提出了民主集中制的问题，指出了社会主义时期阶级斗争的规律。毛主席说：**已經被推翻的反动阶级，还企图复辟。在社会主义社会，还会产生新的资产阶级分子，整个社会主义阶段，存在着阶级和阶级斗争，这种阶级斗争是长期的、复杂的、有时甚至是很激烈的。**毛主席又指出：还有一些人挂着共产党员的招牌，但是并不代表工人阶级，而是代表资产阶级。党内并不純淨，这一点必须看到，否则我们是要吃亏的。

2月 陆定一抬出他的主子刘少奇的话恶毒攻击毛主席，说我们党是"以党治国，一个党，一个领袖，一个主义，一个政府"。他叫嚷在党内"可以有反对派"。

2月——4月 自二月中旬起，周扬伙同林默涵调集何其芳、陈荒煤、张光年、叶以群等二十余人，在北京新侨饭店，以"纪念"毛主席《在延安文艺座談会上的講話》二十周年、"总结经验"为名，密谋策划大写反对毛主席文艺路线、宣扬"全民文艺"论等修正主义谬论的黑文章。这就是臭名昭著的"新侨黑会"。与此同时，夏衍、陈荒煤又调集电影界反革命修正主义分子瞿白音等在北京翠明庄举行电影方面的反革命黑会。两个黑会，一个目的。他们大量放映帝国主义、资本主义、修正主义的最反动最腐朽的影片（如苏修的《士兵之歌》、《晴朗的天空》，美国的《郎心如铁》，英国的《裸体天堂》，日本的阿飞色情片《飞女欲潮》，法国新浪潮的《广岛之恋》等），大量钻研帝国主义、资本主义、修正主义的反动透顶的"文艺理论"，都是为了精心炮制出反党、反社会主义的大毒草。

2月 林默涵在新侨黑会上为写"纪念文章"特作了一次谈话，诬蔑毛主席的《講話》"过时"了，说《講話》是"新民主主义时期写的"，"对主席思想要从发展的观点来看"，"不要停留在复述、解释毛主席思想上"，要总结自己的"经验"和"体会"，等等，黑话连篇。

3月3日——26日 在周扬指挥下，旧文化部、旧剧协的话剧、歌剧、儿童剧创作座谈会，在广州举行。田汉在开幕词中煽动说："从北京到各省市都传达了'文艺十条'，许多同志出了气，吐了苦水，但气可能还没有出够，苦水还没有吐完。在这次座谈会上可以一吐为快。"林默涵讲话，带头攻击革命左派。齐燕铭反对强调同工农兵结合，又诬蔑说："红菩萨"不能为社会主义服务！在刘少奇及周扬等的支持下，一些资产阶级文艺家，大出反党之"气"，反对毛主席的革命文艺路线，肆无忌惮地为受过批制的资产阶级分子翻案。

3月5日 陶铸在"广州会议"讲话，充当资本主义复辟的吹鼓手。他诬蔑反右倾斗争使作家受"精神的虐待"，"心情不舒畅"，"强笑为欢"。他又为资产阶级的"创作自由"招魂，说：要"充分尊重作家的自由，创作的自由，没有创作的自由，就不会有创作的繁荣"。

八届十中全会后，陶铸将这个讲话改头换面，加上伪装，在一九六三年二月号《作品》上抛出。

3月18日 《戏剧报》第三期发表长篇文章吹捧田汉的反党大毒草《谢瑶环》。在此前后，《戏剧报》以学术讨论为名，美化宣扬封建道德的坏戏《斩经堂》，压制不同意见。长期以来，周扬、田汉等人控制的《戏剧报》毒草丛生，大肆鼓吹"名、洋、古"，为资产阶级代表人物提供反党阵地，完全成了为资本主义复辟制造舆论的工具。

4月 有关方面根据广大群众强烈要求，提出要印《毛泽东选集》四卷本三十万套，旧中宣部阎王殿只许印五万八千套，而且仅供出口用。但就是这一年，在周扬反革命修正主义集团倡导下，旧文化部一次拨出，用于印古典文学著作的纸张竟达七千五百吨，如用来印《毛泽东选集》，可印六百万部。

5月 毛主席的伟大著作《在延安文艺座谈会上的讲话》发表二十周年。

在纪念《讲话》二十周年的前夕，毛主席的光辉诗篇《词六首》在《人民文学》发表。毛主席在战斗中写成的光辉诗篇，是表现第二次国内革命战争的诗史，是鼓舞全国革命人民和全世界人民斗争热情的强大思想武器。

5月23日 由林默涵等人根据周扬的一次讲话起草并经周扬、林默涵仔细修改定稿的《为最广大的人民群众服务》一文，以《人民日报》社论名义抛出。这篇文章提出的"全民文艺"论，是反革命修正主义文艺黑线的中心口号。这个反动的"全民文艺"论，是根据刘少奇的"阶级斗争熄灭论"炮制出来的。这并不是什么新货色，它是蒋介石御用文人梁实秋之流早就贩卖过的"超阶级的文艺"的翻版。它是为"全民党""全民国家"这条反革命修正主义的政治路线服务的。"全民文艺"就是把无产阶级文艺变成资产阶级文艺，为推翻无产阶级专政制造舆论。

同日，《文艺报》抛出了由张光年根据周扬的一次讲话起草，经周扬审阅的社论《文艺队伍的团结、锻炼和提高》，以及陈荒煤的《关于创造人物的几个问题》。

稍后，何其芳的《战斗的胜利的二十年》和瞿白音的《关于电影创新问题的独白》相继在《文学评论》和《电影艺术》上出笼。

6月 林彪同志一贯重视文化工作，他在对部队的文化工作所作的指示中说："部队的文化工作，也是一种宣传教育工作，同样可以起枪杆子的作用，而且还能起枪杆子所不能起的作用。"

同月 《早春二月》电影剧本在《电影创作》上发表。在周扬支持、夏衍参与下，这部反动影片由北京电影制片厂于一九六三年制成。

7月 康生同志向夏衍转达江青同志的意见，指出最近一个时期戏曲舞台上出现了许多坏戏，是个严重的问题，希望文化部抓一下。江青同志看了京剧《海瑞罢官》后又指出：此剧存在严重政治错误，应该停止演出。周恩来同志根据江青同志的反映，也对吴晗指出：《海瑞罢官》影射现实，配合翻案风。

7月28日——8月4日 《工人日报》连载为高岗翻案的反党小说《刘志丹》第二卷一部分。此书是在习仲勋策划下，周扬大力支持，由李建彤执笔写成的。周扬曾亲自接见作者，亲自审阅这部小说，称赞它"写得很好"，"树立了一个榜样"。他还扬言："写了（高岗）也没有什么关系，是过去的历史嘛。"

8月 刘少奇为了进一步制造资本主义复辟的舆论，毒害革命人民，将他的反对无产阶级专政的黑《修养》再版抛出，大量印行，流毒全国，流毒世界。

8月——9月 经夏衍、陈荒煤亲自指导而炮制的为刘少奇树碑立传的反动影片《燎原》出笼。夏衍还看了作为《燎原》续集的电影剧本《大泽龙蛇》，决定列为重点剧本培植。

夏衍看了反动影片《红日》样片后，称赞它"是个好戏"。他夸奖敌师长张灵甫写得"狠"，说"从前写的敌人都是脓包"。

夏衍还吹捧毒草《大李、老李和小李》的样片"很好"。他说："关于喜剧的创作问题，我们的确想多搞些，甚至搞些低级喜剧也可以，因为目前有低级趣味的人存在。"

8月2日—8月16日 旧作家协会的农村题材短篇小说创作座谈会，由邵荃麟主持，在大连召开。这是一次猖狂地攻击三面红旗，攻击以毛主席为首的党中央，鼓吹"单干"，鼓吹"三自一包"，为刘少奇搞反革命复辟制造舆论的黑会。

八月十日，周扬亲自到会煽风点火，咒骂"集体经济搞得家破人亡"，鼓吹"三自一包"。他要作家"搞个有愤怒的作品"，说这样"写出来相当惊心动魄"，"比《被开垦的处女地》还生动"。

茅盾在会上对党和社会主义制度破口大骂，诬蔑大跃进"是暴发户心理"。他还别有用心地宣扬"亡国之君"崇祯的故事，说什么他"认不清自己的缺点"，"刚愎自用"。矛头所向，十分恶毒！

在周扬、邵荃麟带动下，赵树理、康濯等人恶毒地诬蔑说：党把农村"搞得天怒人怨"，"天聋地哑"，农民"闭着眼睛过日子"，"有个戏写公社怎么好，到处挨骂"！

会上，邵荃麟竭力鼓吹"中间人物"论和"现实主义的深化"论，并鼓吹写反党反社会主义的"顶风""英雄"。

会后，《文艺报》等报刊相继发表宣扬"中间人物"论的文章。写"中间人物"的毒草大量出现，充斥舞台、银幕和刊物。赵树理根据这次会议精神，抛出大毒草《卖烟叶》。

1962·9—1965·9

毛主席在党的八届十中全会上，发出"千万不要忘記阶級斗爭"的伟大战斗号召，提出要抓意识形态领域里的阶级斗争，此后，并对文艺工作作了一系列重要指示。以江青同志为代表的文艺界无产阶级革命派，坚持毛主席的革命文艺路线，向反革命修正主义文艺黑线发动猛烈进攻，掀起了一个以京剧改革为标志的崭新的文艺革命，成为无产阶级文化大革命的真正的开端。

文艺战线反革命修正主义分子及其总后台刘少奇，负隅顽抗，百般破坏，企图挽救他们行将复灭的命运。

"千万不要忘记阶级斗争"的号筵：**一九六二年**

1962年9月24日—9月27日　　毛主席亲自主持召开了党的八届十中全会。

毛主席在会上再一次强调了关于社会主义社会的矛盾、阶级和阶级斗争的理论，向全党和全国人民发出了**千万不要忘記阶級斗爭**的伟大战斗号召，提出要抓意识形态领域的阶级斗争，教导我们说："现在不是写小说盛行吗？利用小说进行反党活动，是一大发明。凡是要推翻一个政权，总要先造成舆论，总要先做意识形态方面的工作。革命的阶级是这样，反革命的阶级也是这样。"

会上揭发了习仲勋反党集团的罪行，戳穿了他们伙同周扬黑帮炮制反党小说《刘志丹》的政治阴谋。同时决定成立由康生同志担任主任的专案委员会进行审查。

会议期间，江青同志指出了舞台上牛鬼蛇神和鬼戏的问题，要文化部注意。

10月19日　　周扬在所谓"传达十中全会精神的一次文艺界负责人的会议上，把自己打扮成左派，歪曲十中全会精神，说什么文艺界"基本情况是好的"，"反党、反马克思主义的东西发表得……不多"，并别有用心地说，贯彻十中全会精神，"也不要走向另一个极端"，公开抵制毛主席的"**千万不要忘記阶級斗爭**"的伟大号召。

周扬还为自己支持和吹捧反党小说《刘志丹》作辩护，说自己对西北的历史不了解，不知道它写了反党分子高岗、习仲勋。

林默涵在这个会上声称没有看到反党反

社会主义的作品，明目张胆地和毛主席相对抗。

11月3日 周扬在《中国现代文学史》讨论会上讲话。他反对以毛泽东思想为指导，鼓吹"论从史出"；吹捧三十年代文艺，为"国防文学"口号辩护，说"左联的确为新文学开辟了一个新阶段"，说左翼文学就是"社会主义政治、经济因素的反映"；叫嚣"对作家多讲贡献，多讲好话"；并胡说什么对汪精卫、胡适、陈独秀、周作人等反动家伙，也可以写他们的"进步性"。

11月6日——11月12日 在周扬亲自策划下，山东历史学会和山东历史研究所在济南召开了"孔子学术讨论会"。有十六个省的哲学和史学工作者一百六十多人参加。这是周扬伙同一批牛鬼蛇神对抗十中全会革命精神，向社会主义制度猖狂进攻，制造反革命舆论的一次黑会。他们公开鼓吹"尊孔复古"，演出了解放以来所未曾出现过的向封建祖宗行鞠躬跪礼的丑剧。

12月 江青同志批评剧目混乱，提出禁演鬼戏。

在林默涵主持下，文化部起草了一个《改进剧目工作的报告》。这个报告否认剧目存在严重的问题，坚持演现代戏不要规定比例，主张"分工论"，认为话剧可以多演些现代戏，有些剧种则不要勉强如此，反对江青同志的正确意见。

一九六三年

1月1日 柯庆施同志根据毛主席的指示和十中全会精神，向上海文艺工作者提出了"写十三年"的倡议。他在上海部分文艺工作者座谈会上指出："解放十三年来的巨大变化是自古以来从未有过的。在这样伟大的时代、丰富的生活里，文艺工作者应该创作出更多更好的反映伟大时代的文学、戏剧、电影、音乐、绘画和其他各种形式的文艺作品"，"为社会主义革命和建设事业服务"。

一月六日，上海《文汇报》报导了柯庆施同志的讲话。

2月8日 周恩来同志在文化部举办的文艺工作者春节联欢会上讲话。他指出：文艺界各个方面要更好地体现"百花齐放，推陈出新"这个方针，为工农兵服务，到群众中去，这些是文艺界当前的重要课题。他号召革命的文艺工作者向解放军学习，过好"五关"（即思想、政治、生活、家庭、社会关），实现思想革命化。他说："文艺界各方面今天的表现却有些不合要求。"他严厉批评了香港片等资本主义文艺大肆泛滥的严重情况，说香港片"把香港的生活方式介绍过来了"。他说："旧的东西在意识中存在，就会在文学艺术中表现……克服旧的思想、意识、作风是我们文艺工作者当前的重要课题，它是我们思想中无产阶级思想与资产阶级思想的斗争，是两条道路的斗争。"他号召："要不断扩大社会主义的文艺阵地，并巩固这个阵地，不断取得新的胜利。"

2月26日 周恩来同志看了中央歌剧舞剧院《夺印》的演出后，对旧文化部一再歌颂洋人、死人的节目和乐队庞大等问题提出了批评，说"关于这些问题我已经谈了十三年了，问题还没有很好解决。我们还能说几回？"

2月28日 周恩来同志观看南京部队前线话剧团来北京汇报演出话剧《霓虹灯下的哨兵》后，说："主席讲，现实东西太少了。现在就要搞这些东西。""我们社会主义思想阵地还不巩固，擂台要天天打。"

2月 阳翰笙的大毒草《李秀成之死》改名《李秀成》，公开上演。

同月 程季华主编的《中国电影发展史》初稿出版。这是周扬、夏衍等人有计划地通过伪造历史进行自我吹嘘、宣扬三十年代文艺的反党大毒草。

《电影史》把夏衍、田汉、阳翰笙等人当作党的领导，说夏衍使"中国的电影进入了一个光辉的崭新的发展时期"，"给予了中国电影新的生命"。把资产阶级的电影路线美化成无产阶级的文化路线，说它已经"表明了革命的文艺是为无产阶级和工农大众服务的"。大肆宣扬周扬等根据王明路线提出的"国防文学"口号。为国民党特务、叛徒、资本家和反动电影明星、"权威"树碑立传。

同月 以柯庆施同志为首的上海市委拍电报给旧中宣部，批评为什么在大演现代戏时热衷于宣扬三十年代文艺。

1962年10月—1963年3月 夏衍、陈荒煤等在影协举办的读书会和在北京、上海两地举办的全国电影创作人员及部分作家参加的所谓反修电影座谈会上，大肆宣扬修正主义的影片，号召电影工作者学习它的技巧。陈荒煤大捧苏修影片的所谓"大不真实小真实"，说"修正主义艺术所反映的生活并不是一切都是坏的"，"也不能说凡是受修正主义思想影响的影片都不是好的"。他在三月四日的讲话中恶毒攻击党的领导，攻击反修斗争，说"一九六一年影片数量多，质量不高的原因之一是冲昏头脑，反右、反修的副作用，很多问题不清楚，造成恶果"。

林默涵在电影座谈会上作报告，说"在国内修正主义倾向不是主要的，主要的是为农业服务和加强教育青年的问题"；"'文艺八条'产生了作用，使文艺走向了繁荣"；"修正主义作品的确有其迷惑力，他们很注意细节的真实"。

3月8日 刘少奇在旧文化部汇报时鼓吹帝王将相、才子佳人戏，反对戏曲表现社会主义革命和社会主义建设，胡说："可表现现代生活的，就演现代生活的戏。不能表现现代生活的，就演历史戏。让大家看了戏，好好休息，就是鼓励社会主义劳动热情。"他还为资本主义、修正主义文艺开道，说："世界各国的电影，都搞点进来，一种是进步的，一种是不怎么进步但也无害的，搞些进来，让我们了解各国的生活、学习。"

3月 田汉在高级党校作报告。说神也好，鬼也好，戏剧上都是允许的，这代表一种反抗精神。象《李慧娘》就代表了人民的愿望，死了还要报仇。

同月 陶铸在广州与周扬之流南北呼应，恶毒地提出大写"六年"，公开与柯庆施同志"大写十三年"的号召相对抗，妄图引诱作者歪曲描写三年困难时期，以攻击三面红旗。

同月 邵荃麟按林默涵授意，以作协党组名义，向中央写了一个所谓《关于一九六一年至一九六二年文学创作情况的报告》，捏造大量的所谓"成绩"，掩盖文艺领域中毒草泛滥的严重情况。

4月 旧中宣部召开文艺工作会议。周扬组织林默涵、邵荃麟等一伙人围攻柯庆施同志提出的"写十三年"的口号。

在北京区文学组讨论会上，邵荃麟一伙攻击柯庆施同志"不懂文艺"、"简单化""挫伤了作家"的"积极性"，针锋相对地提出"要写四十年（指五四以来）"，"写一百〇九年"，"写自己熟悉的"，"不要太狭窄，要多样化"。

九—十日，周扬在大会上作报告，诬蔑柯庆施同志提出"写十三年"不过是因为"觉得作品反映民主革命的很多"，公然叫嚷"写十三年是有困难的"，理由是"时间短，印象不深"。

十六日，邵荃麟在大会发言中说："周扬同志说的表现时代精神……是比较广泛的概念，不是只'写十三年'……绝不意味着排斥革命历史题材或其他题材，如果那样理解，会重新走到狭隘化的倾向去。"他大力宣扬反"题材决定"论，说"赞成生活各方面的题材，因为世界是多样性的"，"（题材范围）还是定一同志说的，不要限制"。

张春桥同志当即驳斥了周扬等一伙的谬论。他列举"写十三年"的十大好处，强调"写十三年"的重要性。

十七日，林默涵为会议作总结，肯定邵荃麟的发言，说"社会主义文学不等于只要反映社会主义生活"，"作家创作很辛苦，凡是已经选定的题材，不要因为提倡现代题材就下马"，"有些同志总要把主席思想往'左'拉，这是不对的。右要亡国，'左'也要亡国"。并进而公开提出："提倡有益，反对有害，允许无害"。

这次会上，周扬、林默涵在讲话中都强调"文艺八条"的正确性，说只要局部修改就行了。

会上，发了《关于停演鬼戏的通知》，这是在江青同志一再催促下才发出的。江青同志提出的是"禁演鬼戏"，这个通知别有用心地改为"停演鬼戏"。林默涵在讲话中说："停演鬼戏，作为政策可以先规定下来，至于鬼戏如何看待还可以讨论。"

4月19日　周恩来同志在文艺工作会议、文化局长会议、出版工作会议和全国文联委员会扩大会议上作报告，号召全国文艺工作者：积极参加国内外的阶级斗争，做一个革命文艺工作者。他明确指出：文艺创作应以"歌颂今人的作品为主"，而"十三年中，重点又要放在社会主义革命"；要"写现代的新人新事"，"对政治舞台的斗争不感兴趣，你的文艺作品也就不能很好地反映斗争"；"《四郎探母》、鬼戏出现，不好，应当禁止"。

4月　陶铸在广州宴请北京京剧团时，赤裸裸地宣扬说："我的看法，京剧不适合演现代戏，现代戏应该留给话剧、歌剧演，京剧有许多历史剧可演，为什么演现代戏呢？我跟你们北京市长彭真的观点一致。"

同月　旧文联在北京召开第三届全国委员会第二次扩大会议。

四月二十二日，周扬作《加强文艺战线，反对修正主义》的报告。说什么"'二百'方针执行的过程，是各种文艺思想竞赛的过程"，"对教育性的理解不要狭隘了"，"不要排斥文艺中有娱乐性的东西、无害的

东西、对生理上有益的东西"，"对坏戏不一定禁"。他鼓吹"作家应当写自己熟悉的东西"；叫嚷缺点"要写，不要回避"，否则就是"粉饰"，作品"要有人情味"。

四月二十七日，周扬作总结报告。宣扬一整套反革命修正主义的黑货：说什么"一九六一年的'文艺八条'是正确的，调动了文艺界的积极性，是好文件"。提出"成立全国性机构"进行"传统剧目的审定、整理、加工"，"把它（传统剧目）首先肯定下来，子子孙孙长期演下去"。胡说"所谓高举红旗，就是发扬传统"，"这传统要从'五四'算起"，"不能只讲《**在延安文艺座谈会上的講話**》"，"左联时期就是与资产阶级作斗争的"，"从来都力图与群众相结合的"。他再次大反"写十三年"的口号，说什么"不论写什么题材都能反映时代精神"，"不要以为只有描写现在才是主导的"，"不表现时代不反动者也允许"，"人人都可以成为主角"。他甚至说：要"团结从不反革命（这也不容易）到彻底革命的作家"，"不强其所难，发挥其所长，尊重其劳动"，与他们"互相学习，取长补短"，"尽管他们创作的东西当前不迫切需要，只要无害，还应当允许"，"要使每人都能服务"。

4月25日　夏衍在旧文化部全国文化局长会议上讲话，反对戏曲演革命现代戏，说写新人新事"主要靠电影、话剧"，"对人民进行爱国主义和道德品质的教育主要靠戏曲"，"象包公、海瑞这样一些坚持正义、不屈不挠的人物，戏曲中很多"。他还攻击毛主席在十中全会上的指示，吹捧"文艺八条"，说"十中全会之后，个别地方有人认为'文艺八条'可以不执行了，简单粗暴的领导方式也有抬头"。

5月6日　柯庆施同志、江青同志组织写的第一篇真正有份量的批判孟超《李慧娘》、廖沫沙《有鬼无害论》的文章在上海《文汇报》上发表。

5月20日　　《中共中央关于目前农村工作中若干问题的决定（草案）》即"前十条"下达。在毛主席亲自领导下制定的这个重要文件，是我国人民进行社会主义革命的强有力的思想武器。

6月14日　　在毛主席亲自领导下，制定了《关于国际共产主义运动总路线的建议》。这个划时代的纲领性的文献，和《人民日报》、《红旗》杂志编辑部对苏共中央公开信的九篇评论等重要文章，对当代世界革命一系列重大问题，做了马克思列宁主义的科学分析，是反对帝国主义和现代修正主义的强大思想武器。

6月　　毛主席在杭州会议上讲话，再次强调指出：**阶级斗争要天天讲，月月讲，年年讲。有流血的阶级斗争，有不流血的阶级斗争。不讲阶级斗争什么问题都不能说明。**

6月28日　　周扬召集张庚之流，策划组织"戏曲革新试验委员会"。他提出"要调十几个人，拟出一个新编改编的长远规划"，"传统剧目要分期分批认真地整理"；继续鼓吹表现帝王将相的传统剧目对人民有"教育作用"，鼓吹写"中国的皇帝"。他说："历史上的事情写出来，可引起观众对历史的兴趣，也可以引起他革命的情绪。"胡说："莎士比亚写过理查三世、亨利四世等历史剧"，"我们也可以写中国的皇帝"，"有的杰出人物，尽管他们是封建统治阶级的一员，也能够反映出人民的东西"，"我们都要继承下来，给人民群众享受"。

上半年　　毛主席对"鬼戏""帝王将相、才子佳人"戏等提出了尖锐的批评，严厉指出：周扬、林默涵、夏衍、齐燕铭领导的文化部是"**帝王将相、才子佳人部**"。

7月　　刘少奇、邓小平以"中央"名义批转旧中宣部《关于出版工作座谈会情况和改进出版工作问题的报告》，对出版毛主席著作又规定了许多新"王法"，千方百计地抵制、阻挠宣传毛泽东思想。

8月1日　　毛主席观看了话剧《雷锋》，接见了全体演员和工作人员。毛主席以后又接连看了一些革命现代戏。毛主席对革命现代戏的关怀，极大地鼓舞了革命文艺工作者坚持工农兵方向、紧密为无产阶级政治服务，歌颂社会主义时代英雄人物的热情和积极性。

8月　　戚本禹同志的《评李秀成自述》在《历史研究》一九六三年第四期上发表。戚本禹同志在这篇文章中揭露李秀成"丧失了革命气节，背叛了太平天国的革命事业"的叛徒咀脸，批判了资产阶级反动学术"权威"罗尔纲等人长期以来把叛徒美化成"英雄"的反动谬论。这篇文章，击中了刘少奇、彭真、薄一波、安子文叛徒集团的要害。

8月13日　　在江青同志一再悻促下，全国已停止上映香港影片，可是旧文化部党组仍于四月十二日、七月十七日、七月二十九日、八月十三日先后写了四次报告，提出每年统一由外办负责选购二十部香港影片。

周恩来同志看了报告，写了一段批语："既不公开上映，要二十部作何用？……"

8月27日　　周恩来同志接见某电影代表团，讲话中指出："一切都要政治第一、政治标准第一。"并尖锐批判苏修反动影片《第四十一》："我看这部影片是有害的，在严重的阶级斗争中，模糊了阶级界限"。"爱敌人。"这是一个原则问题。他还严厉批评了北京电影制片厂及背后支持他们的旧北京市委。

8月　　江青同志直接领导下，上海革命派展开了对德彪西、鬼戏的批判。公开批评了吹捧大毒草《李慧娘》的文章《一支鲜艳的红梅》。

8月29日－9月26日　　在周扬策划、旧中宣部具体领导下，以旧文化部、旧剧协和旧北京市文化局名义，召集首都戏剧界举行"戏曲工作座谈会"，宣扬十几年来戏曲工作的"成绩"，强调"改造"和"革新"旧戏曲是"推陈出新"的主要任务，抵制戏曲革命。

周扬在八月二十九日的讲话中大讲传统剧目、新编历史剧目、现代题材剧目"三条腿不可偏废","三并举","不是提以什么为主"。他还说:"京剧表现帝王将相很带劲儿,京剧不搞帝王将相也是很大损失。"他攻击江青同志,说什么"演几个鬼戏,是不是值得大加反对,大加谴责?是不是有点小题大作?""我赞成这个问题在报纸上公开争论一下……牵涉到复杂的艺术上的问题"。"文学、戏曲遗产中描写鬼魂的作品,是否都是坏的?不是,有不少好作品"。"(鬼戏)有绝技。如鬼步很美。"

在座谈会上,提出十三年来整理改编的七十四个戏曲剧目作为戏曲推陈出新的样板。周扬胡说:这些都是适合新时代人民利益和需要的作品,可供全国上演。实际上是让帝王将相、才子佳人、牛鬼蛇神继续占领戏曲舞台。

9月　毛主席在党的中央工作会议上的讲话中指出:戏曲要推陈出新,要出社会主义之新,不应推陈出陈,光唱帝王将相、才子佳人和他们的丫头保镖之类。

同月　刘少奇伙同邓小平、彭真炮制了一个形"左"实右的修正主义的"社会主义教育运动纲领"《后十条》,用来对抗毛主席主持制定的《前十条》。

同月　为高岗反党集团树碑立传的毒草影片《红河激浪》由北京电影制片厂摄制完成,经夏衍、陈荒煤审查通过。反党分子习仲勋曾经看过剧本,他赞不绝口,叫嚷:"北影开拍时,我要参加开拍仪式。"

康生同志指出,这是一部反党影片。

同月　夏衍到长春,为《两家人》、《冰山上的来客》、《墙头马上》等毒草影片叫好。

同月　在刘少奇支持下,故宫竟然举办了"水陆画"(宗教迷信画)展览。

9月14日　周扬在旧中宣部召开有科学院哲学社会科学部各所和各报刊负责人参加的黑会。他在会上竭力为叛徒李秀成辩护说:"李秀成是一个民族英雄,把他说成叛徒是完全错误的。"甚至无耻地宣称:"即使共产党人写过自白书被杀了,也不能叫做叛徒,何况农民!"这个黑会还部署了围攻戚本禹同志的计划。

9月20日　刘大年在近代史研究所召开所谓"学术座谈会",邓拓、翦伯赞、侯外庐等麇集一堂,为叛徒歌功颂德,向戚本禹同志大肆围攻。刘大年的总结发言声嘶力竭地叫喊:"忠王不应否定,也否定不了。"周扬的一个亲信代表旧中宣部宣布:戚本禹的文章"在政治上是有害的,在科学上是站不住脚的。应该通知各地报纸、学报都不要报导这篇文章,也不要转载,不要公开讨论。"企图扼杀这场对李秀成、对叛徒哲学的革命的批判。

9月　江青同志坚决支持戚本禹同志揭露叛徒李秀成的好文章,并把它介绍给毛主席。毛主席指示:"白纸黑字,铁证如山,晚节不终,不足为训。"

毛主席及时发觉和制止了周扬一伙围攻戚本禹同志的阴谋。

9月24日　姚文元同志的文章《略论时代精神问题》在《光明日报》发表,批判了周谷城在《艺术创作的历史地位》等文章中散布的反动的"时代精神汇合"论等谬论。

9月27日　毛主席在中央工作会议总结时指出:文学艺术部门、戏剧、电影等,也要抓一下推陈出新的问题。舞台上都是帝王将相、家院丫环。内容要变一变,形式也要变一变,例如水袖等等。推陈出新,出什么?出封建主义、资本主义?旧形式也要出新内容。按这个样子,二十年以后就没有人看了。上层建筑嘛,总要适应经济基础。

10月　周扬再次召集戏曲工作会议。他在报告中吹嘘戏曲改革已经取得"巨大的成绩",叫嚷:"主张演鬼戏不一定是资产阶级思想。"并根据彭真的谬论,公开提出所谓"分工论"，说什么"特别是京剧，适合于表现帝王将相"。

10月2日——12月25日 夏衍等指使旧文化部授意中国电影资料馆在北京、长春两地大张旗鼓地举办"三十年代优秀电影观摩"。

10月5日 旧文化部召开故事片厂长会议，安排一九六四年影片生产计划，决定拍摄《舞台姐妹》等一批毒草，作为建国十五周年"献礼"。陈荒煤对制作人员讲话中提出了一整套"全民文艺"的修正主义货色。

10月 上海群众艺术馆举办第一次农村创作故事会，集中各县优秀作品进行表演。

柯庆施同志极为关怀群众性的新故事会活动。在柯庆施同志亲自指导下，上海新故事会活动发展很快，涌现了许多优秀的故事员，创作了许多表现社会主义时代新人、新事、新思想的优秀作品，成为群众喜闻乐见、自己教育自己的好形式。

11月 毛主席对文艺工作作了重要指示。

在一次会上，毛主席指示：我们有了方向不等于执行了方向，有方向是一回事，执行方向又是一回事。一个时期，《戏剧报》净宣传牛鬼蛇神。文化部不管文化，封建的、帝王将相的、才子佳人的东西很多，文化部不管。

毛主席在另一次谈话中又指示：文化工作方面，特别是戏曲，大量的是封建落后的东西，社会主义的东西很少。在舞台上无非是帝王将相、才子佳人。文化部是管文化的，应当注意这方面的问题。要好好检查一下，认真改正。如不改，文化部就要改名字，改为帝王将相、才子佳人部，或者外国死人部。

10月——11月 中国科学院哲学社会科学部委员会在北京举行第四次扩大会议。

十一月十三日刘少奇在会上讲话，公然叫嚣："马克思、恩格斯、列宁、斯大林、毛主席都犯过错误。"和毛主席关于反修防修的伟大指示唱反调，提出"当前理论工作的主要任务是反对外国的修正主义"，说只要反对外国的修正主义"就可以防止国内修正主义的产生和发展"。而对外国的修正主义的批判和斗争，他又别有用心地解释成"理论工作"、"学术研究"，还叫嚣在反修斗争中要"贯彻百花齐放、百家争鸣、推陈出新的政策"，让"不同意见尽量发表"，企图听任修正主义思想自由泛滥。

十一月十九日，刘少奇再次讲话，对着许多资产阶级学术"权威"说，只要你写几篇反对外国修正主义的文章，就可以根本改变阶级立场、政治立场。

在刘少奇支持下，周扬作了所谓《哲学社会科学工作者的战斗任务》的报告。在讲国内任务时，根本不提当时思想战线上严重的战斗任务，大谈"整理和研究历史遗产"。叫嚷反对所谓"粗暴态度、命令主义"，攻击所谓"用简单化的办法乱贴标签"，胡说"有些人怕戴帽子，不敢讲话，和我们作法有关"，"有人说对毛主席的著作认识不一样，这是不是反党反社会主义？……对学术有不同意见是完全可以的"。他在各地区组长会议上讲话时还说："政治上要反修，但最后我们仍归结到学术问题上来。"

刘少奇、周扬在会上排斥左派，捧出一大批修正主义者、资产阶级"权威"来控制会议，在历史组竟让反革命修正主义分子邓拓来作"反修报告"。

11月29日 毛主观席看了话剧《霓虹灯下的哨兵》，并接见了演出人员。

11月 江青同志精心研究了十二种《红灯记》的剧本后，选择其中最好的一个亲自交给中国京剧院，让他们改编成京剧，明确要求突出工人阶级的英雄形象李玉和。她说：李玉和既是一个工人阶级的代表，又是一个革命先烈的代表，又是一个共产党员，他是一个伟大的人物，是无产阶级的英雄，应当把重点放在李玉和身上，突出李玉和的高大形象。她鼓励大家："演出就是战斗，要教育我们青年一代知道无产阶级江山得来不易"，"要鼓舞世界上被压迫人民的斗志"。

12月 在柯庆施同志亲自领导下，发动了对大毒草《创新独白》的批判，《文汇报》发表《论电影艺术的创新及其他》。陈荒煤等百般抵制，为《创新独白》辩护，并组织文章在《电影艺术》一九六四年第二期上发表，进行反扑。

12月12日 毛主席在一份反映柯庆施同志大抓故事会和评弹改革的材料上批示，针对反革命修正主义集团对文艺界的反动统治，尖锐地指出：

"各种艺术形式——戏剧、曲艺、音乐、美术、舞蹈、电影、诗和文学等等，问题不少，人数很多，社会主义改造在许多部门中，至今收效甚微。许多部门至今还是'死人'统治着。不能低估电影、新诗、民歌、美术、小说的成绩，但其中的问题也不少。至于戏剧等部门，问题就更大了。社会经济基础已经改变了，为这个基础服务的上层建筑之一的艺术部门，至今还是大问题。这需要从调查研究着手，认真地抓起来。

"许多共产党人热心提倡封建主义和资本主义的艺术，却不热心提倡社会主义的艺术，岂非咄咄怪事。"

12月25日 周扬在毛主席批示后，急忙装扮自己，向北京部分文艺工作者作了一个打着"红旗"反红旗的报告，抗拒毛主席批示。

周扬把反革命修正主义分子向党的猖狂进攻说成"反对了粗暴是好的，但是否又有些右的东西？"他极力掩盖自己一伙的滔天罪行，说"不象五七年那样，不是直接反社会主义，而是离开社会主义"。他别有用心地叫嚣："方向再正确，如果不允许讨论，最后也难以实现"。并宣称："有些鬼戏，我也欣赏，要想办法改好。"；"主张演鬼戏的

文章要照样给稿费，不要难为这些同志"；"有些演员共所以不愿演新戏，原因是新戏没戏，观众不欢迎"。

12月 华东话剧观摩演出前夕，周扬拼命抵制柯庆施同志亲自抓的大演革命现代戏活动。他布置上海评弹剧团上演"个把传统剧目"，并在一次会上胡说什么"我们的祖宗，不都是乌龟王八旦"，鼓吹历史传统剧目是"无害的"。

12月25日——1964年1月22日 华东话剧观摩演出在上海举行。

柯庆施同志在开幕式上讲话，提出一定要大力提倡反映社会主义革命和建设的剧目。

会演期间，《解放日报》发表《大力提倡现代剧》、《出社会主义之新》等三篇社论。

会演进行中，周扬、林默涵派《文艺报》一编辑以记者身份到上海去干"包打听"的勾当，摸上海的底，写密信向旧中宣部通风报信。田汉也在上海大肆活动，另外召开会议，和会演唱对台戏。

《人民日报》转载柯庆施同志的报告时，周扬、林默涵作了恶毒的删改。

12月 江青同志深入芭蕾舞剧团，亲自领导芭蕾舞的改革。江青同志说："芭蕾舞外国搞儿百年，现在西方的芭蕾都颓废了，走向没落了。芭蕾舞革命的红旗要由我们来扛了。"江青同志鼓励剧团同志要放眼世界，不只为少数人服务，要有雄心志气，相信我们一定能够走出自己的道路。

江青同志建议北京、上海两个芭蕾舞剧团排练《红色娘子军》和《白毛女》。

刘少奇跳出来喊叫："反映现代生活不能勉强，芭蕾舞、外国歌剧不一定能反映！"

江青同志坚决反击，鼓励大家："不要当外国人的奴隶，要走自己的路"，"要把革命干劲、民族自豪感、对亚非拉的责任心树立起来"。

《红色娘子军》彩排后，周扬一伙大泼冷水："看不懂，看不清楚。艺术水平太低，太乱，不能见外国人，外国人不会承认的。"林默涵强调要搞一人一事，说这样有戏剧性，企图反对表现人民战争的伟大思想。但是，江青同志看完彩排的第二天，就亲自到剧团同演员谈话，充分肯定了这个舞剧的成就。她说：这个戏要写好人民战争的主题，写出无产阶级的英雄群象，表现出在任何情况下红旗不倒的革命精神。

同月 在柯庆施同志的号召和督促下，上海舞蹈学校的革命同志开始排练《白毛女》。在创作过程中，张春桥同志指出：要突出阶级斗争，突出武装斗争，突出党的领导，不要过多地表现大春和喜儿的爱情关系。

排演以后，立即得到周恩来同志和江青同志的大力支持。而林默涵却胡说什么这个戏应该是抒情戏，舞剧太革命了，火药味太浓了，武装斗争太突出了。还说什么杨白劳被打死不好，喝盐卤死才感动人。周扬一伙还极力贬低革命题材芭蕾舞剧，称之为"窝窝头"，而把《天鹅湖》却誉之为"蛋糕"。

同月 江青同志深入北京京剧一团蹲点，亲自指导京剧改革工作，她建议将沪剧《芦荡火种》改编为京剧。

江青同志要一个剧团做试验田。在京剧革命最大拦路虎刘少奇的支持下，彭真再三刁难，大设关卡，不给演员，不拨剧场，向江青同志施加压力；甚至利用职权，以"粗制滥造"为名强行停演《芦荡火种》，向江青同志示威，同时搜罗一百八十多个老剧目，作为"政治任务""经济任务"强迫剧团上演！江青同志坚决回击了他们："不要单纯为了几个钱！"鼓励大家："要做别人没有做过的事，要做一个披荆斩棘的人。"并把亲笔题字的毛主席著作送给大家，教育同志们："你们不要以为我在这里搞戏，我是在这里和封建主义、修正主义战斗！"

（手写批注：江青受到毛的支持）

（手写批注：针对"文艺为工农兵服务"邓小平提出："文艺为社会主义服务和文艺为人民服务"，即文艺为"双为"服务。）

一九六四年

1月1日 毛主席观看了豫剧《朝阳沟》，并接见了演出人员。

1月3日 刘少奇、邓小平以中央名义召开文艺座谈会，伙同彭真、周扬狼狈为奸，借口贯彻毛主席批示，实际上阴谋抗拒。

在刘、邓授意下，周扬在会上做了一个与毛主席批示大唱反调的发言。首先吹捧主子刘少奇，说："毛主席发了一个批示，实际上十中全会时少奇同志就已提出这个问题了。"并开脱自己："文联的报刊也提到反对修正主义资产阶级思想问题。"他掩盖文艺战线上严重的阶级斗争，把文艺界牛鬼蛇神的进攻说成是"大多数是认识问题"，"少数人要搞资产阶级、封建主义的方向"，把为资本主义复辟制造舆论说成是对"历史变化没有认识清楚"，"对阶级斗争缺乏敏感"，工作上"有时候抓的不紧"。接着他大肆诬蔑"大跃进时期领导文艺的方法是简单粗暴的"。他扯起"先立后破"的黑旗，叫嚷"新的不来旧的不去"，"中心还是有社会主义的好作品逐渐把旧的东西排挤掉"。极力反对戏剧革命，说什么"搞现代戏不要盲目追求数量"，"对历史传统戏不要偏废"，"外国的东西肯定要搬过来，不接受不行"。

刘少奇对周扬的发言赞赏备至，说他"讲的情况和意见都很好"。并亲自出马为毒草和牛鬼蛇神鸣锣开道，进行辩护，说什么"写大跃进不写缺点当然不好"，"要有一定的政治艺术水平才能拿出来"，"反对艺术上的教条主义……用芭蕾舞演《朝阳沟》行得通吗？"，"历史剧与外国剧应该挤在第二位……《团圆之后》要古为今用"，"（文艺界）绝大部分是认识问题，也有些是二心的，反党的，要进行批评，但不要象反右派那样"。他甚至提出，文艺工作者下农村"可以开大轿车去，作家可以在车上做饭睡觉"。

邓小平、彭真在一旁为刘少奇、周扬帮腔，叫嚷："表现将相智慧的也可以演"，"不要太急，不要降低质量"，"利用无产阶级专政强加于人，结果是不中不西，非驴非马！"

在这个会上，邓小平抛出了对抗毛主席批示的反革命修正主义文艺计划，要"统一认识，拟定规划，组织队伍"。

刘少奇、邓小平让周扬主持"代中央"起草一个所谓"中央文件"，阴谋发到全党，对抗毛主席的批示。

康生、江青同志在这次会上向刘少奇一伙进行了针锋相对的斗争。江青同志说："资本主义对我们的东西就更粗暴"，"现代戏求全很难"，"新剧目现在还没有一半，已经有人在叫要两条腿走路了"，"就是要允许一段非驴非马的东西"，"十四年的功夫，还搞古时的感情，这是个立场问题"。康生同志针对刘少奇等吹捧资产阶级"文学家"可以"改造人的灵魂"的谬论，驳斥说："我的灵魂要靠那些文学家改造？我不承认！"

1月 刘少奇在一次讲话中，对抗毛主席对文艺工作的批示。说什么："对历史戏外国戏全不演，有人会不高兴的。可以演一些，我们反对艺术的教条主义。"还说："古典剧目可以重编一下。《恶虎村》是好的。《恶虎村》中的黄天霸有教育意义。"

1月9日 彭真为了对抗毛主席和党中央，指使邓拓、李琪等人创办了内部刊物《文艺界情况》，搜集整左派的材料和反党的"资本"，为资本主义复辟做组织和思想准备。该刊共出七十二期，到一九六五年四月十日停刊。有些绝密材料，作为"增刊"，只发给彭真等九人。《增刊》文革续也未公开。

1月 为了抗拒毛主席批示，旧中宣部、旧文化部于一九六三年底突然通知新闻电影制片厂，要为"优秀影片"和"优秀摄影师"评奖，并于一九六四年一月匆匆忙忙举行"授奖大会"。陆定一、周扬、夏衍亲自出马鼓吹旧新闻电影制片厂的"成绩"，说它是"贯彻文艺为工农兵服务方向的标兵"、"红旗"。

与此同时，旧文化部和旧影协把一九六三年出产的故事片广泛组织观摩，扩大影响。观摩影片中有《北国江南》、《两家人》、《桃花扇》、《逆风千里》、《我们村里的年轻人》（续集）、《糊涂爹娘》等大毒草，均被吹嘘为电影创作的所谓成就。夏衍还决定把《北国江南》做为配合农村社会主义教育运动的重点片。

同月 江青同志带着毛主席的关怀和温暖，高举毛泽东思想的火炬来到中央乐团，点燃了交响音乐革命的烈火。她向乐团的革命同志大声疾呼："不能跟着'洋人'去死，一定要走自己的路。"并发出战斗号召："创造无产阶级的交响乐，创造工农兵的交响乐。"她热情地建议，把革命现代京剧《沙家浜》加工移植成交响音乐，培植革命交响乐的第一个样板。

2月 刘少奇、邓小平以"中央"名义发出《关于编印毛主席著作的批准手续的通知》，重申一九六三年七月旧中宣部文件所规定的"王法"，并进一步规定："凡要出版毛泽东著作的选本，必须报告中央，非经中央批准，不得印刷。"

2月3日 旧剧协举行黄色下流、腐朽透顶的"迎春晚会"，疯狂对抗毛主席批示，演出了一场群魔乱舞的丑剧。这次晚会是文艺界牛鬼蛇神丑恶灵魂的一次典型的大暴露。

3月——4月 部队文艺工作者揭发了"迎春晚会"的问题，陆定一、周扬慌忙布置旧文联及所属各协会进行为期十天的假"整风"。林默涵在布置假"整风"时，首先肯定了各协会的许多"成绩"，然后定调子说，问题是"对党的文艺方向有些模糊，贯彻不力，战斗性不强"，"存在衙门化的作风"，"联欢晚会节目不好，是个认识问题，不是政治问题"。他还公然提出"一般干部中的个人主义是工作中的主要障碍"，妄图转移目标。结果，旧文联及所属各协会党组关门开了几次会，高谈阔论一顿，没有碰到党内走资本主义道路当权派一根毫毛。这次假"整风"后，旧中宣部将旧文联各协会"整风报告"综合编写了一份《关于全国文联及所属各协会整风情况的报告》，妄图蒙骗毛主席和党中央。

3月 江青同志看了淮剧《海港的早晨》，认为该剧表现了码头工人的国际主义精神，亲自到码头调查研究后，建议上海京剧院将这一剧本改编为京剧。她指示：要加强国际主义豪情，要树立码头工人英雄形象。

改编时，刘少奇发出黑指示，要排斥英雄形象，强调"中间人物"，以所谓"培养接班人"为名，要描写为资本主义复辟服务的人物。

江青同志戳穿了这一阴谋。一九六五年春，她指出：这样改，成了中间人物转变的戏，必须重新改编。

3月——5月 周扬秉承刘、邓黑指示，主持起草《中央关于加强文艺战线的指示》。周扬为起草这个"文件"讲了十个问题，设想搞成"新十条"，进一步反对毛主席批示，反对提倡社会主义文艺。他胡说："哪些作品是社会主义的，是非社会主义的，很难说。老舍的《春华秋实》反资本主义，你能说它不是社会主义？"又说："有些东西不必加帽子，如工艺美术，杂技，不能说是社会主义的，但也不必说不是社会主义的"。他主张以后不要再提"文艺为社会主义服务"，叫嚷："讲适合社会主义需要，比讲为社会主义服务要好些。花鸟画，适合我们需要，我们就要，太多了，就不适合需要了。""适合社会主义需要，不一定是社会主义的。"公然篡改文艺为工农兵服务、为社会主义服务的方向。

五月十三日，周扬把亲自修改过的这个所谓"文件"（改为八条）印发"征求意见"。但作贼心虚，不久就下令全部收回。

3月 周扬策划下炮制的《中国现代文学史》（讨论稿）出笼。这部现代文学史全面系统地宣扬三十年代文艺"取得一次又一次的辉煌的战果"，吹捧"周起应（按：即周扬）坚持马克思主义观点"，胡说什么"国防文学"口号是响应"党和毛泽东同志关于建立抗日民族统一战线的号召"而提出的"无产阶级的口号"。

4月6日—5月10日 中国人民解放军第三届文艺会演大会在京举行。

五月九日，林彪同志听取了总政治部关于全军第三届文艺会演情况的汇报后，对部队文艺工作作了重要指示。他指出：

"无产阶级文艺的目的，就是要团结人民，教育人民，鼓舞革命人民的斗志；瓦解敌人，消灭敌人，进行兴无灭资的斗争。它是强有力的思想武器，是形象地、通俗地宣传马克思列宁主义、毛泽东思想的工具。

"我们的艺术作品，在内容上必须革命化、战斗化，必须以毛泽东思想为指针，反映现实生活，为工农兵服务，这是坚定不移的方向。在形式上要大胆创新，别出心裁，花样翻新，要敢想敢干，不怕人家说标新立异，要有创造性，要引人入胜，发人深思，要真正感染人，为人民所热爱。"

林彪同志提出：搞好创作，要作到"三结合"（领导、专业人员和群众）、"三过硬"（学习毛主席著作、深入生活和基本功）、"四边"（看、想、写和改）和"四比"（军区、全军、全国和世界水平）。

4月9日 刘少奇对一个外国文化代表团说："中国资本主义的，我们叫新民主主义时代的音乐、小说、诗歌、戏剧，在艺术水平上讲，不如封建时期的高，现在写的小说、剧本也常常不如封建时期的好，要么演戏就演帝王将相、才子佳人。"公开同毛主席的指示唱反调。

5月 刘少奇在人民大会堂一次会上

撫慰齊燕銘說："不要那麼緊張，你們就是新民主主義時期的思想，到社會主義深入時，思想跟不上。知道了，趕上來就好了。"唯恐他的黨羽嘍囉們在知道毛主席的批示以後，沉不住氣，敗露了他們的馬腳。

5月9日 毛主席在《浙江省七個關於幹部參加勞動的好材料》上作重要批示："階級鬥爭、生產鬥爭和科學實驗，是建設社會主義強大國家的三項偉大革命運動，是使共產黨人免除官僚主義，避免修正主義和教條主義，永遠立於不敗之地的確實保證，是使無產階級能夠和廣大勞動羣眾聯合起來，實行民主專政的可靠保證。不然的話，讓地、富、反、壞、牛鬼蛇神一齊跑了出來，而我們的幹部則不聞不問，有許多人甚至敵我不分，互相勾結，被敵人腐蝕侵襲，分化瓦解，拉出去，打進來，許多工人、農民和知識分子也被敵人軟硬兼施，照此辦理，那就不要很多時間，少則幾年、十幾年，多則幾十年，就不可避免地要出現全國性的反革命復辟，馬列主義的黨就一定會變成修正主義的黨，變成法西斯黨，整個中國就要改變顏色了。"在階級鬥爭十分複雜尖銳的關鍵時刻，我們的偉大領袖毛主席又一次向全黨、全國敲起了警鐘。

5月 舊文化部召開故事片廠廠長、黨委書記會議，貫徹四月份召開的文化工作會議精神。會上，周揚繼續反對"寫十三年"，說"我們不能割斷歷史"，"劃嚴一點，是以反映十三年為主，寬一點就包括二十八年的新民主主義革命"，"這就是我們文藝要反映的主體"。他反對文藝為政治服務，反對表現階級鬥爭，說"如果所有的影片全表現階級鬥爭也不好，大家看了會以為中國社會不安寧，不穩定"，要搞"政治性不太強"的作品，"打球、滑冰之類的輕鬆愉快的影片"。

會議決定把《小二黑結婚》、《全家福》等搬上銀幕。

5月16日 大毒草《逆風千里》在陶鑄、周揚、夏衍、陳荒煤的支持下出籠。一九六三年十二月二十九日，反革命兩面派陶鑄"怨臨"珠江製片廠，審查《逆風千里》。看後大聲叫好，並惡毒地說："我軍連個傷員都沒有？敵人都那麼草包？"陶鑄通過後，報舊文化部審查通過。這部影片一出籠立即受到康生同志的嚴厲批判。康生同志一針見血地指出："《逆風千里》的名字就是反動的！"反革命修正主義分子夏衍之流對康生同志的批判陽奉陰違、竭力抵制。舊文化部給康生同志寫了一個報告，欺騙康生同志，並搬出陶鑄來對康生同志施加壓力。康生同志專為此事打電話給陶鑄，再度指出《逆風千里》是反動的。陶鑄百般頑抗，說："這部片子，好是不好，但問題沒那麼嚴重，可以改一下。"

6月5日──7月31日 在毛主席的親切關懷下，在高舉毛澤東思想偉大紅旗的無產階級文化大革命的最勇敢的戰士江青同志的具體指導下，舉行了全國京劇現代戲觀摩演出大會。這次觀摩演出攻破了京劇這個最頑固的堡壘。京劇革命是我國無產階級文化大革命的偉大開端。

毛主席在會演期間和會演後觀看了《智取威虎山》（七月十七日），《蘆蕩火種》（七月二十三日），《奇襲白虎團》（八月十日），《紅嫂》（八月十二日），《紅燈記》（十一月六日）等京劇革命現代戲，並接見了全體人員。毛主席看過《蘆蕩火種》後指示：**要突出武裝鬥爭，改名為《沙家浜》**。

六月二十三日，開始舉行京劇現代戲觀摩演出人員的座談會。周恩來、康生、江青等同志參加。

周恩來同志講話，批評了"文藝八條"及文藝界對毛主席的方針不認真貫徹等問題，號召"在戲劇界掀起一個革命"，大學毛主席著作，深入生活實踐，提出"今後六年，藝術團體至少有三年即一半的時間在底下"。

江青同志在七月發表了題為《談京劇革

命》的重要讲话，用毛泽东思想阐述了京剧革命的伟大意义，发挥了毛主席的京剧革命的指导方针。这篇讲话，是运用马克思列宁主义、毛泽东思想解决京剧革命问题的一个重要文件。她指出："在共产党领导的社会主义祖国舞台上占主要地位的不是工农兵，不是历史真正的创造者，不是这些国家真正的主人翁，那是不能设想的事。我们要创造保护自己社会主义经济基础的文艺。在方向不清楚的时候，要好好辨清方向。"

江青同志强调："我们提倡革命的现代戏，要反映建国十五年来的现实生活，要在我们的戏曲舞台上塑造出当代的革命英雄形象来。这是首要任务。"这是因为我们为六亿几千万的工农兵服务，而不是为一小撮地、富、反、坏、右和资产阶级分子服务。

康生同志讲话，指出这次大会意义极为重大，是社会主义文化大革命的一个重要组成部分。

一贯反对京剧革命现代戏的彭真、陆定一、周扬、夏衍等反革命两面派，表面假装热心京剧改革，背地里破坏京剧现代戏的创作和演出。

彭真在会上讲话中恶毒攻击毛主席，说什么毛主席的"错误""一火车也拉不完"；攻击京剧现代戏"粗制滥造"，说什么现代戏还处在"穿开裆裤"和"吃手指头"的阶段，否定京剧改革已经取得的伟大成就。他还说："最近可以把那些古人戏稍微搁一搁……索性搞那么一段时期，把现代的革命戏演顺了手，那时，再同时演一部分古代人的戏也好。"与京剧革命现代戏的创举大唱反调。

陆定一在六月五日开幕式上讲话，说什么："我们从来不反对京剧演出一些好的传统剧目……，但是光有这些还不够。"极力贬低京剧革命现代戏在文化大革命中的战斗意义。

夏衍在六月四日答香港记者问，把帝王将相、才子佳人占领京剧舞台的方向问题，只说成是"有缺陷"，而"演现代戏，就是要弥补它的不足"，并宣扬革命现代戏与传统剧目、新编历史剧"三并举"，吹嘘传统剧目，与京剧革命对抗。

6月27日　毛主席针对刘少奇、邓小平、彭真、周扬一伙反革命修正主义分子统治文艺界的严重状况，在《中央宣传部关于全国文联和所属各协会整风情况的报告》上，再次作了极其尖锐、极其重要的批示："这些协会和他们所掌握的刊物的大多数（据说有少数几个好的），十五年来，基本上（不是一切人）不执行党的政策，做官当老爷，不去接近工农兵，不去反映社会主义的革命和建设。最近几年，竟然跌到了修正主义的边缘。如不认真改造，势必在将来的某一天，要变成象匈牙利裴多菲俱乐部那样的团体。"同时，毛主席揭露了他们假整风、真包庇的阴谋，在旧作家协会的"整风报告"上批道："写在纸上，不准备兑现的。"

毛主席的这一批示于七月十一日作为正式文件下达各级党组织。

7月2日　毛主席一九六四年六月二十七日批示，给了刘少奇、邓小平及其支持下的旧北京市委彭真为首的反革命修正主义集团和陆定一、周扬为首的反革命修正主义文艺黑线以致命的打击。周扬秉承刘少奇、邓小平旨意，慌忙部署，进行顽抗。他召集旧文联各协会和旧文化部负责人在旧中宣部开所谓文艺工作会议，名为传达毛主席批示，实际上疯狂抵制。他说："政治搞修的，至少领导集团还没有发现。"文化工作中的问题，"中宣部、文化部、各协会均是认识迟，有责任"，"有的人是官僚主义的，解决不了问题，我是这一种。有的人是感情爱好问题。""队伍，多数是好的，愿意搞社会主义，公开反对社会主义的少，这个估计不改变。"他做贼心虚地说"三十年代功劳不要讲了"，同时却又贼胆包天地撒下弥天大谎说"主席作了很高评价"，真不知人间有羞耻事！

7月初 夏衍下令要在七月份内宣传十部影片，其中包括大毒草《北国江南》、《青山恋》和未拍摄完成的毒草《浪涛滚滚》等，宣扬电影"成就"，，进一步对抗毛主席批示。

7月29日 康生同志在京剧现代戏观摩演出大会总结会上讲话，严厉批判了修正主义的坏作品，其中点名批判毒草影片《北国江南》，说这部影片可以改名叫"瞎了眼睛的共产党员"。他还指出，《大众电影》里面有好多问题，是根据中央精神为工农兵服务，还是为别的什么？

周扬在京剧现代戏观摩演出大会的"总结报告"中，继续负隅顽抗，百般掩盖文艺黑线，保护自己，包庇同党。他说："一九六一年起……我们有困难，工作上有缺点、错误……所以现代戏的高潮下去了"；"提出挖掘传统，抢救遗产，提倡流派、拜师等等，本身也是好的、对的"；他把夏衍向香港记者发表歪曲京剧革命的讲话，说成是"对京剧演现代戏估计不足"；他竭力为反党分子田汉、孟超开脱罪责，说《谢瑶环》"表现对今天社会的不满，不是说《谢瑶环》整个的都反动"，"《李慧娘》里表现的是反社会主义的情绪"，"不是说孟超同志是反社会主义"，并抚慰他们说："错了就错了。田汉、孟超不要紧张。"

7月—11月 周扬在刘邓与彭陆一伙指使下，导演了一场抗拒最高指示，牺牲车马，保存将帅，欺上瞒下，包庇坏人的假"整风"。抛出了夏衍、齐燕铭、陈荒煤、邵荃麟等人，进行了所谓"批判"，企图蒙混过关，从而掩盖刘、邓、彭的罪恶，为自己也捞取新的政治资本。

七月三日至十日，旧文化部党组开会"检查"，说文化工作中的主要错误是"对中央的方针、政策贯彻不力，执行不好"。

七月十一日，旧文化部及旧文联各协会假"整风"开场。开始只限少数负责人，后在广大群众压力下，逐步扩大到全体党员干部。

周扬安排齐燕铭、陈荒煤等在旧文化部，刘芝明在旧文联，刘白羽在旧作协担任"整风"组长。

七月六日，陈荒煤在"检查"会上竟大肆鼓吹"三年出现了新气象"，说三十年代电影"当时确实起了一些作用"。

七月十日，周扬为陈荒煤打气，说"不要认为问题了不起，很紧张"。

周扬、林默涵对旧作家协会提出：批判只限邵荃麟一人，只限文艺问题，只限"中间人物"，不准触及大连会议政治要害。结果，九月号《文艺报》上发表了一篇批判"写中间人物"的文章，就此草草收场。

旧文化部假"整风"，由于群众揭发而逐步深入，齐燕铭、夏衍等人相继"检查"。但由于党组成员互不认账，"总检查"未能搞成。群众极为不满，运动处于僵持。九月二十一日，旧中宣部组成调查组到旧文化部，"帮助打开局面"，控制局势。接着，齐燕铭篡改广州会议档案，夏衍修改发言记录，群众更为愤怒。周扬被迫于十月再派工作组，亲自打头阵，宣布整风"是人民内部矛盾"，"主要是弄清思想"，规定不贴大字报，不开大会，对旧中宣部的意见不登简报。

十一月二十四日旧文联各协会的假"整风"收场，周扬作了总结报告，掩盖这些裴多菲俱乐部的反革命政治问题，说什么文化部门的错误在"十中全会后就开始纠正了"，并美化自己说"我的错误和你们（指夏衍等人）的路线错误不同"，是"没有经验"。

8月 毛主席在关于公开放映和批判影片《北国江南》、《早春二月》的报告上批示："**不但在几个大城市放映，而且应在几十个至一百多个中等城市放映，使这些修正主义材料公之于众。可能不只这两部影片，还有些别的，都需要批判。**"这是向解放以来被文艺黑线专政的电影阵地开火的战斗动员令。但在刘少奇支持下，陆定一、周扬、夏衍、林默涵等，抗拒毛主席的这一指示，使那些流毒全国的修正主义电影，一直没有得到认真的批判。

9 月 彭真召集"五人小组"会。陆定一采取丢车保帅的手法，把杨献珍、田汉、夏衍、邵荃麟等假骂一通。说"文艺八条"错误在于"没有专门一条讲党的领导"，旧中宣部的错误仅仅是"迟钝"。此后，又为夏衍等人开脱，说他们是"糊里糊涂走上那条路"。

9 月 8 日 周扬、林默涵在旧中宣部召集刘白羽、张光年等开会布置假批判，陈荒煤竟被指定为电影批判的负责人之一。林默涵说："有些人只是一时的错误，不必批判"，"彭真同志认为这些人不说错话是不可能的，这些人的本意不一定要反革命"。周扬说自己的错误只是"牛鬼蛇神出来了没有看见"，"我们没有写具体文章是一个错误"。

9 月 27 日 毛主席在中央音乐学院一个学生写的一封信上批示："**信是写得好的，问题是应该解决的。**""**古为今用，洋为中用。**"这是毛主席对艺术教育及文艺界存在的严重问题的又一次重要指示。陆定一、林默涵仍然百般抵制，拒不执行。

10 月 大毒草影片《兵临城下》在国庆节上映。此影片经邓小平审查，认为没有什么问题。周扬、陈荒煤等更是拍手喊好，选为国庆上映片目。

陈伯达同志看后，指出该片存在严重问题。以后旧文化部不得不通知停映。

10 月 6 日 毛主席观看了大型音乐舞蹈史诗《东方红》，并于十月十六日接见了全体演出人员。

10 月 8 日 毛主席观看了我国第一个革命芭蕾舞剧《红色娘子军》以后，热情鼓励："**方向是对的，革命是成功的，艺术上也是好的。**"

10 月 9 日 林默涵匆匆忙忙跑到北京芭蕾舞剧团，他封锁了毛主席对《红色娘子军》的最高指示，却恶毒地污蔑："《红色娘子军》只能说是象一个襁褓中吃奶的婴儿"，说什么"丑媳妇总是要见公婆的"等等，企图抵消毛主席观看演出的巨大政治影响。

10 月 16 日 我国在西部地区成功地爆炸了第一颗原子弹。这是毛泽东思想的伟大胜利！

10 月 18 日 毛主席观看了歌剧《江姐》，并接见了全体演出人员。

11 月 7 日——12 月 29 日 全国少数民族群众业余艺术观摩演出大会在北京举行。毛主席于十一月二十七日接见了大会代表。

11 月 27 日 陆定一在旧中宣部办公会议上依然叫嚣，"中间人物可以写，包括神仙、鬼、寓言都可以写"。

12 月 江青同志贯彻毛主席的指示，向陆定一、周扬等人指出：《林家铺子》、《不夜城》、《逆风千里》、《红日》、《革命家庭》、《球迷》、《两家人》、《兵临城下》、《聂耳》等一大批影片，有反动、反革命、资产阶级、修正主义思想、低级趣味，都应当批判；批判了可以达到思想经济双丰收。陆、周等人秉承彭真旨意，拒不执行毛主席的指示，把原订批判十部坏影片的计划否定了，只许批判《不夜城》和《林家铺子》两部。

同月 周恩来同志在第三届全国人民代表大会第一次会议上，强调指出："必须把思想文化战线上的社会主义革命进行到底！"

12 月 29 日 林彪同志对部队工作作了重要指示，指出：一九六五年的工作"要突出政治、大力加强政治思想工作，大抓毛主席著作的学习，在全军掀起一个更大、更广泛的学习毛主席著作的高潮，把毛主席著作当作最根本的必修课。"

一九六五年

1月14日 毛主席亲自主持制定的《农村社会主义教育运动中目前提出的一些问题》,即"二十三"条,在全国发布,宣告了刘少奇在社会主义教育运动中推行的形"左"实右的反动路线的破产。在这个社会主义革命的纲领性文件里,毛主席再次强调了社会主义时期的阶级斗争学说,着重指出:"**忘记十几年来我党的这一条基本理论和基本实践,就会要走到斜路上去。**"

1月 江青同志在上海市委关于几部影片上映问题的请示报告上批示:不要为坏影片遮丑,坏影片上映前不要修改,以供批判。周扬却告诉上海有关部门,说他已同彭真、罗瑞卿商量过,同意对坏影片作些修改再上映。结果,《不夜城》、《午台姐妹》等毒草影片上映前都作了修改、美化。

1月22日 江青同志建议旧文化部召开摄影工作座谈会。她在会上指示,要为无产阶级政治服务,为社会主义革命和社会主义建设服务,为工农兵服务。并提出要破导演唯我独尊,即"导演中心制"。

江青同志还批评旧文化部在提倡抽象派,说:周扬你是管文化的,也有责任。

1月26日 周恩来同志找旧文化部负责人谈话,指出影片生产首先要能解决方向问题,并要提高质量。可以搞些艺术性记录片。并说,我提的是艺术性记录片,现在怎么变成了记录性艺术片。

林默涵传达周恩来同志指示时,公然对抗说,拍摄艺术性记录片和记录性艺术片都可以,二者表现形式不同,各有长处。

1月——2月 在毛主席指示下,对杨献珍的"合二而一"论、周谷城的"时代精神汇合"论等反动观点和一批坏电影、坏作品的群众性的批判正在展开。刘少奇、邓小平、彭真、陆定一、周扬一伙对这一批判运动万分恐惧和仇视,千方百计地把它拉向右转。

2月22日 陆定一假借向旧中宣部"传达""二十三条",他提出:"不要随便给人戴资产阶级帽子","有些资产阶级的口号,如典型、形象思维等,我们还是要用的"。他希望夏衍"能写出好作品来,有一个好的晚年"。

2月23日 周扬召集旧文联各协会和主要报刊负责人谈话,布置对群众性的批判"大刹车"。他借口"贯彻""二十三条"精神,攻击群众性批判的"批判面太宽了",叫嚷"对群众评论……不能犯尾巴主义"。指责这个时间发表的批判文章"打空炮","教条主义"、"罗织罪状"、"片面性和绝对化"等等。提出对夏衍、田汉"要有历史观点","要一分为二","政治与学术要分开"。并威吓说:"防止片面性是党性问题。"他还肯定《林家铺子》也有"积极作用",说林老板也是"被剥削者"。

2月下旬 彭真公然包庇右派,扼杀批判运动,把矛头针对左派,说什么"文艺界要除'三害':形而上学,自以为是,个人主义"。

2月22日 江青同志在一封信中对电影工作作了重要指示:"为了彻底解决目前这种资本主义、修正主义的经营管理方式,我建议认真解剖一个麻雀(制片厂),废除导演中心制,实行党的民主集中制,所有创作人员都参加讨论,然后把好的,正确的意见集中起来,由导演执行,不妥和不正确的意见,可以解释和批评。"这一指示被旧文化部一小撮反革命修正主义分子扣压到七月才交电影局"研究"。

3月3日 刘少奇、邓小平炮制中央书记处会议记要。这个文件说一九六四年以来学术文艺战线上批判资产阶级"权威"的革命搞"过火"了,"妨碍了创作繁荣";要赶紧"刹车"。

在这次会上,邓小平公开为毒草作品大开绿灯,不许群众起来剿除毒草,说什么:

"文艺作品演戏只演兵，只演打仗的。电影哪有那么完善？！这个不让演，那个不让演"，"有人就是想靠批判别人出名，踩着别人肩膀自己上台"。

会议纪要下达后，报刊上的批判大部分停下来了。接着，党内外刮起了一股对一九六四年批判运动的翻案风，攻击群众批判是"爆破组"、"人海战术"、"以空论对空论"等等。

4月　江青同志在上海再度领导了革命现代京剧《智取威虎山》的加工、提高的工作。她对创作、演出人员指出：一切艺术，不为资产阶级服务，就为无产阶级服务。京剧原来是演帝王将相，为封建主义、资产阶级服务的。原封不动地拿来为无产阶级服务是不行的。要改造，就要有革命的人，有披荆斩棘的人。我们要走自己的路，我们的艺术要在世界上起作用。我们要有雄心壮志，要替全国人民着想，要为全世界还在受压迫的人民着想。她要求创作、演出人员努力学习毛主席著作，深入部队学习解放军，实现思想革命化。她要求以"革命的干劲"，精益求精，把《智取威虎山》加工、提高成革命样板戏。在毛泽东思想的光辉照耀下，经过江青同志、演员以及广大革命群众的共同努力，《智取威虎山》成为京剧革命中鲜红的花朵。

江青同志亲手培植的京剧《红灯记》、《智取威虎山》、《沙家浜》、《海港》、《奇袭白虎团》芭蕾舞剧《红色娘子军》、《白毛女》，交响音乐《沙家浜》等八个样板戏，突出地宣传了光焰无际的毛泽东思想，突出地歌颂了历史的主人翁工农兵。它贯串着毛主席的文艺为工农兵服务、为无产阶级政治服务的革命文艺路线，体现了"**百花齐放**""**推陈出新**""**古为今用**""**洋为中用**"的正确方针，做到了"**革命的政治内容和尽可能完美的艺术形式的统一**"，成为"**团结人民、教育人民、打击敌人、消灭敌人的有力的武器**"。这些样板戏的出现标志着反革命修正主义文艺黑线的破产和无产阶级文艺新纪元的开始，这是无产阶级革命文艺史上具有划时代意义的光辉的新篇章。

4月15日——16日　周扬在旧文化部党员干部大会上作"整风"总结报告，宣布假"整风"结束。

周扬在报告中，把一场大骗局美化成是"符合'二十三条'的，符合主席思想、中央精神的"，吹嘘"假整风""是文化部历史上的转折点，由资产阶级文化部转变为无产阶级文化部"。他竭力掩盖黑线，包庇同党，保护自己。说自己的问题是"觉察迟了，行动慢了。有认识问题，也有官僚主义"。说夏衍、齐燕铭等"都是马列主义，一向反对修正主义"，只是"在三年困难时期，资产阶级又一次向党进攻的时候，他们是文化方面的代理人"，"我们批评了这些同志，党并没有把他们当右派看待。同他们的矛盾、斗争，仍然是人民内部矛盾、党内斗争"。他还为"文艺八条"辩解，说它"反对文化工作中间的一些简单粗暴现象，现在看这是对的"；继续散布修正主义的"全民文艺"论；恶毒地把他们的罪责推到以毛主席为首的党中央身上，说"中宣部不过是中央的一个办事机关……不能代替中央指挥"。

此后，周扬又匆忙把他的"整风"总结报告作了修改，以中宣部名义报送中央。

5月　旧文化部改组，成立所谓"新党委"。陆定一任部长，肖望东任副部长兼党委书记。肖望东是刘、邓的亲信，是陆定一通过罗瑞卿，经刘邓批准从南京军区调来的。

7月13日　彭真把持的"五人小组"听取和讨论了肖望东的旧文化部汇报提纲。彭真、陆定一、周扬在会上大反学习毛主席著作，大反演革命现代戏。康生同志与他们进行了针锋相对的斗争。

7月29日——8月13日　旧文化部在北京召开故事片规划会议。

八月十一日，周恩来同志到会作了报告，

指出：二十三年来，没有认真贯彻毛主席《在延安文艺座谈会上的講話》，强调必须坚持贯彻毛主席的文艺方向，必须大力改造队伍，要认真拍摄艺术性纪录片，反映新时代中的新人新事。

8月　刘少奇、邓小平又一次炮制中央书记处会议纪要。这个文件鼓吹学习毛主席著作要"推行自愿原则"，说"不能卡得太死，不能千篇一律，不要搞形式主义，不要形成社会强制"。邓小平并在团中央一次会上攻击群众学习毛主席著作运动。

9月6日　刘少奇、邓小平主持中央政治局会议，召集彭眞、周扬、肖望东等人讨论反攻倒算的黑纲领《文化部党组关于当前文化工作中若干问题向中央的汇报提纲》。

会上，周扬攻击毛主席的指示使"知识分子紧张得不得了，文章不敢写，画也不敢画了，连《马儿，你慢些走》这首歌也不准唱了"。刘少奇当卽鼓励周扬说："是不是你也有点害怕？"要周扬把这些也写入提纲，并再次把文艺界的尖銳的阶级斗争说成是认识问题，给夏衍、齐燕铭开脱。

9月10日——27日　旧文化部召开全国文化局（厅）长会议。

彭眞、陆定一、周扬、肖望东等在会上大肆放毒。他们把夏衍、阳翰笙等人请上主席台。

彭眞在讲话中恶毒攻击毛主席，叫喊："在眞理面前人人平等，管你什么党中央的主席。""错误人人有份。"

陆定一在会上大反斯大林。

周扬的讲话恬不知耻地吹嘘他策划的这次"整风"，是毛主席《在延安文艺座谈会上的講話》之后又一次伟大的革命运动。他"安慰"遭到批判的反党分子说："不要老是想到我挨了批评，批评得多一点，过重……总是有的。"暗示他们可以翻案。

1965·9——

毛主席亲自发动了对反党反社会主义的吴晗及其《海瑞罢官》的批判。我国无产阶级文化大革命群众运动的舆论准备阶段，从此开始了。

《林彪同志委托江青同志召开的部队文艺工作座谈会纪要》，同彭眞反革命修正主义集团秉承刘少奇旨意炮制的《汇报提纲》，是两个根本对立的文件。它们的产生，是以毛主席为代表的马克思列宁主义路线，同以刘少奇为代表的修正主义路线的一场惊心动魄的斗争。

毛主席主持制定的伟大历史文件《通知》，提出了无产阶级文化大革命的理论、路线、方针和政策，粉碎了彭眞反革命修正主义集团妄图破坏无产阶级文化大革命、实现资本主义复辟的阴谋，吹响了无产阶级文化大革命的号角。文艺界的无产阶级革命派同革命的工农兵、革命的知识分子一道，推翻了旧中宣部、旧文化部、旧北京市委在文艺界实行的资产阶级专政，摧毁了反革命修正主义文艺黑线，揪出了文艺黑线的总后台党內最大的走资本主义道路当权派刘少奇。

一九六五年

9月——10月　毛主席在中央工作会议期间的一次政治局常委扩大会议上提出："中央出了修正主义，你們怎么办？很可能出，这是最危險的。""必须批判资产阶級的反动思想。"并当面指示彭眞，要批判反动的资产阶级"权威"吴晗，批判他的反党反社会主义的《海瑞罢官》。

1965年11月10日　《文汇报》发表姚

文元同志的文章《评新编历史剧〈海瑞罢官〉》，开始了无产阶级文化大革命群众运动的舆论准备阶段。这篇文章是江青同志在毛主席支持下，组织张春桥、姚文元等同志经过了七、八个月的反复修改写成的。

11月11日——29日 姚文元同志的文章发表后，立即受到全国广大革命人民的坚决支持与热烈响应。

刘少奇、邓小平拒不执行毛主席的重要指示，指使旧北京市委、旧中宣部、旧文化部进行顽抗。彭真、周扬下令北京方面所有的报纸不转载姚文元同志的文章。《北京日报》社长、反革命修正主义分子范瑾两次质问《文汇报》发表姚文元同志文章的背景是什么。

十一月二十四日，根据毛主席的指示，上海新华书店出版姚文元同志文章的单行本，急电全国新华书店，征求订购数字。各地均有回电，唯北京奉命不复。

11月18日 林彪同志对中国人民解放军一九六六年工作作重要指示，提出继续突出政治的五项原则，强调指出："活学活用毛主席著作，特别要在'用'字上狠下功夫，要把毛主席的书当作我们全军各项工作的最高指示。"

11月28日 在周恩来同志的督促下，彭真被迫应付，召集会议商讨转载姚文元同志的文章问题。会上邓拓说："吴晗有些紧张，因为他知道这次批评有来头。"彭真说："什么来头不来头，只问真理如何，在真理面前人人平等。"露骨地把攻击矛头指向毛主席。

11月29日 周扬在全国青年业余文学创作积极分子大会上作报告，极力抵制毛主席关于批判资产阶级代表人物的重要指示，只字不提关于《海瑞罢官》的批判，对十六年来文化战线上的阶级斗争进行了肆意的歪曲和捏造，把自己打扮成毛主席文艺路线的执行者。他公然卑鄙地把毛主席一九六四年六月的批示篡改为"一些重要文化部门的领导，一些文艺刊物，基本上不执行党的政策，不去接近工农兵，不去反映社会主义的革命和建设"，妄图掩盖修正主义文艺黑线的罪恶。

11月29日 《解放军报》转载姚文元同志的文章，"编者按"明确指出：《海瑞罢官》是一株大毒草。

同一天，《北京日报》转载姚文元同志的文章，加了一个提出要"不同的意见展开讨论"的"编者按"，搞纯学术讨论。这个"编者按"是彭真授意并定稿的。

11月30日 《人民日报》在第五版《学术研究》栏内转载姚文元同志的文章。彭真写的编者按说，要就如何"对待历史人物和历史剧的问题进行辩论"。周恩来同志与彭真斗争，在编者按最后一段加上了毛主席的话："同那些反马克思主义的东西进行斗争，就会使马克思主义发展起来。"

12月8日 《红旗》杂志发表戚本禹同志的文章《为革命而研究历史》。

12月12日 向阳生的《从〈海瑞罢官〉谈到道德继承论》出笼。这是彭真指使邓拓写的并经彭真修改的假批判、真包庇的大毒草。

12月14日 彭真在国际饭店召开旧北京市委常委会，当面为吴晗撑腰打气："你是民主教授，错的就改正，对的就坚持，坚持真理，修正错误，你有什么话都可以谈。"

12月21日 毛主席在杭州和陈伯达、戚本禹、艾思奇等同志谈话，指出：戚本禹的文章（指《为革命而研究历史》）很好，我看了三遍，缺点是没有点名。姚文元的文章（指《评新编历史剧〈海瑞罢官〉》）也很好，对戏剧界、历史界、哲学界震动很大，缺点是没有击中要害。《海瑞罢官》的要害是罢官，嘉靖罢了海瑞的官，我们也罢了彭德怀的官，彭德怀就是海瑞。毛主席还指出：《清宫秘史》有人说是爱国主义的，我看是卖国主义的，彻底的卖国主义。

12月22日 毛主席同康生、杨成武同志谈话，彭真也在场，毛主席再次指出《海瑞罢官》的要害是罢官。彭真为吴晗辩护："据调查，吴晗与彭德怀没有组织联系"，"吴晗不是政治问题"。

12月24日 彭真要求与毛主席单独谈话。谈话后彭真造谣说："毛主席说的，'吴晗问题两个月后下政治结论'。"

12月26日 彭真责问上海的同志："发表这样的文章（指姚文元同志的文章）也不打个招呼，你们的党性哪里去了？"

12月27日 彭真指示《北京日报》发表吴晗的"自我批评"，并让《人民日报》转载，企图保护吴晗过关，制造对《海瑞罢官》的批判快要收场的假象，妄想使这场严重的政治斗争半途夭折。

12月29日 周扬、林默涵亲自组织人马写清官问题的文章，署名方求，在《人民日报》发表，继续玩弄用"学术问题"冲淡、掩饰政治要害的把戏。

12月31日 彭真要范瑾"找一批与吴晗观点相同的文章，放手放"，企图混战一场。

12月 长篇小说《欧阳海之歌》出版。作者金敬迈同志遵循毛主席的教导，长期深入连队，塑造了在毛泽东思想直接哺育下成长的共产主义新人的光辉形象。显示出中国人民解放军在林彪同志的正确领导下，高举毛泽东思想的伟大红旗，取得了伟大的成就。这部划时代的伟大作品受到广大工农兵读者热烈欢迎。

一九六六年

1月2日 彭真召集文教、报刊、北京市和部队的有关负责人开会。会上胡绳传达毛主席和陈伯达同志的讲话，有意隐瞒毛主席指示的《海瑞罢官》的要害。当场康生同志指出，毛主席讲了《海瑞罢官》的要害是罢官。彭真跳出来对抗，公开反对毛主席的指示，吹捧吴晗是"左派"，并指责《解放军报》转载姚文元文章所加按语妨碍了"放"。

1月4日 陆定一在旧中宣部阎王殿召开黑会，竭力反对毛主席关于《海瑞罢官》的要害是罢官的指示，妄图把这场惊心动魄的阶级斗争变成纯学术的讨论。他说："社会科学、文学方面题目多得很"，接着提出一串题目，还说："解决这些问题要一二百年。"

1月9日 彭真批发毛主席一九六五年十二月二十一日谈话纪要，隐瞒了《海瑞罢官》的要害问题，歪曲毛主席的指示说："毛主席认为吴晗两个月可以定案。"

1月17日 戚本禹同志的《〈海瑞骂皇帝〉和〈海瑞罢官〉的反动实质》等抓《海瑞罢官》要害问题的文章先后写成，被旧中宣部阎王殿扣压。

同时，许立群召集北京《人民日报》、《北京日报》、《光明日报》和《红旗》、《新建设》、《前线》等报刊会议，布置"批判"的问题，说："今后三报三刊的文章都要审查，《红旗》可暂不搞。"

1月23日 刘少奇、彭真盗用中央名义批转了《文化部党委关于当前文化工作中的若干问题向中央的汇报提纲》。这个汇报提纲是在彭真授意下，由肖望东起草，并经刘、彭、陆、周扬反复讨论、多次修改炮制出来的。提纲吹捧刘、彭、陆、周，包庇反革命修正主义分子，是进行资本主义复辟的宣言书。

2月2日——20日 江青同志根据林彪同志的委托，在上海主持召开部队文艺工作座谈会，写成了《座谈会纪要》。它用光焰无际的毛泽东思想，回答了社会主义时期文化革命的许多重大问题。它坚持和保卫了毛主席提出的文艺为工农兵服务、为无产阶级政治服务的方向，具体地阐明了无产阶级专政的整个历史时期文艺在复辟和反复辟斗争中的重大作用，有力地打击了刘少奇支持下的反革命修正主义文艺黑线。

2月3日 彭眞擔任組長的"文化革命五人小組"召開擴大會。

彭眞在會上散發了七個攻擊左派的材料，並說，"已查明吳晗和彭德懷沒有聯系"，"鄧拓也是左派"。他叫嚷：現在有些文章火氣大，妨礙自由討論，是一個偏向，不能發展下去。他再三強調不准把對吳晗的批判同廬山會議聯系起來。

會上，陸定一、許立群、胡繩、吳冷西、鄭天翔等也都是同一腔調。

康生同志嚴正指出：根據毛主席的指示，同吳晗的鬥爭是兩個階級、兩條路線的鬥爭，不要打擊左派，要保護左派，依靠他們組織我們的批判隊伍，要把鬥爭鋒芒針對吳晗，要揭露吳晗的政治問題、要害問題，要聯系廬山會議的背景來批判。並斥責許立群"不收集吳晗的材料，卻專門收集左派的材料"。

2月3日—7日 彭眞反革命修正主義集團在劉少奇的支持下，在北京精心炮製《關於當前學術討論的匯報提綱》。彭眞叫許立群、姚溱起草。

二月四日，許立群、姚溱秉承彭眞的旨意，在釣魚台背著同住一樓的康生同志，起草五人小組《關於當前學術討論的匯報提綱》，即《二月提綱》。《提綱》祭起了"放"、"在眞理面前人人平等"、"先立後破"、"不要局限於政治問題"等法寶，顛倒敵我關系，攻擊左派，包庇右派。這是一個反對馬克思列寧主義、毛澤東思想的反革命綱領，是一個復辟資本主義、反對無產階級專政的綱領，是一個破壞無產階級文化大革命的綱領，是一個徹頭徹尾的修正主義綱領。

二月五日，彭眞在《提綱》上批道："此件由於時間倉促，來不及在五人小組內部傳閱和商榷。"

當天下午，在劉少奇家裡，由劉親自主持開會討論《提綱》。由不是"五人小組"成員的許立群、胡繩匯報，彭眞插話。劉少奇、鄧小平表示同意彭眞的意見。最後，彭眞問："是否按照提綱向主席匯報？"劉少奇說："就這樣匯報。"

2月8日 彭眞向毛主席匯報。毛主席先後兩次問他："吳晗是不是反黨反社會主義？"彭眞輕描淡寫地說："從當時思潮上看，他不是站在社會主義一邊。"而事後他卻造謠：毛主席認為吳晗不是反黨反社會主義。

彭眞污蔑解放以來毛主席領導的對資產階級意識形態批判運動是虎頭蛇尾，沒有結論，說這一次要做政治結論。毛主席批駁了他，指出對資產階級意識形態的鬥爭是長期的階級鬥爭，絕不是匆促作一個結論就可以解決的。彭提出要整左派的風，毛主席說："這個問題三年以後再談。"

匯報完後，彭眞撒謊說毛主席已經同意把提綱發給全黨。實際上，匯報過程中始終未提出這個問題，在這之前，彭眞根本未讓毛主席看過《提綱》。

2月12日 彭眞等在劉少奇支持下，盜用中央名義，將《提綱》加了批示，說"中央同意"，"望照此執行"，發到全國各級黨組織。

2月18日 許立群、胡繩召集北京學術界和各報刊負責人開會，傳達反革命《匯報提綱》。會後分四個組討論，鄧拓被指定為第一組召集人。

2月底起 在毛主席指示下，《紅旗》雜志陸續發表批判吳晗、翦伯贊的文章。

3月1日 彭眞吹噓他的《提綱》是"偉大的綱領性文件"。許立群也吹捧《提綱》是"思想鬥爭的二十三條"，是"解放後歷次文化革命的總結"。

3月11日 上海同志問舊中宣部，《提綱》中的"學閥"是否有所指？彭眞要許立群回答："我彭眞說的學閥沒有具體指什麼人，是阿Q，誰頭上有疤疤就是誰。你們發表姚文元的文章為什麼不給中宣部打招呼？"说到这里，彭真怒气冲冲地说：你们的"党性到哪里去了？"

3月17日——20日 毛主席在中央政治局常委会上指出：以前对知识分子包下来的政策，有利也有弊，现在许多文化部門被资产阶级知识分子掌握实权。许多文化部門要问到底掌握在哪些人手中？吴晗、翦伯赞是党员，也反共，实际上是国民党。对这些资产级阶学术"权威"，要进行切实的批判。要培养自己的年青的学术权威，不要怕青年人犯"王法"。不要扣压他們的稿件。

3月 周扬、林默涵见势不妙，在《人民日报》和《文艺报》上地出《田汉的戏剧主张为谁服务》、《评夏衍的〈电影论文集〉》的假批判。写作过程中，周扬见文章说夏衍是"含着眼泪鞭挞小资产阶级知识分子"，便说，"这个问题应该大大地发挥"，借以掩盖政治的实质。

3月19日 林彪同志就工业交通战线活学活用毛主席著作写的一封信指出：我国七亿人口需要有一个统一的、革命的、正确的思想，这就是毛泽东思想。（按：此信六月十九日发表于《人民日报》）

3月22日 林彪同志写信给军委负责同志，指出《部队文艺工作座谈会纪要》，"经过主席三次亲自审阅修改，是一个很好的文件，用毛泽东思想回答了社会主义时期文化革命的许多重大问题，不仅有极大的现实意义，而且有深远的历史意义。"

林彪同志指出，"十六年来，文艺战线上存在着尖锐的阶级斗争，谁战胜谁的问题还没有解决。""这是在意识形态领域里极其广泛、深刻的社会主义革命，搞不好就会出修正主义。"他号召"必须高举毛泽东思想伟大红旗，坚定不移地把这一场革命进行到底。"

《纪要》是与彭真的《汇报提纲》针锋相对的文件。

3月30日 中央军委批准《纪要》，发出命令，要"部队必须坚决贯彻执行"，

并上报中央，請审批。此件被彭真扣压。

3月28日——30日 毛主席多次和康生、江青、张春桥等同志谈话，批评所谓《五人小组汇报提纲》（即《二月提纲》）混淆阶级界限，是非不分，压制群众，束縛群众，包庇坏人。指出搞这个提纲是错误的。毛主席说：一九六二年十中全会作出了决議，为什么吴晗写了那么多反动文章，中宣部都不要打招呼，而发表姚文元的文章却偏偏要跟中宣部打招呼呢？难道中央的决議不算数吗？毛主席指出，扣压左派稿件，包庇反共知识分子的人是大学閥，中宣部是閻王殿。要打倒閻王，解放小鬼！毛主席还说：去年九月間我问一些同志中央出了修正主义怎么办？这是很可能的，也最危險。我历来主张，中央机关做坏事，就要号召地方造反，向中央进攻。地方要多出几个孙悟空，大閙天宫。

4月 为了贯彻彭真的《二月提纲》，进一步玩弄以"立"抗破的反革命手法，林默涵、刘白羽召开了全国专业作家创作座谈会。这是与二月間林彪同志委托江青同志召开的部队文艺工作座谈会针锋相对、大唱反调的一个黑会。

四月七日，林默涵剽窃中央尚未正式批转的《纪要》，并作了严重歪曲，在会上报告，为三十年代文艺黑线辩护。

4月9日——12日 中央书记处开会，周恩来同志参加。康生同志传达毛主席三月底的讲话，并系统地批判彭真在文化大革命中一系列错误。陈伯达同志从民主革命和社会主义革命的问题上批判了彭真。彭真在会上进行狡辩。

4月 旧中宣部发出通知，被迫地提出要对《舞台姐妹》、《两家人》、《兵临城下》、《桃花扇》、《阿诗玛》、《逆风千里》、《球迷》七部影片进行批判。通知中给每部影片都定了很低的掩盖政治问题的调子。

4月10日 中共中央批发了《林彪同

志委托江青同志召开的部队文艺工作座谈会纪要》。指出：这是一个很重要的文件，"适合于整个文艺战线"，各级党委要"贯彻执行"。

《座谈会纪要》指出：在社会主义阶段，文化战线上存在着"两个阶级、两条路线的斗争，即无产阶级和资产阶级在文化战线上争夺领导权的斗争。"文艺界在建国以后，"被一条与毛主席思想相对立的反党反社会主义的黑线专了我们的政。""只要我们不抓，很多阵地就只好听任黑线去占领，这是一件严重的教训。""我们一定要根据党中央的指示，坚决进行一场文化战线上的社会主义大革命"，把思想文化阵地"全盘的系统的抓过来"。《座谈会纪要》高举毛泽东思想伟大红旗，对当前文艺战线上阶级斗争的许多根本问题作了正确的分析，提出了一系列正确的方针、政策。

4月16日 毛主席召开中央政治局常委会议讨论彭真的问题，撤消"五人小组"。

同日，彭真下令《北京日报》抛出《关于"三家村"和〈燕山夜话〉的批判》材料和《前线》、《北京日报》"编者按"。这个"编者按"是按彭真意见写出并由他最后定稿的。中央识破了这个丢车马、保将帅、假批判、真包庇的大阴谋，通知各报不予转载。

4月18日 《解放军报》发表社论《高举毛泽东思想伟大红旗，积极参加社会主义文化大革命》。社论是根据《部队文艺工作座谈会纪要》写成的，全面阐述了《纪要》精神，第一次公开揭露批判了文艺黑线。

4月30日 周恩来同志在欢迎阿尔巴尼亚党政代表团大会上的讲话中指出："一个具有伟大历史意义的社会主义文化大革命，目前正在我国兴起"，"这是现阶段我国社会主义革命深入发展的关键问题，是关系全局的问题，是关系到我们党和国家命运前途的头等大事。"

5月4日 中央政治局常委讨论彭真、陆定一、罗瑞卿、杨尚昆反党集团问题，全面揭开了刘、邓支持下的反革命政变集团的盖子。

《解放军报》发表社论《千万不要忘记阶级斗争》，指出：当前一小撮反党反社会主义分子对我们进攻具有打着"红旗"反红旗的新特点，对此必须要有足够的认识和高度的警惕。

5月7日 毛主席写信给林彪同志，指出，无论是解放军指战员、工人、农民、学生，还是商业、服务行业、党政机关的工作人员，都要学政治、学军事、学文化，都要批判资产阶级，都要以本业为主，兼做别样，都要培养成为具有无产阶级觉悟的，全面发展的共产主义新人。

毛主席的这个英明指示，给我国无产阶级文化大革命指明了前进的方向，是完成斗批改这个伟大历史任务的强大思想武器。

5月8日 《解放军报》、《红旗》等报刊开始连续发表高炬、戚本禹等同志的文章，揭露《前线》、《北京日报》、《北京晚报》的资产阶级反动立场，揭露旧北京市委反革命修正主义集团的丑恶面目。

5月10日 《解放日报》、《文汇报》发表姚文元同志的文章《评"三家村"》，对邓拓等一小撮反党分子及其支持者进行了全面的批判。新华社上海分社以急电全文发布这篇文章，全国各报刊立即转载。

5月16日 中共中央发出五月十六日《通知》。这是毛主席亲自主持下制定的伟大的历史文件。《通知》提出了无产阶级文化大革命的理论、路线、方针和政策，粉碎了彭真反革命修正主义集团破坏无产阶级文化大革命、妄图实现资本主义复辟的阴谋，吹响了无产阶级文化大革命进军的号角。

这个伟大文件，创造性地发展了马克思列宁主义，解决了无产阶级专政下的革命问题。

《通知》宣布撤消五人小组及共《二月提纲》，重新设立文化革命小组，直属于政治局常委之下。

《通知》全面系统地批判了《二月提纲》，揭露彭真一伙的反革命行径和《二月提纲》的反革命实质。

在《通知》中，毛主席号召我们：全党必须"高举无产阶级文化革命的大旗，彻底揭露那批反党反社会主义的所谓'学术权威'的资产阶级反动立场，彻底批判学术界、教育界、新闻界、文艺界、出版界的资产阶级反动思想，夺取在这些文化领域中的领导权。而要做到这一点，必须同时批判混进党里、政府里、军队里和文化领域的各界里的资产阶级代表人物，清洗这些人，有些则要调动他们的职务。"

在《通知》中，毛主席教导我们："混进党里，政府里，军队里和各种文化界的资产阶级代表人物，是一批反革命的修正主义分子，一旦时机成熟，他们就会要夺取政权，由无产阶级专政变为资产阶级专政。这些人物，有些已被我们识破了，有些则还没有被识破，有些正在受到我们信用，被培养为我们的接班人，例如赫鲁晓夫那样的人物，他们现正睡在我们的身旁，各级党委必须充分注意这一点。"

这些科学论断，是无产阶级文化大革命的指路明灯，是巩固无产阶级专政的指路明灯，是保证社会主义向共产主义过渡的指路明灯。

毛主席的一系列伟大著作和指示，这个伟大的历史文件，标志着马克思主义发展到一个崭新的阶段——毛泽东思想的阶段。

人类历史上空前的、最为惊心动魄的、震撼全世界的伟大战斗打响了！

五月十八日，在中央政治局扩大会议上，林彪同志谈彭、罗、陆、杨反党集团问题，指出："被推翻的地主和资产阶级随时都在梦想恢复他们的天堂。他们的枪杆子被

缴械了，他们的印把子被夺过来了，但是他们在思想文化阵地上还有相当的优势。他们拚命利用这种优势到处放毒，为资本主义复辟制造舆论准备。当前进行的无产阶级文化大革命，就是这种资产阶级阴谋复辟和无产阶级反复辟的尖锐的阶级斗争。它是关系到国家的命运、前途和将来面貌的头等大事，也是关系到世界革命的头等大事。我们一定要严重注意资本主义复辟这个重要问题，不要忘掉这个问题。而要念念不忘阶级斗争，念念不忘突出政治，念念不忘无产阶级专政，念念不忘高举毛泽东思想伟大红旗。不然的话，就是糊涂虫。不要在千头万绪，日理万机的情况下，丧失警惕性。否则，一个晚上他们就会杀人，很多人头落地，国家制度要改变，政权要改变颜色，生产关系就会改变，由前进变成倒退。"他又强调指出："毛主席的话是我们行动的最高准则，谁反对它就全党共诛之，全国共讨之。在他背后谁做秘密报告，就是赫鲁晓夫式的野心家。"

六月一日，毛主席决定在广播电台和报纸上发表北京大学的全国第一张马列主义大字报。这个伟大的战略措施，点燃了无产阶级文化大革命的熊熊烈火。波澜壮阔的无产阶级文化大革命群众运动，从此在全国范围内轰轰烈烈地开展起来。

以刘少奇为首的反革命修正主义阵线乱了阵脚。他们抛出资产阶级反动路线，妄图把轰轰烈烈的无产阶级文化大革命镇压下去。

七月一日，《红旗》杂志重新发表毛主席的《在延安文艺座谈会上的讲话》。编辑部"按语"指出《讲话》和《新民主主义论》《关于正确处理人民内部矛盾的问题》《在中国共产党全国宣传工作会议上的讲话》这四篇光辉著作，是无产阶级文化大革命的纲领性文件。

八月一日至十二日，在毛主席主持下，八届十一中全会在北京举行。全会通过了

《关于无产阶级文化大革命的决定》。

八月五日，毛主席写出了《炮打司令部》的大字报，对刘少奇的资产阶级反动路线作了彻底的批判，指出：刘少奇一伙"站在反动的资产阶级立场上，实行资产阶级专政，将无产阶级轰轰烈烈的文化大革命运动打下去，颠倒是非，混淆黑白，围剿革命派，压制不同意见，实行白色恐怖，自以为得意，长资产阶级的威风，灭无产阶级的志气，又何其毒也！"

全会宣告了毛主席的无产阶级革命路线的伟大胜利，宣告了刘少奇、邓小平为代表的资产阶级反动路线的可耻失败。

八月十日，毛主席到中央的群众接待站接见了革命群众，发出伟大战斗号召："你们要关心国家大事，要把无产阶级文化大革命进行到底。"

八月十八日，毛主席和他的亲密战友林彪同志身穿军装在天安门接见并检阅了百万红卫兵小将和文化革命大军。

毛主席说："这个运动规模很大，确实把群众发动起来了，对全国人民的思想革命化有很大的意义。"

此后三个月里，毛主席先后八次接见了一千一百万文化革命大军。这是中国历史和国际共产主义运动史上空前未有的伟大革命创举。

十月一日，在文化大革命高潮中，全国人民欢庆建国十七周年。林彪同志讲话指出："在无产阶级文化大革命中，以毛主席为代表的无产阶级革命路线同资产阶级反对革命的路线的斗争还在继续。"进一步推动了广大革命造反派和革命群众批判以刘少奇为代表的资产阶级反动路线的斗争。

十月三十一日，首都七万多革命群众隆重集会，纪念文化战线的伟大旗手鲁迅。陈伯达同志、姚文元同志发表重要讲话，号召发扬鲁迅"打落水狗"的彻底革命精神，坚决把无产阶级文化大革命进行到底。

十一月十日，毛主席在检阅文化革命大军时，向参加检阅的领导干部说："你们要政治挂帅，到群众里面去，和群众在一起，把无产阶级文化大革命搞得更好。"

十一月二十八日，首都文艺界无产阶级文化大革命大会在人民大会堂举行。

周恩来同志在讲话中指出："全世界革命人民是多么高度估价我们文艺改革的成就！这是毛泽东思想的伟大胜利！毛主席的文艺方向，就是全世界革命文艺的方向。"

陈伯达同志致开幕词指出：八届十中全会以后，在毛主席领导下，在毛泽东思想直接指导下，掀起了京剧、芭蕾舞剧、交响音乐等改革。这一文艺革命是我国无产阶级文化大革命的真正的开端。坚持文艺革命方针与反动派、反革命修正主义分子进行不屈不挠斗争的同志中，江青同志是有特殊的贡献的。

江青同志讲话，号召全国革命文艺战士，高举毛泽东思想伟大红旗，突出无产阶级政治，坚决贯彻以毛主席为代表的无产阶级革命路线，彻底批判资产阶级反动路线，在马列主义、毛泽东思想的原则基础上团结起来，坚决摧垮旧北京市委、旧中宣部、旧文化部的反革命修正主义路线，完成一斗二批三改的任务，努力创造人类历史上最光辉灿烂的无产阶级新文艺。

一九六七年一月，在毛主席号召下，从上海开始，掀起了向党内走资本主义道路当权派手中夺权的"一月革命"。

二月十七日，中共中央发布了《关于文艺团体无产阶级文化大革命的规定》。

四月一日，《红旗》杂志第五期发表了戚本禹同志的重要文章《爱国主义还是卖国主义？》（评反动影片《清宫秘史》），揭露了刘少奇的反革命咀脸。

同期，评论员文章及调查员的报告，指出"'打击一大片，保护一小撮'是资产阶级反动路线的一个组成部分"。揭露了刘少奇《论修养》的反革命修正主义实质。

从此，全国发起了向刘少奇等党内最大

的一小撮走资本主义道路的当权派的全面总攻击！

中国的赫鲁晓夫刘少奇被揪出来了！这是毛泽东思想的伟大胜利！是毛主席的革命路线的伟大胜利！

在我们取得决定性胜利的时刻，要念念不忘毛主席的教导：现在的文化大革命、仅仅是第一次。以后还必然要进行多次。革命的谁胜谁负，要在一个很长的历史时期内才能解决。如果弄得不好，资本主义复辟将是随时可能的。全体党员，全国人民，不要以为有一二次、三四次文化大革命，就可以太平无事了。千万注意，决不可丧失警惕。

五月二十三日，全国和全世界人民隆重纪念毛主席《在延安文艺座谈会上的讲话》发表二十五周年。

毛主席的亲密战友林彪同志出席首都的纪念大会。江青同志主持大会。陈伯达同志作了重要讲话。戚本禹同志发表长篇讲话。

陈伯达同志庄严宣告："现在世界正在进入一个完全崭新的历史时代。这是以工农兵为主人翁的新时代，是以毛泽东思想为伟大旗帜的新时代。"

纪念《讲话》期间，毛主席关于文学艺术的五个战斗性文件，公开发表了。毛主席在一九四四年《看了〈逼上梁山〉以后写给延安平剧院的信》中，高举革命的批判大旗，大破旧戏舞台上和一切离开人民的旧文学旧艺术上那种否定工农兵、颠倒历史的反动现象，为我国无产阶级推翻地主资产阶级政权，夺取全国胜利作舆论的准备。毛主席在全国解放以后写的《应当重视电影〈武训传〉的讨论》《关于红楼梦研究问题的信》和《关于文学艺术的两个批示》，以无产阶级专政条件下两个阶级、两条道路、两条路线斗争为纲，大破思想、文化领域里的反革命修正主义黑线。这一切，归根到底，都是为了巩固无产阶级专政，防止资本主义复辟。毛主席这五个战斗性文件的发表，进一步武装了无产阶级革命派，把对党内最大的走资本主义道路当权派刘少奇和反革命修正主义文艺黑线的大批判、大斗争推向一个新的高潮！

编　后　记

在我们欢庆毛主席的光辉著作《在延安文艺座谈会上的讲话》发表二十五周年的战斗的节日里，编写了这个大事记，庆祝世界进入以毛泽东思想为伟大旗帜的新时代。这个大事记的第一稿在《新北大》《文学战报》联合专刊上发表以来，受到很多革命战友的关心和鼓励，收到不少宝贵的批评意见。这次，我们重新学习了毛主席的光辉著作《在延安文艺座谈会上的讲话》，学习了最近第一次发表的毛主席关于文艺的五个伟大的文件，听取了读者的意见，吸收了报刊上的新材料，恢复了原来由于篇幅所限而删节的内容，作了大量的补充和修改，重新发表。由于我们的思想水平所限，这个大事记仍然是很初步的。我们恳切地希望广大的工农兵群众和其他革命同志不断提出宝贵意见。我们准备继续进行修改。各革命组织如需翻印这个大事记，请事先与我们联系一下。

江青同志
关于文艺工作的指示彙编

文藝批判 增刊之二

新北大公社《文艺批判》编辑部编
1967.10

最 高 指 示

在现在世界上，一切文化或文学艺术都是属于一定的阶级，属于一定的政治路綫的。

《在延安文艺座談会上的讲話》

我們的文学艺术都是为人民大众的，首先是为工农兵的，为工农兵而創作，为工农兵所利用的。

《在延安文艺座談会上的讲話》

要使文艺很好地成为整个革命机器的一个組成部分，作为团結人民、教育人民、打击敌人、消灭敌人的有力的武器，帮助人民同心同德地和敌人作斗爭。

《在延安文艺座談会上的讲話》

目　　录

前　言

暮色蒼茫看劲松，乱云飞渡仍从容。
天生一个仙人洞，无限风光在险峯。

在无产阶级文化大革命的战鼓声中，读我们伟大领袖毛主席这首歌颂无产阶级革命勇士的战斗风格和战斗精神的诗，就使我们想到无产阶级文化大革命的英勇旗手，我们敬爱的江青同志。她确是一棵"乱云飞渡"中岿然屹立的劲松。

文艺战线一直是无产阶级同资产阶级殊死争夺的一个十分重要的阵地。无产阶级要用它来宣传毛泽东思想，巩固无产阶级专政；资产阶级要用它来制造反革命舆论，复辟资本主义。我们伟大的统帅毛主席向来十分重视这个阵地。他的光辉著作《在延安文艺座谈会上的讲话》及以许多关于文艺问题的重要文章与指示，确立了最系统、最完整、最正确的无产阶级文艺路线，是中国和世界革命文艺永放光芒的指路明灯，是无产阶级文化大革命的纲领性文件。《讲话》和指示把世界推向了以伟大的毛泽东思想为旗帜的新时代。伟大领袖的光辉思想鼓舞着亿万革命人民向资产阶级的顽固堡垒进行坚决的斗争。站在斗争最前列，率领无产阶级文化大军，跟着毛主席冲锋陷阵的最忠诚、最坚定、最积极、最勇敢的伟大旗手，就是我们最敬爱的江青同志！

江青同志是毛主席的好学生，是大无畏的共产主义战士！在乌云翻滚、群魔乱舞的岁月，我们敬爱的江青同志，一直紧跟毛主席，同形形色色的牛鬼蛇神作了英勇顽强的斗争。从《清宫秘史》到《海瑞罢官》，在文艺战线上两个阶级、两条道路、两条路线生死搏斗的关键时刻，我们敬爱的江青同志，总是首先响应毛主席的号召，挺身而出，明知山有虎，偏向虎山行，和无产阶级革命派的"小人物"一起，向资产阶级的庞然大物，发动了一次又一次的强大攻势，取得了一个又一个的伟大胜利！

我们敬爱的江青同志，无限忠于毛主席，无限忠于毛泽东思想，无限忠于毛主席的革命路线。毛主席的著作，她读得最好，用得最活。她亲自领导的京剧革命，是二十世纪六十年代无产阶级文化大革命的伟大开端，迎来了我国工农兵文艺舞台百花盛开的春天。八个革命样板戏——八颗绚烂的艺术明珠，象征着无产阶级新文艺的瑰丽前程！江青同志受林彪同志委托召开的部队文艺工作座谈会，是高举毛泽东思想伟大红旗的会议，是我国文化斗争史上非常重要的一次会议；在江青同志亲自主持下写出的、由我们伟大领袖亲自修改和批示的《座谈会纪要》与反革命的《二月提纲》针锋相对，它用光焰无际的毛泽东思想回答了社会主义时期文化革命的许多重大问题，是讨伐反革命修正主义文艺黑线的檄文，是捍卫毛主席革命文艺路线的宣言书。江青同志历年来关于文艺工作的报告、谈话和指示，正确而清晰地阐发了毛主席的文艺思想和文艺路线，是活学活用毛主席著作的光辉典范。

我们学习江青同志，就要象江青同志那样，一辈子读毛主席的书，听毛主席的话，照毛主席的指示办事，做毛主席的好学生、好战士。就要象江青同志那样，"横眉冷对千夫指，俯首甘为孺子牛"，对以刘、邓为代表的党内一小撮走资本主义道路当权派、反革命修正主义分子以及形形色色的牛鬼蛇神无比痛恨，坚决斗争；对毛主席为代表的无产阶级革命派，对工农兵群众无比热爱，热情歌颂，全心全意为人民服务。就要象江青同志那样，在斗争中坚韧不拔，英勇顽强，不获全胜，决不罢休。

为了更好地向江青同志学习，为了表示我们永远忠于毛主席，永远忠于毛泽东思想，永远忠于以毛主席为代表的无产阶级革命路线的决心，我们编了这个专辑，与广大革命同志一起学习。

向无产阶级文化大革命的伟大旗手江青同志学习！

我们心中最红最红的红太阳毛主席万岁！万岁！万万岁！

中央負責同志贊江青同志

林 彪同志說：

送去江青同志召开的部队文艺工作座谈会紀要，請閱。这个紀要，經过参加座谈会的同志們反复研究，又經过主席三次亲自审閱修改，是一个很好的文件，用毛泽东思想回答了社会主义时期文化革命的許多重大問題，不仅有极大的現实意义，而且有深远的历史意义。

．．．．．．．．．

紀要中提出的問題和意見，完全符合部队文艺工作的实际情况，必須坚决貫彻执行，使部队文艺工作在突出政治、促进人的革命化方面起重要作用。

—— 一九六六年三月二十二日給中央軍委常委的信

江青同志昨天和我談了話。她对文艺工作方面在政治上很强，在艺术上也是內行，她有很多宝貴的意見，你們要很好重视，並且要把江青同志的意見在思想上、組織上认真落实。今后部队关于文艺方面的文件，要送給她看，有什么消息，随时可以同她联系，使她了解部队文艺工作情况，征求她的意見，使部队文艺工作能够有所改进。部队文艺工作无論是在思想性和艺术性方面都不要满足現状，都要更加提高。

———转摘自《林彪同志委托江青同志召开的部队文艺工作座談会紀要》

周恩来同志說：

近几年来，京剧改革、芭蕾舞剧改革、交响乐改革、雕塑改革，都取得了划时代的成就。这是文艺革命化、大众化、民族化的一个大飞跃。……这些成就都是經过严重的阶级斗争，冲破了旧中宣部、旧文化部、旧北京市委反革命修正主义路线的重重障碍而取得的。这些都是在毛主席的为工农兵服务的方向和厚今薄古、古为今用、洋为中用的方針指导下取得的。这是在普及的基础上的提高，又是在提高指导下的普及。在这些样板的影响和带动下，已經产生一批新的革命文学艺术作品，广大的工农兵登上了戏剧舞台，这个革命运动必将在各个文艺領域里进一步深入地开展起来，必将对我們的未来产生极其深远的影响。

我在这里要介紹一下，在座的陈伯达同志、康生同志、江青同志都是坚决拥护和执行毛主席无产阶级革命路线的。

上面所說的文艺革命的成績都是同江青同志的指导分不开的。这是同从三十年代到六十年代贯串在文艺界的一条修正主义黑线进行坚决斗争的结果。江青同志亲自参加了斗争实践和艺术实践。虽然艰苦的斗争损害了江青同志的身体健康，但是精神上的安慰和鼓舞，一定能够补偿这些损失。

—— 一九六六年十一月二十八日在首都文艺界无产阶级文化大革命大会上的讲話

陈伯达同志說:

江青同志是中央文化革命小组的第一副组长。江青同志"九·一八"事变后参加革命，有三十五年的斗争历史。江青同志是我們党的好党员，为党做了很多工作，不出头露面，全心全意为党做工作。她是毛主席的好战友。很多敌人都誹謗她。

江青同志在文化革命中起了很大作用。京剧革命是文化革命很重要的开端，外国人也承認这一点，江青同志是首創者。

……京剧改革引起了一系列的改革問題，引起了对三十年代文艺黑綫的批判，这就引起了要檢查我們的文艺路綫，是不是执行了毛主席《在延安文艺座談会上的講話》的指示，是不是执行了馬列主义的文艺路綫? 是执行了无产阶级文艺路綫，还是资产阶级文艺路綫?

革命經常是由一个地方打开缺口。现在的文化大革命就是由京剧打开缺口的。包括我在内，都感激江青同志。

——一九六六年七月二十四日在北京广播学院的讲話

一九六三年，在毛泽东思想指导下，掀起了京剧改革的高潮，用京剧的形式表示中国无产阶级领导下的羣众英勇斗争的史詩。这个新的創造，給京剧以新的生命。不但內容是新的，而且形式上也提高了，面貌也改变了。同时其它剧种也进行了改革。革命的现代戏到处出现在我們的舞台上。这种无产阶级新文艺，空前的吸引着广大羣众，但是，反动派，反革命修正主义分子，他們都咒駡它、恨死它。不为别的，就是因为这种文艺作品将大大加强我国人民羣众的政治觉悟，将大大加强我国无产阶级专政和社会主义制度。

我在这里说，坚持这种文艺革命的方針，而同反革命、反动派、反革命修正主义分子进行不屈不撓的斗爭的同志中，江青同志是有特殊贡献的。

——一九六六年十一月二十八日在首都文艺界无产阶級文
化大革命大会上的讲話

江青同志一贯坚持和保卫毛主席的文艺革命路綫。她是打头阵的。这几年来，她用最大的努力，在戏剧、音乐、舞蹈各个方面，做了一系列革命的样板。把牛鬼蛇神赶下文艺的舞台，树立了工农兵羣众的英雄形象。許多文艺工作者，在毛泽东思想的指引下，同江青同志一起，成为文艺革命披荆斩棘的人。

————一九六七年五月二十三日在首都紀念毛主席《在延安文
艺座談会上的讲話》发表二十五周年大会上的讲話

对京剧《紅灯記》排演工作的指示

一九六四年五月二十三日

关于李玉和的意見：

一、李玉和对王警尉（接交通员时）不要讲什么具体内容。

二、李玉和第一坊出坊的独白，要改动些。

三、增加吃粥一坊戏，表现李玉和机警智慧，作为第三坊。删掉这一坊对李玉和的形象有损害。

四、李玉和回家后，侯队长請吃酒，当侯敲门时，李就知道要被捕，向老奶奶交待，要她今后和周师傅接关系。

五、李玉和回家，不能将密电码藏在炭盆里，可藏在墙壁或房梁上。

六、李玉和赴宴，出坊时独白可考虑删，斗鸠山时，要有气势。

七、监狱一坊改刑坊，要加强李玉和的唱，减少铁梅的唱。将原来在监狱有关找关系的话都删掉。

关于老奶奶的意見：

一、奶奶讲家史时"革命出世了"改为"共产党出世了"。

二、奶奶的服装补得不是地方。

三、鸠山来李家，当敲门时，李奶奶要有判断，知道自己要被捕，忙交待铁梅，要她找周师傅接关系，尽可能上北山去。

关于铁梅的意見：

一、铁梅穿鞋、拜寿那些东西可以不要。

二、铁梅对红灯意义，原来不知道，不要过早理解。

三、铁梅钻炕回家，要紧张些。

四、铁梅在刑坊要陪绑，铁梅陪绑时，父亲、奶奶枪毙后，震动很大，人都呆了，什么都听不见，悠悠搵搵地上坊。

对其他角色的意見：

一、第四坊侯队长上坊的独白太多。

二、王警尉拉下去用刑，就不要上坊了，舞台上不要太多出现叛徒的形象。

三、打死王警尉后，可考虑游市队扮日本司令情节，暗转到北山，交密电码。最后，或用李玉和、奶奶两人的形象作为谢幕。不必合唱。

一九六四年五月三十一日

【第一次彩排提意见后，正打算修改，江青同志说要再看一次，为了一并修改，这次演

出时剧本未动，只是在表演上有些改动。】

关于李玉和的意見：

一、李玉和开坊时的独白要减。这时，王警尉上，向玉和报告情况，对交通员来，他不一定知道。

二、李玉和被捕后，特务要搜查李家，搜查后，观众就好松一口气。

三、刑坊，李玉和在幕内唱二黄倒板，出来唱原板。刑坊，李玉和要多唱。

四、要加强李玉和的形象。要重新設計唱腔，不要零敲碎打。吹腔等曲调可以不用，西皮就是西皮，二黃就是二黃。

五、七坊（监狱坊）要全部改。这坊戏应该是玉和的主戏。

六、玉和、铁梅见面时，玉和告诉她十七年的事，铁梅说："不要讲了……"，这些地方要感人。

七、玉和就义时要喊口号、唱国际歌，抒情离不开政治感情。

八、李玉和不唱国际歌，可以伴奏雄壮的音乐。

九、李玉和的戏没搞好，沪剧玉和形象有光辉。

关于铁梅的意見：

一、铁梅的成长要有层次，她是十七岁的孩子，不要懂得太多。

二、四坊铁梅举红灯跑园坊，可缩短些。

三、监狱坊，铁梅形象要树立。这段唱（指"娃娃调"）可放在回家唱。要恢复回家一坊。

四、铁梅受震动后要象傻了似的回家，刘大娘从炕洞出来看她，并给铁梅送吃的。要桂兰（大娘媳妇）改扮铁梅模样，从大门走出，引走特务。铁梅则进炕洞由刘家大门走出，以摆脱特务跟踪，然后再到北山。结尾游击队扮日军，结构是严谨了，但可能会更危险。

关于王警尉的意見：

一、要写王警尉是李玉和的下级，是单线领导的。第一坊王警尉见李玉和，是来报告敌人搜查情况的。对交通员的事情他并不知道。遇上交通员是偶然的。王不要知道事情太多。

二、不要铁铺一坊（指周师傅铁铺），王警尉伪装游击队骗取密电码的情节不要。

关于鸠山的意見：

一、鸠山要说这样的话："一个共产党藏的东西，一万个人也找不到。"

其他方面的意見：

一、这个戏为招待国际朋友，使他们知道我们的秘密工作是如何做法的。

二、凡违反秘密工作原则的，不符合革命原则的都要改。

三、这个戏独白太多。

四、这个戏死这么许多人，太沉闷。

五、七坊（指监狱）景太塔心。

六、属于秘密的话，不应讲。

七、有些曲调改的不舒服（指"高拨子"、"三人行"的"吹腔"等）。

八、敌人利用三代人的见面是要逼取密电码，我们利用见面是要保住密电码。

九、这个戏不适合用"南梆子"，要求现代京戏不要乱动传统。

十、李玉和一家人进、出门，要随手关门。要给观众一个安全感。

十一、京剧应有二黄、西皮，实在不合适再突破，如果为改而改，不好，要让懂京戏的看了象京戏。

十二、钱浩梁太紧张，也许是台词所规定的，要松弛些。

十三、第六场（赴宴）当鸠山第二次接电话时，要加一两句话，交待一下敌人在北满破坏我们的交通关系，但，敌人的关系，又被我们切断了。

北满党派来的交通员，既然被鸠山追捕，证明北满党在某一个部门（或交通部门）出了问题。而北满的敌人必然追究这一线索，加以破坏。这些，剧本里虽没有写，但可以想象到的。为了要捂住这一点，可想办法交待。要将破坏北满党关系(或交通方面的关系)的那条线索，把它切掉，北满敌人就无法破坏了。这一点可以在鸠山接电话时，用一两句话表现出来。

一九六四年六月二十日

关于铁梅和老奶奶的意见：

一、铁梅上场（第一场）不要戴围巾，见爹爹递纸条后，临走时玉和把自己的围巾给她围上。

二、交通员牺牲时，铁梅不要喊表叔。

三、铁梅听奶奶讲家史时，稍坐近些。

四、铁梅叫奶奶的声音太刺耳，不要那么高。

五、奶奶讲家史时，讲到"砰地一声"，手拍桌太响。

六、铁梅的一段散板，（五场老奶奶唱后，铁梅接唱）在"光芒四放"以前唱要上板。

七、铁梅回来（钻炕洞回来）要就手将炕整理一下，讲话要有秘密气氛。

八、七场铁梅说："我也去，好歹在一块儿"！这句话要向奶奶说。

九、八场（刑场）铁梅歌颂爹爹那一段唱，唱时，玉和要坐下。

十、铁梅从刑场下来时，骂鸠山说："我撕下你的狼皮！"不要，她应该是傻了。

十一、凡关于铁梅拉窗帘看人，关窗帘等，都要十分小心、机警，因外面有特务，进出都要关门。

十二、铁梅回家一场，进门要关门。

十三、铁梅回家以后，可以不戴孝巾。

十四、铁梅回家一场、红灯要和货篮放在一起。

十五、刘大娘不能对铁梅说："你是革命的后代根。"

十六、铁梅骂"小鸠山"都改成"贼鸠山"。

十七、奶奶在刑场看到玉和时喊"玉和"声调要沉重一些。

十八、李家窗户已贴纸蝴蝶暗号，磨刀人来时，奶奶不要用手指了。

十九、铁梅最后见周师傅后，说了刘家如何营救她的情况，周师傅要表明派人将刘家转移。

二十、老奶奶的服装，补钉要补在肘上，肚子上的一块不要。

二十一、铁梅和玉和的唱不感人。"我……不是你的亲"亲字的腔只要讲到"我"字，铁梅就知道了。

二十二、铁梅唱词中"爹爹叫同志，奶奶唤亲人"。"叫同志"要改。

关于李玉和的意见：

一、第三坊（粥棚坊）密电码应放在饭盒内。

二、三坊红灯要挂在左边柱子上。

三、三坊李玉和被搜查下坊时，不要唱。

四、玉和粥棚回家，不要傻傻喝酒。

五、李××演工人，要粗犷些。

六、李玉和"赴宴"上坊，不要念白。

七、李玉和在刑坊问奶奶说："账还了没有？"奶奶说："存在太平店"就够了。

八、玉和动作太呆板。

九、玉和第一坊上念"扑灯蛾"可减，或不要。

十、"今日……斗敌顽"，"顽"字要换个仄声字，作为上句说。

有关其他方面的意见：

一、鸠山要说："一个共产党员藏的东西，一万个人也搜不出来"。要补上这句话。

二、粥棚搞得太松，不紧张，没有真实感。

三、鸠山说："北山已经有电台"这句话不要。

四、鸠山将奶奶、铁梅带走后，或由铁梅锁门，或由特务封门。以免被发现拆炕洞的痕迹。

五、沪剧结束是严谨的。现在是铁梅上山时，开打，也是个方法，但今天没有弄好。

六、交通员上时，"左手戴手套"一语，应改为玉和说。

七、粥棚坊，磨刀人不要吃粥。

八、所有念、唱词中的"小鸠山"都改为"贼鸠山"。

九、景太实，搞了大城市的景，舞台上不干净。

十、"三人行"合唱不要。

一九六四年七月一日

关于李玉和的意见：

一、李玉和骂叛徒时，声调要慢些，要骂"无耻叛徒"。要先蔑视他。

二、李玉和受刑后上坊，可以扶住椅子。

三、李玉和骂鸠山后，两日兵要拉玉和下去上刑，玉和将手一撒，说："不用伺候"，要念慢些。

四、李玉和刑坊上唱腔设计得不好。

五、李玉和问奶奶说："家中可曾有人来访看"这句不要。

关于铁梅的意见：

一、铁梅窗帘要拉好。

二、刘家龙儿哭，奶奶问铁梅是否有"玉米面"，铁梅说"有"，声调太硬。

三、刘桂兰借玉米面表示谢意时，奶奶说，我们"拆了墙就是一家子"，铁梅说"不拆墙也是一家子"语气要随和些。

四、铁梅下刑场要默默地回去，鸠山派人跟下。铁梅对玉和说，只说"你是我的亲爹"即可。要有感情。

关于奶奶的意见：

一、奶奶的"十七年……"还是要唱。

二、奶奶说："铁梅能当家啦"，这句不要。

三、在监狱刑场用针不合适。

对其他角色的意见：

一、王警尉不要先发现交通员手套，要李玉和发现。

二、赴宴一场鸠山向李说：你"帮帮忙吧"，李可答"我是个穷工人，能帮什么忙？"

三、钱浩梁化装不好。

四、刘桂兰唱的"流水"其中有一句高腔很难听。

五、鸠山将奶奶带走时，连将铁梅也要带走，此处奶奶应该说话，如"她是一个孩子……"。

六、这个本子暂时不要出版，改好再出。

一九六四年七月十三日

一、（一场）李玉和接铁梅纸条，看后烧纸条的动作要快些。

二、剧中有"为革命"的台词，不能抽象讲。

三、（二场）交通员不能讲密件的内容。只要交待任务即可。

四、（五场）特务的搜查，要搜得内行些，现在的搜法太草率。

五、（七场）鸠山来李家要密电码，奶奶给了一本皇历，鸠山为了研究，可将皇历带走。

六、（八场）父女见面，母子见面，都要使人感动流泪。

七、刑场上的石头，要靠前些。

八、李玉和的唱，要激昂慷慨，唱"二黄""倒板""迴龙""原板"根据钱浩梁的嗓子设计。玉和上场先唱，"他各种刑都用过了。"唱后，李奶奶上，唱"十七年……"。这一家人是阶级感情，比亲人还亲。

九、铁梅见爹时，玉和唱"我不是你亲生的爹"的"我"字刚出口时，铁梅就把他话堵住，说："你不要讲了，你就是我的亲爹！"然后再唱。

十、针不要留了。

十一、景象个大城市。这样，就不大容易上山。

十二、铁梅回家，刘大娘过来看她时，态度不是很热情的。李家搞革命，刘家不一定知道，李玉和、奶奶被捕，刘家是知道的。

十三、我原想把这个戏的地点放在华北，现在想想不合适，还是在东北好。

十四、铁梅回家的神情，要慢步凝神地跑回去。

十五、（十场）游击队的形象要英俊些。周师傅的样子要大大方方的。可换一个人演。

談京劇革命

——一九六四年七月在京劇現代戲觀摩演出人員的座談會上的講話

我对这次演出表示祝贺。大家付出了很大的劳动，这是京剧革命的第一个战役，已经取得了可喜的收获，影响也将是比较深远的。

京剧革命现代戏是演起来了，可是，大家的认识是否都一样了呢？我看还不能这样说。

对京剧演革命的现代戏这件事的信心要坚定。在共产党领导的社会主义祖国舞台上占主要地位的不是工农兵，不是这些历史真正的创造者，不是这些国家真正的主人翁，那是不能设想的事。我们要创造保护自己社会主义经济基础的文艺。在方向不清楚的时候，要好好辨清方向。我在这里提两个数字供大家参考。这两个数字对我来说是惊心动魄的。

第一个数字是：全国的剧团，根据不精确的统计，是三千个（不包括业余剧团，更不算黑剧团），其中有九十个左右是职业话剧团，八十多个是文工团，其余两千八百多个是戏曲剧团。在戏曲舞台上，都是帝王将相、才子佳人，还有牛鬼蛇神。那九十几个话剧团，也不一定都是表现工农兵的，也是"一大、二洋、三古"，可以说话剧舞台也被中外古人占据了。剧场本是教育人民的场所，如今舞台上都是帝王将相、才子佳人，是封建主义的一套，是资产阶级的一套。这种情况，不能保护我们的经济基础，而会对我们的经济基础起破坏作用。

第二个数字是：我们全国工农兵有六亿几千万，另外一小撮人是地、富、反、坏、右和资产阶级分子。是为这一小撮人服务，还是为六亿几千万人服务呢？这问题不仅是共产党员要考虑，而且凡有爱国主义思想的文艺工作者都要考虑。吃着农民种的粮食，穿着工人织造的衣服，住着工人盖的房子，人民解放军为我们警卫着国防前线，但是却不去表现他们，试问，艺术家站在什么阶级立场，你们常说的艺术家的"良心"何在？

京剧演革命的现代戏这件事还会有反复，但要好好想想我在上面说的两个数字，就有可能不反复，或者少反复。即使反复也不要紧，历史总是曲曲折折前进的，但是，历史的车轮绝不能拉回来。我们提倡革命的现代戏，要反映建国十五年来的现实生活，要在我们的戏曲舞台上塑造出当代的革命英雄形象来。这是首要的任务。我们也不是不要历史剧，在这次观摩演出中，革命历史剧占的比重就不小。描写我们党成立以前人民的生活和斗争的历史剧也还是要的，而且也要树立标兵，要搞出真正用历史唯物主义观点写的、能够古为今用的历史剧来。当然，要在不妨碍主要任务（表现现代生活、塑造工农兵形象）的前提下来搞历史剧。传统戏也不是都不要，除了鬼戏和歌颂投降变节的戏以外，好的传统戏都尽可上演。但是，这些传统戏如果不认真整理加工，是没有什么人看的。我曾系统地下剧场两年多，观察了演员、观众，可以得出结论，传统戏如果不认真进行加工，是不会有人看的。今后传统戏的整理、加工工作还是要的，但是，所有这些都不能代替第一个任务。

其次，说说从何着手的问题。

我认为，关键是剧本。没有剧本，光有导演、演员，是导不出什么，也演不出什么来的。有人说："剧本，剧本，一剧之本。"这话是很对的。所以，一定要抓创作。

这些年，戏剧创作远远落后于现实，京剧的创作更谈不到。编剧的人少，又缺乏生活，当然创作不出好剧本来。抓创作的关键是把领导、专业人员、群众三者结合起来。我最近研究了《南海长城》的创作经验，他们就是这样搞的，先由领导出个题目，剧作者三下生活，并且亲身参与了一次歼灭敌人特务的军事行动。剧本写好之后，广州部队的许多负责同志都亲自参加了剧本的讨论。排演以后，广泛征求意见，再改。这样，不断征求意见，不断修改，所以能在较短时间内搞出这样及时反映现实斗争的好戏来。

上海市委抓创作，柯庆施同志亲自抓。各地都要派强的干部抓创作。

短时间内，京剧要想直接创作出剧本来还很难，不过，现在就要抽出人来，先受些专门训练，然后放下去生活，可以先写小戏，再逐渐搞出大戏来。小戏搞得好也很好。

在创作上，要培养新生力量，放下去，三年五年就会开花结果。

另一方面是移植，这也好。

移植要慎重选择，第一看政治倾向好不好，第二要看与本剧团条件是否合适。移植时，要好好分析原作，对人家的长处要肯定下来，不能改变；对人家的弱点，要加以弥补。改编的京剧，要注意两方面的问题：一方面要合乎京剧的特点，有歌唱，有武打，唱词要合乎京剧歌唱的韵律，要用京剧的语言。否则，演员就无法唱。另一方面，对演员也不要过分迁就，剧本还是要主题明确，结构严谨，人物突出，不要为了几个主要演员每人来一段戏而把整个戏搞得稀稀拉拉的。

京剧艺术是夸张的，同时，一向又是表现旧时代旧人物的，因此，表现反面人物比较容易，也有人对此很欣赏。要树立正面人物却是很不容易，但是，我们还是一定要树立起先进的革命英雄人物来。上海的《智取威虎山》，原来剧中的反面人物很嚣张，正面人物则干瘪瘪。领导上亲自抓，这个戏肯定是改好了。现在把定河道人的戏砍掉了一场，座山雕的戏则基本没有动（演座山雕的演员是很会做戏的），但是，由于把杨子荣和少剑波突出起来了，反面人物相形失色了。听说对这个戏有不同看法，这个问题可以争论一番。要考虑是坐在哪一边？是坐在正面人物一边，还是坐在反面人物一边？听说还有人反对写正面人物，这是不对的。好人总是大多数，不仅在我们社会主义国家是如此，即使在帝国主义国家里，大多数的还是劳动人民。在修正主义国家里，修正主义者也还是少数。我们要着重塑造先进革命者的艺术形象，给大家以教育鼓舞，带动大家前进。我们搞革命现代戏，主要是歌颂正面人物。内蒙古艺术剧院京剧团的《草原英雄小姊妹》很好，剧作者的革命感情被这两个小英雄的先进事迹激动起来，写成这样一个戏，那中间的一段还是很动人的。只是由于作者还缺乏生活，搞得又很急，还没有来得及精雕细刻，一头一尾搞得不大好，现在看来，好象是一幅好画嵌在粗劣的旧镜框里。这个戏，还有一点值得重视，那就是为我们的少年儿童写了京戏。总之，这个戏是有基础的，是好的。希望剧作家再深入生活，好好加以修改。我觉得，我们应该重视自己的劳动，搞出来的东西不要轻易丢掉。有的同志对于搞出来的成品不愿意再改，这就很难取得较大的成就。在这方面，上海是好的典型，他们愿意一改再改，所以把《智取威虎山》搞成今天这个样子。这次观摩演出的剧目，回去都应该继续加工。立起来了的，不要轻易把它打倒。

最后，我希望这次大家能抽出些精力来互相学学戏，这样，可以使这次大会的收获在全国的舞台上与各地广大的观众见面。

對芭蕾舞劇《紅色娘子軍》排演工作的指示

一九六四年九月二十二日

一、看了戏后，觉得不太完整。第一场就出现洪常青这个人物，戏就会丰满一些；第一场不出现敌我力量，就没有对比。

二、红莲人物不突出，移植剧种要按自己的特点。大胆去掉红莲，红莲开始的戏给洪常青，后边的戏给连长。洪常青要有很明显的标志，京戏有亮相，还要有。

三、敌人方面把南霸天、老四突出，是戏。戏总要通过人物形象来表达思想感情的。

四、连长的戏太弱。

五、琼花的形象在舞蹈造型上不太强烈，她很倔强，要给她强烈的动作，表情上也要注意。

六、洪常青就义很感人，在舞台调度上突出，动作也设计得好。

七、看过《泪泉》，很不喜欢，但鞑靼皇后的一些技巧可以参考。能否姿势高一些，琼花最后跌下去也要让人感到反抗，现在弱女子的动作多了一些。

八、第二场较满意。诉苦也应该非常强烈，第一个姿势太软，洪常青、连长与琼花要调度到台前一些，把老战士接受新战士的感情表现出来，表演也要加强。

九、三场乱些，就这样吧！

十、四场很重要，表现党的作用和琼花的转变。转变写得不够，要突出地写指导员、连长。红莲的戏交给连长，后来琼花的转变就好一些。琼花要有独场，要改。三个人的戏再突出一些。

十一、主力军的转移交代不清楚。

十二、五场开打比京戏好，使人觉得舒服一些。但层次不够，应有几个回合。狙击要有层次，气氛不太够。

十三、过场军容要更壮一些，现在看不出是打敌人，还是撤退。

十四、六场琼花要背皮包，连长也得上。琼花的戏也不够。悼念，要化悲痛为力量。

十五、解放出许多人来，想得好。但不够清楚，要放到相当主要的地位上。

十六、结尾是否不摆迎面，不要这个公式，在观众莫明其妙时关幕。谢幕时可以摆迎面。

十七、灰衣服应突出红领章。红用得不突出，要换，现在不鲜艳。琼花也是，可以考虑用点金边。我们要求尽可能地做到思想性、艺术性比较完整。

十八、两边力量有对比。

十九、白衣服是否再做一套，要挺一些，洪常青要讲究造型。

只有我们最能出新，而资本主义是腐朽的，中国人要有雄心壮志，也要学好，没有掌

235

提，出什么价？

二十、琼花从来没有人拿她当人，洪常青给她银毫子，她很感动。参军后觉得红军都是这样。

二十一、二场洪常青把帽子一摘，琼花认出是洪。打琼花一场，洪常青要有机会摘帽子。

二十二、琼花要有特写，要靠台前一些。琼花要有这样的内心：开始反抗是个人，然后到了军队，是站在无产阶级立场的革命。琼花在京戏、电影中都较好。琼花要野一些。

二十三、南霸天不够，还应再凶暴一些，但正面人物要压过他。琼花现在软了一些。洪常青后来出来了。

二十四、尽可能做到色彩丰富一些，可以做点剪补花。

二十五、总得拿出自己的东西，不然我们总模仿外国人、死人。

二十六、尽可能想法使主要人物一下就看出来，必要时来特写，拉到前面来。

二十七、光（指舞台灯光）看了很难受。

二十八、南霸天对人都打，这处理得好。

二十九、黎族舞的服装是不是黎族的？这个舞抬腿的地方注意一下，太多了。保留我们自己的舞，稍微吸收他们的舞。

三十、注意塑造人物的形象很重要。反面人物不塑造也不行，问题是要使正面人物压过他。

三十一、有些地方缺少层次，人物形象也缺少层次，琼花的转变也是这样。

三十二、电影连长塑造的不好。

三十三、有些地方好，如炊事员的舞。

三十四、不能让人看了很热闹，但很杂。

一九六四年十二月十六日

一　场

一、雨不清楚。

二、雷从南霸天下场前才开始打，已经没有什么重要的戏了。

二　场

一、连长独舞再多一些，使她突出。

二、大提琴想得好。

三、男主角要求技巧过硬。

四、琼花可用大提琴写两句，一出来就用。

过　场

一、景与服装一色，可以设想用红叶作房子就隔开了。

三　场

一、黎族舞、独舞没有反抗的形象，缺乏反抗的情绪。

二、大刀要好好学习。

三、摸哨兵要堵嘴。

四、琼花要带武器，战士是不能离开武器的。

五、常青、小庞得用手枪，不能用驳壳枪。

过场索性搞一场戏，房子用赭色椰子树，编一场戏。现在连长的戏不够，这样连长、琼花都可以突出一些，不要让人感觉是凑起来的，现在是哑剧，在结构上不协调。

给琼花用两句代表她的音乐句子，用大提琴。连长的戏还应多些，脸应见观众。

四 场

一、琼花主题不突出，不强烈，音乐的形象不是强烈的。

二、四场背景用赭色，现在象草地，海南哪有草地？

三、衣服得两套，退了色就染。

四、可以给连长有点装饰，用红色值星带，中间可有几条金线。现在连长看不出来。

五、剪衣裤子不用蓝的，要用中间颜色，桔红、杏黄都可以，和上面有联系。现在上面是热的，下面是冷的。

六、连长看信时，眼睛一点也没有和观众交流。要告诉观众他做什么。

五 场

一、背景好多了。

二、男红军的双人舞不要用娘子军的主题，女孩子上场时再用。

剧团的公共食堂要办好。我们不主张高薪，但要吃好，因为劳动量较大。

过场假扮什么人，都做出来。常青也还要突出智慧，连长也要突出。

一九六四年十二月十七日

这场戏太蹩脚了，整个戏也不协调，象个瘤子。

在我们军队里作战前要讨论。末场出现高一级的领导人，现在过场就出现。大家在地图前研究，每人提出一套作战方案。给连长安排动作，她是怎样主张打，要用舞蹈。洪常青也提出一套自己愿深入虎穴，然后把琼花叫上，因为她是最熟悉椰林寨的。这场戏最初目的是叫观众懂，现在不完全这样，要在人物塑造上，舞蹈上都有特色。高一级领导在这里出现，另换一场景，这样可能对这几个人物会丰富一些。主要突出洪常青、连长、琼花，要表现出来。不一定完全用哑剧，可以解决的。相信你们的创作能力。主要是缺乏生活。

这是第一次掉眼泪，可能说明戏还是有弱点的。琼花后面不突出，不单单是造型舞蹈上有问题。诉苦的舞蹈是为舞而舞，要使人同情这个孩子，使人掉下眼泪。舞蹈和音乐都是这样。前面这一段不够。这个舞那个舞很多，着力刻划人物不够，也许要搞若干年才能搞好。

开打层次不清，琼花很不突出，和普通女兵一样。层次要清楚，逐渐的敌人比我强大。琼花要有特殊表现，她是苦大仇深的孩子，要很勇敢。南霸天压迫看得见，剥削看不见，三场可加打手用皮鞭打群众逼米，送水果，群众一边走，一边求。迫害，还可把打丫头再多加一些。现在的打，一不注意就过去了。这样可以加强表现敌人的残暴，甚至有的人都可以拷上铐，可考虑形象好些，宁愿多牺牲一些集体舞，在这方面多下些功夫。

一 场

琼花是反抗的性格，但她不知投奔何处。要让人觉得这孩子可怜，使人同情她。可以加点，古典芭蕾的舞蹈，是否可以调和？这样也可以不平了。她没有吃的，很饿，她向往有一个地方，然后洪常青给她指路，就昂首去了。

雷在琼花一倒下去就打了。南霸天怕雨，就跑了。

细节还得摸一摸。

四　场

是否也考虑高一级指挥员出场，接到命令后他带部队转移，使人知道娘子军担任的任务，他不一定有很多戏。

五　场

男兵还可以考虑减少，用赤卫队代替。

过场戏通过讨论表现人物。这是舞剧，穿得破破烂烂也不合式，群众可以破一些，但也要好看一些。电影的缺点是连长说她张三也可以，李四也可以，我们可以搞好一些。

大刀的根据是什么？过场要加强，一定要拔掉这个钉子，表现民不聊生，或把衣服剥开，希望红军去解放椰林寨，这边也准备去。

赤卫队少了，现在可把男兵换成赤卫队。常青受伤时可有一个男兵和一个赤卫队，要表现得清楚一些，他坚持掩护大部队撤退，后面战士保护洪常青要明确得很，常青负伤可换机关枪。

下去生活时，上午要练功，要有地方练，下午下厂去劳动，注意保护关节，早饭中饭自己吃，把营养保护够，有人说世界上没有这样低薪的"白天鹅"，这是错误的。但是吃还是要吃得好些，保证吃够，热量、蛋白还是有的。搞高薪物质刺激是修正主义，说跟服务员一样的薪金，难道服务员是下等人吗？晚上同工人吃一顿饭，住在工人家里不同吃不同睡，不能了解工人的思想感情。去搞几个月也好。编导、作曲就更应该没问题了。能练舞，能开伙，还要调查那些工人，要全心全意向工人学习，帮他们工作，这样才能在舞台上表现工人。脑子里没有一点革命气质不行。

音乐舞蹈都要加强，要使人掉泪。琼花接到银币时表情不够。你们不知道旧社会。我小时候给一个铜板就不容易，可是洪常青给她的是银毫子，她要感动得流泪。拿到钱在表演上要有个过程，这地方是有戏的，两种对比。南霸天拿人不当人，共产党员是这样对人的，两种对比，不要错过。过场加群众很好，在确定作战部署后，群众出来，琼花也很激动，也给她犯错误一个伏笔，不一定很长。原来的目的性不清楚，分粮也不太清楚。有机会出点群众就出点，多了就不行了。过场要改个大景。

一九六四年十二月三十日

序　幕

要换深灰色的幕布。

一　场

琼花接钱时缺戏。

二　场

一、开场队形层次不清，乱。

二、连长独舞太少。

三、接枪太潦草。

三　場

一、黎族服装象蛇，不好看，裙子用红的就好了。

二、×××的黎族独舞不理解角色情感，缺乏倔强、憎恨。

三、送礼用"小开门"不调和。

四、老四能否演洪常青，现在B角太嫩。

五、琼花的枪不要换手，就用枪指路。

六、逼债还是可以有人交租子。

七、黎族领舞要进入角色，要有被迫的情感。

八、多排些B角，万、吴能否演洪常青，要打破只演一种类型角色的旧习惯。

九、打了头，琼花不能放枪。

四　場

一、信封还是太大。

二、构图方块，长条太多，圆形的少。

五　場

琼花还是要表示坚决不下战场，一次、两次，最后洪常青被迫命令，要表现琼花打红了眼了，让她下她也不下。

六　坊

一、树不好看。

二、常青就义时头要扬一些，姿式要好看一些。

一九六五年一月十日

（看完《天鹅湖》舞剧后）

一、看起来我们还得走自己的路，他们已经没落了。

二、基本功可先用芭蕾，同时学中国舞蹈，以后也要有自己的一套。

三、"天"剧也要出新，太没意思了。

四、"红"剧修改一定不能违犯军事生活。

五、要加强音乐感的训练。

一九六五年一月十七日

今后这个团要特别强调政治挂帅。为什么人服务？为个人还是为工农兵？资产阶级个人主义相当严重。要全体创作人员明确，是为六亿几千万还是为三千万？为亚、非、拉被压迫人民，还是为资本主义、修正主义服务？搞的东西是外国的。要推资本主义之陈，出社会主义之新，中央很重视。要敢于标新立异，标社会主义之新，立无产阶级之异，不然不能出东西。社会发展史从奴隶社会开始到封建社会、资本主义社会都有革命，但剥削的本质是被继承下来的，只是方式不一样。到无产阶级革资本主义的命是最后消灭剥削，因此对他们是生死关头，是你死我活的斗争。过去中央沒时间管，现在非管不可了。领导要烧自己，应在院里烧一烧，烧了不会影响威信，威信会更高。我们不是不学西洋，要化，可是崇拜西洋到那样的程度，就是资本主义的东西，高不可攀；京剧是封建主义的东西，高不可攀，这是奴隶思想，一定要把它烧掉。标新立异要下功夫，它们有几千年几百年的历史，我们才走了一小步。在艺术上，在思想內容的表现方面还不够，还早呐！要把革命干劲，民族自豪感，对亚非拉的责任心树立起来，这样、那样的个人主义就见不得天日了。要严格地要求自己，不能有一点成绩就骄傲自满、故步自封。这不是否定成绩。你们知道我对这个剧是有感情的，甚至废寝忘食，希望你们做出一点榜样。音乐舞蹈史詩《东方红》学解放军成绩很大，什么门户之见都丢了。你们要向他们学习。你们院长作党的工作要引火烧身，用三、五天的时间发动大家。

对舞的问题。觉得很乱，不洗炼，构图很死板。有些独舞比较突出，但也有问题。集体舞都是四方块，太多了就使人感到不美。队形变化不是很好。集体舞不过硬，手脚不一致，沒有要求规格。

我们对青年太溺爱了，对青年哄着捧着不行，旧科班，虐待也不好。我们就是要政治挂帅，你如果不是党、团员，也要为社会主义祖国的荣誉。对×××还要争取她，一定要有人一针见血地和她谈，说明她父亲是血债累累、民愤很大才会杀，那么多战犯都沒有杀嘛！党对她爱护培养，她应当感激，但却有以为高人一等，在人之上。对幕后英雄她毫无感激之意，把别人当下人。这些情况别人有沒有？这些都要平日进行思想教育。对青年人不能喝倒彩，我们还要用政治教育，提高他们的觉悟，使他们过硬。假使这样出国，那可难为情了。

吸收了民族舞蹈，有一定成绩，但不过硬。所有集体舞都要摸摸。琼花诉苦要重新弄一下，一乱就不洗炼了。迎面也要讲究简洁，如：就义一坊我是非常欣赏的，但后来看出了毛病，最后跳跃的情绪是什么？要研究。要就义了，"你们要拿我一条命，我不怕死，你们是渺小了的。"应对敌人蔑视，是大无畏的，现在伸出手好象求救兵快来的样子。人物不够高大，就义时两手摆得不好，应向雕塑学习，找个好的姿态。要有蔑视一切反革命的气概。

要分幕摸摸集体舞，但也要要求演员过硬。

音乐琼花有主题，洪常青也应有。现在的音乐形象都不突出。要有舞蹈造型、演员造型、音乐造型，才能成为完整的，用二、三句音乐把人物搞出来。

服装问题大家意见很大，有的穿黑颜色怪里怪气。不调和的服装要换掉。黎族舞的服装象蛇，裙子花边太自然主义了。黎族妇女穿黑的多，但可突出红颜色。女孩子的小辫丑化了。把服装统一安排一下，每坊的颜色要协调，从冷到暖要有中间颜色。服装设计不懂颜色，要统一摸一下，有一点东西不那么协调就不好。

对布景的意见最大，沒有海南味，练兵一坊色彩很坏。

要树立雄心壮志，要敢于标新立异。

该有戏的地方沒戏，是阶级感情问题。送椰子水就要使人流泪，导演要给演员过程。

六坊可用榕树，现在布景虚假，生硬。对化妆的意见也很大，眼睛画得象大核桃，看不见眼球。

要小心谨慎、谦虚、无止境地改好，力所能及地改好。摸一个段落，当然也不一定天天改，至少要一个过程。要有毅力，要有狠劲，不要搞批准。对×××还要教育，使她和她的父亲划清界线，也要承认她较刻苦，竭力争取她。也要注意×，有畸形心理，急躁越来越对立，那不是白培养了吗？不能那样做。要有计划地把队伍搞得纯洁些，要抓紧教育，要用较短的时间培养出一个超过×××的。对×××等加强教育，也要使用、控制。我们找一个培养，要打破头脑里的保守。不要怕，首先是政治问题，对立情绪。以后学校招生要实行阶级路线，至少是清白的。也不要冷落×，只要群众认识到离开×××也可以。政治上要抓紧一些，使每人肩上担个责任，即使不是党、团员也要有爱国主义的责任。

要求演员眼睛与观众交流。

一九六五年一月二十四日

一　場

一、琼花一段太长了些，跌倒重复，时间也太长，最多跌倒一下。

二、动作是虚的，景是实的，跑了半天跑不出去。

三、团丁头巾没有时代感，象古人，要解掉。

四、南霸天的头发太怪。平头、背头都可以。

五、雨点看不清。

六、妆太夸张了，让人难受。

七、常青的妆不好看，太丑了，太夸张了。常青的妆不要妆眉毛，也可以用小平头。

八、光不好。

九、跌倒只能跌斛斗，马上得爬起来。

十、要求紧凑一些。

十一、南霸天的妆不象厉害的样子，妆滑稽了。

二　場

一、化妆不好，连长的眼睛象洋人的眼睛

二、不要用蓝衣服，难看。

三、加睫毛不好，这不是演外国人。

四、小孩服装颜色红不红，紫不紫，太怪，没有原来的好看。

五、连长原来挺漂亮，这样一画，丑死了。这是崇拜外国人，说外国人好看。

六、旗还是放在后边好。喝水琼花已有特写，旗放在前面反而没有特写。恢复原来的戏。

七、诉苦时向前走三步。还是要音乐。

八、旗在前面，特写看不清，也不合理。为她打个旗。

九、戏不深，演员不理解。端椰子水往前，想得很好，但演员脸部要有表情，不然就没意思了。

十、景有问题，没有海南风光。海南到处是椰子树、槟榔树。现在象个竹林。

三　場

一、四个人一排，目的性是什么？

二、师长化妆太怪。

三、我已经给你们想了：包围是一个独舞，把枪架在一个角上，象是在崖上。一个动作在树上，然后一个人做包围的动作，就可以了。现在还是尽比划。

四、琼花懂了吗？怎么懂的？也没有拉她到地图那儿看看。

五、琼花可以保持原来的舞蹈。

六、你们基本功不错，主要是缺乏生活。

七、明天不要过坊，还是按原来的演。

幕间时说

一、诉苦还不如从前，还是用原来的。

二、化妆我们坚决反对，就是外国人漂亮中国人丑，搞眼瞎毛干嘛？把人都弄丑了，南霸天画得怪，使人不恨，滑稽。

三 坊

一、化妆主要是搞脸谱化了，反面人物不要搞脸谱，要靠内心，不要走形式主义道路，南霸天像脸谱化，不从内心刻划人物。

二、裙子太难看，服装一定要和美工一块设计，为突出人物，另外整个要构成一幅图画。

三、明天黎族舞仍用原来的服装，还有点色彩。

四、没改好就用原来的。

五、黎族舞服装紫红不行，要亮一些。

六、南霸天按从前的样子化妆，这个妆不象样子。

七、南太太原来的服装很好。

八、南霸天切忌不能演成滑稽，要让人憎恨，不是让人讨厌。

九、京剧取消了脸谱，你们增加了脸谱。

十、洪常青的妆，眼睛画得太长，对脸不合适，眼睛画得脸已容纳不下了。

十一、化妆的人要理解这是海南岛，脸都是黑红的，不是白的。

十二、红军战士和琼花的服装颜色非常不调和，可用热一点的颜色。

十三、群众服装太难看了（指士黄的）。

十四、刚把京剧的脸谱反掉，你们又搞了。

十五、衣服那么自然主义，还不如原来的，我不理解了。

十六、补衣服要补得美一点，衣服真伤脑筋，说不出来的颜色，一定要与景调和。

十七、过坊如果每人都有一段舞，说明他们的智慧，表现他们的性格，然后再来群众。这坊戏可以站得住，琼花就在原来的基础上加强。

十八、给琼花椰子水，琼花很激动，天下哪有这样的好事。她是一个很苦的丫头，一对陌生的人对他那么关心。

十九、第一坊没有原来的紧凑。

二十、服装不要一下子改了，现在后景与服装没有关系了。服装、布景、灯光都应为戏服务，现在搞得乱七八糟，不要让人只注意布景服装。

二十一、常青满体面的，现在弄成个怪物，你们还要烧一烧，就是崇洋，外国人好看。

二十二、过坊二个不同性格可以构成不同的舞，都可以拉到地图跟前，地图一定要突出，然后连长先起舞，在不同的情景下打。琼花的舞已经有了，**再丰富一些**。然后常青舞，最后统一了，一些战士来一些集体舞。（胡果刚：可以把二场的戏弄过来一些，二场只要参军就够了。）这个想法很好。

二十三、音乐好象没有原来的有力量。

四　场

一、布景应有点流水。

二、连长的腿站得不好看。

三、红衣服不好，原来的服装雅致。

四、少女的头要梳小结。

五、景喧宾夺主，要恢复原来的，灯光太凶了。

六、现在连长比琼花突出，连长超过琼花就不妥当。琼花有觉醒的过程，连长没有。电影常青、连长不突出，象活布景，现在我们要使他突出，要立出来，可是他不能超过琼花。

五　場

一、现在琼花黯然失色，连长本来就是个突出的女孩子。

二、应按原来的基础加工，你们现在大砍大动，没有一个贯串人物，非常危险，象西洋的芭蕾舞，尽是杂碎，突出群像很危险。

三、你们大概理解过了，连长不能压过琼花。五场是打狙击，大部队转移。

六　场

一、榕树的须再多一些。

二、洪常青的妆显得人短了。

三、色彩很乱，红光用得很怪，脸都是苍白的。

还是照原样演。再三强调琼花的音乐，提了多少次了，是个反抗的形象，这是剧作思想上的问题。

音乐界老谈抒情，抒那个阶级之情？与舞台上的形象完全不一样。现在你们理解过了，琼花是个成长的人物，后面连长代替琼花了。对五场的理解也很不对，打狙击战一个排已经**很够**了。

过场等音乐搞好了再排，现在稀稀拉拉。

景完全把人夺了，灯光搞得很凶。没有着重戏剧性，这儿弄一点，戏散了。灯光、服装不要突出个别的舞蹈，要突出戏，突出人物，突出个别的舞蹈，是为色彩而色彩。要想通，作曲家没有解决的问题，原来的主题比今天好些，但因反抗性不够才改，现在反而不如过去的。前奏曲应出现琼花主题。走走弯路不要紧，要取得经验，要走自己的路，不要走杂碎路。音乐上洋教条、土教条都要打掉。民歌不是不好，但有许多弱的，也有色情的，民歌有部分好的东西，以它代替一切不行。

琼花音乐感差。还是想修改，把内容、音乐都搞好，大家谈一下。《芦荡火种》（即《沙家浜》）的修改可提供你们参考，他们已改了三个月。要求戏剧性强，音乐形象要鲜明，连长后面不能代替琼花。这次衣服没有原来的好，娘子军的衣服也褪色了，要做两套经常洗染。

同美术学院教員的談話

一九六四年十月二十五日

中央美术学院的一些教师、干部、学生，曾给毛主席和党中央写信，反对該院修正主义党委。一九六四年十月二十五日江青同志接見該院三名教师听取意见并作如下指示。

你们的信，主席看到了。最近他忙一些，让我见见大家，转告大家，主席支持大家的意见。今天听听大家的意见。

"题材无主次"，这个调调和文学上是一个调子。

陈华丁的画各地都是，齐白石的一把葱、两头蒜、几个虾米说得那么好？很奇怪，怎么捧起来的？齐白石反对土改，身上掛一串钥匙，守財权！

杜风眼用中国办法画的那个女人，多难看！主席和我喜欢徐悲鸿，他写实，有思想。当然，思想是民主思想，和闻一多一样，但是有思想。

（有人问：主席看画展吗？）主席时间少，主要看看画册，比我看得多，许多画册都有。

刘文西等人的事（指《人民日报》发表刘文西画主席像的事），《人民日报》要检查。傅抱石在人大会堂的那张画，看了半天也看不出是什么。有那么好？对他的画要检查。

《延河边上》是谁画的？我看不出是主席。美协张愼眞告诉了我，还是不像。主席在延安，根本不是那样衰老；进城时也沒有那样。我看这张画对主席有歪曲，好多文章把它捧得太高了，为什么？还有《红色娘子军》，画的象是灰色娘子军。这样灰暗的情绪，他们根本不懂得革命战爭！我们许多人不懂革命战爭，把革命弄得很悲惨。《红灯记》以前是《革命自有后来人》，三代人都杀绝了，李铁梅最后也死了。这样那还有什么"后来人"？现在提了意见，好些。《苦荣花》也是最后全死了。看了那张《访贫问苦》，也是感觉沒有一点光明。《三千里江山》我还是欣赏。要画现代题材，和京剧现代戏一样，反映现实生活的画再不好，但这是我们自己的。学院派总是摹仿别人的东西，怎么行呢？这样做，生活不是艺术的源泉了。音乐上是崇洋颂古，美院崇洋颂古，还加一个现代派。

我平常油画看得多，很喜欢油画，它表现力很丰富。

听了大家的意见，看来美院是稀烂了！大家说美院近，在中央身边，也确实如此。我没有去过美院，国家大，沒有力量摸。美院看来是抓晚了。你们放心，不搞清楚不下战场，不获全胜，决不收兵！

同音乐工作者的談話（一）

一九六四年十一月十八日

如何对待民族的和外国的遗产，这对每个国家来说都是个问题。目前世界上还没有一个国家能解决这个问题，资产阶级、修正主义他们都是腐朽的、反动的，他们根本不能解决这个问题，只有堕入形式主义，直到搞扭摆舞等等，民间音乐也商品化、爵士化了。

我们应该有雄心壮志，敢于在世界上推陈出新，标新立异，那种"非驴非马"的说法是错误的，是谬论，它只从形式上看问题。"洋老虎"、"土老虎"都是很厉害的，我们不能受它的束缚。

西洋唱法注重声，民族唱法注重字，我们为什么不能把这两种东西结合起来，这样不是能创出一种世界上最好的唱法吗？真正能做到"声情并茂"。

过去对许多问题争论，往往从形式上着眼，而且把它绝对化了，可就是忘了两个字——革命。

文化部曾经下命令，要大家都唱民歌，结果革命歌曲都不唱了，而许多色情民歌都出来了（如周璇那样的黄色歌唱家）。

前几年又大演洋歌剧。《蝴蝶夫人》是写帝国主义污辱日本姑娘，很下流；《茶花女》是写妓女的。大仲马，小仲马，这父子俩，在当时也不是进步的。

那时是"一大、二洋、三古"，"厚古薄今"，"厚死非生"，崇洋非中，电台也是个丫丫鸟，播了许多。

主席的《讲话》发表二十二年了，但工农兵方向并没有很好执行。关键在于领导。最近中央抓了一下，贯徹了主席的文艺方针，京戏就取得了一定的成绩。《红色娘子军》也很成功。文化部曾经反对搞《娘子军》，要把剧团送香港去演《天鹅湖》，名义上是赚外汇，实际上是抵制《娘子军》，认为芭蕾舞只能演《天鹅湖》、《泪泉》。资产阶级的东西早停滞发展了。

"国际比赛"从本质上来说是为资产阶级捧场，演资产阶级，得资产阶级的奖。当然从国家关系来说是另一回事。

你们说要搞亚非拉音乐节，这个想法很好嘛，我们可以用革命的东西去抵制他们。

现在主要的问题是创作贫困，原因是没有生活。歌喉、乐器都是工具。资本主义工业发展很早，他们用机器制造乐器已经有很长的历史了，有了完整的一套，而我们却一直用手工业。

钢琴的表现力很强，现在只是没有群众喜闻乐见的曲目，×××弹得很好，但是弹"李斯特"，工人听不懂，他应该学一点作曲，如果能把京戏、梆子弹出来，群众就听懂了。《青年钢琴协奏曲》不错，但是用的都是民歌，为什么不用星海的《黄河大合唱》，《歌唱祖国》，另外，乐队也没有突出，音响不够，建议你们把它改变一下。

有些人甚至要把《全世界无产者联合起来》也给否定掉，还是主席亲自听了之后，才给肯定下来。他们就是用"民族化"来否定革命。

小提琴表现力也很丰富，它的弓子解放出来了，音域也宽，这些地方比二胡要好。民族乐队确实有局限，奏革命歌曲气魄就不够，听说"前卫"文工团把笙改成金属的，声音宏亮多了，二胡是不是也用钢弦？

土的、洋的都要改造。京戏女声用假嗓唱，与现代人说话不同，梆子的男声也要改造，否则音域总不合适。洋教条必须打破，交响乐实际上就是形式主义的东西，几个乐章没有什么内在联系。不仅中国人听不懂，白种人中的劳动人民也听不懂，许多资产阶级自己也是不懂装懂，表示自己文明。

我们不是盲目排外，人家好的东西我们应该吸收、利用。

音乐学院分院，我不同意，他们没有告诉我。那时有人还想把全国的管弦乐队都改成民乐队，最后才保存了几个。

创作中我们先搞了舞剧《红色娘子军》，然后搞歌剧，以京戏为基础，吸收西洋歌剧的优点，以后再抓乐器。

应该大胆创造，标新立异。

理论队伍很需要，主要是要学好马列主义。现在看来，最好懂的还是主席的《在延安文艺座谈会上的讲话》。生活是基本功。你们现在缺少两大门基本知识——生产斗争和阶级斗争知识。你们今年去"四清"，很好，以后还可以去工厂。除了蹲点，深入生活外，还可以到祖国各地去参观，增加民族自豪感，开阔心胸。我身体不好，不能搞"三同"了，但是我很愿意到各地去看看。我曾到过去工作的一个地方，一个在旧中国曾经是破破烂烂的地方，今天有那么多的工厂、烟囱，我激动得流出眼泪来，我们革命胜利了，没有党和主席的领导，哪能取得这样的成绩！

德彪西是印象派的，他的作品很神经质，但是在音乐界很有影响，许多人崇拜他的技术。我们不能脱离内容谈形式和技巧，形式和技巧都是为内容服务的。《晴朗的天空》（苏修影片）车站的镜头，有人以为技巧很高，我特意去看了，那是对卫国战争时期的苏联人民和斯大林的严重歪曲。那列飞快的火车载满了士兵，疾驰而过，不顾人们的死活，在站上亲人们的惊呼，歇斯底里……。它的技巧就是服从这个内容的。

搞理论工作要解决中国的问题，为中国革命，也就是为世界革命。好好学习，就是不要脱离实际。

"古为今用"、"洋为中用"，主席提出好多年了，五六年有个同音乐工作者的讲话，主席还想修改，没有公开发表，你们应该好好讨论这个问题。

你们学校的问题有学校工作的问题，也有文化部的责任。现在情况复杂了，延安出来的同志有的停滞不前了，有的革命意志衰退，当然还有革命的。

要有这样的信心，相信我们一定能做好！

参观美術展覽时的談話

一九六四年冬

解放后油画是不是有很大的发展？工农兵群众是不是喜欢油画？油画一定会有发展前途的。油画应当很好地为工农兵服务。应当做到外为中用。

青年美术工作者比老画家总要多些吧？你们除了在美术学校学习以外，有沒有自学的？技术当然要学，恐怕不能因为学技术就不和工农兵在一起。这里有技术为谁服务的问题。

反映地主阶级剥削农民压迫农民的作品在你们美术里面倒是有的，也许还不少吧！？可是反映工人阶级受剥削受压迫以及和资本家作斗争的作品，这里就沒有看见。应当有这样的作品，应当有鲜明地表现阶级斗争的作品，现在是社会主义革命嘛。封建地主阶级倒是臭了，资产阶级呢？恐怕还有人觉得香吧？其实，应当搞臭才是。

你们美术在这方面还是可以有所作为的。展览会除了在城市举行以外，是不是也下乡下厂？是不是也可以在工人、农民里面作调查，看看他们需要哪些作品，听听他们对美术作品的意见。

审查影片《烈火中永生》时的指示

一九六四年十二月二十七日

开映前

过去，很多片子拍完要想再改好，很困难。这样对国家是很大的浪费。主席对这也很有意见。

影片放映中

这个片子不是彩色的啊？这个电影他们不愿意用彩色的。

（华为和江姐在船上）到现在我还没有看清华为。为什么不给个近漫的镜头？

（茶馆一坊）不合理。甫志高进来那么半天没发现，许云峰为什么不走？小说比较合理，因为特务迎上来了。现在许云峰完全可以走掉。

（江姐被捕）敌人抓着我们，一般是架着你走。经过斗争，你挣脱一下，再自己走。戏都弄平了。

为什么所有被捕的人都承认了自己的身份？一般的是应当尽量不承认自己的身份。主席也有这个意见。现在所有的人都一个神了。

（导演介绍江姐与叛徒对质时，硬不承认认识他，把叛徒搞得毫无办法的材料。）这就对了。这样才不是一个神。你们不要上了小说的当。小说这方面有缺点。

"鸿门宴"那坊戏为什么不用小说中的词？人家不好的可以改，好的就应该用。许云峰的话："請客赴宴的主人，恐慌到全副武装来押送客人是世间少见的事！"为什么不用？

（江姐入渣滓洞，仍自己走，敌人跟在后边。）敌人特别文明？必须经过斗争，敌人才不敢碰你，叫你自己走。

（龙光华送水）怎么就他一个？

（绝食时敌人送来大米饭）平日的饭没有对照，就显不出这饭太好了。龙光华送水也不好。小说是龙光华为了大家保卫水，还是好的。特务用枪打死龙光华，没道理。小说比较合理，是受刑后死的。

这坊写得太简单了。电影应该比较容易处理才对！绝食斗争不能那么简单，有四天哪！

（联欢会上江姐接到老许纸条）两次纸条都应该吃掉。

（刘思扬被假释，同志们给他鸡蛋吃）那儿来的鸡蛋？食物不经过看守是不能拿进来的。不变代怎么能这么吃？

（郑克昌到刘思扬家，一进门就把门关上了）写敌人还有点警惕，不过小说写红旗特务到刘家也不太聪明，因为前边说过特务看守得很厉害！

（地牢以后）书上有些叫人紧张的地方，你们没有要。叫观众紧张一些不好吗？为什么不要？

（华子良在杂货铺接关系）这个接关系很特别，怎么两个人对相（卽对看）了一下就行了？

（绣红旗时）那么多根针？小说上是磨的针，比较合理。你们不交代，就不要用针，因为敌人不许有针。你们改成被面做红旗还是合理的。

特务为什么不抓住？实际上是都抓住了。沈醉我还看见过他写的材料。都抓住了，你们为什么不抓？

映完以后

这个戏真是糟糕！

总的还是缺乏生活。缺生活不太好改，平平板板。解放前夕的气氛，劳动人民的生活，渴望解放……小说写得不够，可是还写了一些护厂的斗争。你们想在这个基础上增加一些？监狱斗争也写得不突出，大概也是因为缺音乐，所以不激动人。

我再和××商量一下，这部戏应该拍好。小说的天地也很宽广。不改上映，也是个办法。将来再拍部彩色的，得另外编剧了。

赵丹气质不合适。

还窝在家里的有哪几部片子？这些年电影文学剧本不审查？电影和戏不一样。话剧演了还可以再改，但电影是做成桌椅板凳再改，主席有意见，这几年根本不审查剧本。

同音乐工作者的談話（二）

一九六五年一月十四日

主席在研究音乐问题，我要給主席做些调查研究工作，因此，找音乐工作者谈话。

为了推动社会主义革命，音乐工作如何标民族之新，立无产阶级之异？

一、**乐器問題**。六三年调查乐队，把许多西洋管弦乐队撤消了。混合乐队也把西洋乐器取消了。我曾去问过林彪同志为什么这样做（按：此事未经林彪同志批准），是否可在部队保留一些。据说空军部队并不同意，所以空军管弦乐队并未取消。地方上并未得到上级的正式通知，但洋的不约而同地下马了。据说这是文化部一位副部长几次谈话的影响。把民族的、外来的截然分开的做法（两个剧院，两个学院）值得研究。我们国家很大，每省留一个管弦乐队并无不可，因为我们的省等于人家一个国家，但是否现在就把这些乐队恢复起来？应该调查研究，再慎重地做出决定。乐队队员学了很多年，是有才能的人，一下子要他们转业很可惜。我对改良乐器按西洋管弦乐队编制原则来改的做法表示怀疑。这样做会不会反而把原来的特色改掉了？改良的大唢呐长得都碰到地板了，觉得很好笑。

到底什么是民族乐器？以前中国只有琴（古琴），很多民族乐器都是外国传来的。现在许多西洋乐器，我们本国可以制造了。（插话：群众可能有欣赏习惯问题。）有个吹法国号的音乐学院学生，下乡吹洋调，老乡不喜欢。不是乐器问题。后来吹民歌，老乡喜欢听了。现在主要不是乐器问题。不习惯的东西，多接触是可以习惯的。一般说来，西洋乐器在技术上比较发展，表现能力比较丰富；民族乐器比较粗糙刺耳，音域较窄。《红灯记》我建议加一段《国际歌》，中国京剧院开始不肯加，后来加了，但是京剧乐队演奏《国际歌》很难听，味道不对头。乐器发展和经济基础有关。西洋乐器是经过资本主义发展阶段逐渐完善起来的。总的说来，乐器是工具，西洋乐器、民族乐器作为工具都可以使用。

关于乐器问题，主席五六年怀仁堂讲话中已说得很清楚。本来这篇讲话是可以发表的，但毛主席很慎重，说还要做些调查研究。

二、**关于戏曲改革**。京剧演革命现代戏，许多原有的唱腔不适用了。这次搞《芦荡火种》等戏，有些同志对唱腔设计起了不少好作用。希望能有更多的专业作者（新音乐工作者）参加到这种工作中去。

三、**关于民族特点**。少数民族会演加强了民族团结，是成功的，但也存在一些问题。有的民族事实上民族特征已经消失，却非得要人家恢复。海南岛黎族姑娘已不愿穿原来打折子的裙子，还非得叫人家穿。有些做法到底是促进民族团结，还是制造民族分裂？回民和汉民实际上没有什么两样（不吃猪肉除外），还非要人家戴阿訇的黑帽子。这是宗教上层人物的佩装。

《俺是公社的饲养员》这支歌，我不喜欢。听说是东方民歌调。恐怕别说是外国人了，中国人也不能普遍接受。

《天涯歌女》、《哭泣泣》这类调子，我很反感。民歌中不少是色情的，不健康的。有些人认为只要是民族、民间的都好，这是不对的。一九六四年国庆观礼，听到一个《落子调》，和国庆的庄严伟大的节日场面非常不协调。

四、关于"三化"。"三化"（革命化、民族化、群众化）的提法值得研究。这个口号资产阶级也可以提。资产阶级也有自以为革命的一方面，虽然他们不会去考虑群众化。这口号不知怎么提出来的。我想和林默涵研究一下，还没有机会。

五、关于歌剧和声乐。象《茶花女》那样，"给我一杯水"也要唱，那样的歌剧在中国是行不通的。唱洋歌剧的人，咀里好象含了个东西，字都听不清楚。

唱得好的人总是"声情并茂"。当然这个"情"要说明是革命感情，无产阶级感情。京剧旦角的唱法，假声不能很好的表达英雄人物感情，应该想办法充实它。河北梆子男演员高音嘶裂，听了很不舒服。应从唱法到唱腔加以改革，张映哲唱得很有力量，好象是受过西洋发声法训练的。

六、关于交响乐。四个乐章很脱离群众。我女儿喜欢交响乐（西洋古典的），我拼命把她从交响乐中拉出来。严重拜倒于西洋音乐是奴才思想，应该创造自己的。我听过交响乐《穆桂英挂帅》，不喜欢，据说其中还用了京剧的唱腔，但完全听不懂。总要人家听懂才行。

七、关于轻音乐。李凌的轻音乐的观点是错误的。但是不要把轻音乐全部否定，其中还有较好的。

八、关于国际音乐活动。刘诗昆参加国际钢琴比赛，我不明白为什么非要参加这种比赛，有什么意思？中央音乐学院陈莲上书毛主席，建议举办亚非拉音乐节。这是很好的主意。新兴力量运动会起了很大作用。在音乐方面，也应搞亚非拉的活动，这会起很大作用。

对改編京剧《紅岩》的指示

一九六五年一月

总 的 原 則

一、敢于革命，打破框框，敢于标新立异，思想不受限制。一切通过试验，不怕犯错误。但是，不能搞主观主义，脱离生活，一定要讲斗争规律，讲必然性。要戏剧性，不要偶然性。

二、要气势磅礴，斗争尖锐复杂，一定要比生活高。运用一切艺术手段，为塑造英雄形象和思想高度服务。

三、把敌人写够是为了突出我们的人；以我为主，但敌人不能弱了。敌人內部矛盾重重，不能简单化。

要专门写反美斗争的作品。

四、反对写小资产阶级的思想感情，个人命运，骨肉之情，小零碎，小玩意等低级庸俗的东西。

五、古为今用，外为中用，一切为革命服务。好作品要反复修改、磨练。

六、深入生活，广泛收集材料。小说《红岩》再收集材料，以便修改。

关于結构和情节的处理

一、成岗的作用小说上倒置了。写钢板谁都可以，刚入党的谁都可以写，我刚入党也写过。

主席说，戏为什么要照小说？小说为什么不能改？我还有框框。我想把框框打烂，吸收好的。

二、群众喜欢老太婆，因为她有武装，大家高兴。

三、干脆第一场李敬原、许云峰会见，说甫志高已被捕，李派人接许、江、成的工作，全面交代形势，我们党如何安排工作。

四、朝天门不妥当，码头上不能停留。

五、李出坊，看出我们有人代替工作，抓人就不怕了。（在公园）许保护李而被捕。

六、不让敌人喧宾夺主。以我为主。

美帝不出现不好，出现多了不利，不易写好，可以考虑狠狠逃跑时再出现一次。

毛人凤、沈养斋可以不要，另外想办法烘托敌人內部矛盾。

七、许多地方，狱中传递全国斗争消息，小条子要吞掉。建国好。

八、剧本（指歌剧（矫枉过正了，看不见屠杀。要有舞台形象，《国际歌》上杀场，口号、枪声，要有牺牲。

九、越狱迹象：猩猩报告不好，我们很周密才好。

十、华子良是装疯，不宜太老，过分了就自然主义。

十一、打许一枪必要，给许一把匕首，成岗也有，许中枪，以匕首刺徐。

十二、尾声，上大军、游击队，把敌人活捉、打死，会师。

十三、鬼电影《五更寒》不上军队，编写者不从全局想，主观唯心论，想上谁都行。

十四、小说气势不够雄伟，群众运动零碎。

关于許雲峯形象的塑造

一、许云峯的形象赵丹演得不好，但导演也不对，规定他演大名士，看江水，推开鸿门宴的门是大名士。

二、吃饭那坊，原著中好对话也不用。

三、许挖洞不好，去看（天空）不好，应千方百计地保护地洞。为什么听不见（脚步声）？他们简直是不用脑筋，也不了解情况，那么草率，那么乱。

四、他们花了三年时间，但是因为他们选材和艺术爱好有问题，并受夏衍，还有陈荒煤的影响。他们不要成岗，加了刘思扬。

五、赵丹老是演古人。鲁迅，我没看见过，我印象中鲁迅对人是严峻的。我告诉赵丹，他说不是，他说鲁迅很随便。

六、赵丹一见我就说"蒙太奇"，吓唬人。我就不客气了。我说，说穿了，叫结构。推、拉、摇、化就是句子。这些坏思想是不好的。我们搞艺术要为人民服务，不要搞一本书主义、一个剧主义，那一套很不好。

关于江姐形象的塑造

一、担心音乐和江姐的问题。许、成在小说里是好的，小说中江姐弱了，要重新创造一个。她不是一个人，是高度概括很多人的女共产党员的形象。江姐性格比较复杂、鲜明，塑造出的比较少。

二、我们这一代快要完了，现在交给你们去弄。要弄好。将来更困难了。现在不弄，以后后代更难弄了。

三、小说中个人命运强调得多了。江姐这个人应该是对自己的同志非常热情关心。她是热爱党热爱同志的。在敌人面前她斗争的方式是复杂的，多种多样的。

四、这个人的外形要文一点，然而要有几分英气，这才能通过形象把她表达出来。许云峯有多高，江姐就可以有多高。电影也应如此。小说中许、成突出。

五、小说中江姐的骨肉之情，儿女之情很多，太琐碎了。她应有在斗争中同群众密切联系的人物关系。她的活动中的人物关系太少了。这个人物在小说中塑造得不够好。人们喜欢小说上的江姐也还是由于她和老太婆去搞了武装斗争。

六、剧本上江姐的细节要注意，一定要树立起来。她对敌对我各方面要写清楚，江姐对同志要亲切关怀。

七、歌剧中"红岩上红梅开"是套主席《咏梅》来的，要革命的。你们年轻，经历不同，对革命理解不同，没鉴到要害上。

八、江姐要关怀成瑶，但不要庸俗化。

九、电影中接关系，孙明霞、刘思扬不好，故弄玄虚，不是政治热情，是庸俗的小零碎。政治上热情，不是一团和气。**江姐甚至可以跟人"吵架"**（指坚持原则），这样的热情有原则性。江姐的行为都要合乎秘密工作原则。

十、几个《红岩》的戏，大都解放军没出场。悲剧性太强，沉重，很闷，看起来丧气，不舒服。

十一、江、许是最重要的，还要加上成岗。三个人一定要树立起来。《红色娘子军》只有琼花，连长也不要了，不对。

群像一定要树立起来。群像要通过主要人物来表现；主要人物脱离群像的烘托，便成了光杆。

十二、小零碎不好，有的是艺术不完整，有的是思想不健康。这里有个高度和立场问题。选什么材料，都有创作上的思想问题，不是一般问题。

十三、现在有些庸俗捧场（指报刊上的评论）。歌剧《江姐》也有庸俗的地方。哭哭啼啼的，算什么英雄!?艺术不是不讲含蓄，含蓄是为了叫观众有想象的余地。

十四、江姐要合法、非法斗争全用。她有秘密工作的经验，因此她不同于韩英，也不同于阿庆嫂。她想问题是非常周密的，但不是拖拖拉拉。小说上江姐有点琐碎、婆婆妈妈的，应写重大的，在斗争中关心同志。

十五、不是没有偶然性，**象布置撤退，不那么容易。有人有家就会发生失利**，这种情况是允许的，但不能搞得党没有能力，疏忽。

十六、人的性格不能太简单。江姐是很复杂的。昨天讲打人，是启发你们想象。

十七、敌人的形象一般都是丑化，不深刻，**要从内在去刻划**。写作时间要充裕些，不要慌。

十八、电影草率，不认真，画面很乱。城门楼下抬起头来，然后用照相的角度俯视江姐显得渺小受审判的样子。根本不能这么拍。走泥坑不好，有一点也可以，但要越来越大步，越走越镇定，坚强起来。上山看到同志对自己那么体贴，但是她的哭不需要掩饰，可以眼泪长流，面对老太婆哭着说："妈妈，我都知道了。"不要掩饰，不能伏下呜呜地哭。

十九、江姐要重视计划。

二十、小说，全国、局部的形势一定要有气势，否则就降低了思想性。当然，刻划形势，如何写，要讲艺术的形象表达。

二十一、电影，江姐上山，华为哭。不应该全都哭，青年不应该哭。

对交响音乐《沙家浜》排演工作的指示

一九六五年一月二十七日

（听完各种乐器演奏后）武器很好嘛，我看完全可以为人民、为革命服务！

听说你们有争论（指搞民族音乐和搞西洋音乐的），听说你（指李德伦）还有些意见。我看争来争去，就是缺少"革命"二字。

资本主义的音乐我也听过一些，所谓"经典"作品，也就是那么几个，以后也就没有再搞出什么东西来，它已经没有什么发展了，已经没落了。资本主义的音乐是要死亡的，你们不要跟着洋人去死，我们要走自己的路，应该搞自己的东西。搞错了也不要紧，摔倒了再爬起来。你们可以从戏曲着手。民歌有许多是不健康的，有些很下流，有些不能表现现代生活。戏曲中京剧和河北梆子比较好。越剧太软。越往南越"嗲"（diǎ）。广东戏受外国影响多。京剧吸收了很多剧种的好东西，发展的时间比较久，它比河北梆子在音乐上更丰富。京剧伴奏乐器太单调，有限制，在《红灯记》里演奏《国际歌》很难听，味道不对头。你们可以搞京剧，试试看。（李德伦插话：我们搞过《穆桂英掛帅》。）我有这个唱片，但我听了半天，也听不出京剧味。（李：其中有一段〔南梆子〕，我们改了一下。）已经听不出来了。空政文工团和北京京剧一团正在搞《红岩》。他们共同研究剧本，但音乐上不同。空政是以吸收京剧为基础，搞新歌剧。

一九六五年九月二十五日

你们这样搞，好，总比搞死人好。

第二个阿庆嫂，我觉得音乐差一些，听起来老是难受，累得很。……缺少气魄，郭建光就有点气魄，就是那个嘎调唱不上去。这里谭元寿是用假嗓。元寿唱的"声震芦荡"的"荡"字，唱得弱了一些，比原来的"紫金盔"低一两度。他（指交响乐中演郭建光的同志）的声音可以，我想可以唱，元寿唱的离"紫金盔"差了一两度。5 7 $\widehat{6}$ 5 6 $\frac{6}{=}$ 5 · 3 $\widehat{5}$ 是这样唱的，它就比较威武。我还建议有个领唱。"芦荡"里那个高八度（合唱前的一句领唱），去掉了不带劲了。可以搞个小板凳放在合唱队旁边，到那儿去站着唱。他领唱。原来京剧《沙家浜》也是把这一句去掉，后来大家觉得的确不够好，又恢复了。它有气派，因为郭建光是领导群众的，节骨眼上反而不唱了。可以唱得顿挫一些。那个"冷静"没有办法唱。元寿原来唱到"冷静"，"冷"字下面沒有"静"了。李金泉是很会用脑筋的，他就把这两个字完全唱出来了。作为整个的，挺有点气魄，可以再琢磨。

一年拿出一个东西来，一反过去嘛！有点气派嘛（指国庆演出）！搞民歌不是个事，净是情郎妹子，不就是后花园赠金等等。这怎么能表现工农兵呢？总要找一种能够表现工农兵较接近的。京剧就合得上。河南梆子听起来"嗲"，越往南越"嗲"。

后面的"拨子"，因为你们是用这么大一个合唱，声音厚，就不显得单，只有一个地方听出来是"拨子"。现在先演。走的时候不要走台步。走现在的台步可以，因为京戏的台步是原来封建社会贵族小姐所走的，我们为什么还要用？我们一定要改过来。

你们要在衣服上再调整一下，阿庆嫂也不是一个姑娘，后面（合唱队）是藏青的，可以考虑新鲜一点，不过阿庆嫂的年令也不适合于穿的太什么。

还是很有点气魄。"白口"恐怕得练练，就是话剧演员也要注意语言的音乐性，就是说要有点弹性。（赵×插话：刚才江青同志讲：念得不够好，解说词应当念得像朗诵一样。）它接近唱词。（李×：就是道白。）道白听着就是话剧，京剧不同于话剧，就是有韵白、京白。有人说京剧现代革命戏搞得讲话比较长，其实是两个歪曲。我们原来就是话剧加唱，而且加舞，就是打。不同的就是"韵白"与"京白"。现在我们逐渐要去掉"韵白"，因为是京剧嘛！你们何必学那个"中州韵"，使它群众化不是更好吗？让群众来接受吧！建议加一组弹拨乐器，低音、中音、高音部有啦，要胆子大起来，一定要走自己的路。这个乐队的发展就到此为止了吗？要自己摸点路出来，我们有自己的民族风格嘛。当然，不是搞民族的国粹主义。

我看是条路。你们这个乐队通过独唱、合唱结合起来。过门可以发展。你们与舞台上没有什么大关系，京剧过去那些"花调"的过门，你们完全可以参考。

反面人物的服装可以，鬼颜色嘛！唯独习德一要更"习"一些。最近我建议京剧团把马长礼拉掉。太正派啦，唱的太正生啦，要有点习点，不要那么好听。作为旋律，习一点。马长礼实质上用的就是《武家坡》。配器上已经注意了，我想还可以注意，阴阳怪气一点，他们专门杀我们的人。我觉得还要厉害一点，把他那个旋律给它压掉一点。

"这个女人……"底下的那个味道拿掉它。长礼因为我说，他就不敢再唱了，就不敢再甩。再甩，别人给他鼓掌，那就糟了。怎样塑造反面人物的音乐形象？你们应当考虑一下。京剧音乐有困难，现在鸠山（《红灯记》）的腔，大家都积极想想。鸠山肯定得改，不能那个样子，现在反正愈演愈多了。怎么摘，当然要从"鸠山"摘一些，他占有的动作不适于太多。从他身上摘出一刻钟就可以。他那个唱，你们想一想看。鸠山这个反面人物就要残暴、凶暴。

我觉得还可以加唢呐。〔唢呐二簧〕好听。你们有唢呐吗？〔导板〕要用上唢呐多好听。他这个嗓子条件不坏，很正派。像马长礼那样的嗓子演这个角色就不好，因为他太正生了，太足了。正生过去一般都是演帝王将相、士大夫的人。

是不是可以再琢磨琢磨。你们录一个胶带给我。这个女声也值得研究。西洋的女高音，中国的京剧都是假嗓，我们现在要求有点本嗓，因为要说话。就是完全唱歌，用西洋人的发声方法，我觉得也不好，因为离开现代的革命英雄太远啦。太远啦，我们所有的地方戏都是真假嗓，就是一个京剧特别。你们是不是考虑让她拉下一点，你们的女声有点办法没有？

我觉得她（指第二个阿庆嫂）在节奏上有点问题，不是咬在过门上。是不是有这个感觉？就是板眼上有点问题，唱得不够稳。

这个戏你们注意一下，有个缺点。他们这个剧团比较老，创作能力比较差。要求有一个精彩唱段。现在的唱段是专业用的。过去有这样比较精彩的唱段，群众一下子就能唱。我想把后头那一段"月照征途风送爽"磨得能唱，是不是会好一些。现在你们有一两处

5 6̱3̱ 5̂
啊

还是改回"山"字。因为这个"睦"字北京人不理解。是我替他们查出来的。那里没有多少山，但也有一点。我想这个问题不大，你们是不是就改回"山和水"。

《沙家浜》整个缺少这种唱段。《红灯记》在上海演出，街上的群众就唱："临行喝妈一碗酒，浑身是胆雄纠纠。"这是一段〔二六〕，音短，容易完成，并且很有英雄气概。〔二六〕也好听，比〔西皮原板〕好听。《沙家浜》用〔二六〕比较少。

有的人唱得轻飘飘的，就像唱"昨夜晚吃酒醉和衣而卧"（《打渔杀家》唱词）。老生唱片出来了，你们可以买一套，而且要搞全部。熟悉民族音乐，应该研究透。为什么不这样呢？连西洋的我们也应该研究透。事实上你（指中央音乐学院赵×）给我的那些东西，不到二十个。我想歌剧也是资产阶级上升时期的作品，到现在还能够被群众欢迎，上演的作品，歌剧也好，舞剧也好，大概不会超过二十个。他们那么几百年也不过那么一点本事吧！是吧？我们迷信它干什么呢？封建阶级几千年搞了那么一点玩意儿，我说我们用几年的时间加把劲，可以搞一系列的东西。先使它站住。这个你们不要害怕，这样先演出，再慢慢磨。这样路子对！你们总要搞出一个精采的唱段，使群众都愿意唱，这一点很重要，所以《沙家浜》不太容易流行，而《红灯记》呢，学生、群众、工人都唱这一段——"临行喝妈一碗酒……"。"临行喝妈一碗酒……"群众都能哼的。《沙家浜》缺这么一段。语言也很形象，音乐也比较精采，你们琢磨一段出来。好象"芦荡"里有一段"二六"，不太精采。（李：《沙家浜》"智斗"一段有人唱。）

不好。《沙家浜》压缩就得压缩这一段。

"朝霞"一段有点气魄，群众也不太容易唱，这是专业用的。（李："芦荡"是不是把派侦察员一段加上？）

那要，那要！那郭建光就主动，不然，自己捆住手脚。因为这三十六个伤病员又组成了一个支队。"芦荡"加一点汽艇的形象，制造一点敌人的紧张气氛，不然好象只是和自然斗争。（李：敌人"扫荡"的音乐是不是有点洋？）

我觉得可以。我们自己民族音乐在这方面有弱点。我不懂音乐，只听了一次。（傅××，您看叫什么名字好？）

《沙家浜》。加小标题。标题不要太长。像《野火春风斗古城》，我的老天爷！他最近又写了一篇文章，叫《敢叫滴血染刀红》，弄了半天，我背了半天，才背下来。我看就叫《沙家浜》，怎么样？这很简单嘛！中央交响乐团演出就行了，何必一定要独唱、合唱、交响乐。是你们演出就行了。过去柳青那个《沙家店粮站》，原来叫《铜墙铁壁》，那是从主席书上摘下来的。我说不懂嘛，你就叫《沙家店》算了。因为那个站很重要，就是消灭了钟松才转折了，把敌人吃了一大堆。其实叫《沙家店》就行了，容易记，像《水浒传》、《红楼梦》、《石头记》。我看就叫《沙家浜》。你们演出，自有你们的特殊风格。就不要那么多标题了。你们不受局限，人家不会要求你吐字怎样……。要放，够音量就放出来。略有点

洋，人家也不会怎样。

完全可以放开唱。你们现在第二个阿庆嫂就不能超过京剧演员的音量，那么大的合唱团，相对的就显得弱了。她又老是憋气，我不知道是什么原因。她那一段〔二簧〕，如果她高音好，可以低声高唱。

我们的板头比他们（指西洋）活泼得多。塑造人物上我现在初步有这么点经验，就是〔二簧〕转一点〔西皮〕。这个音乐结构可能表现现代人比较更容易些。〔二簧〕调性虽然低，但是它严肃，只要唱腔设计得慷慨激昂，它可以有激愤。但是它低，如果后面有一段〔西皮〕包起来，整个音乐形象层次比单独的〔二簧〕或单独的〔西皮〕都好。"芦荡"就是后头用的〔西皮〕。我这次在上海帮他们排《智取威虎山》就有个经验。杨子荣全部是〔西皮〕，听起来平极了，就是一个《打渔杀家》，觉得很难受。他们的演员条件也有关系。后来我想还是应该有〔二簧〕。少剑波就是因为有〔二簧〕带〔西皮〕，那个音乐形象就有很大的不同。有两个调，就有好处了。不要怕转调，乐器上转调有困难吗？

我想等他们改得差不多了再来（指北京京剧一团排的京剧《红岩》）。初稿我看过了，反面人物太多，得大改，我已经给指出来了。

结尾是不是用军歌——新四军军歌。如果完整，最好序曲是军歌，后面也是军歌，但是你们的序曲我觉得还不错，所以，结尾就解决了。究竟是〔二簧〕、〔西皮〕，还是〔拨子〕我们的军歌也很好听，为什么不拿完整的？不用按老规矩嘛！完全反映封建阶级的东西不出新怎么行！不要害怕，不要怕人家批评，要顶得住，只要不歪曲英雄形象。

"芦荡"一定要恢复这句〔导板〕，就是领唱的这一句。一个高潮，然后应该是合唱，不要齐唱了，使声音厚一些。底下来一段军歌，进行曲，这样，时代气息就……。

军民关系（第二场）那个地方也不应该全是群众唱，应该叫郭建光最后唱："你这革命的老妈妈"。"芦荡"加一个领唱。不是在前头唱吗？然后转到后头去唱一句，那个领唱〔导板〕要高八度。"青松"一段，气魄还是有，要有那一句就好了。因为他现在脱离群众，让他到群众里去唱一句不是很好吗？还有阿庆嫂"风声紧"一段，合唱太多了。"党啊"那里进合唱。

阿庆嫂的词，我们给拿掉几句，因为实际情况不应该是那个样子。"我有心过湖去见亲人一面"拿到后头去。"我有心去把县委来见"，这不合乎现实生活，根本不对。她不能见县委，只有县委来找她。她只能说"我有心去和县委联络，但是不知县委转移在何方"。所以就倒过来了，把"走不开，有鹰犬"放在"我有心过湖去……"后面，把"找不到县委转移在何方"放在前头。这个词的创作不太合乎实际情况。当时阳澄湖附近有个县长叫陈贺，被敌人杀死了。还有个女区长，区委书记。×××同志有三份材料，算是回忆录，可以参考。他对革命满腔热情，歌颂革命。他自己是个政治部主任。有个重伤号，很动人。那一带当头年，项英执行王明"一切服从统一战线"的错误路线，后来日本人在中间撤了一些地方，要国民党去，合着卡我们。这个"忠义救国军"专门搞我们。还有很多那种土霸王、流氓什么的，拿起几根枪就叫"司令"，"司令"如毛。拿那本书去看看，对你们创作有好处。上头英雄人物多，了不起。他写的这个县委书记，是有这么个人，证实是很不错的烈士。

一九六五年九月二十六日电話指示

一、这是个有意义的尝试，是在民族化、外为中用上有意义的尝试。

二、现在先不要改了。动了怕搞不成熟，影响质量。朗诵太冷静，让朗诵再排一排，热情些。对白要加一加工，不要给人粗糙的感觉，磨得细些。

三、新四军军歌歌词内容不能概括现在的结尾情况，再考虑一下，现在就用这个结尾。

知青年代　蹉跎岁月

深山沟里的斗争大会

李润涛

下乡插队期间，参加过几次对敌斗争大会，会址在公社的戏台广场。晋南乡村历史文化底蕴丰厚，每个村庄都建有一个戏台，高高的台子宽敞明亮，是传统的四梁八柱瓦顶的古建筑，远看好似历史悠久的文化古迹。台下是平整的场地，容纳百余人，周边是干打垒黄色土墙。公社离我们村十几里地，生产队派出几辆马车，参会乡民乘车赴会。参加对敌斗争大会是一项政治任务，自然也是有报酬的，就是由生产队长在每个人记分册上写满工，然后掏出印盒，取出队长的印章摁上。我们乘马车来的路上，遇到了本村的几名专政对象，由他们的孩子骑自行车驮到会场挨斗。他们是没有资格与贫下中农坐在一辆马车上的，因为他们是革命的对象，是红色政权的敌人，赶去被斗，自然是不给记工的。

到了会场，相邻村户的人员也陆续赶到，近百人在戏台场院就地而坐。再看台上，"XX公社对敌斗争大会"的横幅会标悬挂台上，台子中间是发言席，戏台侧面摆放一张木头方桌，桌上架着一挺机关枪，枪口对着台下。方桌旁边的长凳上，坐着两个身着便装的民兵，揣手支在桌面上，守在那挺机枪旁边，眼睛盯着台下被批斗的人和听会的人群。敌人是谁？不远，就在眼前，台下前排站了几十个上了年纪的男女乡民，都是各村赶来被斗的地主富农成分的农民。时值冬季，参会的人们身着破旧的棉衣裤，在寒风中不停地搓手搓耳。公社干部指挥着民兵，用长长的绳子将这些"敌人"一个一个地拴住胳膊，几十名"敌人"拴在一起，被捆住一条胳膊的"敌人"低着头耷拉着

脑袋，老老实实地垂手站立。台下是密密麻麻的人群，时不时举手喊口号，台上的主持人义愤填膺，控诉着这些四类分子的罪行。我们离台子较远，断断续续地听着这些"敌人"的罪行，无外乎就是不满社会主义，阴谋变天复辟等。

当时"文革"大潮席卷全国，这地处黄河岸边山坡深沟的小山村，也同样陷入政治漩涡。我们下乡前在大城市参加过各种各样的批斗会，学校停课了，书本焚烧了，教师被打倒了，我们这些青年学生也按照伟大领袖的指示，奔赴边疆农村，穿起老棉袄，扛起锄头，下田务农，接受再教育。对于这样的对敌斗争大会，我们既熟悉又新鲜，而脑子里则是疲惫、麻木的思维，两眼透着茫然。下乡插队使我们这些城市学生沉入到中国社会的底层，切身体验农民脸朝黄土背朝天日日耕作的艰辛，切身体验那个荒谬年代的荒谬伦理及荒谬行为。

记得我们参加这场对敌斗争大会时，面对这群灰头灰脸、面泛菜色、未老先衰的"阶级敌人"，心中已无昔日的亢奋与激动，更多的是迷惘与思索。一丝念头闪过大脑，这些"敌人"敢与我们强大的人民解放军对战？也可能过去这些家伙曾骑在贫下中农头上作威作福，而现在这些"敌人"与普通公社社员一样，每天出工下地干活儿，就着咸菜疙瘩嚼咽高粱饼子喝红薯粥。望着台上的红色标语，望着那挺对着台下的机枪枪口，望着会场挥臂喊口号的乡民，也望着场院前排被拴捆在一起的"敌人"，只觉得好像是来看场戏，不用出工干农活，坐着马车逛公社，而且记工册上又增添了半日的工分。

关于改編京剧《平原游击队》的意見

一九六五年四月

电影《平原游击队》在国外、在亚非拉美很受欢迎。这说明亚非拉美需要革命，需要斗争。京剧现代戏反映新四军斗争生活的已经有了，对于八路军的斗争生活也应该有所反映。目前，搞《平原游击队》这个戏，在国际国内都有意义。上海京剧院让中国京剧院来搞这个戏，希望你们把它做为重点中的重点剧目，认真搞好。要注意下面几个问题：

一、这个戏写抗日游击战争，是反映人民战争的戏。敌人也研究毛主席的著作，但他们阶级立场不同，学也学不去。敌人根本得不到群众的支持。我们是为了人民的利益去打游击战，是充分得到人民支持的。要写出依靠群众及游击队与人民血肉相连的关系。

二、要交待出李向阳是八路军派出去执行战斗任务的。这样处理意义更大些，是大戏，不是小戏。

三、注意树立李向阳这个人物。区委书记侯大章和通讯员的戏不能超过李向阳。松井等反面人物的戏要让路，要更多地树立正面人物。

四、李向阳部队里可以设一个政委。可以考虑把侯大章这个人物改为政委。

五、通讯员应该写得好一些，不要写他的动摇胆小，可以处理为性格勇敢和莽撞之间的人物。

六、戏可以交插着写，写一场游击队的活动，写一场敌人的活动。

七、应到定县、顺义等地参观和访问。

八、写的时候不要光注意噱头，要严肃地进行创作。

一九六五年五月十九日

一、这个戏要看出游击队的作用，反映当时的抗日战争，以少胜多，以寡胜众。表现出平原地区如何坚持斗争。这对国内和亚、非、拉都有教育作用。

二、在电影里表现得很是有气势的，充满革命乐观主义精神，游击队把敌人搞得焦头烂额。

三、李向阳还是部队（八路军）化整为零而派下来的。不要总表现民兵，正规军一直是坚持抗日战争的。游击队的活动是保护革命人民利益的活动。

四、提出几个问题：

1.影片中侯大章太突出了，总是他在出主意，李向阳反而办法不多。这个人物可以改为政委，但不要超过李向阳。

2.电影里区委书记写的不够好，可以写好一些，或者和别的人物合并。

3.李向阳的母亲，原来想改为李向阳的妻子，但也觉不合适，还是处理为母亲好一些。但也应该有个青年妇女角色（如妇救会主任这个人物），就不会显得戏太单调了。

4.通讯员不要胆子太小。可以处理为胆大冒失，经过教育后改正了。可考虑一下小兵张嘎的形象。

5.老勤爷有个孙子还是孙女，关系要明确。

6.以电影为基础，可以充实点东西。

7.先要把历史背景、斗争形势、敌我力量对比等搞清楚。

一九六五年八月一日

一、这个戏不要离开电影剧本，离开得太远就危险了。电影里有些写得成功的人物（李向阳、李母等），不要轻易丢掉。电影中体现主席关于游击战争思想比较突出。

二、主要的是写对敌斗争，可以写反奸斗争，但不要写得太重。

三、怎么写？突出李向阳第一。

四、区委书记可以处理为男的。这样他和李向阳的关系就更好处理了。

五、开打不要太多，要集中，要设法解决拼刺的武打技术。

六、如有政委这一人物，戏不必多，只要相当于芭蕾舞《红色娘子军》中连长的戏就可以了。

一九六六年四月十日

本子头绪太多，人物太多，李向阳不突出。人物要砍掉一半，一出戏不可能表现很多东西。其次是方法不对，没有先搞好文学剧本，而是在剧场里一锅煮。如何修改？

一、突出李向阳。重点场子是什么，要有安排，要完整地构思。

二、把戏压缩到两个半小时。写敌我双方，干干净净几场戏，不要堆得东西太多。

三、写好区委书记和群众人物，如李大娘等。

四、不脱离电影，但要弥补电影的不足，好的要保留下来。

五、要虚虚实实，虚实结合，发挥音乐的特点，用音乐来塑造人物形象。必须有重要的抒发感情的唱段，要有音乐高潮。

六、李向阳一支小游击队，不可能消灭敌人一个大队，消灭一个小队都困难。战略上以少胜多，战术上以多胜少。可以表现敌人往那里撤走，被正规军、游击队和民兵包围起来，把他们消灭。

一九六六年四月十二日

一、联系一下，让《平原游击队》创作组的同志们能够参加部队开的创作会议。

二、建议把毛主席的《抗日游击战争的战略问题》和《论持久战》两篇文章认真地学一学。

三、关于塑造人物的问题：

1. 先把人物排排队，看着重写那几个人。主要是突出李向阳，次是区委书记，第三个是人民群众（代表人物母亲、老勤爷、翠屏），有这样几个人就够了。再就是反面人物，一个松井和一个特务。《红灯记》就是祖孙三个人。对手也只有鸠山和叛徒王连举。舞台要比电影演少人。一定要突出英雄，为英雄立传。《智取威虎山》就突出了杨子荣，其次是少剑波。《奇袭白虎团》最近还在改，因为严伟才每坊都是为别人垫戏，反而不突出。要给所有参加创作的同志讲清楚，必须突出英雄人物，不要你来一点，我来一点，反把主要人物削弱了。现在的本子是别人太夺戏了，就是李向阳不动人。

2. 这个戏很难写，有文有武。李向阳和松井，不是面对面的，而是背靠背的斗争。要有李向阳的单独坊子，用来充分表现李向阳的精神面貌。李向阳要有成套的唱腔，精彩的唱段。音乐形象要慷慨激昂，干净利索，不要拖泥带水。其他人物只能有唱段，不能有成套的唱腔，以免把李向阳压住了。唱词不要陈词滥调，要是很好的诗。唱词要虚虚实实，虚实结合，能够抒发人物的情感，并且要符合人物的性格。现在剧本的唱词和对话不象农民出身的战士所说的话。不要用独白，那是旧剧的老套子。独白在话剧里也很难办，歌剧、京剧都用唱来表现。舞蹈要有特点，要设计些在生活基础上创新的舞蹈。歌剧主要靠唱来塑造人物，但舞蹈可以起辅助作用。

3. 李向阳的戏比较重，要好好安排，李有哪几坊，每一坊的主要行动是什么，有哪些唱，哪些坊子要他休息，不出坊，成套的唱到一定时候才能唱，这都要设想好，安排好。不能每坊都出来，演员吃不消。

4. 群众叫李向阳"向阳子"，听起来不大好。战士们帮助李大娘烧火做饭是正当的，是革命传统，李向阳却说："不要出洋相了！"不合适。

5. 要加强区委书记，以体现党的领导，可以由区委书记领导李向阳。再就是要树立党和群众的血肉关系，当群众很危险的时候，作为一个党的领导者，区委书记要挺身站出来。只要他出坊的戏不多，就不会夺李的戏。

6. 戏越集中越好，敌人的戏也要压缩。

四、有关情节方面：

1. 全剧主要表现什么呢？是到敌后的敌后去，声东击西，使敌人晕头转向，奇袭敌人，出其不意，扰乱敌人，不能打大仗。我们战略上是以少胜多，战术上则是以多胜少，这支游击队只能消耗敌人，不可能一下子消灭敌人的一个大队，司令员给游击队任务时，不能提出他们把敌人吃掉，那不符合游击战争思想，不符合主席思想。要打垮敌人大队，应有主力军来。这支游击队可以是部队派出来的，也可以考虑是县大队，接受部队给的任务，牵制敌人。有好些戏老是正规军熬开敌人，重担子让民兵或游击队担，不合适。最后要过来几个连，司令员也可以下来，写游击队、正规军、民兵三个方面协同作战，将敌人分股吃掉。三者结合，不是孤立写游击队，但主要写游击队。

2. 伪军里面有些可以利用的线索，但不能多，否则就美化他们了。

3. 要很好地表现群众如何支持游击队，表现党如何领导游击队。

4. 整个戏不要离开电影太远，电影的长处要肯定，弱点要弥补，错误要改正。电影剧本也要改写，将来重拍。《战斗在滹沱河上》、《敌后武工队》都可拍成电影。约請来的同志们，都直接参加过战斗，熟悉情况，要好好讨论，一定把戏搞好。戏在休息前要有一个高潮，休息后，要有一个高潮，可以先写出大纲送来，一场一场写详细些，然后当面谈定，动手写剧本。

五、中国京剧院要很好总结经验，不要怕犯錯誤。只要搞革命，犯了錯誤改正就是了。尤许犯錯误，尤许改正錯误。这个戏还不一定要改多少次。

263

关于电影問題的談話

一九六六年五月

全军创作会议共看了国产影片六十八部，加上外国影片，共八十部。建国以来，共出国产影片三百多部，这六十八部是与军队关系大的。

在六十八部影片中，好的有七部。《南征北战》、《平原游击队》、《战斗里成长》、《上甘岭》、《地道战》；故事好，但线条粗点。《分水岭》复员军人还不夠突出。《海鹰》有点小缺点，吉普车上两人吃苹果，有点吉普女郎的劲头，出征时唱："宁愿出征不愿在家盼断肠"是小资产阶级情调。

好的影片，体现了主席思想，写了人民战争，人民军队，军民关系好，是真正按主席思想写的。其余影片的问题分以下几种：

1. 反党反社会主义毒草；

2. 宣传错误路线，为反革命分子翻案；

3. 丑化军队老干部，写男女关系、爱情；

4. 写中间人物的。

具体情况如下：

一、《狼牙山五壮士》：影片开头是岳飞题词"还我河山"，还有荆轲词"风萧萧兮易水寒，壮士一去兮不复还"。用岳飞、荆轲的词写五壮士，很不恰当，不能类比。用此词比当时英雄不好。沒写出当时的五壮士起何重大意义。五壮士在影片上出现很难看，丑化了军队。把战争写得很残酷，整个音乐是哀乐。五壮士与整个战争沒联系。写我们部队把五壮士丢下就不管了。是歪曲我军的。敌人旅团长拿刀冲上山不符合事实，日旅团长等于师长，不可能这样干，影片改改，还可以用。

二、《独立大队》：毒草。整个是描写土匪，宣扬了土匪；丑化了军队，丑化了政工干部。对土匪的改造不依靠政治，而是依靠了土匪的义气，靠土匪改造土匪。我们对土匪低三下四，好象离了他们不行。马龙的转变不知为什么。

三、《铁道游击队》：沒写主席关于游击战的战略战术原则，写的是主席批判的游击主义。游击队不靠群众，都是神兵，只是芳林嫂一个群众。有政委，看不到政治工作，不象有高度组织纪律性的无产阶级游击队，象一帮农民小资产阶级队伍。沒写党的领导，不象八路军领导的，单纯地搞惊险神奇动作，宣传个人英雄主义。影片插曲很不健康。

四、《战火中的青春》：主要是宣传个人，宣传个人英雄主义，有点梁山伯祝英台的意思。沒写政治工作，完全宣扬了单纯军事观点，排长军阀主义；歪曲部队生活，丑化军队形象。

五、《黑山狙击战》：这支部队是打锦州时狙击廖耀湘兵团南下的，叫"暴露部队"。廖兵团是早七点跑出，晚六点又跑回，这是辽沈战役的主要战役。这个部队在北，南边还有个塔山狙击战。看电影好象就是黑山阻击战起了作用。影片中没有树立起一个英雄，师长吊儿郎当，军长打仗还谈恋爱。丑化了师长、军长、政委。没写我军的顽强勇敢，没写出战斗的激烈，拼刺刀好象玩似的，把后勤工作写得一团糟。

六、《碧海丹心》：把英雄连长写的吊儿郎当，不懂政策，就知蛮干。解放海南岛是成功的战役，这么写是极大的歪曲。硬插一段爱情，开支委会不讲是非，抓螃蟹，把一个老红军连的党支部写得很糟，把敌人写得很顽强，逃跑时还阅兵。

七、《林海雪原》：有严重缺点，这是写剿匪的，是在东北搞土改的基础上搞的，影片没写土改。这是四平保卫战役后，部队分出工作队搞土改，为巩固后方。剿匪，影片只有一个部队干，没群众，好象部队是脱离群众的。影片充满了土匪气，有一段化装土匪审讯，这是歪曲。打威虎山好象就是杨子荣，夸大了杨子荣个人作用，个人英雄主义。杨子荣化装土匪后，比土匪还象土匪，是歪曲，没写阶级斗争。土匪临死时还很顽强，没矛盾。

八、《五更寒》：违背阶级路线，美化乔凤（地主小老婆、破鞋），宣扬乔凤在关键时起极重要作用，比党员还好，写党员的动摇、叛变，群众怕接近游击队，怕斗争。整个片子低沉，为自己抹黑，长了敌人志气，充满了人性论。乔凤对游击队一见钟情，叛徒回家还搞团圆，夫妻还温情。

九、《英雄虎胆》：美化特务阿兰，跳摇摆舞一场是资产阶级生活大展览，歪曲了侦察部队形象。雷参谋化装后，比敌人还象敌人。剿匪不靠发动群众，只靠派进去，与《林海雪原》都是学苏联的。

十、《红日》：涟水战役是违背毛主席指示的，（已经）七战七捷了，不按主席的电报干，还要再干，就打了大败仗。

十一、《战上海》：是写国民党的戏，我们没有一个英雄人物塑造出来，都是面条。当时南京已经解放，敌人大势已去，敌人要跑了。敌人洋相很多，内部矛盾厉害，而我们却写得敌人很神气，很排场，是不符合实际的。写打城市不能开炮，造成伤亡，为保卫城市拿生命换，写在影片上是不好的，即使有也是个别情况。把刘义的作用夸大了，刘义成了很让人同情的正面人物。

最后一句话，（母亲）说："二十二年前我们就疏忽了。"这是客观上为陈独秀辩护。

十二、《两个巡逻兵》：把边防战士写得愚蠢，跟在敌人后边跑，把敌人写的很顽强，一个发完了电报才当俘虏。丑化了我们，我们是两个战士也抓不住一个敌人。老战士蠢，少数民族只知谈情说爱，吃喝，丑化了少数民族。

十三、《岸边激浪》：写敌人很顽强、坚决，亲生儿子也干。我们麻痹，地主婆隐藏了十多年也没发现。把我们写的没有党的领导，没有军民联防，民兵没有政治工作。阿炳、阿兰也是一见钟情。

十四、《哥俩好》：也是写中间人物。没写新军委成立后部队的新面貌。没写政治工作落实到部队的情况，没写大虎为什么好，二虎为什么转变，充满了低级趣味，二虎爬到将军身上换军衔，点坏了豆腐出洋相。

十五、《列兵邓志高》：写的是典型中间人物。部队有打兔子，傻瓜的，指导员不讲原则，和稀泥。宣传教条主义，政治工作走过场。邓志高为何转变，不清楚。

十六、《长空比翼》：写中间人物，英雄屡犯错误，蛮横骄傲，无法无天，是飞机被敌人击落才觉悟，写飞机被击落后很孤单。把师长写得粗暴简单，常用"我的自由主义战士"及"吊儿郎当的兵"的话，政委不作政治工作，传消息无牵连，梅花写得怕死。

十七、《三年早知道》：违背（党的）阶级路线，似乎合作化离了中农不行。对富裕中农的违法行为，不靠人民群众起来斗争，不靠政治，靠物质刺激。党团组织一团糟，支书是老好巨奸，影片的落后人物均未转变。写军队有人用钱支援上中农发家致富。

十八、《布谷鸟又叫了》：把农村党支部均写的落后，只有小资产阶级知识分子是先进的，用小资产阶级面貌改造党。说党不关心人，只关心牛、猪，没有人情。辱骂干部生孩子如老母猪生娃子。宣扬跳舞、唱歌、玩，为幸福，充满个人主义，插曲为《茉莉花》的翻版。

十九、《青山恋》：歪曲主席的话，把主席讲的"未来是属于你们的"说成未来属于落后分子的。歪曲老干部，对知识分子不搞教育，不靠政治思想工作，只靠温情。这些人都是极端个人主义者，但场长说这些人都是革命的、进步的，这些人来之不易。青年中唯一的正面人物是一个不懂事的女孩子。没写与工农结合，对上海青年上山下乡是很大的歪曲。

二十、《花好月圆》：名字就没有阶级斗争，对合作化是全面歪曲攻击。农村没有一个好人，没有一个进步的，全是落后分子，一团漆黑。三八式的老村长是老落后。其他党员不是怕老婆，就是搞投机。新党员李梅只知搞恋爱。只有一个贫农还写成个小丑。对上中农的资本主义倾向不斗争，只搞物质刺激。把合作化写成只是为了提高生活。把落后势力写得凶恶顽强，似乎他们专政，我们没办法。写多角恋爱，似乎男女一见就走不动了，太低级。

二十一、《我们村里的年青人》：写三角恋爱，四对，歪曲农村青年的精神面貌。没英雄形象，尽是中间人物。丑化革命干部，老社长是老保守，会计是反面人物。

二十二、《五朵金花》：整个影片写了一男一女，别人都是陪衬他们谈恋爱的。对少数民族不说他们进步，政治成长，精神面貌的变化，尽是吃喝谈恋爱。情歌很有问题。

二十三、《星星之火》：以"五卅"惨案为背景，表现"星星之火"。"五卅"发生在一九二五年，那时我们还没有根据地，主席还没有讲星星之火。说"五卅"就是星星之火是歪曲，实际是宣扬"立三主义"，提倡城市暴动，领导工人空手夺武器，飞行集会。歌词中有一句"等我们需要时搞武器"，那就是说这以前不需要搞武装斗争了。把一个农村妇女写成中心人物，不写工人，不符合历史事实，把工人阶级写得很软。

二十四、《革命家庭》：歪曲历史事实，歌颂王明路线。不写武装斗争、农村包围城市，只写地下工作者，把地下工作者生活写的很豪华，机关越大越阔，生活越豪华，脱离群众。影片充满了人情味。

二十五、《聂耳》：为阳翰笙、田汉立传，似乎上海地下党是他们领导的，聂耳是他们培养的，他们是革命音乐、戏剧、电影的"祖师爷"。似乎反文化围剿的主将是阳翰笙、田汉，是他们在主席之前，提出了"文艺与工农兵结合"，"文艺为工农兵服务"。写战争是从第四次反围剿开始写，不写一、二、三次，是写王明路线的。影片夸大了聂耳的作用，借聂耳来吹他们自己，似乎中国革命之源泉是《义勇军进行曲》唱出来的，是阳翰笙、田汉指出来的。这是与主席争领导权，是为搞反革命复辟作舆论准备。把聂耳写的很轻浮。

二十六、《地下航线》：违背历史事实。影片写地下党遭破坏，游击队困在山上。不强调从战场上消灭敌人，夺武器，而是靠地下送武器。写地下工作不是靠群众，而是靠个人智谋，神出鬼没，靠投机商，靠船老大。影片写了很多迷信，对迷信、欺骗没揭露，掩盖了敌人的残酷，最后保持了航线，是违背地下工作真实的。

二十七、《烈火中永生》：严重的问题是为重庆市委书记（叛徒）翻案。小说里许云峰是工委书记，而在影片里成了市委书记，这是根本不同的。歪曲白区工作，市委书记在饭馆谈工作，江姐一被捕就承认自己是党员。地下办《挺进报》是盲动主义。把华蓥山游击队写成由重庆市委领导的，而重庆市委又受上海局领导，是城市领导农村斗争。既违背主席思想，又不符合历史事实。当时不是上海局，而是党中央直接领导的。许云峰、江姐两个形象不好，许象旧知识分子，江有些娇气，华子良为疯子。有句台词不好，如特务头子严醉对江姐说："我可以把你全身扒光"。一面写生死斗争，一面写天安门联欢，把天安门联欢写在这个场合不好。

二十八、《女飞行员》：一九五七年招了些女飞行员，是彭德怀、黄克诚领导时，影片却把林总的话写到那里，是为彭、黄翻案。宣扬了人和技术的矛盾，宣扬了技术第一。对留用的国民党教员只强调了技术改革，不强调思想改造，所有人物情节都是一切为了上天。写女飞行员只为了给妇女争口气，山沟里出凤凰。女飞行员写的很软弱，一遇问题就哭鼻子，不写政治思想工作，思想转变很简单，杨大娘一说，项菲就转变了。

二十九、《万水千山》：主席批评：写了分裂主义，只写了一方面军，不写二、四方面军。草地一场，凄惨低沉，一个教导员还死了，没写主席的军事路线，没写出长征是主席思想的胜利。由于长征在历史上的重大意义，由于这片子在群众中有一定影响，要组织力量，重新拍摄。

三十、《柳堡的故事》：是涣散斗志，瓦解士气的片子。在紧张的斗争中战士陷于爱情不能自拔，宣扬了爱情、纪律之矛盾，最后冲破了纪律，取得了胜利。写二妹子一家的遭遇，阶级斗争是虚，爱情是实。指导员不作思想工作，反而说媒拉纤，认为军队可以恋爱，结婚。影片的手法，歌曲都利用了人情味，问题大。很多手法恶毒，反纪律，用艺术手法使人回味，使人感到军队残酷。

三十一、《前方来信》：题材、主题都是错误的，是对革命战争的歪曲。将革命战争写的很惨，独生子牺牲了，两代寡妇最后通过假信来安慰。将战争写得凄惨，宣扬了和平主义。（独生子一般是不征兵的。）

三十二、《农奴》：有缺点，揭露有余，歌颂农奴不够，情调低，强巴解放后还没有翻身求解放的要求，还是农奴。没有革命的浪漫主义，迷信色彩重，调子低，带有不好的宣传效果。

三十三、《带兵的人》：宣传中间人物。四连落后分子太多了，不象两年前的四好连队。连长只是严格要求，没有耐心说服，指导员工作很少，班长很粗暴，敲木鱼都打不到点子上。四好连队好象就是为了得红旗打转转。阶级教育不够，区小龙转变好象就是他姐姐唱了一段歌。歌也是软的。

三十四、《雷锋》：有缺点。把雷锋的好事都集中到一天来做，不合理。影片中的毛主席画像不好，是政治性错误。将雷锋的好事由中间人物王大力来继承，不好。防洪指挥部主任的形象也不好。他对雷锋说："好接班人"，结果雷锋就死了。这不好。

三十五、《水手长的故事》：把敌人写得很高明，估计我们的情况很准确，我们写得很被动。故事不真实，后半部离奇得很。

三十六、《大李、小李和老李》：低级、庸俗。把故事安排在屠坊，是别有用心的。影射我们象猪一样被宰。写干部不是胖猪就是瘦猴，把车间主任关在冷藏室，把干部写得象猪一样。

三十七、《赤峰号》：舰长水平低，不懂战术，闹个人主义。政委没原则性，跟舰长跑，只听了半句话，孤儿的处理不恰当。插曲不健康。

三十八、《冰山上的来客》：作者是伪满人员。没有党的领导，夸大个人作用。整个影片没有政治工作，排长凭吹笛子指挥战斗，凭歌子辨别特务。音乐从头到尾是靡靡之音，情歌都是伪满歌曲的翻版。

三十九、《野火春风斗古城》：争取关团长起义，没有和当时大的斗争环境联系起来，看不到争取的必要性。美化了关敬陶，似乎非争取他不可。把汉奸写得正义、爱国，我们非常相信他，事实上是很危险的，是冒险主义。杨晓东在关键时刻软弱。金环象泼妇，拔簪刺敌人不合理。银环是中间人物，屡犯错误，与杨晓东一见钟情，过分写了这段爱情。杨母三次出场，两次是给儿子说媳妇，歪曲了革命母亲的形象。

四十、《51号兵站》：对党的秘密工作是歪曲、诬蔑。干秘密工作是整天投机取巧，整天和敌人、地痞、流氓混在一起，不依靠群众，有些搞法是敌人搞特务的作法。写当时的上海党什么也不行，一个小青年就解决问题了。

四十一、《今天我休息》：把先进工作者的事迹都写在一天做，不合理。宣传有劳无逸。马天民也写得傻呼呼的，有些是为了取笑。

四十二、《碧空雄师》：写中间人物。林天海转变写成主要是姐姐的教育，没有四个第一。连长既官僚主义又粗暴，指导员是非不清，不解决问题。

四十三、《三个战友》：丑化革命军人形象，看不到党的领导，看不到阶级斗争。三个人，一个怕老婆，一个搞恋爱，一个干自发，充满了低级趣味。

四十四、《红河激浪》：为高岗、习仲勋翻案。

四十五、《怒潮》：美化彭德怀，为彭德怀翻案。最后写攻打城市，不建立农村根据地，是错误的军事路线。插曲有问题。

四十六、《人民的巨掌》：歪曲党的肃反政策是宽大无边。为反革命杨凡翻案。把地下党写的比老八路高明得多。解放后上海似乎还由敌人控制（敌人的电台等）。改造特务不是靠群众，而是靠家庭、大学生。

四十七、《女篮五号》：没有党的领导，宣传球队指导活动。美化了资产阶级小姐，最后叫小姐爱上了穷运动员，宣传了阶级调和、合二而一。

四十八、《红霞》：宣传假投降、美人计，是不符合历史事实的。红霞在临死前的歌词宣扬了活命哲学，情调是小资产阶级的。

四十九、《生活的浪花》：是暴露社会主义阴暗面的电影，攻击社会主义制度，攻击党组织无能，对问题不敢管，或是温情主义，宣传专家专政、教授专政。宣传人在前进的道路上一定要摔跤。也不用学习，摔了跤就会爬起来。

五十、《抓壮丁》。五十一、《兵临城下》。五十二、《阿诗玛》。五十三、《逆风千里》。五十四、《青春的脚步》。

同 美 术 工 作 者 的 談 話

一九六六年十一月

我们要认真地学习毛主席的著作，武装思想，要敢于革命，和工农兵结合、为工农兵服务。京剧已经演革命的现代戏，京剧在改革中，革命的京剧已开始取得胜利。美术也有这个问题，我们一定要立大志。

文化革命就要敢于大破大立，要立革命的壮志，要有信心，要坚定。一个人沒有革命的志气，就什么事也不会做成的。

有些人总是把一些古代的、外国的(包括十九世纪欧洲那些名作家的)作品，当作经典，那是不行的。那些封建的、资产阶级的东西，都不能为中国革命服务，但我们不能用虚无主义的态度，应该用批判的眼光去吸收。齐白石的画，我已经注意了好几年了，那是什么画？为什么搞那么大的画册？是谁在把齐白石封为当代的"艺术大师"，究竟是谁封的？齐白石是什么人？我们要用批判的眼光去研究古人和外国人的东西，用虚无主义态度对待遗产是错误的。

(中国古代也有雕塑)要批判继承，要推陈出新，古为今用，外为中用。京剧能革命，其他艺术也可以革命，雕塑也可以革命。将来是否将外国的、中国古代的艺术都来个革命化，各类不同的剧种都可以载歌载舞来表现革命，表现现代的革命。古代绘画，古代雕塑怎么办？根本问题是革命不革命问题。雕塑应该革命化。

我们创作艺术作品，评论艺术作品，思想内容是第一位。修正主义的东西要来干什么？听说在我们学校（指中央美术学院），西洋的资产阶级艺术很流行。为什么美术学院西方现代诸派的艺术泛滥呢？那是政治思想工作问题。我们对外国的资产阶级艺术和封建艺术不要吹捧。

我在（美协）油画馆看过画展。有个画展有些是青年画的画，看得出是革命的，画得不错的，但油画技术还没有过关，如颜色、比例、质感都还有问题，但总的是健康的。就是这个展览会，也挂有那些资产阶级大名人画的画，只不过是贵族士大夫的哈巴狗似的玩物。但这些青年人的油画是健康的，画得好的，它表现了祖国蓬蓬勃勃的气魄。

你们塑毛主席象，是你们对党的感情。要塑好毛主席像不容易呀，要认真学习毛主席著作，也要找些好的照片，也要在群众中了解……。

创作革命的工农兵人物，要用革命现实主义和革命浪漫主义相结合的方法，要和工农兵结合，表现他们艰苦奋斗，表现革命的乐观主义。要塑造典型，热情地歌颂他们的无产阶级思想。

我们需要的是为社会主义服务，为工农兵服务的艺术。要创作能鼓励人民前进的艺术。雕塑要革命化。

我们要创造世界上第一流的最新最好的艺术。

在首都文藝界无產階級文化大革命大会上的講話

一九六六年十一月二十八日

文艺界的同志们，朋友们，红卫兵小将们：

你们好！向你们致以无产阶级的革命敬礼！

首先，我要向同志们，朋友们，红卫兵小将们，说说我自己对无产阶级文化大革命的认识过程。

我的认识过程是这样的：几年前，由于生病，医生建议要我过文化生活，恢复听觉、视觉的功能，这样，我比较系统地接触了一部分文学艺术。首先我感觉到，为什么在社会主义中国的舞台上，又有鬼戏呢？然后，我感到很惊异，京剧反映现实是不太敏感的，但是，出现了《海瑞罢官》《李慧娘》……等这样严重的反动政治倾向的戏，还有美其名曰"挖掘传统"，搞了很多帝王将相，才子佳人的东西。在整个文艺界，大谈大演"名"、"洋"、"古"，充满了厚古薄今，崇洋非中，厚死薄生的一片恶浊的空气。我开始感觉到，我们的文学艺术不能适应社会主义的经济基础，那它就必然要破坏社会主义的经济基础。这个阶段，我只想争取到批评的权利，但是很难。第一篇真正有份量的批评有鬼无害论的文章，是得到上海柯庆施同志的支持，他织织人写的。第二个阶段，我和一些同志才想到要改。并且还得自己参加改革工作。事实上，多少年以来，随着社会政治经济方面新旧斗争的变化，在文学艺术方面，也出现了新的文学艺术，以与旧的文学艺术相对抗。就是号称最难改革的京剧，也出现了新的作品。大家知道，在三十多年前，鲁迅曾经是领导文化革命的伟大旗手。毛主席则在二十多年前，提出了文艺为工农兵服务的方向，提出了推陈出新的问题。推陈出新，就是要有新的、人民大众的内容，人民喜闻乐见的民族形式。内容有许多是不能推陈出新的，如鬼神，宗教，我们怎么能批判地继承呢？我认为不能。因为我们是无神论者，我们是共产党员，根本不相信世界上有什么鬼神上帝。又例如地主阶级的封建道德，资产阶级道德，它们天经地义的道德，是要压迫人、剥削人的，难道我们能批判地继承压迫人、剥削人的东西吗？我认为不能。因为我们是一个无产阶级专政的国家，我们是要建设社会主义，我们的经济基础是公有制度，坚决反对那些压迫人、剥削人的私有制度。我们无产阶级文化大革命的一个重要方面，就是扫荡一切剥削制度的残余，扫荡一切剥削阶级的旧思想，旧文化，旧风俗，旧习惯。虽然有的词我们还在用，但内容是完全不同了。例如忠这个词，封建地主阶级是忠于君王，忠于封建阶级的社稷；我们是忠于党，忠于无产阶级，忠于广大劳动人民。又例如节这个词，封建阶级所谓的气节，是属于帝王的，属于封建阶级的社稷的，我们讲的是无产阶级的革命气节，这就是说，我们要对无产阶级的、共产主义的事业有坚定不移的信仰，决不向少数压迫人民、剥削人民的敌人屈服。所以，同一个忠字、节字，我们还在用着，阶级内容是完全相反的。至于艺术形式，就不能采取虚无主义的态度，也不能采取全盘肯定的态度。一个民族，总有它的艺术形式，艺术特色。我们如果不把祖国最美好的艺术形式、艺术特色加以批判的继承，采取虚无主义的态度，那是錯誤的。相反，全盘肯定，不作任何推陈出新，也是錯誤的。对于全世界各族人民的优秀艺术形式，我们也要按毛主席的"外为中用"的指示，来做推陈出新的工作。

帝国主义是垂死的、寄生的、腐朽的资本主义。现代修正主义是帝国主义政策的产物，是资本主义的变种。他们什么好作品都搞不出来了。资本主义已经有几百年了，他们的所谓"经典"作品，也不过那么一点。他们有一些是模仿所谓的"经典"作品，死板了，不能吸引人了，因此完全衰落了；另一些则是大量泛滥，毒害麻痹人民的阿飞舞，爵士乐，脱衣舞，印象派，象征派，抽象派，野兽派，现代派，……等等，名堂多了。一句话：腐朽下流，毒害和麻痹人民。

試問：旧的文学艺术不能适应社会主义的經济基础，古典的艺术形式不能完全适应社会主义的思想內容，那要不要革命？（群众高呼：要！）要不要改革？（群众高呼：要！）我相信，大多数同志們和朋友們，会认为需要革命的，需要改革的，只是这是一场严重的阶级斗争，又是一件非常細致、相当困难的工作。再加上过去旧中宣部、旧文化部长期的反党反社会主义的领导，制造了种种"理由"，反对革命，破坏改革，就更加深了一般人的畏难情绪。还有一小撮人，则是别有用心的。他们破坏革命，反对改革。京剧的改革，芭蕾舞剧的改革，交响音乐的改革，就是这样冲破重重困难和阻挠搞起来的。

在今年五月以后，进入了全国性的几乎涉及整个意识形态领域的无产阶级文化大革命。对于派工作队这个问题，我个人也有一个认识过程。六月一日，聂元梓等同志的大字报发表以后，我用了一个来月的时间，观察形势，分析形势，我感觉出现了不正常的现象。这一个月，我开始大量注意学校。例如，南京大学匡亚明制造的反革命事件，西安交通大学的六·六事件，北京大学的六·一八事件。我很惊异，为什么一些出身成分很好的青年，从他们自己写的材料看，他们是要革命的，可是，他们竟被打成所谓的反革命，逼得他们自杀，神经失常，等等。毛主席是七月十八日回到北京的，我是七月二十日回到北京的。原来应该休息几天，但是听了陈伯达同志，康生同志，以及在京的中央文化革命小组的同志们的意见，我就报告了毛主席，我感到需要立刻跟伯达同志、康生同志去看大字报，倾听革命师生的意见。事实同那些坚持资产阶级反动路线、坚持派工作队的人所说的完全相反，广大群众热烈欢迎我们，我们才知道，所谓北大六·一八事件，完全是一个革命事件！他们把革命事件说成反革命事件，并且通报全国，以此镇压全国的革命师生。这时，我才充分地认识到，在无产阶级文化大革命中，派工作队这个形式是錯誤的，他们的工作內容尤其是錯誤的！他們不是把斗爭鋒芒对准党內一小撮走资本主义道路的当权派，以及反动的学术权威，而是对准革命的学生。斗争的鋒芒对准什么，这是一个大是大非的問題，这是馬克思列宁主义、毛泽东思想的原則問題，我們的毛主席早在今年六月間，就提出过不要急急忙忙派工作队的問題，可是有的同志沒有請示毛主席，就急急忙忙地派出去了。但要指出，問題不在工作队的形式，而在它的方針、政策。有些单位并沒有派工作队，依靠原来的领导人进行工作，也同样犯了錯誤。也有一部分工作队采取了正确的方針、政策，并沒有犯錯誤的。这就可以說明，問題究竟在那里。

八月十八日，毛主席接見了百万革命小将，主席是那样尊重群众的首創精神，是那样相群众，是那样爱护群众，我觉得自己学习很不够。这以后，红卫兵小将们走向社会，大破四旧，我们中央文化革命小组的同志们拍手称快。但是过了些天，又遇到了新的问题，于是我们赶快找材料，调查研究，这才又追上不断发展的革命形势。我就叫做紧跟一头，那就是毛泽东思想；紧追另一头，那就是革命小将的勇敢精神，革命造反精神。跟和追，不是经常能够完全合拍的，是时而追上，时而落后于形势。因此，我有什么缺点错误，希望同志们，朋友们，红卫兵小将们批评我，写信也可以，写大字报也可以。凡是我错的，我都改。凡是我对的，那我当然要坚持。

从五月十六日到现在，六个多月了，就是这样，处于高度紧张状态。因为注意了全国无产阶级文化大革命的形势，对文学艺术界的具体工作就抓得少了。这点，我希望得到你们的谅解。今后，能不能抽出更多的时间来注意你们的问题，我不敢说。因为斗争的领域太宽广了。对于整个文学艺术领域的破与立的问题，目前，我不能集中精力专门搞了。这可能要等到运动的某个段落，我的体力也还能支持的话，再来同文艺界的革命的同志们，朋友们，红卫兵小将们，一块来建设为工农兵服务的无产阶级的新文艺。

北京京剧一团的同志们，朋友们，你们给我的信，我倒是都看了。只是因为工作忙一些，身体也不太好，没有能够到你们团里去，但是，你们团里的无产阶级文化大革命，我是关心的。北京京剧一团是北京首先接受京剧改革光荣任务的一个单位。这是你们团里一批想革命的演员和其他工作人员和我一块努力，在别人首创的基础上加工或改制的结果，旧北京市委和你们团的旧党总支的某些负责人则是被迫接受的。在毛泽东思想指引下，短短的几年内，你们在创造革命现代戏的工作中，确实做出了成绩，为全国的京剧改革树立了一个样板。我相信剧团的大多数同志和朋友，特别是青年同志，是好的，是要革命的，是能够自己教育自己的，自己解放自己的。你们一定能够进一步活学活用毛主席著作，努力改造自己的思想，使自己的思想革命化，坚决执行以毛主席为代表的无产阶级革命路线，识破一小撮人企图破坏无产阶级文化大革命的阴谋诡计，把剧团的无产阶级文化大革命进行到底！

为了国庆节演出革命现代戏，我们做过多次讨论，支持了你们演出，反对了那种企图抹杀你们京剧革命成绩的错误观点。为了你们的《沙家浜》能够上演，也是为了《红灯记》、《智取威虎山》、《海港》、《奇袭白虎团》，舞剧《红色娘子军》、《白毛女》，交响音乐《沙家浜》……等等的演出，我们对红卫兵小将们和各方面都做了一些工作。向他们说明：这些创作是无产阶级文化大革命的伟大胜利，是毛主席为工农兵服务的文艺思想的伟大胜利。如果对你们这些革命成果不给予充分的肯定，那是完全错误的。只有那些反对无产阶级文化大革命的人，才对这些巨大的革命成果加以歪曲和否定。事实证明：广大的人民是承认我们的成绩的。世界上革命的马克思列宁主义者和革命人民是给予我们以好的评价的。毛主席和他的亲密战友林彪同志，恩来同志，伯达同志，康生同志，以及其他许多同志，都肯定了我们的成绩，给过我们巨大的支持和鼓舞！

我希望：经过这次无产阶级文化大革命的斗争和锻炼之后，我们还要经常和工农兵相结合。这样，我们一定能够为京剧改革和其他文学艺术的改革做出新的成绩！我们的任务是艰巨的。但我们一定要勇敢地担负起这一光荣而又艰巨的革命任务来。胸怀祖国，放眼世界！

你们剧团里的无产阶级文化大革命，存在着十分尖锐、十分复杂的阶级斗争，存在着无产阶级和资产阶级的夺权斗争。对于以彭真为首的旧北京市委的反革命修正主义路线，你们还没有真正的进行深入、广泛的揭发和批判。在这里要严肃地指出：薛恩厚、肖甲、季一先、栗金池以及赵燕侠等人，还没有认真地同旧北京市委划清界限，没有深入揭发旧北京市委的罪行，也没有对自己的错误进行认真的检讨。薛恩厚在文化大革命开始时给我来过信，对旧北京市委作了一些没有触及问题本质的揭发。赵燕侠也来过一封短信，表示她没有尊重我对她政治上的帮助，作了一些没有触及灵魂的自我批评。但在最近，薛恩厚、肖甲、栗金池三人联名来信，竟然用种种"理由"掩盖自己的错误，企图蒙混过关。这种态度是不老实的。

你们剧团内，并不是所有干部、党员、团员都犯了错误，也不是所有干部都犯了同样性质的错误，而是必须区别对待，摆事实，讲道理，采取"惩前毖后、治病救人"的态度，允许改正错误，允许革命。至于上面我指出的那几个人，就是薛恩厚、肖甲、季一先、栗金池以及赵燕侠，他们贯彻执行了旧北京市委的反革命修正主义路线，同彭真、刘仁、郑天翔、万里、邓拓、陈克寒、李琪、赵鼎新以及陆定一、周扬、林默涵等反革命修正主义分子互相勾结，阴一套，阳一套，软一套，硬一套，抗拒毛主席的指示，破坏京剧改革，两面三刀，进行了种种阻挠破坏活动，玩弄了许多恶劣的手段，打击你们，也打击我们。旧北京市委、旧中宣部、旧文化部互相勾结，对党对人民犯下的滔天罪行，必须彻底揭发，彻底清算。对于我们党内的以反对毛主席为首的党中央的无产阶级革命路线为目标的资产阶级反动路线，也必须彻底揭发，彻底批判。否则，就不能保障革命的胜利果实。薛恩厚等人必须彻底交代，彻底揭发，只有这一条路，除此以外没有别的出路；经过群众的充分批判，如果他们真正进行了彻底的揭发和交代，"革面洗心，重新做人"，他们还是可以参加革命的。如果薛恩厚等人真正努力改过自新，走上党的正确道路上来，他们还有可能争取做为好的干部。在无产阶级文化大革命中，要用文斗，不用武斗。不要动手打人。武斗只能触及皮肉，文斗才能触及灵魂。

由于没有彻底批判旧北京市委、旧中宣部、旧文化部的反革命修正主义路线，没有肃清这条反革命修正主义路线在剧团的影响，你们的无产阶级文化大革命就不可能搞彻底，你们剧团的运动就有可能走向邪路，被个别别有用心的人篡夺了领导权。这对将来剧团的建设将发生很不利的影响。我建议你们：牢牢掌握斗争的大方向，掌握党中央、毛主席制定的正确方针和政策，反对一小撮走资本主义道路的当权派，在斗争中逐步壮大左派队伍，团结大多数，包括那些受蒙蔽的人，帮助他们走上正确的道路。坚决把揭发、批判旧北京市委、旧中宣部、旧文化部的反革命修正主义路线的斗争，搞深搞透，坚决把无产阶级文化大革命进行到底！

你们对魏晋等三同志的去留问题发生了争执。必需说明：他们已经不是工作队，他们已经撤离了你们的剧团，在国庆节前，我接到你们全体成员来信，坚决要求把他们三位同志调回去工作，经过中央文化革命小组讨论决定，才又请回去帮助工作的。一个共产党员，为人民服务，做了一些好事，是本份；做错了，就应该接受群众的批评。这三位同志，我并不认识，更谈不上了解。在这段时间内，如果这三位同志有什么缺点错误，你们是可以批判他们的，他们也应当主动地进行检查。现在你们中间既然有一部分成员坚决要求他们撤走，我们经过讨论，同意他们的意见。将来，另派同志去负责团里的日常的政治思想工作。至于你们团里的无产阶级文化大革命，应根据中央的规定，民主选举文化革命委员会或文化革命小组来领导。不符合巴黎公社原则产生出来的文化革命委员会，文化革命小组，可以重新选举或

273

部分改选。所有选举活动，都必须经过群众充分酝酿，充分讨论，不能由少数人把持。我们相信，大多数同志是能够自己分清是非的，是能够按照正确的方向把无产阶级文化大革命搞下去的。绝对不允许利用这三个同志的撤走，挑动群众斗群众，打击革命积极分子。在这里，我要说明：不能离开阶级观点去谈什么"少数""多数"，要看马克思列宁主义、毛泽东思想的真理掌握在谁的手里，谁真正站在无产阶级的革命立场上，谁真正执行了毛主席的正确路线。对不同的单位，要作不同的具体分析。我希望：全团同志能够进一步高举毛泽东思想伟大红旗，突出无产阶级政治，坚决贯彻以毛主席为代表的无产阶级革命路线，彻底批判资产阶级反动路线，在马克思列宁主义、毛泽东思想的原则基础上团结起来，完成一斗二批三改的任务，把北京京剧一团建设成一个真正的无产阶级化的战斗化的革命样板团！

　　中国共产党万岁！

　　无产阶级专政万岁！

　　无产阶级文化大革命万岁！

　　毛泽东思想万岁！

　　毛主席万岁！

为 人 民 立 新 功

——一九六七年四月十二日在軍委扩大会議上的講話

　　我是一个普通的共产党员，多年来都是给主席作秘书，主要的是研究一点国际问题。在文教方面我算一个流动的哨兵。就是订着若干刊物报纸，这样翻着看，把凡是我认为较比值得注意的东西，包括正面的、反面的材料，送给主席参考。我多年来的工作大体上是这样做的。从去年起，我的工作算是加了一点，就是兼做常委的秘书。我们整个中央文革小组就是中央常委的一个秘书班子。也还是哨兵工作、参谋工作。就是提出意见，供主席、林副主席、周总理、中央常委参考。所作的工作就是这么一点。我对军队不熟悉，知道的东西很少，今天只能和同志们交谈一下。我的意见如果不对，請同志们批评我。我们小组是比较民主的，有时候还可以吵架。同志们有什么意见，欢迎你们提出来。

　　主席对我是严格的，主席对于我首先是严师。当然喽，他不象有些人把着手那样教，但是对我非常严格。许多事情我是不知道的。主席的为人，我想同志们也许比我知道的更多一点。我们在一块生活，他这个人是很寡言的，话不多。有时候谈起来，多数都是谈政治、经济、文化、国际、国内，海阔天空。什么社会上的小广播，也谈一点，但很少。如果偶尔涉及某一个干部，主席总是说什么人有大功哪！这个人怎么好啦！不怎么说人家坏话的。主席对干部爱护、宽大。我自己也是遵守党的纪律的。我也讨厌听那些社会上的小广播。这样，我有时候很无知。不过，知道那样一些小广播也没有什么好处，浪费精力。在过去，我每天要看一大堆参考资料，再加上电报还要多哩！那有时间去听那些小广播，搞那些名堂。至于学习，我不比同志们好，我自己觉得学习的不够好，特别是不够系统。如果说我有一点什么长处，那就是我学懂了的那一点，我就坚持，就去做。在延安，听了主席的在文艺座谈会上的那个讲话。对那个讲话里头我领会了的东西，我就去做。当然这篇讲话，我不是全部领会了。这几年我又重新读了，对我还是那末新鲜。这篇讲话强调地指出文艺为工农兵服务，为无产阶级政治服务，这个我懂。而且我多年遵照主席的教导，在我力所能及的范围內去做。我就是这么一个人。与同志们比较起来，我是个小学生，要向同志们学习。因为同志们在历史上，不管是十年內战时期，抗日战争时期，解放战争时期，抗美援朝等等这些战争时期，都为人民建立了丰功伟迹，这是连国内国外敌人都承认的。我向来是非常敬仰老红军的。在延安闹过这样一个笑话。曾经有人给我的帽子上做了一颗红星，后来说是不许戴，我才戴了几天就不许戴，为这个可闹别扭啦！当时我不太明白，为什么一定要我们把这个红星拿掉，那个时候不明白，是闹过别扭的。我对于中国人民解放军很有感情，我觉得自己现在也还是军队的。我进城以后一直要求保留我的军籍。我只在军队做过一段很短时间的工作，就是在胡宗南进攻陕北的时候，在中央直属大队当政治协理员。进城后我一直要求不要把我的军籍除掉，就是说不要开除我。我心里总是向着军队的。

目前在毛主席和中央的号召下，同志们正在为人民建立新的功勋。**主席曾經說过：不要吃老本！要立新功！** 在说这个话的时候，在一次中央会议上，主席讲过一个故事。战国时候，赵国的赵太后执政，她非常溺爱她的小儿子长安君。这时候秦国攻击它，攻得很紧，她請齐国出兵解围，齐国说，要把你的小儿子长安君来做人质，才能出兵。她不肯，她舍不得她那小儿子，很多大臣进谏，要她派长安君去。她恼火了，**说谁再来劝说，我就要唾他的脸。** 当时有个左師（官名），叫触䜣，他去求见太后，赵太后盛怒等着他。他腿有病，故意走得很慢，慢慢地慢慢地走。然后，他就问寒问暖，先不讲政治，然后说，我快要死了，我有个小儿子，十五岁了，太后能不能给派个吃饭的差使，我死了也就心安了。赵太后就说，丈夫也爱少子吗？他说，甚于妇人。听了这样的话，太后的气消下去了。她说不见得，我看溺爱少子，还是女人比男人厉害。左師就聘她说，我看你爱燕后超过了爱长安君（燕后是燕国国君的妻子，是赵太后的女儿）。她问何以见得？左師说，燕后出嫁的时候，你抱着她哭，因为是远别。燕后出嫁以后，每当祭祀，你都为她祈祷说：你千万不要回来。要她在燕国生儿育女，世代为王，替她打算的是很长久的。可是你对长安君就没有这样。太后说不是。左師然后就问，咱们赵国过去有名的世袭的这些人，他的子女，他的后代，现在还有没有继续世袭的嗎？太后回答说，没有了。左師又问，不但赵国，其他各国，子孙封侯的，还有没有呢？太后说，没听说还有。左師说，都没有了，那么这是什么原因呢？还不是由于"位尊而无功，俸厚而无劳，而挟重器多也"所造成的吗？"重器"者，指的是古代象征国家权力的宝器，翻译成现在的话，就是权力。左師说：你给长安君那么高的职位，给他许多肥沃的土地，给他的权力又很大，不及时叫他为国家立功，有朝一日你去世了，长安君能在赵国立足吗？我认为你为长安君打算的太短，你爱他不如爱燕后。左師触䜣讲了上面的话以后，赵太后立刻下了命令，准备百辆车子，送长安君到齐国去。齐国马上就出兵，解围了。**主席說，** 这篇文章，反映了封建制代替奴隶制的初期，**地主阶级內部，财产和权力的再分配。** 这种再分配是不断地进行的，所谓"君子之泽，五世而斩"，就是这个意思。**我們不是代表剝削阶級，而是代表无产阶级和劳动人民，** 但如果我們不注意严格要求我們的子女，**他們也会变質，** 可能搞资产阶级复辟，无产阶级的财产和权力就会被资产阶级夺回去。在座的同志，大概权是很多的。伯达同志经常说，他是个小小老百姓，我就更小了。但是这个权就不能轻易用。既然人民给了咱们这么高的职位，俸祿也很厚，权又很大，如果我们不立新功，对得起人民吗？久了人民能要我们吗？这个故事主席讲了很多次。对我们自己的孩子也曾讲了好多次。但他们还是不怎么理解的。多年来，我一直是很欣赏这篇东西，曾多次翻阅。我不懂古文，就查字典。

所以，解放军要立新功。

自从主席说解放军要介入地方文化大革命、支左、支农、支工、军管、军训以来，已经作了大量的工作。解放军的工作成绩特别突出地表现在工农业生产上。比较困难的是支左问题，复杂一些，搞不好就容易支错。对这个问题，只要我们自己的思想明确，真正站到以毛主席为首的党中央的无产阶级革命路线方面来，就会大无畏，即使错了也不要紧，我们就可以不支持他们，再来搞调查研究，找到真正的左派。把左派壮大起来。对受坏人操纵的组织，就孤立他们中间的一小撮，分化瓦解他们，教育他们。这一点，同志们已经有了许多经验啦，其中已有许多好的经验。我参加过两个小组。象中南，就碰到一些困难，黄永胜同志他那里有一些好处，他没有杀人，没有开怆，广州市捉人大概也不是太多，他们有一个很好的经验，就是说，对受坏人操纵的组织，轻易不要宣布为反动组织，而是把它的头头，确有证据的坏人，逮捕起来，或者让那个组织的群众自己改换新的领导人，这个做法，我觉得还是好的。

同志们，对前一段文化大革命不要有什么自卑感。从前说是不介入，其实这个不介入，就许多单位说，**主席早就說过："所謂'不介入'是假的，早已介入了。問題不是介入不介入的問題，而是站在哪一边的問題，是支持革命派还是支持保守派甚至右派的問題。"**事实上，有的是从左的方面介入，有的是从右的方面介入。例如，拿从左的方面介入来说，去年二月，林彪同志委托我召开部队文艺座谈会，这个文艺座谈会的纪要，是請了你们"尊神"，无产阶级专政的"尊神"来攻他们，攻那些混进党内的资产阶级代表人物，那些资产阶级反动"权威"，才吓得他们屁滚尿流，缴了械。为什么这么有威力呢？就是因为有军队支持，他们怕人民解放军。这是从左的方面介入。几个月以来，全军有很多好经验。据哈尔滨的同志说，那里的军队，在去年夏天，就从左的方面介入了。也有的从右的方面介入的，做错了一些事。我想大多数做了錯事的同志也是会回头的。我才不相信，天下就那么都一片黑了，有的人就是吹这个黑风。 许我这人自信心太强，我总觉得不会那样子的。你看，就是农业生产，夏收可能也会不错的，秋收，我看也可能不错。因为革命调动了广大人民的革命热情，军队这样子大力地去带头，起镇范作用，我看这是解放以来，十几年没有过的。进城以后，我们军队住在兵营里，确实和劳动人民有些隔开了。这次不行了，要从兵营里出来，要从机关里出来，恢复咱们过去的老传统，跟群众结合在一块。这样，有的地方就说，老八路又来啦。可见，我们当年还是和群众在一块多一点，进城以后就隔离开了。在这次文化大革命期间，军队做了许多好事情，从最初开始，以林彪同志为代表，就从左的方面介入了。

此外，我还向同志们呼吁一下，要看到文教战线的重要性。对这个问题，我们过去认识不足。那些有问题的、能力不怎么强的干部，都被放到了文教战线上去，还不说我们包下来的几百万资产阶级知识分子。这样，他们的资产阶级的、封建主义的东西就大量地泛滥。这方面的情况，我们就是不大清楚，也不知道这些东西的厉害。虽然在毛主席的亲自领导下，和他们交过几次锋，但是，都是个别的战役，没有象这一次这样认识深刻。意识形态——文教战线这个东西，可厉害哪！因为任何一个阶级，无产阶级也好，资产阶级也好，他要夺取政权，总是要先做舆论准备的。这一点，过去我就重视不够，希望军队的负责同志，这一次能真正认真地抓一抓。

这十七年来，文艺方面，也有好的、或者比较好的反映工农兵的作品，但是，大量的是名、洋、古的东西，或者是被歪曲了的工农兵形象。至于教育，那几乎全是他们的那一套，又增加了苏修的一套。所以我们在文学艺术界，培养出一些小"老艺人"；在教育方面，培养出一些完全脱离工农兵，脱离无产阶级政治和脱离生产的知识分子，比过去还多了。要是没有这次文化大革命，那谁改得了？攻也攻不动啊！

我个人对这个问题的认识过程很长。进城的初期，总理给我安排过几次工作，接触了一些事情。后来，就辞职了。我自己思想上，只是就某一点说，是解决了这个问题的。那时候觉得挺奇怪，那些香港的电影，就是往我们这里塞，我用很大的力量，想推出去。他们却说什么，民族资产阶级，我们得照顾。当时我们确实是孤立的。

在这个思想领域里，就是不能和平共处；一和平共处，它就腐蚀你。大概总理还记得，那时我同他们说，制片方针是对着华侨，你们只要不拍反共的电影，那么我们给你们钱。他就是要钱啊！那个时候，只认识到他要投资，没有认识到他要来毒化我们。后来推出去了，确确实实地推出去了。中间，有几年我害病，为了恢复健康，医生要我参加一些文化生活，锻炼听觉和视觉。这样，我就比较系统地接触了部分的文学艺术问题。哎呀，觉得这个问题就大呀！在舞台上、银幕上表现出来的东西，大量的是资产阶级、封建主义的东西，或者是被歪曲了的工农兵的形象。上层建筑是经济基础的反映，它反转过来，是要保护或者破坏经济基础的。如果象那个样了，它就会破坏我们社会主义的经济基础。大概在一九六二年，香港电影，美、英、法、意……等帝国主义国家的电影，修正主义国家的电影，出现了一大堆。那些剧团可是多啊！如京剧，我是一个习惯的欣赏者，但我知道它是衰落了。谁晓得它利用我们这个文化部，弄得全国到处都是，就连福建那个地方，也有十九个京剧团。结果，到处在演帝王将相，才子佳人。我那个家乡山东，我童年的时候，河北梆子叫大戏。近几年我调查的时候，京剧却成了主要的大戏了。山东有四十五个京剧团，这还不讲黑剧团、业余剧团，上海的越剧也跑向全国了。就出现这样的怪事。但是，我们的工农兵，建立了这样的丰功伟绩，他们不表现。他们也不表现我们的长征、二万五千里的老红军，也不表现抗日战争。那多少英雄啊，他们都不搞。电影也有这个问题。所以我就逐渐地对这个问题有了认识。一九六二年，我同中宣部、文化部的四位正副部长谈话，他们都不听。对于那个"有鬼无害论"，真正解决战斗的文章，是在上海请柯庆施同志帮助组织的，他是支持我们的。当时在北京，可攻不开啊！批判《海瑞罢官》也是柯庆施同志支持的。张春桥同志、姚文元同志为了这个担了很大的风险啊，还搞了保密。我在革命现代京剧会演以前，作了调查研究，并且参与了艺术实践，感觉到文艺评论也是有问题的。我那儿有一些材料，因为怕主席太累，没有给主席看。有一天，一个同志，把吴晗写的《朱元璋传》拿给主席看。我说：别，主席累得很，他不过是要稿费嘛，要名嘛，给他出版，出版以后批评。我还要批评他的《海瑞罢官》哪！当时，主席就驳我说，我就要看，而且还说要保护几个历史学家。后来我才知道这是彭真提出的，他说我把整个历史学界都看成一片黑暗，毫无是处。这真是委曲了我了。我说我能保留我的意见吗？主席说：你保留意见可以。当时彭真拼命保护吴晗，主席心里是很清楚的，但就是不明说。因为主席允许我保留意见，我才敢于去组织这篇文章，对外保密，保密了七、八个月，改了不知多少次。春桥同志每来北京一次，有个反革命分子判断说，一定和批判吴晗有关。那是有点关系，但也是搞戏，听录音带，修改音乐。但是却也在暗中藏着评《海瑞罢官》这篇文章。因为一叫他们知道，他们就要扼杀这篇文章了。

同志们如果知道这些，会气愤的吧。我们这里是无产阶级专政，我们自己搞一篇评论文章，他们都不许。气愤不气愤哪！我们组织的文章在上海登了以后，北京居然可以十九天不登。后来主席生了气，说出小册子。小册子出来，北京也不给发行。当时我觉得，才怪呢，一个吴晗完全可以拿出来批嘛，有什么关系！噢，后来总理对我说，才知道，一个吴晗挖出来以后就是一堆啊！可见其难啊！人家抓住这个文教系统不放，就是专我们的政。将军们不要以为这是文教系统，我们不管他们就管。我们真管，他们还会千方百计地想管。所以我们要抓，真正的抓。如果你们都抓，那就不会出现这个局面了。当然，物极必反，所以就出现了这次文化大革命。那帮人才阳奉阴违哪！两面三刀地尽整人啊。一个戏，主席要改成以武裝斗爭為主，他就是不肯。為了這個，就要斗很久啊。試問，中國革命如果沒有武裝斗爭，能成功嗎？我們現在能夠坐到這兒來開會嗎？我覺得那是不能設想的。在這一方面，同志們的感受大概比我還要深刻。所以，這個文教戰線，今後得要很好地抓，抓在我們自己手上。要大膽地選用革命小將。你看，要是沒有他們，怎能搞出那個叛徒集團來啊？有六十幾個人。他們都占了重要的領導崗位。小將們的這個功勳可大啦！

主席還健在，有些人就可以不聽主席的話。在上海的時候，華東局、上海市委里頭，可微妙哪。主席的話不聽，我的話更不聽，但是一個什麼人的話，簡直捧得象聖經一樣的。當時我覺得這是一種奇怪的事情，現在想來，這也不奇怪。有一位舊市委領導人過去是個紅小鬼，居然會變化到這樣，這我完全沒有想象到。上一次開會時，我是全心全意希望他抓工作的，這一點，葉群同志可以證明，伯達同志也知道，春橋和文元同志也知道。可是他死不回頭。另一個是個叛徒，變節自首分子，被搞出來了。本來寫坪《海瑞罷官》、坪"三家村"這樣的文章，是姚文元同志（還有他組織的寫作班子）寫的嘛，有些人卻貪天之功，說是他們搞的。

我想，我略微講這麼一點我的認識過程，使大家可以對文教這方面，看出一點苗頭。我要著重地向同志們呼籲，除了抓黨、政、軍和經濟之外，這個"文"也得要認真抓。當然要做調查研究，還要有一番刻苦的學習。因為各行各業，都有各自的規律、特點。但是，這也不是難事，只要無產階級的政治掛帥了，那末，堡壘總是可以攻克的。幾個堡壘已經都攻克了嘛。一個京劇，一個全世界都認了不起的芭蕾舞，還有個交響樂，全都初步地攻克了嘛，沒有什麼難事。這對全世界都是有影響的。資產階級是垂死的階級，它表現現代生活，赤課課地用腐朽的墮落的東西來麻痹人民，腐蝕人民。倒是修正主義搞一點偽裝，很使人討厭。但是這幾年，它也是赤裸裸的了，不再搞什麼遮羞布，而是赤膊上陣了。我想，談我的這個認識過程和實踐過程，對同志們今後大力抓文教系統，能不能有一點幫助？

大、中學校都要改革教學制度、教學內容，都要搞斗、批、改，這個任務是很艱巨的，目前我們在這方面還沒有什麼經驗。文學藝術也得要改造。我在一九六四年，曾經對文藝界的一些人說過，你們吃了農民的飯，穿著工人織的布，住著工人蓋的房子，人民解放軍警衛著國防前線，你們不表現工農兵，你們藝術家的良心何在啊！電影《南征北戰》，我抓過。粟裕同志，那個時候，我記得跟你交涉過，關於服裝應該怎麼樣。陳老總，你還記得嗎？那個戲雖然有缺點，但是基本上還是個好戲。那個戲，是我具體抓的，是你組織創作的，還改過。忘啦？（陳毅同志：記得。）噢，還記得。

最後，我想簡單講一點教育子女的問題。對子女，不要看作是自己的私有財產。要把他們看作是人民的財富，人民的後代。如果對自己的子女就寶貝得上天，對人家的子女，勞動人民的子女，就不在眼下，這是不對的。但這只是一部分如此，而不是大部。大多數同志是能夠正確地對待自己的子女的。如陳士榘同志，就能大義滅親。當然也不是將孩子怎麼樣，而是管起他來，讓他學習學習，好好想一想，受受教育。陳士榘同志，你那孩子管起來沒有？（陳士榘同志：管起來了。）在這個問題上，有個別同志，少數同志，太過分了。這也就是那個"長安君"的問題。這個"重器"是什麼？"位尊而無功，俸厚而無勞，而挾重器多也。"他們的"重器"是什麼？自行車、照象機、收音機，有的還坐小汽車，最重要的還是他父母的級別。有的人認為，這是愛兒女，實際上是害了他們。要把我們自己的子女，教育成一个真正的革命接班人，是不太容易的。因为，一方面是我们自己的教育，另一方面有社会的影响，我们家的子女也不是那么高明的，他们虽然都到大厨房吃饭，可是他们还是觉得自己了不起，总还是有社会影响的。我们要很严格地教育他们，如果抓得紧，将来他们可能会好一些。社会影响这一面，就拿我们的一个孩子来说，她在小学的时候，他说，我们有个教员讲，有一本什么《静静的顿河》，误人子弟呀，是《静静的顿河》。我说，你是不是要看这部书啊，她说"是呀，妈妈"。我说这部书，你只能当作苏联的历史材料来看，当作苏联的战争史来看。这部书可不好啦，它把一个大叛徒、大反革命分子当做主角，这是不好的。她还是说："妈妈，你能这样说吗？大家都说好。"她就这样质问我，因为当时对这本书还不能够批判。我说，你不要出去说，妈妈是研究过的，是妈妈个人的意见。后来不知道她如何想法，反正为子女还是得从政治上、思想上服一点务。例如《红与黑》，法国的修正主义分子把这部小说抽掉了政治、经济内容，拍成了一部黄色电影。我们就得要研究，把所有的材料拿来研究，对身边青年、身边的工作人员讲一讲。我自己的工作，每天虽然比起同志们来做得不多，不重要，可是每天的工作量还是大的，身体也不太好，没有更多的时间来教育子女。但是，只要是我发现了的，我都进行了研究，并给他们做了一些思想工作。同时，父母对他们要平等。不是"我是老子"，实行封建家长制。这一点，我觉得要向主席学习。我们家里可民主啦，孩子可以驳爸爸的。有时还故意地要他们驳。他们驳了以后，当然要给他们讲道理。但是很多时间，他们不是驳斥，对父母是尊敬的。他们驳，有好处嘛。让他们造点反，有什么坏处呀，弄得老是"是，妈妈！""是，爸爸！"有什么好处啊，我看那不好。我觉得，对自己的子女要求严格一点，就是对他们的爱护。

我这两点意见，也曾经讲过，只是供同志们参考，说得不对，请同志们批评。就这样罢。

同芭蕾舞劇《白毛女》演出人員的談話

一九六七年四月二十五日

你们这次来演出，大家都很欢迎，你们也欢欣鼓舞。我们想交谈一下，提点建议。你们看对不对？我只看了两次，要看很多次才能作详细交谈。

这戏主要方向是成功的，主流是好的。有些小毛病，改起来也不是太难。如果主题思想再提高一些，格调、风格就更高。主题写农民起来反抗地主，那么怎么得到解放呢？就是八路军，现在叫人民解放军。现在戏中军队占的地位很弱，装饰一下，这就很难怪有的人说不过瘾。主题思想、结构方面要动一动，序幕、尾声完全可以不要。老套子，序幕、尾声没有什么精采，可以去掉。四场喜儿变来变去，可以改一下，因为喜儿连续一、二、三、四场，我们的军队没有。今后第四场写军队。第三场逃出去，第四场大春怎么带兵打胜仗啊，俘虏些日本人、伪军啊。必要时也可以增加一场。喜儿在山上怎么样？我觉得可以不参加，因为她还有一场奶奶庙，变化不要太突出好一些。大家可以好好想一想。那两个主角相形之下，男主角不突出，如果增加一场戏，军队也突出了，大春也突出了。原来这戏大春作为陪衬，不突出。作为接近一些的观众说，四场变，有"修养"的味道。这是咱们自己说呀！不能说出去，否则人家又要说大毒草了。现在一下子改不了，有音乐问题。这样演也是一个很好很好的戏。此外，她上山跳出黄家，一个人恐怕不太容易。本来是传奇故事，现在语言是革命的浪漫主义，没有增加现实性，多一、两个人上山好处理不好处理？二婶是最突出的。二婶也挺怪的，干脆自己的二婶。过去在北方我的家乡，地主佃户的本身、妻子、儿女都要到地主家去服务。这也是合理的。现在别人看了以后，那儿来的二婶这样的人？可以考虑带上二个人一块儿上山（张春桥同志插话：和喜儿上山多几个人）。这样可能会好些。此外，喜儿下山，大春接她下山以后应该给她一块红头巾，把头发包起来，给观众看新生的。现在形式不好。北方妇女戴的有黑的，但年轻一点，加块红的没有什么关系。舞台美术要讲究一点。舞台美工有点问题。第五场山象土包子，不象北方山高耸入云，要重新搞，使人感受很险峻。这山象一、两步就可以上去了，喜儿怎么躲呢？服装的色彩实在是不好看，难看得很，一句话：偏紫偏蓝。

另外建议你们聘請张美娟做教师，教你们怎样耍刀枪。男的聘請武生，可有什么好武生，你们团能够翻扑我看有的。（春桥同志说：昆曲有身段，从京剧学回去。）可以比较大的创新，如民族传统舞蹈。刀、枪，这方面《红色娘子军》也有弱点，但有成绩，他们也能翻扑。你们现在还都小，你们现在多胖了，腿提不高，是不是？（众答：是。）（姚文元同志说：有半年多没练工了。）现在要天天练，练习翻跟斗。外国的，中国的统统全拿过来，技巧全拿过来，这样创新就从容自如了。

第一场戏还是改的不好。黄世仁抢走喜儿不太合理，打死一个，抢走一个。

（江青同志用手比划舞台上位置如何调度）画面死板，大春打死一个，而喜儿从那边抢走，使人感觉来不及。那个时候他们也有武器，但是这些都不妨碍你们上演，也不妨碍他是个好戏。

声乐问题，现在喧宾夺主。我和春桥同志有不同意见。唱得非常好。正因为唱得太好，就不注意舞蹈形象。当然去掉唱也许对这个戏有点逊色，但也不一定。你练练功，把腿提上去一点，把造型搞得好一些。现在唱太好了。（春桥同志说：陈伯达同志也有这意见，看了字幕就来不及看舞。）唱有这么一、二处，顶多三处。其他地方都不使用声乐，可以用幕同唱，帮助群众了解下一场剧情。这戏还可以磨，磨得使人一下子落泪。现在我眼泪在眼睛里转了一下，但不肯掉下来。喜儿父亲死靠声乐，这个地方可以研究一下，要靠大的动作，加上乐器，看能不能补救。

喜儿这形象弱，其实完全可以强起来，在旧的基础上逐步地来。二场一下子到黄家，要张二婶推着她出来。她不肯去送莲子、人参汤什么的。他不肯，很勉强，二婶劝喜儿侍候老妖精，她不肯。老妖精看了很不愉快，然后再打她，这样合理一些。现在一开始就在收拾。加强喜儿的反抗性。

音乐主调是"北风吹"，喜儿的主调是"我要活"，象河北梆子，是交替进行还是怎么样？音乐有一段轻音乐味道，象西欧的"风流寡妇"，象极了。这改不是一下子，要大改。构思一下，先是文学剧本，然后着手音乐。喜儿主调用那个？"北风吹"活泼，好象不上板。还有"我要活"，不要这样节奏。此外，还有个问题，这歌流于全国到世界上去了。"北风吹""我要活"可以交替进行。你们是创作，我是"外行"。你们的灯光怎么可以打得更好些，怎么打掉这两个影子？灯光可以把两个影子打掉，几个灯才能打掉这两个影子？

这戏超过了过去的电影、歌剧，但还可以搞得更好些。这戏男女不平等。一个男主角，一个女主角，平等一点。反正是传奇，搞得接近现实一点，跟上去的人不一定全白，有的灰白，有的……。

我先声明一点，以后我看一次，再提一点。你们会讨厌我的。建议你们创作小节目，将来可以发展成大的，例如搞红卫兵运动，文化大革命……。政权问题还是比较容易的，破与立，立稍难一点，也不难。我的雄心壮志是，只要我不死，搞二十个戏，二十个电影。（众高呼口号，向江青同志学习！向江青同志致敬！）靠同志们努力，我全靠你们，我只是说说，你们会感到不舒服的。（××问：毛主席看后说什么？）第一个说好。我刚才的意见也包括他那个观众。（全体激动，高呼毛主席万岁！万万岁！）

赵大叔不突出，他比大春也不如，很难给他更多的戏。后头可以突出。打土豪分田地、党的领导，主要从军队突出，……你们可以集体讨论，我的办法如不合适，再改，都试试看。看中再改。（春桥同志说：改的过程中，又可以想到新的意见。）我们经常这样，大修改。失败是成功之母，赵大叔不突出，也给人印象，后头不突出。还有，都是媳妇。要有扎辫子的，有梳头的（张春桥同志说：那时练红缨枪是小姑娘，红卫兵）。红卫兵，那时有剪头发的，在山沟里还梳小辫。

（演员顾××说：喜儿上山盼，心中没有救星。）那就在第一场戏。她出场，喜儿想父亲躲债，赵大叔出来安慰她，讲神兵、天兵、天将，这样鼓舞她，有个希望。（顾说：喜儿四场盼东方出红日，喜儿根本不知道什么是党，她盼谁呢？）我是觉得第四场是有点"修养"味道。干脆改成军队。喜儿在一、二、三场集中得很。第四场有点神怪的味道，又搞纱幕，我看不必要。和自然界斗争太多了，改掉可以一个人演下来。（顾说：杨各庄解放，地主逃跑，没写武装斗争。）这个地方容易解决。我们占领根据地，地主逃跑，俘虏。我觉得是不是前头四场打些日本人，俘虏些伪军。（春桥同志插话：然后大春出来，地主逃跑。）结尾兵的印象少，民兵多。（春桥同志说：新兵没有标志，喜儿跟着大春走了，参军不清楚，戴着红花游行了。）

（××说：大春参加军队放在喜儿被抢之前，这样就使人感到他参军不单是为了喜儿。）好啊，这样就军队出来更早，对大春形象更好。那赵大叔要不要呢？第一场就发生这个问题。是告别不是送东西了。是一个好的想法。

（顾：剧中汉奸地主黄世仁家的主要罪行没有表现在汉奸一面。）

江青：这个容易，在黄世仁家中出现日本鬼子，或四场，日本人打我们。我们一般打歼灭战。日本鬼子可以住在黄家。（顾：黄母要不要拉出来枪毙，她戏中没交代。）后面交代。

（潘：反动统治阶级是不会放下武器的，他们要作垂死的挣扎，我们以革命武力对付他们。）第六场如果用武装力量，这样把"白毛仙姑"垒破了，六场只是交代喜儿活的一个方面。加强第一部分，应该是这样。第四场改，不要那个"修养"。地主要同日本人勾结的紧，现在光是在序幕出现一下日本人。

（朱：要推陈出新，加唱。）我倒不迷信，是妨碍看戏，应偏重于舞，把歌垒掉，可能舞不突出。这点要有精神准备。唱是唱得很好。陈伯达同志也说唱多了。器乐、声乐这只能是伴，现在有点喧宾夺主。现在声乐降下来，势必在舞蹈上加工。伴唱去掉可能逊色。

（春桥同志说：搞个修改方案，《白毛女》毕竟是个舞剧，不是解决唱，一个解决舞蹈，一个解决音乐。）

我感觉你们有缺点，舞蹈和音乐不够紧密，一个动作下来，音乐、旋律、节奏，这要求你们不够严格。

（顾××：升太阳的问题。春桥同志说：八场拂晓略微有点曙光，山上看到太阳合理，黎明到天亮有一段时间。）

同 部 分 京 剧 演 員 的 談 話

一九六七年五月一一日

　　创作方面：可以排《白毛女》。小说《敌后武工队》、《人民在战斗》、《战斗在滹沱河上》要改编成京剧。

　　为了更好地完成创作任务，你们要调足够的创作人员。

　　可以改编《杜鹃山》。以前《杜鹃山》是彭真那伙人胡搞的，有错误。我们现在要重新搞。可以由京剧一团演出。

　　上海的《智取威虎山》、《海港》要来演出了，你们两个单位分别派人去学。学会了演出。我这里有《智取威虎山》的全部录音，可以借给你们用。

　　演员方面：老生一环较弱，要注意培养能文能武的演员。

　　一定要建立甲乙制，要大胆培养。

　　有的花脸可以改唱老生。

　　演唱方面：每天一定要保证两小时练功，一个小时练武功，一个小时练嗓子，亦文亦武。老段子也可以调，学习它的技巧。

　　音乐方面：京剧音乐应该更加丰富，增加西洋音乐。以后京剧可以试用交响乐来伴奏。西洋乐比较丰富，只是在打击乐上没有过关。我们京剧可以培养西洋音乐的人才，也可以从外面请些人来。

周恩來、陳伯达、康生、江青等同志
对修改《紅灯記》的指示

一九六七年八月二日

江青：孙洪勋，你练功了吗？（孙：沒有。）

江青：都成了小胖子了。小胖子，每天要练功，要唱！

八坊的音乐改的好。（对錢浩梁）斗志更坚的"坚"字今天唱的不好，沒有录音好。

鸠山这个人的音乐搞得很优雅，鸠山应该是阴险、残暴、毒辣，现在搞得太优雅了。那个能创作的打鼓的同志来了吗？（戴金群：来了。）

江青：你可以找一找李劫夫同志，把鸠山的音乐研究一下。李金泉同志来了吗？（李金泉：来了。）

江青：要表现鸠山的阴险残暴是我早就提出来的。（錢浩梁：我们还沒有时间搞。）

江青：鸠山的造型也很优雅，为什么把敌人搞得这么优雅，真是怪事！鸠山的音乐沒有攻下来，应该攻克。（錢：我们准备把"铁蹄踏遍……"一段唱掐掉。）

江青：这个戏越演越长了。

第六坊李玉和出坊要唱出。唱四句，把精神实质唱出来。李玉和要估计敌人会用什么办法对付他，他要如何对付敌人，这四句唱要把李玉和的这个精神准备唱出来。鸠山可以不出坊，李玉和先出坊。

这一坊的舞台调度乱，层次不清，有重叠的地方，还沒有以前的好。以前的缺点是把英雄人物死死地捆住了，但也有个好处，就是稳定。

这坊戏要由李玉和唱开始，再由李玉和用唱来收住。《智取威虎山》我就要他们唱开始，唱结束的，他们还是攻下来了；"甘洒热血……"四句唱还是很好的。

"魔高一尺，道高一丈"不好，沒有力量。

总理：这句话你们念倒了，应该是"道高一尺，魔高一丈"，你们念成"魔高一尺，道高一丈"。

江青：（对陈伯达同志）对吗？

陈伯达：（点头）对！

江青：这句话要改，可以从鸠山那句话改。

"苦海无边，回头是岸"两句话要改掉，不要这样的话。

李玉和上坊情绪不对。应该唱四句，很沉着。一开始李玉和还是被請来的客人，要很沉着。现在是一来就一个人气鼓鼓地先坐下去了，应该是么，一开始还要装客人，直到后来被敌人出现了才显出英雄本色。主要是理解的不对。

粥棚一坊，李玉和退着下坊，心里

285

是急着要退的，但表面是沉着的，可是又不要和敌人去顶，这也是理解的不对。

请总理讲一讲。

总理： 这个戏就是鸠山动来动去的很不好，鸠山占的时间、音乐都太多了，重敌轻我了，敌人太夸张了，不要喧宾夺主。

江青： 现在演三个钟头。要缩减，鸠山的戏要减，他的每一个动作都有音乐。

总理： 铁梅回家的一场演的不错，唱改的好，悲痛又壮烈，激情起来了。回家后哭的不好，这段戏很不好演，要注意悲壮。

江青： 这段近芳念的好。

总理：（对刘长瑜）那你可以向近芳学一学。

江青： 白口、唱部要悲要壮，第一句声音要低一些，这段在表演上要有一个过程。现在缺一个表演过程。今天唱的炸点了。

康生："苦海无边，回头是岸"要改，"魔高一尺，道高一丈"这句不好，我想了一句，工作一忙又忘了。

江青： 总理有个意见：李玉和就义的时候，对鸠山说："我要你考虑考虑"。"考虑"两个字不好。

总理： 李玉和对鸠山说："中国共产党是杀不完的。我要你考虑考虑"。"考虑"这两个字不好。你要他考虑考虑是不是就不杀你了？不是要他考虑考虑，是要他知道中国共产党是杀不完的。

江青： 改成"我要你想一想"，与鸠山说的话对着驳他。

康生： 高玉倩在第五场的唱法怎么都改了？

江青： 没有改。（高玉倩：没有改，有一句"红灯再亮"改了。）

康生： 不对，我怎么听着都改了。（高：把"机密泄露"一句的唱法改了。）

江青： 为什么改？（钱：根据观众来信改的，观众来信说这里翻高不合适，就改了。）

江青： 这是歌唱么，内心独白，为什么不可以翻高，完全可以照原来那样唱。（高：观众来信说：把机密泄露了，可是唱到这里观众鼓掌叫好，不合适，就改了。）

江青： 我们还要有民主集中制嘛，不通过我你们就改了，要不我怎么负责呀。（众笑）我还看见这样的意见，在上海有一个观众来信说："象一个铁打的金刚"，是宣传迷信。其实不是那样，老百姓经常说象个金刚嘛。还是原来的唱法好，现在改了就不神气了。白口也不象以前神气了。刑场那一场的念白（指李奶奶）要逼得鸠山往后退，要一句比一句高，要逼得鸠山往后退，这样母亲的形象就高大了。现在的念不那么有力量。我过去讲过，主要是理解的不对。

康生： 第六场改散了，太零星了。

江青： 舞台调度乱，还是恢复原来的调度，把鸠山的动作去掉一些，不要沙发，炕要往前一些，还是要桌子，李玉和受刑后上炕，还是要扶着椅子。原来的调度缺点是把英雄人物捆在一个地方，不合适，好处是稳定。

总理： 现在的景也太敞了，有沙发，还有炕，后边还有个隔扇门，不太象。按日本的传统是不上炕的。

江青： 按日本的传统是坐在地上，那样观众就看不见了。

总理： 也可以说鸠山中国化了，但是有炕也不太好。这场只是把原来跳舞等怪东西去掉不要了，就可以了。

江青： 李玉和上来加四句唱，这四句唱要和前场人物活动，要和后边戏的发展，呼应起来，前后有联系。

《红灯记》最近演出了吗？（錢：最近没有演出，演《智取威虎山》了。）

江青：呵！你们也演《智取威虎山》了？谁演的？你演的吧？（錢：是，請你审查审查。）

江青：（问总理）怎么样？咱们看一次吧？

总理：看一次吧。（经久不息的掌声）（錢：一、四团合起来演的。）

江青：应该合起来，把青年演员都合到一起。（錢：我演的甲字杨子荣，志孝演的少剑波。）

江青：有B角吗？（錢：有，俞大陆演的杨子荣，孙岳演的少剑波。）

江青：俞大陆的嗓子能上去吗？（錢：能。）

江青：孙岳好了吗？（錢：好了。）

江青：今天俞大陆、孙岳来了吗？（錢：没有来，有演。群众：今天休息，没有演出，俞大陆的嗓子也坏了。）

江青：演《智取威虎山》这种戏要演一天休息一天。

康生：俞大陆个子矮一些。

江青：个子矮没有关系，演的是气质，谭元寿不是个子也矮吗，各人有各人的演法。

康生：俞大陆艺术上有进步吗？（錢：有进步。）

江青：孙洪勋，（孙站起）你成了小胖子了，你应该练功。

戚本禹：（小声对江青同志说）你今天已经批评人家两次了。

江青：他不练功我怎么不批评。

戚本禹：（对孙洪勋）对你的批评是对你的最大的鼓励。

江青：嗓子是可以练出来的，你可以练唱。（錢：他过去在《智取威虎山》中演过少剑波。）

江青：你可以演杨子荣么。（孙：好！）

康生：刘长瑜练功了吗？（刘：没有。）

康生：高玉倩练功了吗？（高：没有。）

江青：（对錢浩梁）你练功了吗？（錢：没有。）

江青：把青年演员都编到一起。演《海港》的李……？（錢：李长春，现在在《智取威虎山》里演李勇奇。）

江青：还可以演《海港》么。（对吴钰章）你演《海港》吧。（吴钰章：对。）

康生：（对刘长瑜）你的嗓子怎么有些沙哑？

戚本禹：尽打内战，把嗓子都喊哑了。

江青：不要打内战，要一致对敌。

总理：敌人是谁？（群众：刘少奇）

戚本禹：阿甲你们斗了吗？（一群众：我们斗了二、三十次了。）

江青：阿甲有好些事情不告诉你们。过去每次看戏都是他坐在我旁边。这个人可厉害了，不好斗。

总理：彭真也放了不少毒么，你们可以和北京京剧团联合起来斗彭真嘛！

江青：你们可以排《沙家浜》。（一群众：四团排了。錢：二团现在演。一群众：《奇袭白虎团》我们也学了。）

江青：（对錢浩梁）《奇袭白虎团》谁排的？你演了吗？（錢：一团没有排，三团学的。）

江青：谁演的？（錢：李光。）

江青：李光的嗓子能上来吗？（錢：能。）

江青：我看你们不要这么多团了吧，把青年演员都合到一起。

康生：这样你们就很有人材。

江青：袁世海解放了吧？（錢：没有。一群众：我们还没有好好斗他呢！）

江青：袁世海比阿甲还好一点么，排现代戏他还是跟着走的。应该给他记一功。旧社会过来的人么，你说呢，总理？

总理：在改革的时候，还是积极参加的，三年前是个考验。

江　青：他不象阿甲那样厉害。阿甲这个人可厉害了！

总　理：阿甲那是破坏！

江　青：（对夏美珍）你练声了吗？（夏：没有。）

江　青：你过去嗓子还是不错的嘛，你不练声，嗓子愈来愈坏。

戚本禹：（对江青同志）近芳同志关于用嗓子问题，不是给你写了一封信吗？
　　　　（杜：我看了中央乐团办的一个刊物，上面有您关于用嗓子的指示。）

江　青：不算什么指示，军队里对男声有些创造，张映哲是唱女高音的，也有假声，嘴也张不开。她吸取了一些民族唱法，用本嗓唱，就下来了，嘴也就张开了。（对刘长瑜）你的唱下来了没有？（刘：我现在念白基本上用大嗓，唱有时调门高就得用小嗓。）

江　青：不要愈唱愈高，据人家说，李丽芳中音是假嗓，你可以试试大嗓。（钱：你看我们的开打这样改成不成？）

江　青：开打不够精彩。（钱：我们改了好几次了。）

江　青：你们可以组成一个武打小组，专门磨这一场戏。这场戏主要是磨刀人与叛徒两人对着，应该有精彩的。现在比过去好一些。过去人家人多，我们人少不合理。（钱：过去我们两个，敌人五个。）

江　青：现在游击队，有多少人，有一班人吧？现在人多了，以多胜少是符合主席思想的，但是乱了一些。不一定都跳出来，有的可以藏在墙后射击，都暴露出来也不太合适，你们可以搞一个小组磨。
　　　　你们都不练功，可不成。（钱：我已经给革命委员会提过了。）

戚本禹：这不仅是京剧院的问题，是文艺口的普遍现象。李英儒同志要通知一下文艺口。（刘：我们的小凳子靠近一些了，你看怎么样？）

江　青：这样合理，也亲近了。

康　生：《红灯记》有一个问题，从开始到现在我一直没有解决，跳车人死了李玉和怎么处理的？

江　青：观众不会追问这些的。

康　生：没有看见出葬，埋在屋子里了吧。
　　　　（总理和江青同志都笑了，众笑）

总　理：有人问我，我就这样回答。
　　　　还有个问题，过去我给你们这里一个人说过，现在再说一下，那边娃娃哭了，这边铁梅叫一声："大娘，我给你们送东西"。这样就合理了，也可以敲一下墙，表现李家邻居关系是非常密切的。

江　青：有些地方是不合理，铁梅放风应该到屋子外面去。

总　理：有个小院才好，东北部是有小院子的。

江　青：现在在屋子里说话我总感觉外边都听见了，景应该考虑重新设计，那样舞台上的东西挤满了，困难，细推敲，什么戏都事多了。
　　　　鸠山的音乐不搞好就先不要改。

戚本禹：好，同志们，今天就到这里吧！
　　　　（钱：第四场我们有个想法，把鸠山的四句唱去掉，叛徒不打当场招供，就更暴露了叛徒的嘴脸了。）

江　青：叛徒当场招，可以考虑。

总　理：没打就招了，和后边李玉和被打，宁死不屈是个明显对照，这样好。

江　青：六场乱，要恢复原来的，减掉一些鸠山的东西，一下子不容易解决。
　　　　"苦海无边，回头是岸"几句就请康老想了。

戚本禹：你们经常给康老写信，催他。

后　　　记

　　《文艺批判》第三期（向江青同志学习专辑）出版后，受到革命同志的欢迎，短期内即售完，为了满足同志们学习的需要，特将第三期所收的江青同志对文艺工作的指示编成专册作为增刊重印。

　　这次重印，新收入七篇，原有各篇亦作了校对；有几篇谈话当时只收了片断，这次一併补全。

　　编选工作定有许多不当之处，热忱欢迎广大革命造反派同志提出宝贵意见。

　　　　　　　　新北大公社文艺批判战斗团《文艺批判》编辑部
　　　　　　　　　　　　　　　　　一九六七年九月

十七年来出版工作两条路綫 斗争大事记

（草稿）

1948—1966

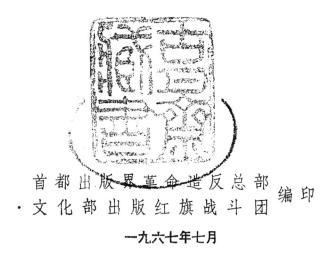

首都出版界革命造反总部
·文化部出版红旗战斗团 编印

一九六七年七月

最 高 指 示

阶级斗争，一些阶级胜利了，一些阶级消灭了。这就是历史，这就是几千年的文明史。拿这个观点解释历史的就叫做历史的唯物主义，站在这个观点的反面的是历史的唯心主义。

凡是要推翻一个政权，总要先造成舆论，总要先做意识形态方面的工作。革命的阶级是这样，反革命的阶级也是这样。

高举无产阶级文化革命的大旗，彻底揭露那批反党反社会主义的所谓"学术权威"的资产阶级反动立场，彻底批判学术界、教育界、新闻界、文艺界、出版界的资产阶级反动思想，夺取在这些文化领域中的领导权。而要做到这一点，必须同时批判混进党里、政府里、军队里和文化领域的各界里的资产阶级代表人物，清洗这些人，有些则要调动他们的职务。尤其不能信用这些人去做领导文化革命的工作，而过去和现在确有很多人是在做这种工作，这是异常危险的。

你们要关心国家大事，要把无产阶级文化大革命进行到底！

一九四八年

四月二日 毛主席在《对晋绥日报编辑人员的谈话》中教导我们："我们必须坚持真理，而真理必须旗帜鲜明。我们共产党人从来认为隐瞒自己的观点是可耻的。我们党所办的报纸，我们党所进行的一切宣传工作，都应当是生动的，鲜明的，尖锐的，毫不吞吞吐吐。这是我们革命无产阶级应有的战斗风格。我们要教育人民认识真理，要动员人民起来为解放自己而斗争，就需要这种战斗的风格，用钝刀子割肉，是半天也割不出血来的。"

十一月 毛主席在《全世界革命力量团结起来，反对帝国主义的侵略》一文中，向全世界宣布："中国共产党的任务，是在全国范围内团结一切革命力量，驱逐美国帝国主义的侵略势力，打倒国民党的反动统治，建立统一的民主的人民共和国。"

十二月三十日 毛主席在《将革命进行到底》一文中英明指出："敌人是不会自行消灭的。无论是中国的反动派，或是美国帝国主义在中国的侵略势力，都不会自行退出历史舞台。""因为他们看到了中国人民解放战争在全国范围内的胜利，已经不能用单纯的军事斗争的方法加以阻止，他们就一天比一天地重视政治斗争的方法。"正在设计使用一些所谓民主个人主义者，"力求混入革命阵营，构成革命阵营中的所谓反对派，以便保存反动势力，破坏革命势力。"

十二月二十九日 刘少奇、陆定一盗用中共中央名义发出《关于新区出版事业的政策指示》。这个指示，包括四条主要内容：(1)"没收国民党反动派的出版机关"。(2)"民营及非全部官僚资本所经营的书店，不接收，仍准继续营业"。(3)除国民党的教科书和党义外，"凡允许继续营业的书店，其书籍暂任其自由发卖，不加审查"。(4)"对于新出版的书籍中，如有政治上反动而又发生了重大影响的书籍，必须干涉及禁止者，暂时采取个别干涉的办法"。这个《指示》是一个要保存资本主义阵地，不触动旧的封建主义，资本主义的上层建筑的纲领。

一九四九年

二月二十三日 旧中宣部成立了出版委员会，陆定一调反革命修正主义分子黄洛峰担任主任委员。早在一九四八年十二月，刘少奇对马列学院学员的一次讲话中，就借口学习马、恩、列、斯著作，学习外国经验，来反对学习毛主席著作。陆定一秉承刘少奇的意旨，指挥旧中宣部编辑一套《干部必读》，共十二本，只收马、恩、列、斯著作，还收了苏联列昂节夫的《政治经济学》，唯独毛主席著作一本不收，被排斥在干部读物之外。这个出版委员会一成立，就按照刘少奇、陆定一的意图，把出版《干部必读》当作"第一个任务"，而把出版新版《毛泽东选集》放在第二位。并且借口统一版本，规定毛主席著作一律由出版委员会用"解放社"名义出版，不准各地自行出版毛主席著作。

三月五日 毛主席在七届二中全会上教导我们："中国革命在全国胜利，并且解决了土地问题以后，中国还存在着两种基本的矛盾。第一种是国内的，即工人阶级和资产阶级的矛盾。第二种是国外的，即中国和帝国主义国家的矛盾。因为这样，工人阶级领导的人民共和国的国家政权，在人民民主革命胜利以后，不是可以削弱，而是必须强化。"

毛主席指出："必须学会在城市中向帝国主义者、国民党、资产阶级作政治斗争、经济斗争和文化斗争，并向帝国主义者作外交斗争。既要学会同他们作公开的斗争，又要学会同他们作荫蔽的斗争。如果我们不去注意这些问题，不去学会同这些人作这些斗争，并在斗争中取得胜利，我们就不能维持政权，我们就会站不住脚，我们就会失败。"

毛主席指出："在拿枪的敌人被消灭以后，不拿枪的敌人依然存在，他们必然地要和我们作拚死的斗争，我们决不可以轻视这些敌人。如果我们现在不是这样地提出问题和认识问题，我们就要犯极大的错误。"

毛主席指出："对于私人资本主义采取限制政策，是必然要受到资产阶级在各种程度和各种方式上的反抗的，特别是私人企业中的大企业主，即大资本家。限制和反限制，将是新民主主义国家内部阶级斗争的主要形式。"

毛主席这篇著名的讲话，连同为纪念中国共产党二十八周年写的《论人民民主专政》(六月三十日)这篇光辉著作，构成了新中国成立以后曾经起了临时宪法作用的《共同纲领》的政策基础。

四月二十四日　刘少奇在天津胡说什么中国"不是资本家太多了，而是资本家太少了。""应使资本主义有若干发展，即是要发展资本主义剥削"，希望"将来有一部分资产阶级有可能跟我们一道发展到社会主义。"并且说，城市工作"重点放在联合(资产阶级)上。""政府方针是国营与私营经济共同发展"。

他在对文艺工作者讲话时，还说什么"宣传封建，不怕。几千年了，我们不是胜利了？和尚、尼姑都不禁了，还禁戏？旧的东西都会死亡的，怕什么？《四郎探母》可演，禁了，人家又不知道这些汉奸戏了。""对书报、戏剧、电影的审查尺度要放宽，否则会使很多人失业。""……现在是叫大家能吃饭就吃着，以后多从吃饭问题上考虑考虑，大家有饭吃就好。"

又说："对文艺界问题，不必看得太严重，中国人看美国电影看了几十年，中国革命还不是胜利了！"公然为美帝国主义的文化侵略辩护。

六月十五日　毛主席在新政治协商会议筹备会上庄严宣告："中国人民将会看见，中国的命运一经操在人民自己的手里，中国就将如太阳升起在东方那样，以自己的辉煌的光焰普照大地，迅速地荡涤反动政府留下来的污泥浊水，治好战争的创伤，建设起一个崭新的强盛的名副其实的人民共和国。"

六月三十日　毛主席在《论人民民主专政》这一伟大著作中指出："革命的专政和反革命的专政，性质是相反的，而前者是从后者学来的。这个学习很要紧。革命的人民如果不学会这一项对待反革命阶级的统治方法，他们就不能维持政权，他们的政权就会被内外反动派所推翻，内外反动派就会在中国复辟，革命的人民就会遭殃。"

七月二日—十九日　第一次全国文代会在北京召开。7月6日，毛主席亲临会场，对全国各地的革命文艺工作者寄予极大的希望："你们开的这样的大会是很好的大会，是革命需要的大会，是全国人民所希望的大会。因为你们都是人民所需要的人。……你们对于革命有好处，对于人民有好处。因为人民需要你们，我们就有理由欢迎你们。再讲一声，我们欢迎你们。"

周恩来同志作政治报告。他强调指出："我们应该感谢毛主席，他给予了我们文艺的新方向，使文艺也能获得伟大胜利。"他号召文艺工作者"一定不要忘记表现这个伟大的人民军队"，表现中国农民的"勇敢、勤劳、坚苦、朴素的本质"，同时应使工人阶级"成为我们的文艺重要主题。"陈伯达同志在讲话中号召："文艺工作者必须学习毛泽东思想。"

七月 经过陆定一、周扬、黄洛峰等人炮制的《关于三联书店今后工作方针的指示》,规定:"三联书店与新华书店一样是党的领导之下的书店,但新华书店是完全公营的书店,将来中央政府成立后,该书店即将成为国家书店;三联书店是公私合营的进步书店,将来亦仍应保持此种性质,即国家与私人合营性质。"《指示》还规定:"三联书店仍应进行向私人募股的工作,以扩大自己的资金。"这个《指示》,是肯定和吹捧三十年代书店并力图保存资本主义势力的文件。

五月—七月 黄洛峰等人在刘少奇的"发展资本主义","重点放在联合上"的反革命理论指导下,把商务印书馆、中华书局、开明书店等旧中国的大私营出版商联合在一起,在上海和北京成立了两个所谓"联合出版社",把由国家编辑的教科书的出版大权,交给了这两家出版社。当时遭到许多干部的强烈反对,指出这是向资产阶级投降。黄洛峰却胡说什么:这是"出版发行工作的新形式",是"用一小点经济损失赚回了一个政治上的胜利",是"团结运用私人出版业的力量为新民主主义文化服务"。事后,黄洛峰等人还对张家口等新华书店对他们的抵制发通报批评,胡说他们没有政策观念,不照顾全局。

七月二十七日 《人民日报》发表毛主席为戏曲改进会的题词《推陈出新》,为戏曲改革,为社会主义文化革命指明了方向。

八月 毛主席在为新华社写的《丢掉幻想,准备斗争》、《别了,司徒雷登》、《为什么要讨论白皮书》、《"友谊",还是侵略?》、《唯心历史观的破产》等五篇对于美国国务院白皮书和艾奇逊信件的评论中英明地指出:"自从中国人学会了马克思列宁主义以后,中国人在精神上就由被动转入主动。从这时起,近代世界历史上那种看不起中国人,看不起中国文化的时代应当完结了。伟大的胜利的中国人民解放战争和人民大革命,已经复兴了并正在复兴着伟大的中国人民的文化。这种中国人民的文化,就其精神方面来说,已经超过了整个资本主义的世界。"

八月 上海《文汇报》等开始讨论小资产阶级人物可否作为文艺作品的主角。一些资产阶级文艺家在"问题不在你写什么,而在你怎么写"的口号下,企图否定革命文艺应当大力表现工农兵英雄人物的历史任务。

八月 我国党内最大的走资本主义道路当权派刘少奇,不要革命,不要阶级斗争,不要夺取政权,不要无产阶级专政,反对马克思列宁主义,反对毛泽东思想的代表作,大毒草《论共产党员的修养》修补后出版。

九月二十一日 中国人民政治协商会议开幕。毛主席在第一次全体会议上作了重要讲话,明确指出:"帝国主义者和国内反动派决不甘心于他们的失败,他们还要作最后的挣扎。在全国平定以后,他们也还会以各种方式从事破坏和捣乱,他们将每日每时企图在中国复辟。"英明地预言:"随着经济建设的高潮的到来,不可避免地将要出现一个文化建设的高潮,中国人被人认为不文明的时代已经过去了,我们将以一个具有高度文化的民族出现于世界。"

十月一日 中华人民共和国成立。

毛主席说:"一九四九年十月一日中华人民共和国的成立,标志了新民主主义革命阶段的**基本结束和社会主义革命阶段的开始**。"而党内头号走资本主义道路的当权派刘少奇则大唱反调,极力宣扬"巩固新民主主义秩序",说"要走到社会主义和共产主义去是很久以后的事情。"

十月 中央人民政府出版总署成立。

十月三日—十八日 出版委员会召开新华书店第一届全国出版工作会议。

我们伟大领袖毛主席九月为会议题词:"**认真作好出版工作。**"十月十八日毛主席又接见了参加会议的全体代表。这是伟大领袖毛主席对出版工作的最高指示和最大的关怀和鼓舞。

陈伯达同志十月十四日在新华书店全国出版工作会议上的讲话,指示我们说:"今天我们的出版工作者，不能再'为出版而出版'，必须把出版这一工作提到政治原则性的高度，除了稿件本身自应严格审慎外，第一，要重视的是校对；第二，在再版时一定要问作者是否需要修订、增改或者有什么说明；第三，翻版时要注出所翻的是根据何种版本。我们要把这一工作，认为是最严肃的政治工作，对人民对革命都要负责"。

陆定一在这次会上的报告中胡说："中国将来要变成无阶级的社会，苏联目前就是无阶级的社会了。"在这次报告中，他就规定："凡马列主义、毛主席著作、全国性政策，由解放社统一出版，各地……不能乱出"，以限制毛主席著作的出版。陆定一还说："曾经有人提议要建立严格的审查制度，我们反对这种意见。凡过去出版的书一律不审查。反动书籍它自然会消灭。新出的书也不审查，个别明显反动的书，个别处理"。以此来保护毒草。陆定一在报告中还大唱阶级调和论，说"要诚恳坦白地和公私合营或私营出版业合作"，"国营和私营书店之间的分工合作，应该以自愿为原则，谁也不能强迫谁。"胡愈之在会上叫嚷："我们力量较私营小，……不能排挤他们，让他们垮台，应该团结他们，领导他们，根据公私兼顾的原则，有计划有步骤的进行生产分工。"黄洛峰在会上也大肆叫嚷说："我们要实行公私兼顾，首先就要想办法团结和领导私营出版业"，"就要给他们一个路子走，……就是让他们有生意可做"。总之，他们都是极力要保存资本主义。在会后于一九五〇年三月正式颁布的《关于统一全国新华书店的决定》中，只强调"统一、集中"，"加强专业化、企业化"，根本不谈加强党对出版工作的领导。在谈到方针任务时，不提宣传毛泽东思想，不提为工农兵服务，竟然把出版马克思列宁主义、毛泽东思想的书列为第二位，放在出版学校教科书之后。

十一月二十五日　毛主席为《人民文学》创刊号题词："希望有更多好作品出世。"

十二月二十六日　文化部发出《关于开展新年画工作的指示》。这个文件是我们伟大领袖毛主席亲自修改过的，这是毛主席对出版工作的最大关怀和亲切的教导，他给我们指出了新年画的方向。《指示》首先指出："在封建统治下，年画曾经是封建思想的传播工具"，自延安文艺座谈会以后，各老解放区美术工作者从事旧年画的改造工作，"新年画已被证明是人民所喜爱的富于教育意义的一种艺术形式。"《指示》号召："今年的新年画应当宣传中国人民解放战争和人民大革命的伟大胜利，宣传中华人民共和国的成立，宣传共同纲领，宣传把革命战争进行到底，宣传工农业生产的恢复与发展。"并且着重指出："在年画中应当着重表现劳动人民新的、愉快的斗争生活和他们英勇健康的形象。"

一九五〇年

二月　刘少奇把他在中共"七大"上"关于修改党章的报告"改名《论党》抛出，大搞政治投机。

三月—四月　反动影片《清宫秘史》放映，毛主席严正指出："《清宫秘史》是一部卖国主义的影片，应该进行批判。"刘少奇却说这部反动影片是"爱国主义"的。并极力支持陆定一、胡乔木，周扬等一小撮反革命修正主义分子对抗毛主席的指示，拒绝进行批判。

经过毛主席批评，胡乔木等表面上承认错误，实际上仍按刘少奇的黑指示办事。无产阶级同资产阶级在文化思想战线上一场重大的斗争，就这样被他们活生生地扼杀了。

四月十三日　出版总署约请苏联国际书店副总经理塞米金座谈。塞米金在会上大肆贩卖要如何同作家"密切联系"。还介绍了苏联的稿酬制度，说什么"作者的版权永远是属于作者自己的，作家死后，版权应归继承人继承。这是法律规定的"。"苏联稿酬按质量按册数计算。如果印数超过合同规定的定额，多出的部分还要另付60%稿费"。以后一个时期，我们出版社制订的所谓"定额印数"稿酬办法，就是向苏联学来的。

四月十四日 出版总署与塞米金商谈苏联出版书刊在中国的发行问题。会谈中，塞米金和苏联商务副代表尼古拉耶夫、苏联国际书店驻华代表郭尔结耶夫等指着鼻子骂我们的国际书店没有把苏联书刊发行好，黄洛峰奴颜婢膝地检讨，说什么"干部思想没有把推销苏联书刊作为推行国际主义教育的政治任务来认真处理。"会后即将会谈纪要通报全国，要各大区的新华书店总分店检查、汇报。

五月十日 胡愈之对华北区新华书店和三联书店分店经理作了所谓《出版发行工作的新方向》的报告。他指责新华书店在革命战争年代的战斗作风是"农村手工业式的、个体经济的"。他还根据刘少奇在天津对文艺工作者的讲话调子说："我们脱离不了两种偏向：一种是单纯的营利观点，……另一种是单纯的革命观点，只有革命的书才卖，表面与革命无关的，即使为人民所需要的书就不卖。"他提出"新华书店应该成为国家图书公司"，要新华书店不要阶级分析，不问书籍的政治内容，"凡是一切机关、学校以及个人所需要的书刊都有加以供应的责任。"他甚至说，发行工作者对于"反动的书刊，不要因噎废食，顾虑太多。"他胡说这样做"搞好公私关系就容易得多"，"有许多私营书店都因为新华书店不能随便代售他们的书刊，因此他们就感觉到国营书店要想包办，他们没有出路。要是新华书店可以代售一切书的出版物，私营书店所遭遇的困难，就解决了一大部分了。"

五月十三日 反革命修正主义分子夏衍（当时任上海文管会主任）到出版总署作报告，为上海的资产阶级喊冤叫屈。他说："私营出版社百分之七十五在上海，要注意公私关系。过去我们工作中有偏向，怕麻烦，宁'左'勿右。私营说我们是'先公后私，公而忘私，大公无私'，还说我们'占着毛厕不拉矢'。"他还攻击说："某些地方我们也确实什么都抓在自己手上不放松，例如都要搞印刷厂。什么事都要自己做，什么事都做不好。""出版方面，新华书店不卖私营的书，新华发行网大，如不卖，就等于禁止私营出版物"。他还指出胡乔木的招牌来吹嘘同私营合作，他说："华东画报，亏本很多，乔木同志就认为可以和私营合作"。

六月六日 毛主席在七届三中全会上作了《为争取国家财政经济状况的基本好转而斗争》的报告。毛主席指出："**有步骤地谨慎地进行旧有学校教育事业和旧有社会文化事业的改革工作，争取一切爱国的知识分子为人民服务。在这个问题上，拖延时间不愿改革的思想是不对的，过于性急，企图用粗暴方法进行改革的思想也是不对的。**"

六月二十三日 毛主席在全国政协一届二次会议的闭幕词中，发出了**以批评和自我批评方法进行自我教育和自我改造**的指示。在毛主席领导下，全国知识界掀起了一个自我教育和自我改造运动。

六月 全国遵照毛主席关于实施土地改革法命令，展开了土地改革运动。镇压反革命分子的运动也相继展开。各地新华书店配合土改运动出版了一批宣传土地改革政策、经验的读物。揭露封建地主阶级罪恶的图书《白毛女》被改编成各种版本的连环画（到一九五二年底为止约计有十七种版本），受到广大贫雇农及青少年的欢迎。

刘少奇在《关于土地改革问题的报告》中，大肆宣扬"保存富农经济"，说这"不是一种暂时的政策，而是一种长期的政策。"

六月二十日 胡愈之在京津发行工作会议开幕式作报告。大肆鼓吹出版自由化，发展资本主义出版发行业。他说："人民有出版自由，一切书店都可以自由出书，不需先送审查。""私营出版事业的发行工作不能加以限制。""我们对本外版书一视同仁。""许多历史较久的私营书店,在业务管理和出版技术方面都各有特长,为公营出版业所不及。因此为全局打算,维持并发展私营出版业是必要的。"

七月十日 胡愈之又在京津出版工作会议上讲了《出版事业中的公私关系和分工合作问题》,竟指责"公营书店发展太快",说什么"公营书店由于在读者中间威信高,发行网广,一般的书籍,每种在一年内可销售一、二万至四、五万册。但私营书店出版的书,只能销售二、三千至一万册,有些旧的出版物无人过问,新书出版种数很少。因此,两者对比,公营书店发展得快,私营书店营业萎缩,特别是一些资本较大的私营出版业,营业清淡。"因此叫嚷,对经营困难的私营出版业"必须由国家予以扶助,使能维持并继续发展。"而对于私营出版业的社会主义改造则主张放任自流,说什么:"私营出版业的干部教育,思想改造和业务改进,首先应当由私营出版业自身加以努力,政府的协助是有一定限度的。"

七月二十七日 刘少奇、陆定一等炮制并发布了《中央宣传部关于出版工作的通知》。"通知"说:"出版事业的全部国有化,也和其他工商业一样,是相当长久时期以后的事"。通知指责:"有的同志对出版物和出版发行人才抱着狭隘的宗派主义观点。对于马列主义以外的读物或非党员的撰述疑虑备至,对于有出版发行经验的旧人员不愿合作。"通知还说:"实则为了丰富人民的文化生活所需要的读物种类是十分广泛的,在今天的历史阶段,对待出版工作的政治尺度也应比较宽大,有经验有工作能力的旧人员是可贵的,应该团结争取,向他们学习业务,帮助他们进步。"

八月二十九日—九月十日 出版总署召开新华书店第二届工作会议。这次会是按照苏联经验,讨论所谓出版、印刷、发行分工专业化问题的。胡乔木在会上作报告时,恶毒攻击突出发行毛主席著作宣传毛泽东思想,胡说书店"如果只卖《论人民民主专政》而不卖《肥料学》,不卖《三国演义》,就要犯一个错误,就是把毛主席孤立起来了。"在这次会上,胡乔木就大肆贩卖全民服务论的货色,他说:"我们的书店从文化商品来说,要比百货公司商品更丰富,才能满足人民文化生活的需要。""发行任何有益国计民生的书籍,都是政治工作。"胡乔木还提出一个"发行、印刷都是服务于出版工作的"口号。他还要会议充分讨论调整公私关系问题,企图让资产阶级占领出版阵地,他说:"为什么要公私兼顾?公营如果不同私营合作,就包办不了。粮食店都不能包办,何况书店。如果包办,就要缩小发行范围"。

刘少奇还指使他的另一个黑爪牙李维汉来贩卖了从物质上团结私营同业的修正主义黑货,李说,对于私营书店"如果在物质上没有给他们以适当的利益,也就难于合作下去,因此要在物质上使他们感到有所获得,这样才能真正的合作,这样领导才正确。"

胡愈之在会上作了《论新民主主义的国营出版、印刷、发行事业》的报告,提出了把出版、印刷、发行工作"当作一件经济工作来做"的谬论。并且大肆鼓吹"公私合营"。还说什么:"过去在革命战斗中,图书供应范围比较简单,……现在是国家书店,要照顾全国了,……各方面的图书发行任务都要担负起来。"徐伯昕还在会上鼓吹"为全民服务"的观点,说什么:"今天我们已经成为全国规模的国营书店了,面对着城市与农村的各个阶级、阶层的读者,面对着在国家建设事业展开中日益复杂化的各种要求,那就应该在我们的发行工作中,团结和争取各种水平的读者,扩大与群众的关系,也就是说,出售更多的书刊,要更广泛地供应各种水平读者的需要。"

九月十五日—二十五日 刘少奇指使陆定一等人,用出版总署名义召开了第一次全国出版会议,请了大批私营出版业的资本家参加,甚至连大右派储安平也当了出版总署的代表出席会议。会议着重讨论了出版、印刷、发行事业的分工专业问题。

胡愈之在《论人民出版事业及其发展方向》的报告中大肆美化资产阶级，掩饰出版、发行工作中的阶级斗争。 胡说什么"私人资本经营的书店自动肃清了在解放前印行的一部分反动书籍，封建迷信的、低级趣味的、于人民有害的书刊逐渐从市场上被驱逐了。"还说什么"公私出版业现在都同意为人民服务的原则，采取对人民负责的态度。一般出版家都能接受群众的批评，发现了出版物有错误，往往自动改正或自动停售，甚至自动登报声明更正，虽因此遭受物质损失，亦无所顾惜。"他甚至说"仅仅取消了对言论出版自由的消极限制，并不就等于充分保障了人民的言论出版自由权利。人民的国家有责任和义务领导并协助各阶级人民，从事言论和出版事业。"他还按照刘少奇的意旨，大唱"阶级合作"论。说什么在出版事业中，五种经济成分应当"长期分工合作"。"政府对于私营事业应鼓励其经营的积极性，扶助其发展。"

会议决定了"国营书店应当以担负批发任务为主"的方针，规定新华书店"不应无限制发展门市分支店，以免把私营中小书商挤垮。"实际上是为私营书店让出阵地。

自这次全国出版会议开过以后，出版业资本家大受鼓励，投机牟利更加猖狂。一些资本家纷纷开设"皮包出版社"，自出版会议闭幕至三反、五反运动以前，上海私营出版业由198家发展到391家。原有的一些私营出版社，在刘少奇、陆定一只联合不斗争的"统筹兼顾"之下，套取配给纸张，贷给资金，在市场上投机倒把，有许多出版社偷版盗印书籍和剪刀浆糊粗制滥造出书，大量放毒。

还有一些出版商以联营为名，如"四联"、"童联"、"连联"之类。集结力量，垄断市场，作为抗拒限制改造的手段。

十月二十三日 我志愿军出国"抗美援朝"。各地出版系统革命职工相继开展了捐献飞机大炮，和为志愿军募集书刊的群众运动。

不久，《时事手册》创刊，配合宣传网的建立，讲解时事，宣传中国人民志愿军在朝鲜前线的英勇事迹。

各地新华书店(人民出版社)积极出版报导志愿军英勇事迹的报告文学作品，美术出版社出版了一批描绘志愿军事迹的连环画。

十月二十八日 出版总署根据陆定一、胡乔木等反革命修正主义分子的意旨，发出了《关于发布第一届全国出版会议五项决议的通知》和《关于国营书刊出版印刷发行企业分工专业化与调整公私关系的决定》，强调"非政治上有现实的反动作用的书刊，不论其出版者为公营私营，新华书店均可担任总经售，批发或零售的任务，对于其中比较优良的书刊，并应主动地推广销路。""新华书店的业务应以批发为主，零售为辅。"

十月 斯大林著《马克思主义与语言学问题》中译本出版。

十二月底 反动影片《武训传》在夏衍等人主持下摄制完成，经周扬审定后，在上海、北京、天津等地上映。报纸和刊物大肆吹捧这部影片"有着丰富的思想性"，"强烈的教育性"。胡说武训是什么"劳动人民的伟大典型"，是"足以师法和衷心崇敬的先哲"。胡说武训精神是"始终如一不避任何艰苦困难为人民服务的精神"，是"'教育为人民'的伟大精神"。一派反动叫嚣。

年底 在三联书店等五单位筹备成立中国图书发行公司的联合干部会议上，胡愈之竭力为商务印书馆、中华书局、开明书店、联营书店等资本主义书店吹嘘，说他们是全国"最重要的书店"，是"全中国最主要的出版机构"，"历史长"，"大资本"，说他们与三联书店联合以后，就"成了中国书业界极大的力量"。在这个会上，他还为"五联"出谋献策，要他们不要象新华书店那样对大小出版家的书刊都一视同仁，而"首先要照顾参加五联的各出版家的出版物"，鼓励他们对抗国营书店的领导，与新华书店唱对台戏。

在胡愈之、黄洛峰等人包庇支持下，以上五家书店便于一九五一年一月联合成立"中国图书发行公司"。

一九五一年

年初　出版总署编审局部分人员与新华书店出版部人员联合筹建成立人民出版社。各地人民出版社也相继成立。

二月二十三日　新华书店总店开成立大会。在这个会上，陆定一大肆宣扬"阶级调和论"、"全民服务论"，恶毒诬蔑毛主席的革命学说，他说：今年文教工作的第一个任务是爱国主义宣传教育，"我们准备把这个宣传教育工作普遍到全国人民，不分大的小的，男的女的，一直到地主和那些已判处徒刑的特务。"他还胡说民族资产阶级在全国解放进入社会主义革命阶段，也是中国革命的"动力"，明目张胆地篡改了毛主席关于民族资产阶级具有两重性的分析和对他们要团结、教育、改造的政策。此外他还说什么书店就是做生意的，"做的是思想生意"，说"不做生意就没有社会主义社会"。

胡愈之在会上闭口不谈新华书店是阶级斗争的工具，是党的宣传教育的有力武器，它的根本任务是传播马列主义、毛泽东思想。却说什么"新华书店是专营书刊发行的国营出版事业机构。首先它是出版事业机构，其次它是专营书刊发行的企业机构，再次它是新民主主义国家的国营企业机构。除这三种性质以外，它再不会有别的性质了。"说什么"经济任务也就是政治任务"，说什么"卖书多，赚钱多，这钱并不是给那个老板，我们要完成了生产任务，同时也就是完成了政治任务，完成了革命任务。"他绝口不提和资产阶级思想作斗争，相反的却大反其所谓"农村作风"，宣扬阶级调和，说什么"在新民主主义的国营企业中，不需要和资本家进行斗争了。"

王益也在会上大谈什么"工作的进步性和工作方法落后之间的矛盾"，和什么"政治任务和经济任务之间的矛盾"，"在新华书店的工作中，不能不有经济观点"；要"坚决依靠热心而有经验的同业的帮助"来克服困难。实际上是要用资本家的一套"经验"来改造新华书店。他还声嘶力竭地叫嚷："我们要把新华书店看作锻炼服务精神和事业精神的战场，把新华书店看作学习科学和技术的学校，把新华书店作为长期奋斗的事业。"鼓吹所谓"三十年代"的事业精神。

四月一日　新华书店总店根据"凡为人民所需要的，非政治上有现实的反动作用的书刊，不论其出版者为公营或私营，本店均可代售，……"的修正主义原则，制定了《新华书店进货工作要则》，以后在这个"要则"的基础上制订了一个《进发货试行条例》。

本年　一些上海私营出版社在电影《武训传》出笼以后，赶出了有关武训的图书：《武训传》（孙瑜著，电影小说，新亚书店）、《武训画传》（孙之儁画，万叶书店）、《千古奇丐》（柏水编，通联书店），这些书推波助澜地扩大了电影《武训传》的有害影响。

本年　胡风分子许定梅开设"泥土社"大肆出版胡风及其骨干分子的著作，有胡风的《论现实主义的路》、《剑·文艺·人民》、《文艺笔谈》等及绿原、罗洛等人的反动作品。

五月十三日　刘少奇在政协全国委员会民主人士座谈会上讲话，极力反对和攻击社会主义改造，宣扬"发财致富"，胡说"资产阶级立场跟人民立场还有一致性"，资本家"不是唯利是图"，"能代表人民"等等，公开和毛泽东思想唱反调。

五月十五日　陆定一在中国共产党第一次全国宣传工作会议上作了一个专门谈通俗读物出版工作的报告，根本不提通俗读物要以宣传马列主义、毛泽东思想为首要任务，只谈如何通俗化的问题，说要有专门人管通俗工作，"叫花子打狗，专门，专门操习这一门"。而且对地方党委领导出版工作加以限制，说"省以下党委……在原则上只作通俗工作"，其他如"大的杂志"，"很大的书"，地方党委"可以不注意"。还抬他的后台刘少奇出来，说："这是少奇同志提的办法"。他还主张"吸收民间艺人当编辑"，以便让旧社会的没有改造过的旧艺人来掌握通俗读物编审大权。

五月二十日 毛主席为《人民日报》写的《应当重视电影<武训传>的讨论》的社论发表。毛主席尖锐地指出："**在许多作者看来，历史的发展不是以新事物代替旧事物，而是以种种努力去保持旧事物使它得免于死亡；不是以阶级斗争去推翻应当推翻的反动的封建统治者，而是象武训那样否定被压迫人民的阶级斗争，向反动的封建统治者投降。**""**我们的作者们也不去研究自从一八四〇年鸦片战争以来的一百多年中，中国发生了一些什么向着旧的社会经济形态及其上层建筑（政治、文化等等）作斗争的新的社会经济形态，新的阶级力量，新的人物和新的思想，而去决定什么东西是应当称赞或歌颂的，什么东西是不应当称赞或歌颂的，什么东西是应当反对的。**"毛主席严肃地指责说："特别值得注意的，是一些号称学得了马克思主义的共产党员。他们学得了社会发展史——历史唯物论，但是一遇到具体的历史事件，具体的历史人物（如象武训），具体的反历史的思想（如象电影<武训传>及其他关于武训的著作），就丧失了批判的能力，有些人则竟至向这种反动思想投降。资产阶级的反动思想侵入了战斗的共产党，这难道不是事实吗。一些共产党员自称已经学得的马克思主义，究竟跑到什么地方去了呢。"

一个群众性的对《武训传》的批判运动，在毛主席亲自发动和领导下，冲破周扬一伙的反革命阻力，轰轰烈烈地开展起来。

六月 胡乔木的歪曲中国共产党历史的大毒草《中国共产党的三十年》出版。

七月二十三日——二十八日 《人民日报》连载《武训历史调查记》。此文经过毛主席亲自修改。

七月 《解放军文艺》创刊。

八月廿八日 胡乔木在第一届出版行政会议作题为《出版工作应为宣传马克思主义而斗争》的报告，竟然连一句宣传毛泽东思想，出版毛主席著作也不提，只是抽象地说什么："出版工作第一项任务就是宣传马克思主义。""我们要使每一个人都懂得它。""各出版社都要有宣传马克思主义的专门计划，如……宣传那些马克思主义文学理论等等"。显然，他是把毛主席著作排除在马克思主义之外的。他还竭力为私营出版社出版坏书开脱，说："我们的重心不是为提高私营出版物质量而奋斗，而是为了提高公营出版物质量而奋斗。"他不主张批评私营出版物，说这是"一种把穷人骂倒，和自己没有关系的态度"，"被批评的私营出版社便会责备我们，说我们在消灭私营出版社，说我们是'大公无私'"。他胡说："我们要以最高标准要求自己，然后，以较低标准要求私营，这才是合理的"。他指责出版行政机关，"过去是对公营没有管，对私营找麻烦"。

九月 《武训历史调查记》在人民出版社出版。

九月 生活·读书·新知三联书店编辑、出版部合并于人民出版社，人民出版社即分别以两个名义出书，以三联书店名义作为副牌，出版不便以人民出版社名义出版的著作（如一九五四、一九五五年重印的旧书）。以后即在中央级出版社中形成一种制度，人民文学出版社有作家出版社，文学古籍刊行社的副牌，人民美术出版社有朝花美术出版社、古典艺术出版社的副牌，通俗读物出版社有通俗文艺、宝文堂的副牌，科学出版社有龙门联合书局的副牌。这种制度，实际上是为牛鬼蛇神出笼大开方便之门，很多毒草都是以副牌的名义出版的。

九月 文化部成立人民文学出版社。除了出版文学著作,还以艺术出版社名义出版电影、艺术方面的著译。

十月 我国人民和全世界人民革命的宝书《毛泽东选集》第一卷出版。胡愈之在三月分全国第一次教科书出版工作会议上说教科书出版是"古今中外出版事业从来没有过的大事业";而在四月二日由他签发的关于做好《毛泽东选集》出版、印刷、发行工作的指示,却贬低《毛泽东选集》出版的伟大政治意义,只说是"文化生活中的一件非常大的事情"。在印刷发行方面,多方限制,只规定在北京、上海、长春三地印刷,只印150万部,而且规定了十分烦琐的凭证预购的办法,使广大工农兵群众和一般干部难以购到。还层层限制发行数字,大城市如上海只发行三万册。尤其不能容忍的是,旧中宣部竟把在全国开始发行宝书的日期定在国民党的"双十节",这个反革命破坏阴谋被揭露后,才改在十月十二日公开发行。

十月二十三日 毛主席在全国政协一届三次会议开幕词中,再一次强调知识分子的思想改造,指出:"思想改造,首先是各种知识分子的思想改造,是我国在各方面彻底实现民主改革和逐步实行工业化的重要条件之一。"

本年 从1950到1951年,以新华书店为中心,配合抗美援朝、土地改革、镇压反革命三大运动,出版了大量通俗读物。抗美援朝通俗读物4,277,000册,土地改革读物1,048,000册,镇压反革命读物16,854,000册。新华书店华东总分店编印的《惩治反革命条例通俗图解》一书一次印行了7,555,000册。

十月十八日 旧文化部发出《关于加强年画工作的指示》。在周扬的指使下,这个《指示》公然篡改了一九四九年毛主席亲自修改过的《关于开展新年画工作的指示》所指出的方向,竟说什么新年画"作品的题材内容单调贫乏",大肆叫嚷:"凡有关人民对于幸福生活的希望与追求(如平安、富足、多子、长寿之类),对于美好风物的欣赏与爱好(如山水、风景、人物、花果之类),以及为人民所熟悉的优秀历史故事、民间传说、民间戏曲的故事画等等,都可以适当地加以保留"。把年画变成为宣传封建思想、资产阶级思想的工具。

十一月 出版总署召开第一届全国翻译工作会议,许多资产阶级知识分子、"专家"、"权威",在会上大放厥词,要求扩大翻译品种,提高翻译稿费。胡乔木在会上做报告,适应资产阶级的需要,大肆叫嚷:"翻译范围应该加以扩大,不仅要翻译科学、文艺或学习用的著作,而且要翻译各方面工作上所需要的书"。"许多与我国有关系的国家,只要有的书是有价值的、合于我们需要的,都要翻译","我们要接受人类丰富的遗产"。还大肆吹捧资产阶级"专家",说什么"专门家是整个翻译工作的领导力量,是翻译工作的模范"。还说:"翻译工作是很辛苦的工作,译出的东西只要没有错误和使人看得下去,就可以出版。"这次翻译工作会议竭力鼓励投机出版商与资产阶级知识分子结合起来抢译,乱出书,大肆放毒。

十一月 胡乔木通过出版总署的胡愈之和新华书店的王益,借口不要在书刊、广告、信封、信笺上滥用毛主席题字,竟然下令取消在书籍封面和版权页上印我们伟大领袖毛主席为人民出版社、新华书店的亲笔题的标准字,妄图缩小毛主席和毛泽东思想在人民群众中的光辉印象。

本年 上海是旧连环画"跑马书"(印得快、赚钱快)的供应基地。自解放前"跑马书"开始出版到1950年底止二十多年,共约出版二万八千种、二千八百万册。1951年初在上海租书摊上流传的,还有约一百万册、一万多种。这些书,宣传封建、迷信、色情、神怪、荒诞、恐怖内容,毒害群众。上海市第二届第二次各界人民代表会议根据群众意见建议政府采取措施加以处理,上海市人民政府取缔了"跑马书"商地下发行机构,清除了书商中的反革命分子;组织书商成立"上海连环图画出版业联谊会"进行教育改造,先后处理了存稿约三千种,存书三十五万部、一百余万册。同时并组织三千多个租书摊进行学习,收换旧连环画。

一九五二年

上半年 在毛主席亲自领导下,全国开展了轰轰烈烈的"三反""五反"运动,胜利地打退了资产阶级的猖狂进攻。

上海是私营出版业的集中地,他们的进攻也十分猖狂,仅据212家私营出版业的材料统计,五毒行为:偷税漏税三十八亿七千余万元(旧币,下同),盗窃国家资财一百四十七亿四千余万元,偷工减料十五亿八千万元,行贿二亿五千万元。私营发行业的情况也很严重,行贿、盗窃国家资财达十二亿元。经过"三反""五反"运动对资产阶级的打击,私营出版业减为341家。

"三反""五反"运动开始不久,反革命修正主义分子陈克寒到出版总署担任副署长、党组书记。

三月 我国人民和世界人民的宝书《毛泽东选集》第二卷出版,四月十日在全国发行。旧中宣部反革命修正主义集团,对发行数量仍然控制很死,凭发行第一卷时所发购书证购买,没有购书证的就不售给,根本不考虑一卷出版以后广大群众学习毛主席著作的迫切要求。

五月 在纪念毛主席的光辉著作《在延安文艺座谈会上的讲话》发表十周年时,胡乔木授意林默涵写了《继续为毛泽东同志所提出的文艺方向而奋斗》的《人民日报》社论。这篇社论,根本不提当时抗美援朝、"三反""五反"运动的阶级斗争形势,却以反对"公式化、概念化"为名,对革命文艺作品横加指责,引导文艺创作向资产阶级方向提高。

六月 上海成立公私合营的"新文艺出版社",由四家私营出版社组成。胡风分子刘雪苇担任社长,胡风骨干分子梅林、耿庸、张中晓、罗洛等都在该社窃据要职,掌握出书大权,实行反革命专政。他们大肆出版胡风反革命集团分子的著译,压制其他作家作品的出版。在一九五五年胡风反革命集团被揭发以前,共出版了胡风分子的作品七十五种。

七月 在一九五二年初,刘少奇知道一些反动书刊被查禁以后,大发雷霆,训斥出版总署说:"查禁一本书,就同枪毙一个人一样,谁给你们查禁书刊的权力?"出版总署为此作了多次"检讨",并且赶紧炮制了一个所谓《关于查禁书刊问题的指示》,于七月一日正式发布。这个《指示》对查禁反动书刊这个无产阶级专政的职能横加指责,说是"一种以横蛮态度对待文化事业的暴虐行为",规定以后查禁书刊"必须于事前得到本署批准,绝对不允许先斩后奏"。与此同时,还纷纷下令解禁大批已被停售的反动书籍和连环画,连大托匪大战犯陶希圣的著作,也认为是什么"理论研究性质的旧书旧刊","不必查禁";《四郎探母》《协天上帝》等连环画,也是什么"历史故事""民间传说","封存停售是错误的"。

七月 《翻译通报》1952年第三期发表《〈格林姆童话集〉是有毒素的》一篇书评,批判了此书包含的封建毒素。但《人民日报》在胡乔木的指使下,却以《正确地发挥书评的作用》为题发表了一篇简评,以古典著作和私营出版业的保护人自居,批评"作者既没认真研究该书,也没有认真考虑我国的出版政策,就对古典著作采取了粗暴的态度"。《翻译通报》在第七期转载了这篇简评,还检讨了"编辑工作中的自由主义和政治思想领导工作不强"。

七月八日 反革命修正主义分子胡绳在人民出版社作报告,绝口不谈出版毛主席著作是人民出版社最最首要的任务,而把人民出版社的工作重点规定为出版所谓"高级读物"。至于通俗的普及的书籍,他认为:"主要由地方的人民出版社及其他适当的出版社来负担"。还说:

"决不应该轻视高级读物的重要性。如果单根据读者数量的多少而区别各种出版物的重要性，那是一种片面的看法"。胡绳的所谓"高级读物"就是资产阶级"学术"著作。他说："凡是确是精心结构的，有一定水平的，有一定价值的著作，我们就可以拿来出版。……甚至有些不懂马列主义然而是有学问的著作家们著的书，如果有其一定的价值和用处，我们也可以出版"。在胡绳这种"高级读物"论指导下，人民出版社接受了一些宣扬封建主义，资本主义的所谓学术著作，用三联书店名义出版，如《骨董琐记全编》等。

九月八日 出版总署发布《关于国营出版社编辑机构及工作制度的规定》。这个《规定》学了苏联出版社的那一套，只是强调"以总编辑为首"组成编委会，"吸收社外专家参加"，对书稿的审查校对和出书过程，作了许多烦琐的技术性的规定，而根本不谈编辑的根本任务是宣传毛泽东思想，宣传党的路线、方针、政策，在思想领域中进行灭资兴无的斗争，也不谈编辑工作的群众路线。

九月十二日 陈克寒代表出版总署党组报告今后出版工作任务时，根据刘少奇在八月里的一次政治报告中提出的"今后党和全国人民的中心工作是：①经济建设；②文化建设"的论调，绝口不谈革命，不谈阶级斗争，而说什么"今后经济建设要求于出版工作的是：第一，培养工业建设人才；第二，普遍提高文化。不培养人才，无法建设，而不提高文化，则无法培养大量人才。出版工作就要适应这个任务"。他在这里，把出版工作的任务，归结为单纯是为提高文化服务。

九月二十三日 《天津日报》发表毛主席题词"**百花齐放，推陈出新**"。指出了我国文学艺术推封建主义、资本主义之陈，出社会主义之新的方向。

九月 在江青同志的坚强领导下，对上海的资本主义电影企业进行社会主义改造，为资本主义文化事业的社会主义改造作出了良好的开端。

九月 胡风分子刘雪苇等把持的上海新文艺出版社，自本年九月起，陆续出版《文艺理论学习小丛书》。这套《小丛书》专门翻译苏联的文艺论文，每辑十种。到一九六四年底共出了六辑。这套小丛书以"文艺理论学习"为名，妄图引导青年文艺工作者脱离毛主席文艺思想的道路。胡风分子还利用写"后记"的手法，贩卖他们的反革命黑货。

九月 俞平伯的《红楼梦研究》在上海棠棣出版社出版。此书不到半年时间印了四次，共15,000册。

同年秋、冬 在黄洛峰等人指使下，王益、储安平在全国新华书店煽起了一股所谓推销滞销存书的黑风，把大量马、恩、列、斯和毛主席的著作，采用三折五扣、内部购买等办法进行廉价处理，致使上述著作的存书数量大大下降，造成下一年度的严重脱销，很多地方连《论人民民主专政》都买不到，影响极坏。

在党内头号走资本主义道路当权派刘少奇的"公私企业合作发展"论的指导下，我国的私营出版业获得畸形的发展。私营出书品种占全国的百分之五十二。它们的出版物通过新华书店系统发行全国，许多乌七八糟的读物在刘少奇关于查禁图书的禁令保护下，流毒很广，影响极坏。

十一月一日 陆定一在第二届全国出版行政会议上做的报告中，借口反对追求数量，恶毒攻击毛主席像发行"多"了。他说："如发行毛主席像，华东有一家老百姓有四张毛主席像，乍看起来是好事，但后来经我们一调查了解，这一家却是最反对毛主席的。发行毛主席像原是桩好事情，但我们不调查实际需要，盲目追求数量，象这样情况，我认为还是少一点好"。

陆定一在这次会上，谈到出版任务时，绝口不谈宣传毛泽东思想，不谈阶级斗争，胡说："出版,是為了經濟建設,為了文化建設,所以必需與各方面密切聯繫"。還強調集中,擺脫地方黨委的領導,以便於由他們來控制出版工作,說:"要加強中央和大區新聞出版單位,大區直隸中央,漸趨集中。我們要適應國家工業化的需要,要集中起來,加重中央的任務"。

十月廿五日至三十一日 出版總署召開第二屆出版行政會議,討論實行出版計劃化問題。陳克寒、胡愈之在這次會議的報告中,根本不談出版工作為工農兵服務、為無產階級政治服務,而單純強調實行計劃化和企業化。陳克寒說什麼當時出版工作的主要矛盾是"計劃化與盲目性的矛盾",因此他認為"計劃化是推動出版工作的中心環節"。胡愈之則提出什麼要"反對不計盈虧的供給制思想和手工業經營方式"。胡愈之在報告中還強調"必須充分發揚正當的私營出版企業的積極性",要"予以大力支持"。

在這次行政會議後,新華書店接著開管理委員會加以貫徹。陳克寒又到會講話,大談計劃化的重要。還極力混淆政治和業務的關係,反對政治掛帥,號召什麼要"深入業務",胡說:"我們的業務工作就是政治工作,是一個東西。我們的政治不是空喊口號,是體現在具體業務當中的。做好發行工作就是做好政治工作"。

十一月二十七日 出版總署發布了《實行出版計劃初步辦法》。這個《辦法》也是從蘇聯照抄來的。它不談出版工作的政治任務,不考慮實際情況,主觀地對編制出版計劃作出許多生硬的煩瑣的規定,並且提出了在出版、印刷、發行單位之間,按照資本主義經營方式搞所謂"合同制",出版社內部編輯部門與出版部門之間也訂立所謂"合同"。

出版總署還在《翻譯通報》、《人民日報》副刊《圖書評論》中譯載蘇聯出版事業管理體制經驗的文章。組織翻譯蘇聯馬爾庫斯等人的所謂出版業務管理的著作,作為出版工作人員的學習材料,在出版界流毒很廣。

十一月 斯大林著《蘇聯社會主義經濟問題》、《在蘇聯共產黨第十九次代表大會上的演說》中譯本出版。

十一月 文藝界開始整風。周揚在文藝整風大會講演,抹煞開國以來圍繞《清宮秘史》、"武訓傳"展開的兩條路線的鬥爭。掩蓋自己支持《武訓傳》的罪行。

十二月 解放初期,毛主席一再指示要批判胡風反動思想,但周揚等充耳不聞,根本不執行,文藝界整風時,革命群眾也提出要批判胡風。迫於這種形勢,周揚等搞了一個所謂"胡風文藝思想討論會"。周揚在會上非但不批判,反而大加吹捧胡風在"政治態度上擁護毛澤東同志","在大的政治方向政治鬥爭上"是"同黨在一起的",是"非黨的布爾什維克",他讚揚胡風"一向的確抓到了我們文藝運動中的真正的弱點,就是公式化概念化",竭力美化和包庇胡風,抗拒毛主席的指示。

十二月十二日 胡喬木在給全國文協學習會的報告中,反對毛主席提出的文藝工作者向工農兵學習和文藝為工農兵服務的方向,大反所謂公式化、概念化,強調"真實性"、"具體性"。誣衊宣傳毛澤東思想的作品"只給人一種概念,而這種概念並不是從人們的生活中提出,需要用文藝的方法來表達的教訓"。他還說要"注意藝術特徵","藝術家只有通過形象思維,才能在生活中捕捉形象,否則即使下去生活也不會得到結果。"竭力販賣俄國十九世紀的文藝理論和蘇修的"形象思維"論。

一九五三年

本年 毛主席提出過渡時期總路線。

"从中华人民共和国成立，到社会主义改造基本完成，这是一个过渡时期，党在这个过渡时期的总路线和总任务，是要在一个相当长的时期内，逐步实现国家的社会主义工业化，弁逐步实现国家对农业、对手工业和对私营工商业的社会主义改造。这条总路线，是照耀我们各项工作的灯塔，各项工作离开它，就要犯右倾或'左'倾的错误。"

本年 周扬在旧文化部党组会上传达刘少奇的旨意："中央负责同志也要看戏看电影，既然看了，免不了要发表意见，意见一传出去，就造成紧张。怎么办呢？我看以后中央负责同志对文艺作品发表意见，只要不是见诸正式文件，都不要当成正式意见，可以听也可以不听。"这是恶毒地攻击毛主席对反动电影《清宫秘史》等必须批判的指示，唆使文艺界黑帮抗拒毛主席的指示。

本年 为了适应所谓"学习苏联"的需要，《电影艺术译丛》等所谓译丛刊物继《学习译丛》之后相继创刊，大肆贩卖苏修黑货。

一月 旧文化部召开"创作会议"。周扬等人攻击各级党委不懂得"艺术的特殊规律"，提出"要真正懂得创作的人来领导"，反对党的领导。要改变领导的"行政方法"为"社会方式"，弁酝酿把"文学工作者协会"改为"作家协会"，要使它成为少数精神贵族的"俱乐部"。

刘少奇在这期间下了黑指示："要建立基金委员会，供给会员及非会员中优秀的业余写作者以必要的旅行费用或创作津贴。"

一月三日 出版总署发出《关于坚决纠正书刊发行工作中强迫摊派错误的指示》。在这个"指示"中，提出了所谓"重点发行、重点积压"的谬论；不加分析地指责农村发行"盲目冒进"，把矛头指向发行工作积极配合政治运动和深入热情为农民服务。许多地方的基层书店由于大力发行毛主席像而受到批评。

三月 《资本论》重校全译本出版发行。旧中宣部和出版总署一小撮反革命修正主义分子对此控制特严，先是要求预订，后又以印数限制，最后在群众压力下虽然勉强增加印数，也只印了四万部。

三月 伟大的马克思列宁主义者和伟大的无产阶级革命家斯大林逝世。

苏联老牌修正主义文人爱伦堡抛出反动小说《解冻》和论文《谈作家的工作》，恶毒攻击斯大林，丑化社会主义制度，反对无产阶级专政。从此，修正主义文艺思潮在苏联开始全面泛滥。

这年冬天，胡乔木以旧中宣部名义要全国文艺工作者学习爱伦堡的《谈作家的工作》。

三月四日 陈克寒在出版总署的署务扩大会上，大肆提倡学习苏联的一套，主张"组织人去苏联参观"，"就近向有关专家请教"，"努力翻译有关书籍，首先翻译马尔库斯的那本书"（注：即马尔库斯著：《图书出版事业的组织和经营》。以后由三联书店出版）。陈克寒在这次会上还提倡物质刺激，说："就全盘看，稿费是低的，要适当提高，才能刺激著作和翻译"。

四月 我国人民和世界人民的宝书《毛泽东选集》第三卷出版发行。

由于一小撮反革命修正主义分子顽固地执行反毛泽东思想的路线，这次第三卷出版，不仅没有根据群众需要增加印数，反而从原来的一百五十万部压缩到一百三十三万部，而且从发行方法上诸多限制，只准先行供应预订读者，不准随便零售；只准在出版后一个月内供应，过期停止发行。还规定所谓保留机动数字的办法，把大量存书控制起来。

五月十七日 周总理指示（根据出版总署党组在讨论对私营改造问题时传达）："出版工作是思想教育工作，这个工作必须逐步作到由国家领导和掌握"。上海市私营出版业开始进行整顿，私营出版业减为 252 家。

六月二十二日——七月六日　新华书店全国管理委员会召开第六次(扩大)会议，规定了"整顿巩固，注意提高发行工作的质量和效果，稳步地实行计划发行，逐步求得供需平衡"的"方针"，背离无产阶级政治路线，极力宣扬单纯业务观点；反对强迫摊派，批评所谓在农村发行工作中的"盲目冒进"。这次会上，陈克寒、华应申，王益等强调什么"书店的中心工作是解决供需问题"，提出"经理要掌握业务"的口号，说什么"经理的中心工作、政治任务是什么？了解需要，掌握进销市场，保证及时地恰当地满足需要，这应该就是经理的中心工作和政治任务"。陈克寒还指责产生在农村发行中的所谓"急躁冒进"错误，是由于"小资产阶级狂热主观的思想"。王益在会上还强调"收缩农村发行"，说什么"我们最突出、最主要、最严重的错误是农村发行工作中的盲目冒进，强迫摊派"，胡说地广人稀，交通困难的地区可以不搞流动供应，胡说建立农村图书室，"不是书店职权范围以内的事，过去是做错了，今后坚决不搞。"会后，习仲勋接见会议代表时，也大肆贩卖业务即政治的谬论，说什么"不理业务，政治就是悬在半空中的，一文不值"。

六月　苏联凯洛夫的修正主义的《教育学》由人民教育出版社出版。

七月十八日　在全国统一战线工作会上，刘少奇大讲"和平过渡"，鼓吹阶级调和，说什么用"统一战线的方法，即和平过渡的方法"，是消灭我国剥削阶级的"重要的方法"，和毛主席提出的过渡时期总路线大唱对台戏。

九月三日　第二届文代会在北京举行。

周扬在报告中，向毛主席亲自发动的《武训传》批判进行反攻倒算，说"自电影《武训传》批判以后"，"我们的批评工作发生了一些偏向"，"应当加以纠正"。大叫"反对文学艺术上存在的概念化，公式化"，要求保证"作家在选择题材、在表现形式和个人风格上的完全自由"，反对党的领导，实行资产阶级自由化。

十月　毛主席在中央第三次农业互助合作工作会议上的讲话指出：**对于农村的阵地，社会主义如果不去占领，资本主义就必然会去占领。难道可以说既不走资本主义的道路，又不走社会主义的道路吗？**

十月六日　胡乔木在文代会上作报告，公然抵抗毛主席提出的文艺为工农兵服务的方向，强调作家"个人的精神劳动"的特殊。提出以各协会为"领导中心"，企图取消党对文艺的领导。报告草稿曾受到毛主席和陈伯达同志的批驳，但胡乔木在大会结束时仍然抛了出来。

会议决定改组文学工作者协会为作家协会。在胡乔木、周扬的策划下，调文艺黑线骨干丁玲、赵树理、刘白羽、艾青等为"驻会作家"。

十二月　出版总署急急忙忙决定将原来的公私合营书店中国图书发行公司的私股退出，使它与新华书店合并。

十二月二十三日　在新华书店与中图公司合并的干部会上，胡愈之作了《发行工作者为贯彻过渡时期总路线而奋斗》的讲话,他胡说:"为了贯彻过渡时期总路线,我要求发行工作同志们,……积极扩大可能和必须扩大的营业额。"他还极力贬低新华书店的革命传统,而放肆地吹捧"三十年代"。他攻击新华书店"从农村中遗留下来的供给制思想、平均主义思想",逐渐成为"发展社会主义企业经营的一种障碍"。他还胡说要大家向资本家学习,说什么"资本家为了获得更多利润往往比我们更善于精打细算","我们学会了精打细算这套本领,用以为国家节省支出,为社会主义工业化积累资金,那是并不坏的。"

十二月 周扬指使张光年主编的《京剧丛刊》第一集出版。这个"丛刊"给以后出版界大规模出版帝王将相、才子佳人、丫环保镖之类戏曲剧本开了恶劣的先例,以后几乎每一个戏曲剧种都有丛刊出版。

十二月 本年上海二十二家画片出版商出版的美女象、胖娃娃、花鸟风景、帝王将相才子佳人年画达546种、4,505万张(公营及公私合营出版品种只占总数9.3%,印数只占7.78%)垄断了年画市场。

本年 人民出版社出版了《斯大林全集》中译本第一、二卷。

一九五四年

一月 旧中宣部发出《关于改进人民出版社工作状况的报告》。这个报告,根本不谈人民出版社的首要任务是宣传毛泽东思想,也没有把毛主席著作的出版放在最首要的地位,却十分强调什么"现在出版的书籍品种太少,不能满足研究各种不同问题,抱着各种不同的合理要求的读者"。因此,认为要注意出版翻译的理论著作和本国作家的学术著作,规定:"对于学术著作应采取积极鼓励的方针,凡属经过认真研究,在某一方面说来有些价值的著作即应使其有适当的出版机会","标准可以放宽"。以便于资产阶级的所谓"学术著作"可以顺利出笼。

一月 出版总署决定将蒙绥和新疆地区新华书店改为地方国营书店,允许新疆新华书店直接与苏联国际图书公司建立进货关系,直接向苏联订购维、哈文课本,大量发行苏联出版的所谓民间故事、传说一类的书籍,为传播资产阶级的民族情感和煽动地方民族主义服务。

二月六日——十日 中共中央举行七届四中全会,彻底揭露和粉碎了高岗、饶漱石反党联盟,并一致通过了根据毛主席的建议而提出的《关于增强党的团结的决议》。

三月三日 在华应申等人的把持下,新华书店召开了第一次分店经理会议,讨论一九五四年的方针、任务和私营图书发行业的社会主义改造问题。会议的主要报告,完全按照苏联修正主义图书发行的一套,宣布"国营书店是社会主义商业的组成部分",把图书发行叫做"书籍贸易",说它的"根本任务在于用不断完善的方法最大限度地满足读者日益增长的需要。"并且处处以"购买力"作为着眼点,要求"扩大书刊销售量",以城市"购买力较强"为理由,要求"扩大销售量应以城市为重点"。会议公然以米高扬的修正主义贸易理论为"指导思想",大反毛泽东思想。

三月十八日 一九五三年到一九五四年初,胡风反革命集团骨干分子路翎接连抛出大毒草《战士的心》、《初雪》、《洼地上的战役》等。胡乔木、周扬都称赏他的作品。三月十八日,周扬在作协党组讨论路翎小说的会上,胡说路翎的小说"是用小资产阶级立场来拥护社会主义事业的"。

四月十九日 出版总署发出了一个《应该组织重印一些有价值有内容的近代学术著译、文化知识读物》的通知,为重印旧书,让毒草出笼大开绿灯。这个通知指责当时出版工作的所谓

"重要缺點"是:"書籍品種太少,許多過去出版的有價值的譯著沒有重印,不能滿足人民日益增長的文化知識的各方面的需要"。要求大量重印解放前的舊書,甚至連國民黨反動派官辦的正中書局的書,也可以"挑選重印"。并且迫不及待地規定"一般可以不加大的修改,有紙型者,可先就原紙型重印,紙型已毀者,可重新排印"。通知認為這樣做是什麼"不只在保存一部分中國文化遺產上有其必要",而且"能在一定程度上刺激學術研究和著書立說的空氣"。

五月　"才子佳人"影片《梁山伯與祝英台》出籠,以"中國第一部彩色藝術片"的名義喧囂一時,在國內外放毒。從此,"帝王將相,才子佳人"日益充斥銀幕。上海私營、公私合營出版社也借著電影的宣傳,大印特印帝王將相才子佳人的年畫,一些月份牌畫家受此鼓勵大畫西廂、紅樓、白蛇傳、梁祝故事的年畫,每年發行數量極大。

六月十二日　陳克寒在《人民日報》上發表題為《關於出版社工作的某些問題》的文章,大肆宣揚修正主義出版"理論"。絕口不談出版工作是階級鬥爭的武器和無產階級專政的工具,強調什麼"書籍是保存、傳播和發展文化的重要工具",出版社的基本任務,"是積極地團結和組織作家,出版人民所需要的各種書籍,發展祖國的科學和文化"。文章指責強調配合中心工作,是"一種狹隘的觀點",會把"書籍出版的範圍縮得很小"。叫囂"應使一切不反對馬列主義科學原理的有內容、有價值的書籍,都有出版的機會"。否則,就是"使得人民不能獲得廣泛的知識,是閉塞人民頭腦的辦法"。

七月二十二日　出版總署發出《改造木刻書業問題》的通知。這個通知,一方面要把出版宣傳反動、封建主義的木刻業保留下來,一方面要中央和地方出版社出版宣傳封建主義的圖書來代替,并向農村發行,毒害群眾。通知中說,對木刻書業,要穩步地貫徹利用、限制、改造的方針,"但必須反對急躁粗暴的辦法"。"通知"提出:"在處理木刻書業的同時,必須對廣大群眾的文化需要作適當的估計,……中央和地方出版社把出版面放寬一些,對我國歷史上好的民間唱詞、通俗小說進行整理選擇出版;同時新華書店也必須注意農村發行,加強流動供應,以代替木刻書的市場,滿足人民的需要。"

六月二十八日——七月二日　新華書店總店召開全國年畫發行工作會議。反革命修正主義分子王益親自起草了一個《年畫發行工作方案》,借口"對群眾加強社會主義宣傳和對私營年畫出版、發行業加強社會主義改造",大力扶植私營年畫出版發行商,規定新華書店大力發行私營和公私合營出版社的充滿黃色和封建內容的月份牌年畫。王益在會上胡說什麼私營出版的帶有封建色彩的年畫對豐富人民的文化生活還"起著一些作用"。"私營畫片出版社改為公私合營後,如果出版數量較過去萎縮,將影響到今後對其它私營出版社的社會主義改造。"從此私營和公私合營出版的帝王將相,才子佳人的月份牌年畫,通過新華書店和各地供銷社的廣大發行網在全國大肆泛濫起來。這類月份牌年畫,原來每年出版三、四千萬張,以後不斷增加,達到每年出版一億幾千萬張。

七月　反革命分子胡風向中共中央政治局提出一個所謂關於文藝問題的三十萬字的"意見書",全面地瘋狂地攻擊毛主席的文藝思想和文藝路線。惡毒地把提倡共產主義世界觀,提倡與工農兵相結合,提倡思想改造,提倡民族形式,提倡為政治服務,說成是"放在作家和讀者頭上的五把刀子"。

七月二十九日　出版總署遵照舊中宣部的規定,下令各地:一切手冊,筆記本等均不准印領袖像和語錄等,借口的理由是"質量低劣,影響很壞"。

九月　《文史哲》雜誌發表《關於〈紅樓夢簡論〉及其他》,批判了俞平伯的資產階級唯心論、形式主義和煩瑣考證,把《紅樓夢》說成是曹雪芹的自傳,抹煞這本書反封建的積極意義。

九月十五日 中华人民共和国第一届全国人民代表大会第一次会议开幕。

毛主席在致开幕词时庄严宣告："领导我们事业的核心力量是中国共产党。指导我们思想的理论基础是马克思列宁主义。"

九月二十三日 周总理在第一届全国人民代表大会第一次会议上作的《政府工作报告》中说："对资本主义工商业的改造是一个斗争和教育的过程。……在这个过程中，必须把对企业的改造和对人的改造结合起来。"

九月 华应申、王益、史育才等，炮制了一个投降主义的《对于私营图书发行业进行社会主义改造的方针、步骤、办法》以出版总署名义发布。这个文件对各地新华书店的私改工作进行了无理指责，说什么不该"在总路线宣布后发生急躁情绪"，不该"强调多方面限制私营书店的业务"，不该"强调行政命令，而不重视业务竞赛。"他们主张通过"总经售"、"经销"或"公私合营"，对发行私营出版物"放宽尺度"，说这样，就可以"扩大国营书店的发行阵地"。根本不去触动资本主义出版发行业的要害，不从政治上去加强斗争和教育，更不提把企业的改造和对人的改造结合起来，却反而把对人民危害最大的私营出版社出版物包了下来，为他们推销、放毒。

十月 出版总署撤销，全国出版事业的管理归文化部领导。

十月二十五日 旧文化部党组扩大会，讨论关于对俞平伯《红楼梦研究》的批判问题。会上传达陆定一的黑指示，同毛主席的指示大唱反调。陆定一说："批评态度不能是骂人文章，过火批评也同压制批评一样"，"批评不能以多数压少数，党内压党外，权威压一般，要允许反批评"。陈克寒在这次会上，也大发谬论，说什么"政治上的自由讨论同学术上的自由讨论应有所不同，学术上的自由讨论不能是'钦定'的，应允许反批评"。"对研究《红楼梦》的书不要不卖，对学术上错误的书可以修正再版，如作者不愿修，而仍有价值的，也可以再版"。"对比较偏重学术研究、艺术研究、专题研究而牵涉不广的书，可以容许争论，不必要求过严"。

十月 毛主席对批判俞平伯的《红楼梦研究》和胡适反动唯心主义思想，给以极大的重视和支持，曾作过多次重要指示。毛主席尖锐地指出，**胡适派的思想，没有受到什么批判。古典文学方面，是胡适派的思想领导了我们。**又说：**有人说，一受到批判，就抬不起头；总有一方是抬不了头的，都抬头，就是投降主义。**毛主席严厉批驳周扬等人**不是没有警觉，而是很有警觉，倾向性很明显，保护资产阶级思想，爱好反马克思主义的东西，仇视马克思主义。**毛主席又强调指出，**可恨的是共产党员不宣传马克思主义。共产党员不宣传马克思主义，何必做共产党。**又指出，**《文艺报》必须批判，否则不公平。**毛主席着重指出，**一切新的东西都是"小人物"提出来的。青年志气大，有斗志，要为青年开辟道路，扶持"小人物"。**毛主席又一次指出《清宫秘史》**五年来没有批评，如果不批评，就是欠了这笔债。《清宫秘史》实际是拥护帝国主义的卖国主义的影片。光绪皇帝不是可以乱拥护。**

十月十六日 毛主席在给中共中央政治局的同志和其他有关同志《关于红楼梦研究问题的信》中，尖锐地深刻地批评了以"大人物"自命而破坏、镇压对资产阶级批判的"某些人"，即党内最大的走资本主义道路当权派刘少奇。毛主席指出："**事情是两个'小人物'做起来的，而'大人物'往往不注意，并往往加以阻拦，他们同资产阶级作家在唯心论方面讲统一战线，甘心作资产阶级的俘虏，这同影片《清宫秘史》和《武训传》放映时候的情形几乎是相同的**"。在这里，毛主席再一次郑重指出："**被人称为爱国主义影片而实际是卖国主义影片的《清宫秘史》，在全国放映之后，至今没有被批判。《武训传》虽然批判了，却至今没有引出教训，又出现了容忍俞平伯唯心论和阻拦'小人物'的很有生气的批判文章的奇怪事情，这是值得我们注意的。**"

十月二十八日 《人民日报》根据毛主席的指示，发表质问《文艺报》编者的文章。公开批评文艺界的一些领导人(其中包括周扬、丁玲、冯雪峰等)对资产阶级唯心论的容忍和赞扬,揭露了他们压制新生力量的资产阶级贵族老爷态度。

十一月 在毛主席一再批评下,旧文联和旧作协的主席团不得不举行扩大联席会议,检查《文艺报》的工作。胡风乘机进攻。在七日和十一日两次发言,狺狂攻击党的文艺路綫、文艺方针。胡风并纠合党羽,发动全面进攻,妄图夺取文艺界的领导权。路翎写了四万余字的《为什么会有这样的批评?》把广大群众对他作品的批评一律污蔑为阴谋陷害。阿垅、张中晓也都写文章反扑,吹捧胡风和胡风分子,他们化名到处投稿、写信,大布"疑兵阵",一时刮起一股妖风。

周扬十二月八日在扩大联席会议上作《我们必须战斗》的总结发言中,还竭力为胡风反革命集团打气,吹嘘胡风等"在文艺事业上的劳绩";说胡风等发表的一些意见是"值得重视的","他们的一切正确的意见,我们都愿意诚恳地接受"。还吹捧"路翎是一个有才能的而又努力的作家",攻击文艺界对路翎作品的批评"曾表现了一种粗暴的态度"。

十一月二十六日 在旧中宣部召集学术界、教育界、文艺界党员负责人的会上,张际春、胡绳极力想把批判《红楼梦研究》这场政治斗争歪曲为纯学术讨论。张际春说:学术讨论"和政治运动不同,要强调研究,是深入细致的工作,要使人真正能学到东西,而不是简单地划清界线,不要空讲口号"。胡绳说"批判,……要适合于学术讨论规律,要真正研究,拿出东西,而不是感想式的东西。"又叫嚷说:"讨论中要允许不同意见发表"。"主要方法是要做研究工作,不是短期一个运动可以解决。不要以人为典型进行批判,也不要在学生中搞成一个批判胡适思想的运动"。还说什么"学术领导上要学会领导学术研究的办法,要展开自由讨论,不能依靠党的威信简单地作出结论"。

十二月二十日 旧文化部发出《关于学习文件印行的补充通知》,对各地宣传党的方针政策出版物的出版大加限制,规定中央学习文件,各地只能"印行活页文选,不得编辑成书","如编选《干部学习资料》",也"不宜公开发售"。

本年 电影界抢先翻译、出版了斯坦尼斯拉夫斯基的戏剧理论《演员的道德》,不久又翻译出版了他的《演员自我修养》,到1958年就将他全集中的四卷翻译发行了。在电影界、戏剧界广为散布了资产阶级艺术思想。

本年 上海市继续对私营出版业进行整顿改造,到年底已完成172家,其中转业、停业142家。

私营商务印书馆改组为公私合营高等教育出版社,私营中华书局改组为公私合营财政经济出版社,私营龙门联合书局改组为公私合营科学出版社,上海地图联合出版社改组为公私合营新华地图社,上海新音乐出版社改组为公私合营新音乐出版社。这些出版社迁到北京由中央有关部门直接领导。

上海的九家私营画片出版社改组成立公私合营上海画片出版社。

十二月八日 旧文联主席团、旧作协主席团扩大联席会议作出《关于〈文艺报〉的决议》,按照刘、邓的黑指示,为《文艺报》开脱罪责,并以检查"违背了集体领导"为名,包庇周扬、林默涵一伙。会上周扬的发言放出"错误人人有份"的烟幕,蒙混过关。

十二月 毛主席指示:**批判胡适思想的文章要写得通俗,并正面宣传马克思主义。胡适每一篇文章都是有政治目的的,我们写文章也要有的放矢。**

十二月三十日 在旧文化部党组会上,陈克寒又贩卖业务即政治的谬论,叫喊说:"出版社的社长必须懂业务,否则不行"。他指责出版社政治思想领导薄弱,是"表现在对选题、对书抓得不够","抓选题,抓书,应成为出版社领导工作中的主要环节"。

陈在这次会上还指责发行工作在私营社会主义改造问题上犯了所谓"原则性错误"，没有贯彻"增加批发，搞代销"的政策，使得私营"没有买卖做"，"呱呱叫"，这是"缺乏国家观念，只顾自己做买卖，不管市场"。钱俊瑞在这次会上，完全同意陈克寒的意见，也指责新华书店对私营"只挤不管"，是什么"只顾小公，不顾大公的本位主义思想"。

本年 人民出版社出版了《斯大林全集》中译本第八、九、十卷。

本年 刘少奇大肆反对审查书刊。他在对新疆分局的一个关于宗教问题的报告上批示："对于宗教出版物，……政府不作事先审查，较为主动"。"如果政府答应事先审查，那大家就可能送许多书请求审查"。他还认为"自动送审者，又大体上是没有反政府言论者，势必要批准出版。……这是很不利的。这些允许出版的书籍中，也不可能没有错误，但政府在以后就不能禁止，人家也不好批评"。刘少奇还主张对有错误的书，"稍加修改，就可以出版，不让其出版也不好"。

一九五五年

一月 毛主席决定把胡风的反革命"意见书"公开发表，展开批判。毛主席还针对胡风在《我的自我批判》中用"小资产阶级观点"来掩护退却，指出：**对胡风这样的资产阶级唯心论、反人民、反党的思想，绝不让他在"小资产阶级观点"掩盖下逃跑，而予以彻底地批判。**

一月十七日 刘少奇百般包庇胡风反革命集团。周扬在旧中宣部的会议上传达了刘少奇的黑指示："对胡风小集团，可以开一些会，根据政治原则对他们采取帮助的态度。对胡风，不是打倒他"。周扬秉承他主子的意旨，还说："解放以前的账不算，批评他解放以后的文章就可以了"，"（胡风的）反批评也要发表。"

一月 陆定一在一次谈话中（据黄洛峰传达）对古籍出版提出所谓三点意见，为大量出版古籍大开方便之门。他说：出版古籍："第一，主要要印历代皇帝禁止的东西；第二，印皇帝不禁止而又有价值的东西；第三，印一些供研究参考的，其中包括有些反动的东西。"

二月 旧文化部派出以反革命修正主义分子王任叔、王子野为首的出版代表团访问苏联。代表团回国后，大肆吹嘘苏联出版工作如何有成绩，大谈苏联出版界如何反对教条主义（如反对斯大林关于苏联还处在资本主义包围之中的说法。把引用马、恩、列、斯的语录也当作教条主义）等。代表团强调不仅工作方向、原则要向苏联学习，连他们的工作作风也应该学习。

二月 在社会主义改造高潮中，掀起群众性的取缔反动的、淫秽的、荒诞的书刊运动。刘少奇赶忙跳出来加以限制。据林枫传达刘少奇意见，说："黄色书刊，主要是旧社会遗留下来的问题，但也不能忽略当前还有人出租、印刷、出卖，不能忽略当前资本主义还存在的问题，如只没收，那些人（写、刻、画、印的人）依然要搞，反革命还要利用这些人。"刘少奇说："根本解决的办法，应和旁的工商业一样，采取包下来的方针。写、画的也不过几百人，政治上有些问题，但包下来也没有关系。印的卖的要给饭吃，新华书店可以搞合营，新华的基本建设可以削掉，去搞合营。"刘少奇还提出："取缔黄色书刊，要有代替，应依据有益、无害、销得掉的原则，大量印旧书。旧书中有害的也不要删，可加按语批评"。又说："反动的书还有多少人看？要研究。"他甚至公然要维护蒋介石的《中国之命运》，胡说："即使旧书摊上有一本《中国之命运》，到底有什么人看？不要兴师动众去取缔、查禁。禁得不好，反而替敌人反宣传"。

刘少奇还说（张际春传达刘在一次会上的意见）："要全盘改造商业。公私关系紧张，要以公营商业的150万人来收编私商950万人"。"黄色书刊问题上，新华书店要利用私商，解放军还收编很多旧军队嘛。如不利用,就会到处捣乱"。"包下来,要归口包干,总之,要有饭吃"。

二月九日 旧文化部党组讨论私营文化出版业的社会主义改造问题。钱俊瑞、陈克寒都按照刘少奇的黑指示,主张出版方面要把私营的人员包下来,"著作、编绘人员,都要包到出版社里面来"。要求新华书店"今后三年内,对私营零售业作较大让步,增加的卖钱额全部批发给私营零售业和租赁业"。要求国营印刷业"要制止盲目发展","不准新建书刊印刷厂","不准进口印刷机和制造印刷机",以便"充分利用私营现有生产力"。胡说:"这样作较大让步,是为了前进"。

三月三十一日 旧文化部在对文化局长会议的报告中,根据刘少奇的"要有饭吃"的黑指示,规定:"对私营文化事业要让其继续维持营业,在这基础上,通盘筹划,逐步加以改造。要运用私营力量(如私人办电影院、剧场,可以同意)"。"对私营出版社的改造,……应采取联营、合营方式,对其从业员要收容安排"。"印刷……要让出一些任务给私营"。"书店,省会以上的零售商都改为代销店,兼营的可改为经销店。目前国营书店暂不发展零售业。在某些大城市,零售还要作适当退让,批发要搭配一定畅销书"。

三月 反革命修正主义分子王益在新华书店第二次分店经理会议上讲话时,根本不谈阶级和阶级斗争,只说什么新华书店的中心任务是"安排市场",说"安排市场……可以加强发行力量,扩大供应范围,使图书能广泛地发行到读者手中去。"而且"安排的重心在城市"。对配合思想战线上的斗争,他说:"首先应注意配合在职干部的理论学习","努力做好《政治经济学教科书》(按:此书系苏联科学院经济研究所编)及其他学习材料的发行工作"。

四月 王益、史育才亲手炮制了一个以扶植私营发行业为核心的《安排和改造私营图书发行业的方针和办法》。这个办法,一方面极力为私营售书商涂脂抹粉,说什么零售书商"绝大部分是小商小贩","是非农业的个体劳动者",说"刘少奇同志曾经明白指出,他们是依靠劳动过活的,或者是主要地依靠劳动过活的。工人阶级必须如同团结农民一样,很好地团结这些劳动人民共同建设社会主义。"另一方面,又抛出了一大套所谓维持私营发行业的办法,说什么要"保证"私营发行业所需要的货源;要新华书店"让出一定品种的书籍,在一定地区,由私营发行业负责供应零售";要新华书店门市每周选择一天停止营业,让私营书店供应;要"控制我店发行网的发展",撤去与私营书店挤在一起的门市部、书亭;要扩大部分书籍的批零差价;和对西书业、租书业普遍保持关系。此外还规定"私营发行业没有妥善安排以前,我店业务方向,应该是坚决扩大批发业务,"对私批发额增加以后,"二、三年内基本上不再变动。"等等,等等。

五月六日 反革命修正主义分子王益,指使新华书店总店《图书发行》发表了一篇题为《不能随便停售书籍》的短文,一方面迎合周扬反革命修正主义集团的需要,极力把对胡风反革命集团的揭露说成是"学术批判",另一方面又借指责销售店停售《红楼梦研究》为名,大肆宣扬刘少奇"查禁一本书,就等于枪毙一个人"的观点,说什么"要认识停售一本书,是对于这本书的最严重的处理,是一桩政治事件,……是无政府无纪律的行为。"

五月二十日 新华书店总店发布《新华书店古籍发行方案》,进一步为古籍发行开创条件,规定天津、武汉等城市都要逐步建立古籍门市部,并相应扩大存货指标,以便保证各店有古籍的一定储备量。

五月十三日——六月十日 《人民日报》连续公布了关于胡风反革命集团的三批材料。毛主席在为这些材料所加的按语中指出:胡风集团是一个以"文艺"为幌子的反革命政治集团,"他们的基本队伍,或是帝国主义国民党的特务,或是托洛茨基分子,或是反动军官,或是共产党的叛徒,由这些人做骨干组成了一个暗藏在革命阵营的反革命派别,一个地下的独立王国。

这个反革命派别和地下王国，是以推翻中华人民共和国和恢复帝国主义国民党的统治为任务的。"毛主席还教导我们"在国际国内尚有阶级和阶级斗争存在的时代，夺取了国家权力的工人阶级和人民大众，必须镇压一切反革命阶级、集团和个人对于革命的反抗，制止他们的复辟活动，禁止一切反革命分子利用言论自由去达到他们的反革命目的"。"他们有长期的阶级斗争经验，他们会做各种形式的斗争——合法的斗争和非法的斗争。我们革命党人必须懂得他们这一套，必须研究他们的策略，以便战胜他们，切不可书生气十足，把复杂的阶级斗争看得太简单了。"

在毛主席亲自发动和领导下，全国轰轰烈烈地展开了揭发批判胡风反革命集团和肃清一切反革命分子的运动，在这一斗争中，出版界也清除了一批胡风集团分子和暗藏的反革命分子。

六月十日 毛主席在《关于胡风反革命集团的第三批材料》的按语中再一次强调"批判胡适派资产阶级唯心论这一斗争的重要性和必要性"，并再一次严肃批评"口称相信马克思列宁主义，却不重视批判唯心论这一斗争"的那些人。

六月 《人民日报》公布的胡风反革命集团材料，揭露出刘雪苇、耿庸、罗洛、罗飞、王元化、张中晓等人都是打进出版界的胡风反革命集团的骨干分子，刘雪苇并担任了上海新文艺出版社的社长，霸占了这个出版社。

六月 适应文艺界、戏曲界崇古、厚古薄今思潮的需要，一批戏曲古籍出版。人民文学出版社以文学古籍刊行社的名义出版《六十种曲》、《长生殿》、《元曲选》、《西厢记诸宫调》等书，中华书局也出版了《缀白裘》，商务印书馆在这以后也影印出版《新刊奇妙全相注释西厢记》。在这前后，上海新文艺出版社还出版了几乎全部是传统剧目的华东地方戏曲丛刊二十五集。

七月 毛主席在中国共产党省委、市委和区党委书记会议上作《关于农业合作化问题》的报告。毛主席指出："在全国农村中，新的社会主义群众运动的高潮就要到来。""我们必须相信：(1)广大农民是愿意在党的领导下逐步地走上社会主义道路的；(2)党是能够领导农民走上社会主义道路的。"

七月二十二日 根据刘少奇"不要随便查禁"的黑指示，旧文化部炮制、用国务院名义发布的《关于处理反动的、淫秽的、荒诞的书刊图书的指示》中，规定：凡"五四"以前出版的图书（包括旧的说部演义），"五四"以后的一般新文艺作品，谈情说爱的言情小说，描写技击游侠的图书和侦探小说以及所谓讲生理卫生知识的书，等等，都"一律准予照旧租售，不得加以查禁或收换"。接着，经沈雁冰、钱俊瑞、陈克寒等连续签发了几个文件，对这个"指示"作了具体的解释，把反动政客胡适、大托派陈独秀、大汉奸周作人、反动文人张资平以及国际反共老手邱吉尔等的若干作品也划入"不予处理"的范围。至于旧说部，言情小说，侦探小说，以及像《人类性生活史》之类的乌七八糟的东西，被保护下来的就更多了。一直到一九五八年一月，旧文化部又再一次发出了一个所谓《关于处理反动、淫秽荒诞书刊图画问题的通知》，要各地对过去已经处理了的有些图书，还要"予以改变。"

九月十二日 毛主席为《中国农村的社会主义高潮》一书中的104篇文章所加的按语中指出："群众中涌出了大批的聪明、能干、公道、积极的领袖人物"，"在中国，这类英雄人物何止成千上万，可惜文学家们还没有去找他们"。

九月 毛主席在《严重的教训》一文按语中指出："政治工作是一切经济工作的生命线。在社会经济制度发生根本变革的时期，尤其是这样。"

九月 刘少奇在人大常委会议上讨论违法书刊处理问题时，又一次借口"出版自由"，反对对违法书刊采取无产阶级专政的审查手段。他说："如果审查起来,是很繁重的问题,牵涉到宪法上规定的言论、出版自由。事先审查当然保险一些,但宪法里沒有这个规定,……出版以后,也沒有规定图书都要审查"。但是,就在这次会议上,对当时已经出版的许多批判南斯拉夫修正主义的书,刘少奇却借口"今天如果让它继续流行,就有碍中、南两国的关系",而要予以查禁。旧文化部根据刘少奇的黑指示,赶忙对检查出来的一百多种有批判南斯拉夫和叛徒铁托内容的书,通知作停售封存处理。

十月四日——十一日 中共中央举行七届六中全会扩大会议。毛主席在会议总结报告中,尖锐地批判了刘少奇等一伙提出的"四大自由"、"巩固新民主主义秩序"的资产阶级反动口号以及他们在农业合作化问题上的右倾机会主义路线。毛主席指出,**过去几年,我们取得了四个方面的胜利:反对唯心主义、宣传唯物主义,镇压反革命,粮食统购统销,农业合作化。这四个方面的胜利,都带有反资产阶级的性质,给了资产阶级很大的打击;以后还要给以粉碎性的打击。反对唯心论要继续长期地搞。**

陈伯达同志在会议上作《关于农业合作化问题的决议草案的说明》时说,毛主席早在一九五三年就明确指示:"对于农村的阵地,社会主义如果不去占领,资本主义就必然会去占领。难道可以说既不走资本主义的道路,又不走社会主义的道路吗?"

十月 毛主席的光辉著作《关于农业合作化问题》出版。

十月五日 旧文化部党组给旧中宣部写了一个《关于少年儿童读物的出版情况和今后改进意见的请示报告》,根本不谈儿童读物对广大少年儿童进行共产主义教育的重大政治意义,只是指责"品种少,方面窄",要求扩大品种数量。叫嚷过去为儿童所喜爱的"民间故事、童话很不够","历史、地理、英雄人物传记、科学知识读物也很少","惊险故事、幻想小说几乎阙如。"还指责一些思想教育读物"写得脱离儿童的生活实际,不合儿童的心理要求","公式化概念化,千篇一律"。鼓吹要"照顾各类品种和各种创作形式",要提高儿童读物的稿酬,以对儿童读物的创作"起到积极的推动作用"。

十月 冯定的大毒草《平凡的真理》在中国青年出版社出版。

十一月二十四日 旧文化部党组给旧中宣部写了一个《关于加强通俗图书出版发行工作的请示报告》,根据刘少奇的所谓有益、无害、销得掉的"原则",大肆宣扬全民服务论,说什么:"应该广泛照顾各方面读者的各种需要,大力增加和丰富通俗读物的品种和内容,凡是读者需要的有益无害的通俗书籍和连环画都应该出版。"还准备设立通俗文艺出版社,"着重旧小说的改编、节编、民间故事和旧戏的整理和出版工作"。这个报告还鼓励搞物质刺激,主张对通俗书稿的稿酬"适当提高",有的还要"从优给酬"。

十二月二十七日 毛主席亲自为《中国农村的社会主义高潮》一书写了序言,指出:"农村的社会主义高潮已经到来,其他部门以及科学、文化、教育、卫生等项事业的发展规模和速度,必须扩大和加快,以适应农业的发展的需要。必须批判那种确实存在的右倾保守思想。"

十二月 《列宁全集》第一卷中译本出版,此书系由中共中央马克思恩格斯列宁斯大林著作编译局编译。

本年 出版了《斯大林全集》中译本第三、十一、十二卷。

本年 出版社出版了一批批判《红楼梦》研究中资产阶级思想的论著、文集;出版了一批批判胡适的著作、文集及资料,以及一批批判胡风反革命集团的作品,批判胡风修正主义文艺思想的论著、文集。

一九五六年

一月 中央政治局提出《一九五六年到一九六七年全国农业发展纲要（草案）》。

一月 中共中央召开关于知识分子问题会议，周总理作了《关于知识分子问题的报告》。他指出："继续帮助知识分子进行自我改造，是党在过渡时期的重要任务之一。"

一月 新华书店召开分店经理会议，提出了一个所谓"积极发展，提高质量，全面规划，加强领导"的工作方针，强调"在规划城市发行网的时候，要贯彻为工农兵和知识分子服务的思想"。关于对私营书店的社会主义改造问题，规定今后"不要不经调查研究随意改变他们原来的经营方法；要注意保存他们在经营管理上原有的为读者欢迎的特点；……要提高他们的营业额，使他们不但能够维持经营而且有一定的盈余。"

二月二十日 旧中宣部发出《关于加强农民读物的出版发行工作的报告》，闭口不谈要向广大农民宣传毛泽东思想，却根据刘少奇的黑指示，要中央一级出版社"分工负责编辑出版关于语文、历史、地理、政治常识、自然常识、卫生常识等几种基本读物，作为示范性的书籍大量发行"。企图以此来挤掉向农村大量发行毛主席著作，宣传毛泽东思想。

二月 在社会主义改造高潮的推动下，全国私营图书发行业实行了全行业的公私合营，当时的国务院副秘书长反革命修正主义分子齐燕铭及旧文化部一小撮反革命修正主义分子，以国务院的名义发出了一个"对私营古书业改造必须慎重进行"的电报。六月，又以旧文化部名义发出了《关于加强对古书业领导、管理和改造的通知》，对私营古旧书店的社会主义改造工作进行"纠偏"。通知说，古旧书店"是一个文化服务性质的行业"，"不同于一般资本主义商业"；"这一行业的从业人员，首先是一些资方人员，有很多是具有鉴别古书能力或者有修整古书技术的专业人员，并且大都直接参加劳动"。因此，对他们只能"从行政上加强领导，……一般地不要去打乱他们"。为了要极力保护古旧书商的利益，竟规定：已经公私合营的，形式上"保持名义"，"实际上仍是独资经营"；已合营并且国家投了资的，不要核资定息，利润实行"四马分肥"；"已改为国营的，如果原业主要求自营，应当允许他们自营"；对于所谓"困难户"，资本不足的，"帮助他们解决贷款"。"对于古书业中有真才实学的从业人员（包括业主在内），应当在政治上，社会地位上注意照顾"；参加国营和公私合营的，"在职位上应当作适当安排，在薪金上给以较高的待遇"。"对于有影响的字号应当保持原来的名称，地点也不要轻易变动。"

通知还进一步规定：个别大城市试办的国营古旧书店，"都不要采取打击私营古旧书店的方针"，"也不要盲目压低书价，使古书业者无利可图。"甚至还允许保留"古书业中原有的横线交换"，即允许他们搞投机倒把。

二月十五日 周扬指令《文艺报》发表苏联《共产党人》杂志的专论《关于文学艺术中的典型问题》这棵反斯大林的大毒草。文中贩卖资产阶级自由化。

二月 苏共召开第二十次代表大会。这是苏共赫鲁晓夫领导集团走上修正主义道路的重要步骤。赫鲁晓夫在会上全盘否定斯大林，实质上就是否定无产阶级专政，就是否定斯大林捍卫和发展马克思列宁主义的基本原理。这次会议使苏联国内和国际上修正主义思潮大为泛滥起来。

三月五日 苏共"二十大"刚开过，在旧作协理事会扩大会议闭幕前夕，刘少奇对周扬、刘白羽下黑指示，他针对毛主席关于批判《清宫秘史》的指示，大讲黑话，说什么"党与政府采取政治上的干涉，有的是应当的，如《武训传》《红楼梦研究》等问题，就是干涉得对的；但是也有的干涉是粗暴的,或者干涉錯了的"。又說:"以後遇到這種干涉的時候","沒有正式文件,你可以只當作個別意見,可以不聽"。劉少奇誣蔑有丰富斗爭經驗、熟悉工農兵的作家是"只懂得關于老百姓的一點東西"的"土作家",說以後"不行"了,說:"我們反對'土',而應有國際水平。"要他們"發現確有天才的(因為文學藝術和其他工作不同,需要特殊的天才),就可以調出來使他們專門化",閉門學自然科學知識,歷史知識和世界文學知識,懂外國文,"修養"成"大作家"。反對毛主席提出的長期地無條件地全心全意地深入工農兵生活的指示。劉少奇還吹捧什么"資本家的老婆和母親也登臺演戲,擁護改造,社會主義熱情很高",為資產階級在社會主義舞臺上爭地位。這是一個徹頭徹尾的加速文藝界"和平演變"的黑綱領。周揚聽了如獲至寶,第二天就向會議傳達。

劉少奇在同周揚、劉白羽這次談話中,還大肆提倡三名三高和物質刺激,企圖腐蝕作家和編輯人員。他說:"文學編輯,這工作不是作家就不行。編輯工作是一種高級創作"。"稿費條例應在作家中間做充分討論"。"應該重視編輯工作,對于編輯的待遇,各方面都要提高"。

三月八日 劉少奇在對文化部黨組的黑指示中,說"反映現代生活不能勉強","搞娛樂、休息,就鼓勵了社會主義積極性了"。還抹煞文藝界的階級斗爭,反對黨對文藝工作的領導,說"現在對文藝批評太多了,特別是口頭批評和品頭評足太多了。"鼓吹"無害文藝"說"戲改不要大改,有害稍改,無害不改。"甚至說:"世界各國的電影都要搞進來","有些改良主義的也可進口。"

不久,周揚在文藝工作座談會上赤裸裸地說:"一定要向資本主義國家學習。我們不只學習蘇聯,也要學習資本主義國家中的那些進步的藝術","要與資本主義國家的進步文藝發生更密切的關系"。劉少奇還提出一個"不要硬生孩子"的謬論抵制文藝革命,他說:"我們的方針是百花齊放,推陳出新,要推掉一些陳的,但不能勉強",改造文化,"不要硬生孩子","百花齊放,允許并存。"

三月十三日 文化部發出《關于新華書店銷售和代辦經文書籍的規定》。規定中對新疆、內蒙等地區許多宗教團體大量印行宗教書籍,不但不加以限制,反而規定新華書店應銷售和代辦經文書籍,使很多反動的宗教書籍大肆泛濫。以後又在三月三十日發出:《關于處理宗教出版業的通知》。"通知"說,"由教會或宗教團體開辦的出版社、雜志社和書店,不適宜采取對一般私營工商業的社會主義改造方法"。"各地文化局只在需要協助解決紙張、印刷等問題時予以必要的協助。"

四月五日 《人民日報》發表《關于無產階級專政的歷史經驗》。同年十二月二十九日,又發表《再論無產階級專政的歷史經驗》。這兩篇文章,對于斯大林的一生作了全面分析,肯定了十月革命道路的普遍意義,總結了無產階級專政的歷史經驗,批駁了蘇共第二十次代表大會的修正主義論點,捍衛和發展了馬克思列寧主義。

四月二十五日 毛主席發表了《論十大關系》的光輝著作,發出了調動一切積極因素、動員一切可用的力量,來多、快、好、省地建設社會主義的偉大號召。制定我國社會主義革命和社會主義建設的一系列的理論和政策。

四月 在蘇共二十大之后,舊中宣部、舊文化部策劃召開了地方出版社座談會,借口提高通俗讀物的質量,大反所謂通俗圖書中"個人崇拜"傾向和"空洞"、"一般化"的毛病。四月十六日,陳克寒在會上作報告,也大肆指責地方出版社出版的圖書有"抽象空洞和一般化的毛病",有"提倡個人崇拜"的"嚴重政治錯誤"。報告談到地方出版社方針任務時,只是抽象地說要"宣傳馬克思列寧主義",而根本不提宣傳毛澤東思想。還鼓吹什么:"許多文藝性通俗讀物,……

不一定都是宣传马克思列宁主义和党的政策，……但却能使人发生美好的感情，或者受到文化教育，……也应当予以出版"。"有利无害的东西，都应当出版，这条原则，是应当遵守的"。

四月 《收获》创刊号发表了美化资产阶级的电影剧本《不夜城》。

五月二日 毛主席在最高国务会议上提出"**百花齐放，百家争鸣**"的方针，这是无产阶级彻底革命的方针，它为巩固我国无产阶级专政在意识形态领域里开展灭资兴无的阶级斗争服务，极大地促进我国社会主义文化在斗争中发展和繁荣。这是毛主席对马克思主义文艺理论的新发展。

旧文化部电影局公然歪曲毛主席的"二百"方针，对电影提出了一个形"左"实右的口号："力争香花，避免毒草"。毛主席严正批评这个口号本身就是毒草。

五月十三日 中国的赫鲁晓夫刘少奇对北大历史系同学说："为什么要提百家争鸣？是要反对教条主义，不是一家之言，应该百家争鸣。"公开反对毛主席。

五月二十六日 陆定一在怀仁堂做《百花齐放、百家争鸣》的报告，公然歪曲"二百"方针，宣扬资产阶级自由化，宣称"在人民内部不但有宣传唯物主义的自由，也有宣传唯心主义的自由"，大反所谓"清规戒律"，"题材可以不限，古代的和现代的，中国的和外国的"，"关于题材问题的清规戒律，只会把文艺工作窒息，使公式主义和低级趣味发展起来，是有害无益的。"

六月 右派分子刘宾雁的大毒草《本报内部消息》在《人民文学》杂志发表，以后又由人民文学出版社收集成书出版。

六月 文化部召开第一次全国戏曲剧目工作会议，抗拒毛主席关于"**推陈出新**"的指示，决定了所谓"破除清规戒律，扩大和丰富传统戏曲上演剧目"的方针，为大批毒草出笼开绿灯。此后出版界大出传统剧目的剧本和各种剧种传统剧目的"**丛刊**"。风气所及，各地也大肆把传统剧目改编为连环画出版。

这次会上，对京剧《四郎探母》发生了争论，刘少奇竟指示周扬说："戏曲不应该采取禁演的办法。你说《四郎探母》宣扬汉奸意识，可是最后共产党还是胜利了。""《四郎探母》唱唱也不要紧嘛！唱了这么多年，不是唱出了一个新中国吗？"

六月 刘少奇在对教育部指示中提出："教条要学，圣经要读"，竭力维护旧文化，反对文化革命。

七月 在陆定一、周扬等人大肆歪曲"百花齐放、百家争鸣"方针，大搞资产阶级自由化的修正主义路线的鼓动之下，人民文学出版社副社长反革命修正主义分子王任叔，带了一个组稿团，到各地访问封建遗老遗少，资产阶级"专家"，向他们"开门组稿"。王任叔在组稿工作总结中，对这些人大肆吹捧，说什么："各地创作力量和高级知识分子，都已发动起来"，"过去网罗在文史馆，文管会中的老年知识分子，也都在考虑……作一些发掘私家著作、遗书逸文的工作"，"他们之中许多人都钻研极勤，工力极深，有所著述，往往有独到见解"。并且叫嚷："在'百家争鸣'的方针下，出版社应当考虑接受他们的著作出版"。旧文化部出版局把这个报告当作好的经验，在内部刊物《出版通讯》的专辑中加以发表，向全国出版社推广。

八月二十四日 毛主席同音乐工作者作了重要谈话。毛主席指出："**向古人学习是为了今人，向外国人学习是为了中国人。**""**你们要重视中国的东西，要努力研究和发展中国的东西，要以创造中国自己的有独特的民族形式和民族风格的东西为努力目标。你们掌握了这样一个基本方向，你们的工作就是前途远大的了。**"

八月二十四日 在王益等人的指使下，《图书发行》发表了一篇《谈书店配合"百家争鸣"的问题》的文章，故意歪曲好书和坏书的界限，公开宣扬资产阶级自由化的观点。这篇文章说，只有"反动、淫秽、荒诞的图书,才应该算作坏书"。除此以外,"我们都应该卖"。又说,对于各种观点的图书,书店不应该表示态度,"读者可以评定,自由选购"。

九月三日——九日 全国图书发行先进工作者代表会议在北京举行。周扬在会上大放共毒。他恶毒地攻击党对文艺工作的领导是"教条主义、宗派主义和滥用行政命令"。还说图书发行工作贯彻"二百"方针必须"树立全面观点","凡是出版的书籍,书店都可以卖、应该卖。出版的书籍不卖,是不合法的,是与党的政策不符的。"他还贩卖"为全民服务"的黑货,说什么发行工作者的任务就是"满足各方面的需要"。

九月十五日 中国共产党召开第八次代表大会。毛主席在开幕词中指出:"**我们的党是一个政治上成熟的伟大的马克思列宁主义的政党。我们的党现在比过去任何时期都更加团结,更加巩固了。我们的党已经成了团结全国人民进行社会主义建设的核心力量。**"会议指出必须加强思想战线上的工作。

刘少奇在会上鼓吹"阶级斗争熄灭论"。

九月二十九日 在旧中宣部各处汇报学术界讨论"二百"方针的情况时,有人汇报说:教育界有人提出到底用马列主义作为指导思想还是以宪法作为指导思想,这时,陆定一乘机大肆反对毛主席"指导我们思想的理论基础是马克思列宁主义"这一最高指示。他说:"这个问题可以研究一下,党员是否一定要有马列主义不可?×××是党员,还可以演斩黄袍"。"对国家的指导思想,宪法中未规定,如看成唯一的原则,是有问题的,……共产主义变成宗派主义,革命就要失败。"他叫嚷:"不要将指导思想当作棍子打人。""指导思想是去团结人的,斗争是为了团结的目的,不实行团结的方针,社会主义也要灭亡。"

九月 旧文化部张致祥、金灿然等召集北京许多出版社的负责人多次座谈,借口讨论如何贯彻"百花齐放,百家争鸣"方针,大肆攻击党对出版工作的领导,鼓吹资产阶级自由化。张致祥在座谈会上作了总结发言,指责过去:"对于繁荣科学学术著作,整理出版古籍,没有及时引起重视";"衡量书稿,往往不注意学术成就和艺术水平,只简单地看是否合乎马列主义公式和社会主义现实主义公式。"还指责出版工作存在着"教条主义"和"关门主义"。叫嚷要"克服定于一尊、崇拜权威的思想";要"大力整理出版我国古籍,翻译出版各国名著";要"聘请社外专家担任特约编审","大力吸收社会知识分子参加出版社工作"。

九月 在陆定一、周扬等人属意歪曲"百花齐放、百家争鸣"方针的修正主义思想影响下,很多出版社都大搞洋、名、古的选题计划。以青年读者为对象的中国青年出版社,也热中于介绍所谓:"为各国青少年喜闻乐见的外国古典文学读物。"他们编制了一个包括从希腊神话、荷马史诗《奥得塞的故事》、小仲马的《茶花女》、哥德的《少年维特之烦恼》到凡尔纳的《气球上的五星期》、马克·吐温的《傻子旅行记》等一百廿多种的庞大选题计划。陈克寒看到这个计划,大为欣赏,认为:"这样做是好的。"而且希望出版社还搞一个中国文学部分的规划。

九月 何直(即秦兆阳)在《人民文学》发表《现实主义——广阔的道路》,提出了臭名昭著的"现实主义广阔道路论",鼓吹"写真实"的口号。这是一个右派作家的创作纲领。

十月 "匈牙利事件"发生。这是苏共"二十大"后,国际上帝国主义和各国反动派掀起的反共、反人民的高潮。我国资产阶级右派分子也蠢蠢欲动。

十一月二十一日——十二月一日 周扬召集文学期刊编辑工作会议。周扬在会上歪曲党的"百花齐放、百家争鸣"的方针,鼓吹"大胆放手",特别提出敢于发表"尖锐地批评生活中的缺点的文章和作品"。企图使全国文学期刊成为资产阶级右派分子向党向社会主义进攻的阵地。

本年 《马克思恩格斯全集》(中译本)第一卷出版,《列宁全集》中译本第二十八、二十九卷出版。《斯大林全集》中译本第四、六、十三卷出版。

《鲁迅全集》第一、二、三卷出版。

一九五七年

一月十二日　毛主席的旧体诗词十八首发表。毛主席的诗词是我国无产阶级的文学的光辉典范。毛主席关于诗的一封信同时发表,毛主席说:"诗当然应以新诗为主体,旧诗可以写一些,但是不宜在青年中提倡,因为这种体裁束缚思想,又不易学。"

一月　钱俊瑞在全国文化局长会议上报告时,歪曲"二百"方针,叫嚷"在学术性问题和艺术技术问题上应充分地实行自由讨论和自由竞赛,充分发挥作家和艺术家的积极性、主动性,避免作行政性的干涉,反对强制和专断。"谈到出版工作时,根本不谈毛主席著作的出版,借口纸张不足,说除了课本和某些必要的科技书刊外,都要压缩数量。

一月　中国戏剧出版社大肆出版三十年代的代表作所谓"五四以来话剧剧本选"。一月分出版田汉的《复活》,以后在本年内又出版夏衍的《上海屋檐下》、曹禺的《雷雨》、《日出》,吴祖光的《风雪夜归人》,于伶的《夜上海》,欧阳予倩的《桃花扇》,阿英的《碧血花》和陈白尘的《升官图》等。又以"中国现代话剧剧本"的名义出版毒草剧本《同甘共苦》(岳野)、《洞箫横吹》(海默)、《同志间》(陈其通)、《布谷鸟又叫了》(杨履方)等。人民文学出版社也出版了《阳翰笙剧作选》。

二月　在旧北京市委支持下,北京市戏曲编导委员会大肆出版《京剧汇编》,在本年内就出版了三十集。他们在编辑工作中,采取"一切保持原来面目,一般可改可不改的就不改"的办法,借口"保持原剧目的精神面貌",以便大量放毒。文化部竟然把他们编传统剧目的这种所谓"经验",在内部刊物《文化通讯》上发表,向各地推荐。

二月二十七日　毛主席在最高国务会议上作了《关于正确处理人民内部矛盾的问题》的讲话,毛主席指出:在我国,"无产阶级和资产阶级之间的阶级斗争,各派政治力量之间的阶级斗争,无产阶级和资产阶级之间在意识形态方面的阶级斗争,还是长期的,曲折的,有时甚至是很激烈的。"毛主席又指出:"我国社会主义和资本主义之间在意识形态方面的谁胜谁负的斗争,还需要一个相当长的时间才能解决。这是因为资产阶级和从旧社会来的知识分子的影响还要在我国长期存在,作为阶级的意识形态,还要在我国长期存在。如果对于这种形势认识不足,或者根本不认识,那就要犯绝大的错误,就会忽视必要的思想斗争。"毛主席对"百花齐放,百家争鸣"这个无产阶级坚定的阶级政策作了深刻的阐述,并且提出了在我国政治生活中判断各种言论和行动的六条政治标准。"这六条标准中,最重要的是社会主义道路和党的领导两条。"毛主席的讲话,六月十九日在《人民日报》发表。

三月十二日　毛主席在中国共产党全国宣传工作会议上讲话,对知识分子的改造问题作了极其重要的指示。毛主席指出:"坚持经济战线上的社会主义革命,还必须在政治战线和思想战线上,进行经常的、艰苦的社会主义革命斗争和社会主义教育。"在同资产阶级意识形态的斗争上,毛主席英明地指出:"凡是错误的思想,凡是毒草,凡是牛鬼蛇神,都应该进行批判,决不能让它们自由泛滥。"毛主席还指出:"修正主义是一种资产阶级思想。修正主义者抹杀社会主义和资本主义的区别,抹杀无产阶级专政和资产阶级专政的区别。他们所主张的,在实际上并不是社会主义路线,而是资本主义路线。在现在的情况下,修正主义是比教条主义更有害的东西。我们现在思想战线上的一个重要任务,就是要开展对于修正主义的批判。"

　　毛主席这两篇光辉著作,是我国和各国革命思想运动、文艺运动的历史经验的最新总结,是馬克思列寧主義世界觀和文藝理論的新發展，具有重大的歷史意義。

　　三月四日　陸定一在省市委宣傳部長會議上，大肆叫囂要辦同人報刊，竭力鼓吹自由化。他說："同人報紙問題，請周揚、新聞出版處準備材料，中央要討論。""小型刊物，種數可能很多，數量不多，是否考慮可以出版，給點自由市場，象《百花學社》的《廣場》。"三月十三日陸定一又在會上大肆宣揚資產階級報刊的"趣味性"，說："有些東西不要完全否定它，例如報紙的趣味性。有益無害的，有害無益的，要分清楚。"

　　三月八日　舊出版局給舊文化部黨組寫了一個關於以金燦然為首的於一九五六年十一月赴蘇聯訪問的代表團的總結報告。這個報告系統地販賣了蘇聯修正主義的一套，是向現代修正主義學習的黑綱領。報告按照蘇修向資產階級和平演變的"經驗"，大肆提倡"努力介紹世界各國科學藝術派別的理論和主張"，"整理出版古代文化科學著作"；反對出版工作為無產階級政治服務，叫囂什麼"要克服一般化現象"，"一般時事政策宣傳應由報刊負責"，"反對剪貼成書，反對複述文件成書"；提倡業務掛帥，說什麼"負責人必須用大部分時間管業務，特別是編輯業務"；吹噓蘇聯編輯人員水平如何如何高，要我們"出版社編輯人員均應是各專業科系畢業的大學生"，等等。

　　三月　《馬克思恩格斯通訊集》中譯本在三聯書店開始出版，第一卷在本月出版，第二卷在本年十二月出版，第三卷在一九五八年三月出版，第四卷一九五八年九月出版。

　　三月　劉少奇在河南幹部會議上宣揚"階級鬥爭熄滅論"，胡說"敵人消滅的差不多了，資產階級公私合營了，已經基本上解決。""如果我們講到非無產階級思想，講到農民階級的思想，講到小資產階級思想，講到地主階級思想，是講過去的，是反映了那個階級存在的時候。""人民內部矛盾的主要表現是領導機關和人民內部的矛盾，更確切地說是人民和領導機關的官僚主義的矛盾。"公然和毛主席關於階級、階級鬥爭的觀點大唱反調。

　　三月　新華書店總店召開了以研究改進供銷業務為中心的第三次分店經理會議。這次會議，追隨劉少奇提出的"反冒進"，抓住去年配合社會主義高潮，加強農村發行工作中出現的某些缺點和錯誤大作文章，叫囂農村發行"急躁冒進"，圖書發行工作"有缺有濫"，訂出了個所謂"整頓鞏固，提高質量"的方針，根本不提毛主席著作的發行。對於農村發行對象，首先突出學校師生，同時要求支店"與廣大專家、學者建立密切關係"，就是不強調為貧下中農服務。在這個方針指導下，農村發行工作大踏步後退，出現了農村發行工作的低潮。

　　四月二日　本年一月分起，舊文化部的張致祥、金燦然就積極同齊燕銘（當時是國務院副秘書長）聯系，策劃籌建一個"古籍出版委員會"。舊出版局金燦然積極主持編印了一個龐大的"中國古籍整理出版選題目錄"，召集各有關出版社座談討論，準備大出古籍，大放封建毒素。

　　四月十二日　文化部發出《關於地方出版社工作問題的意見》。其中公然反對地方出版社為無產階級政治服務，為工農兵服務；宣揚階級鬥爭熄滅論，提出了一條修正主義的出版路線。這個文件，鼓勵地方出版社依靠當地"作家"，多出學術著作。並提出："今後大規模群眾性運動將會減少，過去那種趕任務的現象也將隨著情況的變化而有所改變"；"不要狹隘地理解為政治服務，強調"應該按照書籍的特點"，"和報刊有一定的分工"；強調"地方出版社可以并且應該出版當地作家的學術著作。"這個通知發出以後，使得許多地方出版社迷失方向。

　　四月十日──二十四日　舊文化部召開第二次全國戲曲劇目工作會議，進一步宣揚"劇目開放"的方針。四月十四日正式發出解除禁戲的通令。於是思想反動、形象醜惡的鬼戲、黃色戲《殺子報》《黃氏女遊陰》《僵屍拜月》《馬思遠》等等紛紛出籠。這種醜惡現象在出版界、出版物上也有反映。

四月二十一日 刘少奇在上海党员干部大会上讲话,继续宣扬"阶级斗争熄灭论",胡说:"国内的主要阶级的阶级斗争已经基本上结束了,那就是说,敌我矛盾已经基本解决了","今天的资本家也是公私合营的新式资本家了",还要党员干部"必须向他们认真学习。"

同时期刘少奇对钱俊瑞谈话时恶毒地说:"在中国,马克思主义与文艺还没有结合。"公然抹煞毛主席天才地、创造性地、全面系统地发展了马克思主义文艺理论的伟大功绩。

四月二十四日 周扬在第二次全国戏曲剧目工作会议上,歪曲"二百"方针,鼓吹"自由竞赛"。说什么"过去整风改造是春寒","有人要求感情温暖,也无可厚非"。

四月 肖洛霍夫的修正主义标本作品《一个人的遭遇》在《译文》上翻译发表。五月、六月的《文艺学习》转载此文,并发表吹捧文章,向青年推荐这棵大毒草。

五月一日 中共中央发出开展整风运动的指示。

社会上的资产阶级右派分子,认为他们搞反革命复辟的时机已到,借口帮助共产党整风,到处煽风点火,向党、向社会主义、向无产阶级专政发动猖狂进攻。出版界的右派分子,人民出版社的曾彦修(副总编辑)、通俗读物出版社的蓝钰(副总编辑)、人民文学出版社的冯雪峰(社长兼总编辑)、外文出版社的冯亦代(编辑室主任)等等,配合着社会上的右派分子,也一齐对党发起猖狂进攻。他们恶毒攻击党是"在山泉水清,出山泉水浊,党现在已变浊了";他们叫嚣什么"大水已冲进大门了","有冤报冤,有仇报仇",大肆叫嚷要"取消党和行政对出版的领导","要办同人出版社","要给作家以充分的自由","文责自负";主张什么"编辑治社",等等。还诬蔑新华书店"统得太死","控制了书籍的命运",主张开同人书店。

五月十三日 周扬在编辑工作座谈会上,破口大骂共产党员"像特务一样"。叫喊"七八年思想改造是'严冬',到今天才感到有些'初春'气候。"还说,"今后要靠知识吃饭","美术家领导美术,音乐家领导音乐。"并主张办"同人刊物"。

《文艺报》积极仿效《文汇报》,在文艺界起的作用特别恶劣。《人民文学》到了七月分还出版毒草专号。

五月 毛主席写了《事情正在起变化》,在文章中,毛主席指出:**"我党有大批的知识分子新党员(青年团员就更多),其中有一部分确实具有相当严重的修正主义思想。""他们否认报纸的党性和阶级性,他们混同无产阶级新闻事业与资产阶级新闻事业的原则区别,他们混同反映社会主义国家集体经济的新闻事业与反映资本主义国家无政府状态和集团竞争的经济的新闻事业。他们欣赏资产阶级自由主义,反对党的领导,他们赞成民主,反对集中。他们反对为了实现计划经济所必须的对于文化教育事业(包括新闻事业在内的)必要的但不是过分集中的领导、计划和控制。他们跟社会上的右翼知识分子互相呼应,联成一起,亲如兄弟。"**

五月 这年四月,旧文化部派出了以陈克寒、黄洛峰为首的代表团出席在莱比锡召开的社会主义国家出版事业会议。陈克寒回国后,于五月分给文化部党组写了一份关于这次会议情况的报告,吹嘘这次会议是"实现了社会主义国家出版业团结"的会议。在这次会议上,陈克寒、黄洛峰等竟然要把南斯拉夫列为社会主义国家。报告说:在讨论席位排列时,黄洛峰提出把南斯拉夫观察员的席位排列在社会主义各国代表团长一起,放在第一排的末尾,开始遭到反对,"后来他们又自行改正,把南放在第一排。"还说在举行庆祝会时,"只挂了十二个国家的国旗,没有南斯拉夫的国旗;德文化部长讲话,第一句是'所有社会主义国家,数目是十二个……'这些,我们已经毫无办法挽救。"报告还说:"南观察员,表示愿意参加社会主义国家出版业之间的国际合作,……大会决议草案,原来没有写南斯拉夫派观察员参加,经过我们的活动,后来在决议中写入了,体现了社会主义国家的团结。"

六月八日 《人民日報》發表了《這是為什麼?》的社論,吹響了反右派鬥爭的號角。在全國範圍內開展了轟轟烈烈的反右派鬥爭。

出版界的廣大革命群眾在黨的領導下,揪出了曾彥修、馮雪峰、聶紺弩、藍鈺、胡明、馮亦代、張友松、蕭乾等一大批黨內外的右派分子,同他們進行了堅決的鬥爭,取得了反右派鬥爭的重大勝利。

六月二十二日 毛主席的劃時代的光輝著作《關於正確處理人民內部矛盾的問題》出版發行。

六月 中國電影出版社繼續出版毒草電影劇本,六月及六月分以後出版的毒草劇本,有:《不拘小節的人》、《情長誼深》、《新局長到來之前》、《鳳凰之歌》、《不夜城》、《探親記》、《懸崖》、《柳堡的故事》、《生活的浪花》、《布谷鳥又叫了》等近二十種。

七月 毛主席在青島同省、市委書記談《一九五七年的夏季形勢》中指出:"為了建成社會主義,工人階級必須有自己的技術幹部隊伍,必須有自己的教授、教員、科學家、新聞記者、文學家、藝術家和馬克思主義理論家的隊伍。這是一個宏大的隊伍,人少了是不行的。這個任務應當在十年到十五年內基本上解決。……在這個工人階級知識分子宏大新部隊沒有建成以前,工人階級的革命事業是不會充分鞏固的。""省市委和自治區黨委第一書記和整個黨委,必須把這個偉大鬥爭,整個掌握起來。必須把民主黨派(政治界)、教育界、新聞界(包括一切報紙和刊物)、科學界、文藝界、衛生界、工商界改造工作完全掌握在自己手中。各省、市、自治區要有自己的馬克思主義理論家,要有自己出色的報紙和刊物的編輯和記者。"這是對資產階級反動學術"權威"和修正主義路線的有力打擊。

七月 毛主席為《人民日報》寫了社論《〈文匯報〉的資產階級方向應當批判》。毛主席指出:"階級敵人是一定要尋找機會表現他們自己的。他們對於亡國、共產是不甘心的。不管共產黨怎樣事先警告,把根本戰略方針公開告訴自己的敵人,敵人還要進攻的。階級鬥爭是客觀存在,不依人的意志為轉移的。就是說,不可避免的。人的意志想要避免,也不可能。只能因勢利導,奪取勝利。"

在毛主席的親自領導下,全國人民奮起戰鬥,把一個個惡毒地反黨反社會主義的資產階級右派揪了出來,打翻在地,鬥倒鬥臭,粉碎了一場資產階級右派的猖狂進攻,取得了偉大的勝利。而劉少奇卻在人大會議上極力為右派分子撐腰、辯護,說什麼"在沒有結論以前,大家要相信他們。"

七月 當社會上的右派分子大肆攻擊"書店控制出版社"、"書店操縱出書命運"的時候,反革命修正主義分子王益也在《圖書發行》上拋出了《誰決定書籍的印數?》的毒草,胡說什麼"出版社幾乎完全放棄了決定印數的責任和權利,而書店則越俎代庖,幾乎完全掌握了決定書籍印數的大權。"

八月十三日 文化部發出《關於一般書籍的印數應該由出版社決定和改進社店經銷關係的通知》,規定一般書籍的印數由出版社決定。不讓新華書店廣大職工和他們反映讀者對出版書籍提出的意見,"通知"強調新華書店要為出版社服務,要為"出版意圖"服務,就是要為修正主義出版路線服務。"通知"中說:"出版事業的方針政策,在一定程度上,要由各類書籍數量的比例關係來體現。書籍印數的確定,讀者的需要是一個因素,……出版意圖更是一個重要的因素。"通知中借口書店發行的不足,還規定出版社可以直接辦理發行業務。

九月 中共中央發出了《關於向全體農村人口進行一次大規模的社會主義教育的指示》和《關於在企業中進行整風和社會主義教育運動的指示》。

九月十六日——十七日 旧作协党组扩大会议从六月六日以来经过二十五次会议后收场。周扬、邵荃麟等人开始时为丁、陈反党集团翻案，煽动右派分子向党进攻，后来又一反故态，打扮成反丁、陈集团、反右的英雄。他们以批判冯雪峰为名，煽起了一股颠倒历史、围攻鲁迅，为王明机会主义路线翻案的黑风。周扬作了题为《不同的世界观，不同的道路》的"总结"，十分反动。后来他百般粉饰掩盖，改写成《文艺战线上的一场大辩论》发表。

十月二十四日 张致祥代表旧文化部领导小组做出版界的反右派斗争的总结报告，绝口不谈出版工作如何大力宣传毛泽东思想，大量出版毛主席著作；绝口不谈如何在出版工作中进行灭资兴无斗争，加强无产阶级专政。却迎合右派的口味，大谈要在出版工作中贯彻"二百"方针，要"出版各种学派的学术著作，包括资产阶级的学术著作"，"注意古今中外学术著作和文艺著作的出版"；"制定外国文学、哲学社会科学的翻译出版和中国古籍的整理出版的长远规划"等等，为以后继续推行资产阶级自由化，大出名、洋、古开方便之门。

十一月 在周扬等指使下，旧文化部借口整改，精简机构，于十一月中旬由张致祥、黄洛峰、金灿然召集人民出版社、通俗读物出版社负责人几次讨论，决定把当时中央一级唯一的一个出版工农兵通俗读物的通俗读物出版社砍掉，把通俗的编辑机构精简后，合并到人民出版社。会后，即报告阎王殿批准执行，以致大大削弱了工农兵通俗读物的出版工作。

与此同时，又借口整改，强调加强人民文学出版社和中华书局的古籍出版工作。张致祥在讨论两社方针任务时说："根本问题，在于贯彻'二百'方针"，"要搞好古籍出版规划，区分为专家服务和为一般读者服务的。""文学出版社主要要从青年人如何接受古典文学遗产着眼，搞普及的；中华则着重为研究工作者服务。"

在讨论人民美术出版社整改时，张致祥反对以普及为主，他说："可高级、中级、通俗并重。""现代题材要搞，但与宣扬民族遗产不矛盾，仍然要整理遗产。"

十一月六日 毛主席在苏联最高苏维埃纪念十月革命四十周年大会上讲话指出："社会主义制度终究要代替资本主义制度，这是一个不以人们自己的意志为转移的客观规律。不管反动派怎样企图阻止历史车轮的前进，革命或迟或早总会发生，并且将必然取得胜利。"

十一月七日 刘少奇在北京纪念十月革命四十周年大会上大捧苏修，号召"坚持向苏联学习"，胡说什么"直到现在，还没有一个社会主义国家有苏联这样比较完整的经验。"

周扬在北京文艺界纪念十月革命四十周年大会上，大捧赫鲁晓夫对苏联作家的谈话"有力地驳斥了文艺领域内各种错误的和有害的观点，指明了进一步发展社会主义文学艺术的正确途径，不但对苏联作家，而且对全世界一切进步作家都有极大的教益"，吹嘘"苏联文化的方向，就是全体进步人类文化发展的方向"。并且要求"革命知识分子必须努力掌握过去所遗留下来的一切文化成果"。

十二月 毛主席著作《在苏联最高苏维埃庆祝伟大的十月社会主义革命四十周年会议上的讲话》出版，《毛主席在苏联的言论》出版。

本年 《列宁全集》中译本第十四、二十四、三十、三十三卷出版。

《斯大林全集》中译本第五卷出版。

《鲁迅全集》第四、五、八卷出版。

出版界出版了一批关于学习毛主席《关于正确处理人民内部矛盾的问题》的书籍，出版了一批揭露和反击右派、批判右派言论的书籍，出版了一批进行社会主义思想教育的书籍、小册子。

本年 一批适应文艺界右倾机会主义思潮的需要的美学著译出版。法国修正主义分子列裴弗尔的《美学概论》翻译出版。车尔尼雪夫斯基的《生活与美学》周扬又重新抛出，一九四二年写的后记仍不加修改，坚持反对毛主席文艺思想。人民文学出版社开始出版《文艺理论译丛》，本年出版了第一、二期。还出版了一批"文学概论"的著作，其中如巴人的《文学论稿》、蒋孔阳的《论文学艺术的特征》，都是宣扬修正主义文艺思想的作品。同时还出版了古籍《文心雕龙辑注》等书。一些资产阶级专家的旧作如朱东润的《中国文学批评史大纲》，罗根泽的《中国文学批评史》，刘师培的《中国中古文学史讲义》等书也乘机抛出。

本年 在刘少奇的"有益、无害、销得掉""重印旧书"的资产阶级自由化的方针指导下，旧中宣部、旧文化部的一小撮修正主义分子又从中加以鼓吹，出版物中牛鬼蛇神大量出笼。通俗读物出版社重印了鸳鸯蝴蝶派作家张恨水的《啼笑姻缘》、《夜深沉》，上海文化出版社也重印了他的《五子登科》、《魍魉世界》。上海古典文学、少年儿童、上海文化三家出版社到年底止出版各种旧小说59种，各种节选、改写本110种。其中如《平妖传》一书发行了二十二万册。市场多年绝迹的充满淫秽色情封建糟粕的初二刻《拍案惊奇》也据日本传来的底本重印出书。许多节选、改选本也都是选取旧笔记中的糟粕。上海少年儿童出版社一个编辑室几年来出书357种，"古人""动物"内容占了一半，而反映祖国建设的仅有四种，只占百分之一。所谓外国古典文学作品也大量翻译出版，有的出版社翻译作品超过我国现代作家作品。古典诗歌、文集，今人编注的"诗选"也大量出版，厚古薄今、厚外轻中的恶劣风气弥漫于出版界。

一九五八年

一月七日 毛主席光辉的诗篇《蝶恋花——赠李淑一》在《人民日报》发表。文艺界出现了学习和讨论毛主席诗词的热潮，毛主席的诗词是革命现实主义与革命浪漫主义相结合的典范。

一月 毛主席在《工作方法六十条》（草案）中对红与专、政治与业务的对立统一关系作了深刻的论述。毛主席指出："**一定要批判不问政治的倾向，一方面要反对空头政治家，另一方面要反对迷失方向的实际家**"。

《工作方法六十条》（草案），在第二十六条中说："**学习鲁迅。鲁迅的思想是和他的读者交流的，是和他的读者共鸣的**"。在第三十七条中说："**文章和文件都应当具有这样三种性质：准确、鲜明、生动。准确性属于概念、判断和推理问题，这些都是逻辑问题。鲜明性和生动性，除了逻辑问题以外，还有词章问题。现在许多文件的缺点是：第一概念不明确；第二判断不恰当；第三，使用概念和判断进行推理的时候又缺乏逻辑性；第四，不讲究词章。看这种文章是一场大灾难，耗费精力又少有所得。一定要改变这种不良的风气。作经济工作的同志在起草文件的时候，不但要注意准确性，还要注意鲜明性和生动性。不要以为这只是语文教师的事情，大老爷用不着去管。重要的文件不要委托二把手、三把手写，要自己动手，或者合作起来做**"。第四十二条是"**学点文学**"。

一月 《文艺报》第二期，在《再批判》的标题下，发表了对丁玲的《在医院中》、王实味的《野百合花》等进行批判的文章。毛主席对按语作了审阅和重大修改。并于一月十九日写信给《文艺报》："**按语较沉闷，政治性不足。你们是文学家，文也不足。不足以唤起读者注目。近来文风有了改进，但就这篇按语说来，则尚未。题目太长，'再批判'三字就够了**"。

毛主席对这篇按语修改的文字是："**再批判什么呢？王实味的《野百合花》、丁玲的《三八节有感》、肖军的《论同志的'爱'与'耐'》、罗烽的《还是杂文时代》、艾青的《了解作家，尊重作家》，**

还有别的几篇。

"……去年下半年，文艺界展开了对丁玲、陈企霞反党集团的斗争和批判。许多同志在文章和发言里，重新提起了他们十五年前发表出来的这一批毒草。

"一九五七年，《人民日报》重新发表了丁玲的《三八节有感》。其他文章没有重载，'奇文共欣赏，疑义相与析'许多人想读这一批'奇文'。我们把这些东西搜集起来全部重读一遍，果然有些奇处。奇就奇在以革命者的姿态写反革命的文章。鼻子灵的一眼就能识破，其他的人往往受骗。外国知道丁玲、艾青名字的人也许想要了解这件事情的究竟。因此我们重新全部发表了这批文章。

"谢谢丁玲、王实味等人的劳作，毒草成了肥料，他们成了我国广大人民的教员。他们确能教育人民懂得我们的敌人是如何工作的。鼻子塞了的开通起来，天真烂漫、世事不知的青年人或老年人迅速知道了许多世事。"

一月　陆定一鼓吹文艺作品美化资产阶级。他说："那时小老板也很苦，工人更苦，能写好工人更好，不能写工人，写小老板也可以。"

一至二月间　陆定一在上海出版界党内座谈会上的讲话中，恶毒攻击全国出版工作的统一领导"使有些人走头无路"，鼓吹搞自费出版社，给右派分子以"出路"。他说"要否搞个自费出版社，有些稿件哪里都不要，这个出版社可以出，国家可以帮助它一点，不审查，这办法好。""全国出版社统一有好处也有坏处，统一领导起来使有些人走头无路。有的右派书写得好，你们都不要，就可交到自费出版社去，也给他们以出路，因为他们并没有剥夺公民权，有出版自由，但出版社有不出版的自由，反了右派以后，这一条要搞，不搞不利。"他在华东七省市宣传（文教）部长座谈会上还说："右派分子反马克思主义的也可以自费出版，省得他们送到外国去出版。"

二月　周扬、齐燕铭、金灿然等反革命修正主义分子策划的古籍整理出版规划小组正式成立。周扬在成立会的报告中，明目张胆地反对毛主席关于批判地继承文化遗产的指导方针，大肆美化封建文化，胡说什么：如不掌握古代文化，"社会主义文化就没有根，就不巩固。""继承古代文化，是为了发展它，不发展，何必继承"。周扬还制造所谓社会主义文化 有"三个基础"的谬论，他说的"三个基础"，即"现实基础、思想基础、历史基础（遗产），缺一不可"。说什么："没有历史基础，和旧文化脱节，文化就不会提高"。周扬在这次会上竟然说什么：右派分子参加整理古籍和翻译外国著作的工作，"也有可能变成左派"。齐燕铭也在会上极力鼓吹对封建文化无批判地策收拼蓄，胡说什么"牛溲马勃，都可以做为研究资料"。翦伯赞、吴晗、侯外庐、邓拓、冯友兰等反动学阀和反共分子，都是这个小组的成员。他们炮制了一个包括五千多种古籍的"古籍整理出版规划"，为封建毒素的大肆泛滥创造条件。

二月廿八日　反革命修正主义头头陆定一在上海同石西民、王益谈到出版工作时，一句不提出版毛主席著作、宣传毛泽东思想，只片面强调出版工作要配合生产。说："出版是龙尾巴，工农业生产是龙头，中间是商业，……再次是文化教育，出版是尾巴。""出版工作的多快好省，必须是配合生产的多快好省，配合文化教育的多快好省。出版工作必须直接或间接对生产有好处，违反这一点的书，坚决不要。""科技书应该是重点"等等。陆定一还主张学旧中国资产阶级书商用编工具书的办法，来养一批资产阶级专家，他说："工具书要化很大力量，要出各种各样的词典，要出科学大纲、手册。出辞典可以养一批人，过去商务印书馆就是这样办的"。

二月　周扬的《文艺战线上的一场大辩论》公开发表。这是由周扬率领林默涵、刘白羽、张光年共同起草，由刘少奇指定彭真修改炮制出来的。周扬在这篇文章中埋下了不少钉子。他以总结文艺界两条道路斗争、批判冯雪峰为名，借题发挥，攻击鲁迅，诬蔑毛主席对三十年代文艺黑线的批判，公开打起王明机会主义文化路线的破旗。

二月　周扬支持田汉等筹划的《中国话剧运动五十年史料集》第一集出版。这部所谓"史料集"，美化三十年代文艺黑线，为他们这一小撮人树碑立传。此后，还陆续于一九五九年四月出版了第二集，一九六三年四月出版了第三集。

三月　旧文化部在上海召开全国出版工作跃进会议。陈克寒在三月十五日作的总结报告中，按照陆定一二月廿八日讲话的调子，一句不谈出版工作宣传毛泽东思想这一根本任务，而大谈什么"工农业生产是龙头"，"出版是龙尾巴"。报告中有一大段谈到执行"二百"方针，要在出版工作中"反对教条主义"，提出"各种学派的学术著作和各种风格的文艺作品，只要具有一定的学术价值和艺术价值，都应该得到出版的机会"。

王子野在会上极力反对出版工作为政治，为现实斗争服务，他说："质量不高主要是些什么书呢？突出表现的是配合政治运动的书籍。""人民出版社的二十二种质量不高的书中，有一半左右也是配合政治运动的。"

陈原在会上大肆宣扬稿费制度要符合所谓"按劳取酬的精神"，要"保证著译者的合理收入，以便繁荣著译和提高著译水平，发展出版工作，为生产服务"。他说："要估计到著译系一种复杂的脑力劳动，因此要适当地保证著者得到相当水平的物质生活"，"要使一个专业作者能维持大学教授的生活水平"。

三月十一日　陈伯达同志在国务院科学规划委员会第五次会议上作了《厚今薄古，边干边学》的报告。毛主席给予极高的评价，认为："有破竹之势"。

三月十五日　文艺界的一些头面人物举行座谈会，对周扬的《文艺战线上的一场大辩论》极尽阿谀奉承，大吹大捧之能事，竭力贬低毛主席的《在延安文艺座谈会上的讲话》。座谈会发言以《为文学艺术大跃进扫清道路》为题在同年第三期《文艺报》发表。作家出版社六月份把周扬的这篇大毒草，连同林默涵、邵荃麟等人吹捧的文章，收集在一起，出版了单行本，大量发行。自此以后，我国出版的绝大多数有关现代文学史的编著，都颠倒黑白，说"国防文学"这个口号是"马克思主义的"，"民族革命战争的大众文学"这个口号是"修正主义"的。

三月二十二日　毛主席在成都会议上的讲话对思想战线上的斗争作了极重要的指示："有许多同志，对于思想战线上的斗争无动于衷，如批判胡风、梁漱溟、《武训传》、《红楼梦》、丁玲等。本来消灭阶级的基本观点，在七届二中全会的决议中已经有了。在过去民主革命时就经常讲革命分两个阶段，前者为后者的准备。我们是不断革命论者，但许多同志对于什么时候搞社会主义，土地改革后搞什么都不去想，对社会主义萌芽熟视无睹"。

毛主席又说："印了一些诗，尽是老董古。搞点民歌好不好？请各位同志负责任，回去以后搜集点民歌。中国诗的出路：第一条民歌，第二条古典，在这个基础上产生出新诗来，形式是民歌的，内容应当是现实主义和浪漫主义的对立的统一。太现实了就不能写诗了。现在的新诗不成形，没有人读。"

四月　《鲁迅全集》第六卷出版，周扬、林默涵、邵荃麟等在《答徐懋庸并关于抗日民族统一战线问题》一文下作了一个注释，篡改历史，吹嘘"国防文学"的口号，污蔑鲁迅"在这篇文章中对于当时领导'左联'工作的一些党员作家采取了宗派主义的态度，做了一些不符合事实的指责。"在以后出版的《鲁迅全集》第九、十卷（书信）中，又消灭历史证据，把鲁迅批判"国防文学"及周扬一伙的一部分重要书信诡称"一般信件"，抽了下来。

文物出版社原定出版《鲁迅手稿》二十本，其中包括《答徐懋庸并关于抗日民族统一战线问题》的手稿。文物出版社副社长高履芳、徐达伙同旧文化部文物局长王冶秋、人民文学出版社副总编王士菁按照周扬、林默涵的授意密谋决定将原计划砍去十七本，为周扬的阴谋灭迹，只出版了不涉及周扬罪恶劣迹的《朝花夕拾》《故事新编》等三种。原有许广平同志的序言一篇，高履芳不顾许广平同志的反对，也擅自抽掉，改为简单的"出版说明"。"说明"中原来引用毛主席对鲁迅历史功绩的评价："鲁迅是中国文化革命的主将，他不但是伟大的文学家，而且是伟大的思想家和伟大的革命家"，也被高履芳狠狠删去。

四月　人民出版社再版曾文经著《中国的社会主义工业化》。该书系于一九五七年一月初版，由曾彦修(后划为右派)批准发稿。曾文经在此书中宣扬和平共处、物质刺激等修正主义谬论，攻击无产阶级专政。

五月　中国共产党第八届全国代表大会第二次会议，制定了"鼓足干劲，力争上游，多快好省地建设社会主义"的总路线，号召在继续进行经济战线、政治战线和思想战线上的社会主义革命的同时，积极地进行技术革命和文化革命。

毛主席在中共八大二次会议上专门讲了破除迷信问题。其中说"学问再多，方向不对，等于无用。""年青人打倒老年人，学问少的人打倒学问多的人，这种例子多得很"。"不要被权威、名人吓倒，不要被大学问家吓倒。要敢想、敢说、敢作，不要不敢想、不敢说、不敢作。这种束手无策的现象不好，要从这种现象中解放出来"。"劳动人民的积极性、创造性，从来是很丰富的。过去是在旧制度的压抑下，没有解放出来。现在解放了，开始暴发了。"

毛主席在八大二次会议上的讲话，提出无产阶级文学艺术应采用革命的现实主义和革命的浪漫主义相结合的创作方法。

六月一日　《红旗》杂志创刊。毛主席发表了《介绍一个合作社》，指出："从来也没有看见人民群众象现在这样精神振奋，斗志昂扬，意气风发。""中国劳动人民还有过去那一付奴隶相么？没有了，他们做了主人了。"毛主席的文章给大跃进中的人民以极大的鼓舞。

六月一日　康生同志给人民文学出版社的一封信指出："我以为文学出版社不必再在板本校勘上去费工夫，只要将原影印本的几个错字改正一下就可以了。如再弄些繁琐的校勘，对读者不仅无益而且徒耗精力。至于那种资产阶级教授专以板本吓人的手法，我们出版社不仅不应采用，而且要坚决加以揭露，使读者破除迷信，懂得那些所谓'专家'，并无真才实学，只不过在那里作文字游戏和文字消遣而已。"又说，"要真正研究董、王两西厢，不将封建的资产阶级的教授文人以及他们所捧为权威的王国维等人的各种谬论彻底打破，不用马克思列宁主义的观点和方法，就不知道何为精华、何为精粕，因而也不可能研究好的。"

六月　三联书店重印"三家村"黑帮头目邓拓的拥蒋反共、反党反社会主义的《中国救荒史》，前副总编辑陈原批准发稿。该书于一九六一年六月又重印了一次。

七月一日　毛主席写了七律《送瘟神》，诗前有这样一段说明文字："读六月卅日人民日报，余江县消灭了血吸虫。浮想联翩，夜不能寐。微风拂煦，旭日临窗。遥望南天，欣然命笔。"这两首诗，对大跃进中的我国人民，作了崇高评价："春风杨柳万千条，六亿神州尽舜尧"。极大地鼓舞了千百万群众更大的跃进。

七月十四日　文化部颁发《关于文学和社会科学书籍稿酬的暂行规定草案》，实行基本稿酬和印数稿酬相结合的办法。即，按每千字若干元付基本稿酬，又按印数多少递减付给印数稿酬。这个办法，同一九五八年以前实行的抄袭苏联的一套定额稿酬办法基本上仍然是一样的。在颁发这个草案的通知中，明文规定"大体上使一个专业作家保持一般大学教授的生活水平。"这个高稿酬标准颁布不久，就遭到在大跃进中广大革命群众的反对，文化部被迫发出通知，于十月一日起，將稿酬標準降低一半。

七月十六日　《紅旗》第四期發表陳伯達同志在北京大學的講演《在毛澤東同志的旗幟下》，指出：「毛澤東旗幟是中國人民革命和社會主義建設的勝利的旗幟。毛澤東旗幟就是中國人民高舉的紅旗。」報告還鮮明地批判了資產階級反動學術「權威」。

七月　人民文學出版社出版毛主席的光輝詩篇《毛主席詩詞十九首》線裝本。

七月　人民出版社出版舊中宣部編的《馬克思主義經典作家論反對教條主義》一書，明目張膽地同毛主席的「**我們現在思想戰線上的一個重要任務，就是要開展對於修正主義的批判**」的重要指示相對抗。

七月　北京出版社出版了按劉少奇的黑指示編寫的《論共產黨員應該有什麼樣的志願》。這本書是據舊《北京日報》組織的一次討論，劉少奇專門到報社作的總結性談話整理，經彭真審閱和劉少奇親自修改定稿的。書中極力提倡反動的「馴服工具」論，抹殺階級鬥爭。這本書先後共印九次，三百五十萬冊，全國各出版社租型造貨，總印數達到九百多萬冊。

七月　周揚在舊文化部召開的戲曲表現現代生活座談會上講話，大談「繼承和發展戲曲藝術遺產」，他主張「將已收集到的五萬多個傳統劇目的本子全部印出來」，「其中優秀的和比較好的，則加以整理出版，供各劇團演出」，「使它們永遠在戲曲舞台上煥發著悅目的光彩，一直到共產主義時代」。在周揚這個黑指示的影響下，各地文化局都將本省各個劇種的傳統劇目匯編成書，分冊出版，有的省出了數百種之多，有的還交給出版社公開出版，大肆放毒。

八月　周揚在河北文藝理論工作會議上講話，提出「建立中國自己的馬克思主義的文藝理論和批評。」同年十二月周揚在北京大學中文系又作「建立中國的馬克思主義美學」的報告。這是根據劉少奇的「馬克思主義和文藝在中國還沒有結合」的黑指示提出的。他誣蔑毛主席的文藝思想「完整性」「系統性還不夠」，對一些文藝理論問題「還沒有解決，至少還沒有完全解決」。

九月　人民教育出版社出版了《毛澤東同志論教育工作》。

文物出版社出版毛主席光輝詩篇《毛主席詩詞廿一首》線裝本。

九月　人民文學出版社開始編輯出版《文學小叢書》，借口向廣大工農兵讀者普及所謂古今中外的文學「名著」，大肆宣傳資產階級和封建主義思想。直到一九六三年八月，共出版四輯。陳原還為這個小叢書定調子，說「要收有定評的作品」，「要顆顆是珍珠」，「不要收解放以後沒有成熟的作品」。以抵制現實題材的作品。

九月　北京大學、復旦大學和北京師範大學學生編寫的《中國文學史》等相繼出版。

十月三日　毛主席在《人民日報》發表了光輝詩篇《送瘟神》兩首。對大躍進中的我國人民作了崇高評價，極大地鼓舞了千百萬群眾，促進了大躍進。

十月七日　陸定一對舊文化部黨組顛倒黑白說「一九四九年──一九五二年的文化工作，基本上做到政治掛帥和群眾路線」，而一九五八年黨領導的廣大群眾的文化革命運動卻說是「脫離政治、脫離群眾的傾向」。並說這個時期重外輕中的傾向已「基本上扭轉」，要防止片面的排斥外來的東西。」

十一月十四日　周揚在十大建築落成慶祝大會上提出「美就是政治」的反動口號。

十一月　人民出版社出版**《毛澤東同志論帝國主義和一切反動派都是紙老虎》**。這本偉大著作的出版，對世界革命人民的反帝鬥爭具有極其重大的指導意義。

十一月　彭真黑幫控制下的《前線》出籠。《前線》的發刊詞是一株反黨反社會主義反毛澤東思想的大毒草；反革命復辟的宣言書。

十二月　周總理肯定了大躍進中的群眾文化革命運動，說：「文教方面基本上是好的，成績很大，一股共产主义热情，但是看来过急一些，……现在应该采取措施，有的应当扭转过来"，"转要转得好，对党员负责同志要讲清楚，不要泼冷水。"

十二月　中华书局出版邓拓编选的《新编唐诗三百首》，这是一株借古讽今，恶毒攻击党，攻击三面红旗的大毒草。

一九五八年　《马克思恩格斯全集》中译本第四、第五两卷出版。

《列宁全集》中译本第四、十、廿、廿二、廿三、廿五、廿七、卅一、卅二等九卷出版。

《鲁迅全集》第二、三、四、六、七、八等六卷出版。

一九五八年　陆定一、胡乔木、周扬在刘少奇支持下决定将商务印书馆同高教出版社分家，重新建立该馆机构，并调陈翰伯任该馆总编辑兼总经理。陈到职前夕，周扬面授机宜说，商务的任务就是"做资产阶级应当做但是没有完成的事情"，"为资产阶级民主革命补课"。还说什么，"商务大有油水可捞"。商务机构刚一建立，周扬即下令重印解放前的翻译书，如斯宾塞的《群学肄言》，赫胥黎的《天演论》，达尔文的《物种原始》等等大批重印出笼。

一九五八年　大毒草《青春之歌》、《上海的早晨》、《红旗谱》、《六十年的变迁》等，都在这一年由人民文学出版社先后出版。

一九五九年

一月　陆定一在旧中宣部的一次会上对1958年文化工作的大跃进大肆攻击，说什么1958年文教工作中产生缺点的原因是"头脑发热，思想方法不对头"，说"文化多了要亡国。"还说："红旗可以插，白旗、灰旗不要拔"。他还在这个时候召开的教育工作会议上大反陈伯达同志提出的"厚今薄古"的口号，说什么"古今都是'钢板'，厚薄都有用"。

一月　旧中宣部包之静同王益等人说："出版工作大跃进中，对方针政策有片面看法，照顾全面不够"，"片面强调直接配合中心工作，片面强调依靠工农兵"，他攻击"依靠工农兵写书是提高质量的重要措施"、"最新最美的图画要靠工农兵来写"、"专业和业余相结合"等口号是"错误的"。他还攻击党"忽视出版基础读物和学术著作"，"把稿费降得太多了"等等。

一月　胡乔木在一次讲话中，攻击出版青年新生力量的作品，攻击学术批判。说："过去说，不要拾资产阶级知识分子的破烂，但无产阶级的破烂也不要拾。不能把出书降到大字报的水平"。"对被批判的专家，也要允许讲话，不能只允许一方讲话"。

一月　吴晗主编、中华书局出版的《中国历史小丛书》开始出笼。到一九六六年上半年止，共出版了一百四十二种。其中大部分是美化帝王将相、歌颂封建统治阶级的。还有一大批借古讽今，以"罢官"、"罢帅"为主题的为右倾机会主义翻案的大毒草，如《戚继光》、《于谦》、《李纲与宗泽》、《陆游》、《袁崇焕》等。吴晗的大毒草《海瑞的故事》，先后印了十五万册。

二月二十日　周扬在创作会议上大肆鼓吹资产阶级自由化，贩卖全民文艺黑货，叫嚷"服务的方式愈广泛，服务得愈好，只许一种，路子就窄了。……要提倡多样的形式，多样的题材，天仙妖怪都可以写"。说："文艺也有个市场问题，不同群众有不同的需要，……不能强迫推销，要满足各种不同的需要"。还极力压制新生写作力量，说："支持工农兵创作，不一定占主要地位，而是平等竞赛"。

二月　《中国青年》和《文艺报》上展开关于小说《青春之歌》的辩论。革命群众对吹捧刘少奇、彭真，美化资产阶级知识分子的《青春之歌》提出了严正批评。前团中央和周扬黑帮立即组织茅盾、何其芳等"权威"进行围攻。

三月　在旧中宣部包之静的直接指使下,由旧文化部出版局陈原起草的《关于一九五八年图书质量检查的总结报告》,对一九五八年出版工作大跃进中的一些新气象大肆污蔑,认为一九五八年"重视了群众著作的出版","而不热心组织专家的著作";叫嚷:"让资产阶级学术思想有争鸣的自由,对于我国学术的发展只会快些好些,因此在出书上必须注意有意识地'放'"。报告中把出版了马寅初、周谷城、冯友兰、刘节等资产阶级学阀的著作列为"成绩"。

四月　旧中宣部包之静借"批示"人民出版社来信的机会,攻击毛主席著作"出版发行得过多,造成积压浪费",责令文化部今后"不要盲目发行",要订出所谓"改进办法","把印数问题作为一个重要问题来解决"。

四月　中国戏剧出版社出版阳翰笙歌颂大叛徒的话剧《李秀成之死》一书。

五月三日　周扬在文艺界座谈会上讲话,认为"我们没有权力抛弃遗产,不能压低遗产;压低了遗产,现代的也创作不出来"。

五月二十二日　钱俊瑞、王益、陈原等人主持召开了京沪二十六个出版社座谈会,座谈一九五八年的出版工作。会上有人大肆攻击五八年的成绩,非难工农兵方向和组稿的群众路线,要求提高稿酬。

五月　旧中宣部、旧文化部借口纪念"五四"运动四十年,美化三十年代文艺,在周扬、林默涵、夏衍等人策划下,在前几年就指使人民文学出版社着手编辑出版所谓"中国新文学四十年集"、"中国新文学三十年集"等,并指使北京、上海两地出版社大肆出版三十年代文艺作品。人民文学出版社要在一九五九年内把《沫若文集》十八卷、《茅盾文集》十二卷、《巴金文集》十卷全部出齐。与此同时,田汉、欧阳予倩、夏衍、阳翰笙、陈白尘、洪深等三十年代人物的作品、文集都纷纷先后出笼。旧文化部在内部刊物《文化通讯》上刊登消息,对这些三十年代作品大肆吹捧,说什么这些作品"充满了民主主义和爱国主义的精神,反映了'五四'运动以来到全国解放以前我国社会生活面貌,表现了中国人民反对封建主义、反对帝国主义的坚强意志"。中国青年出版社还出版了纪念"五四"的《中国知识分子的道路》,上海人民出版社出版了《五四运动四十周年纪念论文集》。中华书局也出版了《五四运动回忆录》。

五月　齐燕铭在一次古籍整理出版规划小组扩大会上,大肆攻击"厚今薄古",说:"'厚今薄古'的口号提出不久之后,古籍出版干部思想波动很利害,……学术界对整理古籍工作曾经有一个时期消沉,……许多人思想混乱",他狂妄地说有些人"他们企图简单地把古籍分为精华与糟粕两类,就是要用'贴标签'的办法,划定某些书是精华,某些书是糟粕"。他叫嚷"不要一见缺点就大嚷大叫,使得人们不敢再编书,再写文章"。

五月　旧文化部正式颁发《图书进发货试行章程》。这个章程,闭口不谈新华书店的头等大事毛主席著作的发行工作。这个章程规定图书进发货工作必须"服务出版、促进出版,服务销售、指导销售"的十六字"方针"及其相应措施,用行政命令的手段,把新华书店牢牢拴在反革命修正主义黑线的"领导意图"和"出版意图"上面,对以后全国图书发行工作,起了极为恶劣的影响。

六月十六日　吴晗在《人民日报》上抛出了《海瑞骂皇帝》,一文恶毒地攻击党,鼓动右倾机会主义分子向党进攻,矛头指向我们伟大的领袖毛主席。

六月十八日　周扬"指示"金灿然说:"中华书局要重印一部分今人(包括已死的)著作,如冯友兰的、汤用彤的、马寅初的、章士钊的,不能割断历史,要接受这一部分资产阶级遗产。……要开一批书名,给中宣部看看"。

六月　人民文学出版社出版了毛主席关于文学艺术的伟大论著 **《毛泽东论文学与艺术》**,

但由于印数太少,出版不久就脱销。

六月 周扬、林默涵在旧中宣部的一次会议上,对出版工作下了许多黑指示。

周扬说:1958年"对基本建设注意得不够","今后主要是建设社会主义文化,要调动各种积极性(专家、群众),……不仅为当前服务,而且要为长远服务"。"书,有些要看几年的,不能把'配合'简单化,如跳舞也跳炼钢,不好"。又说:"普及工作也不能只是轰轰烈烈,也有艰苦的工作,……主要是要提高群众读和写的能力"。他对出版为当前政治运动服务的书,大肆攻击说:"解释政策法令的通俗书,宣传马列主义基本原理的书,这两类最容易出问题"。"为什么要出《商业红旗》、《共产主义风格》这种书?因为可以交账。各部门都有积极性,但出版社要对群众负责"。周扬还指责出版社"第一,片面追求指标;第二,要求密切结合实际"。指责出版社同资产阶级"专家"联系很不密切,说:"出版社应该为作家服务,为他们出书,要出得他们满意。不要象过去邮局一样,进去就一肚子气"。甚至说:"古书、学术著作,右派分子编的,真正有学术价值的仍可出版,不要叫他改名子,在机关工作的,仍给稿费"。林默涵则胡说基层干部工作中犯错误"是由于缺少文化知识",他说:"普及,……最主要的任务是出版通俗读物,使群众能接受文化遗产"。他还指责文化出版工作中"忽视了专家作用,对资产阶级专家更瞧不起"。

七月 吴晗、齐燕铭、邓拓、翦伯赞、侯外庐、金灿然等一伙反革命修正主义分子,组织了一个"聚餐会",他们自己称之为"小沙笼"。他们积极配合右倾机会主义分子的猖狂进攻,在七月一个月里,就开了三次"聚餐会",借口"谈学术活动"搞反党阴谋。据金灿然后来透露说:"1958年批判'厚古薄今'后,有些人不愿意多谈古,我们少数几个人搞了个'小沙笼',经常碰头"。他们借这个"小沙笼"经常碰头,策划出版借古讽今的毒草。

齐燕铭在一次谈古籍出版工作的会上,叫嚷说:"李斯、唐太宗、刘晏、康熙这些有雄图大略作过一番大事业的人物,都可以把他们的事迹整理出版。历史上有关农民起义的东西固然要搞,但只是讲造反,也未必恰当"。

七月 在周扬、包之静、陈原等人的策划下,配合右倾机会主义分子的进攻,起草了一个《关于改进书籍出版工作和提高出版物质量的报告》,恶毒攻击一九五八年出版工作的大跃进,诬蔑在有些书籍中"贬低苏联的成就,抬高自己"。在报告中极力吹嘘资产阶级"专家",说:"必须充分估计老专家、老作家在出版工作中的重大作用,充分发挥他们的积极性,积极组织他们的书稿"。还说"稿酬太低,不利于鼓励创作和提高书籍质量,……去年十月以后实行稿酬减半,降低过多,应当加以改正"。要求"出版社应该采取积极措施,……来推动学术问题的自由讨论"。"应该加强整理出版我国古籍,以及翻译出版外国优秀的学术著作和文艺作品的工作。解放以前我国资产阶级学者的著作亦应该有计划有选择地加以出版"。

这个报告,由于反右倾运动开始,没有正式出笼。到了十二月,又将这个报告改头换面写成《文化部党组关于改进书籍出版工作和提高出版物质量的请示报告》(草案),在旧中宣部召开的文化工作会议上加以散发。"报告"中除了保存七月报告的基本观点外,还提出了中央一级许多出版社"工作的重点是提高"的错误方针。

八月一日 在莱比锡举行的国际书籍艺术展览会开幕。这次展览会在苏修操纵之下,大搞同西方资本主义和平合作,大肆鼓吹和平主义。展览会中版画比赛的主题就叫做"世界和平"。旧文化部也按照苏修的调子,选择适合他们口味的展品,派出以夏衍为首的有王益、邵宇等人参加的代表团出席这次展览会。中国在这次会上获得奖章廾四枚。得奖作品尽是:《楚辞集注》、《永乐宫壁画》、《上海博物馆藏画》、《梁祝故事说唱集》、《我们需要和平》(版画)等等宣扬古人和宣扬和平主义的货色。

八月二日至十六日 党中央在庐山举行八届八中全会。会上右倾机会主义反党集团提出了一个彻头彻尾的修正主义纲领,大肆攻击三面红旗,梦想推翻以毛主席为首的党中央领导,把我国拉回资本主义的黑暗道路上去。全会粉碎了这一进攻。全会要求各级党委坚决为批判和克服右倾机会主义而斗争。

九月一日 毛主席写成两首七律诗(到韶山、登庐山),反击国内外反华、反共逆流。关于这两首诗,毛主席写了一封信:

近日右倾机会主义猖狂进攻,说人民事业这也不好,那也不好。全世界反华反共分子以及我国无产阶级内部、党的内部,过去混进来的资产阶级,小资产阶级的投机分子,他们里应外合一起,猖狂进攻。好家伙,简直要把昆仑山脉推下去了。同志,且慢!国内挂着共产主义招牌的一小撮投机分子,不过捡起几片鸡毛蒜皮,当做旗帜,向党的总路线、大跃进、人民公社举行攻击,真是"蚍蜉撼大树,可笑不自量"了。全世界反动派从去年起,咒骂我们狗血喷头。照我看,好得很。六亿五千万伟大人民的伟大事业而不被帝国主义及其在各国走狗大骂而特骂,那就是不可理解的了。他们越骂得凶,我就越高兴。让他们骂上半个世纪吧!那时再看,究竟谁败谁胜?我这两首诗,也算是答复那些忘八蛋的。

九月 林彪同志在全军高级干部会议上讲话,指出:"我们学习马克思列宁主义怎样学呢?我向同志们提议,主要学习毛泽东同志的著作。这是学习马克思列宁主义的捷径","毛泽东同志全面地、创造性地发展了马克思列宁主义,综合了前人的成果,加上了新的内容。要好好学习毛泽东同志的著作"。

九月 人民文学出版社出版了苏修头目的大毒草《赫鲁晓夫关于文学艺术问题讲话》,不仅做了平装、精装,而且做了特精装。出书前,人民文学出版社副总编郑效洵以私人名义给林默涵写信请示,得到林的批准。

九月 篡改历史,为刘少奇树碑立传的《红色的安源》由江西人民出版社出版。此书是在刘少奇亲自策划下炮制出来的,书稿和排印校样都送给刘少奇审阅过。这本书在1962年2月又由人民文学出版社选拔重印,在全国大肆推广。

九月 "三家村"黑帮急先锋吴晗拥蒋反共、反党反人民的《投枪集》,在作家出版社出版。该书系由人民文学出版社副社长楼适夷亲自组稿,并经楼适夷批准发稿。

九月 中华书局出版《海瑞集》,以吴晗的大毒草《论海瑞》一文作代序。

十月十一日 艾思奇在《光明日报》上发表《"思维和存在的同一性"是唯物主义的原理吗?》一文,宣扬杨献珍的否认思维和存在具有同一性的谬论,打击工农兵群众发挥主观能动性,反对大跃进,挑起了"思维和存在同一性"问题的争论。

十月十九日 旧文化部又发出通知,停止稿费降低一半的办法,恢复执行一九五八年七月十四日规定的稿酬标准。

十一月 旧文化部发出《关于调整和加强北京和上海若干出版社的分工协作关系和安排若干出版社出书任务的报告》,报告中进一步规定了中央一级某些出版社工作重点是提高,如规定人民文学出版社主要任务是"选拔出版水平较高的文艺理论和文学史等著作";"选拔出版当代中国优秀的文学作品";"整理出版最重要的中国古典名著,……和翻译出版世界古典和现代文学名著"等。规定"人民美术出版社是国家的美术出版社",应出版水平高的作品,而连环画、年画、宣传画,则规定着重由上海出版。

十一月 邓拓的另一株毒草《论中国历史的几个问题》在三联书店出版,王子野批准发稿。

该书于一九六〇年二月和一九六三年二月又重印了两次。

十二月二十九日 全国文化工作会议期间,周扬这个投机家,提出了一个所谓反对现代修正主义,批判欧洲资产阶级文艺遗产的请示报告。邓小平批示说,反对修正主义"不能影射"苏修,"只讲我们自己的",而且"一定要慎重";对批判遗产,则强调要"长期打算","充分准备",不要搞一个大运动;在出版欧洲资产阶级文艺作品方面,"无害的要出"。实际上是不准广大工农兵群众批判现代修正主义和资产阶级文艺。

十二月 吴晗的另一株大毒草《海瑞的故事》在中华书局出版,其中包括吴晗在报刊上发表过的《海瑞的故事》,《清官海瑞》,《海瑞骂皇帝》,《海瑞的历史地位》四株毒草。此书由金灿然批准发稿。

十二月 中国电影出版社出版《五四以来电影剧本选集》,大力吹捧三十年代的文艺。

一九五九年 包之靜口头传达邓小平关于右派分子著作的黑指示,说邓小平曾认为:右派分子的书"只要不是讲马列主义的,不是讲政策的,不是讲思想修养的,其他的东西仍然可以出版。稿子收到以后,如果还没有摘帽子,可以先付稿费,把稿子买下来,等摘了帽子后就出版"。

一九五九年 刘少奇对美术界的反革命修正主义分子"指示",要"加强"年画工作,说,"年画很重要,不一定必须新年发行。过去上海英美烟草公司的月份牌画,就很受欢迎,画得也很好,现在为什么不可以搞呢?……杨柳青年画还是能为社会主义服务吆!"在刘少奇的授意倡导下,资产阶级趣味,小市民意识,封建色彩的美人图,胖娃娃,吉利彩头的月份牌画各地出版社都争相出版。

一九五九年 《马克思恩格斯全集》中译本第三卷出版;《列宁全集》中译本第二,三,六,七,八,九,十一,十二,十三,十五,十六,十七,十八,十九,二十一,二十六,三十四,三十五,三十六,三十七,三十八等二十一卷出版。至此三十八卷本《列宁全集》出齐。

一九五九年 《鲁迅全集》第一卷、第九卷、第十卷出版。至此《鲁迅全集》十卷本出齐。

一九五九年 人民文学出版社出版了毒草:杜鹏程的《在和平的日子里》,还重印了杜的美化反党分子彭德怀的大毒草《保卫延安》。

一九六〇年

一月 经刘少奇、邓小平批准,由旧中宣部起草,以中央名义批转的团中央《关于开展毛主席著作学习运动的提法问题的请示》规定,不准提"学习马克思列宁主义、毛泽东思想,"而只准提"学习马克思列宁主义、毛泽东著作"。

一月十九日 旧中宣部部长会议讨论有计划地大量出版中外遗产问题。周扬提出,这一工作的"重点是满足广大干部的需要",他说:"出版社是学术机关,……有一个为了满足干部知识,欣赏需要的目的,还有一个供应研究批判需要的目的。……诸子百家,几年中一定要搞出来"。他认为"有益,无害,有害,应该是出书的标准"。周扬还提出了一个:"出版社不要有啥出啥,要做到要啥出啥"的口号,以便为毒草出笼开方便之门。说中华书局、商务印书馆、人民文学出版社是传播封建主义、资本主义思想的"合法机关"。"光是复古还不行,还要搞洋务。商务、中华两家专门出名、洋、古。""你们厚古薄今是合法的。"他还认为通俗历史演义是大众化的工作,"是按正史写的,也可以出。"林默涵提出"有代表性的作品都要出",因为"难于分辨进步和落后。"

会后，由包之静负责拟出《关于加强和改进出版中国古籍和翻译出版外国学术和文艺著作问题的意见(草稿)》。该草稿大肆宣扬和吹捧中外遗产，认为"我们要创造社会主义和共产主义的文化，必须确切地了解和掌握中外古今人类全部发展过程中所创造的文化"，"整理出版中国古籍和翻译出版外国学术与文艺著作，对于我国学术文化的发展和提高有重要意义。"五月十日至十三日，旧文化部召开中外遗产出版工作座谈会，讨论该草稿，加以贯彻。

反共老手翦伯赞向文物出版社提出编辑出版《秦汉考古资料丛刊》的计划。内容是为其"史料即史学"的反动史学论服务。翦还自我吹嘘的说，"这部书的出版就是一部新《汉书》"。

二月十三日——二十九日 旧文化部召开全国艺术教育工作会议。林默涵在会上作报告和总结，竟然认为以毛主席《在延安文艺座谈会上的讲话》为中心来讲文艺理论，"不够完整"，要另编《艺术概论》，以"跟我国传统的文艺理论相结合"。宣扬"遗产的思想内容也要继承。"还提出"知识就是力量！"的修正主义口号。

二月 旧文化部召开部分地方出版社座谈会。由陈原起草胡愈之审查后提交会议讨论的报告中，胡说出版为工农兵服务的方向"这个问题在1958年的出版工作大跃进会议上，实质上已经解决了"。报告认为现在是"不要狭隘地或机械地理解这个方针。服务可以是直接的，也可以是间接的；可以为人民群众当前利益服务，也可以为他们的长远利益服务。力求服务的方面多些，方式多种多样，路子不妨宽些。"报告中强调中央一级出版社"工作的重点是搞提高"，而"出版通俗读物的首要责任在地方出版社"。胡愈之也在会上说："今后出版通俗读物，主要应依靠地方，地方要考虑出整套的书"。陈原为了在通俗读物中放毒，大肆提倡地方出版社也要贯彻"二百"方针，他还说："杨献珍因说高级党校没有百家争鸣问题，受了批评。所以地方出版社应该无例外地坚决贯彻'二百'方针"。

在谈到通俗读物时，胡愈之对连环画这种形式大加攻击，认为这种形式只是在人们识字不多的情况下有用，将来文化普及了，这种形式就要取消。因此，他不主张多搞连环画，妄图取消这种为群众所喜闻乐见的有力的宣传武器。

三月二日 根据周扬黑指示，在旧作协党组策划下，以《文学评论》《文艺报》编辑部的名义召开纪念左联成立三十周年座谈会。纠集"三十年代"文艺的头面人物，大肆美化周扬和他们自己，自封为代表"党的坚强领导"，并为王明右倾机会主义路线翻案，叫喊说他们当时"高高举起了无产阶级革命文学的旗帜"，"在我国无产阶级革命文学运动中起了巨大作用"。

在此前后，上海文艺出版社即以昂贵的代价影印了三十年代周扬等编辑的杂志。

三月二十八日 旧文化部党组会上讨论到出版工作时，林默涵鼓吹说："农业中学发展以后，迫切需要知识"，"要考虑办一个给农民看的介绍丰富知识的刊物，有些共同性的知识，并不一定要结合地方实际"。"历史知识就非常需要，要搞一些介绍历史知识的小人书"。他还提倡"要提高编辑的社会地位，要使编辑有时间学习，……要提倡编辑是终身职业，要安心"。林默涵还大力推荐秦牧在广东搞的一套专门向香港发行的知识读物，认为"可以参考"。上同林默涵一唱一和，大肆提倡知识读物，说"小人书的形式，可以多种多样，要介绍各种科学知识"。齐燕铭在会上极力提倡要搞"一个机构，专门出版各种工具书、词典"，胡愈之则说："百科全书的准备工作还是要做"。徐光霄认为："出版工作要推动学术文化的繁荣，树立好的文风。编辑要当无名英雄"。

三月 按照陆定一的旨意，旧文化部一小撮反革命修正主义分子和新华书店总店党内走资本主义道路的当权派，在书店大搞所谓"图书发行革命"。提出这个"革命"的目标是解决"供需矛盾"、是解决"认识落后于实际的矛盾"，企图把人们引导到脱离政治、脱离阶级斗争的斜道上去。

四月 根据中央决定,为纪念列宁九十周年诞辰,开展反修斗争,出版我国自己编辑的《列宁选集》(四卷本)和《列宁论反对修正主义》等六本语录。

四月 周扬在香山召开的一次座谈会上,散布说:"修正主义对中国……影响不大,在文艺界开展反修正主义斗争,不要弄得草木皆兵,形成处处都是修正主义"。他还提出:"要批判,首先要学习,要熟悉"的谬论。他说:"对于十八、十九世纪文学遗产,……写批判文章,宁可少些,质量要高。不研究或少研究,写文章容易出笑话"。又说什么:"忠君爱国思想,不象人道主义、人性论,危害不大,如'岳母刺字',就可以演出。封建思想,在'五四'时已批判过,今天基本上已无害"。在这个会上,周扬还大捧资产阶级专家,说:"他们有有用的知识,要发挥他们的长处,不要老以为他们是右的,从世界范围说,他们还算是左的。……不要一棍子打死,出版社要允许不同水平的出版物都能出版"。

五月二十八日 旧文化部向省市有关部门发出 《关于〈毛泽东选集〉第四卷发行工作的通知》。为了害怕群众知道,竟然规定调查需要数量的工作"只限于在机关、部队、学校、团体、企业内部通过组织向读者登记,不得在报纸上刊登广告,也不得在书店门市部张贴公告"。还规定:"分配的原则一般应该是:领导机关优先于一般机关,集体读者(图书馆)优先于个别读者,领导干部和有专门需要的读者优先于一般读者"。

六月 旧文化部根据旧中宣部的黑指示,借口检查质量,决定将面向基层的通俗政治理论刊物《政治学习》停刊。同时停刊的还有《连环画报》等刊物。

六月 吴晗的另一株毒草《灯下集》在三联书店出版,王子野批准发稿。该书于一九六一年六月、十二月,一九六二年三月、十一月又重印了四次。王子野在一九六一年九月十四、十五日对人民出版社全体工作人员作报告时,吹捧吴晗的这株毒草为"好的学术著作",可以"使人耳目一新",是"保留节目"。

六月 全国文教群英会在北京举行。周恩来同志接见代表,号召文化战线上工作的所有同志,"必须同全国人民一道,在党和毛主席的领导下,继续破除迷信,解放思想,鼓足干劲,力争上游,坚决贯彻执行党的社会主义建设总路线,坚持把教育革命进行到底,把文化革命推向一个新的高潮。"

六月十日 旧文化部发出《关于进一步加强对城市租书铺、摊整顿改造的意见》。齐燕铭、夏衍等一小撮反革命修正主义分子,对这个旧社会遗留下来的藏污纳垢场所,在解放后未经根本清理与改造的"文化行业",竟肯定它的"面貌已有很大改变,明确了营业方向",不顾坏书充斥,毒害人民群众特别是少年儿童的严重事实,竟说它"在活跃人民文化生活方面起了一定的积极作用",从而否定了对城市私营租书铺、摊进行彻底的社会主义改造的必要性。在这个《意见》中,他们还以"辅导"为名,要各地新华书店对租书铺、摊从业务上到经济上进行扶持。

七月 林彪同志在"关于加强部队政治思想工作的指示"中指出:"政治思想工作是要经常进行的,绝不是这个时期重要,另一个时期就不重要了。"在同年九月又指出:"政治工作是很重要的工作,正象毛泽东同志说的,政治工作是我军的生命线,是统帅,是灵魂。"

七月十五日 旧文化部发出《关于出版工作支援农业的通知》。这个通知,打着"支援农业"的旗号,闭口不谈向农村普及毛泽东思想,不谈宣传党的三面红旗,不谈为贫下中农服务。通知中特别规定各地新华书店"清理存书",把积压在城市书店里的所谓"通俗图书"调到农村去卖钱。

八月四日 齐燕铭在古籍整理出版规划小组上说:"我们考虑,要在几年内,把古书中重要的东西(包括经史子集)经过校勘、标点,有的还要加新注,旧注好的要保存下来,集各本之长,搞出一个完本来"。齐燕铭极力反对用马列主义、毛泽东思想整理古籍,在本年十一月八日又说:"用马列主义方法,这话说起来简单,但在实际工作中会碰到很多问题"。同时还大肆宣扬烦琐的考证,说:"马列主义并不排除细节的考证,即使象考证洪秀全有无胡子,也不是毫无用处的"。吹捧资产阶级专家,说:"专家之所以可贵,就在于他们能够总结群众的经验,帮助提高群众的创作水平","认为只要群众发动起来,就可以解决一切问题,而不需要指导和提高,那也是一种片面性,也是不对的"。

九月　我国人民和全世界人民革命的宝书《毛泽东选集》第四卷出版,十月一日在新华书店发行。本年还出版了毛主席的《抗日战争胜利后的时局和我们的方针》、《目前的形势和我们的任务》、《在晋绥干部会议上的讲话》、《论人民民主专政》等单行本十一种。

一切反动分子都最害怕毛泽东思想。根据调查,《毛泽东选集》第四卷当年至少需要1,500万册,但是阎王殿却大加压制,只准印539万册。陆定一在本年九月十七日的文教书记会议上说:"学习《毛泽东选集》第四卷,认真组织刚才讲到的一些同志(即宣传干部、文艺、报刊等部门的干部)参加就行,不扩大,看来比较好些"。还在本年三月,陆定一在文教书记会议上就大肆攻击林彪同志提出的活学活用毛主席著作,诬蔑说:"打乒乓球赢了是学习毛泽东思想,那么打输了怎么办?道理讲不通,不要庸俗化"。到了《毛泽东选集》第四卷出版后,十月份中宣部包之静就秉承陆定一的意旨,收集材料,起草所谓《关于宣传毛泽东思想和革命领袖事迹中一些问题的检查报告》,恶毒攻击"在毛泽东思想的宣传中,存在着简单化、庸俗化的现象"。这个报告经林默涵定稿,于1961年3月由张子意签发,由刘、邓黑司令部批转各地,流毒全国。

石西民在上海对报刊宣传工作者说:"宣传毛选第四卷,一不准借题发挥,二不准用概念分析代替历史分析,三不准庸俗化,不要什么都说毛泽东思想,不要把毛主席没有提过的也说成毛泽东思想"。

九月　林彪同志在全军高级干部会议上讲话中指出:"**人的因素第一,政治工作第一,思想工作第一,活的思想第一,这是我军政治思想工作的方向,也是整个军队建设的方向。在新的历史时期中,我们更应该紧紧掌握这个方向。**"

九月　人民文学出版社出版了周扬在第三次全国文代会上的报告《我国社会主义文学艺术的道路》,在报告中,他打着反修的旗号,偷运了不少修正主义的私货。他根本否定了毛主席已经给文艺工作指出了唯一正确的道路和方向,胡说:"我们应该很好地总结我们的经验,阐明社会主义文艺应当沿着什么方向,什么道路前进才是正确的"。他鼓吹题材多样化,说:"我们提倡多样化,鼓励自由创作,而反对千篇一律,刻板和狭隘化"。报告中把《三家巷》等一批毒草捧为"优秀作品"。

十月　在革命群众反对高稿酬的呼声下,文化部党组和中国作家协会党组迫于形势,提出了一个《关于废除版税制,彻底改革稿酬制度的请示报告》。取消了印数稿酬,规定出版书籍只按字数一次付酬。

十月　在旧中宣部的策划下,由张子意、齐燕铭主持搞了一个"中央一级出版社整顿小组",把中央一级的许多科学技术出版社加以裁撤合并,唯一的一个"科学普及出版社"也撤消了,大大削弱了科技书籍的出版工作。齐燕铭在整顿的动员报告中,提出所谓"要用革命的方法,充分发动群众,彻底整顿",提出"停止出书,彻底检查,重新登记,逐一审批"的措施,以致大部分出版社在近半年的时间内,没有出书,陷于停顿状态。

十月二十二日　中共中央军委扩大会议通过《关于加强军队政治思想工作的决议》。决议号召高举毛泽东思想伟大红旗,把毛泽东思想真正学到手,坚持在一切工作中用毛泽东思想挂帅。明确规定部队文艺工作的任务是:必须密切结合部队的任务和思想情况,为灭资兴无,巩固和提高战斗力服务。

十一月十四日 周总理召集中央文教部门负责人,就一九六一年文教工作计划问题作了重要指示。在这个指示中,周总理十分深刻地谈到文化战线上两个阶级、两条路线的斗争。周总理说:"在我国目前情况下,社会上不仅有资本主义思想,还有封建思想残余,这需要我们与之作不断的斗争。文教工作是思想工作,对此要有很好的认识,如果我们的工作做得不好,资本主义思想、封建思想就会死灰复燃。知识分子改造是长期的。对任何问题要从长期来看。要在我们身上打好基础,否则在内外资产阶级思想的影响下会变质。必须严肃认识一个指头的问题,决不能掉以轻心。如不注意克服错误思想,必然会贻害将来。"

十二月十四日 经旧中宣部批转旧文化部党组《关于书籍中的政治错误和处理意见的报告》,报告中规定:"凡属不涉及现实政治问题的思想性错误的图书(如一般带有人性论倾向和资产阶级和平主义倾向的图书以及一般资产阶级观点的图书)和学术性错误的图书,可以不必停售"。这个规定,为宣传修正主义思想和资产阶级思想大开方便之门。

十二月 刘、邓黑司令部通过胡乔木下令文化部门,不准在报刊图书上公开提学习毛泽东思想,只准提学习毛主席著作。胡说什么"报刊上不说毛泽东思想已超出一国范围,更不能给人印象好象毛泽东思想同马列主义是两回事。不要孤立的宣传毛泽东思想,好象只有毛泽东思想,没有马列主义。"

一九六○年 刘少奇在一次谈到政治经济学教科书中社会主义部分时,胡说什么:"社会生产和社会需要的矛盾,规定了社会主义,共产主义社会的本质"。又说:"按需分配是否一定出懒人?给了他,更容易教育他,先给你吃饱,你不好好工作,就好批评。'将欲取之,必先予之'"。这年,有些大学编的《政治经济学教科书》讲义,宣传了上述谬论。

一九六○年 大毒草《三家巷》由人民文学出版社选拔出版。

一九六一年

一月一日 林彪同志在《关于加强部队政治思想工作的指示》中,号召全军干部和战士,认真地学习毛主席的著作,强调提出:"**要带着问题学,活学活用,学用结合,急用先学,立竿见影。**"

一月九日 《北京文艺》第一期,发表吴晗为罢了官的右倾机会主义分子翻案、反党反社会主义的大毒草新编历史剧《海瑞罢官》。

一月 党中央举行了八届九中全会。全会公报指出:"我国在过去三年中所取得的伟大成就,说明了党的社会主义建设总路线、大跃进、人民公社是适合中国的实际情况的。"公报还指出:"占人口百分之几的极少数没有改造好的地主阶级分子和资产阶级分子……他们总是企图复辟,他们利用自然灾害所造成的困难和某些基层工作中的缺点,进行破坏活动。"

二月 周扬到上海召集上海文科和艺术院校的党政干部、专业教师,开了多次座谈会。周扬在各次讲话中,大肆放毒,他攻击"以论带史"结果是成了"以论代史"、"以论套史"。又说"不要老在唯物、唯心上打圈子"。他恶毒攻击毛泽东思想,说"毛主席的话要引用,但不要太多",对洋人、古人和苏修的文艺理论则要多吸收,多引用,多参考,这样"有材料,有知识,内容就丰富了"。他还攻击对资产阶级学术的批判是"光拆不盖",提出"未立不破"的反动谬论。

三月 陸定一對有些出版社把外國資產階級著作作內部發行，大發雷霆，說："伏爾泰的《哲學通訊》，上海也作內部發行，是不對的。對外國人的書，為什麼這樣可怕？各種書要出，多看些書，可以避免犯錯誤。"

三月八日 人民文學出版社草擬《關於<新文學三十年集>報告（草稿）》，按照林默涵的黑指示。《報告》中提出："《新文學三十年集》的編選出版，目的在於整理'五四'至建國以前這一階段新文學運動三十年間（一九一九——一九四九）創作的成果，批判地繼承這份最近的也是最富有現實意義的文學遺產"，"從而了解今天新文學創作的成就，並借此來進行一定的革命傳統教育，以激起他們建設社會主義的熱情和鼓舞他們的鬥志"。大力吹捧三十年代文學的作用，貶低毛主席文藝思想。這部書因形勢變化最後沒有編成。

三月初 舊中宣部出版處召集會議討論"圖書供應緊張情況"，齊燕銘、王益、王璟等人參加。他們對北京市東城區新華書店反映的"買《毛澤東選集》的人很多，主要是工人、學生、解放軍"的呼聲置之不理，而大談所謂"學術著作太少"。齊燕銘說："從文化部來講，最成問題的是買書。問題會講到中央的。……'二百'方針的發表，要利用書刊爭鳴，書籍品種要多一些。"王益要"市店和發行所根據需要提出個書目來"組織重印。舊中宣部出版處長、反革命修正主義分子包之靜大加讚賞，主張所謂"把紙張用在最需要的方面"，並要書店"徵求一下大學教授、專家們的意見"。

三月十七日 周揚在杭州對《魯迅傳》攝製組人員講話，大肆放毒，並企圖借拍《魯迅傳》給陳獨秀翻案和立傳。他說："五四時代的人物，李大釗是馬克思主義的先行者，陳獨秀也是。""也不能把陳獨秀寫得太不堪了"。他還企圖在"歷史的真實"的幌子下，美化大反革命分子、帝國主義奴才胡適，他說：劇本中"不必美化他，也不要過分誇張他的反面，要真實可信"。一九六一年至一九六三年，在學術界出現了一股為叛徒陳獨秀和反革命分子胡適翻案的黑風，在這期間發表和出版的一些同"五四"運動有關的文章和書籍中，大肆美化和歌頌陳獨秀、胡適。如人民出版社一九六三年出版丁守和編的《從五四啟蒙運動到馬克思主義在中國的傳播》就是美化陳獨秀的一個典型的例子，寫到陳獨秀以及引用陳獨秀著作的篇幅多達三十頁。王子野竟認為"這本書不那麼壞，作為資料書可以出版，對這類書不能要求過高"。

三月二十二日 反革命分子鄧拓的《燕山夜話》在《北京晚報》開始出籠。

四月 由劉鄧司令部批准，以"中央"名義轉發《黑龍江省委關於編選和發表毛澤東同志言論問題的通報》，多方限制選編和出版毛主席著作。商務印書館地理組編輯《毛澤東論地理科學問題》一書，不得不改名《地理工作者理論學習文件匯編》後出版，舊中宣部知道後仍批評這本書不該出版。

四月中旬 《文藝報》拋出《題材問題》專論。這篇在周揚、林默涵指導下，由張光年起草，又經舊作協黨組討論，周揚、林默涵精心修改的大毒草，是反革命修正主義文藝路線的代表作。它打著"題材多樣化"的幌子，排斥工農兵火熱鬥爭的題材；它在"用一切辦法廣開文路"的口號下，鼓勵反黨反社會主義的"有志之士""有用之才"來為資本主義復辟製造輿論。

專論發表後，北京和許多地方文藝團體舉行座談，不少報刊轉載並發表文章響應。蘇修《外國文學》雜誌也連續加以報導，說是中國文藝界的"新事物"。

四月八日 周揚為了實現他的"建立中國的美學理論"的大陰謀，指使《文藝報》編輯部召開了所謂"批判地繼承中國古典文藝理論遺產"座談會。會上發言大肆美化封建時代的文論、詩論。《文藝報》自第五期特闢專欄，將發言及後來組織的文稿連續刊出，在文藝界造成"言必稱劉勰，死不談馬列"的風氣。

四月二十五日　陆定一在文科教材会议上放毒,攻击毛泽东思想是"贴标签",说:"现在还有新标签叫做'毛泽东思想',到处都贴"。他还高呼唯心主义、形而上学"万岁","有宣传的自由",要大家"学习"、"精通",否则"就要简单化,就要思想僵化,就要说假话"。

周扬在会议上污蔑学习毛主席著作会产生"教条主义"。说现在书店里摆的全是毛主席著作,"好像七折八扣的廉价书一样,摆得没有人买了。难道这是表示国家有文化吗?"又说,"光看毛主席著作,修正主义不会有,教条主义可能产生。"

通过这次会议,周扬搜罗了大批资产阶级学者和反动"权威",让他们主持文科教材的编写工作。结果,编出了一批塞满封建主义、资本主义和修正主义黑货的教材。

四月　新华书店总店的革命同志收集了大量调查材料,又写了一个"《毛泽东选集》第四卷发行情况简报"。提出"如果充分满足需要,还需一千万册"。反革命修正主义分子王益审阅草稿时,指责说"简报材料不够,现在也不能重印,以后再说",不准向上反映。

五月十二日　周扬约陈翰伯谈话。在谈到《辞源》的出版问题时,他说:"现在大家都要读点古书,不要《辞源》不行,古典的条目不要减少,可能的话还要增加一些"。他主张:"对古人不一定去讲批判,你对苏东坡怎么批判?"在谈队伍问题时,周扬提出要"想想办法,把摘了帽子的和没有摘帽子的右派分子弄几个来"。

五月　在周扬、林默涵、胡愈之等人的策划下,文化部党组向中宣部报送《关于编刊<知识丛书>问题的报告》。

五月　陈原传达旧中宣部关于宣传毛泽东思想存在所谓"简单化、庸俗化"的问题,并布置出版局查书。事后,在六月十日出版内部刊物《出版通讯》第一期载文攻击"有些书籍对于毛泽东思想的宣传,存在着简单化、庸俗化的现象"。"有些书把某些科学技术方面的创造、发明或发现简单生硬地和毛泽东思想直接联系起来,或者简单说成是应用毛泽东思想的结果。有些书把毛泽东同志的战略战术思想牵强附会地和医治疾病直接联系起来"。编者按语还要求"今后各出版社出版这些书籍时,必须严肃认真,并按规定送审"。

五月十八日　周扬在旧中宣部办公会议上,声色俱厉地批评书店在门市部陈列主席著作太多,太突出。污蔑说:"会使人有推销存书和主席著作卖不掉的感觉,这样突出的结果是不好的。""书店门市陈列也要体现'百花齐放、百家争鸣'的方针。"王益、陈原立即亲到书店"检查",勒令书店门市部缩小毛主席著作的陈列面积。陈原恶毒攻击说:"毛主席著作陈列太多,好象商店货架上陈列的卖不掉的桔子水一样"。王益还通过内部刊物《图书发行》报发表整版文章,恶毒攻击书店陈列毛主席著作的面积过大,会"给读者产生推销存书的错觉",并胡说:"不能认为只要配合了中心工作,大量陈列了毛主席著作,就算陈列宣传的政治思想性强了"。

五月　陈伯达同志去广州,对新华书店抄袭苏修的经营管理方法,拦起柜台售书,提出了严厉的批评,他在广州市新华书店永汉北路门市部读者意见簿上写道,"你们是为人民服务、还是做买卖?为什么把书籍拦起来不许读者翻阅?"新华书店总店走资本主义道路的当权派王璟对这个意见一再加以抵制,强调"出版总署的试点经验并没有否定。"

六月二日　周扬在文艺工作座谈会上作报告,诬蔑反右派以来的历次政治思想斗争"产生了副作用,有些人不敢讲话了","文艺题材、形式、风格的自由发展,不同学派的自由讨论,这两个'自由'受到了阻碍和束缚。"周扬又一次反对歌颂毛主席,他恶狠狠地说:"一会儿说毛主席如何,一会儿出来一个毛主席像,这是廉价的宣传。……我不敢讲,彭真同志说是懒汉!"

他还系统地宣扬了文艺对政治的"间接服务"论,遗产的"全盘继承"论,反"题材决定"论,"有益无害"论,"形象思维"论等反革命修正主义理论,推行资产阶级自由化的方针。

六月十日 商务印书馆《外国哲学、社会科学书籍发行办法》经旧文化部出版局批准试行。这个"发行办法"和四月间出笼的中华书局《关于新出古籍的发行办法》，都是旧中宣部旧文化部一小撮反革命修正主义分子控制出版、发行阵地进行复辟活动的反革命措施。

六月 中华书局代北京历史学会出版吴晗编的《历史剧拟目》。大肆提倡写历史剧，以便他们搞借古讽今的反革命活动。此书由吴晗交来，经金灿然批准代印的。

六月三十日 刘少奇在庆祝中国共产党成立四十周年大会上的讲话中，根本不提毛泽东思想，否认毛主席对马列主义的天才的、全面的、创造性的发展，他把毛主席贬低为仅仅是"正确地提出和解决了一系列理论和策略问题"，"提出了中国革命历史进程的规划"。

六、七月间 "三家村"反党集团趁国内外革命人民热烈庆祝中国共产党成立四十周年，热烈欢呼在毛主席领导下取得的伟大胜利之机，配合国内外反动势力，配合被罢了官的但不甘心失败的右倾机会主义分子又掀起一股翻案风。吴晗抛出了纪念明代于谦的文章，邓拓，也写了一篇《陈绛和王耿的案件》，妄图鼓动那些右倾机会主义者东山再起。

七月六日 在讨论科学工作十四条的会议上，刘、邓、彭、陆大肆攻击文化科学战线五八年以来的大跃进。刘少奇公然提出"究竟成绩是否伟大？有无虚假？"诬蔑我党"不懂装懂"，诬蔑思想文化战线上的革命是"戴帽子"、"乱斗"、"强制人家接受马列主义"；攻击前几年是"抽象的红，空谈革命"。刘、邓还公然要我党向资产阶级还账，恶毒的说，"不要欠账到棺材，生前不还，死后还"。邓小平还要革命干部老老实实地当资产阶级教授专家的勤务兵，好好为他们服务。

七月 周扬在一次谈到出版学校教材时，叫嚣说："不要把共产党人看作清教徒，不要把青年培养成清教徒"。"教材中可以选些圣经里的东西，不要以为青年一接触圣经，就会信教"。

在一次小会上又说：在建设时期，"有时甚至要求一部分文艺不表现政治。山水花鸟就没有政治内容。……没有政治内容的东西，也可以为政治服务。有时，政治淡的或没有政治内容的，反而能服务，如梅兰芳的'贵妃醉酒'到日本。有时，古的才能服务；新的，反而不能服务，不能到外国去。"

七月二十五日 包之静在世界知识出版社召开的几家出版社负责人的碰头会上说："对摘帽子的右派，对他们书稿的处理，要一视同仁"。不久以后，他又说："摘帽子的右派，他们的著作可以出版，已出版的书可以照常发行"。

七月 中国电影出版社出版《五四以来优秀电影剧本选》为"三十年代"电影树碑立传。此后又陆续出版了这一类的回忆录性的著作。

七月廿八日 旧中宣部召开文艺工作座谈会。周扬在会上作《总结报告》，抛出了一个系统的修正主义文艺纲领。公然修改毛主席所指示的文艺要为工农兵服务的方向，认为现在同延安文艺座谈会时代"不同"，服务对象更"广泛了"，包括资产阶级在内的"全国人民"都是"服务对象"。攻击文艺要为政治服务的方针，说过去"把政治了解得很狭窄"，认为文艺为政治服务，"不仅应该有表现社会主义时代的作品"而且还要"整理过去的文艺遗产"，甚至说："在有的时候，有的场合，后者起的作用还更大"。

八月一日 由林默涵起草的《关于当前文学艺术工作的意见》(草案)即所谓的《文艺十条》经周扬修改后，印发下去。《文艺十条》是一个彻头彻尾的修正主义文艺纲领，它是反毛泽东思想，鼓吹资产阶级自由化，为资本主义复辟进行舆论准备的。

八月 包之静、陈原等立即按照《文艺十条》草拟《关于出版工作的若干规定》(草案)，也是十条。"草案"中根本不提为工农兵服务的方向，根本不提出版毛主席著作，大肆鼓吹"应该在对现实政治无害的条件下，鼓励和组织不同学派的学术著作和不同流派和风格的文艺作品的出版"。提出："出版社应该积极出版观点正确和有较高学术性和艺术性的书籍；足以扩大眼界、提高思想、增进知识、丰富人民精神生活的书；有资料价值、为研究工作者需要的书"。没有一句提到要积极出版通俗读物。"草案"中十分突出地叫嚷"要重视资产阶级知识分子的力量，发挥他们所长"。

八月三日 周扬在《知识丛书》扩大编委会上讲话，抛出了一个系统的修正主义的出版纲领。他强调要继承三十年代出版界"进步的传统"，宣扬"文化决定论"，"现在不是知识太多，而是知识太少，不是文化太高，而是文化太低"，"被领导者没有文化，很难充分发表意见，领导者没有文化，很容易简单粗暴"。他诬蔑我们党"轻视文化知识，只是片面强调政治"。（周扬在这次会后，还曾说过：农村干部发生四不清，主要是因为他们没有知识。）极力吹捧资产阶级专家、学者，认为"没有专家，就不可能建设社会主义"，"现在最需要专家了"。他为反共老手吴晗主编的《历史小丛书》叫好，"无论从文化普及或提高来看；都是迫切需要的"。他还处心积虑地给毒草的出笼大开方便之门，认为"一本知识丛书，其中有八分正确的，二分错误的，也是好的，就是其中有六分是正确的，四分是错误的，也还是有益的部分多些"，并且把运用马列主义、毛泽东思想进行分析污蔑为"贴标签"。他还恶毒地攻击社会主义制度和无产阶级专政，说："过去商人办出版社，要巴结作家，你不出他的书稿，有别人出。现在是只此一家，这里不要，别的地方也不收。"他认为无产阶级专政，"搞得不好，挫伤积极性也是很厉害的"。他还说："这套《知识丛书》现在由胡愈之同志主编，这是佘太君挂帅，我很拥护。"

在周扬的鼓吹下，胡愈之、陈翰伯、陈原等把出版这套丛书，以及其他知识性读物，当作中心任务来抓，四处活动，为《知识丛书》编制选题，组织书稿。他们搞了一个包括花鸟虫鱼、金石书画，以至中国娼妓史之类乱七八糟，数达五百多种的庞大的选题计划，借口介绍知识，大肆放毒。十一月，陈翰伯、陈原还到上海、广州等地访问资产阶级的"专家""学者"，征求意见，向他们组稿。陈翰伯还把这些人的意见，概括为所谓"三个基本"（基本理论、基本历史、基本方法），要拿"三个基本为中心去组织书稿"。陈翰伯、陈原还借这次到上海、广州的机会，煽风点火，支持学校和出版社的资产阶级知识分子向党进攻。他们回来以后，把牛鬼蛇神攻击出版社的黑话（如说出版社组稿是"十万火急，石沉大海，强加于人，变化无穷"等）到处传播。

八月 《剧本》第七、八期合刊上，田汉的《谢瑶环》、孟超的《李慧娘》、丁西林的《孟丽君》三株大毒草同时出笼。以后，有的出版社把剧本印成单行本出版，有的被改编成连环画出版。

八月十六日 周扬在对"教育学提纲"提意见时宣扬人性论，说："不能说阶级社会里绝不会有全人类的需要。如衣食好，要恋爱等，不能说不是全人类的需要。"

八月二十八日 旧文化部发出通知，要求各地出版社在执行取消印数稿酬的决定时要"正确贯彻多劳多得的精神，反对平均主义，坚决纠正偏低标准的偏差"。同时还说，"关于取消印数稿酬后出现的情况，我们现正根据文艺座谈会的精神加以研究"。要求各地广为收集"著译者对稿酬制度的意见"，寄给出版局。上海在石西民的支持下，还召开了所谓老作家座谈会，他们在会上纷纷攻击取消版税制的办法，说："稿酬偏低，影响作品质量"，"这样给稿酬，助长了粗制滥造"，攻击这种办法使"作家和出版社的关系，是一手交钱，一手交货"。有人还说："作家想同出版社打官司的人不是没有，而是多得很，问题是不敢打，怕戴帽子"。

八月 文艺座谈会在旧文化部传达后，旧文化部党组多次召开干部会，座谈"学习心得"。齐燕铭说："知识分子本来就不多；要靠知识分子为梯子，建设社会主义文化"。徐光霄咒骂党的领导"简单粗暴"，"这几年弄得人家不敢讲话"。陈原也叫嚷："出版社对知识分子要求过高，要求一律"，陈原还指责出版社对政治和学术界限分不清。他还"整理"了一部由一个右派分子翻译的英国反动资产阶级作家的《印度经济史稿》多年没有出版的材料，提供黑党组作为出版社不重视知识分子的"典型事例"，齐燕铭、夏衍、徐光霄、王益对这份材料大加欣尝，立即批交有关出版社，责令出版社"进行检查"。

八月卅一日　廖沫沙化名繁星，在《北京晚报》发表《有鬼无害论》，吹捧煽动反党反社会主义的鬼戏《李慧娘》。

九月　王子野恶毒攻击毛主席著作。他一方面把毛主席著作单篇本归入"小册子"、"小品种"，并攻击这些"小册子"、"小品种"质量不高，而另一方面却把吴晗的《灯下集》吹捧为"好的学术著作"，"已能使人耳目一新"，是"保留节目"。他还攻击伟大的毛泽东思想，说："毛主席对中国历史的看法要学习，但不是他说过以后就不要研了，不能说同主席说得不一样就是修正主义。"

在这期间，王子野还起草了一个《人民出版社改进今后工作的几条意见（草稿）》，这是在人民出版社推行修正主义路线的纲领性意见，他污蔑出版为政治服务，"把为政治服务缩小为仅仅出版一些配合当前政治运动，时事学习所需要的小册子。"他极力曲解"二百"方针，为资产阶级争"平等"，争出版阵地，以便于资产阶级思想自由泛滥，提出"出版社对于各家各派的著作应该一视同仁，同样受到尊重"，不能"厚此薄彼"。

九月　长期以来，旧中宣部陆定一、周扬一伙拚命压制毛主席著作的印行数量。六一年二月，新华书店根据调查，提出《毛泽东选集》第四卷要增印1,400万册，被旧文化部削减为300万册，报到阎王殿以后，张子意、包之静商议后批复说："目前纸张十分紧张，四卷选集暂不再印，等一个时期再说"。这年三月二十日，陆定一在中宣部办公会上又说："《毛泽东选集》一千多万册，还不够，那么怪？出版是得要规定一些政策，这样下去不行"，又说："《毛泽东选集》出那么多还不够，是不是定价太低了？"广大读者迫切需要毛主席著作，纷纷反映买不到《毛泽东选集》，到了九月，人民出版社、新华书店总店都提出要求增印《毛泽东选集》，但仍然遭到阎王殿的压制，九月二十一日张子意批复说："毛选四卷已印947万册，一至三卷又再版116万套，已经印得很多了，是否还要再印？值得考虑。即使再印一些，也还不能满足需要。一般愿意学习的大学生、工人、军人、基层干部、市民，是否非买一套毛选不可呢？已经买了毛选的九百万人，到底有多少人从头到尾读过呢？这是值得怀疑的。为什么不可以选择毛选中重要文章多印一些单行本呢？为什么只能读少数几篇文章的人，一定要买整套毛选呢？此事请文化部党组研究一下，不能让出版部门无计划地发行，出版社应该从各方面算细账"。包之静立即将张子意的黑指示转给齐燕铭、王益、陈原、王子野照办。

十月九日　陆定一在讨论文艺工作的会上歪曲"百花齐放"的方针，在所谓"无害"的幌子下鼓吹放资产阶级文艺，说"百花齐放不仅是风格，形式，题材，方法，还表现在政治方向容许无害作品。无害作品的阶级基础就是资产阶级中间派。中国那么大，专有人搞无害作品可以不可以。可以。""周瘦鹃搞盆景，鸳鸯蝴蝶派的，容许他搞"，这"也算一花"。

十月十日　邓拓等反革命黑帮在《前线》开辟《三家村札记》。

十月　苏共举行第二十二次代表大会，通过了一个全面的、系统的现代修正主义的纲领。

十一月　林彪同志在全军政治工作会议上讲话时指出："**至于部队，抓活思想是主要的，用毛泽东思想来回答、解决实际问题，要坚持这个方向，不要动摇。**

十一月　北京出版社将吴晗的为右倾机会主义分子翻案、向党向社会主义猖狂进攻的大毒草《海瑞罢官》出版单行本。

十二月八日——二十日　在旧文化部召开的上海、山东等五省市文化局长座谈会所提出的六二年出版事业计划中,根本不提出版毛主席著作。会上,上海出版局长罗竹风鼓吹出版一些通俗的"演义",组织力量搞《二十四史演义》。他还说砍掉印数稿酬"作家反映很强烈"。

十二月 吴晗的另一株毒草《春天集》在作家出版社出版。

年底 有人问刘少奇是否可以多印一些毛主席著作,刘少奇回答说:"纸张紧张",不准多印。又问:"是否可以少印一些民主人士的选集和其他书籍",以便拿出纸来印毛主席著作,刘回答说:"民主人士(出书),还得照顾些"。

同年 刘还反对林彪同志提出的"毛泽东思想是当代马列主义的顶峰",说:"毛泽东思想是马列主义顶峰,这种说法不科学,难道马列主义再也不能够发展了?"

一九六二年

一月 党中央召开扩大的中央工作会议(七千人大会)。毛主席作了重要讲话,着重讲了民主集中制的问题。毛主席指出:"已经被推翻的阶级,还企图复辟。在社会主义社会,还会产生新的资产阶级分子。整个社会主义阶段,存在着阶级和阶级斗争,这种阶级斗争是长期的、复杂的,有时甚至是很激烈的。我们的专政工具不能削弱,还应当加强。""……没有广泛的人民民主,无产阶级专政不能巩固,政权会不稳。没有民主,没有把群众发动起来,没有群众的监督,就不可能对反动分子和坏分子实行有效的专政,也不可能对他们实行有效的改造,他们就会继续捣乱,还有复辟的可能,这个问题应当警惕。"

中国的赫鲁晓夫刘少奇在七千人大会上却说:"大跃进是搞得太快了一点,因为失掉了平衡,跃进三年,今后调整可能要十年八年……。""目前财政经济的困难是严重的。""我们的经济临近了崩溃的边缘。""三力(人力、地力、财力)亏损过多,七、八年也难复原。""不愿意承认困难,或者困难本有十分只承认几分,……会使干部丧失信心。"因此他大叫"工业要退够,农业上也要退够,包括包产到户、单干。"

一月四日 在齐燕铭亲自策划下,中华书局开会"庆祝"成立五十周年,齐燕铭在会上谈到中华书局的出版方针任务时说:中华书局的任务就是做"填沟"的工作,"因为青年看不懂古书,他们和古书之间有一条不可逾越的沟,我们的任务就是要把这条沟填平"。他还提出了一个"抢救资料"的反动口号。他大肆宣扬"这几年古典传统剧目的发掘、整理,有很大成绩。同样,中国古籍中也保留了丰富的文化遗产,需要我们仔细挖掘"。齐燕铭要中华书局"成为一个研究、整理古代文化遗产的大本营",要它"设立一个联络部门,专门联络社会人士"。

一月 在齐燕铭策划下,由文化部戏曲教材编选工作组主持编选了一大批宣扬封建主义的剧目教材,交给戏剧出版社出版。这批教材,先后出版了96种,包括127个剧目。其中宣传帝王将相、才子佳人的剧目占80%以上。包括宣扬忠、孝、节、义封建道德的《钓龟》、《断后》,黄色的《牧虎关》,宣扬叛国的《文昭关》等坏戏。剧目教材的许多编者注释中,也大肆宣扬封建道德和迷信思想。

二月 周扬对现代文学史教材编写人员讲话中,大肆宣扬"左联"的贡献,并为"国防文学"口号翻案,说"左联"第一是伟大的贡献,写书主要写贡献。"左联"的功绩在于打出了无产阶级革命文学的旗帜。"应肯定两个口号都对,'国防文学',提得早,各方面人士都能接受,很通俗,已经发生了很大影响。"说"民族革命战争的大众文学"口号"一般人不易接受",并说,"当时争论双方都有宗派情绪。"诬蔑以鲁迅为代表的无产阶级革命派。

许多高等学校和个人编写的《现代文学史》,都大肆吹嘘周扬领导"左联"的"光荣历史"和

"国防文学"口号的"正确"。

二月 周扬对修订《辞海》提出意见,说:"它是一本综合性的工具书,词目要力求稳定,不要怕别人批评脱离政治,脱离实际",不准收大跃进以来出现的新词目(如"大字报","教育革命"等)。周扬还说:《辞海》中"对人物一律不要加'伟大的'、'杰出的'、'著名的'等形容词,也不要用'反动的'(如对杜威)这个形容词"。"要表现一种好的学风文风,要实事求是、老老实实。""出版时要写上主编和各科主持人的名字","对旧《辞海》的优点要注意继承"。

三月十日 周扬找齐燕铭、金灿然、陈翰伯等谈话,提出要建立一个编译馆,"招兵买马",搜罗包括"右派"在内的各种"人才"。内定要胡愈之担任馆长,林汉达任副馆长。还准备把储安平、叶笃义、陶大镛、费孝通、陈振汉等大右派吸收到"编译馆"里来。周扬说:"过去搞了很多运动,以后不一定这样了。对老头子,不要多搞运动。批评得太多,批评得过火,过些日子又要派人去安慰他。要打打这个算盘。"他还反对出版工作为政治服务,说:"出版社不能老配合任务,只此一条是错误的。商务、中华就配合不了。两者只配合长远的文化需要。"并且说陈独秀、胡适的东西也要编,"现在不出,将来出"。他公开提倡搞大、洋、古,说:"光复古不行,还要搞洋务。商务、中华两家就专门出洋、名、古。听说上海有人反对洋、名、古,这不好。洋、名、古可以出"。他还宣扬存在的即合理的谬论"凡是长期存在的都有一定的道理,不能完全推翻。"他提倡出版佛学教义之类的书,认为"客观地解释解释就行,不用马克思观点也行"。他反对运用马克思主义去进行评论,说:"不能设想我们马克思主义者对于古往今来的一切事情都可以评论一番。"他认为辞典例句中和政治"挂钩的"地方,是"庸俗化的东西","一定要取消"。他还竭力吹捧美国出版的美学教科书,说这些书"客观叙述各流派的思想",我们"也可以吸收些知识"。他还大力推行修正主义的物质刺激,他说:"可考虑整理出版几套大丛书,按文、史、哲分类出,分别成立编委会,聘请主编,书上写上他们的名字,付给报酬,有了名义和物质刺激,担任主编和编委的人就有了责任。"

周扬还说:"我们是搞政治的,自己写不出学术著作,对人家的学术著作又卡得很紧,结果就只剩下政治理论书籍和教科书了。这对我们是不利的。学术有个继承问题,继承就得让人家的东西出来。都要求用马克思主义观点来写,太高了,那就几乎出不了什么东西了"。"王国维的、陈垣的、陈寅恪的,都要出"。他甚至主张连陈独秀、胡适的书,"也要选择出版"。

三月 旧文化部和剧协联合在广州召开话剧、歌剧创作座谈会。齐燕铭在会上讲话,大肆攻击三面红旗,号召牛鬼蛇神向党进攻。并且狂妄地宣布受到毛主席称赞的京剧《逼上梁山》有三条"罪状","应作典型批判"。林默涵在会上为《布谷鸟又叫了》等修正主义作品翻案,攻击姚文元同志的批评文章"简单"、"粗暴"、"可怕"。

三月 反共老手翦伯赞的《历史问题论丛》(增订本)在人民出版社出版,副总编辑范用批准发稿。该书于一九六三年十一月重印了一次。翦在该书中提出了一个系统的反党反社会主义的史学纲领。

翦伯赞《内蒙访古》一文在《人民日报》发表,王冶秋、高履芳将此文作特急件在文物出版社出版。翦在此文中颂古非今大肆吹嘘"和亲政策",与苏修的"三和两全"遥相呼应,为刘少奇的"三降一灭"提供历史的根据。说什么"和亲政策总要比战争政策好得多"。"因为不论谁胜谁负,对双方人民来说,都是一种灾难,一种悲剧。"诬蔑民族解放战争是"灾难",是"悲剧"。

三月 在陆定一的指使下,由童大林、包之静、金灿然等合谋,找人突击翻译出版了恶毒攻击毛主席,为右倾机会主义分子撑腰壮胆的大毒草《魏征传》。陆定一、周扬、林默涵又指使中华书局,仿照《魏征传》的办法,出版一套《历代政治人物传记》丛书。为了拟订这套丛书的选题,金灿然积极奔走、组织。到了十一月,由齐燕铭出面在民族饭店召集翦伯赞、吴晗之流开会讨论,林默涵、许立群亲自参加。会上定了一个包括海瑞、于谦、顾宪成、李三才等历史上所谓罢官罢帅人物在内的选目,由林默涵报经陆定一批准。这套书从1962年到1964年,先后出版了8种,包括《魏征》、《商鞅、李斯》、《廉颇、蔺相如、鲁仲连》、《信陵君》等。

四月 吴晗主编、商务印书馆出版的《外国历史小丛书》开始出笼。到1965年为止,一共出了五十九种。

四月 人民文学出版社副总编辑,修正主义分子孟超在《人民文学》上发表反党毒草《红拂夜奔》(昆曲剧本),用借古讽今手法把党的领导比成隋炀帝,说"天下已露骚动之象","天下慌慌乱","天色就要变了","狂风暴雨就要来了"。还说"隋政不纲,乱萌已现",现正是"咱们三人叱咤风云,龙腾虎步之秋",要地富反坏右"各自成就一番事业。"

四月——五月 四月二十五日,旧文化部党组按照旧中宣部一九六一年文艺座谈会的"精神",起草了向中央建议恢复印数稿酬的请示报告。报告说,一九六〇年取消印数稿酬的决定,"没有和著作界商量","著作界许多人不赞成",因而是"不够慎重的",也是不合理的。除了使一部分作家生活上发生困难外,对于提高作品质量也不利。因为"印数稿酬可以体现社会对于作品的鉴定,也是我国著作家取得稿酬的传统习惯",可以鼓励"他们更加关心自己的作品"。

五月三日 周扬在文科教材会议上吹捧苏修:"他们(资产阶级学者)的著作,很多没有翻译过来","现在同帝国主义作斗争,还是苏联在做,我们还没有资格"。

五月三日 陈原在文化部召开的全国图书发行工作会议上作报告,大肆鼓吹"出版社对作者要从精神上和物质上去团结作家","目前在一般情况下,稿费还不是太高的",并且"稿费问题是一个发展文化的物质政策"。因此,他要"出版社不要办成衙门,要为作者服务,要'谈笑有鸿儒','往来有白丁'。编辑要'以人会友,以文会友'"。

陈原还大肆贩卖周扬的黑货,说:"出版书籍种类要多些","照顾到多种人的需要",极力鼓吹出版知识性读物,说:"知识性读物对读者很需要,有人讲全党全民要掌握知识,过去我们做了不少蠢事,有了知识才能思考,没有知识就不能思考。现在大家都搞知识性读物很好,不要怕乱,乱不了,你出杜甫,我出杜甫,你和我的杜甫不会完全一样……"。

五月四日 夏衍、吴晗、孟超等反党黑帮从五月四日起在《人民日报》开辟《长短录》专栏,到十二月八日结束,共发表毒草三十七篇。其中黄似(即夏衍)九篇,章白(即吴晗)五篇,陈波(即孟超)十三篇,万一羽(即唐弢)二篇,文益谦(即廖沫沙)七篇。《长短录》这个栏目是由他们商议确定的,并由廖沫沙写了《"长短相较"说》的开场白。这一丛毒草极力反对党的方针、政策,反对毛泽东思想,反对党对文艺的领导,提倡资产阶级"自由化",抗拒思想改造,为资本主义复辟鸣锣开道。

五月二十四日,旧文化部正式通知恢复印数稿酬,同日,又发了一个"内部通知",要求各地将一九六一年至一九六二年四月这一期间内出版的书籍未付印数稿酬的加以核算报部,并要各地"考虑需否补付"印数稿酬等问题,大刮退赔风。

五月 上海文艺出版社出版孟超的反党反社会主义大毒草《李慧娘》(昆剧)。

孟酝酿这个剧本于一九五九年秋天,一九六〇年春节间完成初稿,六一年由北昆剧院在北京首次上演,廖沫沙写《有鬼无害论》为之捧场,合伙反党。一九六二年春节之夜孟写成《李慧娘》代跋《试泼丹青涂鬼雄》,在第二期《文学评论》上发表,并收入《李慧娘》一书中。

孟在代跋中说:"李慧娘就是我,我把我的心血给了她,我搞瘦了。""裴生是知识分子,他向贾似道'为民请命',我也是知识分子,我又把我的感情给了他,因此我又是裴生。"孟超说明写这剧本的目的，是要"借此娄质美丽的幽魂，以励生人。"还说是"比之金鼓雷鸣，壮三军而摧仇房。"明目张胆地发泄他对党、对社会主义的刻骨仇恨。

五月 由胡愈之主编的《知识丛书》经过一番组稿活动后开始出版。到六五年为止，共出版了八十三种。

五月 周扬写的《高等院校文科教材编选情况和今后工作意见》的报告，经刘邓司令部批发全国。这个报告极力反对用马克思列宁主义、毛泽东思想来指导教材编选工作。还提出要依靠资产阶级反动学术"权威"。商务印书馆等有关出版社极力贯彻。陈翰伯大力组织资产阶级反动学术"权威"编书、译书，并亲自担任几种教材的主编。

五月 在纪念《在延安文艺座谈会上的讲话》发表二十周年的前夕，《人民文学》发表了毛主席的光辉诗篇《词六首》。

五月 周扬、林默涵借口纪念《在延安文艺座谈会上的讲话》发表二十周年，炮制出一篇《为更广大的人民群众服务》的《人民日报》社论，公然反对毛主席的文艺为工农兵服务的方向，贩卖"全民文艺"的黑货。与此同时，许多刊物打着纪念《讲话》的幌子，刊登了一批毒草，如《关于电影创新问题的独白》、电影剧本《二月》等。

齐燕铭、夏衍等还打着纪念《讲话》的幌子，搞了个纪念曹雪芹的展览会，出版了大批关于《红楼梦》的资料，公然为批判俞平伯的《红楼梦研究》翻案。

五月 在刘、邓黑司令部批转大毒草《文艺八条》（由《文艺十条》修改而成）后，包之静和陈原又立即动手，按"八条"的"精神"将去年草拟的《出版十条》修改成《出版八条》。根本不谈为工农兵服务，说"出版社是文化学术机关"，"出版工作的目的，是为了发展文化，教育人民"。说"书刊出版物是百花齐放、百家争鸣的主要园地"。根本不谈出版工作是阶级斗争武器，不谈"灭资兴无"斗争。

五月 吴晗主编、中国青年出版社出版的《地理小丛书》开始出笼。到六五年为止，共出版了二十九种。

六月 林彪同志《在关于开展部队文化娱乐工作的指示》中指出：**"部队的文化工作，也是一种宣传教育工作，同样可以起枪杆子的作用，而且还能起枪杆子所不能起的作用。"**

六月 《知识丛书》编委会编印了一个庞杂的选题计划，共有一千五百七十五种选题，计划在三、五年内陆续出版。这些选题，大部分是贩卖中外封建的和资产阶级的货色。哲学部分的选题从《古代埃及和巴比伦的哲学思想》到《车尔尼雪夫斯基》、《罗素》；从《孔子》到《戴震》。历史部分从《秦始皇》到《李鸿章》、《袁世凯》。文学部分从《中国古代笔记文学》到《左联时期文学史话》，还有《水浒戏》、《三国戏》、《包公戏》、《杨家将戏》，直到《中国印章》、《名山大川》、《梅》、《兰》、《竹》、《菊》、《盆景》、《金鱼》之类的选题。

六月——九月 旧中宣部、旧文化部一方面压制毛主席著作出版，一方面却拿出七千吨纸，重印大批封、资、修毒草。从六月份起，由出版局提出，经过齐燕铭、夏衍、胡愈之、徐光霄、包之静、黄洛峰等批准，先后印发了农村和城市的五批重印书目，通知中央一级出版社重印。

这五批书目中，供应农村的104种图书，古典题材的就占64%；包括《宋江杀惜》、《红楼二尤》等连环画。《三国》、《西游》、《封神》、《镜花缘》等六种古典小说，就印了72万册。在供应城市的书目中，包括《警世通言》、《醒世恒言》、《气球上的五星期》、《外国名歌二百首》等有严重毒素的书；三十九种连环画，全部是古典题材。这些毒草的大量重印，对当时反动分子向党向社会主义的猖狂进攻，起到了积极配合的作用。

本年 阎王殿一再压制，不准多印《毛泽东选集》。包之静多次同王益说："《毛泽东选集》已印得不少了"，"要接受过去印多了浪费纸张的教训"。这年仅仅印了《毛泽东选集》五万八千部供国外需要，供应国内的竟然一部也没有印。

七月 康生同志向夏衍转达江青同志的意见说：最近一个时期，戏曲舞台上出现了许多坏戏，是个严重问题，希望文化部抓一下。

江青同志看了京剧《海瑞罢官》，指出此剧存在严重政治错误，应停止该剧演出。

八月 刘少奇修改再版他的黑书《论共产党员修养》。这本反毛主席、反毛泽东思想、宣扬修正主义的黑书，在这一年的短短四个月中，就印了473万册。从这次再版到66年6月止，印了1,800万册。而同一时期，革命人民日夜盼望的宝书《毛泽东选集》却只印了412万部。

九月 由齐燕铭、胡愈之、黄洛峰、王益、陈原等阴谋策划，用政协文教组名义召开了一个号召牛鬼蛇神向党进攻的"编译工作者座谈会"。周扬在座谈会上讲话，继续攻击出版工作为政治服务，把出版中外封建主义、资本主义的旧东西吹捧为"基本建设"，说什么"出版社只出小册子，不注意文化的积累是不对的"。在这个会上除继续吹捧吴晗主编的《历史小丛书》，同时还吹捧翦伯赞主编的《中国史纲要》。

就在这次会议前后，齐燕铭、胡愈之等人还积极筹办裴多菲俱乐部式的出版工作者协会。

在七、八月间，《工人日报》连续刊登为高岗翻案的反党小说《刘志丹》，周扬亲自接见了写这本书的反党分子，亲自审阅了这本小说，称赞这本书"做了一个模范"，"树立了一个榜样"。在写不写高岗的问题上，他主张"写也没关系，历史嘛！"

九月 党中央举行具有伟大历史意义的八届十中全会。毛主席再一次强调了关于社会主义社会的矛盾、阶级和阶级斗争的理论。发出**千万不要忘记阶级斗争**的伟大号召。毛主席还指出："利用小说进行反党活动，是一大发明。**凡是要推翻一个政权，总要先造成舆论，总要先做意识形态方面的工作。革命的阶级是这样，反革命的阶级也是这样。**"

十月 人民文学出版社副社长、反革命修正主义分子楼适夷起草了一个关于解放前新文学作品整理编选出版的长远全面规划，经人民文学出版社副社长兼副总编韦君宜修改定稿，并报旧中宣部、旧文化部、旧作协。这个规划是根据周扬、林默涵的意图制定的。早在一九五九年五月八日，林默涵在给王任叔、楼适夷的信中就说："关于五四以来作家的文集或选集的出版，周扬同志意见，应该有一个通盘的计划"，"关于文学论争资料，还需要抓紧催稿"。规划中包括全集一种、文集十二种、选集五十四种、单行本二百八十多种。以便大肆宣扬三十年代文艺。规划经林默涵同意，并交徐光霄、黄洛峰、王益、陈原主办。

十月十日 周扬在"文学概论"提纲讨论会上大肆吹捧苏修的教科书，说"搬也无妨"。他说："过去毕达可夫的书(指毕著《文学引论》)，搬也无妨。"又说："立不起来不要破，比如心理学，只能用苏联的，苏联教科书中有修正主义，也还有马列主义，我们编不出书，只能用苏联的，资料还多。我们的空洞，空洞是不是马列主义?"

十一月十日 旧文化部出版局以《出版八条》为基础，改写成《出版社工作条例试行草案(第一次稿)》这个条例，先后起草了四年，是在旧中宣部出版处包之静直接指挥下，由陈原主持起草。这个条例是系统的推行出版工作资产阶级自由化的修正主义路线的纲领性文件。条例写成于八届十中全会毛主席提出**千万不要忘记阶级斗争**的伟大号召之后，但关于出版社方针任务的规定，却直接违背毛主席的号召，根本不谈阶级斗争，不谈为无产阶级政治服务，反而极力强调"要避免对为政治服务作狭隘的理解"。强调书籍的"稳定性"，反对配合政治运动和中心任务出书。歪曲二百方针，说"在学术和艺术问题上要把路子放宽些"，不准出版社"在序言、前言、后记或出版说明里任意贴标签,戴帽子"。说"作者是出版社主要的依靠力量",出版社"更应当加强为作者服务的思想",要把出版社变成作者的"自己的工作园地"。条例对编辑队伍的思想改造,只是轻描淡写陪衬几句,而对于编辑的业务进修、参加学术活动、保证自由支配业余时间以及晋升制度等十分强调,做了许多具体的规定。这个条例虽然未正式下达,但在许多出版社实际执行的完全是这条资产阶级的修正主义的路线。

十一月十二日 刘少奇在接见各中央局组织部正副部长时,反对学习毛主席著作,说:"党员课本要通俗一点,不要摘引毛主席的话当课本上的话说"。

同年,刘少奇还批准向全党印发由旧中宣部、旧中组部共同编写的《做一个好的共产党员》。这本书把毛泽东思想是党的唯一的指导思想,篡改成"以毛泽东同志为代表的党的指导思想"。在引用1960年中央军委会议的决议时,有意删掉了"毛泽东同志是当代伟大的马克思列宁主义者"这句话。

十一月 中国戏剧出版社出版宣扬封建戏剧遗产的《郝寿臣脸谱集》。特精装,每本定价80元。三反分子孟超打着文化部副部长齐燕铭的旗帜,狠抓这一书的出版工作。

十一月 中国戏剧出版社出版吴雪的大毒草话剧《抓壮丁》一书。

十二月 北京出版社出版了反革命修正主义分子廖沫沙的《分阴集》,它收集了廖沫沙在《三家村扎记》和在《长短录》上发出的向党向社会主义进攻的三十多支毒箭。

本年 《马克思恩格斯全集》中译本第十、十一、十二、十三等各卷出版。

一九六三年

一月 柯庆施同志在上海文艺会堂提出了"写十三年"的倡议,希望文艺创作大力反映十三年来社会主义的现实,歌颂工农兵英雄人物的作品。这个倡议马上受到以周扬为首的文艺界反革命修正主义集团的抵制。林默涵认为提倡写十三年,"就把题材弄狭窄了"。

一月二十七日 刘少奇在哲学社会科学部的讲话中,攻击无产阶级革命导师,污蔑"马克思、恩格斯、列宁、斯大林、毛主席都犯过许多错误。"

二月 中国电影出版社出版程季华主编的《中国电影发展史》,大肆吹捧"三十年代"资产阶级电影传统,反对毛泽东文艺路线。书中颂扬夏衍有五十七次,颂扬田汉有四十八次,颂扬阳翰笙有四十二次。还歌颂了电影界的许多汉奸、叛徒、特务、右派。极力美化苏修电影。

二月 北京出版社出版了反共老手吴晗的《学习集》,吴晗在书中以谈学习为名,疯狂地攻击党的教育方针。

三月 《全世界无产者联合起来反对我们的共同敌人》一书出版。这本书收入了从六二年十二月到六三年三月,在《红旗》和《人民日报》上发表的反对现代修正主义的八篇重要文章。

三月 中国戏曲研究院主编,陶君起编著的《京剧剧目初探》增订再版,大肆提倡帝王将相,才子佳人的旧剧,同江青同志对京剧革命的号召相对抗。

四月十九日 周总理在文艺工作会议、文化局长会议、出版工作会议上讲话,号召全国文艺工作者积极参加国内外的阶级斗争,做一个革命的文艺工作者。再一次明确指出:文艺创作应以"歌颂今人的作品为主",而"十三年中,重点又要放在社会主义革命"。

周扬在文联扩大会议上讲话,继续贩卖文艺"不能忽视教育作用,同时也不能忽视娱乐作用";"作家应当写自己熟悉的东西,但作家也要努力去熟悉应当写的东西";"不要把对遗产的批判同对修正主义的批判混淆起来"等反动谬论。

　　四月　旧中宣部召开出版工作会议。在八届十中全会上,毛主席指出的"**利用小说进行反党活动,是一大发明**",使邓小平、陆定一、周扬等人慌了手脚,怕他们的反党阴谋败露。于是邓小平"指示"陆定一,由旧中宣部召开一次出版会议,做假检查,以便蒙蔽中央。旧中宣部在一九六二年底,派了几个调查组到几个出版社去,名为"调查",实际上却把周扬、习仲勋利用小说反党的事掩盖下去。这次会,就是在这种阴谋下召开的。会上根本不揭露和批判利用小说反党的阴谋,却继续大肆贩卖修正主义。

　　林默涵在会上传达了陆定一的意见,胡说什么出版工作要满足知识分子的需要,他说:"各种人看书,看得最多的是高级知识分子,要满足需要,研究佛经的书也可以出","无论什么书,不要一阵风大量印行,先少印一点,逐渐增加。"周扬在会上大讲黑话,说:"政治第一,不能狭隘地了解为多出政治书籍","天天宣传雷锋,质量很差,适得其反。"

　　二十五日林默涵在会上讲话,宣传出版是"重武器"、"阵地战",应该"给人民提供更长远性的精神食粮";极力攻击现在有"不少粗制滥造,不少只能在报刊上发表的都编成书,报刊上真正可以编到集子里的很少,应该更严格些。"

　　会后,由林默涵、包之静、陈原等起草了一个《关于出版工作座谈会情况和改进出版工作问题的报告》。这个"报告"是反革命修正主义的出版纲领。"报告"篡改毛主席提出的为工农兵服务的方向,在谈出版工作的基本任务时,根本不提"为工农兵服务",在后面却叫嚷要"重视"为"专家和高级知识分子服务"。在"报告"中提出了"政治第一、质量第一"这个反毛泽东思想的折中主义的口号;继续贩卖资产阶级自由化的货色,提出"要注意出版一些虽然不是马克思主义的,但内容无害,而在学术上或艺术上有一定价值的东西"。"报告"还继续推行专家路线,要出版社同"著作家保持密切关系"、"互相支持,互相帮助",认为"这是做好出版工作的关键"。这个报告的附件《关于一些政治书籍的出版权限和控制办法的规定》,千方百计限制各地出版毛主席著作,规定"凡要出版毛泽东著作的选本,必须报告中央,非经中央批准,不得印行"。这个"报告"在同年七月由邓小平批准转发全国各地。

　　五月十三日　刘少奇在越南阮爱国党校讲话,不承认毛泽东思想是反对现代修正主义的最锐利武器,提倡他的比较学习法,影射攻击毛主席,攻击毛泽东思想。说什么"也要反对教条主义、一切'左'的机会主义。"

　　五月　国家科委和文化部联合召开了科技出版工作会议。这个会是要让中宣部四月出版座谈会的"精神"在科技出版工作中得以贯彻。

　　五月九日　毛主席对《浙江省七个关于干部参加劳动的好材料》作重要批语:

　　"**阶级斗争、生产斗争和科学实验,是建设社会主义强大国家的三项伟大革命运动,是使共产党人免除官僚主义、避免修正主义和教条主义,永远立于不败之地的确实保证,是使无产阶级能够和广大劳动群众联合起来,实行民主专政的可靠保证。不然的话,让地、富、反、坏、牛鬼蛇神一齐跑了出来,而我们的干部则不闻不问,有许多人甚至敌我不分,互相勾结,被敌人腐蚀侵袭,分化瓦解,拉出去,打进来,许多工人、农民和知识分子也被敌人软硬兼施,照此办理,那就不要很多时间,少则几年、十几年,多则几十年,就不可避免地要出现全国性的反革命复辟,马列主义的党就一定会变成修正主义的党,变成法西斯党,整个中国就要改变颜色了**"。

　　六月　毛主席在杭州会议上讲话,指出:**阶级斗争要天天讲,月月讲,年年讲。有流血的阶级斗争,有不流血的阶级斗争。不讲阶级斗争,什么问题都不能说明。**

　　六月十四日　党中央发表了《关于国际共产主义运动总路线的建议》(中国共产党中央委员会对苏联共产党中央委员会一九六三年三月三十日来信的复信)这一指导国际共产主义运

动的极端重变的文件。同月,由人民出版社出版单行本。

六月 黎澍的另一株毒草《马克思主义与中国革命》在人民出版社出版,副总编辑范用批准发稿。

上半年 毛主席对充斥舞台的鬼戏和帝王将相、才子佳人等提出了尖锐的批评,严厉指出周扬、齐燕铭、夏衍、林默涵领导的文化部是"**帝王将相、才子佳人**"部。

江青同志坚持毛主席的革命路线,在五月间组织文章批判"有鬼无害论",在上海《文汇报》上发表。

在这之后,周扬一伙竭力抗拒毛主席的批评,公开提出所谓"分工论",说什么"特别是京剧,适合于表现帝王将相",制造反对革命现代戏的"理论"根据。他们还胡说什么"主张演鬼戏不一定是资产阶级思想"等等。

七月 反共老手翦伯赞主编的《中国史纲要》在人民出版社开始出版。该书的第三册于一九六三年七月出版,第四册于一九六四年十一月出版,第二册于一九六五年十月出版。

七月 反共老手吴晗主编、中国青年出版社出版的《中国历史常识》开始出笼。到一九六五年为止,一共出了八种。

八月 戚本禹同志在《历史研究》一九六三年第四期上发表《评李秀成自述——并同罗尔纲、梁岵庐、吕集义等先生商榷》,提出《李秀成自述》是叛徒的自白书,李是太平天国革命的叛徒,不应把他当作英雄歌颂。旧中宣部竟发出通知,说戚本禹的文章"在政治上是有害的,在科学上是站不住脚的",并且组织翦伯赞、邓拓之流写文章围攻戚本禹同志。这个阴谋被毛主席及时发觉和制止了。

九月 毛主席在中央工作会议上指示:"戏曲要推封建主义、资本主义之陈,出社会主义之新。"周扬根本不传达这一指示。

九月十二日 《新华书店县店工作条例(试行草案)》出笼。这个《条例》,是资本主义、修正主义和"三十年代"所谓"办(书)店经验"的大杂烩,也是修正主义"文艺八条"在图书发行工作上的翻版和补充。它是旧中宣部、旧文化部"整顿"新华书店的一个重要步骤,也是他们梦想长期"建设"新华书店的一个"蓝本"。

九月二十四日 姚文元同志在《光明日报》上发表《略论时代精神问题》,批判周谷城在《艺术创作的历史地位》等文中散布的反动的"时代精神汇合论"等谬论。

九月 作家出版社出版了赵树理的短篇小说集《下乡集》,这是一本体现"中间人物"论的东西。当时韦君宜认为,像赵树理这样的作家解放后还没有出过集子,应该出一本。

十一月十三日 刘少奇在哲学社会科学部第四次扩大会议上讲话,极力美化苏修,美帝。规定不反"内修"说:"我们理论工作者的主要任务是反对外国的修正主义,把这一场斗争进行到底,……如果我们这样作了,……中国修正主义产生就困难了。"并且说:"不是革命者,不是马克思列宁主义者,也能参加反修斗争,而且还能积极参加。"会后周扬以批判国外现代修正主义学术理论需要了解它们的来龙去脉为名,布置有关出版社大量出版外国现代资产阶级的政治学术书籍。陈翰伯还大力提倡组织国内资产阶级学者写学术论文,出"批判论文集"。

十一月 毛主席对组织文艺工作者下去等问题作了重要指示。

在一次会上,毛主席说:"我们有了方向不等于执行了方向,有了方向是一回事、执行方向又是一回事。""一个时期,《戏剧报》净宣传些牛鬼蛇神。""文化部不管文化,封建的、帝王将相的,才子佳人的东西很多,文化部不管。"

毛主席在另一次谈话中又说:文化工作方面,特别是戏曲,大量的是封建落后的东西,社会主义的东西很少。在舞台上无非是帝王将相、才子佳人。文化部是管文化的,应当注意这方面的问题。要好好检查一下,认真改正,如不改,文化部就要改名字,改为帝王将相、才子佳人部。如果改了,可以不改。对文艺界有些人不肯下去时说:"**要把他们统统赶下去,不下去,就不给他们发工资**。"

十一月　旧中宣部、旧文化部为了掩饰自己削弱农村读物出版工作的罪责,批准了农村读物出版社正式成立(原通俗读物出版社系由中宣部决定于一九五七年撤销,并于一九五八年初并入人民出版社)。但成立以后,对该社的方针任务、编辑力量等问题,一直拖延不予解决。

十一月　作家出版社出版茅盾的文学评论集《读书杂记》,这是一本公开宣传"中间人物"论的书(邵荃麟的"中间人物"理论未写成文章出书),作者这些文章原在文艺刊物上公开发表,为提倡写"中间人物"的大连会议作舆论准备。这本书稿,经韦君宜送林默涵审阅批准"可以出版"。

十一月　作家出版社出版了西戎的短篇小说集《丰产记》。邵荃麟等人曾把其中的《赖大嫂》当作反动的"中间人物"论的创作标本来赞扬。

十二月初　毛主席批评文化部是"帝王将相""才子佳人""外国死人"部。旧中宣部、旧文化部害怕群众响应主席批示,攻倒他们的反革命修正主义黑窝,长期不向广大干部传达。

十二月十二日　毛主席批示:"各种艺术形式——戏剧、曲艺、音乐、美术、舞蹈、电影、诗和文学等等,问题不少,人数很多,社会主义改造在许多部门中,至今收效甚微。许多部门至今还是'死人'统治着。""社会经济基础已经改变了,为这个基础服务的上层建筑之一的艺术部门,至今还是大问题。这需要从调查研究着手,认真地抓起来。""许多共产党人热心提倡封建主义和资本主义的艺术,却不热心提倡社会主义的艺术,岂非咄咄怪事。"旧文化部党组对毛主席的这一极端重要的批示,也是长期不向广大干部传达。

十二月　毛主席批示:……对世界三大宗教——耶稣教、回教、佛教,至今影响着广大人口,我们却没有知识。国内没有一个马克思主义者领导的研究机构,没有一本可以看的刊物。《现代佛学》不是马克思主义领导的,文章水平很低。其他刊物上用历史唯物主义写的文章很少。例如任继愈发表的论佛学的文章,真如凤毛麟角。谈耶稣教、回教的没有见过。不批判神学,就不能写好哲学书,也不可能写好文学书和世界史。这一点,请宣传部的同志考虑一下。

十二月　旧中宣部为了恶毒抵制广大群众学习毛主席著作,专门召开宣传工作会议,布置干部要学习三十种马、恩、列、斯的经典著作(根本不把毛主席著作当作经典著作列入)。同时布置人民出版社积极出书,要求用大字把这三十种书印出来。

本年　《马克思、恩格斯全集》中译本第十五、十七、十九各卷,《列宁全集》中译本第三十九卷出版。

一九六四年

一月一日　《毛主席诗词》(三十七首)在全国各大城市发行,广大革命群众欢欣鼓舞,争相购读。

一月三日　刘少奇、邓小平用政治局名义召开文艺座谈会,伙同彭真、周扬,疯狂反对毛主席六三年十二月关于文艺问题的重要批示。周扬在汇报中,掩饰自己的罪行,不承认文艺方面的路线错误,说什么只是"对阶级斗争形势认识不足","方向不明确",叫嚷"不能低估十四年来的成绩。"刘少奇也说:"周扬同志讲的情况和意见都很好。"他们在会上提出要把"传统戏、外国戏摆到第二位";反对文艺工作者深入工农兵;鼓吹"只立不破",以对抗毛主席的批示。刘少奇在会上,别有用心地攻击毛泽东思想过时了,说"《新民主主义论》是一九四二年写的,当时是新民主主义革命时期,因此,讲到文化是这样提的:是无产阶级社会主义思想指导下的人民大众的反帝反封建的文化……。而今天,比一九四〇年,情况完全变了,如果现在仍用新民主主义的文化观点来看今天,显然是不够了。"

邓小平也在会上抛出了他精心炮制的反革命修正主义文艺工作计划:"统一认识,制定规划,组织队伍。"就是要把文艺界"统一"到刘邓黑司令部中去,"制定"制造复辟资本主义舆论的"规划",并继续招降纳叛,组成刘邓的反革命死党。

一月 旧文化部召开农村读物出版工作座谈会。在这次会上,林默涵、徐光霄竭力贩卖刘、邓司令部一月三日会议的黑货。林默涵在会上说:"一九六三年四月中宣部召开出版工作座谈会后,出版工作的方向就明确了。""帝王将相、才子佳人多,不能说完全是反社会主义的。象《将相和》是好的帝王将相戏,《梁山伯与祝英台》是反封建的,还是好的才子佳人戏。"他还贩卖所谓"非社会主义的"作品,说:农村读物的"范围也不能太窄,不能只限于反映社会主义革命和建设的作品,也还要出一些非社会主义的、无害的东西。又说:"不能简单地说反映社会主义革命和建设的题材就都是社会主义性质的","只从反映什么来判断,就太简单了。"林默涵在报告中,大肆贩卖彭真的"先立后破""只立不破"论,说:"在战术上要埋头苦干,要有作品","要一砖一瓦地坚持不懈地去建设社会主义新文化"。在谈到农村读物门类时,他说:"不能只出版政治、文艺、知识几方面的书",还鼓吹出版历史故事书,但根本不提出版毛主席的著作和宣传毛泽东思想的书籍。

会后,按照林默涵报告的调子,由陈原起草了《文化部党组关于农村读物出版工作座谈会的报告》,经旧中宣部批转各地执行。

二月四日 《红旗》第二、三期合刊上,发表了何明同志的《提倡现代戏》,满腔热情地歌颂社会主义的革命现代戏。

二月 邓小平在刘少奇家对旧中宣部常务副部长、反革命修正主义分子许立群说:"书籍题材要放宽。小孩看的书范围太窄,怎么办?自己搞不出来,可以翻译些外国的。"要阎王殿继续推行出版自由化。

同月 刘少奇、邓小平在批转旧中宣部《关于编印毛主席著作的批准手续的通知》时规定:"凡要出版'毛泽东著作选本',必须报告中央,非经中央批准,不得印行。"

二月十四日 毛主席在春节关于教育工作座谈会上指示:"**要把唱戏的、写诗的、戏剧家、文学家赶出城,统统都轰下乡。分期分批下放到农村、工厂,不要总住在机关,这样写不出什么东西,你不下去就不开饭,下去就开饭。**"

三月 按照六三年四月出版工作座谈会的"精神",旧中宣部批准人民出版社成立直属中宣部领导的党委会,以便进一步控制人民出版社的出书工作。

三月 周扬策划下,由唐弢主编的《中国现代文学史》(讨论稿)出笼。这部《现代文学史》全面系统地宣扬三十年代文艺"取得一次又一次的辉煌的战果",吹捧"周起应(按:即周扬)马克思主义观点",胡说什么"国防文学"口号是响应"党和毛泽东同志关于建立抗日民族统一战线的号召"而提出的"无产阶级的口号。"

三月 从一九五七年起到一九六四年止,北京出版社以七年时间,出版了一〇六册、一千零六十万字的《京剧汇编》。书中搜罗了美化帝王将相,才子佳人,"清官""好官"和宣扬神鬼迷信、封建道德、淫乱思想的剧目近五百个。

三月 吴晗主编、北京出版社出版《语文小丛书》开始出笼。到1965年为止，共出版了十九种。

三月 黄洛峰、陈原、王益等人策划，在北京、上海两地大搞一九六三年新书展览，"评功摆好"，对抗毛主席的批示，把出版的许多毒草如《中国电影发展史》等当做"香花"展出。胡乔木看了展览后，指示要加强书籍宣传，要多登广告。林默涵看了年画以后胡说，"无产阶级也要美人画"，"胖娃娃年画没有也不行"。

四月九日 刘少奇接见外国文化代表团时，公然与毛主席的批示唱反调，说："中国资本主义的，我们叫新民主主义时代的音乐、小说、诗歌、戏剧，在艺术水平上讲，不如封建时期的高。现在写的小说、剧本也常常不如封建时期的好，所以演戏就演帝王将相、才子佳人。"

四月 旧文化部召开年画、连环画出版工作展览会。黄洛峰在会上竭力为旧年画保持阵地，以抵制现代题材的年画。他提出了一个所谓六：二：二（即发行数量上，现代题材占60%，古代题材占20%，其他题材占20%），七：一五：一五（即品种方面，现代题材占70%，古代题材占15%，其他题材占15%）的比例方案，以便让旧年画得以保证有一定数量的比例，继续毒害人民。会后，中宣部批转了这次会议的报告。

五月 林彪同志对部队文艺工作作了重要指示，强调指出："无产阶级文艺的目的，就是要团结人民，教育人民，鼓舞革命的斗争，瓦解敌人，消灭敌人，进行兴无灭资的斗争。"总政治部在五月三十一日发出关于贯彻执行林彪同志指示的通知。

五月二日 刘少奇说：翻译出版机关，对十九世纪以来世界各国的无产阶级和劳动人民的革命文艺作品出版很少，缺少兴趣。刘少奇还主张大量翻译出版早期资本主义外国作家的所谓揭露资产阶级的作品，包括叛徒辛克莱的作品，也可以翻译出版。林默涵立即布置人民文学出版社，拟订计划，加以贯彻。

五月——六月 旧文化部召开全国农村图书发行工作会议。六月一日李琦向大会作报告，他认为文化部的"方向不明，在绝大多数的情况下是认识问题，是思想跟不上形势的发展"。他还胡说："中国建设社会主义的道路，具有普遍的意义，……就连赫鲁晓夫也不得不抓农业。"黄洛峰在会上竭力贯彻林默涵在农村出版工作座谈会上报告的"精神"。王益在会上大肆提倡"全民服务论"，胡说："各类人都要兼顾，不能偏废。不能说只为那些人服务"，"农村百分之九十五以上都是农民，所有农民都是我们服务的对象"。他还明目张胆地叫嚷："就是地主、富农买书，也要卖给他"。王益还说："古装年画并不一定没有教育意义，《杨门女将》、《武松打虎》、《将相和》，这些故事流传了几千年，很有教育意义。而且即便没有教育意义，也不一定有害。如果无害，而能满足农民艺术欣赏的要求，那末书店也是应该卖的"。还恶毒地攻击说："所有年画都是英雄、战斗故事，都是雷锋，会脱离群众"。

五月 艾恒武、林青山传播杨献珍"合二而一"反动思想的文章《"一分为二"与"合二而一"》发表，立即受到反击。此后，在全国范围内展开了对杨献珍"合二而一"论的批判。

六月 京剧现代戏观摩演出大会在北京举行。大会期间，毛主席看了《红灯记》、《芦荡火种》、《智取威虎山》、《袭击白虎团》等优秀剧目的演出，并接见全体人员。

六月二十三日 周总理在和参加京剧现代戏观摩演出的各演出团、观摩团的负责人、主要演员和创作人员的座谈中肯定了一九五八年演革命现代戏的方向，批评了"文艺八条"以及文艺界"对主席的方针""不认真贯彻"等问题。号召大家根据主席的要求"在戏剧界掀起一个革命"，大学主席著作，深入生活实践，提出"今后六年"艺术团体至少有三年即一半的时间能在底下"。

江青同志在座谈会上，发表了重要讲话，他说："对京剧演革命现代戏这件事的信心要坚定。在共产党领导的社会主义祖国舞台上，占主要地位的不是工农兵，不是这些历史的真正创造者，不是这些国家的真正主人翁，那是不能设想的事。我们要创造保护自己社会主义经济基础的文艺。在方向不清楚的时候，要好好辨清方向"。她提出帝王将相，才子佳人，牛鬼蛇神不能再占据戏剧舞台，戏剧必须为工农兵服务，而不能为地、富、反、坏、右和资产阶级分子服务。

彭真在大会期间曾讲了两次话，万分恶毒的造谣，攻击毛主席，恶毒地攻击革命现代戏，说现代戏还处在"穿开裆裤"和吃手指头的阶段，存在着"一个指头、两个指头、甚至三个指头"的缺点。

六月二十七日 毛主席对中央宣传部关于全国文联和各协会整风情况的报告作了重要批示："这些协会和他们所掌握的刊物的大多数（据说有少数几个好的），十五年来，基本上（不是一切人）不执行党的政策，做官当老爷，不去接近工农兵，不去反映社会主义的革命和建设。最近几年，竟然跌到了修正主义的边缘。如不认真改造，势必在将来的某一天，要变成象匈牙利裴多菲俱乐部那样的团体。"周扬立即召集文联各协和文化部的党羽，布置假整风，企图抗拒毛主席的批示，蒙混过关。自七月开始，文化部党组按照周扬的黑指示，就关起门来搞假整风，齐燕铭、夏衍、陈荒煤等人互相包庇，胡说什么文化部的主要错误，只是"对中央的方针、政策贯彻不力，执行不好"。

七月三十日 《人民日报》开始发表批判坏影片《北国江南》的文章。

八月 旧中宣部为欺骗毛主席，使自己蒙混过关，写了一个《中央宣传部关于放映和批判影片〈北国江南〉〈早春二月〉的请示报告》。毛主席批示：**可能不只这两部影片，还有别的都需要批判。使修正主义材料公布于众。**一针见血地戳穿了陆定一、周扬的阴谋。

九月十五日 《人民日报》开始发表批判坏影片《早春二月》的文章。

九月 陈荒煤、袁文殊等人急忙布置反对《中国电影发展史》和《关于电影创新问题的独白》假批判的文章，口称"还还账"，企图蒙混过关。

十月三十一日 旧中宣部根据周扬、林默涵等人的阴谋策划，布置报刊对邵荃麟"中间人物"论进行假批判，以便舍车保帅，掩护自己。

十月——一九六五年四月 在周扬的具体掌握下，派工作组到文化部进一步进行假整风。这次"整风"，是一个欺骗群众，压制左派，包庇坏人，掩护自己的大阴谋。周扬委派他的得力亲信陈翰伯为出版局工作组组长，掌握出版口的假整风工作。

十一月 林默涵在旧文化部一次部长办公会议上公然对抗文化革命，他恶毒地煽动说："不要文化革命一来什么都不出"，"如果文化革命革到后来什么都没有了，怎么行？""如果明年书出少了，后年更少，群众会很有意见"。他认为工农兵所需要的"不完全是社会主义的，比如胖娃娃年画，工农兵还是需要的"，"出一、二张胖娃娃，没有关系，不要简单化"。他还要求"出一些资产阶级的"东西。

十一月十八日 在文化革命的新形势下，文化部党组被迫提出《关于改革稿酬制度的请示报告》，再度决定废除印数稿酬。

十一月二十七日 陆定一在旧中宣部办公会议上依然叫嚣，"中间人物以可写，包括神仙、鬼、寓言都可以写"。

十二月 江青同志贯彻毛主席的指示，在一次会议上向周扬等人指出，一大批坏电影应当批判，批判了可以达到思想、经济的双丰收。周扬等人勾结彭真拒不执行主席的指示。

十二月二十一日、二十二日　周总理在第三届全国人民代表大会第一次会议上说：必须对资本主义的、封建主义的和一切不适合于社会主义经济基础和政治制度的思想文化进行根本的改造，把思想文化战线上的社会主义革命进行到底。文化革命是不破不立，有破有立的。在批判资产阶级和封建主义思想的同时，我们的社会主义的新文化得到了发展。"百花齐放，百家争鸣"的过程，正是思想斗争的过程。只有在同资产阶级思想的斗争中，才能发展无产阶级思想，只有在同毒草的斗争中，社会主义的香花才能更好地开放。

本年　《毛泽东著作选读》甲种本由人民出版社出版，《毛泽东著作选读》乙种本由中国青年出版社出版。这两部选编毛主席光辉著作的重要书籍，早在几年以前就已经着手编辑。但反党分子田家英和旧中宣部的阎王，却一再压制，不让出版。在广大群众一再要求之下，才得以在今年正式出版发行。

《马克思恩格斯全集》中译本第十四、十六、十八各卷出版。

一九六五年

一月　毛主席在《农村社会主义教育运动中目前提出的一些问题》(即二十三条)中，严肃地批判了刘少奇在四清运动中的一系列反动观点，否定了刘少奇一九六四年九月背着毛主席提出来的形"左"实右的"后十条"。

毛主席指出："整个过渡时期存在着阶级矛盾，存在着无产阶级和资产阶级的阶级斗争、存在着社会主义和资本主义的两条道路的斗争，忘记十几年来我党的这一条基本理论和基本实践就会要走到斜路上去。""运动的重点，是整党内那些走资本主义道路的当权派。"

林彪同志对部队工作作指示时强调指出："一定要突出政治，使政治思想工作真正成为我们全盘工作的基础。"一九六五年的工作，"要突出政治，大力加强政治思想工作，大抓毛主席著作的学习，在全军掀起一个更大，更广泛的学习毛主席著作的高潮，把毛主席著作当作最根本的必修课。"

在中国人民解放军的带动下，全国城乡掀起了一个大学毛主席著作的高潮。

一月　江青同志在上海报来的坏影片修改方案上批示："坏影片应照原样上映，不要进行修改，不要为坏影片遮丑。"

一月　在毛主席的号召下，对杨献珍、周谷城的反动观点和一批坏电影开展了批判。

刘少奇、邓小平、彭真、陆定一、周扬一伙对这一批判运动万分恐惧和仇视，千方百计地把运动拉向右转。

一月　反革命修正主义分子石西民由上海调来文化部工作，担任假整风领导小组副组长。并兼管出版工作。他同周扬、林默涵等人一个腔调，大肆贩卖"先立后破"谬论，多次要出版局"抓生产"，"出点好书"。对停售毒草的事，他根本置之不理。他在一次部长办公会上说："出版局的工作，老陷于清理旧书，合算不合算？老是禁书，跟着屁股后头转，不行"。

六四年底至六五年初，各出版社报来要求作停售处理的书有一千多种。阎王殿包之静生怕扩大了停售书的范围，他叮嘱陈原："要顶得住"。陈原也说："各出版报来停售书，不要忙于处理，有些书搁在那里再说，这叫做'围而不打'"。

一月　旧文化部召开二十三个省市印制《毛泽东著作选读本》的工作会议。三反分子田家英在会上一方面借口要印《选读本》，反对多印《毛泽东选集》；一方面又借口要保证质量，对《选读本》也不准多印。他说什么："要保证质量，对于数量，要做典型调查"，"对各地印制数字不要规定得太死，要有正确的积极性，不要盲目的积极性"。田家英还规定甲种本的对象是，"中层干部、教授、大学生"，以限制甲种本的发行范围，压制《毛泽东选集》的出版。本年全年只出版《毛泽东选集》一百万套。

二月二十五日　石西民在出版口整风汇报会上，对群众揭发旧文化部、旧出版局的反革命修正主义路线的罪行，大肆灭火，极力为旧出版局开脱。他说："不要把出版局局长的错误都提高到路线错误上来。""这不过只是不听主席的话，迷失了方向，……不能都说成路线错误。""知识分子，一斗争起来，又会说，又会分析，可利害啦！"他还大肆贩卖"错误人人有份"的谬论，说："如果老帐都算起来，谁都可以算出个路线错误来"。

石西民在这次会上，还大肆贩卖"先立后破"论，说："大家要团结起来，抓工作"。"农村一整风，生产高潮就起来了。我们不出书，越整越缩，不行"。"整风要出产品，现在电影生产很成问题，学术著作也很成问题，要抓起来"。他还恶毒地说："人民出版社光出毛选，恐怕也不行"，他就是要企图挤掉毛主席著作，来出版所谓"学术著作"，好让资产阶级毒草泛滥。

三月三日　刘邓司令部炮制了三月三日会议纪要，对1964年学术、文化战线批判资产阶级"权威"的革命，进行反攻倒算，刮起了翻案风，大讲以前搞过火了，要"刹车"！

邓小平还说："文艺作品，包括小说、戏剧、电影等等，只要没有方向错误，思想内容、艺术水平大体过得去，就可以出版、放映、演出，不要过多吹毛求疵"。公然同毛主席的批示唱反调。

三月　《关于国际共产主义运动总路线的论战》一书出版。这本书，包括《关于国际共产主义运动总路线的建议》，九篇评苏共中央的公开信和《赫鲁晓夫是怎样下台的》等指导国际共产主义运动的光辉文献。

三月五日　在部长办公会上，石西民传达彭真的黑指示说："彭真说的，整风后，凡是愿意走社会主义道路的都要团结起来"。给受到群众批判的司局走资本主义道路当权派打气。他还大肆反对批判毒草，胡说："出版社现在有些不敢出书，问题在那里。现在文艺批评，有些宽了，有些草木皆兵。其实，《兵临城下》、《女跳水员》还可以放映，传统戏也还可以演一点"。

三月九日　石西民在听取出版局工作汇报时，又一次贩卖"先立后破"论。说："出版局要抓出书，要抓住不放，抓出成绩来"。他认为出版局六五年工作，第一，是抓农村读物；第二，抓年画、连环画，准备开个会；第三，他根据刘少奇的黑指示，要抓所谓"揭露资本主义的作品"。但一个字不提如何抓好毛主席著作的出版工作。他要陈翰伯、陈原负责抓出书。陈等就坚决贯彻石西民的黑指示，他们说，"出版局的第一位工作，应该是抓产品，其他工作都要环绕抓产品、为抓产品这个中心服务。"陈翰伯还说："抓产品，这是出版方面第一部类的工作，要抓出高楼大厦来（按：指出版大部头、成套的书）。"

四月十五、十六日　周扬在旧文化部党员干部大会上做"整风"总结报告，宣告假整风结束。周扬在总结报告中强调要给资产阶级知识分子讲话出书的条件："王瑶说，知识分子就是要给讲话的条件。这话也对。搞意识形态的就是要讲话，知识分子不讲话，活着没意思。""应当给资产阶级知识分子讲话出书的条件，中华书局的书还要出，可减少压力，注意调动他们的积极性。"

五月　各地纷纷要求自印翻印总政编的《毛主席语录》。阎王殿许立群密令包之静："我们绝不要松口表示意见。"包之静即以"田家英在编主席语录"为借口，反对下面翻印。

许立群还恶毒地说："毛主席著作印多了要上旧书摊。"包之静拿这话到处宣扬。

五月　旧文化部以萧望东、石西民为首的所谓"新党委"正式成立。萧望东、石西民等人，都是刘、邓黑司令部的干将，他们全盘继承旧文化部反革命修正主义的一套。萧望东还吹捧彭真、陆定一、周扬导演的假整风，"**是延安文艺整风在新的历史条件下的继续，为贯彻执行毛主席的文艺方向，为发展社会主义文化艺术的斗争走上了一个新阶段**"。

六月四日 林默涵在旧文化部讨论人民文学、人民美术出版社出书计划会议上发言，他提出要赶快抢救资产阶级的东西，说："没有知识不行，特别是资产阶级理论的东西，你如果不及时组织翻译，就无人译了，老的，人死了，将来更困难"。他还要求多印古的东西，荣宝斋打算出百分之几十现代题材的，他说："要精选"、"不能硬性规定现代为主"，并说："荣宝斋百分之七十外销，我们古代东西拿出去，也可扩大政治影响，还可以换回一些外汇"。

六月十二日 包之静在文化部讨论直属出版社选题会议上发言，他也要求赶快抢救古籍，说："周扬同志说：这种工作是基本建设，是一个社会主义国家批判，吸收所需要的，不能受其他影响，还是要积极地、逐步地搞。"他还说："外国古典文学名著、《知识丛书》都要继续搞，要坚持下去。"石西民也帮腔说："要有点雄心壮志"。

石西民、包之静还根据姚溱、吴冷西的意见，决定把《时事手册》停掉，办一个《农村文化》刊物。（三月份，周总理曾指示，把《中国青年》办成一个面向农村的刊物，要石西民抓一下。石西民对周总理的指示不去贯彻，却要另外搞一个刊物，为旧文化部涂脂抹粉）事后，便指派陈原到农村读物出版社蹲点，积极筹办《农村文化》。

六月 当旧文化部所谓"新党委"成立后，第一次听取出版工作汇报时，他们就互相勾结，为旧中宣部、旧文化部、旧出版局黑帮压制毛主席著作出版的罪行打掩护。当王益谈到过去毛主席著作出版情况时，萧望东立即问："过去文化部有没有正式文件压低毛主席著作的印数？"王益说："正式文件倒没有发过"。萧望东马上说："那就不能说有什么责任了"。石西民也附和说："以后不要老检查了。"石西民还说："如何看出版工作：成绩应该说还是主要的，不要因有些缺点、错误就灰溜溜的"。颜金生也帮腔说："大家干了很多工作，有成绩，形势大好"。

七月十三日 彭真把持的中央五人小组听取和讨论了萧望东的文化部汇报提纲。彭真、陆定一表示了对萧望东的赏识。会上萧望东恶毒诬蔑工农兵学习毛主席著作。康生同志与反革命修正主义分子彭真等做了尖锐的斗争。

七月十九日 陆定一在旧中宣部办公会议上又一次恶毒攻击活学活用毛主席著作，说："学习毛主席著作，也不要搞形式主义"，不要都"写学习心得"等等。许立群、包之静按照陆定一的阴谋，对当时《毛泽东选集》严重脱销的情况，不但不向中央反映，反而在九月份的《宣教动态》上发表了一篇《毛主席著作两年来供应情况》的材料，胡说："最近两年来，为了满足广大读者的需要，人民出版社大量印行毛主席著作"，用以蒙蔽中央。

七月 农村读物出版社将选编《农村版》图书的目录送石西民审查，石西民将目录中《毛泽东著作选读》乙种本删去，不准将《毛泽东著作选读》乙种本减低定价印成农村版，向农村大量发行。

七月 吴晗的另一株毒草《朱元璋传》在三联书店出版。

八月十一日 周总理在故事片规划会议上作了报告，指出：文艺界二十三年来没有认真贯彻毛主席《在延安文艺座谈会上的讲话》，强调必须坚持贯彻毛主席的文艺方向，强调必须大力改造队伍。

八月十九日 旧文化部召开了首次政治工作会议，这是在彭真、陆定一、周扬直接支持下召开的。会上萧望东把彭、陆、周的黑指示奉为金科玉律，为所谓新文化部涂脂抹粉。

八月 刘邓司令部在中央书记处会议上，给蓬蓬勃勃发展的活学活用毛主席著作群众运动，大打棍子。在发至各地的会议纪要中，胡说什么，"不能卡得太死，不能千篇一律，不要搞形式主义,不要形成社会强制"。妄图扼杀学习毛主席著作的群众运动。

九月 旧文化部召开全国文化局(厅)长会议。彭真、陆定一、周扬一齐登台,他们疯狂反对毛主席,为夏衍、齐燕铭开脱、撑腰。他们在会上大肆贩卖修正主义黑货,散布"在真理面前人人平等"的反动谬论。胡说什么文化工作,主要是解决"上不着天,下不着地"问题,以对抗日益发展起来的文化大革命潮流。萧望东、石西民等把这些反革命修正主义头头的黑话,奉为"中央负责同志指示",大力宣扬,说这些"指示","要管文化工作几十年"。在这次会议上,根本不谈毛主席著作出版的问题。后来,萧望东对抗康生同志的指示,根据这次会议的调子起草,一九六六年一月又经过彭真修改由刘、邓黑司令部批发的《关于文化工作中若干问题向中央汇报提纲》,竟然也没有一句话提到毛主席著作的出版问题。

九月六日 刘少奇在中央政治局会议听取旧文化部党委汇报时,反对文艺革命,包庇夏衍、齐燕铭,说:文艺界的斗争"不能搞急了。""夏、齐可以去搞四清,当副队长。"他还主张出国演出"杂技团,可以多去一点。"

十月 旧文化部出版局副局长史育才在安排一九六六年毛主席著作印刷计划时,借口纸张不够,"不能增加",把人民出版社一个单位要求印制二百万部《毛泽东选集》的计划打了下去,结果只能印二十万部。会后,由出版局起草,以所谓新文化部名义打给中央的报告却说什么"一九六六年(全国)全年顶多能印《毛选》五百万套,再多无论如何也印不出来。"

十月 农村读物出版社编辑的《东方红》一九六六年版,经石西民、陈翰伯、陈原等审查后,竟不准在这本年刊性的书里转载毛主席的著作,对这本书宣传毛泽东思想,也多方加以限制。

十月 毛主席指出:《海瑞罢官》的"要害问题是'罢官'。嘉靖皇帝罢了海瑞的官,一九五九年我们罢了彭德怀的官。彭德怀也是'海瑞'!"。

十月 江青同志亲自指导的交响乐《沙家浜》演出。这是毛主席指示的**古为今用、洋为中用、推陈出新**又一重大成果。

十一月 周扬在一次文科教材会议上讲话,恶毒攻击毛泽东思想,胡说:在编教材时,"毛泽东思想不是数量问题,是观点问题。教材中有几根毛泽东思想的支柱就行,古的多些也不要紧。"他还针锋相对地攻击毛主席对文艺工作的批示,说:"教科书中,古的多些,是需要的,这同舞台上帝王将相不一样,不能说舞台上打倒了,书里也不要。""所谓批判,就是分析,不是打倒,打倒,文化从哪里来?"

陆定一、周扬在一次会上决定将毛主席诗词手稿控制在文物出版社出版,借口该社珂罗版印制质量好。实际该社珂罗版印刷每天只能生产几百张,产量低,价格高,一般人根本买不到。到六六年七月只印了一种,以后又以种种借口不准发行。

十一月十日 姚文元同志的文章《评新编历史剧〈海瑞罢官〉》在上海《文汇报》发表。彭、陆、罗、杨反革命集团百般抵制,很长时间不让北京的报纸转载。上海出版了这篇文章的单行本,彭真也不让在北京发行。

十一月十八日 林彪同志对中国人民解放军一九六六年工作作重要指示,提出继续突出政治的五项原则,强调指出:"**活学活用毛主席著作,特别要在'用'字上狠下工夫,要把毛主席的书当做我们全军各项工作的最高指示。**"

十一月二十九日 《解放军报》转载姚文元同志的文章,编者按语指出《海瑞罢官》是一株大毒草。这以后,广大工农兵群众积极参加战斗。《红旗》发表戚本禹同志《为革命而研究历史》的文章。

同日 周扬在全国青年业余文学创作积极分子大会上作了一个典型的打着"红旗"反红旗

的报告。这个报告抵制毛主席关于批判资产阶级代表人物的指示。只字不提批判《海瑞罢官》的斗争。他颠倒黑白,歪曲历史,伪装自己。特别可恨的是,周扬在报告中卑鄙地明目张胆地篡改了毛主席一九六四年六月的批示。

十一月二十二日 旧文化部召集有关部门负责人讨论召开年画、连环画工作会议问题。林默涵、包之静在会上抬出邓小平的招牌,说邓小平主张要用连环画形式,介绍各种知识,特别要注意介绍历史知识。林默涵叫嚣说:"历史题材,还是要采取积极态度,有计划地搞。……多少年后可以集成一套"。"关于民主主义的题材,也不要反对,自由恋爱,我们也不反对"。"欣赏性的题材,也不要完全排除"。

十二月 旧文化部召开了年画、连环画工作座谈会。会上,石西民、陈翰伯都大肆吹嘘九月文化局长会议,要在这次会议上学习、贯彻九月会议的"精神"。他们都说:经过假整风,文化工作的方向已经端正了,今后要贯彻彭真的所谓解决"上不着天、下不着地"的问题,"要抓创作","抓产品"。还说,年画、连环画中,"现代题材已占优势,今后主要问题是提高质量"了。

十二月二十一日 毛主席在杭州和陈伯达、关锋、戚本禹、艾思奇等同志谈话,指出:"戚本禹同志的文章很好,我看了三遍,缺点是没有点名。姚文元的文章也很好,对戏剧界、历史哲学界震动很大,缺点是没有击中要害。"毛主席又一次指出:"《清宫秘史》,有人说是爱国主义的,我看是卖国主义的,彻底的卖国主义。"

十二月二十九日 周扬按照彭真的阴谋计划,在《人民日报》发表由他主持写的方求文章。企图把《海瑞罢官》的批判,限制在学术问题的范围内。

十二月 长篇小说《欧阳海之歌》出版。作者金敬迈同志遵循毛主席的教导,长期深入连队,塑造了在毛泽东思想直接哺育下成长的共产主义新人的光辉形象。显示出中国人民解放军在林彪同志的正确领导下,高举毛泽东思想的伟大红旗,取得了伟大成就。

本年 《马克思恩格斯全集》中译本第二十一、二十二卷出版,至此出版了廿二卷。

一九六六年

一月二十三日 刘邓黑司令把《文化部党委关于当前文化工作中若干问题向中央的汇报提纲》批转全国。

一月 萧望东、赵辛初根据彭真黑指示,拍摄了《北京农业大跃进》纪录片,为旧北京市委树碑立传。石西民也"指示"陈原,积极组织吹嘘北京农业"大跃进"的稿件,在《农村文化》创刊号上刊载,而且指定放在第一篇。

二月二日至二十日 林彪同志委托江青同志在上海召开部队文艺工作座谈会。经过参加座谈会的同志反复研究,又经过毛主席三次审阅修改,写出了《座谈会纪要》。一针见血地指出:在社会主义阶段,文化战线上存在着"两个阶级,两条路线的斗争"。文艺界在建国以后,"被一条与毛主席思想相对立的反党反社会主义的黑线专了我们的政"。"只要我们不抓,很多阵地就只好听任黑线去占领,这是一条严重的教训。"我们必须"坚决进行一场文化战线上的社会主义大革命,彻底搞掉这条黑线。"

二月三日至七日 反革命集团头目彭真为了破坏毛主席亲自发动的文化大革命,炮制了臭名昭著的《二月提纲》,企图把这场尖锐的严重的阶级斗争,引到"纯学术讨论"的邪路。萧望东、石西民等召集旧文化部八十多名负责干部进行传达,对"提纲"大肆吹捧。许立群、胡绳召集北京市的宣传、出版等单位负责人和一些学术"权威"传达讨论。王子野积极参加了讨论会。

阎王殿的包之静按照彭真、许立群的黑指示，借口批判需要，要出版社把吴晗的《灯下集》、《春天集》、《学习集》；《海瑞罢官》、《海瑞骂皇帝》等大毒草，各重印五千册，并规定一律照原样印，不加序言或出版说明，倒填出版年月。

二月　刘少奇、邓小平指使许立群起草，并盗用中央名义转发了三地区《关于加强学习毛主席著作的批示》，极力排斥解放军的学习经验，大反所谓"教条主义、形式主义"。

三月　毛主席对文化革命又作了几次重要指示。毛主席指出：社会主义革命越深入，资产阶级代表人物就越抵抗，就越暴露出他们反党反社会主义面目。毛主席要各地注意学校、报纸、刊物、出版社掌握在什么人手里，要对资产阶级的学术"权威"进行切实的批判。

毛主席批评了《二月提纲》是非不分，压制群众，束缚群众，包庇坏人，搞这个提纲是错误的。毛主席还指出：扣压左派稿件，包庇反共知识分子的人是"大学阀"，中宣部是阎王殿，要"打倒阎王，解放小鬼。"

三月十七日——二十日　毛主席在中央政治局常委会上指出：以前对知识分子包下来的政策，有利也有弊，现在许多文化部门被资产阶级知识分子掌握着实权。许多文化部门要问到底掌握在哪些人手中，吴晗、翦伯赞是党员，也反共，实际上是国民党。对那些资产阶级学术"权威"，要进行切实的批判。要培养自己的年青的学术权威，不要怕青年人犯"王法"。不要扣压他们的稿件。

三月　林彪同志写给全国工交战线的信指出："我们是一个伟大的无产阶级专政的社会主义国家，有七亿人口，需要有一个统一的思想，革命的思想，正确的思想，这就是毛泽东思想。"

三月　林彪同志在给中央军委常委的信中指出："十六年来，文艺战线上存在着尖锐的阶级斗争，谁战胜谁的问题还没有解决。文艺这个阵地，无产阶级不去占领，资产阶级就必然去占领，斗争是不可避免的。这是在意识形态里极为广泛、深刻的社会主义革命，搞不好就会出修正主义。我们必须高举毛泽东思想伟大红旗，坚定不移地把这一场革命进行到底。"

三月　团中央革命群众向邓小平反映广大青年渴望得到毛主席著作和语录，邓小平不同意印，假惺惺地说："五卷快出来了，不印了，等五卷出来再编新的。"

三月　旧文化部召开党委扩大会，萧望东、石西民等人在会上继续贩卖《二月提纲》黑货，要求各单位搞所谓"结合本身实际情况有重点地选择同自己工作密切有关的学术理论问题，展开研究和讨论"。

四月　中央批转了《林彪同志委托江青同志召开的部队文艺工作座谈会纪要》这一重要文件。四月十八日，《解放军报》根据《纪要》，发表了题为《高举毛泽东思想伟大红旗，积极参加社会主义文化大革命》的社论，掀起了对反革命修正主义文艺黑线的猛烈进攻。

四月三十日　周恩来同志在首都各界欢迎阿尔巴尼亚党政代表团大会上讲话，指出："一个具有伟大历史意义的社会主义文化革命，目前正在我国兴起。这是意识形态领域中无产阶级和资产阶级谁战胜谁的激烈而又长期的斗争。""这是现阶段我国社会主义革命深入发展的关键问题，是关系全局的问题，是关系到我们党和国家命运和前途的头等大事。"

五月四日　中央政治局常委讨论彭真、陆定一、罗瑞卿、杨尚昆反党集团问题。
《解放军报》发表社论《千万不要忘记阶级斗争》。

五月七日　毛主席写信给林彪同志，指出：无论是解放军指战员、工人、农民、学生，还是商业、服务行业、党政机关的工作人员都要学政治、学军事、学文化，都要批判资产阶级，都要以本业为主，兼做别样，都要培养成具有无产阶级政治觉悟的、全面发展的共产主义新人。

五月八日　《解放军报》、《光明日报》发表高炬、何明的文章，揭露《前线》、《北京日报》、《北京晚报》的资产阶级反党立场。全国广大工农兵投入了捣毁"三家村"的斗争。

五月十日　姚文元同志《评"三家村"》一文发表，吹响了彻底埋葬旧北京市委反革命集团的进军号。

五月十六日　毛主席亲自主持制定的伟大历史文件——中共中央《通知》发出。《通知》揭露和粉碎了彭真反革命修正主义集团破坏无产阶级文化大革命、妄图实现资本主义复辟的阴谋，提出了无产阶级文化大革命的理论、路线、方针和政策，吹响了无产阶级文化大革命进军的号角。

毛主席在这个伟大的历史文件中指出：

全党必须"高举无产阶级文化革命的大旗，彻底揭露那批反党反社会主义的所谓'学术权威'的资产阶级反动立场，彻底批判学术界、教育界、新闻界、文艺界、出版界的资产阶级反动思想，夺取在这些文化领域中的领导权。而要做到这一点，必须同时批判混进党里、政府里、军队里和文化领域的各界里的资产阶级代表人物，清洗这些人，有的则要调动他们的职务。""混进党里、政府里、军队里和各种文化界的资产阶级代表人物，是一批反革命的修正主义分子，一旦时机成熟，他们就要夺取政权，由无产阶级专政变为资产阶级专政。这些人物，有些已被我们识破了，有些则还没有被识破，有些正在受到我们信用，被培养为我们的接班人，例如赫鲁晓夫那样的人物，他们现在正睡在我们的身旁，各级党委必须充分注意这一点。"

在毛主席的指引下，一场轰轰烈烈的文化大革命的群众运动掀起了高潮，两个阶级、两条道路、两条路线的斗争，进入了决战阶段。

六月一日　我们伟大领袖毛主席亲自决定播发聂元梓等同志的全国第一张马列主义的大字报，一场史无前例的震动世界的无产阶级文化大革命的熊熊烈火，迅速燃遍了全国。

編　后

最最敬爱的伟大领袖毛主席早在一九四九年就指示我们："**认真作好出版工作**"。

十七年来，在出版战线上，贯穿着极其尖锐复杂的两个阶级、两条道路、两条路线的斗争。以刘少奇为总后台的一小撮反革命修正主义分子，长期篡夺出版工作的领导权，实行资产阶级专政。他们极力推行反革命修正主义的出版路线，疯狂地反对毛主席，反对毛泽东思想，压制毛主席著作的出版，大放毒草，为资本主义复辟制造舆论准备。

我们根据现有资料，编写了《十七年来出版工作两条路线斗争大事记》，试图为革命造反派战友们彻底挖掉反革命修正主义出版黑线提供一点线索。由于水平的限制，一定有很多错误的地方，希望革命造反派战友们提出批评意见。

三反分子侯外庐材料选编

中国科学院革命历史研究所
文化革命办公室 编
上海市史学批判联络站翻印

1967.5.

前　言

侯外庐, 中国科学院历史研究所副所长, 反革命修正主义分子, 反共反人民的老手。他既是混进党内的资产阶級代表人物, 又是史学界的資产阶級反动学术"权威"。

长期以来, 侯外庐披着馬克思主义外衣, 打着"学术"的幌子, 贩卖反革命修正主义的黑货, 进行反党反社会主义反毛澤东思想的罪恶活动。在一九六○年前后, 国内外阶級敌人向我們发动猖狂进攻的时候, 侯外庐特別活跃, 他与邓拓、吴晗等反革命黑帮遙相呼应, 射出了論湯显祖剧作等一支又一支反党反社会主义的毒箭。向党向社会主义向毛澤东思想疯狂进攻。

侯外庐一直以"老馬克思主义史学权威"自居, 其实是一个反共、反人民的老手, 媚蔣、崇美的奴才。

在这次无产阶級文化大革命运动中, 我所革命群众不顾历史所党內走資本主义道路当权派尹达的包庇, 勇敢地把侯外庐揪出来批判斗爭。《紅旗》《人民日报》等报刊已对他作了公开的批判。

本編材料, 就是汇集了我所群众对侯外庐揭发批判的大字报, 摘录了他在論著中的一些三反言論, 并把侯外庐在解放前后的論著目录, 作为附編, 供查閱。

此編是我所部分青年同志, 在較短时間內仓促編成的。其中一些体例的安排, 材料的搜集和文字的說明, 还不完善, 請同志們指正、补充。

中国科学院历史研究所文革办公室

一九六六年十一月二十二日

目　　录

一、恶毒攻击我們偉大的領袖毛主席和以毛主席为首的党中央，为罢了官的右傾机会主义分子鳴冤叫屈

(1) 汚蔑我們偉大的領袖"四十而惑"，攻击党中央"沒有經驗"，"沒有知識"

"'四十而不惑'？沒有这样的事！列宁四十而惑，毛主席四十而惑；我們四十更糊涂，沒有懂得的事更多。馬克思在五十多岁时学俄文。毛主席现在还在学习土壤学。可見他过去不知道土壤学，他还在惑。学习、学习、再学习是一輩子的事。从来沒有人能四十而不惑，能懂得历史規律的必然性。"

（《关于学习历史的方法》，1962 年 12 月 26 日 在高級党校讲話記录稿）

一九六二年，侯外庐在和五室一些同志（我本人在場）談話时，說党中央"过去承认沒有經驗，最近沒有知識也承认了。"（大意如此）

（据大字报揭发）

"沒有一个人能够說，他对世界上什么事情都知道。补課是不断的，連馬克思这样偉大的导师，在逝世前还不断地补課。主席也在补課。现在主席就在学土壤学。"

（1961 年在中共山西省委党校的讲話）

(2) 与邓拓、吳晗一样，歪曲历史，鼓吹"罵皇帝"，引古射今，恶毒攻击毛主席和党中央罵"皇帝""糊涂昏庸"、"不足当人君"、"到处閑行"

"……他（指湯显祖）在壮年是以'儒俠''俠骨''优壮不阿'自居，有志于大刀闊斧地改革现实。他甚至敢于离經叛道，贊美有青春气的壮士是以斗爭精神为他們的优点，而和老年人求富貴的好得貪心是相反的，因为有斗爭精神的人居于下位，'与物論近'，无所顾虑，因此他主張应該奖励斗爭精神，并'以'斗'启壮者之用'（《答舒司寇》）。湯显祖基于这样的变革精神，不但鳞砾时輩俗人，而且敢于罵神宗皇帝糊涂昏庸，'可惜者四'，因而被謫于雷州半島南端的徐聞，比杜甫柳宗元遭难的地方更僻远。"

（《〈牡丹亭〉外傳》，《人民日报》1961 年 5 月 3 日）

"他（湯显祖）追寻到历史的真实問題，敢于作出封建制社会的秦汉盛世不是历史的停足点，狂热地憧憬着世界的前景或光明的将来。他笑秦皇，諷汉武，說'秦皇不合求仙去，眼見江山是画图'（《江山图》），誶汉武'(邪)尹笑定是非，不足当人君'（《汉武故事》）。"

（《〈牡丹亭〉外傳》，《人民日报》1961 年 5 月 3 日）

按： 湯显祖真的把汉武帝罵成是"(邪)尹笑定是非，不足当人君"嗎？原詩《汉武故事》：

"汉宫寵邪尹，隔别不相亲，一朝尹自諫，帝为餙他妃。尹笑定非是，不足当人君。令邪独身来，故衣无餙新，卽俯首啼，知是邪夫人。"

这首詩是本于《史記·外戚世家》。

"尹夫人与邢夫人同时并幸，有詔不得相见。尹夫人自請武帝。愿望見邢夫人，帝許之。即令他夫人飾，以御者数十人，为邢夫人来前。尹夫人前见之，曰：'此非邢夫人身也。'帝曰：'何以言之？'对曰：'视其身貌形状，不足当人主矣。'于是帝乃詔使邢夫人衣故衣，独身来前。尹夫人望見之，曰：'此眞是也'。于是乃低头俛而泣，自痛其不如也。"

"尹笑定非是，不足当人君"是說：尹夫人笑了說：这个人一定不是邢夫人，看她那个样子就不会中皇帝的意。侯外庐把诗中"非是"二字改为"是非"，然后抽出这句诗，写成"詐汉武(邢)尹笑定是非，不足当人君"，这样就伪造成汤显祖骂汉武帝独断独行，"不足当人君"了。侯外庐是眞的看不懂这首诗吗？是常識缺乏到如此地步吗？不，这是作伪舞弊，这显然是抱有极恶毒的政治目的，把他的反党反社会主义的毒箭直接射向党中央和毛主席。足见其心极詭，其言甚黑！

（据大字报揭发）

"……当今开元皇帝，不安本分閑行，又不用男丁摆櫓，要一千个裙釵唱着采菱。……老驛丞无妻少女，寻不出，逼出了人的眼睛，迟误了欽限当要小子！有計了，西头梁断处一条性命烂绳！錢粮协济，諸般答应精灵。普天之下一人行，怎敢因而失敬？"

（《論湯显祖〈邯鄲記〉的思想风格》）

"开元天子駕新河，乐得山色水光相照，錦江山都回环着圣朝。在行宫，卢生謹奏一詩，詩颂道：'春日迟迟春草綠，野棠开尽香玉，誘岭宫前鶴发翁，犹唱开元太平曲。'在龙舟，采女們棹歌，云将里得近天顔微笑，好悦耳的清歌："君王福耀，謝君王福耀！凿破了河关一綫遙，翠丝丝楊柳画兰橈，酒滿向河神吹洞簫。好摇摇等閑平地把天河到了！万岁爷把新河賜名'永济河'，早已立下了一尊铁牛，以鎮河灾。裴光庭'长于文翰'，謹奏上一排多烘先生的俳偶說教，眞乃是'文章'与'勋功'并傳千秋，'开元'同'神灵'万古福照，請看这位'大文豪'的颂詞：

天元乾，地順坤，元一元而大武，順日順而为牛，牛其春物之始乎，铁乃秋金之利乎！其为制也，寓精奇特，壮趾贞坚，首有如山之正，角有不崩之容。乃至融巨冶，炊洪蒙，执大家，驱神功，遂尔东临周畿，西尽虢洛。当函关之路，望若随仙，近桃林之塞，时同归兽。……盖金为'水火既济'，牛則'山川舍諸'，所謂'载华岳而不重，鎮河海而不泄，其在兹与！……

杏冥精兮混元气：炉轄椎牛载厚地，巨灵西撑角嵒嗁，馮夷东流吼滂沛。坚立不动神之至，层隁顾护人所庇。帝賜新河名'永济'，玉帛朝宗千万岁！"

（《湯显祖〈邯鄲記〉的思想风格》，《人民日报》1961 年 8 月 16 日）

"那……那些被称为圣哲的人已經不配作圣作哲。……在这世紀末的时代，……連昊天上帝也变成'板板'、'梦梦'、'弗虑弗图'的糊涂虫，应该作为咒詛的对象了。"

（《中国哲学簡史》上册第 31 頁）

按：该书从 1961 年秋冬开始编写，上册已于 1963 年由中国青年出版社出版，下册已經定稿排版，尚未正式出书，本材料所引该书下册頁码是"清样"上的。——编者

罵"皇帝""崇聚財賄"造成"危""乱"

"李三才曾对皇帝一再疏陈矿税之害，其中竟至批判到皇帝：'陛下爱珠玉，民亦慕温飽。陛下爱子孙，民亦恋妻孥。奈何崇聚財賄，而使小民无朝夕之安？'（东林列卷卷一·六）"

（《中国思想通史》第四卷下册第 1111 頁）

"皇帝是最大的掠夺者和剥削者"; "在暴君与酷吏的压迫下, 人民无法生活下去, 起来进行斗爭是必然的, 合理的。"夫夺其食, 不得不怒, 竭其力, 不得不怨。人之乱也, 由夺其食; 人之危也, 由竭其力。而号为理民者, 竭之而使危, 夺之而使乱!"

(《中国思想通史》第四卷下册第 829—830 頁)

"刘知几在《惑經》篇中也指出: '善无不备'的圣人是不可能有的。

刘知几不但极力反对虚妄詭辞, 而且还力图从理論上去說明它們的根源是产生于不符合客观事实和'物理'的錯誤的思維方法。"

刘知几"主張客观地暴露统治阶级爭夺权势的互相傾軋。他从三代一直說到唐代, 得出一条通例, 即历代统治者, 都是反动的强夺者, 尧、舜、禹、湯、文王、周公也都是这类人物, 然而真实的历史却被人們所粉飾, 把一些創业的帝王美化为至德的圣君。"

(《刘知几的哲学和史学思想》, 《人民日报》1961 年 3 月 12 日)

"例如王充……向讖緯神学世界观展开了'两刃相割'的斗爭。他不畏惧那些腐儒駡他为'妖'、为'怪'为'变'、为'异'的'叛逆'行徑, 嘲笑那些'好信师而是古, 以为圣賢所言皆无非'的世儒学者, 公然宣称: 为了辯明是非, 对孔子、孟子这些大圣人也是可以批判的, 这种敢于斗爭的精神, 得到他以后的唯物主义者的称道、继承和发揚。唯物主义者之所以是封建制社会的'叛逆', 原因也就在这里。"

(《中国哲学史中的唯物主义傳統》, 《新建設》1963 年 4 月号)

"……圣人之为, 沒有什么过高了不起之处; 因此, 尧舜与途人一, 圣人与凡人一。把至高无尚的德性的宝座, 垫在常人的脚下, 因而就填平了尧舜与途人之間, 圣人与凡人之間的鴻沟。"

(《李贄的进步思想》, 《历史研究》1959 年第 7 期)

"圣人之所能, 愚夫愚妇亦能, 愚夫愚妇之不能者, 圣人亦不能。对愚夫愚妇, 不能下视, 对圣人亦不能高视。这是从能为上看, 圣人与愚夫愚妇是平等的。如果对圣人与愚夫愚妇在看法上有轩輊, 下视愚夫愚妇, 高視圣人, 就不合乎平等的精神。"

(《李贄的进步思想》《历史研究》1959 年第 7 期)

頌揚历史上敢于"駡皇帝"的"战斗精神"

"陈亮大胆地諷刺了(他用的佩'服'的字眼)孝宗是一个假仁假义的虚伪皇帝!"(710 頁)"他敢于直斥皇帝一切'独断'"(705 頁), "指駡皇帝的一套'仁义礼智'是腐败统治者的蒙昧主义的傳統"。

(《中国思想通史》第四卷下册 710 頁)

"楊万里的政論有和陈亮类似的倾向, 对时政以至黄帝本人都提出了大胆的責难。"

(《中国哲学簡史》上册第 313 頁)

"……把暴君和酷吏看作是人民的一切灾难的最終根源……鮑敬言的烏托邦正是如此。"

(《中国历代大同理想》第 23 頁, 1959 年 4 月出版)

"……殘暴的君主应該推翻, '可伐', '可易位'但是一姓的'天下不可取'。"

(《中国思想通史》第四卷下册第 984 頁, 1960 年 4 月出版)

"在这里，柳宗元不仅敢于向'尸虫'举起投枪而且还敢于以戏謔的語言向蔭庇'尸虫'的'帝'婉轉地給以辛辣的嘲諷，进而冲击到封建制社会中皇权或主权者这样最高地主的神圣光輪。"

（《柳宗元的社会思想》，《光明日报》1963 年 2 月 26 日）

"柳宗元有一篇名为罵《尸虫》小鬼的作品，是他运用无神論对黑暗现实的鞭撻，现在看来，还觉得好象是在对一些'新'的'造神'进行笔伐。"

（《中国古代不怕鬼神的思想傳統》，《光明日报》1961 年 3 月 25 日）

鼓吹"罵皇帝""是合法的事情"

"馬驌临在这里提出了誹謗和詛咒在古代是合法的事情，并沒有因此而入人罪。""这在'沒人放大声咳嗽'的元代，也显然是对现实的抗議。"

（《中国思想通史》第四卷下册 872 頁）

（3）为罢了官的右傾机会主义分子鸣冤叫屈

胡說被罢了官的右傾机会主义分子是"牺牲品"

"本来，历史可以集中于这样一点：一部分人把另一部分人处罰为牺牲或人肉祭品，而这另一部分人又反过来把那一部分人所設的祭坛推翻，这就是阶级斗爭史的一个重要側面。高尔基在《忆列宁》一文中就記录过列宁的这样名言。

"我們了解历史，我們要向那些牺牲品說，推翻祭坛，拆毁庙宇，打倒神灵！"

（《中国古代不怕鬼的思想傳統》，《光明日报》1961 年 3 月 25 日）

李贄辞官是因为他"对封建习俗以及制度有鲜明的叛逆精神，所以他晚年多次受到統治者的威胁迫害，终于以七十高令，以'惑世誣民'的罪状被捕，在狱中受迫害而自杀。"

（《李贄的封建叛逆思想》，《人民日报》1962 年 12 月 13 日）

东林党人"集中批判时政""許多人冤死狱中"。

（《中国哲学簡史》下册第 366 頁）

"柳宗元在'党爭'中被列为貶黜的八司馬之一，被誣为'其罪更甚'，始被贬为邵州刺史，同年十一月再贬为永州司馬。"

（《柳宗元的唯物主义和无神論思想》，《人民日报》1963 年 2 月 5 日）

"罗汝芳任参政，到北京进表，在广慧寺讲学，也触忤了張居正，被勒令解官。"

（《中国哲学簡史》下册第 349 頁）

"赵仲一和豪右进行了一系列的斗争。結果得隐田数千傾以活民。……湯显祖把这种均田活民的政治，称为医国医天下的良药方，……因而人民惟恐赵仲一离开他们，反之权貴豪右却把这种良药誣蔑成"霸药"，惟恐赵仲一在官，因而用种种奸計陷害他去官。"

（《論湯显祖〈紫釵記〉和〈南柯記〉的思想性》，《新建設》1961 年 7 月号）

顾宪成上疏"射及执政""与权臣抗爭""議革职"。"他回到家乡，重建东林书院讲学主张'与世为体'，不断裁量人物，訾議国政"。

（《中国哲学簡史》下册第 366 頁）

高攀龙"因与魏忠贤斗争罢官"

（《中国哲学簡史》第 367 頁）

为罢了官的"兵部尙书"喊冤

"卢生后来因开边千里，封为定西侯，加太子太保，兼兵部尙书。但是，这位幸进的勋貴却又被大权独专的宇文融所計害。开元圣皇，聰明睿哲，当然把这位屡立功勋的'栋梁之材'，降旨明正典型。这正是恩之害之，反复无常。"

（《論湯显祖〈邯鄲記〉的思想与风格》，《人民日报》1961 年 8 月 16 日）

"王廷相是明朝的一位官吏，由知县升为御史，最后任南京兵部尙书。在他的政治生活中，对于人民具有着正义感，曾先后两次遭受宦官的迫害，他除反对宦官外，对于貪賄的宰相严嵩，王贊等人也曾予以抨击。"

（《十六世紀中国进步的哲学思想概述》，《历史研究》
1959 年 10 月号为苏联《哲学問题》作）

为所謂"淳于梦"罢官唱挽歌

众父老　脑頂香盆，天也么天，天留住俺恩官！……

生泣介　（父老呵！难道我舍的?）朝庭怎敢逵欽限！俺二十年在此，将我好不回还!

父　老　俺男女們思量，二十载恩无算，怎下的去心离眼！……俺只得倒臥車前，汨斑斑，手攀闌!

众　　　众父老拥住駿雕鞍，众男女拽住綉罗栏。

生泣介　車衣带断情难断! 这样好民风留着与后賢看，……

众泣介　留不得! 只早晚生祠中跪祝赞!

我以为　这样的笔墨是深刻的。湯显祖描写大家在哭泣声中，只能呼天降灵，也卽是他所謂的"人道远，天道逼"，因此，最后只好把"情难断"的理想的世界"留着与后賢看"而已。这倒是一种合乎情理的（或邏輯的）历史的憧憬。这种手法，好象比《烏托邦》和《太阳城》的手法更高明些。"

（《論湯显祖〈紫釵記〉和〈南柯記〉的思想性》，《新建設》1961 年 7 月号）

鼓吹反革命的"剛直不阿"，鼓励右傾机会主义分子失败了再干!

"湯显祖贊揚过赵仲一和豪右斗争的功績，虽然赵仲一在鋤豪右、治人民的斗争中取得利劍的一时的胜利，但終于被乡愿們所陷害，而和湯显祖一样只能用笔以砍伐世界。"

（《湯显祖〈牡丹亭还魂記〉外傳》，《人民日报》1961 年 5 月 3 日）

"方以智在自責'开从来不敢开之口'时，也不能不受黑暗的鬼影所压迫。"

（《方以智〈东西均〉一书的哲学思想》，《人民日报》1961 年 8 月 6 日）

"呂坤上疏論天下安危，着重抨击了明王朝所設大工采木等费苛重，疏入不报，又遭張位等誣劾，于是称病辞职。""在道学迷雾充塞思想界的当时，呂坤这种敢于批判正統，坚持眞理的精神是有进步意义的。"

（《呂坤哲学选集序》1961 年 7 月版）

"洪亮吉以翰林身分上书成亲王，'反复报陈时政'，对皇帝和大臣都有所批評，甚至预言到

'官逼民反',农民起义就要来临,结果破遣戍新疆。……"

"洪亮吉……表示反对所謂'柔可胜剛'的处世态度,声称:'吾宁为龙泉太阿(利劍)而折,必不为游藤引蔓以长存者矣'。(《剛柔篇》他的上书遭貶,可以說是实踐了这种剛直不阿的斗争精神。"

(《中国哲学簡史》下册第 436——437 頁)

附录: 侯外庐在《論湯显祖剧作四种》一书中选取插图的險恶用心

1962 年, 侯外庐在孟超窃据的戏剧出版社出版他的大毒草《論湯显祖剧作四种》。当时叫我去科学院图书館給他找明版湯显祖著作, 选择书里的插图。侯外庐对选取哪些插图, 曾对我作了口头的"指示", 我記在笔記本上。我所記原文如下:

"秦皇汉武　　　　　　　　玉一頁

小辨軒記

不生之生　　　　　　　　一頁

豫章之劍　　　　　　　　信

錦之鳥　　　　　　　　　詩

上皇帝书

貴生說

錢神論　　　　　　　　　紫

邯末一段士农工商

湯引詩另起行, 加工"

这里面,"秦皇汉武"指用《玉茗堂集》有"秦皇汉武非駐足之地"語的一頁, 摄影作插图;"錢神論"指用《紫釵記》罵錢神(这是侯外庐的提法);以及"上皇帝书", 都表現了"罵皇帝"。《邯鄲記》的"士农工商"则表現了"罷官"。《錦之鳥》詩誣蔑社会主义社会"处处阴风沈昧"。"不生之生"和"貴生"鼓吹所謂"生存"。"豫章之劍"则号召"砍伐世界"。现在可以看得很清楚, 侯外庐要安排这些插图, 是有着极为險恶的精心策划的, 其目的正是在于配合他的三反文章, 把反革命的主题更突出地体现出来。

(据大字报揭发)

1966 年 11 月 18 日

二、瘋狂地攻击偉大的毛澤東思想

（1）公开詆毀毛澤東思想，反对学习毛主席著作，誣蔑毛澤东思想是中国封建文化的"产物"

毛澤东思想是"馬克思列宁主义同中国悠久的'傳統文化'相結合的产物"。

（1961 年在山西省委党校的讲話）

侯外庐在 1964 年答日本船山信一說：

"毛澤东思想是中国封建时代的思想（例如王充、柳宗元的思想）和民主主义的思想和新民主主义的思想遺产的批判的綜合。"

（船山信一：《中国哲学界的現况》日本《思想》杂志，1966 年 3 月号）

跟邓拓一唱一和，妄图抹煞我們偉大的領袖毛主席在五四运动时期的偉大旗手作用

1950 年新中国建立不久，侯外庐就抛出了《关于五四运动誰領导問題》（《光明日報》5 月 4 日），按照邓拓定下的調子，打着李大釗的旗号，故意抹煞我們偉大領袖毛主席在五四运动中的杰出的領导作用。侯外庐跟邓拓一样，根本不提毛主席在五四时期的革命活动，不提毛主席在他主編的《湘江評論》上写作的《民众大联合》这篇光輝灿烂的雄文是五四运动革命思想的最高峰，硬说"关于馬列主义在当时的宣傳与思想領导，李大釗師的言論是一个集中的代表"。他还吹捧邓拓的断案是正确的"，"論据是李大釗師 1918 年以来的文章，說明共产主义思想占据了五四运动的核心。"并且他还以"一个五四时代的青年"自詡，說什么"首先冲破我的旧迷梦，而使我感受了思想上的极大震动的，正是李師的文章。"这里，反共老手侯外庐不仅是恬不知耻地把自己装扮成革命先烈李大釗同志的"学生"，装扮成"老馬克思主义者"，借以抬高自己的身价，更加恶毒地是，他妄图以此抹煞毛主席在五四运动中的光輝历史地位，狂妄地要和我們最最敬爱的偉大領袖毛主席比高論低。他的反党野心家的丑恶嘴脸暴露无遺。

（据大字报揭发）

瘋狂地叫学生抬自己的画像参加国庆游行

侯外庐任西北大学校长时期，1951 年国庆前夕，学生要給他画像，他欣然同意；学生告訴他，要在节日抬到街上游行，他更表同意。及至上了街，才被領导发現，被迫撤走。侯外庐居然胆敢把自己的画像跟中国人民的偉大領袖毛主席的像排在一起，充分暴露他反党的狼子野心。

（据大字报揭发）

否认毛澤東思想全面地、創造性地继承、捍卫和发展了馬克思列宁主义

侯在西大时給学生說："列宁主义发展了馬克思主义，把馬克思主义推进到一个新的阶段。毛澤东思想沒有脫出馬列主义！"（大意如此，当时西大学生刘重日听到的），侯否认毛澤东思想发展了馬列主义。

（据大字报揭发）

瘋狂攻击毛澤东思想"容易浮夸"

1961 年 10 月 20 日，侯外庐和全所青年同志談所謂《从事科学研究室的态度与方法》，他說要"戒浮"，說"社会科学容易浮夸"，这是明目張胆地攻击馬克思主义、毛澤东思想"容易浮夸"，这和邓拓的"偉大的空話"实是一个調子。

（据大字报揭发）

恶毒地誣蔑毛澤东思想是考茨基主义

毛主席在《新民主主义論》里，指出三民主义和共产主义"有不同的部分"，最主要的是："（二）有无社会主义革命阶段的不同。共产主义于民主革命阶段之外，还有一个社会主义革命阶段"。"三民主义則只有民主革命阶段，沒有社会主义阶段"，"卽沒有建立社会主义和共产主义社会制度的綱領"。又說："革命有阶段之分，只能由一个革命到另一个革命，无所謂'毕其功于一役'，"

請看侯外庐在他的文章中（《历史研究》1957 年第 2 期）則針鋒相对地加以辨駁說："他（孙中山）的彻底民主革命的政綱，事实上曾經成为民主主义者和共产主义者的共同綱領，实现这种綱領，就使民主革命能进行到底，能接近社会主义的大門，这其間是有联結性的。""民主革命和社会主义革命不是如考茨基輩所說的不可逾越的截然两件事。中山先生提出的'毕其功于一役'，虽然沒有顾到历史条件的可能性，但他提出的'民权主义与社会主义相連带解决'的話，則是好的命题。""他对于民主主义和社会主义并沒有划一鴻沟。"

这不是明目張胆反对毛澤东思想嗎?

（据大字报揭发）

誣蔑毛主席著作不是經典著作，反对以毛澤东思想指导历史研究，
抵制学习毛主席著作

侯外庐經常散布："毛主席沒有馬、恩、列那样有系统的理論著作，对哲学史研究帮助不大。"言下之意，否认毛主席著作是經典著作。1960 年組内集体編写《中国近代思想史》时，青年同志提出讀书应以毛澤东思想作为指导思想，經常学习討論有关问题，侯外庐对此十分不满，搖头說，会議太多，不解决问题。对于組内青年同志的理論学习，侯外庐从不布置学习毛主席著作，而是一再强調学习馬、恩早期著作，以此抵制学习毛主席著作。

当組内同志开展毛主席著作学习时，侯外庐則以"业务忙"加以破坏，經常对青年同志交任务，限期交卷，要他们对学习"請公假"。今年，所内开始实行每天上午 8—9 时学习毛主席著作制度的第一天，侯外庐一早赶来五室，叫几个同志听他談写文章的事，还美其名曰："这就叫做突出政治!"可見，侯外庐是多么仇視学习毛主席著作，和楊述的罪行一模一样。

（五室青年同志揭发）

侯外庐說:

"毛主席著作对于古代史是片断的，不系统的，因此，要解决古代史中的細节问题就比較难。"

（見历史一、二所《1959 年 12 月 21 日学习八中全会簡报》）

侯外庐給陝西中級党校作报告，誣蔑《实践論》是古代知行学說的"概括"，《矛盾論》是对列宁《談談辩証法》的"发揮"，否认毛澤东思想全面地、天才地发展了馬克思列宁主义。

（据大字报揭发）

(2) 瘋狂叫喊"打倒盲从的教条"，把毛主席著作"踩在地下"

"李贽否认經典的神圣性，公开宣称不能以'孔子之是非'为原則，而必须打倒这种盲从的教条，建立'今日之是非'，卽評价真假善恶的新标准。"

（《李贽的封建叛逆思想》，《人民日报》1962 年 12 月 13 日）

"李贽評論孔孟的經典，常出之以諷刺的笔調，削去其神圣的外衣，使之归于平常，甚至归于可笑和愚蠢。李贽抓住了神圣不可侵犯的圣賢的某些小辮子，或抓住文字上面某些把柄，詼諧地进行嘲弄……这种'皮里阳秋'式的評論，作用在于使圣賢經典还原为平常的著作，打击其在組織、道德、政教等一切領域里作为最高指导原則的特权地位，否定其为'万世之至論'。其态度不仅是离經叛道，而且是褻瀆神圣。"

（《李贽的进步思想》，《历史研究》1959 年第 7 期）

"在盲目和愚昧的气氛里，封建制社会统治的思想便以孔子之是非为真理的标准，凭以衡量一切。李贽坚决反对这种独断的态度提倡是非是无定质，无定論的，是相对的。……"

"李贽否定孔子的'定本'，反对以孔子的'定本'作法律裁判或賞罰的准绳。"

（《中国思想通史》第 4 卷第 1083～1085 頁）

"李贽尖銳地評論'六經'、'論語'、'孟子'，指出'六經'、'語孟'，是'道学之口实，假人之渊薮'，其实，并不能目之为'經'，一样許后人怀疑其謬误，这样便把所謂'圣經賢傳踩在地下，任其批駁'。李贽說：'……药医假病，方难定执，是岂可逐以为万世之至論乎？'……"

（《李贽的进步思想》，《历史研究》1959 年第 7 期）

(3) 鼓吹"怀疑主义"，胡說对毛澤东思想"不能整个接受"，"必須善疑"

"我們以为《邯郸記》从其积极意义上而言，是充满着一种批判的斗争的精神的，但也有着怀疑主义的倾向。因为在历史上某些持怀疑主义的学者有其理論的青春性和思想战斗性，这是因为历史发展的辩証法，……在一定程度上归结为怀疑主义。"

（《論湯显祖<邯郸記>的思想与风格》，《人民日报》1961 年 8 月 16 日）

"方以智更大胆地提出对儒、佛、道都只能'擇善'，不能整个接受，他說：'今而后，儒之、釋之、老之，皆不任受也，皆不閡受也。'（《神迹篇》）这是說，对儒、釋、道学說，都不能不問其正误而随便认可，也不能不通过思考而貿然承受。…… 他說：'天地間一疑海也'……要想糾正前人的謬误，发前人所未发，必須善疑。"

（《东西均序言》，中华书局 1962 年版第 12 頁）

(4) 叫嚷"不畏傳統权威"，鼓吹"离經叛道"

"（《問孔篇》）对孔子問难凡十六发，大都揭露孔子之言'上下多相逐，其文前后多相伐'，'并斥，世儒学者，好信师而是古，以为賢圣所言皆无非，专精讲习，不知难問'。且宣称为了'証定是非'，'苟有不曉解之問，迒（追）难孔子，何伤于义？誠有傳圣业之知，伐孔子之短，何逆于神，借矛盾伳以打破于孔子的偶像观念，旧結千暴露讖緯'正宗'神化孔子的无据。"

（《中国思想通史》第二卷第 270 頁）

王艮的"《五經总义》是非常可貴的'叛逆''异端',跟'圣經賢傳'对立。"

(《中国思想通史》第四卷下册 974 頁)

"在'荀話'的不自己的情况下，陈确以他勁健之笔作为武器，……对宋、明的唯心主义举起了投枪，发挥了唯物主义的战斗精神。陈确的这种勇于追求真理，大胆反抗傳統的'无所顾虑'的态度，表现出十七世紀中国早期启蒙思想家对封建秩序决然叛离的性格"，吹捧陈确"不畏权威而崇信真理""不愧是十七世紀这一'天崩地解'时代的启蒙者"。

(《陈确哲学选集序》1959 年 9 月)

"在'道学'迷雾充塞思想界的当时，吕坤这种敢于批判正統学派，坚持真理的精神是有进步意义的。"

(《吕坤哲学选集序》1961 年 7 月)

"吕坤反对以道学的正宗教条束縛自己的思想，……

曰：'我正是我'。

'我正是我'表示了吕坤反对正統思想和理性的崇拜，他要把一切流行的学說，都拿到'理性'的天平上称一称，然后再表示取舍的态度。他宣称凡是經过'理性'規定过的真知定見'，才可以維护，否则就不能妄目地跟着别人跑。这样一些关于崇信理性的命题正是正宗教条的独断主义的反对命题。"

(《十六世紀中国的进步的哲学思潮概述》，《历史研究》1959 年第 10 期)

"《焚书》……这本著作对于封建孔教和假道学作了有力的抨击。……我們可以說，李贽的《焚书》即表现出焚毁教論的历史意义。"

(《十六世紀中国的进步的哲学思潮概述》，《历史研究》1959 年第 10 期)

"刘知几，……主張写出不畏傳統权威的、具有大胆批判精神的历史著作。"

(《刘知几的哲学和史学思想》，《人民日报》1961 年 3 月 12 日)

(5) 誣蔑学习毛主席著作是"只在'語录'中打圈子"，"背誦教条"

"他(顾炎武)指出了空讲心性的道学家……不去系統的研究儒家的經典,只在'語录'中打圈子。"

(《中国哲学簡史》下册第 406 頁)

"颜元反对道学家……只知背誦道学教条的乡愿态度。"

(《中国哲学簡史》下册第 412 頁)

(6) 誣蔑学习毛主席著作的革命人民是"偸儒"、"瞎儒"、"正統派道学家"

1962 年 6 月 3 日侯外庐在《光明日报》上发表的《付山〈荀子評注〉手稿的序言》一文中，恶毒地攻击了毛泽东思想，把偉大毛泽东思想誣蔑为"道流"、誹謗坚决听党的话，学习毛主席著作的同志是"偸儒"、"瞎儒"、"假学者"、"真权儒"。

(据大字报揭发)

"对于方巾閻袖的道学先生，吕坤斥之为'伪'和'腐'，'伪'指他們言行不一，'腐'指他們空談无用。"

(《中国哲学簡史》上册第 362 頁)

叶适"敢于充分暴露头巾气十足的正统派道学家。"

(《中国思想通史》第四卷下册第 752 頁)

(7) 所謂"擒賊先擒王", 妄图挖掉革命人民的命根子——偉大的毛澤东思想

"李贄的批判鋒芒, 首先針对儒家經典和儒家圣賢。挖老根, 显老底, 擒賊先擒王的手法。李贄对'六經'、'論語'、'孟子'等經典, 抱着輕蔑的态度, 說……就算有圣人之言, 也只是一时的因病所发的药面, 不是'万世之至論'。这样, 就否定了'六經'、'語'、'孟'的經典地位, 推倒了經典教义統治的特权。"

(《李贄的进步思想》, 《历史研究》1959 年第 7 期)

"方以智集中地对道学开火, 他指出: '虚易而实难'正如'画鬼容易画馬难', 道学家陷于空虚的唯心主义, 扫除物理, 不过是'藏拙'而已。"

(《东西均序言》, 中华书局 1962 年版第 9 頁)

"呂坤对当时道学的偶像朱熹进行了尖銳的攻击, …… 他指出朱熹所說的'礼'是戕害'忠信'(指一种新道德观念)的, 因而必须加以辨駁, 同时他又声称, 凡是合乎'忠信'的礼, 他是贊成的。"

(《十六世紀中国的进步的哲学思潮概述》, 《历史研究》1959 年第 10 期)

"値得注意的是, 王廷相还敢于接触'邪說橫行'的社会根源, 这是'由于在上之势致之'(慎言卷一)。……从这些言論中, 不难看出王廷相反对封建正統思想的战斗性格。"

(《中国思想通史》第四卷下册第 928～929 頁)

(8) 宣揚"合二而一"反动哲学, 跟反革命修正主义分子楊献珍一唱一和

"他(方以智)指出……矛盾的两端, 是裂一为二, 二复为一。他說: '尽天地古今皆二也。两間无不交, 则无不二而一者。'"

(《三徵篇》, 《东西均序言》, 中华书局 1962 年版第 6 頁)

"在《东西均》中, 方以智还提出了'交、輪、几'的公式。这一公式在形式上近似于矛盾轉化的规律。

'交'指对立物的相交, 方以智称为'合二而一', '相反相因'或'交以虚实'的关系。……

'輪'指运动轉化, 他称为'首尾相衔', '代明錯行', '輪續前后'。……

'几'指在不息的运动中达到一个高級的阶段。……"

(《东西均序言》, 中华书局 1962 年版第 7 頁)

"人类对于客观世界的认识是不断发展的, 有'明'、'暗'及綜合'明'、'暗'而更进一层的'合'的不断高涨的阶段。"

(《东西均序言》, 中华书局 1962 年版第 4～5 頁)

三、瘋狂反对无产阶級专政和社会主义,恶毒攻击总路綫、大跃进、人民公社三面紅旗

(1) 攻击无产阶级专政是"羈絆"、"霸道"、"隔断春天"的"大神物"

"在这样必然要隂沉墜裂的世界, 他說, 社会财富呢, 精华豪家取, 劳动人民呢, 戶口入鬼宿。然而这却被俗人与道学先生們用权威原理以及性理說教形容为'盛世'、为'王业'、为'大有年'。这种矛盾的社会正和湯显祖理想中'神农之教'之下的人人富寿康乐的社会相对立。他根据心理的分析出发, 曾借用两种动物的性格形容了在黑暗世界的两种生活的权利:

一种是雄偉的老虎, 它的自然的性格应该表現为活生生的'性气', 但反而陷于羈絆之中: '虎雄虫, 而劣辱于囚, 反見牛馬而惊', '旣苦饥而伏檻, 敢擇食以懟恩? 遂改山林之性气, 狎鸡犬之見闻。……饥穷来而餌施, 利器往而性泯, 是人間之玩扰, 何气决之可存? 諒如此而久生, 固不如卽死之麒麟!'(《嗳彪賦》)

另一种是殘暴成性的鶴子, 这样吃人害人的怪鸟应该消灭, 但是天下首善之地却故纵它为所欲为: '大哉天地籠, 壯哉京城鶴, 搋肉人手中, 翻騰軍光耀。……风穴鸟王深, 安知夜吟嘯!'(《京鶴》)在另一首詩中, 他也刻化了一种'怪鸟': '太常东署門, 连垣接亲卫, 中有怪大鸟, 好作犬号吠。悲嘯无时徒, 吉凶須意对, 非有伯劳沉, 岂无子規廢? 开天杀人处, 阴风覚沉昧!'"(《錦衣鳥》)

(《湯显祖〈邯鄲記〉的思想与风格》,《人民日报》1961年8月16日)

"一条紅綫, 几个开元(指錢)。济不得俺閑貧賤, 綴不得俺永团圓! 他死图个子母蓮环, 生买断俺夫妻分緣! 你沒耳的'錢神'听俺言(按此句'沒耳的錢神'引自《錢神論》): 正道錢无眼, 我为他迭尽同心把泪底穿, 覰不見青苦面, 俺把他乱洒东风一似楡荚錢!

上面湯显祖鄙視幷咒罵的錢神是隔断他所理想的'春天'的一座大'神物', 而花神才是春天的使者,……。"

《論湯显祖〈紫釵記〉和〈南柯記〉的思想性》,《新建設》1961年7月号)

(2) 咒罵社会主义社会"阴风沉昧"、"一团糟"、"不是人世界"、"天下囂囂, 将恐裂"

"湯显祖……描繪了一幅虚伪、丑恶、阴險、欺詐、名利、权威籠罩着的社会景象……在'开元盛世'的虚伪的現象掩飾之下, 处处是阴风沉昧。"

(《論湯显祖〈邯鄲記〉的思想与风格》,《人民日报》1961年8月16日)

"王艮所看到的明代中叶以后的社会情况, 完全是一团糟。……那时的人民, 正如一缸鱔魚, '复压纏繞, 奄奄然若死之状'。(《遺集》卷二〈鰍鱔賦〉)在这种情况下, 他的善良的心愿想望着羲皇景象, 但是幷沒有羲皇景象的現实条件。"

(《中国思想通史》第四卷下册第982頁)。

"……'长安道上'不是人世界。"

（《論湯顯祖＜邯鄲記＞的思想与风格》,《人民日报》1961年8月16日）

按: "长安道上不是人世界"一語是侯外庐引伸发挥出来的, 湯显祖的原文是:

"后一年, 而紫柏先生来视予, 曰且之长安, 予止之曰: '公之精神才力体貌, 固不可以之长安矣。' 先生解予意, 笑曰: '我当断发时, 已如断头, 第求有威智人, 可与言天下事者。'"

（《滕赵仲一生祠記序》）

湯显祖劝紫柏不要到长安(卽北京)去, 只是很含蓄地說: "以你这样的精神、才力、体貌, 是不可以到京都去的", 并沒有說什么"长安道上不是人的世界"! 侯外庐为什么要濫加引伸, 任意編造呢? 很显然, 是为了影射现实, 是恶毒地用来咒罵党中央所在地的反党反社会主义的黑話。

（据大字报揭发）

"湯显祖也时常提到'穷鬼錢神'的矛盾, 深叹人民'底烟炊已断, 涉夏餓殊永', '心苏流殖积, 邑沮浮庸騁', 以至达到'天下囂囂', '将恐裂'的危机。"

（《論湯显祖＜紫釵記＞和＜南柯記＞的思想性》,《新建設》1961年7月号）

"'＜邯鄲記＞'的艺术思維和湯显祖的理論思維相联系的。他把唐宗宋祖以下的傳統因襲的世界影射做'桥道断絕, 泥途积染', 这样不可救药的社会将要崩潰决裂, 他說:

'飆零零其晦隂, 弥凄凄而昼沈, 月夜夜而高华, 霞朝朝而載阴, 始蒙濺而除墜, 終瀰沛而难禁! '"(愁霖賦)

（《湯显祖著作的人民性和思想性》,《光明日报》1962年6月25日）

(3) 皷吹"批判""现实", "用笔砍伐世界", 为反革命复辟制造輿論

"如果我們透过伯牙琴的文学形式, 剥去一些道教与庄子語言的云雾, 便会发掘出其中的'异端'社会思想的合理部分。要指出, 邓牧并不是一个忘情于'世事人道'的人, 隐居只是他在亡国以后, 不得已的情况下所采取的一种消极反抗的手段。他隐居时所写的作品也并非完全流連'山水之乐', 而其中包含着对现实政治的批判, 貫穿着现实的人道主义精神。"

（《伯牙琴序》, 中华书局1959年9月版第2頁）

方以智"表现出文化战斗者兼社会咒罵者", "仇恨现状, 呼喚光明, 而又期待不至的心情", "和'斯世'不相容而折入悲剧"。

（《中国思想通史》第四卷下册第1139頁）

"方以智曾只会用笔, 不会用劍, 但他以为用劍砍不动的世界, 却可以用笔伐动! "

（《中国思想通史》第四卷下册1960年版第1150頁）

"他(湯显祖)在壮年是以'儒俠''俠骨''优壮不阿'自居, 有志于大刀闊斧地改革现实。他甚至敢于离經叛道, 赞美有青春气的壮士是以斗争精神为他們的优点, 而和老年人求富貴的为得貪心是相反的, 因为有斗争精神的人居于下位, '与物論近', 无所顾虑, 因此他主張应奖励斗争精神, 并'以(斗)启壮者之用'(《答舒司寇》)"。

（《＜牡丹亭＞外傳》,《人民日报》1961年5月3日）

"用劍虽然砍伐不动世界, 在湯显祖却沒有消极不伐, 于是他采取了用笔去砍伐世界的路徑。他在一篇《問劍集序》中便說出了这以退为进的战斗精神: '若吾豫章之劍, 能干斗柄而成

蛟龙；終不能已世之乱！'"

（《〈牡丹亭〉外傳》，《人民日報》1961 年 5 月 3 日）

"他們虽然覺察到时代走向"天崩地解"，却还不能清楚地看到未来的远景。他們往往沿襲着傳統的經學形式，以发抒新的理想，或幻想通过超自然的"外力"来实现平等的社會，以至于感到难于用劍砍动世界而不得不用笔来砍伐。"

（《中国哲学簡史》下册第 341 頁）

（4）一九六二年蔣匪妄图窜犯大陆时，侯外庐叫嚣社会主义
"将要导致复灭了"，号召牛鬼蛇神"且把长歌代痛哭"，
"糾集志士""組織团体"，"通南明"以报"刺骨之深仇"

"'中渭凿空山河尽，圣主求金日夜劳'。所說'山河尽'已經明白說出要导致复灭了。"

（《湯显祖著作中的人民性和思想性》，《光明日報》1962 年 6 月 25 日）

"付山由于反对清統治者而遁世，虽然为閻古贈付山詩句說：茫茫四海似无声，'且把长歌代痛哭'，但不免接受了佛子，特别是老庄哲学的不少影响。"

（《付山"荀子評注"手稿序言》，《光明日報》1962 年 6 月 3 日）

"方以智'自負要提三尺劍，糾集志士，改造黑暗世界'。"

（《东西均序言》，中华书局 1962 年版第 1 頁）

"吕坤的弱点是始終只进行个人的搏斗，他既不能象泰州学派那样接近市民群众，也沒有如东林学派那样組織团体。因此，到了老年便只有孤立寂寞之感，从而演出了自焚书稿的悲剧。"

（《中国哲学簡史》下册第 363 頁）

"付山（公元 1607—1680 年）字靑竹，后改靑主，山西阳曲人，青年时好行任俠，曾伏闕陈情，为山西提学袁山雪冤，这一当时的学生运动是付山好友顾亭林'天下兴亡，匹夫有責'口号的实践。明之后，付山改服道士衣冠，一度被捕，向以通南明之罪，受刑不屈；后又坚拒清廷的征召。他是大思想家，又是著名的书画家和医学家，著作很多，不过大部已經散佚，同时有不少'語少含蓄'触犯当时忌諱的，为《紅罗梦》傳奇，在清代便不能刊行。"

（《付山"荀子評注"手稿序言》，《光明日報》1962 年 6 月 3 日）

"朱之渝……策划反清复明直至客死。

……他认为，只要群策群力，就能取得反清斗爭的胜利；'……天下之赤子与天下之英雄豪杰，皆我極裸之子，同气之弟，安有不合群策，毕群力，以报十七年（按指清統治年数——原注）刺骨之深哉'？"

（《中国哲学簡史》下册第 416 頁）

（5）攻击总路綫是"違背""客观规律"，是"万物皆备于我"的"主观主义"

"……生产关系和經済条件决定着：在社会主义阶段搞共产主义便是超越时代，違背历史发展的客观规律，也就是共产风，它是錯誤的。"

（《关于封建道德問題》，1963 年 4 月 23 日在文
化部 1963 年戏曲編剧讲习会报告記录稿）

"方以智指出,从孟子以来說的'万物皆备于我',应予翻改为'万我皆备于物',因为人們把山河大地归自己易,把自己归山河大地难。"

(《东西均序言》,中华书局 1962 年版第 3 頁)

"方以智指出,认識自然只能是如實地对待自然发展的規律,'逆以应之',即所謂'学,逆几也'。人心不能'倔强'于天地万物,而只能順着宇宙日新代錯的运行,'以順用逆,逆以为順'(《消息篇》)。"

(《东西均序言》,中华书局 1962 年版第 4 頁)

(6) 恶毒的誣蔑大跃进是"异想天开"、"臭腐算神奇", 是"害民伤财的搜括","人民的灾难"

"在《凿郊》、《望幸》、《东巡》几出戏里,湯显祖用他的'正言若反'的手法,描写出神奇原是臭腐,臭腐却算神奇。卢生接到'圣旨'做了陕州知州,任务是完成打通东西两京河运而凿石开河的朝廷大功业。他首先暂不請'錢神'来帮助,而請来的治水的禹王神,在捧香祈禱之下,那禹王神也不能不大显灵驗:

'洒扫神王庙,亲行礼拜,要他疏通泉眼渡船,再把灵官赛。'

'禹王如在,吏民瞻拜,石头路滑倒把粮車儿碍;要凿空河道引江淮。叫山神早开,河神早来,国泰民安似海!'

卢生异想天开,說'昔禹凿三門,五行并行',他也要上承三代传統,学做一番阴阳五行的方术,来感动神灵,于是命令搜索到千紫百万束,在山上烧起来,再刮取到几百担盐醋,拿醋澆在火上,石头便裂开,拿盐花投去,山石都变成了河水!果然,五行并行,禹王有灵,神圣事业,大功告成:

'烧空尽費柴,起南方火电,霹靂摧崖! '(快拿醋来)'料想山神前身为措大,又逢酸子措他来,这样神通教人怎猜?怪哉怪哉! 看这脚根,熊耳朵(指雞脚山和熊耳山)都着酸醋煮烊了!'

'嘴啄紅崖,似鳞皴甲綻,粉裂烟开! '(一面撒盐生水也)

'知他火尽青山在,好似雪消春水来! '(河头水流接来了)

卢生这样地'五行'并施,功德与大禹并扬,奏明圣上,东游胜景。然而,神奇的背后却有着謎底。湯显祖就在怪誕无稽的五行方术的情节里,夹着点画出一幅苦难劳动人民的'工役'和伤财害民的搜刮:

'山磊磊,石崖崖,鍬鋤流汗血,工食費民财。……长途石块,轉搬难耐;領官錢上役真尴尬,偷工买懶一样費錢财! '

'原来河工是,分付十家牌,一人管十,十人管百,擂鼓讚工,不許懈怠',压迫出人民的血汗来成功的。最后因'陕州百姓之劳'添置了胜景的陕州,使'食祿前生有地方'的卢生便幸取了官爵。

臭腐轉为神奇, 在剧中更加发展了。湯显祖又塑造出一场更臭腐的神奇场面。这个陕州自从因禹王显神添画了胜景而变成了足供游幸的繁荣圣地之后,恩波泻下,便轉化为人民的灾难。"

(《論湯显祖〈邯鄲記〉的思想与风格》,《人民日报》1961 年 8 月 16 日)

"神宗时,吕坤任至刑部侍郎。这时, 他已察觉到社会内部所蕴藏的危机。在致孙鑛的信件中,他曾形容当时'民心如买炮,捻一点而烈焰震天;国势如溃瓜,手一动而流满地矣.'(《去伪斋集》卷五答孙月峰)。万历二十五年,吕坤上疏陈天下安危,着重抨击了明朝政府所設大工采木等費催科苛重,已使人民'冻骨无兼衣,饥肠不予食,垣舍弗蔽,苫蒿未完,流移日众,弃地猥多,留者輸去者之粮,生者承死者之役(《明史》卷二二六本傳),势必起义反抗,'悉为寇仇'疏入不报,又遭張位等誣劾,吕坤于是称疾去职。"

(《中国思想通史》,第四卷下册第 940 頁)

"'这样必然要阻裂的世界……却被俗人与道学先生們用权威原理以及性理說教形容为'盛世'、为'王业'、为'大有年'。"

(《湯显祖〈邯鄲記〉的思想与风格》)

污蔑大炼鋼鉄是"圣主求金日夜劳"

"湯显祖一方面揭发了社会的貧富不平和殘暴掠夺,指出'始疑天意远,敢云地津竭','河北人犹流,江南子初瀺;'爻耶母耶,原复顾之周遮;天乎人乎,宁燥湿之偏枯',而直罵到当时豪强地主的剥削形成人吃人的世界,而主張去此害馬,罵到当时皇帝对人民的掠夺,中涓凿空山河尽,圣主求金日夜劳。"

(《〈牡丹亭〉外傳》,《人民日報》1961 年 5 月 3 日)

(7) 攻击人民公社"立卽进入共产主义的空想",造成人民"有生而无食",强迫人民劳动,他們沒有 "生活权" 和 "生命权"

"我們批判前代哲人非科学的空想的时候,正也要批評那种'立卽进入共产主义'的空想。"
(《中国历代大同理想》,科学出版社 1959 年版第 58 頁)

"湯显祖承受柳宗元的思想傳統,从柳宗元'人生之意'和'厚人之生'說,发抒出他自己的'貴生說'。按柳宗元在《与楊晦之书》中提出了'伊尹以生人为己任',在《貞符》中提出了'生人之意',在《罵尸虫文》中提出了'大道显明,害气永革;厚人之生,岂不圣且胜歟!'湯显祖的貴生說,也提到生人的害气,他說'精华豪家取,害气疫民受'(《疫》)。他在答复平昌为他立生祠的信中,多露出'天下太平'的一些理想,归結到良牧使民富,使民安的一些实例。在《蕲水朱康侯行义記》中更說明大儒大俠惟患天下之人'有生而无食',以天下人之温飽为己任。在《貴生书院說》中說'形色卽是天性,大人之学起于知生',进而'知天下之生'。因此,他的詩句有'天地誰为貴?乾坤只此生;海波終日鼓,誰悉貴生情'!(《徐聞留別貴生书院》)

湯显祖說,柳宗元的《种树傳》最显,枝微而义大'。他說他自己'通物不如橐駝',卽承认从生人之意的自然現象到社会思想不如柳宗元讲的显著。究竟通物理以至通事理在意义上重大到怎样的性质呢?請看《种树郭橐駝傳》的原文:

'……能順木之天,以致其性焉尔! 凡植木之性,其本欲舒,其培欲平,其土欲故,其筑欲密。……則其天者,全其性(生)得矣。……問者曰:以子道移之官理可乎?駝曰:我知种树而已,官理非吾业也。然吾居乡,见长人者好煩其令,若甚怜焉,而卒以祸。且暮吏来而呼曰:官命促尔耕,勖尔織,督尔获,蚤繰而緒,蚤織而縷,字而幼孩,遂而鸡豚,鸣鼓而聚之,击木而召之,吾小人輟飱饔以劳吏者,且不得暇,又何以蕃吾生而安吾性耶?故病其怠。若是則与吾业者其亦有类乎?問者喜曰:不亦善夫! 吾聞养树得养人术,傳其事以为官戒。'

这就可以知道, 所謂'拔微而义大, 其义是指从天道到人性的平等观。但柳宗元的蕃生安性的均平思想, 是一种可望而不可及的梦想。这在湯显祖的'神农之教'的描写中也可以看出来。所謂'一曰食', 是人民的生活权, '一曰药', 是人民的生命权, 在封建制社会要求这样的沒有貧困、沒有疾苦的境地, 显然是进步的思想家所追求的平等思想的时代特征。然而这样的理想, 在湯显祖最后也不得不說是虚幻, 他指出'一寿二曰富(卽神农之教药和富的另一讲法), 常疑斯語否? 末路始知难, 速貧宁速朽! (《貧老叹》)"

（《論湯显祖<紫釵記>和<南柯記>的思想性》,《新建設》1961 年 7 月号）

恶毒污蔑我們党"只会灭資, 不会兴无"

1961 年, 侯外庐在西颐宾館学习时, 在第一次小組漫談中, 对于那两年因自然灾害造成的暂时困难, 又大肆攻击三面紅旗, 他发言的最后, 归結为两句話: 誣蔑我們党"只会灭資, 不会兴无!"这是多么狂妄!

（据大字报揭发）

四、鼓吹修正主义"理想国", 妄图复辟資本主义。攻击斯大林, 吹捧現代修正主义者

(1) 鼓吹"退田"、"单干"

攻击人民公社"有田不能深治", 鼓吹"退田""单干"是"医天下之良药方"

"反对权貴豪强的草菅人命, 而寻求使农民在生活权利方面可以安乐的药方。这一点在他(湯显祖)的文集中是到处可以寻获的。例如在《赵子暝日录序》中就比較明显。文中盛称赵仲一的政治措施。当时'豪右受民所寄田, 吏税而移責单民。民有田不能深治, 飢则徒而他之, 田益以蕪, 賦益以逋。'赵仲一和豪石进行了一系列的斗爭。結果'得隐田数千頃以活民。貴人毁树一株, 补偿十株。'湯显祖把这种均田活命的政治, 称为国医医天下之良药方, 这样的药物, 他借用道学家的术語, 說成是眞正的'道心'实在的'性善'。然而这里却展开了斗爭。湯显祖认为, 国医的这种良药如果眞正能'受药则性善矣', 即是說人民有了生活权, 人們就能达到性善的条件、因而人民惟恐赵仲一离开他們; 反之, 权貴豪右却把这种良药誣为'霸药', 惟恐赵仲一在官, 因此用种种奸計陷害他而去官。后来赵仲一只能利用詩歌表达他的理想, 湯显祖称这种詩歌是'情致所极'的眞人情。"

（《論湯显祖〈紫釵記〉和〈南柯記〉的思想性》,《新建設》1961 年 7 月号）

胡說有"单干条件", "不少农民同意单干"

如果放弃批評和斗爭, 孤立地排比材料, 就必然会得出錯誤的理論。比如, 公社中主張单干的人不少, 再加上近几年的灾害和工作中的缺点, 就造成了单干的条件。如果单純从这方面調查研究, 去問农民, 不少农民同意单干, 統計材料也摆了一大堆, 这样就会得出什么結論呢? 就会得出单干是社会主义方向的結論。

（《关于学习历史的方法》, 1962 年 12 月 26 日在高級党校讲話記录稿）

叫喊"定經界", "順天分地"

"柳宗元从'厚人之生'的理論能够达到的社会思想, 是一种从人道主义出发的均貧富的平均主义, ……他說: '……若皆得实而故纵以为不均, 何哉?'孔子曰, '不患寡, 而患不均, 不患貧, 而患不安', 今富者税益少, 貧者才免于招拾以輸县官, 其为不均大矣! 非惟此而已, 必将服役而奴使之, 多与之田而取其半, 或乃出其一而收其二三。主上思人之劳苦, 或减除其税; 则富者以戶独免, 而貧者以受役卒輸其二三与半焉。是不澤下流, 而人无所告訴, 其为不安亦大矣。夫为是, 不一定經界名实而姑重改作, 其可理乎?"

（《論湯显祖〈紫釵記〉和〈南柯記〉的思想性》,《新建設》1961 年 7 月号）

"人人过着劳动、幸福的生活, 各有自己的土地。'安士乐业, 順天分地, 足衣食之用, 外无势利之爭。'这是种好的烏托邦思想…… 是代表弱者的抗議, ……也反映了农民作为小私有者

的土地要求('順天分地')。"

(《中国哲学簡史》上册第 192 頁)

"王艮針对着他故乡的盐'灶戶不均,貧者多失业'的现实情况,曾提出'均分草蕩'的建議,設想就盐場所有草蕩,划定經社,按灶丁人数'每丁分該若干頃亩'实受其业,这一方案实行之后,得到了,'民至今乐业'(《年譜》)的效果。……种'均分'也正是全国范圍的'裂土封疆'的雛型。"

(《中国哲学簡史》下册,第 345 頁)

(2) 宣揚私欲,叫喊要"遂人之欲",为"退田""单干"复辟資本主义制造"理論根据"

胡說穿衣吃飯是"人生最基本的活動与要求"

"李贄把'道'归結为穿衣吃飯等人生最基本的活動与要求。"

(《李贄的叛逆思想》)

"湯显祖是泰州学派的支系。泰州学派以百姓日用的男女飲食之欲以及生产致富为人心之私,标立其宗旨,从而在人性不齐的天然关系中得出了他们的社会观点的自然发展的个性說,进而得出了对貧富貴賤的天命論,主張遂人生欲的平等观。"

(《論湯显祖<紫釵記>和<南柯記>的思想性》)

胡說农民只有"把收获物作为己有,才肯出力治田"

"李贄认为私者人之心,耕田者把收获物作为私有,才肯治田,指出这是'自然之理'。……圣人順应这种自然之理与必然之势,就能够得到好的社会秩序与和平生活,这种秩序与和平,李贄称之为'安'。"

(《中国思想通史》第四卷下册第 1070 頁)

鼓吹"遂人之欲"、"厚人之生",听任資本主义自由泛濫

"柳宗元抨击封建統治阶級对于'人之欲'和'人之生'的戕害,而主張'遂人之欲'和'厚人之生'。这样的理想不仅带有'非等級所有制'的主观要求,而且客观上也反映人民的抗議。"

(《柳宗元哲学选集序》,中华书局 1964 年 9 月版)

"'官命'(封建特权势力的統治)与'养树之理'的对立,实质上反映出作者同情被压迫者蕃生安性的权利以及抗議压迫者戕生害性的矛盾。作者一方面揭示出'官命'剝夺了人民的生存权,另方面又借种树的道理叙述了'道人之欲'的生活权利。

所謂'道人之欲'……而是作者对于封建特权势力剝夺人民生存权的控訴书,同时也是作者幻想着限制封建剝削制度而使'民害''民安'的一种善良愿望。"

(《柳宗元哲学选集序》63 年写)

湯显祖在"'始蒙瀎而徐墜,終崩沛而难禁'的天下崩裂的时代,提出了平均財富的药物良方,而和杜甫柳宗元的均貧富的学說相为輝映。他在理論上强調了,'天地誰为貴,乾坤只此生;海波終日鼓,誰悉貴生情';'形色卽是天性,大人之学起于知生。……又知天下之生。'(見《貴生书院說諸文》)这就是更显示出柳宗元所倡'厚人之生,岂不圣且神歟'这样人文主义思想的发揚。"

(《<牡丹亭>外傳》,《人民日报》1961 年 5 月 3 日)

狂叫，如不能"滿足""利欲"就是"掀翻天地"把我們党从"宝座上推倒下来"

"王艮肯定了飲食男女之性，认为这是人的天性的自然权利，不容統治阶级的人力安排，人为干涉，不容統治阶级强迫人民，'为其所不为'，'欲其所不欲'。……宣揚劳动人民的本然'利欲'，鼓动劳动人民为争取这种本然'利欲'的滿足而斗争，当然就要'掀翻天地'，把封建統治阶級从宝座上推倒下来。"

（《中国思想通史》第四卷下册第 977 頁）

胡說"私情为人性中的真性"

"黄縮依据……等級亲疏关系的法权观念，来論証私情的存在，进而从理論上得出私情为人性的真性的結論，当然是一种阶级偏见，……这些思想却是具有反正宗的斗争的意义的。"

（《中国思想通史》第四卷下册第 933 頁）

（3）鼓吹"自由"、"平等"、"博爱"、"人道主义"的修正主义"理想国"

鼓吹实现"自由"、"平等"、"博爱"的資本主义"新天地"

"王艮所空想而希冀实现的就是列坐咏歌的平等自由的世界。……这幅理想的藍图，决不是想复古，而是要在掀翻了当前的天地之后，另創一个新天地。"

（《中国思想通史》第四卷下册第 981 頁）

"一般說来，早期启蒙思想家总是……追求平等自由……早期启蒙思想家对未来世界的向往……或多或少带有空想社会主义的色采。"

（《中国历代大同理想》第 28 頁，1959 年）

"前代哲人大都把这个'烏何有之乡'描繪为沒有压迫者与被压迫者、剝削者与被剝削者的对抗的、人人平等和人人劳动的乐土。"

（《中国历代大同理想》第 1 頁）

"墨者所推崇的圣王禹，便被描写成从事体力劳动而平等待人的理想人物。……"

（《中国历代大同理想》第 5 頁）

"在这里学习的子弟，'不分远近貧富'，都得到一律平等的待遇；……大家都过着平等的集体生活：'子弟不論貧富，其冠、婚、衣、食皆在祠内酌处'。"

（《中国历代大同理想》第 30 頁）

"'太平'一語的通俗解釋，可以略当最平等的'万年乐土'来理解。"

（《中国历代大同理想》第 1 頁）

"在这一时期（按：指封建前期）的农民战爭中，农民……在争取人身权的同时，要求人与人之間的平等，要求人人同等地劳动。"

（《中国历代大同理想》第 15 頁）

"在这样的'小国寡民'的社会里，人人平等地劳动，人人平等地享受，……"

（《中国历代大同理想》第 10 頁）

"前代哲人們只是在主观上向往于一个沒有阶級压迫、人人平等的世界，他們把这个理想世界称之为'大同'或'太平乐土'。直到馬克思主义产生，共产主义才和科学結成巩固的联盟。"

(《中国历代大同理想》第 52 頁)

"在农家看来，劳动在每个人都应是絕对平等的。眞正的'賢君'也必須'与民并耕而食，饔飱而治'，即与人民同吃同劳动。"

(《中国历代大同理想》第 8 頁)

"所謂'太平'，就是最'大'的生产和'均'等的劳动、平等的享受这一最高法则，……"

(《中国历代大同理想》第 15 頁)

"墨子理想的'尚同'社会……

……那里是不分亲疏、'爱无差等'的'兼爱'世界，……。墨子认为，……必須使人'兼相爱，交相利'，具体說来，就是把别人的国看作自己的国，别人的家看作自己的家，别人看作自己，达到'天下之人皆相爱'……的理想世界。"

(《中国历代大同理想》第 4 頁)

"孙中山就曾依据着《礼运》'大同'世界的理想对于'社会主义'作了这样的描繪：

'……实行社会主义之日，即我民幼有所教，老有所养，分业操作，各得其所……'(《社会主义之派别与方法》)

……孙中山所說的'社会主义'……表达了中国人民向往未来而要求建立一个沒有剥削沒有压迫的美好理想社会。"

(《中国历代大同理想》第 46 頁)

"孙中山……从'博爱'的慈善概念出发，把社会主义理解为有'良心'的制度，在那里是'家給人乐''幼有所教''老有所养'的图景。"

(《中国历代大同理想》第 46 頁)

"在'大同'的社会中，人与人超出了形式平等的权利和义务的关系，大家相助相爱，因而整个社会沒有权謀欺詐和贼盗掠夺，……"

(《中国历代大同理想》第 11 頁)

"大同，一語的通俗解釋，可以略当'同志关系的社会'来理解；……"

(《中国历代大同理想》第 1 頁)

(4) 鼓吹"沒有战爭""沒有武器""沒有軍队"的"三无世界"

"老子这种空想的'未来社会'，……沒有武器，……"

(《中国历代大同理想》第 10 頁)

"在'大同'社会中，……整个社会沒有权謀欺詐和贼盗掠夺，和平地生活而沒有战争。"

(《中国历代大同理想》第 11 頁)

"'尚同'的社会是沒有战争的和平世界。"

(《中国历代大同理想》第 5 頁)

"鮑敬言所描写的理想世界，是这样的：

……沒有軍備, 沒有刑法:'干戈不用, 城池不設'"

(《中国历代大同理想》第 23 頁)

"在'大同'社会中, 人与人超出了形式平等的权利和义务的关系, 大家相助相爱, 因而整个社会没有权谋欺诈和盗窃掠夺, 也没有战争。"

(《中国哲学简史》上册第 123 頁)

"鮑敬言……这种理想强烈地反映出人们对幸福美好生活的憧憬……他所描绘的社会情况恰好与当时的现实相反;……没有城池, 没有軍备, 没有刑法, '干戈不用, 城池不設', '安得严刑, 以为坑窄'。"

(《中国哲学简史》上册第 192 頁)

"在邓牧的空想社会里……既无盗贼, 又无战争, ……是一个没有压迫和奴役的、人人劳动的平等社会。"

(《中国哲学简史》第 320 頁)

(5) 宣揚"全民国家""全民社会"的阶級斗爭熄灭論

鼓 吹 全 民 国 家 論

"……他 (按: 指何心隐) 把当时国家政权好象又假定为理想的全国公共事务的管理机构, ……"

(《中国历代大同理想》第 30 頁)

"在'大同'社会中, 公共的事业由大家来办理, 在分工上可以选举出人們所信賴的人担任必要的工作。"

(《中国历史大同理想》第 11—12 頁)

"……这个社会是有組織, 有管理机构的, 并且誰都有資格来做管理者; 人民群众和作为公共事务管理者的'君'、'吏'也处在十分融洽、亲切的关系中。"

(《中国历史大同理想》第 27 頁)

"在邓牧所設想的烏托邦社会里, 也有皇帝。但他只是公共事业的最高的管理者, 而不是最大的剝削者和掠夺者。……是人民推选出来的公仆, ……。"

(《中国历代大同理想》第 26—27 頁)

鼓吹"和平教化", "宣揚阶級斗爭熄灭論"

"湯显祖的理想国或烏托邦……是这样富庶揖让的美好世界:

'青山濃翠, 綠水渊环, 草林光輝, 鳥兽肥潤。但有人家所在, 园池整洁, 簹宇森齐。何止苟美苟完(按指富庶), 且是兴仁兴让(按: 指和平的教化)。街衢平直, 男女分行。但是田野相逢, 老少交头一揖。'

这样一幅太平世界的桃源乐土, 正是湯显祖的'神农之教'的实驗场……'平等世界'……

一、农民們欢欢喜喜

'老的醉顏酡, 后生們鼓腹歌。你道俺捧灵香因甚么?'

388

二、士人們唱頌道：'行多約, 制雅歌。家尊五倫人四科。因他俺切磋, 他将俺琢磨！你道俺捧靈香因甚么？'

三、妇女們唱頌道：'多风化, 无暴苛, 俺婚姻以时歌伐柯。家家老小和, 家家男女多。你道俺捧靈香因甚么？'

四、商人們也来歌頌：'平稅課, 不起科, 商人离家来安乐窝！关津任你过, 昼夜总无他。你道俺捧靈香因甚么？'

从上面的歌儿看来, 南柯郡的人民享受着沒有貧困、沒有疾苦的安乐太平的生活, 这就是湯显祖的'神农之教'的美化世界。"

（《論湯显祖＜紫釵記＞和＜南柯记＞的思想》,《新建設》1961 年 7 月号）

五、反革命修正主义的学术思想体系和組織路綫

揭露侯外庐在学术思想体系上的反动性

—— 一張大字报

侯外庐在解放前后,其論著超过二百万字。在这些論著中,大体可分为社会史和思想史两部分。这两部分是紧密相关的,他"研究"社会史是为了闡明思想史的。侯外庐把这些东西披上"馬克思主义"外衣,而从中販卖的是一套資产阶级的反动貨色。今分別簡单的揭露一下。

一、社 会 史

大家知道,在三十年前中国发生过一次社会史論战。那次論战是从中国大革命的对象、任务等問題引起的,因此这場論战是同中国革命直接相关,具有强烈的政治性。这場論战的形式是以社会史的爭論出现的。当时苏联、日本等国的学者使参与論战。在这場論战中,以土地国有論为核心的亚細亚生产方式問題,作为这次論战的焦点。不少資产阶级反动学者认为中国是属于亚細亚生产方式的东方专制主义的经济基础,来影射无产阶级专政是东方专制主义的"傳統产物"。并且,这个反动观点, 在結論上是为反对我党提出土地改革制造理論依据的。这种反动观点是来源于普列汉諾夫和馬扎亚尔、尤其是托洛斯基(《中国革命問題》)和考茨基(《唯物史观》)的。这在当时是属于托派理論。这种理論自然也是反对当时毛澤东同志在一九二六年发表的《中国社会各阶级分析》一文中,关于中国革命对象、任务以及革命的主力軍和同盟軍的观点。在一九二八年,我們党在"六大"的決議中,对亚細亚生产方式論的托派理論, 也作过明确的批判。

侯外庐没有直接参与这場論战,但其后他恰恰是接受了我們党已明确批判了的那些反动观点。在一九四六年,他在《中国古代社会史》的自序中,直认不諱,他說是"继承亚細亚生产方式論战的緒統"。侯外庐稍具特点的是,除承认亚細亚生产方式論之外, 也承认馬克思主义所讲五种递进的经济形态,名曰"幷列途徑"。他承认五种经济形态, 只是个幌子,是一块紅色紗布, 而他主要还是主張亚細亚生产方式論的。这在他解放后修改出版的《中国古代社会史論》一书中說,"'氏族公社的保存'和'土地私有制的缺乏',是东方古代社会的特点",胡說什么"中国历史到了中古也具有和西洋区別的封建路徑"。在他《早期启蒙思想史》书中,說什么"中国中央专制主义依存于土地的皇族所有制","东方专制帝王的土地所有制(即国有)形式是了解'全东方'情形的关鍵",还有什么"中国社会的停滯"等等,侯外庐对于中国封建社会, 完全按照亚細亚生产方式論来描繪的。其土地国有、公共工程、全社等, 侯外庐也正是把它作为东方专制主义的经济基础来論述的。

侯外庐这个反动的土地国有論,卽皇族土地所有制,他认为"秦汉以来,这种土地所有制形式是以一条紅綫貫串着全部封建史"。这个皇族土地的所有者,侯外庐称"品級性地主","世族地主","豪族地主"。在他看来,除了封建土地国有制作为"居于支配的地位"外,还有占次要地

位的封建土地私有制。这个"土地私有制的庶族地主, 史称寒族或庶族, 即非身分性地主", 有时也叫"非品級性"的庶族地主, 也即中小地主。他們与农民一样, 是很少甚至是"沒有"特权。这就是侯外庐所謂皇族把自己支配的土地和戶口, 层层下分, 产生了"身分性"不同的土地"品級結构"。皇权把居民分成若干"品类", 有特权的和无特权的, 特权大的和特权小的, 因而在侯外庐看来, "封建的财产关系是一种'特权', 例外权的类存在"。这样一来, 侯外庐根本是取消了馬克思主义的核心即阶級分析。在他那里, 阶級不是由现实的经济条件来判断, 而是由抽象的"特权"有无、大小来区分。这实际上是把封建的"等級", 视为"阶級"来胡扯一通。

按侯外庐的这个"阶級分析", 封建社会阶級分为"有特权的和无特权的两大类"。一类是豪族地主(包括皇族), 认为这是真正的統治阶級和剥削阶級, 另一类就是庶族地主。这个庶族地主, 由于"在九品中正制下地位既低, 又得负担功役, 所以他們和农民在等級的形式上有共通点"(《中国思想史》卷四, 56頁), "带有非品級性色彩的庶族地主具有两面性, 一方面, 当其对旧傳統的封建特权进行斗爭时, 他們一般和农民等級存在相同的利益"(同上, 155頁)。另一类无特权的庶族地主同农民一样, 有"共通点"、"相同的利益", 所以包括农民, 成为一个"阶級"。

侯外庐对古代的奴隶社会, 也是这样分成两大类, 一类是"氏族貴族", 一类是"国民阶級"或"国人"。

这种阶級划分法, 正是国际反动学者魏特林和费正清所一贯坚持的反动观点。如魏特林在《东方专制主义》一书中, 談"治水社会"一节时, 把社会分成两大"阶級", 一为統治阶級, "首先由其积极的核心即机关人員来代表"(即有官品, 因而有特权的豪族地主), 一为被統治阶級, 他說"民众虽然在人身上是自由的, 并不享有特权。国家机关人員是在明确的意义上的統治阶級, 而人口的其余部分构成第二大阶級, 即被統治阶級"(第303頁)。

于是, 侯外庐就把一部中国封建社会阶級斗爭史, 篡改为有特权的豪族和无特权的庶族(包括农民)的斗爭史! 显然, 这是把統治阶級內部斗爭, 作为阶級斗爭。这是絕頂的荒謬!

这就是侯外庐在社会史方面, 最核心、最反动的貨色。

二、思 想 史

侯外庐对封建社会思想意識形态的分析, 就是以上述社会史"理論"为根据的。他明确的认为封建社会的进步思想(又叫"异端")的阶級基础, 是庶族。也就是把代表地主阶級中的庶族地主思想家的思想, 作为无特权的(包括农民)"进步思想"来吹捧, 因而这些思想家的思想就"代表和反映"了被剥削阶級的"思想要求和愿望", 称为"人民性"。

这方面的例子很多, 非常露骨。今录两段如下:

"这里必须指出: 带有非品級性色彩的庶族地主具有两面性, 一方面, 当其对旧傳統的封建特权进行斗爭时, 他們一般和农民等級有相同的利益, 因而可以走向进步方面, 其学术思想的人民性和无神論性格, 是比較显明的, 这可以說是这一阶层的左派"(《中国思想通史》卷四, 155頁)。

"他們(庶族地主)的身分性在一定的时候, 是和一般的自由农民差不多, 所以他們有两面性, 在其进步的一面, 近于大土地占有者的反对派, 在政治上容易走上革新道路, 在学术思想上易成为封建的'异端', 其中杰出的代表人物, 大体上是唯物主义者。"

一部中国思想史, 据侯外庐說就是代表豪族地主的"正統思想"与代表庶族地主的"异端思想"斗争史。这种斗争, 就是中国哲学史上的"唯心主义和唯物主义的斗争"。这成为中国哲学史的一条规律! 例如他說:"有正統思想,……就会产生反抗正統思想的'异端', 这两者中間的对立, 正如恩格斯說的, 通过中世纪历史的延續中有一条紅綫貫注着, 这基本上就是唯心主义和唯物主义斗爭"(《中国思想通史》卷二, 160 頁)。又說:"在中国封建社会中, 曾接連不断地涌现出和封建正宗思想相对抗的进步思想家。他们或者是地主阶级反对派, 卽所謂'异端', 或者是与下等社会阶层有联系的'寒微'的庶族地主的代表人物。"这些"异端"思想家"模糊地要求'非等級地所有权'(卽代表农民要求特权), 以至被封建正宗学者目为离經叛道的危險人物。他们通过宗教批判引向现实的政治批判, 敢于揭露皇帝和豪族門伐的封建主义的'例外权'和特权, 敢于毁弃反映皇权和族权的封建紳权"(《中国哲学簡史》上册, 8 頁)。

总之, 中国历史上的"进步思想家"和"唯物主义者"的思想, 在其阶级性上讲, 它具有"两面性", 旣代表地主阶级, 又代表农民阶级。侯外庐的这种观点, 是公然的否认思想意識的阶級性, 是荒唐透頂的反动思想。

还荒唐的是, 侯外庐吹捧这种"唯物主义"思想时, 竟大談历史唯物主义观点"古已有之", 妄图否定馬克思主义产生对哲学史的革命意义。这种例子很多, 举不胜举。例如他說在一千多年前的司馬迁, 在其历史观中已有"宝貴的唯物主义体系"(《中国思想通史》卷二, 133 頁), 又說柳宗元"根据唯物主义无神論原則分析社会历史现象", "貫彻无神論原則到社会历史領域"(同上, 四卷, 375 頁)。由于唯物史观"古已有之", 侯外庐便再三要我们向古人頂礼膜拜, 叫嚷要"发揚"古人的"哲学思想以至社会思想的唯物主义的进步傳統, 这是馬克思主义者对待历史人物的态度"(同上, 卷四, 495 頁)。

这就是侯外庐在思想史方面最核心最反动的货色!

×   ×   ×

以上, 只是对侯外庐在社会史和思想史方面的反动思想, 撮其大要。至于他在各方面的具体反动黑货, 当然不止这些。所以到一九六一年, 侯外庐在阶级斗争大反复时期, 便公开放出三棵反党反社会主义反毛澤东思想的大毒草, 卽《論湯显祖剧作四种》, 并不是偶然的, 只不过是把他以前在《中国思想史》中的李贄、何心隐等的"异端思想"、司馬迁的"人民性"、"泰州派"的"叛逆精神"、方以智的笔伐世界来变革现实, 柳宗元的"生人之意"卽争取"生命权与生活权", 加上在《中国历代大同思想》中的那些反抗现实社会的"烏托邦"思想, 等等, 这些毒货汇合托奇在"湯显祖"一人身上罢了, 作了一次反党反社会主义反毛澤东思想的大暴露。这个大毒草的詳細货色, 那就是一九六一年他編著的《中国哲学簡史》了。

因此, 我们对侯外庐必須継續揭发、批判和斗争。

(1966.11.)

(1) 誰贊賞他的土地国有論

有一次, 侯得意忘形地說:"苏联《历史問題》杂志推荐我的《中国古代社会史論》, 让何兆武赶快翻出来吧。苏联学者对我的社会史观点很感兴趣!"

（据大字报揭发）

侯到苏联去之前, 他說:"我的土地国有說, 国內許多人不同意, 可是苏联許多学者支持。"

（据大字报揭发）

侯外廬长期以来贩卖中国封建社会主义"土地国有論",妄图籠絡史学界一批牛鬼蛇神,建立"土地国有学派"。他还大言不惭地吹嘘:"我的土地国有說,苏联很多人都同意,評价很高。"并且力图把他的这套反毛澤东思想的反动謬論炮制出口,拿到苏联"讲学",乞求苏联修正主义者的声援。

(据五室青年同志的揭发)

吹嘘他的"土地国有論"得到苏修賞識

侯說:"我的土地国有論观点,国內許多人不同意,可是苏联学者很感兴趣。我的《中国古代社会史論》,苏联《历史問题》杂志加以評价。"这里,侯外廬发泄对党的不满,同时乞援于国际现代修正主义不是很明显嗎?

(据大字报揭发)

……馬克思的"亚細亚生产方式"的原理在中国历史学家中間继績有影响,尽管这种对中国历史的解釋不为官方所支持。

在中国共产党历史学家差不多完全否认他们的"封建的过去"的时候,他们最初似乎接受了这种說中国处于落后地位的看法。现任中国科学院历史研究所副所长历史学家侯外廬在1954年清楚地爭辯說,封建中国的土地制度是"皇族土地所有制"形式或"土地国有制"形式。(《中国封建社会土地所有制形式的問题》)。……看来对侯外廬提出来的准亚細亚生产方式問题的全面的理論对抗,只是在1960年才开始的。同时,这些关于封建土地制度理論的討論,……和助长中国民族主义情感的日益剧烈的中苏分裂,都不是偶然的巧合。

"亚細亚生产方式"理論本身现在在中国显然是不行时了……

([美国]福尔維克《共产党中国史学中的中国近代經济史》,载《中国季刊》1965年4—6月号,黄亘兴譯)

侯外廬的反动的"亚細亚生产方式"論,来源于苏联、日本的修正主义者,并且博得苏联一些人的喝彩。

(据大字报揭发)

苏联大百科全书吹捧侯外廬是中国亚細亚生产方式学說的倡导者,美国资产阶级的反动历史学家福尔維克最近很惋惜侯外廬的亚細亚生产方式在中国已站不住脚了。近年来,苏修討論亚細亚生产方式盛极一时。现在証明:你和苏修以及资本主义国家闡述的亚細亚生产方式,是道道地地的修正主义货色。……

(据大字报揭发)

(2) 充当修正主义者的傳声筒,跟赫魯曉夫一唱一和,瘋狂攻击斯大林

苏共二十大以后,侯外廬公然暴露了他的修正主义面目,对斯大林进行了恶毒的攻击。他在1959年秋一次所內会上,誣蔑《攻克柏林》是頌揚"个人迷信"的坏影片。侯外廬还宣称他在《中国古代社会史論》一书中早就反对斯大林关于生产方式的定义,是有"先見之明"的。随后侯外廬在再版此书时,便把第一頁上原有一条伪称他的生产方式定义与斯大林并无矛盾的注文公开取消了。

(据大字报揭发)

1953 年, 斯大林去世, 侯外庐在西安馬列主义教师訓练班的报告中大肆攻击斯大林, 叫嚣斯大林是"教条主义", "斯大林关于生产方式的定义違反《資本論》", "斯大林光会搞定义, 有片面性"等等。

（据大字报揭发）

1956 年, 侯外庐在一次全所人員大会上說: "苏联著名历史学家波克罗夫斯基是个老馬克思主义者, 斯大林批判波克罗夫斯基, 搞錯了, 怎么能够那样对待这位老馬克思主义者呢?"現代修正主义者替波克罗夫斯基大作"翻案"文章, 咒罵斯大林, 侯外庐的論調为什么同现代修正主义者的說法这样吻合呢?

（据大字报揭发）

公开丑化斯大林統帅下的苏联紅軍

1962 年, 侯外庐去西北大学, 在一次宴会上, 他趁大家議論反修問題之际, 竟然丑化斯大林領导下的苏联卫国战争时期的紅軍。他說紅軍打仗前每人发一瓶伏特加酒, 喝得酩酊大醉, 昏昏沉沉地冲鋒, 打胜了就胜了, 死了就算了。侯外庐就是这样和赫鲁晓夫修正主义分子一样肆无忌憚地誣蔑斯大林。

（据大字报揭发）

誣蔑"現代战爭不可避免"是"过不了关"的問題

1961 年 10 月 20 日, 侯外庐和全所青年同志談所謂《从事科学研究的态度与方法》, 假借科学研究作幌子, 大放其毒。他举出"有人說": "国与国之間的现代战争是不可避免的", 一句話, 只要用心去想, "很多过不了关的問題", 这是影射我们反对现代修正主义关于战争不可避免的問題, 是"过不了关的"問題。

（据大字报揭发）

对苏修的"物质挂帅"贊賞不已

当我們学习过渡时期总路綫时, 侯外庐曾經不止一次地在报告中說, 他的女儿在苏联实习, 见到同行的一位苏联工作人員当飞机飞过西伯利亚时, 記下經緯度和时间, 因为地区不同, 津贴費就有多寡。他极力贊揚这件事, 說这是"按劳分配"原则贯彻得好, 这不仅是和赫鲁晓夫修正主义者的"物质刺激論"唱一个調子, 而且是含沙射影地对我国现行政策的恶毒攻击。

（据大字报揭发）

篡改"反帝必須反修"口号, 鼓吹"反帝等于反修"謬論

1960 年, 我们党发出了反帝反修的号召, 組內青年同志积极响应, 向侯外庐提出要求, 必須摸敌情, 侯外庐根本不理。1961 年, 侯下令停編《中国近代思想史》, 叫一些同志給他編"中国哲学簡史》, 大肆宣揚所謂"异端思想家"、"叛逆"精神, 发泄他对党和社会主义的仇恨。1963 年以后, 侯外庐迫于形势, 不得不在口头上喊喊"反帝", 仍然不談反修, 他还制造謬論, 說什么"反帝就等于反修", 恶意攻击党所提出的"反帝必須反修"的战斗口号。

（据五室青年同志的揭发）

叫喊"拜伊人", 对赫鲁晓夫奴顏卑膝

1961 年来, 侯外庐送給五組編中国哲学簡史的四人每人一幅他写的詩, 除"牡丹魂"那一

首外, 现已查明, 送給林英的一張是这样的詩:

> 登高夜瞰雪里容　　　繚繞物华織天心
>
> 梨花嬌散屋河舞　　　漫醉东风拜伊人

他在詩跋中說, 这是他 1958 年冬在莫斯科列宁山上观吞莫斯科雪夜的詩。

第一, 冬天雪夜, 哪里来的东风? 显然"东风"是一个政治用语。你說"漫醉东风拜伊人", 拜的是誰? 这豈不是統治着莫斯科的赫鲁曉夫嗎? 第二, 你在 1961 年末, 为什么还要写这首吹噓莫斯科"物华"的詩? 究竟是何居心?

从这首詩也可以看穿你的反党反社会主义的政治面目!

(据大字报揭发)

吹捧陶里亚蒂是"最有思想的共产党領袖"

波匈事件发生后……, 当时陶里亚蒂发表了一系列文章, 侯外庐公开为之吹捧, 說:"陶里亚蒂这个人很值得注意, 他是欧洲最有思想的共产党領袖, 他的观点很深刻, 很有辯証法。"

(据大字报揭发)

与修正主义分子贊德林的勾結

1957 年, 贊德林曾通过黑帮头目周揚, 約侯外庐为苏修写一篇关于中国近代现代文化运动的文章, 侯外庐照办了。这篇文章是反对毛澤东思想的大毒草。

1959 年, 苏联《哲学問題》又向侯外庐約稿, 侯外庐便将他的另一株毒草《中国历代大同理想》縮写, 送到《哲学問題》发表。

(据大字报揭发)

1962 年初, 侯外庐在同仁医院时, 曾透露他的一件重要历史情况: 据他說, 他在抗战期間, 組織关系是在苏联大使館, 是由当时的苏联参贊贊德林直接联系的(按: 贊德林在赫鲁曉夫登台后, 任苏修驻联合国代表, 驻日大使等职, 是赫鲁曉夫修正主义的忠实走卒)。

(据大字报揭发)

侯說:"苏联大百科全书, 要中国名人, 学术界指定写×××和我, 我的一部分赵紀彬写了。"

(据大字报揭发)

一副奴顏媚骨

"过去侯曾与苏联及其他国家学者通信或贈书。記得 1957 年侯曾有一份致苏联××××××, 由林英同志交我譯成英文。我的印象是: 此信措辞过卑, 有失国体。(仿佛其中有: 我是一个暗中摸索的孤儿之类的話)"。

(据大字报揭发)

有一年, 組織上派侯外庐到苏联去, 他写的稿經审查不能用, 没有通过。于是, 他就設法寄給苏联的波良茨基。

(据大字报揭发)

(3) 反对馬克思主义阶级观点, 販卖修正主义黑貨

恶意攻击史学革命是"非历史主义"的倾向, 大肆吹捧反马克思主义的"历史主义"

"列宁也曾說过, 资产阶级喜欢拿普遍规律来迷惑人, 馬克思主义則是在历史的具体条件

395

下, 历史主义地讲述問題, 这是馬克思的最大功績, 所以, 总的来說, 我們不应把一定时期欺人的共同性当作普遍規律, 討論問題时, 不应把这种共同性摆在首要地位, 否則, 就会削弱阶級观点与历史主义。"

（《关于封建道德問題》, 侯外庐 1963 年 4 月 23 日
在文化部戏曲編剧讲习会报告記录稿）

"这些問題是近一、两年来历史学界所存在的重要問題, 卽将'具体研究''从实际出发'引导到非历史主义, 这种錯誤是带有倾向性的。"

（《关于学习历史的方法》1962 年 12 月 26 日在高級党校讲課記录稿）

挂上"历史主义"招牌, 吹捧封建文人, 影射現实, 胡說包拯、海瑞、况钟"在今天还有間接作用"

"如何評价历史人物和怎样继承。

我总的意見是: 要历史地区別对待統治阶級內部的人物和被統治阶級的人物, 要运用阶級分析。科学的批判和总结是根据馬克思主义的历史主义和阶級分析。肯定一切者或否定一切, 都是形而上学的态度。

統治阶級的确也有好人, 大致可分三类:

1. 封建統治阶級叛逆, 哲学上叫'异端'。历史上有一些这种人物, 如司馬迁、王充、李卓吾乃至湯显祖。

2. 統治阶級內部有正义感的人。戏曲中这一类人最多, 如包公、海瑞、况钟。他們正直剛强, 憎恶不合理的社会現象。……表現这一类人物的戏剧, 在今天还有間接教育作用。

3. 圣君賢臣, 客观上作了些好事, 历史上起了些好作用……"

（《关于封建道德問題》, 1963 年 4 月 23 日在文化部戏曲讲习会报告記录）

"对历史文化遺产的继承, 大致可以抓下列方面: (1)人民的智慧; (2)人民的勇敢; (3)人民的勤劳朴素; (4)善于抗議控訴善于与恶习作斗爭的好人好事——包括統治阶級的人物。"

（《关于封建道德問題》1963 年 4 月 23 日在文化部戏曲編剧讲习会报告記录稿）

宣揚帝王将相, 才子佳人

"改造加工傳統剧目, 不能反历史主义, 而要切合当时的历史条件不要对所有的戏都以历史进步作用来要求。有的戏如《空城計》, 无所謂历史进步作用, 就那么虚虚实实的一点战略, 完全是虚构的。但是人民喜欢看, 因为他表現了孔明的智慧。又如《十五貫》旣沒有很大的历史进步作用, 也沒有多少阶級斗爭, 它就是表現况钟沒有主观主义, 遇事能发現問題, 把复杂問題搞清楚, 这就有教育意义——教育人民不要主观、不要过于固执, 要不怕权威, 要动脑子, 这就是好人好事的一种, 再不要画蛇添足。再如《赵氏孤儿》在国外曾很有名, 其实也就是只一点宮廷斗爭的矛盾, 表現在矛盾中誰正派誰暴虐这也就很好。"

（在文化部戏曲編剧讲习会报告記录）

誣蔑农民向上爬, 农民領袖是"冒險家", 頌揚曹操的"求賢会"有"重大社会意义"

"他(曹操)前后数次所下的求賢令, 实有重大的社会意义。……汚辱見笑, '不仁不孝'之人所以值得拔举, 就因为和緩阶級的对立, 爭取农民領袖的归順, 特別是在'天下尚未定'的时期, 統治者更要这样做。无行而进取的少年們之所以值得用, 就因为要推翻地方割据的豪族势

力,必須依賴那些'廉士'以外的'冒險家'。"

(《中国思想通史》第 3 卷第 73 頁)

"在中世紀農民的愚昧狀態之下,農民起义是用巫教的迷信力量糾結起來的。"

(《中国思想通史》第 2 卷第 382 頁)

惡毒汚蔑中国人民只能"破坏"不能"建設"

1950 年,在毛主席亲自領导下, 展开了对宣揚地主資产阶級投降主义的大毒草《武訓傳》的批判。与此相对抗,侯外廬在《光明日报》以社論的显著地位发表了一篇《从武訓看中国农民的拆散性和悲劇性》,其中用了二十几个"性"字,什么悲剧性、喜剧性、历史正号性、历史負号性等等,不一而足。侯外廬宣揚中国农民只能"拆散"旧社会,不能"建設"一个新社会。他的反动政治目的,是明目張胆地反对主席在《新政治协商会議筹备会上的讲話》中所說:"中国的命运一經操在人民自己的手里,中国就将如太阳升起在东方那样, 以自己的輝煌的光焰普照大地,迅速地蕩滌反动政府留下来的污泥浊水,治好战争的創伤,建設起一个崭新的强盛的名副其实的人民共和国。"

(据大字报揭发)

(4) 引导青年走資产阶級的学术道路,反对党对科学研究工作的領导, 鼓吹业务 第一,大搞物质刺激

侯外廬从来不跟組內青年同志談政治思想, 用业务挂帅来代替政治挂帅。在侯外廬的眼里, 誰能帮他写文章,就是成长快,就可以得到他的赏識和重用。同时,他为了籠絡青年给他卖力,扣留一部分稿费在組內,作为搞"物质刺激"的"基金",誘使同志們向他伸手,进他的圈套。

(据五室青年同志的揭发)

宣揚自己"与稿費有不解之緣"

侯外廬公开宣称他自己"与稿费有不解之緣",在整风(1958 年)正在破除資产阶級法权观念的討論时,他依旧表示稿费"有总比沒有好"。在 1957 年一次全所人員大会上动員购买公債的报告中他鼓励大家多写文章多拿稿费,并且介紹他自己写了文章,經过几次轉載就可多拿几次稿费的"經驗"。他称这为"增产节約"。

(摘自历史所党支部 1959 年学习会簡报)

宣揚"万般皆下品,唯有讀书高",培养資产阶級精神貴族

"什么是脑力劳动的特点呢?脑力劳动一般可以叫做高度的劳动,消耗体力很大,但又与体力劳动不同。体力劳动本身只是劳动力,劳动力要与生产工具相结合,才能制造出产品。而脑力劳动者本身就是工厂, 劳动力和生产資料是一个东西。体力劳动和脑力劳动的劳动方法也不同。在工厂里,体力劳动可以有一定期限和一定程度的稳定性,有规格,标准可以檢驗,而人文科学则不然,它的规格标准和稳定性很难规定……

脑力劳动是属于文化生活系列的。除此而外, 还有生产斗爭系列和社会斗爭系列。文化生活系列是精神系列,是灵魂工程师,它可以总括生产斗爭和社会斗爭系列, 又可以影响并指导生产斗爭系列和社会斗爭系列。但二者又不能等同。"

(1961 年在中共山西省委党校的讲話)

397

最令人气愤的是，侯外庐竟无耻地利用金錢、地位、舒适生活等引诱一位有夫之妇的年青女医生，破坏人家年青夫妇的幸福生活，被人家控訴揭发后，除利用与黑帮分子張友漁的私人关系搪塞过去之外，还去信誣陷对方，使原告男方还受了批評，蒙不白之冤。

（据大字报揭发）

取消党对科学研究工作的領导，叫喊应由专家領导全面工作，咒罵青年"知識面太窄"，"怕动脑筋"，"光想走捷徑"，提倡"补課""打基础"，誘使青年钻故紙堆，成名成家，走資产阶级修正主义道路。

"一个新参加科学研究的人，在科学研究过程中，跟随着有經驗有學問的专家从事工作，亲身領会他們进行研究工作的方法和过程，要比只是記誦先行者在某些問題上已經做出的現成結論更为重要，因为这样可以得到更多的启发。如果能够参加有經驗有學問的专家領导的全面工作的某一部分或某些部分的具体工作，那收获就会更大些。"

（《在严格要求下从事科学研究工作》，《紅旗》1961 年第 19 期）

六二年十一月，侯外庐在西北大学的一次講話中，百般辱罵青年"怕动脑筋"，"光想走捷徑"，胡说什么，青年"必須能坐冷板櫈"，他說："有人企图不經过困难、而成为學問家，那是异想天开""老教師一定要向青年提出严格的要求，青年問方法，告訴他，我們过去的路就是这样走过来的。"这是公然和毛主席所指出的知識分子必須与工农群众相结合的根本方向相对抗，妄图誘使青年成为資产阶级的接班人。

（据大字报揭发）

侯說："思想史是边緣科學，得有各方面的知識，我学过法律，搞过經济，最后又搞哲学！你們也得赶快补課！"他从来不談思想改造，只是宣揚业务第一。

（据大字报揭发）

"主席說过，有很多少年成名的，为什么？少年上无继承下无来者，可成名嗎？实际上他們是有继承的，是"手工业式"的继承。韓非說："長袖善舞，多財善賈"。对于一个有成就的人物，追溯起成功的經驗，有时需要看三代。一般說来是一代高于一代。继承和創造是有条件的。以前什么也不知道，忽然成了哲学家是不可能的。"

（1961 年在中共山西省委党校的讲話）

鼓吹反毛澤东思想的研究方法

1961 年 10 月 20 日，侯外庐和全所青年同志談所謂《从事科学研究的态度与方法》，提出"治学方法"的五句话："博学之，审問之，愼思之，明辯之，篤行之"。这是从《中庸》一书理学家搬下抄下来的。反动透頂的陈立夫早在《唯生論》一书中《唯生論的道德观》里大肆吹捧这五句话是"美化人生的程序"，"求学的方法与致用"。

（据大字报揭发）

(5) 反对历史研究为无产阶级政治服务，妄图建立私人科学，
为資本主义反革命复辟效劳

公然叫嚷把"国家任务頂回去"

侯外庐在 1959 年公然叫嚷"以任务带科学"是錯誤的，甚至提出"敢不敢設想以后再有国

家任务交来,我们可以頂回去。"

(摘自 1959 年历史所党支部上报材料)

抵制"厚今薄古"方針

在 1958 年陈伯达同志发表"厚今薄古"的讲話后, 他曾在一次全所大会上說"现在提厚今薄古, 說不定将来要厚古薄今"。他自己写的关于"厚今薄古"一文只让一年青实习员写了用他名义发表, 內容空洞无物。

(摘历史所党支部 1959 年 12 月上报材料)

歪曲党的百家爭鳴政策, 反对毛澤东思想的批判旗帜

"傳統上都把《論語》中'攻乎异端, 斯害也已'一句解釋为对諸子学派的排斥, 方以智认为不同学派可以'相胜'、'相救', 互相間应有批判, 也应有所吸取, 批判是去其异, 吸取是取其同, 不能簡单地以粗暴态度一攻了之。"

(《东西均序言》, 中华书局 1962 年版第 11 頁)

招兵买馬, 妄图建立"土地国有論"私人学派

一二所未合并前, 侯外庐聘請厦門大学讲师韓国磐, 云南大学副教授李埏, 人民教育出版社邱汉生是二所仅有三位副研究员, 其原因就是因为他們都同意他的封建土地国有制。而实际韓、李二人远在福建、云南对所內工作根本不起任何作用。韓、李因此在本单位向党翘尾巴, 李埏甚至在云南大学历史系成为反領导的宗派小集团首領, 整风中是未戴帽子的右派。我所副研究员王毓銓(托派政历問題, 生活腐化堕落, 被判处徒刑緩期执行)因学术观点与侯相同, 在 1958 年整风时一再要人事組对王历史問題做結論。

(摘自历史所党支部 1959 年 12 月 5 日簡报)

学 术 上 的 大 騙 子

侯外庐是史学界一大恶霸, 专横跋扈已极。他曾揚言, 各大报刊的思想史論文非經他看过不可。在"审稿"中, 凡与他观点不合的, 便狠狠卡住不让发表, 而那些符合他的观点的, 就极力推荐, "保送"发表。一旦发现什么資料, 他就赶紧搜罗, 視为"奇貨"而壟断起来, 出資料集子, 写文章都任他摆布。

(据五室青年同志的揭发)

宣揚复古主义, 为反革命复辟制造輿論

"最后談談罗同志所提的几个問題。……我开炮, 你們准备。"

"山西是我国历史財富之地, 材料不少。""山西的政治家、思想家、軍事家、艺术家、爱国主义者乃大有人在, 不胜枚举。""山大历史系可以与省博物館合作, 通过教学、加强山西地方史的研究, 并把此編入自己的教材和中小学教科书中。还可以开展以历史为题材的文学艺术作品創作, 如小說、戏剧等等, 对群众进行现实主义教育。这样, 旣有实物、史实, 又有生动的人物形象, 会比論文教材的效果更大、更有力量。"

(1961 年中共山西省委党校的讲話)

（6）宣揚"无成分論"，鼓吹"有教无类"，反对党的阶级路綫。招降納叛，包庇反革命分子，甘作地主阶级的孝子賢孙

宣傳"无成分論"，胡說"有教无类"是"中国教育史的人民性的傳統"

1965年春节，我从海阳回家度假，到侯外庐家去了一次。当时二十三条已經下达。侯外庐对我說："現在精神变了，过去有地方給知識分子定成分，'知識分子'本身就是一种成分，要再定什么成分？ 那末，知識分子里地主多了，象我家里也是地主。"

（据大字报揭发）

"'有教无类'，是中国教育史的人民性的傳統。他（王艮）在傳道过程里，逐漸团結了一部分群众，其中最基本的群众是盐場的人民。"

（《中国思想通史》第四卷下册第964頁）

胡說"右派是属于人民內部矛盾"

1957年7月19日侯外庐在历史所向大家做报告，他說：人民內部矛盾，一般是在人民利益根本一致的基础上产生的，右派言論，右派的进攻是属于人民內部对抗性的矛盾，但不按对抗性矛盾处理，当然也有例外。

（据大字报揭发）

鼓吹"笑拘一格起人材"

一九六一年末，侯外庐写字送人，这張字是："九洲生气作风雷，万馬齐騰扫旧哀，共与天公重抖擻，笑拘一格起人才。"跋語是："百余年前龔自珍呼唤新天地，已临人間，因改其詩，时一九四八年冬日于东北解放区。"

这首黑詩与同时間写給林英、×××的两張，调子完全一样。"呼唤新天地"，卽呼唤牛鬼蛇神复辟，"作风雷"是向国际修正主义欢呼。在这个时刻，侯外庐的反动本性使他兴奋非凡，"抖擻"起来，并且要专"拘"反党反社会主义的这"一格"起用"人才"，組織力量。

这是侯外庐反党反社会主义的又一鉄証。

（据大字报揭发）

招　降　納　叛

楊超同志揭发侯外庐的黑詩中有这么一句："笑拘一格起人材。"侯外庐得意洋洋地用什么"格"，起什么样"人才"呢？ 同志們也許会記得，一九六〇年公安机关在我們所里逮捕了一个現行反革命分子名叫索介然，就是侯外庐起用到我們所里来的。另外还有一个鹿輝世，是青年党北京市委委员，也是他起用到我們所里来的"人才"，在一九五五年肃反时被清洗出去的。

我們要問侯外庐：你把反革命分子拉到我們机关来居心何在？

（据大字报揭发）

索介然本名索磐，是反革命分子，侯外庐在西大却把他安插在校长办公室，側聞机要。侯外庐的不少参考資料等文件流落到他手里。后来又把他带来历史所，

1960年为公安局所逮捕。

（据大字报揭发）

62 年, 侯外廬提出要調經济所彭澤益(这次被斗争)来我所工作, 后因×××同志談到了彭的历史反革命情况, 提出反对意見, 才未調成。

（据大字报揭发）

1956 年, 侯外廬安插一个叫韓俊义的人在元蒙研究室当翻譯。这个人是一个叛徒和資本家。他从西北跑到北京来找侯外廬, 自称是从前中国大学侯外廬的学生, 于是侯外廬就把他拉到所里来了。这个人在所里工作了半年多, 組織上查明他的情况后把他解职了, 侯外廬还为此憤憤不平。

（据大字报揭发）

侯外廬家有一个保姆, 她男人是解放后被鎮压了, 这个保姆一直呆了十多年, 现在还在他家, ……为什么一个反动家属能在他家呆这么多年呢?

（377 号大字报《侯外廬反对党的方針政策》）

侯在西北大学做校长, 即招降納叛。他約請李述礼到西大民族系做主任。李原为中共党員, 大革命时脱党。侯与李过从甚密, 李在 1957 年时成了右派。

（据大字报揭发）

侯在西北大学, 和教育系教授陈高佣过从甚密。陈原来是上海某銀行(記不清了)經理, 侯約他到西大去做教授的, 肃反时揭发出, 陈是历史反革命分子。侯曾經說过: "抗日战爭胜利后, 我在上海, 生活很苦, 陈高佣經常接济。"

（据大字报揭发）

1956 年招聘, 侯外廬知道我认識一些旧知識分子, 曾叫我写一份名单交办公室, 我說: "这些人政治上恐怕都有問題"。侯外廬說: "政治上你不用管, 有人管, 你就写业务情况好了。"

（据大字报揭发）

地主階級的孝子賢孙

侯外廬出身山西的一个大地主家庭。他父亲侯子寿是个从头到脚每个毛孔都渗透着我們劳动人民血汗的地主分子。一九四六年这个吸血鬼死了, 侯外廬竟为他"悲痛欲絕", 还专門編一本书, "对先父永留紀念"。侯外廬的母亲是个地主婆。解放后, 他为了尽封建"孝"道, 对抗我們党的劳动改造政策, 把她接到北京来住, 继續过着腐朽的寄生生活。前几年, 这个地主婆断了气, 身为"共产党員"的侯外廬, 揮金如土, 花了一千多元, 替她母亲的臭骨头造墓立碑, 每年还扫墓祭奠, 明目張胆地向劳动人民"示威", 公开为地主階級亡灵招魂。

（摘自历史所工人大字报）

六、与黑帮、黑綫的勾結。破坏无产阶級
文化大革命的罪行

（1）与反党野心家高崗

反党野心家曾經亲自贈送侯外庐一部《清实录》，价值数万元。这显然是一个不寻常的关系!

（据大字报揭发）

（2）与"三家村"黑帮：邓拓、吴晗、廖沫沙等人的勾結

与邓拓、吴晗搞"小沙龙"，定期聚会

一九五九年七月，由吴晗发起，搞了一个"小沙龙"，齐燕銘、金灿然、翦伯赞、侯外庐，都是"小沙龙"的骨干分子，这个"小沙龙"还与"三家村"黑帮关系密切，……邓拓也是"小沙龙"的参加者。

（据大字报揭发）

在困难时期，侯外庐与邓拓、吴晗、翦伯赞、黎澍、金灿然等定期聚会于北京飯店，吃喝玩乐，名之曰"改造"改造者，黑話也。

（据大字报揭发）

与"三家村"黑帮称兄道弟，鼓吹他們"都是勇敢的青年朋友"；
吹捧《海瑞罢官》，鼓励吴晗"从破門起，步入堂奥。"

"繁星（廖沫沙）說到了'兄'与'弟'之間就有'眞实'性的問題，这提法是深刻的。""我称他們（卽廖沫沙与吴晗）二位都是兄弟，这，多么'操两可'而'眞实'呢？然而，这里面，旣历史的'典型环境'的'典型性格'，也有戏剧性。""我們……都有青春性，都是勇敢的青年朋友。末了，我也佩服吴晗破門精神，海瑞一剧是有收获的，我祝他从破門起，步入堂奥。"

（常談：《从"兄弟"談到历史剧的一些問題》，《北京晚报》1961 年 3 月 9 日）

伙同吴晗泡制大毒草《历史剧拟目》

〔《海瑞罢官》《李慧娘》《謝瑶环》等大毒草出籠后——編者〕，齐燕銘等人分别召开座談会，呼吁历史学家和戏剧家合作，大編历史剧。吴晗、侯外庐卽盗用北京史学会的名义，动员了北京大学、中国人民大学、民族学院、民族研究所等七个单位的"历史学家"（其中有他們的爪牙，有被他們蒙蔽的人），于一九六一年六月間，編成所謂"历史剧拟目"，提供情节，让編导改編成戏。书中幷且发出了野心好大的呼吁："希望各省的兄弟組織，也能够組織力量，編写成这样的书"暗示潜伏在地方的黑帮分子照样行事，眞是猖獗得很。这部《拟目》发給各地文化、戏剧、历

史等单位, 有五十个题材, 如果照此办理, 蠢动起来, 就是向党向人民一次大规模的全面进攻。

（据大字报揭发）

与邓拓狼狈为奸, 一同向党进攻

侯外庐在 1950 年就吹捧邓拓抹煞我們偉大的領袖毛主席在五四时期的杰出領导作用, 是所謂"斷案正確"。在阶級斗爭大反复时期, 侯邓之間交往頻繁。1965 年, 侯外庐因"常談"問題被揭发, 不得不在所里做檢討, 以图蒙混过关。邓拓聞訊, 勃然大怒, 大发雷霆說："他为什么在那么大的范圍內作檢討, 根本不应檢討?!"

（据大字报揭发）

侯外庐与邓拓、吴晗等黑帮分子, 經常借談书評画探亲訪友为名, 串通一气, 进行反革命活动。一九六二年初, 侯外庐在北京同仁医院"养病"期間, 将杜甫《貧交行》一詩故意加进反革命黑話送給"三家村"黑掌柜邓拓, 要他在《燕山夜話》中作"考証", 結伙向党疯狂进攻。这首黑詩是：

"翻手作云复手雨,

紛紛輕薄何須数。

君不見松柏寒时交(稍异字句),

梅柳期展东风舞(此句是我[侯外庐]加添的),

此道狂人弃如土(狂人, 原作今人)"

（按：詩內重点号及加注都是侯外庐加的）。在这里, 侯外庐恶毒咒駡我們党"反复无常", 他把我們偉大的毛澤东时代誣蔑为"寒时", 而他們这伙反革命黑帮却以"梅柳"自况, 妄图颠覆无产阶级专政, 实现資本主义反革命复辟。这首黑詩充分暴露了反革命分子侯外庐的黑心肠, 同时, 也是他和"三家村"黑帮勾結的一个鉄証!

（据大字报揭发）

侯外庐曾宣揚, 一九五五年年底, 为了写"紀念"司馬迁的文章, 邓拓曾邀他吃飯, 在場的还有吴晗等人。

（据大字报揭发）

1962 年初, 侯因病住医院时, 前北京市委办公厅主任(忘其名)曾亲往探視, 并关照医院, 給予种种特殊照顾。之后侯要求另找房子搬家, 也是市委大力协助解决的。

（据大字报揭发）

为吴晗开脱罪責

1965 年春天, 侯外庐在学术秘书室公开說过："吴晗这个人本来跑飞机場的人物 (意思可能是指吴是前北京副市长, 經常到飞机場迎送外宾等), 但是偏偏不甘寂寞, 要写史学文章, 其实是胡扯!"

（据大字报揭发）

給廖沫沙打掩护

对廖沫沙的"有鬼无害論"反动言論批判开始以后, 廖沫沙慌忙写了一篇假檢討、真蒙混的大毒草，侯外庐这时却在所内一次会上公开說："廖沫沙是我的老朋友，这次摔了个'跟斗'但这个檢討还是好的，北京市委都通过了，他现在还在当統战部长！。"

（据大字报揭发）

(3) 与前中宣部閻王周揚的勾結

秉承周揚意旨，泡制論湯显祖剧作的大毒草

"一九五九年庐山会議以后，周揚对被貶官·罢官的历史人物忽而发生了濃厚的兴趣。一九六一年七月，正当《海瑞罢官》《謝瑤环》《李慧娘》等大毒草紛紛出籠的时候，周揚通过北京中华书局，在一个月内向中华书局上海編輯所連下五道黑令，限时限刻出版《湯显祖集》《郑板桥集》《徐文长集》，并规定要附加"資料"和插图，要用最好的版本作底进行校勘，等等……《湯显祖集》应周揚的黑令出籠，是誰写的序呢？是反党反社会主义分子侯外庐。要侯外庐写《序》，也是根据周揚的意思办的。中华书局上海編輯所原来已为《湯显祖集》准备了一篇《前言》，出版前先在报紙上发表了。这篇《前言》美化湯显祖可說已不遺余力。但周揚看了仍极不满，认为："这篇文章竟未触及湯之价值。"周揚和他的走卒侯外庐密商后，由侯外庐出面，向北京中华书局提出："这篇文章作为《湯显祖集》的前言未必合适。"在这种情况下，中华书局上海編輯所就請侯外庐写《序》，侯欣然答应，很快就交了稿。侯外庐的这篇《序》，是貫彻了周揚的观点和意图的。

在为湯显祖鼓吹的問題上，周揚和侯外庐早就有密切的联系。正当周揚一个月內連下五道黑令，十万火急地要出版《湯显祖集》的同时，侯外庐"参加了几次历史学界和戏剧界合作的座談会"，从"破門而試为《牡丹亭》作一外傳"起，接連在报刊上发表了三篇关于湯显祖戏剧的文章：《湯显祖<牡丹亭还魂記>外傳》《論湯显祖<紫釵記>和<南柯記>的思想性》《論湯显祖<邯鄲記>的思想和风格》。侯外庐并把他写的这三篇文章加了《前記》編为小册子，名为《論湯显祖剧作四种》由中国戏剧出版社出版。《四种》和《序》宣揚了同样的观点。

一个竭力推崇，一个就大写文章，广为宣传，一个下令出集子，一个就站出来写序言：配合得多么紧密。"

（倪墨炎《粉碎周揚唆使侯外庐吹捧湯显祖的
反动阴謀》，《光明日报》1966 年 8 月 10 日）

充当周揚黑帮的打手，瘋狂圍攻戚本禹同志

1963 年 9 月，在近代史所召开过有侯外庐、翦伯贊、黎澍、范文瀾、邓拓以及中宣部某負责人等参加的一次李秀成"討論会"。这是有領导、有組織的、經过精心策划的一次黑会。（反共分子吴晗与会名单在列。因故临时未到会）在这个黑会上，侯外庐再一次充当了反革命的急先鋒。他首先出馬，拍着桌子破口大罵戚本禹同志"是簡单化、公式化、庸俗化的典型""缺乏起碼常識""一点馬克思主义也沒有"。胡說李秀成礼待清朝文武官員进行反革命的叛卖勾当，"是寬大俘虏的好措施"。并且說"沒有李秀成等人在百年前的寬待俘虏的措施，也不会有我們今天的寬大俘虏的革命政策"！

侯外庐，你这个反党反社会主义家伙，一面破口大罵革命同志，一面为可耻叛徒辯护，究竟是为什么？不正是为你們自己一伙黑帮、叛徒赫魯曉夫修正主义集团辯护嗎！你說沒有叛徒李秀成的所謂"寬大俘虜的好措施"就沒有我們党今天寬大俘虜的政策,不正是要我們出卖革命,投降美帝国主义嗎!

在这次秘密会議上,翦伯贊、范文瀾一唱一和演出双簧丑剧,邓拓恶毒攻击党的方针政策,叫嚷历史研究"不应該赶政治浪潮"。并且最后还密謀策划要写文章反駁戚本禹同志。

侯外廬,你必須交代这次反党反社会主义黑会的一切内幕和恶毒的阴謀! 你們为什么在戚本禹同志不在的情况下,大反戚本禹,大肆攻击反修斗爭和党的方针政策? 为什么又严令与会者保密不准外傳?!

(据大字报揭发)

从"文科教材会議"領受黑任务,貫彻"大部头主义",反对工农兵方向

1961年,陆定一、周揚黑帮召开了一次所謂"文科教材会議",大刮反革命黑风。三反分子侯外廬兴致勃勃地参加了这个大黑会,并且从他的黑主子那里領来了黑任务,編写什么《中国政治思想史》、《中国經济思想史》。他卽借此招兵买馬,想把金应熙之流的人物拉来,組成黑店,制造反革命复辟的輿論。

(据五室青年同志的揭发)

侯外廬宣揚周揚的"大部头主义",說:"将来我們搞多卷本哲学史,费上几年时间。"

(据大字报揭发)

带头写"学术性"文章,轉移对资产阶級反动思想的批判斗爭方向

65年春,《人民日报》为了貫彻前中宣部黑綫,說什么64年以来批判搞得太多了,"老专家"不敢說話了,为了"緩和关系",要找人带头写所謂"学术性"文章,甚至是"知識性"文章。找到侯外廬头上,侯喜形于色,跃跃欲試。当时,我从山东海阳回来养病,病好以后,侯外廬百般阻撓我回海阳参加"四清",留給他写文章,于是,我給他交写了《20世纪初林乐知念的"和平經"》送給《人民日报》发表。

(据大字报揭发)

(4) 与文艺界黑帮分子夏衍、阳翰笙、孟超等人的勾結

1964年1月1日,日本学者鹿地亘寄来一信,信的末尾請侯外廬代向阳翰笙、夏衍問候。

(据大字报揭发)

侯外廬……到戏剧学院作"报告",自称:"剧协里我的熟人多"。反党反革命分子孟超和阳翰笙就是他的老友,座上客。

(据大字报揭发)

1961年某月我到侯外廬家去,见有人在座,不久走了。我問:"是誰?"侯說:"是孟超,搞戏剧的。他約我合搞历史剧,写《司馬迁》。"

(据大字报揭发)

侯外廬的《湯显祖剧作四种》,为孟超特别重視,由他霸占的戏剧出版社收集出版。

(据大字报揭发)

(5) 与楊述一唱一和串通山西省委某些人, 借紀念傅山为名, 从事反革命阴謀活动

与楊述等人先后游晋祠, 泡制大毒草

楊述《青春漫語》1962 年 2 月 7 日《从游晋祠說起》这株大毒草提到"多游太原晋祠", 侯外庐也在这一时期到过晋祠, 你們是不是在那里集会密謀?

楊述借古諷今, 大談傅青主字"令人兴起", 侯外庐同来也商談傅青主, 并且为山西人民出版社的傅青主《傅子評注》作序, 发表在光明日报上, 这篇序是李学勤起草, 侯外庐在稿上加上这样两句閻尔梅的詩:

"茫茫四海似无声, 且把长歌代痛哭",

这和《牡丹亭外傳》的"茫茫海宇遂不能容一若士"是一个調子, 是向党向社会主义发射的又一支毒箭。

你和楊述有什么勾結? 在晋祠有过什么活动? 去的还有什么人, 必须彻底交代!

* 附抄傅青主文底稿, 紅笔表示侯的增改: (在本材料中用手写体表示)

《荀子存疑》也反映了傅青主思想的消极的一面, 他傅山由于反对清統治者而遁世, 虽然如閻古古贈傅山詩句說"茫茫四海似无声, 且把长歌代痛哭", 但不免接受了佛学、特別是老庄哲学的不少影响。

(据大字报揭发)

在山西省委某些人的支持下, 大肆宣揚封建僵尸傅山的所謂
"抗清复明、剛直不阿"的反革命精神

1960 年, 山西省委的某些人在某后台老板的支持下, 在晋祠办了个"傅山紀念室", 宣揚傅山的所謂"抗清复明, 剛直不阿的精神。这是明目張胆地为罢了官的右傾机会主义分子鸣冤叫屈, 勉励这些家伙斗爭到底", 这个丑剧是他們反党罪行的一次大暴露……

1961 年, 山大历史系教授郝树候(牛鬼蛇神)的大毒草《太原史話》出籠, 这株大毒草把傅山大大地吹捧了一頓。要知道一点: 邓拓、吴晗、王中青(按: 山西省长)是常临山大的, 他們之間的关系也可能是"主帅"和"先鋒"、……

在鸣冤曲中, 楊述……于 1962 年 2 月 7 日抛出了"因时而出"的黑話《从游晋祠談起》。在这篇杂文中, 对傅山百倍赞賞, ……所有这些都是"三家村"黑帮整个反革命复辟計划的一个有机組成部分, ……

就在傅山书画陈列室成立后, 他們觉得规模还小, 就由侯外庐出面, 給省委来了个倡議(对傅山評价极高) 建議把室扩建为館。这个侯外庐……与吴晗观点相同, 是个十足的反动学术"权威"……所以在 1962 年春, 他在給山西省委的倡議把室扩为館, 不是沒有根源的。……侯外庐与吴晗等一小撮人确实是坐在一条板凳上, 伙同干反党反社会主义的罪恶勾当。……从侯外庐与山西省委关系看来, 也可知山西省委的某些人扮演的到底是什么货色, 他們每天干的到底是什么事。

开始, 省市委某些人装模作样地表示不同意(放出风来)。但殊不知这个"三家村"的走卒是在"三家村"对党进攻更加猖狂的时候, 負有"光荣使命来山西串连的", 于是, 省委也就"欣然同意"山西出版社任編輯王生甫拿上《霜紅龕集》去与侯外庐接洽。……

山西省革命造反队大字报《关于傅山問題的調查报告》 1966.10.25.

按：61年，侯外廬借"疗养"为名到山西进行反党反社会主义的阴謀活动。临行前，留下两个通訊处：

　　山西省委　　文教部
　　　　　侯俊岩
　　山西省人委　　　轉
　　　　　王中青省长

（侯俊岩是山西省委文教部部长，侯外庐的兄弟）从这里可以看出侯外庐与山西省委，省人委的关系何等密切。）

(6) 积极貫彻修正主义黑《提綱》，抗拒和破坏无产阶級文化大革命

"常談"的假檢討

人們記得：吴晗被揭发出来不久，侯外庐也被揪出来了，他一看大势不好；慌忙来了一个假檢討，明明是反党反社会主义，却说是什么"认識問題"，說什么"記不起了"，"一輩子就用一次笔名，在这样的小报上（《北京晚报》）发表了千余字的文章"，"现在回过头来看它，自己也看不下去"，和他的"老弟"吴晗一样，裝糊涂，耍賴皮，企图蒙混过关。

（据大字报揭发）

散布流言蜚語，污蔑姚文元同志的文章"有問題"，胡說"清官""对人民有意义"

姚文元同志批判《海瑞罷官》的文章发表后，所中……傳出一种謬論。說是文章什么都好，就是最后与现实联系的一段，写得有問題。……

不久，侯外庐找我去他办公室，……談到姚文元……說文章写得"不錯"，就是后面联系单干风，翻案风，有問題。原来，这种謬論的来源，就在侯外庐那里。

（据大字报揭发）

当我室正写批判《海瑞罷官》时，侯外庐突然对我室的工作大感兴趣，不断发布"指示"，胡說什么"清官"在兴修水利和施舍医药对人民有意义，有好处。你这是包庇反革命分子吴晗，也就是包庇"三家村"黑帮和掩护你自己。

（据大字报揭发）

积极貫彻修正主义黑《提綱》，把政治斗爭往学术上拉

在我們組写評吴晗的历史人物标准时，他（侯外庐）竭力反对把問題提到反党反社会主义的高度，幷且神秘莫測地說："我在（××）听来的消息，不能提那么高。"侯外庐不愤泄露了"天机"，原来他的修正主义黑綫是从一个大老板那里接过来的。

（据大字报揭发）

侯外庐在这次无产阶级文化大革命开始后……威吓我們，說"你們不准随便写文章"，必须經过他的批准，否则就是无組織无紀律。他硬叫我們写所謂"但书"，批判吴晗的"折衷主义"，我們在文章中写吴晗是反党反社会主义，他給抹掉，說"不能給吴晗下这样結論"，这不是推行北京前市委的修正主义路綫保护牛鬼蛇神又是什么？

（据大字报揭发）

自从批判吴晗的《海瑞罢官》以来,侯外庐对我室的工作抓得很紧,接二连三地給我室布置任务。……他自己有一张"日程表":

1966年1月上旬,他交給我室一项任务:批判吴晗評价历史人物六项标准。

一月底,他喜形于色地对我們說,文章要抓紧,二月份就要轉到历史主义方面,要我們及早注意此問題。

二月,在馬岩的文章发表以后,他突然跑来对我們說:吴晗的問題,除《海瑞罢官》是政治問題以外,其他問題不能提到政治方面上来。

三月上旬,他又对我們說,很快就要轉到"让步政策"方面来了,要我們集中力量搞一篇这方面的文章。

四月底五月初,他又对我們說,很快就要集中批判翦伯赞了,要我們突击搞翦伯赞的"四性",即客观规律和主观能动性,历史科学的阶级性,历史科学的战斗实践性,客观主义和历史科学的党性。

从去年十二月到今年四、五月間,从侯外庐给我室布置的任务看来,题目的性质都是属于学术方面的。显然,侯外庐是力图把政治問題往学术方面拉,其居心是昭然若揭的。这里始终是貫串着一条黑綫。

(据大字报揭发)

为翦伯赞开脱罪责

"五·一"节,一室青年同志在准备批判翦伯赞的材料时,侯外庐很"积极",跑来說什么:"翦伯赞解放前的东西主要在这几本书里了。(指《历史哲学教程》《中国史論輯》一二輯)这是撒謊,翦伯赞在解放前写的文章达200篇以上,而这三本书只是收入一小部分。他还說:"翦伯赞为刘启戈譯的世界通史所写的序言是批判重点。"有意要把我們的注意力引开。翦伯赞是反党反人民反革命的老手,而侯外庐却要我們去钻不是要害的两大本厚书——世界通史,显然心中有鬼。

(据大字报揭发)

妄图轉移目标,竭力包庇"三家村"

3月25日,正当我們审閱《中国历史小丛书》时,侯外庐突然冲入室內,并欢喜若狂地說:"你們看見今天的《人民日报》了嗎? 把翦伯赞的問題揭出来了,这就好了,光批判吴晗,青年人就沒有劲了。"

又一次,侯外庐又煞有介事地对大家說:"姚文元的文章(按指《評"三家村"》)出来了,我們这个(指批判《燕山夜話》)不好搞了,连一組搞'三家村'的資料也撤了下来。"

侯外庐,你这完全是黑話。

(据大字报揭发)

在思想史研究室的破坏活动

一、竭力阻挠揭露吴晗反党反社会主义的本质

1. 从撕裂到砍伐:

姚文元的文章发表不久,我組青年同志就写了一篇批判吴晗反动政治观和历史观的文章,侯外庐看后,借口文章太长,政治观和历史观"衔接不上",亲手肢解为二。真的仅仅是肢解嗎?

不，是要砍伐。他还指定把历史观部分放出发表，而后头的政治观则被打入冷宫。

2. 篡改是为了掩盖：

当我们在上一篇的基础上又写出了《評吴晗的抽象"战斗精神"》一文后，送給他看，他大笔一揮，把"战斗精神"改为"实踐精神"弄得文不对题。他这样做，显然是心里有鬼。鬼是什么，一则掩盖他的吴晗"老弟"的反党反社会主义的罪行；二则掩盖他自己在前几年所写的《論湯显祖剧作四种》中大肆鼓吹反党反社会主义的"战斗精神"。

3. 压制稿件，阻撓批判：

有的同志写了文章揭露吴晗宣揚从王阳明到蔣介石的反动知行合一論，此稿写成待发，却被侯外廬压下不許发表，借口什么"时机不到"，并且說："联系曾国藩、蔣介石不适合。"过了些日子，一见报上有同类性质的文章，又說什么"过时了"。就是如此，此稿被扼杀了。

二、两面三刀、巧設陷計

随着运动的发展，大势所趋，侯外庐伪装积极，唱起高調，居然出面布置写什么通过吴晗历史人物評价标准，批判吴晗反党反社会主义史学綱領的文章，这是眞的嗎？不，不是。他是在玩弄阴謀詭計，想把我们引入"純学术"軌道。

这时，同志们感到要批判吴晗的反党反社会主义的罪行，要必须打破侯外庐設下的框框，另起炉灶，于是重新拟了一个写作題綱，但是沒过几天，侯外庐这个两面三刀的家伙又钻了出来，施放烟幕，胡說什么《紅旗》上馬岩的那篇批判吴晗历史观的文章已定了調子，說从政策界限上讲，还不宜把吴晗的所有问题都提到反党反社会主义政治高度。

我们要质问侯外庐，你的消息是从那儿得来的？你宣揚的政策界限是什么？不許我们把吴晗的全部问题提到政治高度是何居心？

三、藏头露尾，欲盖弥彰

1. 当我们写揭露吴晗反动政治历史的文章时，原来考虑将吴晗在1962年"欢呼春天"和1957年右派分子費孝通鼓吹"早春天气"勾连起来，以說明吴晗凭其反动阶级本质，如何估計政治气候，以鼓吹修正主义的资产阶级自由化。侯外庐一听我们有此打算，连忙出来拦阻，說什么"早春天气和春天不过是政治气候问题，联不上就不用联了。"成稿后，他就把我们这一套全部砍掉。

侯外庐为什么这样做？现在眞相大白了。原来1961年他同吴晗一样，也在歌颂他們牛鬼蛇神的春天，不让我们揭吴晗这个黑底，說穿了，是怕人民群众顺手牵羊把他也揪了出来。

2. 《北京日报》对邓拓假批判，眞包庇的材料公布之后，我们就准备写一篇将邓拓、吴晗、翦伯贊之流反党反社会主义言行联系起来，进行批判的文章，侯外庐听到这个消息，借口"考虑考虑"，不予答复，拖延时间很久，他突然摆出一种"貫彻"上级意图的姿态，跑来十分神秘地对我們說："邓拓不要联了，还是搞翦伯贊的'政策理論'问题吧。"侯外庐为什么不让我們搞邓拓，很清楚，就是怕揭发三家村这位掌柜，搗毁三家村这个大黑店，他同这些"老兄""老弟"的亲密关系也就暴露出来了。

（据大字报揭发）

冤死狐悲，强作鎭静

五月二十四日杨述的问题被揭露出来以后，侯外庐到組里来对我們說："要冷静。"

（据大字报揭发）

409

(7) 两首反詩,一条黑綫

其一　　　　梅花早放浴春风，　　　　狂醉十載指錢神。

　　　　　　霹靂催烟烟煴信，　　　　花甲漫点牡丹魂。

这首黑詩是侯外庐在1961年七月泡制出来的，这年年底书写送人。今年5月，文化大革命的高潮中，侯外庐见势不好，又偷偷要了回去。侯外庐是１９５１年混入党內的，"狂醉十載指錢神"，赤裸裸暴露出他入党十年，反党十年，顽固地坚持反革命立場。侯外庐正是怀着这种对党、对社会主义的刻骨仇恨，在《海瑞罢官》出籠以后，紧步吳晗的后尘，也迫不及待地"破門而出"，"花甲漫点牡丹魂"——抛出了他論湯显祖剧作的三株大毒草的。

其二　　　　史家敢对破题难，　　　　力撥迷云不帮閑。

　　　　　　岭道崎嶇攀险閩，　　　　洪流洶涌濯足丸。

　　　　　　紅梅蕾秀带香发，　　　　蒼柏根深傲岁寒。

　　　　　　普味新天紅日浴，　　　　春独放采另开颜。

1965年11月，姚文元同志发表了《評新編历史剧＜海瑞罢官＞》吹响了无产阶級文化大革命的号角。此后不久，12月間，侯外庐又写了上面这首黑詩。这时候，侯外庐惊呼革命的"洪流洶涌"，哀叹他們反革命的"岭道崎嶇"，深有"岁寒"之感。但他死不甘心，决不肯向党和人民屈服，决不帮閑，他对党对人民还要"傲"，还要"攀险閩"，还要"破門"，还幻想有朝一日有他們的"春"到来，到那时，他們要"独放采"，"另开颜"，东山再起，卷土重来。这就是侯外庐这个反动透頂的家伙在这場无产阶級文化大革命开始时的反革命自白书。

七、侯外庐是反共、反人民的反革命老手，媚蒋、崇美的民族败类

(1) 疯狂攻击伟大的領袖毛主席和中国共产党領导中国人民的偉大抗日战爭

恶毒攻击毛主席的新民主主义革命理论，反对党在民主革命时期的总路綫

这亦再用不着如前五六年，有些人空洞地辯論三民主义是資本主义呢，还是社会主义呢，那些空洞問題的提出，实在是对于民主主义缺乏最低限度的了解。著者，当时就'民主主义的高派，而貫串三民主义，就是在积极的理論說明上批判那些辯論者，现在这問題应该是不是奇怪的了吧？

（《三民主义与民主主义》《自序》长风书店 1946 年 7 月版）

有些人常說，中国建国是'非資本主义的'，这等于說是非牛的，非馬的，而沒有規定了問題。

（《抗日建国論》1938 年）

竭力抹煞三民主义与社会主义的界限，鼓吹托匪的"取消社会主义"
反动謬論，为蒋介石国民党的"溶共"政策效劳

中山先生的主义，旣有社会主义共产主义的同一性与发展性，那么民权学說的发展，当亦有这样的内容。

（《中山先生的民权論与民全建国》，《抗战建国論》本 33 頁）

民生主义不"約束"于資本主义，我們要理解民元阶段的上向青春理想，更要理解民十三阶段的更上向的青春理想，卽"民权革命与社会主义相连带解决"，的二重性质，"彻底的民权革命"与社会主义的前途。然而二者間沒有鸿沟，由正确的領导可能使二者达到实踐的統一。

（《民主主义的偉大理想》《理論与现实》第一卷第二期 1939 年 8 月 15 日）

或者有人要問，民主主义的核心，对于社会主义的前途不是分为二截么？ 这是不了解民主主义与社会主义的连带性。要知道，民主主义与社会主义有辯証的一致，……同样，民主主义可以与社会主义相连带。

（《中山先生遺教的核心精神——民主主义》，1940 年 3 月載《三民主义与民主主义》上海长风书店 1946 年 1 版第 19 頁）

民生主义与社会主义的关系

中山先生用西文写的民生主义，是 Socialism 幷且說'兄弟把"社会主义"的原文譯成"民生主义"'，說'这种主义（社会主义）就是我的民生主义，或說'民生主义就是社会主义，就是共

411

产主义'。他在'民生主义的說明'一文中曾用一个图指示民生主义包括各种主义的范圍; 因此, 又說, '共产主义是民生的理想, 民生主义是共产主义的实行。'由这些說明, 我們理解民主主义与社会主义的关系并不是困难的問題。

(《民生主义的科学研究》, 原載《时事类編》第 28 期, 《三民
主义与民主主义》上海长风书店 1946 年 1 版第 21 頁)

叫囂"內乱喚起外患", 为蒋介石"攘外必先安內"的反共反人民的反革命政策效劳

誰都知道, 日本軍閥发动'九一八', 是乘着中国民十九年史无前例的內战以及廿年以后曠世末有的內乱, 因而估計到中华民族的抵抗无力。

……所以, 中国的內乱喚起日寇的侵略, 而內乱史的辩証发展, 又具备着了民族解放的前題, 这是帝国主义培养起中国秩序的反动物。

(《紀念"九一八"九周年》《中苏文化》卷七, 第三期 1940 年 9 月 18 日)

污蔑我党在抗日統一战綫中坚持又团结又斗爭的独立自主原則,
是"爭夺領导权的手艺", 是"欺騙群众"的"阴謀"。"单由……覚
醒的工人"領导是"进行国內政治斗爭"的"自杀"

某人被捕的时候, 高唱打倒斯大林主义, 在不久以前某人的同志某, 于晋西被捕, 証明为間諜的时候, 欲彈刺那, 还喊'共产党万岁'。一个系統的人物而有如此相反的口号, 一个是'打倒', 一个是'万岁'(自然相反的显出有不万岁的), 在目前中国統一战綫的发展上, 都显出异曲同工的阴謀, 破坏統一战綫企图。

(《抗日民族統一战綫論》第 　 頁)

……在左派的中国人看来, 却又以为統一团结并不是社会主义, 把阶级矛盾否認了, 半殖民地国內斗爭的戏不唱了, 团结不是革命的"本质", 那是某些人爭夺領导权的手艺。

(《抗日民族統一战綫論》第 76 頁)

和平主义的妥协論, 固然是动摇抗战的危险物, 抽象的不和平主义的斗爭观念, 亦是离間"对内和平統一"的謬論。右的投降, 左的斗爭, 二者在目前阶级, 都是抗战前途的危险物。

(《抗日民族統一战綫論》第 4 頁)

在資产阶級民主自由的国家内部, 无产阶级的当前运动, 不广泛地执行反法西斯的任务, 而单由一部分政治覚醒的工人进行尖銳的政治斗爭, 显然是自杀, 亦犹之乎半殖民地的中国不执行广大的抗日民族統一战綫, 而进行国內的政治斗爭, 同样是自杀。

(《抗日民族統一战綫論》54 頁)

叫囂"国民党領导抗日, 是基于民众的要求", 咒罵我們党爭取抗日民主是
"挑撥阶級內乱", "实在得于抗日运动", 是"人民的公敌"

团結在抗日民族統一战綫下之各党各派, 由国民党領导抗日, 是基于民众的要求; 宣布为实行革命的三民主义而奋斗的共产党在国民政府統一机构下, 参加抗日, 执行民族解放任务, 亦是基于民众的要求。我們对于敬爱的两大政党九个月来奋勇反抗暴敌的精神, 放弃前嫌, 一

412

致奋斗,为民族爭出路,怀着十二分的希望,同样都执行民众要求的政党,都为历史所选择。

(《抗日民族統一战綫論》第 42 頁)

所謂抗日高于一切, 一切服从抗日, 是指在抗日过程中对內民主要以爭取对外民主为准則, 对內民主要以不妨害爭取对外民主为界限;尤其在对內經济上的民主, 要以不妨害爭取对外政治上民主的界限,如果挑撥阶級內乱,便违背了这一原則。限于在这点而言, 这一民主側面服从于彼一民主側面,所以說对內民主,要服从对外民主,'抗战民主'形成'民主抗战'(对外要求民族的民主)的一个手段性的东西。这不是把民族問題降低,而反是把民族問題提高, 而是为了达到总的民主的要求,在抗战过程中,把民主的內容更具体化罢了。

(《抗战建国論》第 43—44 頁)

所謂抗日高于一切,是指对內民主的奋斗不妨害于对外民主的爭取,具体讲来, 对內民主一定是一个低級形式,各党派和平批判的形式,以这一民主側面的意义而服从于对外爭取民主的側面,倒沒有什么'抗日第一,民主第一'的爭論价值。因为极高度民主形式的主观提出, 实在有碍于抗日运动。

(《論解放战爭与民主主义》,原载《时事类編》23 期 1938 年
九一八紀念日,《三民主义与民主主义》第 100 頁)

现在如果有一党违背历史的使命,违反民众的要求,这一党便是人民的公敌, 那么这一党不待他一党去合幷, 就在民众公意面前自己宣布死刑了。然而这却是沒有的。民众的要求是抗日,我們两大政党执行抗日;民众的要求是党派的坚固团结, 我們的二大政党实行抗日民族統一战綫的政治路綫;領袖則在各阶层民意之下,指导这一团结的偉大力量之巩固与扩大。现在"領袖——政党(統一战綫的各党)——阶級——民众"的金字塔是合理的直立姿势, 为什么还需要超时代的专政? 試問"专政"是属于那一阶級呢? 如果破坏全民抗战的团结或各阶层統一的偉大結合力量,那一阶級能够单独执行民族解放的任务呢?

(《抗日民族統一战綫論》第 43 頁)

鼓吹"对內民主服从对外民主","阶級利益的自由""服从大团
体的自由"。"以文会友,以友輔仁"为蔣介石的"一个領袖、一
个政党、一个主义"的反革命法西斯理論帮腔。

抗战民主所以是更低級的性质,就因为对內民主服从对外民主(对外政治上的民主一却民族解放)……。

在这里, 我們所以还不能理想地要求宪政式的对內民主,就因为抗战民主是战的民主的一种过渡阶段,是与軍事发展相配合的一种新的政治机构阶段。

(《抗战建国与民主問題》,《抗战建国論》第 9 頁)

所以爭自由, 首先从爭国家的自由起,'部分的利益要服从全部的利益'。民族解放, 本身便是政治民主的要求,中山先生和列宁意见相同, 他說, '……要把我們国家的自由恢复起来,就要集合自由成一个很坚固的团体,要用革命的方法把国家成一个大坚固团体,非有革命的主义不成功。'在目前統一战綫发展的过程中,答复日本軍閥的侵略,我們应如何根据他的遺教集合自由成一个很坚固的团体,用革命的方法,实行革命的主义呢! 个人的利益自由, 党派的利益自由,阶級的利益自由,皆应服从于爭取大团体的自由。这是中山先生以大团結爭大自由的民权理論, 值得我們现在万分注意的。

(《抗战建国论》第 36 頁)

民族統一战綫, 不是把统一絕对化, 否认了矛盾性, 而是一方面把矛盾提高, 他方面把矛盾性降低; 所謂矛盾性的提高是指抗日民族战綫本身形成矛盾的一极, 严重地和日寇的武力侵略对立着; 所謂矛盾性的降低是指阶級利益服从民族利益, 因而阶級的对抗和緩而为阶級的矛盾批判。……化干戈而为辩理, 化会战而为'以文会友, 以友輔仁', 才是統一战綫的现实。

(《抗日民族統一战綫論》第 15 頁)

(2) 肉麻吹捧蒋介石和国民党反动派, 为国民党的法西斯統治涂脂抹粉

弥蒋介石是"我們的領袖", 把这个独裁魔王打扮成抗日"英雄",
为他的假抗日真投降的卖国政策无耻辩护。

在列强混战的人类屠杀中, 中国人民则用全民族的团結力量, 在蒋委員长領导之下, 和日寇决战, 就是説, 在全世界窒息系统中, 放出創造的光明照耀、洗清国耻, 而为独立的中华, 民主共和国而奋斗!

(《五月国耻与五月革命》, 载《中苏文化》6 卷 3 期 1940 年 5 月 5 日)

所謂一切都是为了統一战綫而奋斗, 便是説"条件轉化而为根据的东西"。要这样做, 胜利的前夜已經具备了建国的条件, 那时中国的一切都是最新式的, 大众和政府的利益一致, 只要我們的領袖正确地向前領导建立新中国的路綫, 为什么还要"十月革命"? 統一战綫的发展程序, 不是由发生而发展而趋于死亡的机械形成, 而是由发生而发展而成为更高級的东西(另一形式)。那时候, 統一战綫发展而为新中国的建設力量。因为大众都集合在这一政治路綫的周圍, 民众已經可以由对抗敌人的偉大力量发展而为保证民主共和国的建設力量。更高級的統一战綫有他的新内容与新形式, 如果帝国主义与封建殘余要施行包圍破坏, 而由民众所取得的民主力量以及把握现实发展的領袖指示領导, 可以粉碎将来的新的敌人。

(《抗日民族統一战綫論》第 79 頁)

一方面流言着蒋委員长領导的抗战到底的軍事計划叫做什么'抗战編遣', 以离間我国軍事势力的团結, 侮辱偉大的解放战争的英勇战斗本质。

(《抗日民族統一战綫論》第 71 頁)

民十三年以前反动势力把中山先生加上一頂假象冠孙大炮。当时晨报上, 在北伐出发, 蒋委員长作獅子吼时, 画着一个諷刺图, "大炮"注着一句总理的信徒! ……右的侮辱革命, 是现象的拥护者。

(《抗日民族統一战綫論》第 75 頁)

本刊厚蒙党国領袖慨予题詞并赐鴻文, 皆具发揚光大的价值, 同人至为荣幸。

(《中山先生逝世十五周年紀念特刊編后記》《中苏文化》1940 年 3 月 12 日)

按: 侯外庐此时任該刊主編。

吹捧孙科有建立"自由民主共和国"的"信心"

前世紀馬克思已經指示出帝国主义在中国将逢见什么呢? 那是自由、民主共和国。目前

中国人士皆已有此信心,如孙科先生在英国的談話,便根据这样的經驗昭告世界。

(《抗战建国論》第 17 頁)

为他的主子閻錫山唱贊歌

我們的民族自卫战争的战斗意义,是具体的富于內容的"感性认識"……由这一感性認識而发生的成仁取义的牺牲是进步的……例如我們从綏远抗战时代閻百川(按卽閻錫山)先生的"守土抗战"与"牺牲救国同盟""組織并行提举之名,便知道自己"与直观性之連帶关系……。

(《三民主义与民生主义》第　頁)

叫喊"中国沒有法西斯的社会条件",宣揚在
国民党的黑暗統治下,"精神上是不痛苦的"

中国沒有法西斯的社会条件,自然亦沒有法西斯的独裁,反之,中国民族却是法西斯侵略者的牺牲品,和法西斯本国内的无产阶級具有一样的命运,同时亦具有相同的历史使命。

(《抗日民族統一战綫論》第 42 頁)

我們更要知道,我們的政府现在領导青年抗战建国,領导青年革命,領导青年反法西斯战争,我們的精神是不痛苦的,我們比世界上法西斯国家的青年在黑暗地狱中过生活,我們还是自傲的。

《青年对于抗战建国的任务》《抗战建国論》第 96 頁)

顚倒黑白,吹噓国民党的反动軍队"发揮了最光荣的牺牲精神",
竭力吹捧国民党建立特务組織"三青团"是"有价值的"

在目前統一战綫的容量至为广泛,除了最落后的封建败类汉奸間諜而外,力量都集中于对外抗战,中国救国軍人在这新时代中发揮了最光荣的牺牲精神,沒有一个现役軍官不执戈御侮,更沒有一个现役軍官做反时代的行为。日本帝国主义在中国所找寻的勾結者,都是下等叛徒,从而"汉奸政权"的建立,成了日寇的迷梦。

(《抗日民族統一战綫論》第 24 頁)

統一青年运动,組織三民主义青年团,已經由中央提出有价值的原则。青年在抗战建国路徑上首先要实现这一綱領的规定,中山先生在民权主义上,一再喚起国人要結成士敏土或石头,青年的团結运动应先做模范的行动。

(《抗日战綫論》第 94——95 頁)

(3) 美英帝国主义侵略者的辯护士

"感謝"帝国主义侵略中国及其"賢明的殖民政策"

"中国,'进步的亚洲',感謝帝国主义的鴉片圣品麻醉剂夹带着民生主义的自由輸入中国,更感謝法西斯主义的海洛英嗎啡針配合着社会主义建设的光明輸入中国"。

(《中国学术傳統与现阶段学术运动》《理論与现实》創刊号, 1939 年 4 月 15 日)

中国的內乱,不统一,不和平,除了中国本身阶級关系的原因而外,主要成了帝国主义者均势运动的賢明的殖民政策与侵略手段。

(《抗日民族統一战綫論》第 8 頁)

与蒋介石一唱一和, 为美英帝国主义所謂"废除"特权条约感恩戴德

本年一月十一日我国与友邦英美签訂的中英、中美新約, 是中国近代史的新頁, 亦是国际关系間的宝貴貢献, 又是人类理想世界所不可忽视前一步境界。……而大体上则已将百年来加于中国人民的枷鎖与不合理負荷, 由此廢除, ……

> (《苏联与英美之平等待我与廢除不平等条約》
> 《中苏文化》季刊第一号 1943 年 1 月 30 日)

蒋委员長告国民书。首先即将这个意义宣示: "我们中华民族經五十年的革命流血, 五年半的抗战牺牲, 为使不平等条约百年的沉痛历史, 改变为不平等条约撤廢的光荣紀录, 这不仅是中华民族在历史上为起死回生最重要的一頁, 而亦是英美各友邦对世界对人类的平等自由, 建立了一座光明的灯塔。"

> (《苏联英美之平等待我的廢除不平等条約》《中苏文化》季刊 1940 年第 1 号)

条约一再言明"近代条約", 說明了新的是"近代的", 和过去不平等条约之为"古老的", 似为对照。古老的腐朽的东西, 应该在人类民主生活的进步中送到坟墓中去, 而新式的、光明的东西, 由新陈代謝的法则, 被选为历史的"适表"。

> (《苏联英美之平等待我与廢除不平等条約》
> 《中苏文化》季刊 1943 年第 1 号第 33 頁)

积极配合蒋介石反苏反共反人民, 宣揚"美英自由制度", "也都在改变或革新之中", 誣蔑斯大林领导下的苏联和共产党人是"强他人同于自己", "以自己的眼光蔑视他人制度不合于什么理念"

当法西斯溃灭, 全人类都一条心向民主生活的光明大道行进之时, 苏联以自身的高度民主制度(据列宁先生云, 比英美各国民主高一万倍, 中山先生說比资产阶级民主改良得多)和其他类型的民主国家和平共处, 这其中自然是并不能完全一致或一色的, 例如就在大体而言, 除了苏联的社会主义民主制外, 有改良了内容的新兴民主制度, 有相安于旧形式的英美自由制度, 有比较更为形式而具招牌的民主制度, 而且也都在改变或革新之中。这样各种各样的民主制度, 都不必强他人以同于自己, 或以自己的眼光蔑视他人制度的不合于什么理念。

> (《苏联与全人类的利益》《中苏文化》第 16 卷第 11 期第 11 頁 1945 年 11 月 7 日)

(4) 民主革命时期的可耻逃兵

在这次文化大革命开始不久, 侯外庐心里有鬼, 竭力吹捧自己的所謂"光荣"历史, 吹嘘自己坐过监狱, 国民党未抓住自己的証据等等。但在吹嘘过程中, 一时不愼露了馬脚。他说, 有一次在北京法学院召开一次革命青年秘密会議, 但特务知道, 准备在开会之时, 一网打尽。侯外庐本来要参加这次会議, 他事先知道风声不好, 也不去通知革命青年轉移, 反而溜到一个大教授家打麻将消遣, 这次他得意地說, "虽然輸了一百元, 但未被捕。"结果一群革命青年, 遭到逮捕。

請看, 侯外庐多么可耻, 是一个十足的胆小鬼。

> (据大字报揭发)

侯外庐过去一贯以"老馬克思主义者"自居, 现在……来看一段有关他的历史材料吧!

一九五九年四月出版的《洪波曲》……有这样一段記載：

前几天我专为这件事去訪問侯外庐, 承他比較詳細地告訴了我。据他說, 他那时也住在西安, 在宣俠父遇害之前的十天左右, 他才离开西安的。假使他不离开, 恐怕連他自己也会遭难。他說, 他很感謝当时做着省政府秘书长而今已被反动派陷害了的杜斌丞得到消息劝他走开的, 而且还照顾了他的路費。有人也劝过宣俠父走, 宣俠父没有走, 实在太可惜了。

侯外庐在談到这些往事之外, 又含着笑这样說：'其实那时候我們也天眞得太可爱了'。說着, 他从书架上取了一本《抗战建国論》来(二十九年九月生活书店出版)。他展开給我看, '这些都是我在西安写的文章'都是捧《抗战建国綱領》的。

'还有这一篇啦'他又指着最后一篇《靑年对于抗战建国的任务》, '这还是捧三民主义靑年团的呢! 然而, 連写这样的文章都要犯生命的危險呢, 你想想看吧!'

我翻开文章来一看, 看到了这样的字句：'統一靑年运动, 組織三民主义靑年团, 已經由中央提出有价值的原則……'我也禁不住笑了。

(据大字报揭发)

史学批判联絡站翻印

〈高教六十条〉的出籠

《机械系第一联队》

在毛主席亲自领导下，58年以来的大跃进取得辉煌胜利，大灭了资产阶级威风，大长了无产阶级志气，全国人民斗志昂扬，意气风发，在三面红旗的指引下昂首阔步地在社会主义大道上疾驰猛进。

在教育战线上，广大革命的师生员工积极振奋地贯彻"**教育为无产阶级政治服务，教育与生产劳动相结合**"的教育方针。特别是毛主席在视察天津大学时英明地指出"**高等学校应抓住三个东西：一是党委领导；二是群众路线；三是把教育和生产劳动结合起来**"，这一伟大的最高指示极大地鼓舞着处于革命高潮中的广大革命师生员工，他们更加明确了革命的方向，更加增强了斗争的信心，他们以普通劳动者的姿态投入生产劳动，他们用群众运动的威力掀起教学批判的高潮，他们大破洋人、古人、死人的权威，他们大立工农兵劳动人民的典范，一句话，他们猛烈地冲击着几千年来封建主义、资本主义和修正主义的教育路线和教育制度。

教育战线呈现出一派大好形势。

但是，正如毛主席所教导我们的："**敌人是不会自行消灭的。无论是中国的反动派，或是美国帝国主义在中国的侵略势力，都不会自行退出历史舞台。**""**无产阶级要按照自己的世界观改造世界，资产阶级也要按照自己的世界观改造世界。在这一方面，社会主义和资本主义之间谁胜谁负的问题还没有真正解决。**"

我们为胜利而欢欣鼓舞之际，正是敌人因失败而咬牙切齿之时，他们在磨刀霍霍，他们在窥测方向，他们在等待时机，再来较量，"**阶级敌人是一定要寻找机会表现他们自己的。他们对于亡国、共产是不甘心的。不管共产党怎样事先警告，把根本战略方针公开告诉自己的敌人，敌人还要进攻的。阶级斗争是客观存在，不依人的意志为转移的。就是说，不可避免的。人的意志想要避免，也不可能。只能因势利导，夺取胜利。**"

一、背景和舆論准备

党内最大的一小撮走资本主义道路的当权派从来就是极力抵制和反对毛泽东思想的，只不过有时他们不得不潜伏下来"装死躺下"，而一旦他们自以为气候合适了就要冲破缺口"反攻过去"。一九六〇至一九六二年，正当国际国内阶级敌人乘我国遇到严重自然灾害之机，掀起反华反共的高潮时，这一小撮党内最大的走资本主义道路的当权派就破门而出，大举反扑。就是这个时候，报纸杂誌上"燕山夜话"、"三家村札记"黑货连篇，就是这个时候，舞台上

"海瑞罷官"、"李慧娘"群丑乱舞，就是这个时候，"三降一灭"、"三自一包"甚嚣尘上，就是这个时候，"平反"、"翻案"之风铺天盖地，就是这个时候，什么"文艺十条"、什么"工业七十条"相繼上市，就是这个时候，刘少奇叫嚷把三面红旗当作"历史经验教训"来总结，就是这个时候，刘少奇嘶喊"重演了残酷斗爭，无情打击"，就是这个时候，刘少奇再一次抛出其复辟资本主义的反革命宣言书——《修养》第三版，也就在这样的政治气候下，《高教六十条》在 60 年 9 月出籠了。

这个修正主义教育綱领的出籠是国内外激烈的阶级斗爭在高教战线上的反映，也是从刘邓到陆定一杨献珍再到蒋南翔这一条修正主义教育黑线的最全面最系统的綱领性的文件，是他们这一伙反革命修正主义分子在教育战线上向党发动的猖狂进攻。

参加炮制的那一小撮显赫的"大人物"从来就是站在毛主席革命路线的对立面，对党刻骨仇恨，长期以来，恶毒地攻击党的领导，攻击社会主义，攻击大跃进，极端仇视教育革命，他们集中地代表了资产阶级的利益，他们利用窃据的党政财文大权对无产阶级实行专政，他们是隐藏在党内的最危险的敌人。

伟大领袖毛主席在 57 年 2 月 27 日就提出**"我们的教育方针，应该使受教育者在德育、智育、体育几方面都得到发展，成为有社会主义觉悟的有文化的劳动者。"** 这个光辉的思想，照亮了我们无产阶级教育革命的道路。

在58年全国大跃进的高潮中，革命师生员工高举毛澤东思想伟大红旗，大破资产阶级教育秩序，冲击了资本主义的教育制度。一小撮党内走资本主义道路当权派预感到革命烈火终将连他们一齐烧掉，于是迫不及待地跳出来，到处煽阴风点鬼火。刘邓黑司令一马当先，带头大肆攻击三面红旗，为资本主义复辟鸣鑼开道。活阎王陆定一紧跟主子，在一九五九年五月就说："从前右派批評我们乱、糟、偏，我说有部分道理，的确也有乱、糟、偏，这样搞下去要垮台。"并且恶毒影射党中央和毛主席，说什么"党内有那么些同志，就是生怕否定成績，怕什么？成績有一分是一分，有二分是二分，没有就拉倒。"他伙同蒋南翔疯狂攻击党的教育方针，为全盘否定教育革命，为《高教 六十 条》出籠制造了大量舆论准备。

（1）否定党的领导，取消无产阶级专政

陆定一之流首先攻击党的领导是"包办代替"、"瞎指挥"，攻击党的领导是"外行"，他宣布"今后教学工作要讓懂教育的人来搞。"提出"学校要党内外一起来搞。"他主张"政治上右派、政治上不大好的都应该教书，而且起主导作用。"进而叫嚷"拔白旗把最好的教师当白旗来拔，简单粗暴。"他采自提名任命混进党内的反动学术"权威"翦伯赞和反动学术"权威"傅×为北大副校长，并要求学校党委向资产阶级知识分子"学习"，学会领导教学，他丧心病狂地说："不学会这一条，党的领导迟早要垮台。"他们不仅扶植一些资产阶级知识分子到关键领导崗位，更加毒辣的是把党内的许多方针政策，抽掉其阶级斗爭和无产阶级专政的灵魂，塞进修正主义的黑货，他们要求我们的党和资产阶级"专家"、"教授"、"权威"，无条件地"团结合作"，要资产阶级思想和各种毒草"自由"地"放"，要无产阶级同它们"和平共处"，不准对它们"排斥"、"攻击"……他们千方百计地要取消党对学校的领导，维护资产阶级知识分子在学校中的反动统治。

（2）对抗最高指示，要把青年培养成"三脱离"的精神贵族

我们伟大领袖毛主席很早指出我们的教育是培养"**有社会主义觉悟的有文化的劳动者**"。陆定一却针对毛主席提出的教育方針恶狠狠地说："培养普通劳动者，这个口号不妥当"，恶毒地叫嚣："只培养普通劳动者，大学可以不办"。这些完全是秉承其主子的旨意，党內最大的走资本主义道路的当权派早在 57 年 11 月就带头鼓吹什么："凡是有条件的，都应当努力使自己成为又红又专的紅色专家"。公然与毛主席提出的"**培养有社会主义觉悟的有文化的劳动者**"相对抗。蔣南翔也叫嚣："劳动太多了，教学秩序太乱了"，还提出培养紅色工程师的口号，鼓吹只专不红。大肆宣扬"白貓黑貓，能抓耗子就是好貓"的反动理论。这一小撮反革命修正主义分子一心要把青年培养成脱离无产阶级政治、脱离生产实践、脱离劳动人民的精神贵族。

（3）否定政治統帅，鼓吹个人奋斗

毛主席一再教导我们"**政治是灵魂，是统帅**"，諄諄嘱咐我们："**千万不要忘記阶级斗争**"，可是陆定一却说："在科学史上，有些科学家不学政治，但科学上有成就"。还大肆宣扬个人奋斗走白专道路，叫嚣："搞学问主要靠个人刻苦鑽研"，不仅如此，还把在自然科学领域中插毛澤东思想伟大紅旗污蔑成"贴政治标签"，疯狂攻击伟大的毛澤东思想。这一小撮反革命修正主义分子以"党的领导"自居，给青年设下重重枷鎖。你要突出政治吗？他就说你是"以虚带实变成了以理论代替实际，走下去会变成空談"；你要联系实际吗？他就说："不能牵强附会"；你要破框框吗？他就说："未立不破"；你要政治挂帅吗？他就说："也不是什么东西都要配合政治"；你要搞教改吗？他就说："教改方針可以用怀疑态度观察一下"，还说什么"改的有些乱，作了不少蠢事錯事"；你要批判资产阶级吗？他就说你"扩大化了，得罪了很多人"……总之，貫彻毛主席的教育路线有罪，造资本主义修正主义教育路线的反无理。

六一年党中央提出八字方針，要求各条战线总结大跃进的经验。这一小撮反革命修正主义分子以为翻天时机已到，就借总结之名，搜集攻击党攻击社会主义的炮弹，为了把他们的一套反动理论和做法用中央文件的形式固定下来，进一步以合法的面目执行，以达到他们复辟资本主义的罪恶目的，这一小撮反革命修正主义分子就着手炮制《高教六十条》。

二、《六十条》出籠过程

（1）閻王破门，初稿上市

就是在上述背景下，61年1月在教育部召开的全国重点高等学校领导干部会上，陆定一借总结教育革命经验之名布置要搞一个条例。他当时提出："现在学校工作很乱，缺少章法，急须要一个文件，使学校工作有所遵循"。并要教育部组织人力到若干重点学校去作调查研究。与此同时，中央文教小组也准备派人分头到某些高校作调研，于是教育部派了部分干部一同参加调研工作。在这次调查中，反革命修正主义分子楊秀峰在天津大学蹲点，去很长时间，回来搞出一个"关于高等学校貫彻党委领导下的校务委员会负责制的工作条例（草案"，这个文件实际上就是后来《六十条》中的领导体制的兰本。

教育部61年3月召开了高等学校领导干部会議，名义上是貫彻八字方針。在这个会上陆定一作了报告，竭力反对教育革命，他说："我从来没有提过教育改革，60年5月提的是中小学的教育必须改革。"也就在这个会上，他猖狂反对学习毛主席著作，限制群众活学活用毛主席思想，他说："毛主席著作群众性学习是偶象化，兵乓球打赢了是靠毛泽东思想，打输了怎么办？"他提出要开唯心主义课程，主张资产阶级的所谓"放"。

陆定一的这个报告就定下了《高教六十条》的基调。

这时，由蒋南翔主持，教育部的各司和研究室分别按主管的业务范围先拟定了一些条款，然后由研究室张健汇总组织合成一个条例，就成了《六十条》的初稿，名为《全国重点高等学校暂行工作条例》。

（2）"三三"会議，群魔乱舞

教育部这个初稿稍作修改后，五月在民族饭店召集一部分高等学校党委书记讨论，由蒋南翔主持。在会上有不少人提出了极为重要的意见，譬如说，对58年以来的成绩要充分肯定，对教育革命的积极分子要加以保护，加强党的领导等等。这些意见刺到了陆定一、蒋南翔的痛处，特别是有人不同意陆定一的校长负责制而主张党的领导还是一竿子插到底，各级党的组织都要起领导作用。当这些意见汇报给陆定一的时候，他竟暴跳起来，大发雷霆，破口大骂："这些党委书记实行无产阶级专政舒服惯了，根据他们的意见来草拟文件肯定是不行的"，"象阿 Q，生怕别人说他头上有癞疮，58年以来工作就没有搞好。"他指示再开个三三制会议进行"总结"。

何謂三三制会議？就是参加的人包括1/3党委书记，1/3新入党的老教授，1/3党外老教授。陆定一还特别叮嚀要找那些"敢讲话的"。不难看出，以压倒优势的资产阶级专家又是敢于放毒的"好汉"们凑拢的这个会议，将会给这些反革命修正主义分子提供些什么素材。

果然，在六月中与高等学校调整会議的同时，仍在豪华的民族饭店里，这种三三制会議开场了。到会人的名单是由蒋南翔拟定，又经陆定一、林枫批准的，除了那1/3党委书记以外，2/3是挂着党员牌子与不挂党员牌子的专家、教授。

会上，这些人大谈58年以来的所谓"阴暗面"，冷讽热嘲，尖酸刻薄，无所不用其极。矛头所向，可以归纳为领导权与教育方针路线两方面。第一是这些资产阶级知识分子要求恢复他们的发言权，领导权和学术上的"权威"。他们说，58年以来党的领导是"以党代政"，没有发挥"行政作用"，行政领导"有职无权"，是"瞎指挥"。大跃进和教学革命破坏了"正常的师生关系"，特别是破坏了老教师的"权威"。傅×说："把老教师一会儿说成是智慧的源泉，一会儿又说成是罪恶的渊薮，到底怎么估计。"第二是58年以来的教育革命"搞糟了"、"行不通"，必须再回到他们过去那条培养为资产阶级知识分子的道路上去。他们指责生产劳动、政治活动、科学研究过多，打乱了"教学秩序"，学生书念少了，教学质量"下降"。会上此起彼伏，你呼我应，一片嗡嗡叫，把58年以来说得是一片漆黑。傅×还挖苦说："《六十条》还写了很多废话，象什么全日制以教学为主，这不是当然如此！但由于被冲击掉了，所以废话也得写上。"竟到了如此猖狂的地步！

而陆定一、蒋南翔、杨秀峰等一小撮走资本主义道路当权派则大加鼓励怂恿，拍手喝彩。陆定一连说会开得活泼有内容，而那些资产阶级知识分子由于党内有陆、蒋等代理人的撐腰，又能够用这样的会議，以合法的手段大吐毒涎，因而趾高气揚，得意万分。一小撮走资本主义道路当权派和一小撮反动学术"权威"一唱一和，狼狈为奸，紅脸白脸都是一丘之貉。他们串通一气，利用这次会議，猖狂攻击党，攻击三面紅旗和社会主义制度。

在陆定一的指示下，蔣南翔糾集了对"南翔精神"深有体会的得力干将何东昌、艾知生，加上北大彭佩云、张××组成修改班子，按三三制会議精神，再次修改《六十条》。在修改过程中还征求了一些离校领导干部和北大清华等校的一些老教授的意见，从此《六十条》完全适应了资产阶级知识分子的口味，納入资本主义教育轨道。

（3）兩家黑店，合伙经营

上面的修改稿于 61 年 7 月中由陆定一主持中央文教小组讨论，并交旧中宣部童大林等组成的写作班子进行修改。在重大原则问题上，譬如不谈阶级斗争和无产阶级专政，不谈突出政治，不谈改造思想，不提培养无产阶级革命事业接班人，取消总支以下党的领导等等，陆定一与蔣南翔完全一致，无所改动。但是在一些具体问题上，陆定一認为他的一貫思想諸如什么"教学为主"，资产阶级自由化的陆氏"双百方針"，强调书本知识，鼓吹个人奋斗等等方面还不够突出。授意童大林改写，把它修改成四十八条。但由于在某些具体问题上又不符合蔣南翔的利益，如否定了蔣南翔賴以賺錢的学校办生产性工厂等等。另外，也有些具体问题，如校长負責制，研究生导师負責制等等又搞得太露骨，不符合蔣南翔一貫的打着紅旗反紅旗的隐蔽手法。所以，蔣南翔又不太满意。教育部又重新修改。既融汇中宣部的意旨而又貫通蔣南翔的精神。如此这般地统一成了另一个稿子。陆定一还認为文件"沒有棱角"，"反对什么，拥护什么，旗帜不鲜明。"于是在他的指揮下，文件中加了几十处"不得"、"不许"、"反对"等大棒，至此《六十条》最后集了"陆修"和"蔣修"的大成。

（4）"皇帝"登場，黑货出笼

60 条修改定稿后，由陆定一提到 7 月底在北戴河召开的中央书记处会議讨论。

邓小平亲自出马主持会議，随讨论随修改。大架子基本沒动，总綱中，邓小平把"坚持兴无灭资"改成"愿意为社会主义服务，为人民服务"。根据邓彭旨意大砍劳动，阻止知识分子劳动化。他们把教师不参加劳动的年龄界限降低了五岁，把学生的劳动从本来就不多的时间里又砍去了一半。彭眞说："女的四十岁就不要劳动了，把草稿降低五岁，知道什么是麦子韭菜就好了。"邓小平竟说："劳动等于藥里的引子,生姜三片,放掉点知识分子架子。"

这一伙反革命修正主义分子在会上还大肆污蔑群众运动，邓小平说什么"人海战术叫群众路线是误解，人海战术农业不行，工业更不行，要坏事，学校里，科学研究不行，工厂清除拉圾可以，生产不行。热火朝天，坏事一堆。"

邓彭之流就这样七咀八舌，黑话连篇，最后在他们主持下修改通过。邓小平得意地说："我们这是中外古今所沒有的好文件。"同时由旧中宣部起草"中共中央关于讨论和试行教育部直属高等学校暂行工作条例的指示"与《六十条》一起下达。这个"指示"先由龚××执笔，陆定一不满意而自己亲手起草。其中提了三条什么"建立了党的领导"，"貫彻了党的教育方針"等抽象空洞的成績后，黑笔一转，大肆放毒，列举了六大缺点，把 58 年以来的教育革命全盘否定。由于太露骨，连邓小平也不敢同意。后来又重新修改，陆定一之流就采用了偷樑换柱、瞒天过海的手法，拼凑了六条成績，加上了什么新教师成长，老教师进步，新专业建立，为国家培养了大批干部之类。而缺点內容未变，硬缩成三条，把原稿的后几条合成一条，就又拿到会上讨论。邓小平看后说："成績比缺点多一倍，行！行！"就这样，在这一伙反革命修正主义分子操縱下改头换面地通过了。这样两个文件通过后，虽然又分头到北大、天大、南开、复旦等学校征求意见，但只是形式而已，并未接受任何实质性意见，也未作重大修改。

就这样，经过七个多月十几次反复修改，精心炮制的《高教六十条》正式出籠。

十月中旬，教育部召开直属高等学校领导干部会議，专门讨论貫彻执行《六十条》的问題。陆定一又做了一个报告，对反右倾运动、领导体制、半工半读等进行了疯狂的攻击。这个会后，各直属高等学校就陆續开始传达和执行。

《六十条》出籠之后，虽然原定的是直属高等学校适用，但实际上其他学校也陆續试行。到六三年六月，在全国四百多所全日制高等学校中已有一半以上开始试行，流毒甚广。

这个条例执行之后，58 年以来的革命萌芽，几乎全部被摧殘。58 年以来各方面的新生事物，几乎全被扼杀。在一小撮党内走资本主义道路当权派的慫恿、庇护下，资产阶级知识分子繼續统治着我们的学校，资产阶级、修正主义的教育制度重新得到巩固，一切都恢复了旧秩序。

× × ×

我们最最敬爱的领袖毛主席亲手点燃了无产阶级文化大革命的烈火，一小撮党内走资本主义道路的当权派的末日来到了，他们的一切黑綱领、黑路线的末日来到了，《高教六十条》这个修正主义黑货的末日也来到了。

"金猴奋起千钧棒，玉宇澄清万里埃。" 对《六十》条出籠的揭露只是第一步。我们还要横扫《六十条》所带来的一切流毒，我们要痛批《六十条》所包罗的修正主义黑货，我们要打碎《六十条》所设下的一切枷鎖，我们要砸烂《六十条》所制定的一切章法，把被顚倒了的一切重新顚倒过来，毫不含糊，绝不手软。

我们的武器是战无不胜的毛澤东思想，我们的目标是毛澤东思想的大学校，我们的队伍是毛澤东思想武装起来的广大革命师生员工，我们的统帅是我们最最敬爱的领袖毛主席，我们无攻不克，我们无坚不摧，誓把教育路线上的斗、批、改进行到底，誓把无产阶级文化大革命进行到底！进行到底！

《高教六十条》出笼大事记

井冈山《机械系第一联队》

一九六一年一月

▲ 1959 年党內最大的走资本主义道路当权派刘少奇提出"要稳定教学秩序，认真读书"，为全盘否定 58 年教育革命，保持资产阶级在教育界的统治地位抛出了黑指示。反革命修正主义分子陆定一秉承主子的旨意，在教育部召开的全国重点高等学校领导干部会议上提出"现在学校工作很乱，缺少章法，急须要一个文件"，"使学校工作有所遵循"。《高教条例》制订工作开始着手准备。

▲陆定一说"要从文教方面看看方针。政治挂帅是正确的，教改方针可以用怀疑态度来观察一下"，"教育质量提高没有？可能是降低了。"企图否定党的教育方针，猖狂攻击 58 年教学革命的成果，为修正主义的《高教六十条》出笼鸣锣开道。

一九六一年二月

▲中央文教小组决定，成立五人调查小组到部分高等学校进行调查。反革命修正主义分子杨秀峰到天津大学调查并搞出了《关于高等学校贯彻党委领导下的校务委员会负责制的工作条例（草稿）》。

一九六一年三月

▲陆定一指定由林枫负责《高教条例》的制订工作，林枫交由蒋南翔具体主持。

▲反革命修正主义分子蒋南翔组织教育部各司分头编拟条例中的相应章节。教育部办公厅负责起草"学校领导体制问题"，教育部一、二司负责起草"教学、科研、及研究生培养工作"，人事司负责起草"学生、师资工作"，政策研究室负责起草"政治思想工作"，最后由政策研究室负责全面汇总。

五月写成第一稿，名为"全国重点高等学校暂行工作条例（草案）"共制訂 78 条。

一九六一年四月

▲四月二十五日召开高等学校文科教材编选计划会議。

陆定一在会上说什么"我们主张唯心主义有宣传自由"，"唯物主义万岁！唯心主义也万岁。"还说什么双百方针"就是三条，第一条就是在学术领域是党领导而不是某一个学派来领导。……第二，党领导各个学派，或者不叫学派，叫'有不同意见的人'吧，互相合作，互相尊重，互相学习。不要互相骂，不要我抓到你一个尾巴就打你一棍子，你抓到我一根辫子又打我一棍子，不这样子，不要象仇敌一样。我对你有意见，友好地讨论用这样的办法。还有第三尊重劳动人民，向劳动人民学习，而不是看不起劳动人民。"完全篡改了双百方针的阶级实质，抹杀双百方针的阶级内容，适应资产阶级需要，在文教领域內实行资产阶级专政。

一九六一年五月

▲由反革命修正主义分子林枫主持在北京大学召开部分高等院校党委书记座談会。高教部政策研究室张健将《高教条例》第一稿带去，会上对第一稿没作具体讨论。与会者認为高等学校应制訂一个条例，讨论了条例适用范围和领导体制问题。

▲在民族飯店由蒋南翔主持召开部分高校党委书记会，会上有人强调要加强党组织的领导。陆定一得知后大发雷霆，说什么"这些党委书记实行无产阶级专政舒服惯了。""根据他们的意见来草拟文件肯定是不行的。"并指定要召开"三三制会議"（即党委书记占1/3，老教授新党员占 1/3，党外老教授占 1/3），要找"敢讲话"的人来"放"，縱容牛鬼蛇神向党进攻。

▲"三三制会議"在北京民族飯店召开，参加者名单由蒋南翔提出，陆定一批准。

一小撮党內走资本主义道路的当权派和资产阶级反动学术"权威"勾结在一起，向党进攻，为维护他们在学校里的统治地位大放厥词，猖狂攻击 58 年以来教育工作是"只破坏不建设"，破坏了"正常的师生关系"，破坏了"正常的教学秩序"。陆定一对这次会議大加赞赏，認为开得"很好"，开得"生动活泼"。指定按会議精神进一步修改《高教条例》。

▲蒋南翔除指定高教部制訂《高教条例》外，并指定清华大学李××、高××等人结合"总结清华经验"起草制訂《高教条例》有关章节。先后参与起草的有清华党委副书记反革命修正主义分子刘冰、艾知生、何东昌。北京大学反革命修正主义分子彭佩云也参与制訂。

一九六一年六月

▲六月一日第二稿出籠，讨论、修改。

▲六月十六日第三稿出籠，讨论、修改。

▲六月二十三日第四稿讨论稿出籠，准备提交讨论。

一九六一年七月

▲教育部座談《高教条例》会上，蒋南翔说"高等学校工作中要抓住三个根本问题，第一是繼承性，第二是稳定性，第三是一切经过试验，只要没有证明新的比旧的好，旧的就不能破。"抛出他的反动理论，公然与毛主席**"不破不立"**的指示相对抗。

▲在陆定一主持下，中央文教小组讨论《高教条例》第四稿。

陆定一和蒋南翔在有关修正主义教育方针路线原则问题上没有分歧。即：一，不提高举毛澤东思想伟大紅旗。二，不提阶级斗爭灭资兴无，实行阶级调和。三，不提培养无产阶级革命事业接班人。四，对资产阶级知识分子只讲团结不讲教育改造。……等等。

陆定一指定《高教条例》交由中宣部修改。

▲中宣部秘书长反革命修正主义分子童大林主持修改工作，参加者有中宣部教育处长程今吾，科学处副处长林澗青，具体由科学处龔××执笔。要求修改时突出陆定一的一贯修正主义黑货，如为巩固资产阶级知识分子统治学校推行的所謂"三三制"（校长和校务委员会中由共产党员干部，新党员老教授，非党老教授、教授三种人组成）和校长个人负責制，突出被陆歪曲篡改了的一套资产阶级自由化的"双百方針"，突出脱离无产阶级政治、脱离劳动的"教学为主"等极其明显的修正主义黑货。

中宣部修改成 48 条。此稿交由教育部组织讨论，最后报中央书记处。

▲中宣部代中央书记处起草《中共中央关于讨论和试行教育部直属高等学校暂行工作条例（草案）的指示》。由陆定一亲自执笔，对58年以来教育工作恶毒攻击，极力贩卖修正主义黑货。

一九六一年七月底

▲在北戴河召开中央书记处会議，讨论《高教条例》，反革命修正主义分子邓小平主持会議。经过长期精心炮制，又多天反复讨论，最后定稿。共60条。

邓小平在会上说"坚持兴无灭资不要提了。""教师（起）主导作用，即使右派在教学上也可发挥主导作用。""政治工作要特别指出保证教学工作的完成。"说60条是"古今中外少有的好文件"。

由党内最大的走资本主义道路当权派一手策划的，经过八个月十多次反复修改的修正主义《高教六十条》正式出籠。

▲《高教六十条》印发成文，并在北大、人大、复旦等校进行讨论，徒走形式，未作任何重要修改。

▲《高教六十条》印发各省、市、自治区党委。

一九六一年十月

▲教育部召开直属高等学校会議研究讨论贯彻《高教六十条》。

会上陆定一恶毒攻击党的领导，篡改党的方針政策。胡说什么"不管三七二十一，骂人家资产阶级，把人家骂倒，这比阿Q式的精神胜利还低级。……骂人难道科学就能大发展嗎？骂人沒有使科学发展，相反，基础课的质量降低了……""外行能够领导內行。但是要有两个条件，第一是要自己学习，逐步变为內行；第二是与內行合作。不学习，又不合作，就是'光旦'」结果就是戴高帽子，抓辮子，打棍子等等……"

一九六二年五月

▲在北京召开高等学校工科教学工作会議。

蒋南翔等强调要按照《高教六十条》精神，加强"三基"（即基本理论、基本知识，基本技能），限制劳动，并修訂出部分教学计划，审訂出若干教学大綱作为样板，又重申要培养"高级建设人材"。

一九六三年二月

▲在北京召开研究生工作会議，根据《高教六十条》规定研究"提高"研究生的质量。并通过了修正主义的《研究生培养綱要》。

一九六四年春节

主席对教育工作作了极为重要的指示。

一九六四年十一月

▲在北京召开高教部直属理工科会議，会上有人对《高教六十条》提出尖銳批判。陆定一、蒋南翔之流出于他们的反革命本性，跳出来压陣。陆定一说《高教六十条》沒有路线问题。蒋南翔用"《高教六十条》是中央通过的"来鎮压对《高教六十条》的批判。使修正主义的《高教六十条》繼續为害。

附：

有关《高教六十条》黑话摘录

陆定一在高等学校文科教材编选计划会议
结束大会上的黑话摘录

（1961．4．25）

"应该訂些规矩，譬如不许贴标签。谁要贴标签就把他的领导責任开除掉，撤换掉。"

"教育里边，我们从前提倡很多，譬如提倡一定要开唯心主义課，哲学要开黑格尔，要开康德，甚至于讲讲佛学，要讲讲王阳明，都要讲讲。"

"什么叫百家爭鳴，百花齐放？在自然科学方面，恐怕有那么三条：第一条叫党领导。……第二是各学派互相尊重、合作、学习。……第三是要尊重劳动人民……"

"唯心主义和形而上学第一点就是万岁。唯物主义万岁，辩证法万岁，唯心主义也万岁。因为以后一万年也还会有唯心主义，一万年后也还会有形而上学。"

"贴标签，好象同义和团差不多，念了一个咒，就刀槍不入。这是迷信。这一次打乒乓球，据说，星野到最后輸得不得了，他想翻过来，头上扎了一块头巾，里边有个菩薩。现在把菩薩换一个马克思在那里，行不行？还不是迷信嗎？它不会救你的。"

"我们主张唯心主义有宣传自由，唯物主义也有宣传自由，不讓自由不好。"

"形而上学第一个是'万岁'，第二个是'錯誤'，第三个是'要学'，第四就是它有宣传自由，有宣传自己覌点的自由。……沒有政治立場明显不同，只有业务观不同，这种事情要采取百家爭鳴、百花齐放的方法来解决，不能把它当作敌我矛盾。……有的人硬是不贊成这个办法，说是社会主义社会里生下的孩子，他吃他母亲的奶就把社会主义的意识吃进去了，他生下来好象就是辩证唯物主义，生下来就不会犯錯誤的，簡直是神话，那有那么回事，唯心主义、形而上学是'万岁'……青年一代不要使他们思想单純，以为天下沒有唯心主义，沒有形而上学了。凡是贴了标签的，说我这个是马克思主义的，于是乎就相信他是马克思主义了，这不对。现在还有一个新标签，叫做'毛澤东思想'，到处都贴，好象贴了那个标签就是毛澤东思想了，千万不要使青年思想单純。我们这个党也不应该使思想单純。特别是研究学問的人，用贴标签的办法，用簡单粗暴的办法，这不是战斗。鲁迅说：'謾駡不是战斗。'謾駡不是战斗，贴标签、簡单粗暴、宁左勿右，我看这都不是战斗。"

"这样思想僵化贴标签的马克思主义实际上搞到形而上学去了，走到唯心主义去了。"

"我们同唯心主义者合作，尊重唯心主义者，还要向他们学习，是干什么？我看要学，我就想学一学黑格尔，学一点有好处。这个东西使你更加能够明辨是非。明知他是错的，我学一点。而且我们党员要有一部分要去懂得这个东西，要精通唯心主义。当然这不是说，要以唯心主义为行动的指南，行动的指南是唯物主义辩证法。但你要有唯心主义形而上学这个知识，精通它几门，有人精通铁托，有人精通黑格尔，有人精通康德，有人精通佛学，还有人精通推背图，我看这些东西我们都要去懂得一下子，这都是学问。……不懂形而上学的人，他的辩证法就靠不住。"

"有一个问题，就是党委在学校里边，首先的任务，是领导教学。……曾经有过两个口号是不妥当的：一个口号叫做培养的目标是普通劳动者；还有一个口号，学校就是工厂，工厂就是学校等等。这不妥当其原因就是因为它偏了，因为它不是教学为主。……另外一个口号也是偏的，就是讲'学校是科学研究的一个方面军'……学校要进行一些科学研究，但是它的主要任务是为科学研究培养人材。……"

"读书读多了，大概人也会有两种，一种是更好了，更革命了，对革命的道理更清楚了。还有一种是酸溜溜的，'奄奄一息'快要死的样子。"

邓小平主持书记处讨论《六十条》时的黑话（1961.7.29.）

——摘自中宣部龚育之提供材料

[括号中的话是根据记忆为補足語气而写上的——龚育之]

邓小平：不能按级领导，（按：即不能总支领导系，支部领导教研组）学校就是一个学校，党委领导。实事求是，调查研究，不是说沒有事情嗎？訪问，交朋友，调查研究，同学生多接触，书读得怎样，灯光怎样，伙食怎样，这样就可以提出主张。党员通过自己的模范作用，积极工作，正确主张，同党外合作，体现领导。见了就斗争，沒有领导。不是个人名义去领导，起领导作用。不写清，好象沒事干，不是法律上（领导）。清一色，毛主席向来反对，坏透了，连对立面也沒有。傅鷹不算对立面。天才这个东西一定要承認，把这个搞掉了实在可惜。毛主席，世界历史有几个？李政道，是突出。巴拉斯。

……右派是右派，真有学问还可以作教师，不要标榜宣传就是。

邓小平：群众路线问题沒有解答。人海战术叫群众路线，误解。（用人海战术）农业也不行，工业更不行，要坏事。学校里科学研究不行。工厂清除拉圾可以，生产不行。热火朝天，坏事一堆。

陆定一：教师劳动（时间）还可以搞短点，也不必年年搞。……

邓小平：经常还靠政治思想工作，（劳动）等于藥里的引子，生姜三片，放掉点知识分子架子。

陆定一：系总支的任务，保证是头一条，建議、检查第二、第三。

修改"高教六十条"时陆定一黑话摘录

——自冀育之笔记结合录音整理

成绩：建立了党的领导，搞了劳动。（但是）有条件，党的领导变成了包办，不对。不搞双百，不团结知识分子，就不对！劳动（搞到）死人，生病，不上课，少上课，就错了。

責任不要推给人家，领导上要负責任。

瞎指揮，有中央瞎指揮的，如一三八，一四七的规定（一个月放假，三或四个月劳动，七或八个月学习）。

党的领导是否光打人？这样违反原则，违反正确处理人民內部矛盾、双百、知识分子政策。结果脱离学生，脱离先生，脱离中右，脱离左派。

应该好意对人，他实在不怀好意，那沒办法团结起来，资产阶级不能团结人，不能搞双百，我们相反，做细致的工作。

党的领导变为包办，监視，专政，暴力机关，不对。

所有文科，均应开唯心主义，这也是为政治服务。

教师可以按自己的观点讲课。

自然科学的阶级性问题，反动派故意歪曲时才有阶级性。人种学总要研究，种族论又是一回事，政治家利用这个东西。

社会科学，教育学、心理学、唯心论，现在都不教了。现在还有条件，有人可以教，死了以后就沒人教了。要造成气氛，党员不学唯心论脸上无光，要定一批课程，如科学黑格尔，柏格森，非教不可，十个里出一个唯心论，九个唯物论就好。不学唯心论会吃亏，自以为新发现，其实柏格森、考茨基、伯恩斯坦均讲过。学术总是开始时明确尖銳，后来成佛经。佛、基督、道教都是开始革命、反抗，老子开始也反抗"不如小国寡民"，后来变成唸经。马克思主义后来也出了修正主义，这是历史命运。如只讲一面鋒芒就要磨灭，讲两面也要磨灭，但要好一点，错误的还可以多讲点，歪道理够，你去駁他，我们的道理才多了，否则脑袋简单，这也是为政治服务。讲的人挨批評，脸上无光（不行）。

如果不讲正确的，只讲柏格森那是一回事。天天讲马克思主义，然后给些反面知识，有何不好？有计划地培养唯心主义专家。

领导体制，党委不是专政机关，暴力机关顶多开除，关，抓。隔离反省要请示上级，不要那么多紧急措施。权力只有那么大。系不能搞（领导），教学工作要讓懂教育的人去搞，抓教育也就是发动他们。……重要情况要向上反映报告，沒有上面决定，下面不准动手。如搞个什么运动等等。规章制度不能随便自己动。

五九年我讲话就讲了要注意间接知识，教师主导作用，办学首先要团结教师。……外行领导內行有条件：第一自己要变內行。第二同內行结合团结起来，沒有这个条件不行。

一个人总在变，死了才能说定。世界观，不能用这个来划分资产阶级、无产阶级，只能帮他改造世界观。……党章也讲：学习马克思主义，干部也不能一律要求，何况党外。

医科下乡做医生工作，为什么一定要劳动？……领导长期同非党合作：三三制，团结中派。"绝对全面无条件领导"不能变成包办。办事权与领导权不同。"一杆子插到底"搞党总支，支部均起领导作用不行。

群众路线，学生积极性，不能搞平均主义，白专、红专排队，搞臭学术，拔白旗的搞法都不对。搞先进集体，群众运动是形式主义，平均主义，命令主义，虚假。……高等学校教学中贴标签（外话、学术）狭隘化，庸俗化。

有了自己方针，但是还要有具体政策，具体办法，政策界限，思想界限。成功经验，失败经验。应当怎么做，不应当怎么做。不只上面规定，还要经过试验，自我教育，为全党干部所掌握，工作才能上正规。

第一党的领导。包办瞎指挥，不按党的领导办事不行。第二方针。错误片面口号做法不行，如批判白专，培养普通劳动者。第三专业。适合工业跃进发展，可是没注意可能性质量有所降低。……

新的不立，旧的不破。必须要有一定的组织批准手續。

（括号中的话是根据记忆为补足语气而写上的——龔育之）

陆定一在教育部贯彻《直属高等学校工作条例》
会议上的黑话摘录 （1961.10.5）

……

天津大学的一些同志，曾有一个时期对有些问题，例如不要搞"一竿子插到底"，思想有些不通。对于党委领导下的以校长为首的校务委员会负责制，提出为什么要"以校长为首"，好象这样党委就没权了。过去什么都要自己批条子，领奖糊，领桌子都是自己批，好象权力很大、很舒服。不自己批条子，要把日常行政事务工作丢掉一些，就感到不舒服，好象权力就丢掉了。现在天津大学觉得很好，大家的积极性都发挥出来了，很大一部分总支书记也觉得这样做好。别的学校也可以试一试，慢慢来，总要有一个过程，试行一段时间。……

一、关于工作条例的討論和试行：

……甚而至于体制问题，现在也有三种提法：一为党委领导下的以校长为首的校务委员会负責制。一为党委领导下的校务委员会负責制，即五八年指示中所规定的，还有一个说法，党委领导下的校长负責制。我们这里规定的是党委领导下的以校长为首的校务委员会负責制。有人挖苦我们。说这是古今中外所未有的，不过也的确是古今中外所未有的。中国医科大学实行党委领导下的校长负責制，我看可以试一试。

……

二、关于整风：

……

以后搞了一次反对国内修正主义，反对以彭德怀为首的反党集团，这个斗争是非常需要的，本身很好，但以后搞的就不大好了，扩大化了，动不动就是修正主义。……教育机关里面，后来谈了一个教学改革，挖根子，对资产阶级教育思想进行批判。也扩大化了，得罪了很多人。……因此，一朝权在手，便把令来行。

三、产生缺点的根源：

……

会议讨论中有的同志提出，条例中规定在自然科学中，必须提倡不同的学派和不同的学术见解自由探讨，自由发展，这个"自由探讨，自由发展"是什么意思？这个意思就是不许压迫人，不许说："我是米丘林，是无产阶级，你是摩尔根，是资产阶级。""牛顿的三定律是资产阶级的"，"共振论是资产阶级的"等等。对自然科学不能贴政治标签。鲁迅说过：谩骂不是战斗。不管三七二十一，骂人家是资产阶级，把人家骂倒。这比阿Q式的精神胜利法还低级，骂人难道科学就能大发展吗？骂人没有使科学发展。相反，基础课的质量降低了。当然，也有一些提高了，不是所有的基础课都降低了。因此，团结，教育，改造知识分子的政策，百花齐放，百家争鸣的政策，一定要坚持。如果是反革命就法办。是右派，就斗争。但如果不是，那就一定要向他学。不学就不是马克思主义，就和列宁的话相违背。

……一九五六年我们开始讲百花齐放，百家争鸣，有人就反对，军队上的几个同志说这是"右倾机会主义"，这种认识是错误的，看来那个思想根子没有去掉。学术上的争论，世界观的不同，人民内部矛盾一万年还会有。到共产主义还会有唯心主义的。

……我们为了反对资产阶级右派，反对"教授治校"，提出"教育为无产阶级政治服务，教育与生产劳动相结合"这样一个方针。这个方针提出不久，有许多同志不满意，"左"的东西就出来了（反右必出左，反左必出右，同志们还要注意），当时提出了两个口号，第一个口号是"半工半读"，认为共产主义学校必须搞"半工半读"。……

另外，还有一个政治运动过多。外行能够领导内行，但是要有两个条件，第一是要自己学习，逐步变为内行；第二是与内行合作。不学习，又不合作，就是"光旦"！结果就是戴帽子，抓辫子，打棍子，等等。

……

陆定一一九六二年十一月十三日在全国宣传
文教会议召集人会上的黑话摘录

知识分子问题在这次会上讨论了一下，很好。我向毛主席汇报了，周扬一起去的。今天书记处又谈了这个问题。

…………

主席问，高教六十条搞得对不对？我说是对的。我又把高教六十条和科学四条等翻了一下，觉得这几个文件定得很好，定得很好。在六十条中，实际上提出了两条标准。在培养目标中要培养学生"具有爱国主义和国际主义的精神，具有共产主义的道德品质，拥护党、拥护社会主义，愿意为社会主义服务，为人民服务。"下面还有"通过马克思……逐步树立四个观点。"这是更高的水平，就是所謂无产阶级知识分子的水平。前一个水平是人民中比较左的水平，因为还要求国际主义和共产主义道德品质，仅仅提两个拥护是比较一般的要求。这是高教六十条所訂的两个标准。科学十四条通过，比高教六十条早一些，讲到红与专时，说：红，首先和主要的，是指知识分子的政治立场。对党的自然科学工作者，红的要求，就是拥护党的领导，拥护社会主义，用自己的专门知识为社会主义服务，这是根据主席《关于正确处理人民內部矛盾的问题》一文所提出的六项政治标准中最根本的两条来确定的。做到这两条就是达到现在左派的标准，就应该認为达到红的初步要求了。对于大量中间分子来说，还需要经过不断努力，克服政治立场的动摇，才能逐步达到这个要求。"后面又讲到："当然，红不是到此为止的。在首先达到这两条政治要求的基础上，知识分子还要进一步进行世界观的改造。"所以，在科学十四条中，也訂了两个标准，一个是人民的，一个是党的，要求世界观的根本改造是党的标准。

我们现在说划两条线，一条是敌我，一条是无产阶级非无产阶级，就是从这些文件（指高教六十条、科学十四条）中来的，一点不矛盾，和这些文件的精神是一致的，和文艺八条的精神大致也是一致的，过去我们在工作中遇到不少问题，开头也莫明其妙，后来才得这个看法：知识分子中有无产阶级知识分子和资产阶级知识分子，后资产阶级中的右派分离出去，重新建立和资产阶级左派和中派的统一战线。这样划分法，当然主要为了避免"左"，不要把中右当不戴帽子的右派或漏网右派对待。中右的如北京的傅×，上海的周谷城。上海有人把周谷城划为右派，不要这样做，把中右划出去不好。另外也有把中中划出去的。此外还有把资产阶级知识分子全部当敌人的，……就是把资产阶级知识分子当敌人看待。以后批判资产阶级学术思想，破"资产阶级学术权威"，连中派、左派一起破了。在自然科学方面也有类似的情况。对资产阶级也该分析，有进步的，有反动的。但那个时候搞得厉害了，把过去否定过的东西又都给搬出来。米丘林又出来打摩尔根，甚至有人提出打倒牛顿、爱因斯坦。

……对知识分子要使用，列宁讲要着重知识分子，并不因为他们是资产阶级知识分子就不着重。过去把他们都看成不好的，是不对的。应该对他们和风细雨，如果搞粗暴，当然岂有此理。权力下放以后就更粗暴了。有同志出来打抱不平是应该的，是可以的。

我们在高教六十条中规定不给总支领导权，就是怕粗暴。权力下放下去会粗暴得不得了。……总支副书记黄××就主张总支非领导不可。把这个人调开，做别的工作还是可以的。今后粗暴还会有的，另一方面，也可以看出北大政治空气稀薄了，不搞政治了，政治课也不重视了，当干部的也不当了，有这类问题。这些问题在高教六十条中都规定了。

对知识分子的进步应该有足够的估计。对知识分子中老的一代差不多都搞清楚了，右派也要划了，象马寅初这样的人要他改造很难。有些人和我们共事多年，靠拢党，最后入了党，梅兰芳入了党。陈垣都八十岁了，一直靠近党，最后还入了党。这样的人多着哩！总之，知识分子是有进步的，有的入了党，有的从中派变为左派，大量是有进步的，应生足够的估计。当然也有人离开我们的，知名的还举不出来。知识分子在困难中经过了一次考验，我们不要伤害他们的积极性，……反对对他们采取粗暴的办法……。粗暴，以后还会有的，要注意。六十条、十四条、八条，基本上都是对的，有防粗暴的一面，也有防右的一面。大学內各总支不能领导系的工作，只能起保证监督作用。现在有些干部说，不讓我领导，则也不监督保证，老子什么也不干。中小学党支部不起领导作用，只起保证监督作用。这样规定好，粗暴可以少一些，保证监督，向上级反映情况也是帮助领导。……

林枫在教育部会议上的黑话摘录

（1961．10．4）

一、六十条已经中央批准试行，是十二年特别是三年来实际工作总结。……教育方针，红与专，理论联系实际等方针政策原则问题，首先要讨论清楚，貫彻执行……就目前来说已经总结了我们的经验，是中国自己办教育的经验，很丰富，很宝贵，应该很好地貫彻总结。……要结合学校情况，搞个规划落实，使一二年內见实效。事实上学校工作已有改变，违法乱纪少了，有的一二年见效，有的三五年见效，有的不要这么长，总的教育工作见效不如生产快，也有见效快的，上课秩序一整顿，见效就快。

……

三、领导问题。特别是系总支领导问题，会議讨论比较多。条例规定是合适的，规定党的领导要从效果考虑，天大实行的结果是调动了积极性。学校中集中权力在党委，总支监督保证是合适的。从试行看来是加强还是削弱了党的领导，应该说是加强了，而不是削弱了，条例目的是为了加强党的领导，如果总支管的很多，行政上，党的干部管的少了，就削弱了党的领导（？）党组织要更多地研究党的工作中重大问题，这样又加强了行政作用，总的是加强了领导。这不是要党组织事事先跑腿，可以多看看，多想想。……整天忙得不可开交不好。我们还要学一学，想一想，写一写，最低要求也要学习写写字，不讲书法，也要讓人懂得。何苦自己忙的难受人家聞的难受，人家聞的哇哇叫，我们忙的生病，有时间睡个觉也好，到班上去看看，談談也好，要提高领导水平，否则搞不好工作，沒时间就提高不了，睡不好觉，发脾气。

……

红代会清华大学井冈山兵团印

1967．7．